교감 역주

삼국유사

지은이 하정룡은 경상남도 진주 출신으로 고려대학교 문과대학 사학과를 졸업했고
동대학원에서 문학박사를 취득했다. 현재 송광사 성보박물관 선임연구원 겸
일본의 고야산대학 밀교문화연구소 수탁연구원으로 활동하고 있다.
평생 연구 목표는『삼국유사』의 모든 것이다. 근래는 그와 관련해서 토속신앙으로부터
밀교까지의 한국종교사, 신라 상대왕실과『화랑세기』등에 관심을 가지고 있다.
이메일 주소는 galmun@freechal.com이다.

교감 역주 삼국유사

원본의 복원을 위한 삼국유사전

2003년 3월 21일 초판 1쇄 발행
2009년 9월 30일 초판 3쇄 발행

지은이 | 하정룡
발행인 | 전재국

본부장 | 이광자
주간 | 이동은
책임편집 | 강정화
마케팅실장 | 정유한
책임마케팅 | 윤주환

발행처 (주)시공사
출판등록 1989년 5월 10일(제3-248호)

주소 | 서울특별시 서초구 서초동 1628-1(우편번호 137-879)
전화 | 편집(02)2046-2861 · 영업(02)2046-2800
팩스 | 편집(02)585-1755 · 영업(02)588-0835
홈페이지 www.sigongsa.com

ⓒ 하정룡

값 22,000원
ISBN 978-89-527-3131-9 03910

원본의 복원을 위한
삼국유사전

| 하정룡 지음 |

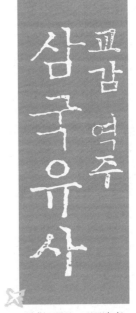

校勘 譯註 三國遺事

시공사

謝辭

오늘의 일은 어제와 무관하지 않으며 오늘 어떻게 하는가에 따라서 내일도 바뀐다.

신라 천 년의 왕경 경주에 가면 언제나 반갑게 맞이해 주시는 이근직 선생님이 계신다. 술잔을 기울여 가면서 이야기를 하다 보면 어느 순간인가 일연 스님과 무극 스님이 되살아 나시어 좌정해 계셨고 환한 그곳에 『삼국유사』의 연화장 세계가 펼쳐지는 듯했다. 그러한 대화를 통해서 육당 최남선 선생님과 남운 이홍직 선생님께서 책을 통해 일러 주신 본서의 작업은 시작되었다.

학문의 세계는 일상생활과 그리고 깨달음의 세계와도 둘이 아니였다. 다나카 도시아키(田中俊明) 선생님은 대화 속에서 칼날과 같은 사료비판의 면면을 보여주셨고 말씀 한 마디 한 마디가 『삼국유사』를 화두로 잡고 있는 필자에게는 돈오점수(頓悟漸修)와 천외천(天外天)의 의미를 실감하게 해 주었다.

4

가난해야 공부가 된다는 말도 있지만, 가난한 이가 공부를 계속하기는 그리 쉽지 않은 세상은 예나 지금이나 마찬가지인 듯하다. 고교 졸업 이후 어려울 때마다 물심양면으로 도와 주신 큰매형(김찬배)과 큰누님(하창조)이 안 계셨다면 이 책은 나올 수조차 없었을 것이다. 지면을 통해서나마 진심으로 감사드리고 싶다.

이외에도 본서를 내면서 많은 선생님의 도움을 받았다. 방점체계에 대한 이해를 높여 준 현진 스님, 향가에 대한 이해를 높여 준 박진호 선생, 출판에 있어서 의지처가 되어 주신 불경서당 선배 이인혜 선생님, 그리고 지면상 거명을 다 할 수는 없지만 물심양면으로 도움을 아끼지 않으셨던 많은 선생님들······

보잘것없는 작업을 5년이나 기다려 주신 시공사의 은혜는 잊을 수 없으며, 아무쪼록 매우 부족하나마 이 책이 "전법일구(傳法一句), 승어사시(勝於沙施)"라는 게(偈)와 함께 희나(希那)라는 도호(道號)를 지어 주신 봉선사 월운 큰스님의 말씀대로 무연중생을 제도하는 법보시가 되어, 방 구석에 틀어박혀 글을 쓰는 것을 지켜봐 주신 부모님과 아내 그리고 가족 모두에게 그 공덕이 돌아갈 수 있기를 발원하고 싶다.

나무관세음보살

癸未年

三一節 希那 河廷龍 和南

1. 본서에 대하여

본서의 작업은 『삼국유사교감연구(三國遺事校勘研究)』(河廷龍·李根直 著, 1997. 10, 新書苑)를 내면서부터 시작되었다. 교감연구는 두 사람이 합의한 교감의 내용으로 소위 고판본과 황명정덕임신본의 원문을 그대로 전재하려고 노력했던 책이었다. 당시 필자는 공동필자의 자문에 따라 이하의 졸고들을 발표하면서 책의 틀을 잡아갔으며 그 작업은 자연스럽게 색인으로 넘어갔다.[1]

이와 같은 과정을 통해서 『삼국유사』의 서지학적인 작업을 일단

---

1. 河廷龍, 1995.11, 「『三國遺事』彌勒仙花·未尸郎·眞慈師條譯註」, 『普照思想』9, 普照思想研究院.

   河廷龍, 1996.12, 「『三國遺事』校勘에 대한 書誌學的 考察」, 『韓國傳統文化研究』11, 大邱曉星가톨릭大學校 韓國傳統文化研究所.

   河廷龍, 1997, 「『三國遺事』 '神呪第六' 校勘研究」, 『國學論叢』2, 慶山大學校 國學研究院.

   河廷龍, 1997.12, 「『三國遺事』의 校勘과 索引」, 『韓國傳統文化研究』12, 大邱曉星가톨릭大學校 韓國傳統文化研究所.

   河廷龍, 1998.9, 『三國遺事一字索引』, 民俗苑.

락하려 했을 때 그제서야 전고들의 수많은 오류 가운데 몇 가지가 눈에 띄기 시작했다. 바로 글자 자체만이 아니라 판본 전체에 대한 조망이 부족했던 것과 함께 고판본과 교감학 방법론에 대한 이해 부족이 그것이었다. 따라서 번역을 중단하고 다시 고판본에 의한 교감을 시작하여 이하의 졸고들을 발표하게 되었다.[2]

고판본에 대한 교감이 끝나면 다시 번역에 임하고자 했으나, 교감의 결과를 보니, 고판본이 초간본 가능성과 함께 찬자도 일연 혼자가 아닐 것이며 『삼국유사』가 미완성작으로 축차적으로 형성된 게 아닐까라는 생각을 갖게 되니, 번역을 또 중단하고 편찬과 간행에 대한 제문제를 살펴보면서 몇 가지 졸고들을 통해서 문헌연구를 진행하게 되었다.[3]

---

2. 河廷龍, 1998.3,「『三國遺事』鶴山李仁榮舊藏古板筆寫本의 書誌學的 考察」,『白山學報』50, 白山學會.

　河廷龍, 1998.9,「『三國遺事』最高本의 刊行時期-鶴山趙鍾業所藏古板本을 통한 接近-」,『史學研究』55·56, 韓國史學會.

　河廷龍, 1998.12,「『三國遺事』某氏所藏古板本考」,『大藏經의 世界(月雲和尙古稀紀念佛教學論叢)』, 東國譯經院.

3. 河廷龍, 1998.12,「『三國遺事』의 編纂과 刊行」,『先史와 古代』11, 韓國古代學會.

　河廷龍, 1999.6,「『三國遺事』의 編纂者」,『朝鮮史研究會會報』136, 日本朝鮮史研究會(關西).

　河廷龍, 1999.12,「『三國遺事』所引 '古記' 考」,『書誌學報』23, 韓國書誌學會.

　河廷龍, 2001.3,「『三國遺事』の讚に對する一考察」,『古代文化』53-3, 日本(財)古代學協會.

　河廷龍, 2001.9,「『三國遺事』諸條目間關係考」,『韓國史學史學報』4, 韓國史學史學會.

　河廷龍, 2002.3,「『三國遺事』の無極記と後註」,『朝鮮古代研究』3, 日本朝鮮古代研究刊行會.

　河廷龍, 2002.5,「『三國遺事』所載 龍의 名稱變化와 그 意味-密教의 傳來와 關連해서-」,『第1回 韓國佛教學大會 資料集』, 第1回 韓國佛教學結集大會.

　河廷龍, 2002.6,「『三國遺事』神呪第六 惠通降龍條와 新羅密教」,『悔堂學報』7, 悔堂學會.

　河廷龍, 2002.6,「『三國遺事』의 編纂과 刊行에 대한 研究」, 高麗大學校 大學院 박사학위 청구 논문.

이와 같이 졸고의 편수는 늘어 갔지만, 그럴수록 필자에겐 『삼국유사』는 보다 커다란 수수께끼로 다가왔고, 『삼국유사』에 대해서 모르는 게 더욱더 많아졌다는 것을 알게 되었다. 하지만 언제까지나 내일로 미룰 수만도 없어 최종적으로 정리를 한 것이 본서이다. 본래는 제(諸) 번역서를 비교하고 다방면에 관한 주석서를 내고자 했으나 바로 얼마 전에 한국정신문화연구원에서 그러한 류의 책이 나오고 있다는 것을 알게 되었다. 급히 일별해 보니 고고학과 미술사를 비롯하여 그간의 연구사적인 성과가 집대성된 좋은 주석서라는 생각이 들었다. 그러나 왠지 모르게 『삼국유사』를 이해하기 위한 연구자들의 주석서라기보다는 『삼국유사』에 나오는 한자단어나 역사용어에 대한 몇몇 연구자들이 만들어 낸 편람이라는 생각도 들었다. 특히 왕력제일 부분에 관해서는 한국과 중국의 역대연표와 왕위계승표로 대체할 수 있는 부분이 있었고 무엇보다도 고판본에 대한 교감학적인 인식이 없이, 다만 서지학적으로 단순대교를 통해서 원문을 제시하는 데 급급했다는 점은 옥의 티라고 하지 않을 수 없다.[4]

河廷龍, 2002.10, 「蓬佐文庫所藏壬申本『三國遺事』と列邑分刊」, 『高麗美術館研究所紀要』3, 日本 京都 高麗美術館研究所.

河廷龍, 2002.11, 「『三國遺事』の紀異篇について」, 『佛教史學研究』45-2, 日本佛教史學會.

河廷龍, 2002.12, 「『三國遺事』所載 山神關係記事의 一考察」, 『韓國의 山岳崇拜와 智異山 聖母天王』, 南原市・全北傳統文化研究所.

河廷龍, 2003.2, 「1390年代 이전에 流通된 『三國遺事』에 대하여」, 『韓國上古史學報』39, 한국상고사학회.

4. 이에 대한 상세한 내용들은 이 주석본들이 모두 간행되면 별고를 통해서 그에 대한 서평을 통해 자세히 지적할 생각이다.

그러므로, 물론 내용은 다르지만 필자가 그러한 책을 지금 내는 것은 그다지 의미가 없다고 여겨지게 되었고 또 누군가가 필자의 책도 그러한 눈으로 볼 게 아닌가 하는 두려움이 앞섰다. 이 때문에 한 달 간에 걸쳐 이전에 정리했던 주석들을 지우고 새롭게 필자의 그간의 연구성과에 기초한 내용을 중심으로 각주를 다시 정리했다.

우선 원문은 고판본을 중심으로 교감학 방법론에 따라 원문을 복원하는 데 최선을 다했다. 그 이후에 목판본(木板本)인 임신본과 활자본의 견해 가운데 참고할 것들을 각주로 소개하였다. 교감연구도 그랬지만 『삼국유사』에 대한 대교의 성과가 뒤를 잇고 있어 매우 고무적인 현상으로 여겨진다. 하지만 어느 판본은 이것, 다른 판본은 저것이라는 단순한 나열에 불과해 오히려 연구자들을 혼란스럽게 하는 게 아닌가라는 생각이 들게 한다. 그러한 오류를 불식하기 위해 본서에서 필자는 이체자(異體字)에 대한 분석을 중심으로 해서 결국 어떤 글자를 왜 선택해야 하는지를 설명하고자 노력하였다. 왜냐하면 연구자들은 오탈자 및 이체자에 대한 소위 문헌학적 병리현상에 대한 나름대로 설득력 있는 해명을 듣고 싶어하기 때문이다. 본서의 원문은 그러한 목적하에 이뤄진 것이다. 우선, 고판본의 원문을 새롭게 입력한 후, 임신본 등의 판본으로 수정과 보족이 가능한 자(字)에 한해서 각주를 통해 그 소개와 함께 원문에 게재한 자(字)와의 관계를 설명하였다. 이러한 과정에서 봉선사 현진 스님의 협조로 25사의 방점체계를 도입할 수 있어 크게 도움이 되었다. 필자의 25사 방점체계에 대한 부족으로 제멋대로 수정한 것도 많지만, 그래도 되는지에 대한 확신은 지금도 서지 않는다.

다음, 원문에 대한 번역의 비교를 편하게 할 수 있도록 가급적으로 짧게 문단을 잘라서 앞에는 원문을, 뒤이어 번역을 게재하였다. 물론 문단 구분의 기준은, 전부 그런 것은 아니지만 대체로 원전별로 연도별로 구분했지만 더러 문단을 자르기 어려운 부분은 목판본(木板本)의 권이 그러하듯 단지 분량을 중심으로 구분하기도 했다. 필자의 한문에 대한 해독능력이 매우 부족한 까닭에 번역은 시중에서 쉽게 구할 수 있는 번역본으로 북역본[5]을 저본으로 이재호본,[6] 박성봉본[7]을 대본으로 사용하면서 정합적인 교정을 시도했다. 물론 그러한 작업을 거쳤다고 해서 세 책을 정리한 본서의 번역이 수승하다는 말은 할 수 없다. 어느 선생님의 말씀처럼 아는 것만큼 보이며, 또 속어에도 있듯이 돼지목에 진주목걸이라, 필자의 수준이 있기에 오히려 세 본을 참고했으면서도 세 본보다 못한 번역이 된 듯한 느낌은 지울 수 없다. 특히 이재호본은 저자의 『삼국유사』 번역에의 열정을 보여 준 소중한 역작이라는 느낌을 받게 되었다.

필자는 평생 『삼국유사』를 공부하고자 한다. 그러한 의미에서 본서는 필자의 이후 연구에 기폭제가 되리라 여겨진다. 역주를 하면서 기존 연구사의 수정을 요할 수 있는 중요한 아이디어를 수없이 얻게 되었고 한편 죄송스럽게도 필자의 전고들의 과오도 여지없이 보게 되었다. 『삼국유사』 연구의 초심자이지만, 마지막으로 본서의 의미를 정리하면서 범례로 넘어가고자 한다.

---

5. 리상호, 『三國遺事』, 朝鮮科學院, 1960 ; 新書苑, 1990.

6. 이재호, 『삼국유사』 1, 2, 솔, 1997.

7. 朴性鳳 高敬植, 『三國遺事』, 瑞文文化社, 1985.

본서는『삼국유사』의 원본을 복원하기 위해서, 교감학 연구방법에 따라 초간본으로 보이는 1394년간 고판본을 저본으로 사용하면서 번역을 병행한 유일한 서적이라는 데서 의미를 찾을 수 있다고 생각한다.

2. 원문 범례

① 1. 迦葉佛宴坐石에서 1.은 각 편목에 있어서 조목의 순차를 말한다. 36/와 같은 원문 가운데 숫자 표시는 목판본과의 비교를 위한 편의를 제공하기 위해서 목판본의 엽수를 페이지수로 환산해서 적은 것이다. 원문의 분주는 편의상 ( ) 안에 기재하였다.

②『 』는 전거의 명명부호이며, 〈 〉는 고유명사이며, ·은 병렬부호, " "는 인용부호로 사용하였다. 25사방점체계 가운데서 ';' 등의 방점은 그다지 필요성을 느끼지 못해서 사용하지 않았다. ( )는 원문의 경우는 분주를 표시하며 번역의 경우는 연도표시 또는 부가설명에 한하여 사용하였다. 분주와 설명의 구분은 원문의 대조를 통해서 가능하다.

③ 治[理]·武[正]·碔(缺劃字)·虎·建[立]·隆[豊]·堯[高] 등의 피휘자의 경우도 최초의 원자에 한해서 소개를 하였으며, 편의상 이후는 생략하였다.[8]

④ 사용된 판본의 약칭

(趙) 趙鍾業所藏古板本, (南) 南權熙紹介古板本, 학산본 鶴山李

12

仁榮舊藏古板筆寫本, (石) 石南宋錫夏舊藏古板筆寫本, (서) 서울大
奎章閣所藏壬申本, (六) 高麗大六堂文庫所藏壬申本, (晚) 高麗大晚
松文庫所藏壬申本, (天) 天理大所藏壬申加筆本, (國) 國立中央圖書
館所藏壬申寫眞本, (蓬) 蓬左文庫所藏壬申本, (訂) 六堂崔南善新訂
本, (斗) 李丙燾譯註本, (北)리상호譯註本, (日) 三國遺事考證本.

⑤ 목판본의 원자를 별다른 이유 없이 일부 번역본을 비롯한 활
자본에서 대체한 것은 교감학 방법론에 저촉되므로 아예 언급을 하
지 않았다. 또한 목판본이라도 괴자(壞字)나 결자 등은 여타 목판본
으로 원자의 확인이 가능하므로 별도로 각주에서 소개하지 않았다.
다만 활자본이라도 번역상 참고가 되는 경우는 소개를 하였다.

⑥ 왕력제일 가운데 연대관에 대해서는 각주를 통해 자세히 말했
지만, 본문에서는 원문이 5년인데 삼국사기 등이 6년이라고 되어
있기에 6년이라고 해야 한다는 활자본의 의견은 제외하고자 한다.
왜냐하면 『삼국유사』의 연대관의 표출일 수 있기 때문에 그것은 그
것으로서 의미가 있다고 보기 때문이다.

⑦ 다음의 이체자(異體字)는 『삼국유사』에 빈번하게 나오는 것으
로, 편의상 별도로 각주를 붙이지 않고 원문을 수정하였다.[9]

巳↔已↔己, 末↔未, 太↔大↔火, 日↔曰, 母↔毋, 你↔爾,
土↔士, 于↔干, 力↔刀, 阤↔陀, 傅↔傳, 簿↔薄, 第↔弟, 盖↔

---

8. 피휘에 관해서는 아래의 논문을 참고 바란다.
　李根直, 1997.2,「『三國遺事』避諱例 研究」,『慶山文化研究』1, 慶山大學校 慶山文化研究所.
9.『삼국유사』의 異體字에 대해서는 별도의 논고를 통해서 상론하고자 한다.

蓋, 庵↔菴, 蕡↔蕢, 椋↔捑, 檢↔撿, 構↔搆, 校↔挍, 揖↔楫,
塤↔壎, 橋↔撟, 撗↔橫, 搣↔栖, 榷↔摧, 扎↔札, 楊↔揚, 析↔
折, 橄↔搬, 攉↔櫁, 擢↔櫂, 淂↔得, 遣↔遺, 喰↔淪↔殞, 疏
↔疏, 猒↔厭, 簀↔櫃, 徒↔徙, 珎↔珍, 与↔與, 館↔舘, 泚↔
泚, 沈↔沉, 況↔况, 項↔頃, 上↔工, 叱↔吐, 恃↔侍, 岡↔罔,
項↔頃, 郞↔卽, 小↔少, 熊↔態, 戍↔戌, 錫↔錫, 竺↔笁, 怛
↔怛, 饍↔膳↔鐥, 劍↔釖, 福↔褔, 歧↔岐, 祇↔祗, 勅↔勑,
昨↔胙, 衡↔衝, 俟↔候, 徵↔徽, 被↔柀, 稾↔稟, 蛇↔虵

3. 번역 범례

① 향가를 번역하면서 현재 국문학계에서 참고하는 주요 서책을
중심으로 그 해석의 대략만을 소개하는 데 그친다.[10] 또한 향가를
포함하여 몇몇 번역에 대해 각주를 붙일 때는 밑줄을 그어 해당 부
분을 표시하였다.

② 번역은 북역본을 저본으로 이재호본과 박성봉본을 대본으로
참고하였다.

③ 번역문은 원문과 대조해 볼 수 있도록 편집한 까닭에 가급적

---

10. 양주동, 『增訂 古歌研究』, 일조각, 1965.
   홍기문, 『향가해석』, 평양과학원, 1956.
   김완진, 『鄕歌解讀法研究』, 서울대학교 출판부, 1980.
   유창균, 『鄕歌批解』, 형설출판사, 1994.

한자를 표기하지 않았다.

④ 원문에 없는 글자를 번역문에 넣을 경우 [ ]를 사용한 경우도
있다.

4. 주석범례

① 처음에는 본서의 주석을 달아서 간행하고자 하였으나, 분량이
세 배 이상 불어나는 관계로 5년 후를 기약하였다. 그때는 『삼국유
사전―그 사전적 이해―』라는 가명으로 출간을 하고자 한다.

② 삼국유사 이해를 필요한 부분에 한해서 교감과 번역에 관해서
몇 가지 주석을 붙이기도 하였다.

5. 기타

본서는 『삼국유사』에 대한 연구서인 까닭에 해제 등은 달지 않았
다. 비록 번역이 매우 어려운 작업이라고 할지라도 한 번 번역을 마
친 후에 너무나도 쉽게 해제를 다는 요즘의 일부 번역서들을 보면
그 용기가 부러울 뿐이다.

필자는 『삼국유사』에 대한 해제는 아직까지 육당 최남선 선생님
의 해제로 충분하다고 여겨진다. 그리고 『삼국유사』에 대한 다양한
연구는 반드시 그로부터 출발해야 할 것이다.

차례

Ⅰ. 王曆第一

王曆第一

『三國遺事』	〈王曆第一〉			
〈前漢宣帝〉	〈新羅〉			
〈五鳳〉甲子四	第一〈赫居世〉姓〈朴〉, 卵生, 年十三, 甲子卽位, 理[1]六十年, 妹[2]〈娥伊英〉·〈娥英〉, 國号〈徐羅伐〉, 又〈徐伐〉, 或〈斯〉, 或〈雞林〉一[3]說, 至[4]〈脫解王〉時, 始[5]置〈雞林〉之号.			
〈甘露〉戊辰四				
〈黃龍〉壬申一				
〈元帝〉				
〈初元〉癸酉五				
〈永光〉戊寅五		〈高麗〉		
〈建昭〉癸未六	甲申築〈金城〉	第一〈東明王〉甲申立, 理十八, 姓〈高〉, 名〈朱[6]蒙〉, 一作〈鄒蒙〉, 〈壇君〉之子.		
〈成帝〉				
〈建始〉己丑四				

---

1. 高麗 成宗의 諱인 治를 避諱하여 代字하고 있다.
2. 부수는 女의 결획으로 亻이 된 듯하다. '妹'(누이 매) 또는 '㛇'(하걸왕의 아내 또는 여자의 字 말)로 판독이 가능하여 여기서는 妹로 원문을 복원해 보았다.
3. (天)은 加筆字인 之로 잘못 교정된 것이다. 이와 같은 이유로 필자는 천리대본의 가필자를 활자본의 교정과 같은 수준에서 다루고자 한다. 따라서 범례에서 밝힌 바와 같이 이후로 소개하지 않는다.
4. (石)(天)(晚)(서)는 圭로 至의 異體字이다.
5. (石)은 姑로 始의 異體字이다.
6. 壬申本은 年으로 朱의 異體字이다.

『삼국유사』	왕력제일			
전한선제	신라			
오봉 갑자사	제1대 혁거세. 성은 박씨로 알에서 태어났다. 나이 열셋인 갑자년에 즉위하여 60년 동안 재위했다. 비는 아이영 또는 아영이다. 나라 이름은 서라벌 또는 서벌 혹은 사로, 혹은 계림이라고도 한다. 탈해왕대 이르러 비로소 계림이라고 부르게 되었다.			
감로 무신사				
황룡 임신일				
원제				
초원 계유오				
영광 무인오		고려		
건소 계미육	갑신년(B.C.37)에 금성을 축조했다.	제1대 동명왕. 갑신년에 즉위하여 18년 동안 재위했다. 성은 고씨이며 이름은 주몽으로 추몽이라고도 한다. 단군의 아들이다.		
성제				
건시 기축사				

〈河平〉癸巳四				
〈陽朔〉丁酉四				
〈鴻嘉〉辛丑四				
	第二〈瑠璃王〉一作〈累利〉，又〈○留〉，〈東明〉子，立壬寅，理三十六年，姓〈解氏〉.	〈百濟〉		
〈永始〉乙巳四		第一〈溫祚王〉東明第三子，至[8]第二，癸卯在位四十五，都〈○礼城〉，一云〈蛇川〉，今〈稷山〉.		
〈元延〉己[7] 酉四				
〈哀帝〉二				
〈哀帝〉				
〈建平〉乙卯四		丙辰移都〈漢山〉，今〈廣州〉.		
〈元壽〉己未二				
〈平帝〉				

---

7. (天)(晩)(서)는 乙로 己의 異體字이다.

8. (石)(天)(晩)(서)는 圭로 至의 異體字이다.

28

하평 계사사				
양삭 정유사				
홍가 신축사				
	제2대 유리왕. 누리라고도 하고 또 유류라고도 한다. 동명의 아들로 임인년에 즉위하여 36년간 재위했다. 성은 해씨이다.	백제		
영시 을사사		제1대 온조왕. 동명의 셋째 아들로 둘째라고도 한다. 계유년에 즉위하여 45년간 재위했다. 위례성 또는 사천, 지금의 사산으로 도읍을 옮겼다.		
원연 기유사				
애제 二				
애제				
건평 을묘사		병진년에 한산, 지금의 광주로 도읍을 옮겼다.		
원수 기미이				
평제				

〈元始〉辛酉七	〈羅〉	〈麗〉	〈濟〉	〈洛〉
〈孺子〉	第二〈南解次[10]雄〉父〈赫居世〉，母〈閼英〉，姓〈朴氏〉，妃〈雲帝夫人〉，甲子立，理二十年，此王[11]位亦云〈居西干〉.	癸亥移都〈國內城〉，亦云〈不而[12]城〉.		
〈初始〉戊辰一[9]				
〈新室〉				
〈建國〉己巳五				
〈天鳳〉甲戌六		第三〈大虎神王〉名〈無恤〉，一作〈味留〉，姓〈解氏〉，〈瑠璃王〉第三子，戊寅立，理二十六年.		
〈地鳳〉丙辰三				
〈更始〉癸未二	第三〈弩礼一作努[14]尼叱今〉父〈南解〉，母〈雲帝〉，妃〈辭要王〉之女〈金氏〉，甲申立，理三十三年，〈尼叱今〉或作〈尼師今〉.			
〈後漢〉〈虎[13]帝〉				
〈建虎〉乙酉三十一		第四〈閔中王〉名〈色朱〉，姓〈解氏〉，〈大虎〉之子，甲辰立，理四年.	第二〈多婁王〉〈溫祚〉第二子，戊子立，理四十九年.	〈駕洛國〉一作〈伽〉今〈金州〉〈首露王〉壬寅三月卵生，是月卽位，理一百五十八年，因金卵而生，故姓〈金氏〉，『開皇曆』載.

---

9. 壬申本은 모두 二이다.
10. 次의 괴자로 보인다.
11. (石)은 壬으로 王의 異體字이다.
12. 耐의 괴자일 수 있다.
13. 高麗 惠宗의 諱인 武를 避諱代字이다.
14. (天)(晩)(서)는 弩이다.

	라	려	제	락
원시 신유칠	제2대 남해차차웅. 부는 혁거세이며, 모는 알영이다. 성은 박씨이며 비는 운제부인이다. 갑자년에 즉위하여 20년간 재위했다. 이 왕위를 거서간이라고도 한다.			
유자		계해년에 국내성으로 도읍을 옮겼다. 불이성이라고도 한다.		
초시 무진이				
신실				
건국 기사오				
천봉 갑술육		제3대 대무신왕왕. 이름은 무휼이며 미류라고도 한다. 성은 해씨로 유리왕의 셋째 아들이다. 무인년에 즉위하여 26년간 재위했다.		
지봉 병진삼	제3대 노례니즐금. 부는 남해이며 모는 운제며, 비는 사요왕의 딸 김씨이다. 갑신년에 즉위하여 33년간 재위했다. 이즐금은 이사금이라고도 한다.			
경시 계미이				
후한 호제				
건호 을유삼십일		제4대 민중왕. 이름은 색주이며 성은 해씨로 대무신왕의 아들이다. 갑진년에 즉위하여 4년간 재위했다.	제2대 다루왕. 온조왕의 둘째 아들이다. 무자년에 즉위하여 49년간 재위했다.	가락국. 가야라고도 하며 지금의 금주이다. 수로왕. 임인년 3월에 알에서 태어났다. 이달에 즉위하여 158년간 재위했다. 금으로 된 알에서 태어난 까닭에 성을 김씨라 하니 개황력에 실렸다.

		第五〈慕本王〉〈閔中〉之兄, 名〈愛留〉, 一作〈憂〉, 戊申立, 理五年.		
〈中元〉丙辰二 〈明帝〉 〈永平〉戊午十七 〈章帝〉	第四〈脫解一作〈吐解〉尼叱今〉〈昔氏〉, 父〈琓夏國〉〈含達婆王〉, 一作〈花夏國王〉, 母〈積女國王〉之女, 妃〈南解王〉之女〈阿老夫人〉, 丁巳立, 理二十三年, 王崩, 水[15]葬〈末召[16]疏井丘〉中, 塑骨安〈東岳〉, 今〈東岳大王〉.	第六〈國祖王〉名〈宮〉, 亦云〈大祖王〉, 癸丑立, 理九十三年. 『後漢傳』初生開目能視, 後遜位于母弟〈次大王〉.		
〈建初〉丙子十八 〈元和〉甲申三 〈章和〉丁亥二 〈和帝〉	第五〈婆娑尼叱今〉姓〈朴氏〉, 父〈弩礼王〉, 母〈辭要王〉之女, 妃〈史肖夫人〉, 庚辰立, 理三[17]十二年.		第三〈己婁王〉〈多婁王〉子, 丁丑立, 理五十五年.	
〈永元〉己丑十七	〈羅〉	〈麗〉	〈濟〉	〈洛〉
〈殤帝〉				
〈元興〉乙巳				
〈安帝〉				
〈延平〉丙午				

---

15. (天)(晩)(서)는 木이다.

16. 임신본은 壞字이다.

17. (天)(晩)(서)는 ○이다.

		제5대 모본왕. 민중왕의 형으로 이름은 애류이며 우라고도 한다. 무신년에 즉위하여 5년간 재위했다.		
중원 병진이 명제 영평 무오십칠 장제 건초 병자십팔	제4대 탈해니즐금. 토해라고도 한다. 석씨이다. 부는 완하국 함달파왕으로 화하국왕이라고도 한다. 모는 적녀국왕의 딸이며 비는 남해왕의 딸 아로부인이다. 정사년에 즉위하여 23년간 재위했다. 왕이 붕어하자 미소소정의 구릉 속에 수장시켰다가 뼈로 소상을 만들어 동악에 안장시켰으니 지금의 동악대왕이다.	제6대 국조왕. 이름은 궁이며 또한 태조왕이라고도 한다. 계축년에 즉위하여 93년간 재위했다. 『후한서』에 이르기를 처음 태어나서 눈을 뜨니 능히 보았다고 한다. 후에 동생 차대왕에게 양위했다.	제3대 기루왕. 다루왕의 아들로 정축년에 즉위하여 55년간 재위했다.	
원화 갑신삼 장화 정해이 화제	제5대 파사니즐금. 성은 박씨이다. 부는 노례왕이며 모는 사요왕의 딸이며 비는 사초부인이다. 경진년에 즉위하여 32년간 재위했다.			
영원 기축십칠	라	려	제	락
상제				
원홍 을사				
안제				
연평 병오				

〈永初〉丁未七	第六〈祇磨尼叱今〉一作〈祇味〉，姓〈朴氏〉，父〈婆娑○〉，母〈史肖夫[18]人〉，妃〈磨帝國王〉之女〈○礼夫人〉，一作〈愛礼〉，〈金氏〉，壬子立，理二十三年，是王代滅〈音汁只[19]國〉，今〈安康〉，及〈押梁國〉，今〈○山〉.		
〈元初〉甲寅六			
〈永寧〉庚申			
〈建光〉辛酉			
〈迎光〉壬戌四			
〈順帝〉			
〈永建〉丙寅六			
〈陽嘉〉壬申四			
〈永和〉丙子六			
〈漢安〉壬午二	第七〈逸聖尼叱今〉父〈弩礼王〉之兄，或云〈祇磨王〉，妃〈○礼夫人〉，〈日知葛文王〉之女，[20] ○○〈○礼夫人〉，〈○磨王〉之女，母〈伊刊生夫人〉，或云〈○○王夫人〉，〈朴氏〉，甲戌立，理二十年.		第四〈蓋婁王〉〈己婁〉子，戊辰立，理三十八年.
〈建康〉甲申			
〈冲帝〉			
〈永嘉〉乙酉			
〈質[21]帝〉			
〈本初〉丙戌		第七〈次大王〉名〈邃〉，〈國祖王〉母弟，丙戌立，理十九年.[22]	
〈桓帝〉			
〈建和〉丁亥三			

---

18. (晩)(서)(蓬)은 文이다.
19. (天)(晩)(서)는 質이다.
20. 木板本은 父로 女의 異體字이다.
21. 임신본은 ○이다.
22. (天) 이외 임신본은 ○이다.

영초 정미칠	제6대 지마니즐금. 지미라고도 한다. 성은 박씨로 부는 파사왕이며, 모는 사초부인이다. 비는 마제국왕의 딸 ○례부인으로 애례부인이라고도 하며 김씨이다. 임자년에 즉위하여 23년간 재위했다. 이 왕대에 음집지국, 지금의 안강과 압량국, 지금의 ○산을 멸망시켰다.		
원초 갑인육			
영녕 경신			
건광 신유			
영광 임술사			
순제			
영건 병인육	제7대 일성니즐금. 부는 노례왕의 형이나 지마왕이라고도 한다. 비는 ○례부인으로 일지갈문왕의 딸이다. 또는 ○례부인으로 지마왕의 딸이라고도 한다. 모는 이간생 부인이나 ○○왕부인이라고도 하며 박씨이다. 갑술년에 즉위하여 20년간 재위했다.		제4대 개루왕. 기루왕의 아들이다. 무진년에 즉위하여 38년간 재위했다.
양가 임신사			
영화 병자육			
한안 임오이			
건강 갑신			
충제			
영가 을유			
질제			
본초 병술		제7대 차대왕. 이름은 수이다. 국조왕의 동생이다. 병술년에 즉위하여 19년간 재위했다.	
환제			
건화 정해삼			

〈和平〉庚寅	〈羅〉	〈麗〉	〈濟〉	〈洛〉
〈元嘉〉辛卯二				
〈永興〉癸巳二	第八〈阿達羅尼叱今〉			
〈永壽〉乙未三		乙巳〈國祖王〉年百十九歲, 兄〇二王, 俱見弑于新王.		
〈延熹〉戊戌九				
〈永康〉丁未		第八〈新大王〉名〈〇〇〉, 一作〈伯句〉, 乙巳立, 理十四年.	第五〈肖古王〉一作〈素古〉, 〈盖婁〉子, 丙午立, 理五十年.	
〈靈帝〉	又與〈倭國〉相〇〇嶺〇〇〇〇〇〇〇立峴〉, 今〈彌勒大院〉東嶺, 是也.			
〈建寧〉戊申四				
〈熹平〉壬子六				
〈光和〉戊午六		第九〈故國川王〉各23〈男虎〉, 或云〈夷謨〉, 己〇立, 理二十年, 〈國川〉, 亦曰〈國壤〉, 乃葬地名.		
〈中平〉甲子五	第九〈伐休尼叱今〉			
〈洪農〉又〈獻帝〉				
〈永漢〉己巳				
〈初平〉庚午四				
〈興平〉甲戌二				
〈建安〉丙子				
〈曹魏〉〈文帝〉	第十〈奈〇尼叱今〉	第十〈〇〇〇〉	第六〈仇首王〉一作〈貴須〉, 〈〇〇〇〉之子, 甲午立, 理二十一年.	第二〈居登王〉〈首露〉子, 母〈許皇后〉, 己卯立, 理五十五年, 姓〈金氏〉.
〈黃初〉庚子七				
〈明帝〉				
〈大和〉丁未六	第十一〈助〇尼叱今〉			
〈青龍〉癸丑四		第十一〈東川王〉	第七〈沙沸王〉一作〈沙〇〇〉, 〈仇首〉之子, 立卽廢.	
〈景初〉丁巳三				

---

23. 木板本은 各으로 名의 異體字이다.

화평 경인	라	려	제	락
원가 신묘이				
영흥 계사이	제8대 아달라니즐금			
영수 을미삼		을사년 국조왕의 나이가 119세에 형제 두 왕이 모두 신왕에게 피살되었다.		
연희 무술구			제5대 초고왕. 소고라고도 한다. 개루왕의 아들로 병오년에 즉위하여 50년간 재위했다.	
영강 정미	또 왜국과 더불어… ○○령에서… ○립현은 지금의 미륵대원의 동령이 이것이다.	제8대 신대왕. 이름은 백고이니 백구라고도 한다. 을사년에 즉위하여 14년간 재위했다.		
영제				
건녕 무신사				
희평 임자육				
광화 무오육		제9대 고국천왕. 이름은 남무로 이모라고도 한다. 기미년에 즉위하여 20년간 재위했다. 국천은 국양이라고도 하니 바로 장지의 이름이다.		
중평 갑자오	제9대 벌휴니즐금			
홍농 우헌제				
영한 기사				
초평 경오사				
흥평 갑술이				
건안 병자	제10대 나(해)니즐금.	제10대 (산상왕)	제6대 구수왕. 귀수라고도 하며 (초고)왕의 아들이다. 갑오년에 즉위하여 21년간 재위했다.	제2대 거등왕. 수로의 아들로 모는 허황후이다. 기묘년에 즉위하여 55년간 재위했다. 성은 김씨이다.
조위 문제				
황초 경자칠				
명제				
대화 정미육	제11대 조(분)니즐금.	제11대 동천왕	제7대 사반왕. 사○○이라고도 하며 구수왕의 아들이다. 즉위하자마자 폐위되었다.	
청룡 계축사				
경초 정사삼				

〈齊王〉	〈羅〉	〈麗〉	〈濟〉	〈洛〉
〈正始〉庚申九	第十二〈理解尼叱今〉一作〈詁解王〉，〈昔氏〉，〈助賁王〉之同母弟也，丁卯立，理十五年，始與〈高麗〉通聘.	○○○○○	第八〈古尓王〉〈肖故〉之母弟，甲寅立，理五十二年.	
〈嘉平〉己巳五				
〈高貴卿〉				
〈正元〉甲戌二				
〈甘露〉丙子四				
〈陳留王〉				
〈景元〉庚辰²⁴四	第十三〈未鄒尼叱今〉一作〈味炤〉，又〈未祖〉，又〈未召〉，姓〈金氏〉始立，父〈仇道葛文王〉，母〈生乎〉，一作〈述礼夫人〉，〈伊非葛文王〉之女〈朴氏〉，妃〈諸賁王〉之女〈光明娘〉，壬午立，理二十二年.	第十三〈西川王〉各²⁵〈藥盧〉，又〈若反〉，庚寅立，理二十年.		第三〈麻品王〉父〈居登王〉，母〈泉府卿〉〈申輔〉之女〈慕眞〉²⁶夫人，己卯立，理三十二年.
〈西晉虎帝〉				
〈泰始〉乙酉十				
〈咸寧〉乙未五				
〈大康〉庚子十一	第十四〈儒禮尼叱今〉一作〈世里智王〉，〈昔氏〉，父〈諸賁〉，母〈○召夫人〉，〈朴氏〉，甲辰立，治十五年，補築〈月城〉.	第十四〈烽上王〉·一云〈雉葛王〉，名〈相夫〉，壬子立，治八年.	第九〈責稽王〉〈古尓〉子，一作〈青稽〉²⁷誤，丙午立，治十二年.	
〈惠帝〉				
〈元康〉辛亥九				
〈永寧〉庚申二	第十五〈基臨尼叱今〉一作〈基立王〉，〈昔氏〉，〈諸賁王〉之弟二子也，母〈阿尓○夫人〉，戊午立，治十二年.		第十〈汾西王〉〈責稽〉子，戊午立，治六年	
〈大安〉壬戌二				第四〈居叱旀王〉一作〈今勿〉，父〈麻品〉，母〈好仇〉，辛亥立，治五十五年.
〈永興〉甲子三		第十五〈美川王〉·云〈好攘〉，名〈乙弗〉，又〈憂弗〉，庚申立，理三十一年.		
〈光熙〉丙寅	丁卯年定國号曰〈新羅〉，新者德業日新，羅者網羅四方之民²⁸云，或系〈智證〉·〈法興〉之世.		第十一〈比流王〉〈仇首〉²⁹第二子〈沙泮〉之弟也，甲子立，治四十年.	
〈懷帝〉				

---

24. 임신본은 辰庚이다.
25. 木板本은 各으로 名의 異體字로 보인다.
26. 임신본은 言今貞이다.
27. 임신본은 責替이다.
28. 임신본은 氏로 民의 異體字이다.
29. 木板本은 者와 비슷한 자로 首의 異體字.

제왕	라	려	제	락
정시 경신구	제12대 이해니즐금. 점해왕이라고도 한다. 석씨로 조분왕의 동생이다. 정묘년에 즉위하여 15년간 재위했다. 처음으로 고구려와 외교사절을 교환했다.		제8대 고이왕. 초고의 동생으로 갑인년에 즉위하여 52년간 재위했다.	
가평 기사오				
고귀경				
정원 갑술이				
감로 병자사				
진류왕				
경원 경진사	제13대 미추니즐금. 미소 또는 미조, 미소라고도 한다. 성은 김씨로 처음으로 즉위했다. 부는 구도갈문왕이며 모는 생호로 술례부인이라고도 하며 이비갈문왕의 딸 박씨이다. 비는 제분왕의 딸 광명랑이다. 임오년에 즉위하여 22년간 재위했다.			제3대 마품왕. 부는 거등왕이며 모는 천부경 신보의 딸 모진 부인이다. 기묘년에 즉위하여 32년간 재위했다.
서진호제				
태시 을유십		제13대 서천왕. 이름은 약로, 약반이라고도 한다. 경인년에 즉위하여 20년간 재위했다.		
함녕 을미오				
대강 경자십일	제14대 유례니즐금. 세리지왕이라고도 한다. 석씨로 부는 제분왕이며 모는 ○소부인으로 박씨이다. 갑진년에 즉위하여 15년간 재위했다. 월성을 보수했다.		제9대 책계왕. 고이의 아들로 청계라고도 하나 잘못된 것이다. 병오년에 즉위하여 12년간 재위했다.	
혜제		제14대 봉상왕. 치갈왕이라고도 하며 이름은 상부이다. 임자년에 즉위하여 8년간 재위했다.		
원강 신해구				
영녕 경신이	제15대 기림니즐금. 기림왕이라고도 한다. 성은 석씨로 제분왕의 둘째 아들이다. 모는 아이(혜)부인이다. 무오년에 즉위하여 12년간 재위했다.		제10대 분서왕. 책계의 아들로 무오년에 즉위하여 6년간 재위했다.	제4대 거질미왕. 금물이라고도 한다. 부는 마품이며, 모는 호구이다. 신해년에 즉위하여 55년간 재위했다.
대안 임술이		제15대 미천왕. 호양이라고도 한다. 이름은 을불로 우불이라고도 한다. 경신년에 즉위하여 31년간 재위했다.	제11대 비류왕. 구수의 둘째 아들이며 사반의 동생이다. 갑자년에 즉위하여 40년간 재위했다.	
영흥 갑자삼				
광희 병인	정묘년에 국호를 정하여 신라라고 했다. 신라란 덕행과 사업이 날로 새로워지는 것이며 라란 사방의 백성들을 망라하는 것이라 했다. 지증 또는 법흥왕대의 일이라고도 한다.			
회제				

	⟨羅⟩	⟨麗⟩	⟨濟⟩	⟨洛⟩
⟨永嘉⟩丁卯六 ⟨愍帝⟩ ⟨建興⟩癸酉四	第十六⟨乞解尼叱今⟩ ⟨昔氏⟩, 父⟨于[30]老音 角干⟩, 卽⟨奈解王⟩第 二子也, 庚午立, 治十 六年, 是王代⟨百濟⟩ 兵始來侵			
⟨東晉中宗⟩	⟨羅⟩	⟨麗⟩	⟨濟⟩	⟨洛⟩
⟨建虎⟩丁丑				
⟨大興⟩戊寅四				
⟨明帝⟩				
⟨永昌⟩壬午				
⟨大寧⟩癸未三				
⟨顯宗⟩				
⟨咸和⟩丙戌九		第十六⟨國原王⟩名 ⟨釗⟩, 又⟨斯由⟩, 或云 ⟨岡上○⟩, 辛卯立, 理 四十年.		
⟨咸康⟩乙未八	己丑始築⟨碧骨堤⟩, 周 ○万七千二十六步, ○○○百六十六步, 水田[31]一万四千七十 ○○.			
⟨康帝⟩		○○增築⟨平壤城⟩.		
⟨建元⟩癸卯二			第十二⟨契王⟩⟨汾 西⟩元子, 甲辰立, 理二年.	
⟨穆[32]宗⟩		壬寅八月移都⟨安市 城⟩, 卽⟨○都城⟩.		
⟨永和⟩乙巳十二 ⟨昇平⟩丁巳五 ⟨哀帝⟩ ⟨隆和⟩壬戌	第十七⟨奈勿麻立干⟩ 一作⟨○○王⟩, ⟨金 氏⟩, 父⟨仇道葛文 王⟩, 一作⟨未召王⟩之 弟, ⟨○○角干⟩, 母 ⟨○○○○⟩, ⟨金氏⟩, 丙辰立, 理四十六年, 陵在⟨占星臺⟩西南.		第十三⟨近肖古王⟩ ⟨比流⟩第二子, 丙 午立, 理二十九年.	第五⟨伊品王⟩ 父⟨居叱旀⟩, 母 ⟨阿志⟩, 丙午 立, 理六十年.

---

30. ⟨천⟩을 제외한 木板本은 子로 于의 異體字이다.

31. 木板本은 日로 田의 壞字이다.

32. 임신본은 ○이다.

	라	려	제	락
영가 정묘육 민제 건흥 계유사	제16대 걸해니즐금. 석씨로 부는 우로음각간이니 곧 나해왕의 둘째 아들이다. 경오년에 즉위하여 46년간 재위했다. 이 왕대 백제가 처음으로 침범했다.			
동진 중종				
건호 정축				
대흥 무인사				
명제				
영창 임오				
대령 계미삼				
현종				
함화 병술구		제16대 국원왕. 이름은 쇠이며 사유라고도 하고 강상(왕)이라고도 한다. 신묘년에 즉위하여 40년간 재위했다.		
함강 을미팔	기축년에 처음으로 벽골제를 쌓았다. 주위가 (1)7026보이며 ○○가 ○66보이며 논이 1407○(결)이다.	(갑오에)평양성을 증축했다.		
강제			제12대 계왕. 분서왕의 원자이다. 갑진년에 즉위하여 2년간 재위했다.	
건원 계묘이		임인년 8월에 안시성으로 천도하니 곧 (환)도성이다.		
목종				
영화 을사십이	제17대 나물마립간. ○○왕이라고도 하며 김씨이다. 부는 구도갈문왕이나 미소왕의 동생(말구)각간이라고도 한다. 모는 (휴례부인)으로 김씨이다. 병진년에 즉위하여 46년간 재위했다. 왕릉은 점성대 서남쪽에 있다.		제13대 근초고왕. 비류의 둘째 아들이다. 병오년에 즉위하여 29년간 재위했다.	제5대 이품왕. 부는 거즐며이며 모는 아지이다. 병오년에 즉위하여 60년간 재위했다.
승평 정사오				
애제				
융화 임술				

〈興寧〉癸亥三			
〈廢帝〉			
〈大和〉丙寅五			
〈簡文帝〉			
〈咸安〉辛未二[33]	第十七〈小獸林王〉名〈丘夫〉, 辛未立, 理十三年.	辛未移都〈北浦山〉.	
〈烈宗〉		第十四〈近仇首王〉〈近肖古〉之子也, 乙亥立, 理九年.	
〈寧康〉癸酉三			
〈大元〉丙子二十一	第十八〈國壤王〉名〈伊速〉, 又〈於只支〉, 甲申立, 治八年.	第十五〈枕流王〉〈近仇首〉子, 甲申立.	
〈安帝〉	第十九〈廣開王〉名〈談德〉, 壬辰立, 治二十一年.	第十六〈辰斯王〉〈枕流王〉弟, 乙酉立, 治七年.	
〈隆安〉丁酉五		第十七〈阿莘王〉一作〈阿[34]芳〉, 〈辰斯〉子, 壬辰立, 治十三年.	

---

33. 임신본은 ○이다.
34. 임신본은 河이다.

42

홍녕 계해삼			
폐제			
대화 병인오			
간문제			
함안 신미이	제17대 소수림왕. 이름은 구부이다. 신미년에 즉위하여 13년간 재위했다.	신미년에 북포산으로 천도했다.	
열종		제14대 근구수왕. 근초고의 아들이다. 을해년에 즉위하여 9년간 재위했다.	
영강 계유삼			
대원 병자이십일	제18대 국양왕. 이름은 이속이며 어지지라고도 한다. 갑신년에 즉위하여 8년간 재위했다.	제15대 침류왕. 근구수의 아들로 갑신년에 즉위했다.	
안제	제19대 광개토왕. 이름은 담덕이다. 임진년에 즉위하여 21년간 재위했다.	제16대 진사왕. 침류왕의 동생이다. 을유년에 즉위하여 7년간 재위했다.	
융안 정유오		제17대 아심왕. 아방이라고도 한다. 진사의 아들이다. 임진년에 즉위하여 13년간 재위했다.	

〈元興〉壬寅三	第十八〈實聖麻立干〉一作〈實主王〉, 又〈宝金〉, 又○父[35]〈未鄒王〉弟〈大西知角干〉, ○〈○礼生夫人〉, 〈昔氏〉〈登也阿干〉○也, 妃〈阿留夫人〉, 壬寅立, 治十五王, 卽〈鵄述〉之父.		第十八〈腆支王〉一作〈眞支王〉, 名〈映〉, 〈阿莘〉子, 乙巳立, 治十五年.	
〈義熙〉乙巳十四	第十九〈訥祇麻立干〉一作〈內只王〉〈金氏〉, 父[36]〈奈勿王〉, 母〈內礼希夫人〉〈金氏〉, 〈未鄒王〉女, 丁巳立, 治四十一年.	第二十〈長壽王〉名〈臣○〉, 癸丑立, 治七十九年.		第六〈坐知王〉一云〈金吐王〉, 父〈伊品〉, 母〈貞信〉, 丁未立, 治十四年.
〈恭帝〉				
〈元熙〉己未				
〈宋武帝〉			第十九〈久尒辛王〉〈腆支文子〉, 庚申立, 治七年.	第七〈吹希王〉一云〈金喜〉, 父〈坐知王〉, 母〈福〉, 辛酉立, 治三十年.
〈永初〉庚申三				
〈小帝〉				

---

35. (石)은 文으로 父의 異體字이다.
36. (天)을 제외한 木板本은 文으로 父의 異體字이다.

원홍 임인삼	제18대 실성마립간. 실주왕이라고도 하며 보금이라고도 한다. 부는 미추왕의 동생 대서지각간이며 모는 ○예생부인으로 석씨 등야간의 (딸)이다. 비는 아유부인이다. 임인년에 즉위하여 15년간 재위했다. 왕은 곧 치술의 부이다.		제18대 전지왕. 진지왕이라고도 한다. 이름은 영이며 아신왕의 아들이다. 을사년에 즉위하여 15년간 재위했다.	
의희 을사십사	제19대 눌지마립간. 내지왕이라고도 하며 김씨이다. 부는 나물왕이며 모는 내례희부인으로 김씨 미추왕의 딸이다. 정사년에 즉위하여 41년간 재위했다.	제20대 장수왕. 이름은 신(련)이다. 계축년에 즉위하여 79년간 재위했다.		제6대 좌지왕. 금토왕이라고도 한다. 부는 이품이며 모는 정신이다. 정미년에 즉위하여 14년간 재위했다.
공제				
원회 기미				
송무제				
영초 경신삼			제19대 구이신왕. 전지왕의 아들이다. 경신년에 즉위하여 7년간 재위했다.	제7대 취희왕. 금희라고도 한다. 부는 좌지왕이며 모는 복(수)이다. 신유년에 즉위하여 30년간 재위했다.
소제				

〈景平〉癸酉				
〈文帝〉				
〈元嘉〉甲子二十九				
〈世祖〉癸巳大初		丁卯移都〈平壤城〉.	第二十〈毗有王〉〈久尒辛〉子, 丁卯立, 治二十八年.	第八〈鉒知王〉一云〈金鉒〉, ○〈○希〉, 母〈仁德〉, 辛卯立, 治三十六年. 〈洛〉
〈孝建〉甲午三				
〈大明〉丁酉八	第二十〈慈悲麻立干〉〈金氏〉, 父〈訥祗〉, 母〈阿老夫人〉, 一作〈次老夫人〉, 〈實聖王〉之女, 戊戌立, 治二十一年, 妃〈巴胡葛文王〉女, 一作〈未[37]叱希角干〉, 一作〈○○角干〉女.		第二十一〈盖鹵王〉一云〈近盖鹵王〉, 名〈慶司〉, 乙未立, 治二十年.	
〈大宗〉				
〈泰始〉乙巳八				
〈後廢帝〉				
〈元徽〉癸丑四	始與〈吳國〉通, 己未年〈倭國〉兵來侵, 始築〈明活城〉, 入避, 來圍〈梁州〉二[38]城, 不克而還. 〈羅〉	〈麗〉	〈濟〉	
〈順帝〉			第二十二〈文周王〉一作〈文州[39]〉, 〈盖鹵〉子, 乙卯立, 移都〈熊川〉, 理二年.	
〈昇明〉丁巳二				

---

37. 임신본은 ㅗ으로 未의 壞字이다.
38. 임신본은 ○이다.
39. 임신본은 明이다.

46

경평 계유				
문제				
원가 갑자이십구				
세조 계사대초		정묘년에 평양성으로 천도했다.	제20대 비유왕. 구이신의 아들이다. 정묘년에 즉위하여 28년간 재위했다.	
효건 갑오삼				
대명 정유팔	제20대 자비마립간. 김씨로 부는 눌지이다. 모는 아로부인으로 차로부인이라고도 하며 실성왕의 딸이다. 무술년에 즉위하여 21년 간 재위했다. 비는 파호갈문왕 또는 미즐희각간 또는 미사흔각간의 딸이라고도 한다.		제21대 개로왕. 근개로왕이라고도 하며 이름은 경사이다. 을미년에 즉위하여 20년간 재위했다.	제8대 질지왕. 금질이라고도 한다. (부는 취)희이며 모는 인덕이다. 신묘년에 즉위하여 36년간 재위했다.
대종				
태시 을사팔				
후폐제				
원휘 계축사	처음으로 오나라와 외교했다. 기미년에 왜국의 병사들이 침범해오니 처음으로 명활성을 쌓고 들어가 피했다. 양주의 두 성을 포위하다가 이기지 못하고 돌아갔다. 라	려	제 제22대 문주(文周)왕. 문주(文州)라고도 한다. 개로의 아들이다. 을묘년에 즉위하여 웅천으로 천도하고 2년간 재위했다.	락
순제				
승명 정사이				

〈齊大祖〉			第二十三〈三斤王〉一作〈三乞王〉,〈文周〉子, 丁巳立, 理二年.	
〈建元〉己未四	第二十一〈毗處麻立干〉一作〈○知王〉,〈金氏〉,〈慈悲王〉第三子, 母〈未欣角干〉之女, 己未立, 理二十一年, 妃〈期宝葛文王〉之女.			
〈永明〉癸亥十一				
〈廢帝〉				
〈高宗〉		第二十一〈文咨明王〉名〈明理好〉, 又〈个雲〉, 又〈高雲〉, 壬申立, 理二十七年.	第二十四〈東城王〉名〈牟[40]大〉, 一云〈麻帝〉, 又〈餘大〉,〈三斤王〉之堂第, 己未立, 理二十六年.	第九〈鉗知王〉父〈鉝知王〉, 母〈邦媛〉, 壬申立,理二十九年.
〈建虎〉甲戌四				
〈永泰〉戊寅	第二十二〈智訂麻立干〉一作〈智哲老[41]〉, 又〈智度路王〉,〈金氏〉, 父〈訥祇王〉弟〈期宝葛文王〉, 母〈烏生夫人〉〈訥祇王〉之女, 妃〈迎帝夫人〉,〈儉攬代〉〈漢只〉〈登許一[42]作〈○○〉角干〉之女, 庚辰立, 理十四.			
〈永元〉己卯二				

---

40. 木板本은 年으로 牟의 異體字이다.

41. 임신본은 名이다.

42. 임신본은 ○이다.

48

			제23대 삼근왕. 삼걸왕이라고도 하며 문주의 아들이다. 정사년에 즉위하여 2년간 재위했다.	
제대조	제21대 비처마립간. (소)지왕이라고도 하며 김씨이다. 자비왕의 셋째 아들로 모는 미흔각간의 딸이다. 기미년에 즉위하여 21년간 재위했다. 비는 기보갈문왕의 딸이다.			
건원 기미사				
영명 계해십일				
폐제				
고종				
건호 갑술사				
영태 무인	제22대 지정마립간. 지철로 또는 지도로왕이라고도 한다. 김씨로 부는 눌지왕의 동생 기보갈문왕이다. 모는 오생부인으로 눌지왕의 딸이다. 비는 영제부인으로 검람대 한지부의 등허 또는 (○○)각간의 딸이다. 경진년에 즉위하여 14년간 재위했다.	제21대 문자명왕. 이름은 명리호이며 개운 또는 고운이라고도 한다. 임신년에 즉위하여 27년간 재위했다.	제24대 동성왕. 이름은 모대이며 마제 또는 여대라고도 한다. 삼금왕의 6촌동생이다. 기미년에 즉위하여 22년간 재위했다.	제9대 겸지왕. 부는 질지왕이며 모는 방원이다. 임신년에 즉위하여 29년간 재위했다.
영원 기묘이				

〈和帝〉			第二十五〈虎寧王〉名〈斯摩〉卽〈東城〉第二子辛巳立理二十二年『南史』云"名〈扶餘隆〉"誤矣〈隆〉乃〈寶藏王〉之大子詳見『唐史』[46]	
〈中興〉辛巳一	已上爲〈上古〉, 已下爲〈中古〉.			
〈梁高祖〉				
〈天監〉壬午十八	第二十三〈法興王〉名〈原宗〉,〈金氏〉,『册府元龜』[43]云"姓〈募〉名〈秦〉," 父〈智訂〉, 母〈迎帝夫人〉,〈法興〉謚, 謚始乎此, 甲午立, 理二十六年, 陵在〈哀公寺〉北, 妃〈巴刀[44]夫人〉, 出家名〈法流〉, 住〈永興寺〉, 始行律令, 始行〈十齊[45]日〉, 禁殺, 度人爲僧尼.〈建元〉丙辰, 是年始置, 年号始此.	第二十二〈安藏王〉名〈興安〉, 己亥立, 理十二年.		
〈普通〉庚子七				第十〈仇衝王〉〈鉗知〉子, 母〈○女〉, 辛丑立, 理十三[48]年,〈中大通〉四年壬子, 納土[49]投〈羅〉.
〈大通〉丁未二		第二十三〈安原王〉名〈宝迎〉, 辛[47]亥立, 理十四年.	第二十六〈聖王〉名〈明穠〉,〈虎寧〉子, 癸巳立, 理三十一年.	
〈中大通〉己酉六				

---

43. 임신본은 明府山龜로 여기서 明은 册의 異體字의 壞字로 보인다.
44. 임신본은 曰丑이다.
45. 임신본은 行이다.
46. 임신본은 吏이다.
47. 임신본은 癸이다.
48. 임신본은 二이다.
49. 임신본은 士이다.

			제25대 무녕왕. 이름은 사마로 곧 동성왕의 둘째 아들이다. 신사년에 즉위하여 22년간 재위했다. 『남사』에 "이름은 부여융이다."라 한 것은 잘못이다. 융은 바로 보장(의자가 맞음)왕의 태자로 『당사』에 자세하게 보인다.	
화제				
중흥 신사일	이상을 상고라 하고 이하를 중고라 한다.			
양고조				
천감 임오십팔	제23대 법흥왕. 이름은 원종이며 김씨이다. 『책부원귀』에 "성은 모씨이며 이름은 진이다."라고 했다. 부는 지정이며 모는 영제부인이다. 법흥은 시호이며 시호는 이로부터 시작되었다. 갑오년에 즉위하여 26년간 재위했다. 능은 애공사 북쪽에 있다. 비는 파도부인으로 출가한 후 이름은 법류로서 영흥사에 주석했다. 처음으로 율령을 시행하고 십재일을 시행했다. 살생을 금하였으며 사람들을 제도하여 승니가 되게 했다. 건원 병진년 이해에 처음으로 건원이라 하였으니 연호는 이로부터 시작되었다.	제22대 안장왕. 이름은 흥안이다. 기해년에 즉위하여 12년간 재위했다.		제10대 구형왕. 겸지의 아들로 모는 ○녀이다. 신축년에 즉위하여 (4)3년간 재위했다. 중대통 4년인 임자년에 나라를 바치며 신라에 항복했다.
보통 경자칠			제26대 성왕. 이름은 명온이니 무녕왕의 아들이다. 계사년에 즉위하여 31년간 재위했다.	
대통 정미이		제23대 안원왕. 이름은 보영이다. 신해년에 즉위하여 15년간 재위했다.		
중대통 기유육				

〈大同〉乙卯十一	第二十四〈眞興王〉名〈彡麥宗〉，一作〈深○〉，〈金氏〉，父卽〈法興〉之弟，〈立宗葛文王〉，母〈只召夫人〉，一作〈息道夫人〉，〈朴氏〉，〈车梁里〉〈英史[51]伯○〉之女，終[52]時亦剃[53]髮而卒，庚申立，理三十七年.〈羅〉		戊午移都〈泗沘〉，稱〈南扶余〉.	
〈中大同〉丙寅				
〈大[50]淸〉丁卯三			〈濟〉	
〈簡文帝〉				
〈大寶〉庚午				自〈首露王〉壬寅，至壬子，合四百九十年. 國除.
〈侯景〉		第二十四〈陽原王〉一云〈陽崗王〉，名〈平成〉，乙丑立，理十四年.〈麗〉		
〈大始〉辛未	〈開國〉辛未十七			
〈承聖〉壬申四				
〈敬帝〉				
〈紹泰〉乙亥			第二十七〈威德王〉名〈昌[54]〉，又〈明〉，甲戌立，理四十四年.	
〈大平〉丙子一				
〈陳高祖〉				
〈永定〉丁丑三				

---

50. 임신본은 人이다.
51. 임신본은 失이다.
52. 임신본은 ○이다.
53. 임신본은 剌이 다.
54. 임신본은 高이다.

대동 을묘십일	제24대 진흥왕. 이름은 삼맥종으로 심○이라고도 한다. 김씨로 부는 곧 법흥왕의 동생 입종갈문왕이다. 모는 지소부인으로 식도부인이라고도 한다. 박씨로 모량리 영실(각간)의 딸이다. 임종에 이르러 역시 출가하여 죽었다. 경신년에 즉위하여 37년간 재위했다. 라		무오년에 사비로 천도하고 남부여라 했다. 제	
중대동 병인				
대청 정묘삼				
간문제		제24대 양원왕. 양강왕이라고도 하며 이름은 평성이다. 을축년에 즉위하여 14년간 재위했다. 려		수로왕(1년인) 임인년으로부터 임자년까지 도합 490년에 나라가 없어졌다.
대보 경오				
후경				
대시 신미	개국 신미십칠			
승성 임신사				
경제				
소태 을해			제27대 위덕왕. 이름은 창 또는 명이라고도 한다. 갑술년에 즉위하여 44년간 재위했다.	
대평 병자일				
진고조				
영정 정축삼				

〈文帝〉		第二十五平原王一作	
〈天嘉〉庚辰六		〈平岡[56]〉名〈陽城〉	
〈天康〉丙戌		『南史[57]』云 "高陽." 己卯立, 理三十一年.	
[55]〈光大〉丁亥二			
〈宣帝〉	〈大昌〉戊子四		
〈大建〉己丑十四	〈鴻濟〉壬辰十二		
	第二十五〈眞智王〉名〈舍輪〉, 一作〈金輪〉, 〈金氏〉, 父〈眞興〉, 母〈英失角[38]干〉之女, 〈息途[59]〉, 一作〈色刀[60]夫人〉, 〈朴氏〉, 妃〈知刀[61]夫人〉, 〈起烏公〉之女, 〈朴氏〉, 丙申立,[62] 理四年, 陵在〈哀公寺〉北.[63]		
	第二十六〈眞平王〉名〈白淨〉,[64] 父〈東輪王[65]〉, 一云〈東輪[66]大子〉, 母〈立宗葛文王〉之女, 〈万呼〉, 一云〈万寧夫人〉, 名行義, 先妃〈摩耶夫人〉, 〈金氏〉, 名〈福盼○〉, 後妃〈僧滿夫人〉, 〈孫氏〉, 己亥立.		

---

55. (石)은 臨海王으로 가필자로 보인다.

56. 임신본은 國이다.

57. 임신본은 動之이다.

58. 임신본은 末氏尼○이다.

59. 임신본은 ○이다.

60. 임신본은 刁이다.

61. 임신본은 如刁이다.

62. 임신본은 ○○立이다.

63. 임신본은 治襄公寺北이다.

64. 임신본은 ○이다.

65. 임신본은 ○○○○이다.

66. 임신본은 語이다.

54

		제25대 평원왕. 평강이라고도 한다. 이름은 양성이나 『남사』에서는 "고양"이라고 했다. 기묘년에 즉위하여 31년간 재위했다.	
문제			
천가 경진육			
천강 병술			
광대 정해이			
선제	대창 무자사		
대건 기축십사	입제 임진십이		
	제25대 진지왕. 이름은 사륜이며 금륜이라고도 한다. 김씨로 부는 진흥이다. 모는 영실각간의 딸 식도로 색도부인이라고도 하며 박씨이다. 비는 지도부인이며 기오공의 딸로 박씨이다. 병신년에 즉위하여 4년간 재위했다. 능은 애공사 북쪽에 있다.		
	제26대 진평왕. 이름은 백정이다. 부는 동륜왕으로 동륜태자라고도 한다. 모는 입종갈문왕의 딸 만호로 만녕부인이라고도 하며 이름은 행의이다. 첫째 비는 마야부인 김씨로 이름은 복힐○이다. 둘째 비는 승만부인 손씨이다. 기해년에 즉위했다.		

	〈羅〉	〈麗〉	〈濟〉
〈至德〉癸卯四			
〈禎明〉丁未三			
〈隋文帝〉			
〈開皇〉庚戌十一			第二十八〈惠王〉名〈季〉，一云〈獻王〉，〈威德〉子，戊午立.
〈仁壽〉辛酉四		第二十六〈嬰湯王〉一云〈平湯〉，名〈元〉，一云〈大元〉，庚戌立，治三十八年.	
〈煬帝〉			第二十九〈法王〉名〈孝順〉，又〈宣〉，〈惠王〉子，己未立.
〈大業〉乙丑十二			
〈恭帝〉			
〈義寧〉丁丑			第三十〈武王〉或云〈武康〉，〈獻丙〉，或小名〈一耆篩德〉，申立，治四十一年.
〈唐太祖〉			
〈武德〉戊寅九			
〈大宗〉			
〈貞觀〉丁亥廿三	第二十七〈善德女王〉名〈德曼〉，父〈眞平王〉，母〈麻耶美人〉，〈金氏〉，〈聖骨〉男盡，故女王立，王之匹〈飲葛文王〉，〈仁平〉甲午立，治十四年.	第二十七〈榮留王〉名〈○○〉，又〈建葳〉戊寅立，治二十四年.	第三十一〈義慈王〉〈武王〉子，辛丑立，治二十年.

지덕 계묘사	라	려	제
정명 정미삼			
수문제			
개황 경술십일		제26대 영양왕. 평탕이라고도 한다. 이름은 원이며 대원이라고도 한다. 경술년에 즉위하여 38년간 재위했다.	제28대 혜왕. 이름은 계이며 헌왕이라고도 한다. 위덕의 아들로 무오년에 즉위했다.
인수 신유사			
양제			제29대 법왕. 이름은 효순으로 선이라고도 한다. 혜왕의 아들로 기미년에 즉위했다.
대업 을축십이			
공제			제30대 무왕. 무강헌병이라고도 한다. 혹은 아명이 일기사덕이라고도 한다. (경)신년에 즉위하여 41년간 재위했다.
의령 정축			
당대조			
무덕 무인구			
대종		제27대 영류왕. 이름은 ○○이며 건세라고도 한다. 무인년에 즉위하여 24년간 재위했다.	
정관 정해이십삼	제27대 선덕여왕. 이름은 덕만이다. 부는 진평왕이며 모는 마야부인으로 김씨이다. 성골에 남자가 없는 연유로 여왕이 즉위했다. 왕의 남편은 음갈문왕이다. 인평 갑오년에 즉위하여 14년간 재위했다.		제31대 의자왕. 무왕의 아들이다. 신축년에 즉위하여 20년간 재위했다.

〈高宗〉	第二十八〈眞德女王〉名〈勝曼〉,〈金氏〉,父〈眞平王〉之弟〈國其安葛文王〉,母〈阿尼夫人〉〈朴氏〉,妃〈○追雛書天葛文王〉之女也, 或云〈月明〉, 非也, 丁未立, 治七年.	第二十八〈宝藏王〉壬寅立,治二十七年.	
〈永徽〉庚戌六			
	〈大和〉戊申六已上〈中古〉〈聖骨〉, 已上〈下古〉〈眞骨〉.		庚申國除, 自〈溫祚〉癸卯, 至庚申, 六百七十八年.
〈現慶〉丙辰五	第二十九〈大宗武烈王〉名〈春秋〉,〈金氏〉,〈眞智王〉子,〈龍春〉〈卓文興葛文王〉之子也,〈龍春〉一作〈龍樹〉,母〈天明夫人〉,諡〈又眞大[67]后〉,〈眞平王〉之女也,妃〈訓帝夫人〉,諡〈文明王后〉,〈庚立〉之妹, 小名〈文熙〉也,甲寅立,治七年.		
〈龍朔〉辛酉三			
〈麟德〉甲子二			
〈乾封〉丙寅二			
〈總章〉戊辰二	第三十〈文武王〉名〈法敏〉,〈大宗〉之子也,母〈訓帝夫人〉,妃〈慈義〉,一作〈訥后〉,〈善品海干[68]〉之女也,辛酉立,治二十年,陵在〈感恩寺〉東海中. 〈羅〉	〈麗〉 戊辰國除, 自〈東明〉甲申, 至戊辰, 合七百五年.	〈濟〉
〈咸亨〉庚午四			
〈上元〉甲戌二			
〈儀鳳〉丙子三			
〈調露〉己卯			
〈永隆〉庚辰			

---

67. 임신본은 丈이다.
68. 木板本은 于로 干의 異體字.

고종 영휘 경술육	제28대 진덕여왕. 이름은 승만으로 김씨이다. 부는 진평왕의 동생 국기안갈문왕이며 모는 아니부인으로 박씨이다. 비는 ○추추서천갈문왕의 딸이다. 월명이라고도 하나 잘못이다. 정미년에 즉위하여 7년간 재위했다.	제28대 보장왕. 임인년에 즉위하여 27년간 재위했다.	
	대화 무신육. 이상을 중고로 성골이다. 이하는 하고로 진골이다.		
현경 병진오 용삭 신유삼	제29대 태종무열왕. 이름은 춘추로 김씨이다. 진지왕의 아들인 용춘 탁문홍갈문왕의 아들이다. 용춘을 용수라고도 한다. 모는 천명부인이며 시호는 우진태후로 진평왕의 딸이다. 비는 훈제부인이며 시호는 문명왕후로 유입의 누이동생으로 아명은 문희이다. 갑인년에 즉위하여 7년간 재위했다.		경신년에 나라가 없어졌다. 온조왕(1년인) 계묘년으로부터 경신년까지 678년이다.
인덕 갑자이			
건봉 병인이			
총장 무진이	제30대 문무왕. 이름은 법민이다. 태종의 아들로 모는 훈제부인이다. 비는 자의로 눌왕후라고도 하며 선품 해간의 딸이다. 신유년에 즉위하여 20년간 재위했다. 능은 감은사 동쪽 바다 가운데 있다. 라	려 무진년에 나라가 없어졌다. 동명왕(1년인) 갑신년으로부터 무진년까지 도합 705년이다.	제
함형 경오사			
상원 갑술이			
의봉 병자삼			
조로 기묘			
영융 경진			

〈開耀〉辛巳			
〈永淳〉壬午			
〈虎后〉			
〈洪道〉癸未	第三十一〈神文王〉〈金氏〉, 名〈政明〉, 字〈日[69]炤〉, 父〈文虎王〉, 母〈慈訥王后〉, 妃〈神穆王后〉, 〈金運公〉之女,辛巳立, 理十一年.		
〈文明〉甲申			
〈垂拱〉乙酉四			
〈永昌〉乙[70]丑一			
〈周〉			
〈天授〉庚寅二			
〈長壽〉壬辰二			
〈延載〉甲午			
〈天册〉乙未	第三十二〈孝昭王〉名〈理[71]恭〉, 一作〈洪〉, 〈金氏〉, 父〈神文王〉, 母〈神穆王后〉, 壬[72]辰立, 理十年, 陵在〈望德寺〉東.		
〈通天〉丙申			
〈神功〉丁酉			
〈聖曆〉戊戌二			
〈久視〉庚子二			

---

69. 木板本은 日로 日의 異體字이다.
70. (國)은 己이다.
71. 임신본은 悝이다.
72. 임신본은 ○이다.

개요 신사			
영순 임오			
호후			
홍도 계미	제31대 신문왕. 김씨이다. 이름은 정명이며 자는 일초이다. 부는 문호왕이며 모는 자눌왕후이다. 비는 신목왕후로 김운공의 딸이다. 신사년에 즉위하여 11년간 재위했다.		
문명 갑신			
수공 을유사			
영창 을축일			
주			
천수 경인이			
장수 임진이			
연재 갑오			
천책 을미	제32대 효소왕. 이름은 리공이며 홍이라고도 한다. 김씨로 부는 신문왕이며 모는 신목왕후이다. 임진년에 즉위하여 10년간 재위했다. 능은 망덕사 동쪽에 있다.		
통천 병신			
신공 정유			
성력 무술이			
구시 경자이			

〈長安〉辛丑四	
〈中宗〉	
〈神龍〉乙巳二	
〈景龍〉丁未三	〈羅〉第三十三〈聖德王〉, 名〈興光〉, 本名〈隆基〉, 〈孝昭〉之母弟也, 先妃〈陪昭王后〉, 謚〈嚴貞〉, 〈元大○○〉之女也, 後妃〈占勿王后〉, 謚〈炤德〉, 〈順无角干〉之女, 壬寅立, 理三十五年, 陵在〈東村〉南, 一云〈楊長谷〉.
〈睿宗〉	
〈景雲〉庚戌二	
〈玄宗〉	
〈先天〉壬子	
〈開元〉癸丑二十九	第三十四〈孝成王〉, 〈金氏〉, 名〈承慶〉, 父〈聖德王〉, 母〈炤德大后〉, 妃〈惠明王后〉, 〈眞宗角干〉之女, 丁丑立, 理五年, 〈法流寺〉火葬, 骨散〈東海〉
〈天寶〉壬午十四	
〈肅宗〉	
〈至德〉丙申二	
〈乾元〉戊戌二	第三十五〈景德王〉, 〈金氏〉, 名〈憲英〉, 父〈聖德〉, 母〈炤德大后〉, 先妃〈三毛夫人〉出宮无後, 後妃〈滿月夫人〉, 謚〈景垂王后〉, 〈垂〉一作〈穆〉, 〈依忠角干〉之女, 壬午立, 理二十三年, 初葬〈頃只寺〉西岑, 鍊石爲陵, 後移葬〈楊長谷〉中.
〈上元〉庚子二	
〈寶應〉壬寅一	
〈代宗〉	
〈廣德〉癸卯二	

62

장안 신축사	
중종	
신룡 을사이	
경룡 정미삼	제33대 성덕왕. 이름은 흥광이며 본명은 융기이며 효소왕의 동생이다. 첫째 비는 배소왕후이니 시호는 엄정으로 원대○○의 딸이다. 둘째 비는 점물왕후이니 시호는 소덕으로 순무각간의 딸이다. 임인년에 즉위하여 35년간 재위했다. 왕릉은 동촌 남쪽에 있는데 양장곡이라고도 한다.
예종	
경운 경술이	
현종	
선천 임자	
개원 계축이십구	제34대 효성왕. 김씨로 이름은 승경이다. 부는 성덕왕이며 모는 소덕태후이다. 비는 혜명왕후로 진종각간의 딸이다. 정축년에 즉위하여 5년간 재위했다. 법류사에서 화장하여 뼈는 동해에 뿌렸다.
천보 임오십사	
숙종	
지덕 병신이	제35대 경덕왕. 김씨로 이름은 헌영이다. 부는 성덕이며 모는 소덕태후이다. 첫째 비는 삼모부인이니 왕궁에서 퇴출되어 후사가 없다. 둘째 비는 만월부인이며 시호는 경수왕후로 수를 목이라고도 하며 의충각간의 딸이다. 임오년에 즉위하여 23년간 재위했다. 처음에 경지사 서쪽 봉우리에 장사 지내며 돌을 다듬어 릉을 만들었다 뒤에 양장곡 가운데로 이장했다.
건원 무술이	
상원 경자이	
보응 임인일	
대종	
광덕 계묘이	

〈永泰〉乙巳 〈大曆〉丙午四 〈德宗〉	第三十六〈惠恭王〉，〈金氏〉，名〈乾運〉，父〈景德〉，母〈滿月王后〉，先妃〈神己[73]夫人〉，〈魏正角干〉之女，妃〈昌昌夫人〉，〈金將角干〉之女，乙巳立，理十五年.
〈建中〉庚申四 〈興元〉甲子	第三十七〈宣德王〉，〈金氏〉，名〈亮相〉，父〈孝方海干〉，追封〈開聖大王〉，卽〈元訓角干〉之子，母〈四召夫人〉，諡〈○懿大后〉，〈聖德王〉之女，妃〈具足王后〉，〈狼品角干〉之女，庚申立，理五年.
〈貞元〉乙丑二十	〈羅〉第三十八〈元聖王〉，〈金氏〉，名〈敬愼〉，一作〈敬信〉，『唐書』云〈敬則〉，"父〈孝讓大阿干〉，追封〈明德大王〉，母〈仁○〉，一云〈知烏[74]夫人〉，諡〈昭文王后〉，〈昌近伊巳〉之女，妃〈淑貞夫人〉，〈神述角干〉之女，乙丑立，理十四年，陵在〈鵠寺〉，今〈崇福寺〉，有也〈致遠〉所立[75]碑.
〈順宗〉	第三十九〈昭聖王〉，一作〈昭成王〉，〈金氏〉，名〈俊邕〉，父〈惠忠大子〉，母〈聖穆大后〉，妃〈桂花王后〉，〈夙明公〉女，己卯立而崩.
〈永貞〉乙酉 〈憲宗〉	第四十〈哀莊王〉，〈金氏〉，名〈重熙〉，一云〈清明〉，父〈昭聖〉，母〈桂花王后〉，辛卯立，理十年，〈元和〉四年己丑七月十九日，王之叔父〈憲德〉·〈興德〉兩伊干，所害而崩.
〈元和〉戊丙十五 〈穆宗〉 〈長慶〉辛丑四 〈敬宗〉	第四十一〈憲德王〉，〈金氏〉，名〈彦升〉，〈昭聖〉之母弟，妃〈貴勝娘〉，諡〈皇娥王后〉，〈忠恭角干〉之女，己丑立，理十九年，陵在〈泉林村〉北.
〈寶曆〉乙巳二 〈文宗〉 〈大和〉丁未九	第四十二〈興德王〉，〈金氏〉，名〈景暉〉，〈憲德〉母弟，妃〈昌花夫人〉，諡〈定穆王后〉，〈昭聖〉之女，丙午立，理十年，陵在〈安康〉北〈比火壤〉，與妃〈昌花〉合葬.
〈開成〉丙辰五	第四十三〈僖康王〉，〈金氏〉，名〈愷隆〉，一作〈悌顒〉，父〈憲眞[76]角干〉，諡〈興聖大王〉，一作〈○成〉，〈礼英匝干〉子也，母〈美道夫人〉，一作〈深乃夫人〉，一云〈巴利夫人〉，諡〈順成大后〉，〈忠衍大阿干〉之女也，妃〈文穆王后〉，〈忠孝角干〉之女，一云〈重恭角干〉，丙辰年立，理二年.

---

73. 임신본은 巴이다.

74. 임신본은 鳥이다.

75. 임신본은 式遠所立이다.

76. 木板本은 貞과 비슷한 자양으로 眞의 異體字이다.

영태 을사 대력 병오사 덕종	제36대 혜공왕. 김씨로 이름은 건운이다. 부는 경덕이며 모는 만월왕후이다. 첫째 비는 선기부인으로 위정각간의 딸이다. (둘째) 비는 창창부인으로 김장각간의 딸이다. 을사년에 즉위하여 15년간 재위했다.
건중 경신사 흥원 갑자	제37대 선덕왕. 김씨로 이름은 양상이다. 부는 효방해간으로 개성대왕에 추봉되었으니 곧 원훈각간의 아들이다. 모는 사소부인이니 시호는 ○의태후로 성덕왕의 딸이다. 비는 구족왕후이니 낭품각간의 딸이다. 경신년에 즉위하여 5년간 재위했다.
정원 을축이십	제38대 원성왕. 김씨로 이름은 경신으로 경신이라고도 한다. 『당서』에는 "경칙"이라 한다. 부는 효양대아간으로 명덕대왕에 추봉되었다. 모는 인○이니 지오부인이라고도 하며 시호는 소문왕후로 창근이기의 딸이다. 비는 숙정부인으로 신술각간의 딸이다. 을축년에 즉위하여 14년간 재위했다. 능은 곡사에 있다. 지금의 숭복사로 최치원이 세운 비석이 있다.
순종	제39대 소성왕. 소성왕이라고도 하며 김씨로 이름은 준옹이다. 부는 혜충태자이며 모는 성목태후이다. 비는 계화왕후로 숙명공의 딸이다. 기묘년에 즉위한 후 죽었다.
영정 을유 헌종	제40대 애장왕. 성은 김씨요 이름은 중희로 청명이라고도 한다. 부는 소성이여 모는 계화왕후이다. 신묘년에 즉위하여 10년간 재위했다. 원화 4년 기축년 7월 19일 왕의 숙부인 헌덕과 흥덕 두 이간에게 살해되어 붕어했다.
원화 술병십오 목종 장경 신축사 경종	제41대 헌덕왕. 김씨로 이름은 언승이며 소성왕의 동생이다. 비는 귀승랑으로 시호는 황아왕후이며 충공각간의 딸이다. 기축년에 즉위하여 19년간 재위했다. 왕릉은 천림촌 북쪽에 있다.
보력 을사이 문종 대화 정미구	제42대 흥덕왕. 김씨이며 이름은 경휘로 헌덕왕의 동생이다. 비는 창화부인이니 시호는 정목왕후로 소성의 딸이다. 병오년에 즉위하여 10년간 재위했다. 왕릉은 안강 북쪽 비화양에 있으며 비 창화와 합장했다.
개성 병진오 	제43대 회강왕. 김씨로 이름은 개융으로 체용이라고도 한다. 부는 헌진각간이니 시호는 흥성대왕으로 ○성이라고도 하며 예영잡간의 아들이다. 모는 미도부인으로 심내부인 또는 파리부인이라고도 한다. 시호는 순성태후로 충연대아간의 딸이다. 비는 문목왕후로 충효각간의 딸이나 중공각간의 딸이라고도 한다. 병진년에 즉위하여 2년간 재위했다.

	第四十四〈閔一作〈敏〉哀王〉，〈金氏〉，名〈明〉，父〈忠恭角干〉，追封〈宣康大王〉，母追封〈惠忠王〉之女，〈貴巴夫人〉，謚〈宣懿王后〉，妃〈无容皇后〉，〈永公角干〉之女，戊午立，至己未正月二十二日崩.
	第四十五〈神虎王〉，〈金氏〉，名〈佑○〉，父〈均貞角干〉，追封〈成德大王〉，母〈貞○夫人〉，追封祖〈礼英○○〉，○〈惠康大王〉，妃〈○從〉，一作〈繼大后〉，〈○明海○〉之女，己未四月立，至十一月二[77]十三日崩.
〈虎宗〉	
〈會昌〉辛酉六	第四十六〈文聖王〉，〈金氏〉，名〈慶膺〉，〈神虎王〉，母〈眞[78]從大后〉，妃〈炤明王后〉，己未十一月立，理十九年.
〈宣宗〉	
〈大中〉丁卯十三	第四十七〈憲安王〉，〈金氏〉，名〈誼清〉，〈神虎王〉之弟，母〈昕明夫人〉，戊寅立，理三年.
〈懿宗〉	
〈咸通〉庚辰十四	第四十八〈景文王〉，一作〈金氏〉，名〈膺廉〉，父〈啓明角干〉，追封〈義一作〈懿〉恭大王〉，卽〈僖康王〉之子也，母〈神虎王〉之女，〈光和夫人〉，妃〈文資○后〉，〈憲安王〉之女，辛巳立，理十四年.
〈僖宗〉	〈羅〉

---

77. 임신본은 一이다.
78. 木板本은 貞과 비슷한 자양으로 眞의 異體字이다.

66

	제44대 민애왕. 민이라고도 한다. 김씨로 이름은 명이다. 부는 충공각간으로 선강대왕에 추봉되었다. 모는 추봉된 혜충왕의 딸 귀파부인으로 시호는 선의왕후이다. 비는 무용황후니 영공각간의 딸이다. 무오년에 즉위하여 기미년 정월 22일에 이르러 붕어했다.
	제45대 신무왕. 김씨로 이름은 우○이다. 부는 균정각간으로 성덕대왕으로 추봉되었다. 모는 정○부인으로 할부 례영○○으로 (부는) 혜강대왕으로 추봉되었다. 비는 ○종으로 계태후라고도 하며 ○명해○의 딸이다. 기미년 4월에 즉위하여 12월 23일에 이르러 붕어했다.
호종 회창 신유육 선종	제46대 문성왕. 김씨로 이름은 경응이다. 부는 신호왕이며 모는 진종태후이며 비는 소명왕후이다. 기미년 11월에 즉위하여 19년간 재위했다.
대중 정묘십삼 의종	제47대 헌안왕. 김씨로 이름은 의청이다. 신무왕의 동생으로 모는 흔명부인이다. 무인년에 즉위하여 3년간 재위했다.
함통 경진십사	제48대 경문왕. 김씨로 이름은 응렴이다. 부는 계명각간으로 추봉된 의 또는 의공대왕으로 곧 회강왕의 아들이다. 모는 신호왕의 딸 광화부인이다. 비는 문자○후로 헌안왕의 딸이다. 신사년에 즉위하여 14년간 재위했다.
희종	라

〈乾符〉甲午六 〈廣明〉庚子	第四十九〈憲康王〉,〈金氏〉,名〈晸〉,父〈景文王〉,母〈文資皇后〉,一云〈義明王后〉,乙未立,理十一年.		
〈中和〉辛丑四	第五十〈定康王〉,〈金氏〉,名〈晃〉,〈閔哀王〉之母弟,丙午立而崩.		
〈光啓〉乙巳三 〈昭宗〉 〈文德〉戊申 〈龍紀〉己酉 〈大順〉庚戌二[80] 〈景福〉壬子二	第五十一〈眞聖女王〉,〈金氏〉,名〈曼憲〉,卽〈定康王〉之同母妹也,王之匹〈○○大角干〉,追封〈惠成大王〉,丁未立,理十年,丁巳遜位于小子〈孝恭王〉,十二月崩,火葬,散骨于〈车[79]梁〉西卉,一作〈未黃山〉.	〈後高麗〉 〈弓裔〉,〈大順〉庚戌,始投〈北原〉賊〈良吉〉屯,丙辰都〈鐵圓城〉,今〈東州〉也.	〈後百濟〉
〈乾寧〉甲寅四 〈光化〉戊午三		丁巳,移都〈松岳郡〉.	〈甄萱〉壬子,始都〈光州〉.
〈天復〉辛酉三 〈景宗〉	第五十二〈孝恭王〉,〈金氏〉,名〈嶢〉,父〈憲康王〉,母〈文資王后〉,丁巳立,理十五年. 火葬〈師子寺〉北,骨藏于〈仇知堤〉東山脇.	辛酉,稱〈高麗〉.	
〈天祐〉甲子三 〈朱梁〉		甲子,改國号〈摩震〉,置元〈虎泰〉.	

---

79. 木板本은 年으로 车의 異體字이다.
80. 임신본은 一이다.

		後高麗 (궁예)	後百濟 (견훤)
건부 갑오육 광명 경자	제49대 헌강왕. 김씨로 이름은 일정이다. 부는 경문왕이며 모는 문자황후로 의명왕후라고도 한다. 을미년에 즉위하여 11년간 재위했다.		
중화 신축사	제50대 정강왕. 김씨로 이름은 황이며, 민애왕의 동생이다. 병오년에 즉위한 후 붕어했다.		
광계 을사삼			
소종	제51대 진성여왕. 김씨로 이름은 만헌이며 바로 정강왕의 누이동생이다. 왕의 배필은 ○○대각간으로 혜성대왕에 추봉되었다. 정미년에 즉위하여 10년간 재위했다. 정사년에 작은 아들 효공왕에게 양위하고 12월에 붕어했다. 화장하여 모량 서악 또는 미황산에 산골했다.		
문덕 무신			
용기 기유		후고려	
대순 경술이		궁예. 대순 경술년에 처음으로 북원의 도적 양길의 주둔지에 투탁했다. 병진년에 철원성 지금의 동주에 도읍했다.	후백제
경복 임자이			견훤. 임자년에 처음으로 광주에 도읍했다.
건녕 갑인사		정사년에 송악군으로 천도했다.	
광화 무오삼	제52대 효공왕. 김씨로 이름은 효이다. 부는 헌강왕이며 모는 문자왕후이다. 정사년에 즉위하여 15년간 재위했다. 사자사 북쪽에서 화장하고 뼈는 구지제 동쪽 산록에 장사지냈다.		
천복 신유삼		신유년에 고려라 칭했다.	
경종			
천우 갑자삼		갑자년에 국호를 마진으로 고치고 연호를 호태라 했다.	
주량			

〈開平〉丁卯四	第五十三〈神德王〉,〈朴氏〉, 名〈景徽〉, 本名〈秀宗〉, 母〈眞[81]花夫人〉, 夫人之父〈順弘角干〉, 追諡〈成虎大王〉, 祖〈元弘角干〉, 乃〈何達王〉之遠孫, 父〈文[82]元伊干〉, 追封〈興廉大王〉, 祖〈文官海干〉, 義父〈銳謙角干〉, 追封〈宣成大王〉, 妃〈資成王后〉, 一云〈懿成〉, 又〈孝資〉, 壬申立, 理五年, 火葬, 藏骨于〈箴峴〉南.		
〈乾化〉辛未四			
〈末帝〉		甲戌, 還〈鐵原〉.	
〈貞明〉乙亥六	第五十四〈景明王〉,〈朴氏〉, 名〈昇英〉, 父〈神德〉, 母〈資成〉, 妃〈長沙宅〉〈大尊角干〉, 追封〈聖僖大王〉之子,〈大尊〉卽〈水宗伊干〉之子, 丁丑立, 理七年, 火葬〈皇福寺〉, 散骨于〈省等仍山〉西.	〈大祖〉, 戊寅六月,〈裔〉死,〈太祖〉卽位于〈鐵原京〉, 己卯, 移都〈松岳郡〉, 是年創〈法王〉·〈慈雲〉	
〈龍德〉辛巳二			
〈後唐〉			
〈同光〉癸未三	〈羅〉第五十五〈景哀王〉,〈朴氏〉, 名〈魏膺〉,〈景明〉之母弟也, 母〈資成〉, 甲申立, 理二年.	〈麗〉〈王輪〉·〈內帝釋〉·〈舍那〉, 又創〈天禪院〉, 卽〈普濟[83]〉·〈新興〉·〈文殊〉·〈通〉·〈地藏〉	
〈明宗〉			

---

81. 木板本은 貞으로 眞의 異體字이다.
82. 임신본은 父이다.
83. 임신본은 膚이다.

개평 정묘사	제53대 신덕왕. 박씨로 이름은 경휘로 본명은 수종이다. 모는 진화부인으로 부인의 부는 순홍각간으로 시호는 성무대왕에 추증되었다. 조부		
건화 신미사	원홍각간이니 곧 아달라왕의 후손이다. 부는 문원이간으로 흥렴대왕에 추봉되었다. 조부는 문간해간이다. 의부는 예겸각간으로 선성대왕으로		
말제	추봉되었다. 비는 자성왕후로 의성 또는 효자라고도 한다. 임신년에 즉위하여 5년간 재위했다. 화장하여 잠현 남쪽에 장골했다.	갑술년에 철원으로 환도했다.	
정명 을해육	제54대 경명왕. 박씨로 이름은 승영이다. 부는 신덕이며 모는 자성이다. 비는 장사댁이니 대존각간 즉 추봉된 성희대왕의 딸이다. 대존은 즉	태조. 무인년 6월에 궁예가 죽자 태조가 철원경에서 즉위했다. 기묘년에 송악군으로 천도했	
용덕 신사이	수종이간의 아들이다. 정축년에 즉위하여 7년간 재위했다. 황복사에서 화장하여 성등잉산 서쪽	다. 이해에 법왕, 자운, 왕륜, 내제석, 사나 등	
후당	에 산골했다.	의 절을 창건했다. 또	
동광 계미삼	제55대 경애왕. 박씨로 이름은 위응이며 경명의 동생이다. 어머니는 자성이다. 갑신년에 즉위하여 2년간 재위했다.	천선원 즉 보제, 신흥, 문수, 원통, 지장 등의 절을 창건했다.	
명종	라	려	

〈天成〉丙戌四	第五十六〈敬順王〉,〈金氏〉,〈傅〉, 父〈孝宗伊干〉, 追封〈神興大王〉, 祖〈官○角汗〉, 封〈懿興大王〉, 母〈桂娥〉,〈○康王〉之○○○○○○○○○○○○○○○	○○○○○○前十大寺, 皆是年所創, 庚辰,〈乳岩〉下立〈油市〉, 故今俗〈利市〉云〈乳下〉, 十月創〈大興寺〉, 或系壬午, 壬午又創〈日月寺〉, 或系辛巳, 甲申創〈外帝釋〉·〈神衆院〉·〈興國寺〉, 丁亥創〈妙○[84]寺〉. 己丑創〈龜山〉, 庚寅安.	
〈長興〉庚寅四			
〈閔帝 末帝〉	乙未, 納土歸于, 陵[在]○○○東向洞.		
〈清泰〉甲午二	自五鳳甲子, 至乙未, 合九百九十二年.		
〈石晉〉			乙未,〈萱〉子〈神釰〉, 簒父自立.
〈天福〉丙申八		丙申, 統三.	是年, 國除. 自壬子, 至此四十四年, 而亡.

---

84. 임신본은 妙 뒤에 ○가 없다.

천성 병술사		앞의 십대 사찰은 모두 이 해에 창건한 것이다.	
장흥 경인사	제56대 경순왕. 김씨로 (이름은) 부이다. 부는 효종이간이니 신흥대왕에 추봉되었다. 조부는 관〇각간이니 의흥대왕에 추봉되었다. 모는 계아이니 (헌)강왕의 (딸)이다.	경진년에 유암 아래 유시를 세운 까닭에 지금 풍속에도 이시를 유하라고 한다. 10월에 대흥사를 창건하니 임오년라고도 한다. 임오년에 또 일월사를 창건하니 신사년이라고도 한다. 갑신년에는 외제석, 신중원, 흥국사를 창건하고 정해년에 묘〇사를 창건하고 기축년에 구산을 창건하고 경인년에는 안…	
민제 말제			
청태 갑오이	을미년에 나라를 가지고 귀의했다가 태평흥국 3년 무인에 죽었다.		
석진	능은 〇〇〇동향동에 있다. 오봉 갑자년으로부터 을미년까지 도합 992년이다.		을미년에 견훤의 아들 신검이 왕위를 찬탈하고 스스로 즉위했다.
천복 병신팔		병신년에 세 나라를 통일했다.	이 해에 나라가 없어졌다. 임자년으로부터 이때까지 44년 만에 망했다.

前漢 高·惠·小·文·景·虎·昭·宣·元·成·哀·平·孺		
後漢 光·明·○·○·殤·安·順·○·○·桓·靈·農·獻		
魏·晉·宋·齊·梁·陳·隋		
李唐 ○·大·○·高·則·中·睿·玄·肅·代·德·順·憲		
穆·○·文·虎·宣·○·僖·昭·景		
朱梁·後唐·石晉·劉漢·郭周		
大宋		

전한 고·혜·소·문·경·호·소·선·원·성·애·평·유		
후한 광·명·○·○·상·안·순·○·○·환·영·농·헌		
위·진·송·제·양·진·수		
이당 ○·대·고·측·중·예·현·숙·대·덕·순·헌		
목·○·문·호·선·○·희·소·경		
주량·후당·석진·유한·곽주		
대송		

II. 紀異卷第一

紀異卷第一

1. 叙曰 "大抵古之聖人, 方其禮樂興邦, 仁義設敎, 則怪力亂神, 在所不語, 然而帝王之將興也, 膺符命·受圖籙, 必有以異於人者, 然後能乘大變, 握大器, 成大業也, 故〈河〉出〈圖〉·〈洛〉出〈書〉而聖人作 以至虹繞〈神母〉而誕〈羲〉龍感〈女登〉而注〈炎〉〈皇娥〉遊〈窮桑〉之野, 有神童自稱〈白帝〉子, 交通而生〈小昊〉〈簡狄[1]〉吞卵而生〈契〉〈姜嫄〉履跡而生〈弃〉胎孕十四月而生〈堯〉龍交大澤而生〈沛公〉, 自此而降, 豈可殫記! 然則三國之始祖, 皆發乎神異, 何足怪31/哉! 此紀異之所以漸[2]諸篇也, 意在斯焉."

기이권제일

차례를 정하여 말하기를 "대저 옛 성인은 예악으로 나라를 일으키고 인의로 가르침을 베푸는 데 있어 괴력난신에 대해서는 말하지

---

1. 壬申本은 狄로 異體字이다.
2. 임신본은 慚으로 異體字이다.

않았다. 그러나 제왕이 장차 일어날 때 부명에 응하거나 도록을 받아 반드시 남보다 신이함이 있은 연후에야 능히 큰 변화를 타고 대기를 잡고 대업을 이루었다. 그러므로 황하에서 도를 내고 낙수에서 서를 내어 성인이 일어났다. 무지개가 신모를 휘어 감아 복희를 낳았으며 용이 여등과 감응하여 염제를 낳았으며 황아가 궁상의 들에서 놀다가 자칭 백제의 아들이라는 신동과 교통하여 소호를 낳았다. 간적이 알을 삼켜서 설을 낳았으며 강원이 발자국을 밟아 기를 낳았다. 잉태된 지 십사 개월 만에 요를 낳았으며 용이 대택에서 교합하여 패공을 낳았다. 이후의 일들을 어찌 다 기록할 수 있겠는가? 그렇다면 삼국의 시조가 모두 신이에서 나타난 것이 어찌 괴이하다 할 수 있겠는가! 이렇게 기이가 제편의 앞에 나온 것은 그 뜻이 바로 여기에 있는 것이다."라고 하였다.

2. 古朝鮮(王儉朝鮮)

『魏書』云 "乃往二千載有〈壇君王儉〉, 立都〈阿斯達〉(『經』云〈無葉山〉, 亦云〈白岳〉, 在〈白州〉地, 或云 在〈開城〉東, 今〈白岳宮〉是), 開國號〈朝鮮〉, 與〈高³〉同時."

고조선(왕검조선)

『위서』에 이른다. "지금으로부터 2천여 년 전에 단군왕검이 있어 아사달에 도읍하였다. (『경』에서는 무엽산이라고 이른다. 또한 백악이라 하여 백주의 땅에 있다고도 한다. 혹은 개성의 동쪽에 있는

---

3. 高麗 定宗의 諱인 堯를 避諱한 것이다.

지금의 백악궁이 이것이라고도 한다.) 개국하여 조선이라 했으니 요임금과 같은 시대이다."

『古記』云 "昔有〈桓因[4]〉(謂〈帝〉釋也)庶子〈桓[5]雄〉, 數意天下, 貪求人世, 父知子意, 下視〈三危大伯〉可以弘益人間, 乃授天符印三箇, 遣往理之. 〈雄〉率徒三千, 降於〈太伯山〉頂(卽〈太伯〉今〈妙香山〉)〈神壇樹〉下, 謂之〈神市〉, 是謂〈桓雄天王〉也. 將風伯·雨師·雲師, 而主穀·主命·主病·主刑·主善惡, 凡主人間三百六十餘事, 在世理化. 時有一熊·一虎, 同穴而居, 常祈于神〈雄〉, 願化爲32/人. 時, 神遺靈艾一炷 蒜二十枚曰 '爾輩食之, 不見日光百日 便得人形.' 熊·虎得而食之忌三七日, 熊得女身, 虎不能忌而不得人身. 熊女者無與爲婚, 故每於壇樹下, 呪願有孕, 〈雄〉乃假化而婚之, 孕生子, 號曰〈壇君王儉〉. 以〈唐高〉卽位五十年庚寅(〈唐堯〉卽位元年戊辰, 則五十年丁巳, 非庚寅也, 疑其未實), 都〈平壤城〉(今〈西京〉), 始稱〈朝鮮〉. 又移都於〈白岳山〉〈阿斯達〉, 又名〈弓(一作方)忽山〉, 又〈今旀達〉, 御國一千五百年. 〈周〉〈虎王〉卽位己卯, 封〈箕子〉於〈朝鮮〉, 〈壇君〉乃移於〈藏唐京〉, 後還隱於〈阿斯達〉爲山神, 壽一千九百八歲."

『고기』에 이르기를 "옛날에 환인(제석을 말한다.)의 서자인 환웅이 천하에 자주 뜻을 두어, 인간세상을 구하고자 하였다. 아버지가 아들의 뜻을 알고 삼위대백이 홍익인간할 만함을 굽어보고 이에 천

---

4. 고판본은 異體字이며 壬申本은 国의 異體字이다.

5. (晩)(서)(蓬)은 桓로 異體字이다.

부인 세 개를 주며 가서 다스리게 하였다. 웅이 무리 삼천을 거느리고 태백산 정상(즉 태백은 지금의 묘향산이다.) 신단수 부근에 내려와 신시라고 하고 이에 환웅천왕을 하였다. 풍백·우사·운사를 거느리고 곡·명·병·형·선악 등 무릇 인간의 삼백육십여 가지의 일을 주관하며 재세이화하였다. 이때에 곰 한 마리와 호랑이 한 마리가 있어 같은 굴에 살면서 항상 신(神) 환웅에게 기도하되 화하여 사람이 되기를 원했다. 이에 신(환웅)은 신령스러운 쑥 한 타래와 마늘 스무 개를 주면서 말하기를 '너희들이 이것을 먹고 백 날 동안 햇빛을 보지 않으면 곧 사람의 형체를 얻을 수 있으리라.'라고 하였다. 곰은 그것을 먹으면서 21일 동안 기(忌)하여 여자의 몸을 얻었으나, 범은 기(忌)하지 않아 사람의 몸을 얻을 수 없었다. 웅녀는 혼인할 사람이 없었으므로 매양 단수 아래서 잉태하기를 빌었다. (환)웅은 이에 잠시 (사람으로) 화하여 그녀와 혼인하였다. (웅녀가) 잉태하여 아들을 낳고 단군왕검이라 이름하니, 당의 요임금이 즉위한 지 50년인 경인(당의 요임금이 즉위한 첫해는 무진년인 즉 50년은 정사년이요 경인년이 아니니, 그 사실이 아닐까 의심스럽다.)으로, 평양성(지금의 서경이다.)에 도읍하고 비로소 조선이라 하였다. 또 도읍을 백악산 아사달에 옮겼는데, 궁(혹은 방이라고 한다.)홀산이라고도 하며 또는 금미달이라고도 한다. 그 후 1,500년 동안 나라를 다스렸다. 주의 무왕이 즉위한 기묘년에 기자를 조선에 봉하니 단군은 곧 장당경으로 옮겼다가 뒤에 돌아와 아사달에 숨어 산신이 되었으니 수가 1,908세다."라고 하였다.

唐『裴矩傳』云 "〈高麗〉本〈孤竹國〉(今〈海州〉), 〈周〉以封〈箕子〉爲
〈朝鮮〉, 〈漢〉分置三郡, 謂〈玄菟〉·〈樂浪〉33/〈帶方〉(北帶方)."

당의 『배구전』에 이르기를 "고려는 본시 고죽국(지금의 해주이
다.)인데 주가 기자를 봉하고 조선이라 하였다. 한이 3군으로 나누
었으니, 현토·낙랑·대방(북대방)이다."라고 하였다.

『通典』亦同此說.(『漢書』則〈眞〉·〈臨〉·〈樂〉·〈玄〉四郡, 今云三
郡, 名又不同, 何耶?)

『통전』에도 역시 이 설명과 같다.(『한서』에는 곧 진〔번〕·임〔둔〕·
낙〔낭〕·현〔토〕4군인데, 여기서는 3군이라 하며 이름 또한 같지 않
으니 왜 그럴까?)

3. 魏滿朝鮮

『前漢·朝鮮傳』云 "自始〈燕〉時, 常畧得〈眞番〉·〈朝鮮〉(〈師古〉
曰 "〈戰國〉時(〈○〉)國始畧得此地也"), 爲置吏築障. 〈秦〉滅〈燕〉, 屬
〈遼東〉外徼, 〈漢〉興爲遠難守, 復修〈遼東〉故塞, 至〈浿水〉爲界(〈師
古〉曰 "〈浿〉在〈樂浪郡〉"), 屬〈燕〉. 〈燕〉王〈盧綰〉反入〈匈奴〉, 〈燕〉
人〈魏滿〉亡命, 聚黨千餘人, 東走出塞, 渡〈浿水〉, 居〈秦〉故空地上
下障, 稍役[6]屬〈眞番〉·〈朝鮮〉蠻夷及故〈燕〉·〈齊〉亡命者王之, 都
〈王儉〉(〈李〉曰, 地名 〈臣瓚〉曰 "〈王儉城〉在〈樂浪郡〉〈浿水〉之東"),
以兵威侵降其旁小邑, 〈眞番〉·〈臨屯〉皆來服屬, 方數千里.

---

6. (石)은 設로 異體字이다.

위만조선

『전한서』「조선전」에 다음과 같이 이른다. "처음에 연나라 때부터 일찍이 진번·조선(사고가 말하기를 "전국시대에 (연나라가) 이 땅을 처음으로 빼앗아 얻었다."라고 하였다.)을 빼앗아 거기에 관리를 두고 요새를 쌓게 하였다. 진나라가 연나라를 멸망시키자 요동의 변방 지역에 속하게 되었다. 한나라가 일어났지만 멀어서 지키기 어렵다고 하여, 다시 요동의 옛 요새를 수리하고 패수에 이르러 경계로 삼아(사고가 말하기를 "패수는 낙랑군에 있다."라고 하였다.) 연나라에 속하게 하였다. 연나라 임금 노관이 배반하여 흉노에게로 들어가자, 연나라 사람 위만이 망명하여 천여 명의 무리를 모아서 동쪽으로 국경을 빠져 달아나 패수를 건너 진나라 빈 땅의 아래위 요새에 와서 살면서 진번·조선의 오랑캐들과 예전의 연나라·제나라의 망명자들을 차츰 복속시키고 임금이 되고는 왕검(이는 말하기를 땅이름이라 하고 신 찬은 말하기를 "왕검성은 낙랑군 패수의 동쪽에 있다."라고 하였다.)에 도읍하고 무력으로써 이 근방 작은 읍락들을 침범하여 항복시키니 진번·임둔이 모두 와서 복속하여, 사방이 수천 리나 되었다.

傳子至孫〈右渠〉(〈師古〉曰 "孫名〈右渠〉"), 〈眞番〉·〈辰國〉欲上書見天子, 雍閼不通.34/(〈師古〉曰 "〈辰〉謂〈辰韓〉也.")

그의 아들을 거쳐 손자 우거(사고가 말하기를 "손자의 이름이 우거이다."라고 하였다.)에 이르러 진번·진국이 글을 올려 천자를 알현하고자 하였으나 우거가 길을 막아 통하지 못하였다.(사고가 말

84

하기를 "진은 진한이다."라고 하였다.)

〈元封〉二年, 〈漢〉使〈涉何〉諭〈右渠〉, 終不肯奉詔, 〈何〉去[7]至界,
臨〈浿水〉, 使馭[8]刺殺送〈何〉者〈朝鮮〉裨王〈長〉(〈師古〉曰 "送〈何〉者
名也.")卽渡水, 馭入塞遂歸報, 天子拜〈何〉爲〈遼東〉之部都尉. 〈朝
鮮〉怨〈何〉, 襲攻殺〈何〉, 天子遣〈樓舡將軍〉〈楊僕〉從〈齊〉浮〈渤海〉,
兵五万. 〈左將軍〉〈荀彘〉出〈遼〉, 討〈右渠〉, 〈右渠〉發兵距嶮, 〈樓舡
將軍〉將〈齊〉七千人, 先到〈王儉〉, 〈右渠〉城守, 規知〈樓舡〉軍小卽出
擊〈樓舡〉, 〈樓舡〉敗走, 〈僕〉失衆遁山中獲免, 〈左將軍〉擊〈朝鮮〉
〈浿水〉西軍, 未能破.

원봉 2년(B.C.111)에 한나라에서 섭하를 시켜 우거를 타일렀으나
끝내 그는 천자의 명령 받들기를 거부하였다. 섭하가 떠나 국경까
지 와서 패수에 이르자, 마부를 시켜 자기를 바래다 준 조선의 비
왕 장(사고가 말하기를 "섭하를 바래다 준 자의 이름이다."라고 하
였다.)을 찔러 죽이게 하고는 곧 (패)수를 건너 요새 안으로 말을 달
려 들어와 드디어 보고를 하였다. 천자는 요동의 (동)부도위로 임명
하였다. 조선은 섭하를 원망하여 습격하여 섭하를 죽였다. 천자가
누선장군 양복을 보내어 제나라 땅으로부터 발해를 건너게 하니 군
사가 5만이었다. 좌장군 순체는 요(동)에서 나와 우거를 치니 우거
는 군사를 풀어 험지에서 항거하였다. 누선장군은 제나라(땅 출신)

---

7. 木板本은 玄으로 異體字이다.
8. 馳의 異體字 또는 誤字일 수 있다.

의 7천 명을 거느리고 먼저 왕검에 도착하였다. 우거는 성을 지키면서 누선장군의 군대가 적은 것을 탐지하고 곧 나가서 누선장군을 치니 그는 패하여 달아났다. 양복은 군사들을 잃어버리고 산중으로 도망하여 붙들리지는 않았다. 좌장군은 조선의 패수 서쪽 군사를 습격하였으나 이를 깨뜨릴 수 없었다.

天子爲兩將未有利, 乃使〈衛山〉, 因兵威往諭〈右渠〉, 〈右渠〉請降, 遣太子獻馬. 人衆万餘持兵, 方渡〈浿水〉, 使者及〈左將軍〉疑其爲變, 謂太子 ‘已服, 宜35/母持兵,’ 太子亦疑使者詐之, 遂不渡〈浿水〉, 復引歸. 報天子誅〈山〉, 〈左將軍〉破〈浿水〉上軍, 迺前至城下, 圍其西北, 〈樓舡〉亦往會居城南, 〈右渠〉堅守, 數月未能下.

천자는 두 장군이 불리하다고 여겨 곧 위산을 시켜 군사력으로써 가서 우거를 타이르니 우거가 항복을 청하고 태자를 보내어 말을 바치게 하였다. 사람들 만여 명이 무기를 들고 막 패수를 건너려 하자 사자(인 위산)과 좌장군(순체)는 변고가 있을까 하여 태자에게 말하기를 ‘이미 항복을 하였으니 병기를 소지해서는 안 된다.’라고 하였다. 태자도 역시 사자가 속일까 의심하여 드디어 패수를 건너지 않고 다시 이끌고 돌아갔다. 천자에게 (이 일을) 보고하니 천자가 (위)산을 목 베었다. 좌장군은 패숫가의 군사를 돌파하고 이에 나아가 성 밑까지 이르러 그 서북쪽을 포위하였다. 누선장군도 역시 가서 회합하고는 성 남쪽에 주둔하였다. 우거는 성을 굳게 지켰으므로 몇 달이 지나도 항복시킬 수 없었다.

天子以久不能決, 使故〈濟南太守〉〈公孫遂〉往正之, 有便宜將以從事.〈遂〉至, 縛〈樓舡將軍〉, 幷其軍與〈左將軍〉, 急擊〈朝鮮〉,〈朝鮮〉相〈路人〉·相〈韓陶⁹〉·〈尼谿〉相〈參〉·將軍〈王唊〉(〈師古〉曰 "〈尼谿〉地名, 四人也"), 相與謀欲降, 王不肯之,〈陶〉·〈唊〉·〈路人〉, 皆亡降〈漢〉,〈路人〉道死.

천자가 오랫동안 싸움을 결판낼 수 없었기 때문에 제남태수 공손수를 시켜 가서 치도록 하되, 그에게는 편의에 따라 종사할 수 있도록 하였다. (공손)수가 도착하자 누선장군을 체포하고 그의 군대를 병합하여 좌장군과 함께 조선을 급히 쳤다. 조선의 상 노인, 상 한도, 이계상 참, 장군 왕협(사고가 말하기를 "니계는 땅 이름이므로 네 사람이다."라고 하였다.)이 서로 의논하고 항복코자 하였으나 왕이 이를 거부하였다. 한도와 왕협과 노인은 모두 도망하여 한나라에 항복하였는데 노인은 도중에 죽었다.

〈元封〉三年夏,〈尼谿〉相〈參〉, 使人殺王〈右渠〉來降,〈王儉城〉未下, 故〈右渠〉之大臣〈成己〉又反.〈左將軍〉使〈右渠〉子〈長〉·〈路人〉·子〈最〉, 告諭其民, 謀殺〈成己〉, 故遂定〈朝鮮〉, 爲〈眞番〉·〈臨屯〉·〈樂浪〉· 36/〈玄菟〉四郡."

원봉 3년(B.C.112) 여름에 이계상 참은 사람을 시켜 왕 우거를 죽이고 와서 항복하였으나 왕검성이 항복하지 않으므로 우거의 대신

---

9. 陰의 異體字일 수 있다.

성기가 또 배반하였다. 좌장군이 우거의 아들 장과 노인의 아들 최를 시켜 그의 백성들을 타이르자, 모의하여 성기를 살해하므로 드디어 조선을 평정하고 진번·임둔·낙랑·현도 4군으로 만들었다."

4. 馬韓

『魏志』云 "〈魏滿〉擊〈朝鮮〉, 朝鮮王〈準〉率宮人左右, 越海而南至〈韓〉地, 開國號〈馬韓〉."

마한

『위지』에 이르기를 "위만이 조선을 치니 조선왕 준이 궁인과 측근을 데리고 바다를 건너 남으로 한 땅에 이르러 나라를 건국하고 이름을 마한이라고 하였다."라고 하였다.

〈甄萱〉上〈太祖〉書云 "昔〈馬韓〉先起, 〈赫世〉勃興, 於是〈百濟〉開國於〈金馬山〉."

견훤이 태조에게 올린 글에는 이르기를 "옛날에 마한이 먼저 일어나고 혁(거)세가 일어나자 이에 백제가 금마산에서 나라를 창건하였다."라고 하였다.

〈崔致遠〉云 "〈馬韓〉, 〈麗〉也〈辰韓〉, 〈羅〉也(據『本紀』, "則〈羅〉先起甲子, 〈麗〉後起甲申, 而此云者, 以王〈準〉言之耳. 以此知〈東明〉之起, 已并〈馬韓〉而因之矣. 故稱〈麗〉爲〈馬韓〉." 今人或認〈金馬山〉, 以〈馬韓〉爲〈百濟〉者, 盖誤濫也. 〈麗〉地自有〈邑山〉, 故名〈馬韓〉也) 四〈夷〉, 〈九夷〉·〈九韓〉·〈穢〉·〈貊〉."

최치원이 말하기를 "마한은 (고구)려요, 진한은 (신)라요(『본기』에 의하면 "(신)라가 먼저 갑자년에 일어나고 (고구)려가 그 후 갑신년에 일어났다고 하였는데 이렇게 말하는 것은 (조선)왕 준을 두고 말한 것이다. 이로써 동명(왕)이 일어난 것은 이미 마한을 병합한 때문이란 것을 알 수 있다. 그래서 (고구)려를 일컬어 마한이라고 한 것이다."라고 하였다. 요즘 사람들이 더러는 금마산을 두고 마한이 백제로 되었다고 하지만 이는 대체로 착오이다. (고구)려 땅에는 본래 (마)읍산이 있었으므로 이름을 마한이라 하였다.) 4이는 9이와 9한과 예와 맥이다."라고 하였다.

『周禮』「職方氏」"掌四〈夷〉‧九〈貊〉者,〈東夷〉之種卽〈九夷〉"也.
『주례』의 「직방씨」에 "4이와 9맥을 주관한 것은 동이의 종족으로, 즉 9이이다."라고 하였다.

『三國史』云 "〈溟州〉, 古〈穢國〉, 野人耕田得〈穢王〉印, 獻之." 又 "〈春州〉古〈牛首州〉, 古〈貊國〉." 又 或云 "今37/〈朔州〉是〈貊國〉, 或〈平壤城〉爲〈貊國〉."
『삼국사』에 이르기를 "명주는 옛날 예국이다. 농부가 밭을 갈다가 예왕의 인장을 얻어 나라에 바쳤다."라고 하였다. 또 이르기를 "춘주는 옛날의 우수주로 옛적의 맥국이다."라고 하였다. 또 더러 이르기를 "지금의 삭주는 맥국이요, 혹은 평양성이 맥국이다."라고 하였다.

『淮南子』注云 "東方之〈夷〉九種."

『회남자』주석에 이르기를 "동방의 오랑캐는 아홉 종족이 있다."
라고 하였다.

『論語』「正義」云 "〈九夷〉者 一〈玄菟〉, 二〈樂浪〉, 三〈高麗〉, 四
〈滿飾〉, 五〈鳧臾〉, 六〈素家〉, 七〈東屠〉, 八〈倭人〉, 九〈天鄙〉."

『논어』「정의」에 이르기를 "아홉 오랑캐는 1. 현도, 2. 낙랑, 3.
고려, 4. 만식, 5. 부유, 6. 소가, 7. 동도, 8. 왜인, 9. 천비이다."
라고 하였다.

『海東安弘記』云 "〈九韓〉者 一〈日本〉, 二〈中華〉, 三〈吳越〉, 四
〈乇羅〉, 五〈鷹遊〉, 六〈靺鞨〉, 七〈丹國〉, 八〈女眞〉, 九〈穢貊〉."

『해동안홍기』에 이르기를 "9한이란 것은 1. 일본, 2. 중화, 3. 오
월, 4. 타라, 5. 응유, 6. 말갈, 7. 단국, 8. 여진, 9. 예맥이다."라
고 하였다.

5. 二府

『前漢書』, "〈昭帝〉〈始元〉五年己亥, 置二外府," 謂〈朝鮮〉舊地〈平
那〉及〈玄菟郡〉等, 爲〈平州都督府〉, 〈臨屯〉・〈樂浪〉等兩郡之地,
置〈東部都尉府〉.

2부

『전한서』에 "소제 시원 5년 기해(B.C.82)에 두 개의 외부를 두었
다."라고 하였는데 이는 조선의 옛 땅인 평나와 현토군 등이 평주

도독부로 되고 임둔·낙랑 등 두 군지역에 동부도위부를 둔 것을
말함이다.

(私曰「朝鮮傳」則〈眞番〉·〈玄菟〉·〈臨屯〉·〈樂浪〉等四, 今有〈平
那〉無〈眞番〉, 盖一地二名也.)38/

(내 생각으로는 「조선전」에는 진번·현토·임둔·낙랑 등 4군으
로 되어 있는데 지금은 평나가 있고 진번이 없으니 아마 같은 지방
의 두 이름일 것이다.)

6. 七十二國

『通典』云 "〈朝鮮〉之遺民, 分爲七十餘國, 皆地方百里."

72국

『통전』에 이르기를 "조선의 유민들이 나뉘어 70여 국으로 되었
으니 지역은 모두가 사방 100리나 되었다."라고 하였다.

『後漢書』云 "〈西漢〉以〈朝鮮〉舊地, 初置爲四郡, 後置二府, 法令
漸煩, 分爲七十八國, 各萬戶."(〈馬韓〉在西, 有五十四小邑, 皆稱國
〈辰韓〉在東, 有十二小邑稱國 〈卞韓〉在南, 有十二小邑, 各稱國.)

『후한서』에 이르기를 "서한은 조선의 옛 지역에 처음에는 4군을
두었다가 뒤에는 2부를 두었더니 법령이 점차 번거로워지면서 갈
라져 78국으로 되었으니 각각 1만 호씩이다."라고 하였다.(마한은
서쪽에 있어 54개의 작은 고을들을 모두 나라로 일컬었으며, 진한
은 동쪽에 있어 열두 개 작은 고을을 각각 나라로 일컬었으며, 변한

은 남쪽에 있어 열두 개 작은 고을들을 각각 나라로 일컬었다.)

7. 樂浪國

〈前漢〉時始置〈樂浪郡〉,〈應邵〉曰 "故〈朝鮮〉國" 也.

낙랑국

전한 때에 처음으로 낙랑군을 설치하였으니 응소는 말하기를 "고조선국" 이라 하였다.

『新唐書』注云 "〈平壤城〉, 古〈漢〉之〈樂浪郡〉也."

『신당서』 주석에 이르기를 "평양성은 옛날 한나라의 낙랑군이다." 라고 하였다.

『國史』云 "〈赫居世〉三十年, 〈樂浪〉人來投." 又第三〈弩禮王〉四年, 〈高麗〉第三〈無恤王〉伐〈樂浪〉滅之, 其國人與〈帶方〉(北帶方)投于〈羅〉. 又 "〈無恤王〉二39/十七年, 〈光虎帝〉遣使伐〈樂浪〉, 取其地爲郡縣, 〈薩水〉已南屬〈漢〉." (據上諸文, 〈樂浪〉卽〈平壤城〉, 宜矣. 或云 "〈樂浪〉, 〈中頭山〉下〈靺鞨〉之界, 〈薩水〉今〈大同江〉也, 未詳孰是.")

『국사』에 이르기를 "혁거세 30년(B.C.28)에 낙랑 사람들이 항복해 왔다." 라고 하였다. 또 제3대 노례왕 4년(27)에 고(구)려의 제3대 무휼왕이 낙랑을 쳐서 이를 멸망시키니 그 나라 사람들이 대방(북대방이다.)과 함께 (신)라에 귀순하였다. 또 "무휼왕 27년(44)에 광무제가 사람을 보내어 낙랑을 정벌하고 그 땅을 빼앗아 군과 현을 만들었으니 살수 이남이 한나라에 속하였다." (이상의 여러 글에 의하면 낙랑은 곧 평양성이란 말이 옳다. 혹은 이르기를 "낙랑은 중두산 아래 말갈의 경계라고 한다. 살수는 오늘의 대동강이니 어느 것이 옳은지 자세하지 않다.")

又〈百濟〉〈溫祚[10]〉之言, 曰 "東有〈樂浪〉, 北有〈靺鞨〉," 則殆古〈漢〉時〈樂浪郡〉之屬縣之地也. 〈新羅〉人亦以稱〈樂浪〉, 故今本朝亦因之而稱〈樂浪郡夫人〉, 又〈太祖〉降女於〈金傅〉, 亦曰〈樂浪公主〉.

또 백제 온조의 말에 이르기를 "동쪽으로 낙랑이 있고 북쪽으로 말갈이 있다."라고 한 것은 아마 한나라 때 낙랑군에 속했던 현의 땅일 것이다. 신라 사람도 역시 낙랑이라고 부르므로 지금 본조(인 고려)도 역시 여기 준하여 낙랑군 부인이라고 칭한 것이다. 또 태조가 김부에게 딸을 시집 보내고 역시 낙랑공주라 하였다.

8. 北帶方
〈北帶方〉, 本〈竹覃城〉. 〈新羅〉〈弩禮王〉四年, 〈帶方〉人與〈樂浪〉人投于〈羅〉.(此皆〈前漢〉所置二郡名, 其後僭稱國, 今來降.)
북대방
북대방은 본래 죽담성이다. 신라 노례왕 4년에 대방 사람이 낙랑 사람과 함께 신라로 귀순해 왔다.(이것은 모두 전한이 두었던 2군의 이름으로 그 후 참람스럽게 나라로 일컫다가 이때에 항복해 왔다.)

---

10. (石)은 詐로 異體字이다.

9. 南帶方40/

〈曹魏〉時始置〈南帶方郡〉(今〈南原府〉)故云, 〈帶方〉之南海水千里, 曰〈瀚海〉.(〈後漢〉〈建安〉中, 以〈馬韓〉南荒地爲〈帶方郡〉, 〈倭〉〈韓〉遂屬, 是也.)

남대방

조조가 창건한 위나라 시대에 처음으로 남대방군(지금의 남원부이다.)을 두었기 때문에 (남대방이라) 이른 것이다. 대방 남쪽 1천 리 바다를 한해라고 한다.(후한 건안 연간에 마한 남쪽의 황무지로써 대방군을 만들고 왜와 한이 여기 속하였다는 것이 바로 이것이다.)

10. 靺鞨(一作勿吉)渤海

『通典』云 "〈渤海〉, 本〈粟[11]末靺鞨〉, 至其酋〈祚榮〉立國, 自號〈震旦〉, 〈先天〉中(〈玄宗〉壬[12]子) 始去〈靺鞨〉號, 專稱〈渤海〉. 〈開元〉七年(己未)〈祚榮〉死, 謚爲〈高王〉. 世子襲立, 〈明皇〉賜典冊襲王, 私改年號, 遂爲海東盛國, 地有五京·十五府·六十二州. 〈後唐〉〈天成〉初, 〈契丹〉攻破之, 其後爲〈丹〉所制."

말갈(물길이라고도 한다.)발해

『통전』에 이르기를 "발해는 본래 속말말갈로서 그 추장 조영에 이르러 나라를 창건하고 자칭 진단이라 부르더니 선천 연간(712)에 (현종의 임자년이다.) 비로소 말갈이라는 이름을 버리고 오로지 발

---

11. 木板本은 栗로 栗의 異體字이다.
12. 木板本은 壬으로 異體字이다.

해라 불렀다. 개원 7년 기미(719)에 조영이 죽으니 시호를 고왕이라 하였다. 세자가 이어서 왕위에 오르니 명황이 왕위계승의 책문을 내리고 왕위를 계승케 하였던 바, 사사로이 연호를 고치고 마침내 해동성국이 되어 이 지역에 5경 15부 62주를 두었다. 후당 천성초년에 거란이 이 나라를 쳐부수고 그 후 거란의 지배를 받게 되었다."라고 하였다.

(『三國史』云 "〈儀鳳〉三年, 〈高宗〉戊寅, 〈高麗〉殘孽類聚, 北依〈太伯山〉下, 國號〈渤海〉. 〈開元〉二十年間, 〈明皇〉遺將討之. 又〈聖德王〉三十二年, 〈玄宗〉甲戌, 〈渤海靺鞨〉越海侵〈唐〉之〈登州〉, 〈玄宗〉討之."

(『삼국사』에 이르기를 "의봉 3년 고종 무인(873)에 고려의 남은 자손들이 한데 모여 북쪽으로 태백산(太白山) 밑을 의지 삼아 나라 이름을 발해라 하였다. 개원 20년 중에 명황이 장수를 보내어 이를 토벌하였다. 또 성덕왕 32년 현종 갑술(734)에 발해말갈이 바다를 건너 당나라 등주를 침범하였으므로 현종이 이를 토벌하였다."라고 하였다.

又『新羅古記』云 "〈高麗〉舊將〈祚榮〉姓〈大〉氏, 聚殘兵, 立國於〈大伯山〉南, 國號〈渤海〉." 按上諸文, 〈渤海〉乃〈靺41/鞨〉之別種, 但開合不同而已. 按『指掌圖』, 〈渤海〉在〈長城〉東北角外.)

또 『신라고기』에 이르기를 "고(구)려의 옛 장수 조영의 성은 대씨니 남은 군사를 모아 태백산 남쪽에서 나라를 세우고 나라 이름을 발해라고 하였다."라고 한다. 이상의 여러 글을 참고해 보면 발해는 말갈의 별종으로 다만 그의 창건과 병합이 같지 않을 뿐이다.
『지장도』에 보면 "발해는 만리장성 동북쪽 모서리 밖에 있다."라고
하였다.)

〈賈耽〉『郡國志』云 "〈渤海國〉之〈鴨淥〉·〈南海〉·〈扶餘〉·〈橻
城〉四府, 並是〈高麗〉舊地也, 自〈新羅〉〈泉井郡〉(『地理志』,〈朔州〉領
縣有〈泉井郡〉, 今〈湧州〉) 至〈橻城府〉, 三十九驛."

가탐의 『군국지』에 이르기를 "발해국의 압록·남해·부여·추성
4부는 모두 함께 고(구)려의 옛 땅이니 신라의 천정군으로부터(『지
리지』에는 삭주에 소속된 고을로 천정군이 있으니 지금의 용주이
다.) 추성부까지는 39역이 있다."라고 하였다.

又 『三國史』云 "〈百濟〉末年,〈渤海靺鞨〉·〈新羅〉分〈百濟〉地."
(據此, 則〈鞨海〉又分爲二國也.)〈羅〉人云 "北有〈靺鞨〉, 南有〈倭〉人,
西有〈百濟〉, 是國之害也." 又 "〈靺鞨〉地接〈阿瑟羅州〉."

또 『삼국사』에 이르기를 "백제 말년에 발해와 말갈과 신라가 백
제의 땅을 갈랐다."라고 하였다.(이에 의하면 말갈발해가 또 갈라져
두 나라로 된 것이다.) (신)라 사람들이 이르기를 "북쪽에는 말갈이
있고 남쪽에는 왜인이 있고 서쪽에는 백제가 있으니 이것들이 나라
에 해악이다."라고 하였고 또 "말갈의 땅은 아실라주에 접하였다."
라고 하였다.

又 『東明記』云 "〈卒本城〉地連〈靺鞨〉(或云 "今〈東眞〉")."〈羅〉第

96

六〈祗麻王〉十四年(乙丑), 〈靺鞨〉兵大入北境, 襲〈大嶺柵〉, 過〈泥河〉.

또 『동명기』에 이르기를, "졸본성은 땅이 말갈(혹은 이르기를 "지금의 동진이다."라고도 한다.)에 연접하고 있다."라고 하였다. (신)라 제6대 지마왕 14년(을축, 125)에는 말갈 군사가 북쪽 국경으로 크게 몰려와서 대령책을 습격하고 이하를 건넜다.

『後魏書』〈靺鞨〉作〈勿吉〉. 『指掌圖』云 "〈挹屢〉與〈勿吉〉皆〈肅愼〉也." 〈黑水〉・〈沃沮〉, 按〈東坡〉『指掌圖』, 〈辰韓〉之北, 有南北〈黑水〉, 按〈東明帝〉立十年滅42/〈北沃沮〉, 〈溫祚王〉四十三[13]年〈南沃沮〉二十餘家來投〈新羅〉. 又〈赫居世〉五十三[14]年〈東沃沮〉來獻良馬, 則又有〈東沃沮〉矣. 『指掌圖』, "〈黑水〉在〈長城〉北, 〈沃沮〉在〈長城〉南."

『후위서』에는 말갈을 물길로 썼다. 『지장도』에 이르기를 "읍루는 물길과 함께 모두 숙신이다."라고 하였다. 흑수와 옥저는 동파의 『지장도』를 보면 진한의 북쪽에 남북 흑수가 있는데, 살펴보건대 동명제 즉위 10년에는 북옥저를 멸망시켰으며, 온조왕 42년에는 남옥저의 20여 가호가 신라로 귀순해 왔다. 또 혁거세 53년에는 동옥저가 와서 좋은 말을 바쳤다고 하였은즉 또 동옥저도 있는 것이다. 『지장도』에서는 "흑수는 만리장성 북쪽에 있고 옥저는 만리장성 남쪽에 있다.[15]"고 하였다.

---

13. 壬申本은 二로 壞字이다.
14. 壬申本은 二로 壞字이다.

11. 伊西國

〈弩禮王〉十四年, 〈伊西國〉人來攻〈金城〉, 桉〈雲門寺〉古傳諸寺
『納田記』云 "〈貞觀〉六年壬辰, 〈伊西郡〉〈今郚村〉〈零味寺〉納田," 則
〈今郚村〉今〈淸道〉地, 卽〈淸道郡〉古〈伊西郡〉.[16]

이서국

노례왕 14년에 이서국 사람들이 와서 금성을 쳤다. 운문사에 예
로 전해 오는 여러 절의 『납전기』에 이르기를 "정관 6년 임진(632)
이서군 금오촌 영미사 납전이다."라고 하였다. 바로 금오촌은 지금
의 청도 땅이며 청도군은 즉 옛날 이서군이다.

12. 五伽耶(按『駕洛記贊』云 "垂一紫纓, 下六圓卵, 五歸各邑, 一
在玆城," 則一爲〈首露王〉, 餘五各爲五〈伽耶〉之主, 〈金官〉不入五數
當矣. 而『本朝史略』, 並數〈金官〉而濫記〈昌寧〉, 誤.)

5가야(『가락기찬』 글에 의하면 "한 가닥 자줏빛 노끈이 드리워
여섯 개 둥근 알을 내리니 다섯 개는 여러 고을로 돌아가고 한 개
가 이 성중에 남았다."라고 하였다. 즉 한 개는 수로왕이 되고 남은
다섯 개는 각각 가야의 임금이 되었다는 것이니, 금관국을 다섯 숫
자에 꼽지 않은 것은 당연하다. 『본조사략』에서는 금관국도 함께
꼽아 창녕이라고 함부로 기록한 것은 잘못이다.)

---

15. 삼국유사의 서술에는 동사가 생략된 것이 더러 보인다. 이 문장의 경우에도 보통의 경우
    按, 云, 曰 등이 앞서거나 이어져야 할 텐데 그러한 동사는 보이지 않는다. 이는 자료를 수
    집만 하고 손질을 하지 못한 데서 비롯된 것이 아닌가 싶다.
16. 壬申本에는 '一'이 삽입되어 있다.

〈阿羅(一作耶)伽耶〉(今〈咸安〉), 〈古寧伽耶〉(今[17]〈咸寧〉), 〈大伽耶〉
(今〈高靈〉), 〈星山伽43/耶〉(今〈京山〉, ○云〈碧珍〉), 〈小伽耶〉(今〈固城〉).

아라(야라고도 한다.) 가야(지금의 함안), 고령가야(지금의 함녕),
대가야(지금의 고령), 성산가야(지금의 경산이니 (혹은) 벽진이라고
도 한다.), 소가야(지금의 고성)이다.

又『本朝史畧』云 "〈太祖〉〈天福〉五年庚子, 改五〈伽耶〉名 一〈金
官〉(爲〈金海府〉), 二〈古寧〉(爲〈加利縣〉), 三〈○火[18]〉(今〈昌寧〉, 恐
〈高靈〉之訛), 餘二〈阿羅〉・〈星山〉(同前, 〈星山〉或作〈碧珍伽耶〉)."

또 『본조사략』에 이르기를 "태조 천복 5년 경자(940)에 5가야의
이름을 고치니 1은 금관(김해부가 되었다.)이요, 2는 고령(가리현이
되었다.)이요, 3은 (비)화(지금의 창녕이란 것은 아마도 고령의 잘
못인 것 같다.)요, 나머지 둘은 아라와 성산(앞과 마찬가지로 성산
은 벽진가야라고도 한다.)이다."라고 하였다.

13. 北扶餘

『古記』云 "『前漢書』〈宣帝〉〈神爵〉三年壬戌四月八日, 天帝降于
〈訖升骨城〉(在〈大遼〉〈醫州〉界), 乘五龍車, 立都稱王, 國號〈北扶
餘〉, 自稱名〈解慕漱〉, 生子名〈扶婁〉, 以〈解〉爲氏焉. 王後因上帝之

---

17. 木板本은 本으로 異體字로 보인다.
18. 壬申本은 大로 異體字이다.

命, 移都于〈東扶餘〉, 〈東明帝〉繼〈北扶餘〉而興, 立都于〈卒本州〉,
爲〈卒本扶餘〉, 卽〈高句麗〉之始祖.[19]"

북부여

『고기』에 이르기를 "『전한서』에 선제 신작 3년 임술(B.C.59) 4월
8일 천제가 다섯 마리 용이 끄는 수레를 타고 흘승골성(대요 의주
지역에 있다.)에 내려와서 도읍을 정하고 왕으로 일컬어 나라 이름
을 북부여라 하고 자칭 이름을 해모수라 하였다. 아들을 낳아 이름
을 부루라 하고 해(解)로써 성을 삼았다. 그 후 왕은 상제의 명령에
따라 동부여로 도읍을 옮기게 되고 동명제가 북부여를 이어 일어나
졸본주에 도읍을 세우고 졸본부여가 되었으니 곧 고구려의 시조이
다."라고 하였다.

14. 東扶餘44/

〈北扶餘〉王〈解夫婁〉之相〈阿蘭弗〉, 夢天帝降而謂曰 "將使吾子孫
立國於此, 汝其避之(謂〈東明〉將興之兆也), 東海之濱, 有地名〈迦葉
原〉, 土壤膏腴, 宜立王都." 〈阿蘭弗〉勸王移都於彼, 國號〈東扶餘〉.

동부여

북부여왕 해부루의 신하 아란불의 꿈에 천제가 내려와서 말하기
를 "장차 나의 자손으로써 이곳에 나라를 세우려고 하니 너는 이곳
을 피하라.(동명이 장차 흥기할 조짐을 이름이다.) 동해 해변에 가
섭원이라 하는 땅이 있어 토지가 기름져서 왕도를 둘 만하니라."라

---

19. 木板本은 見下로 誤字 또는 異體字이다.

100

고 하였다. 아란불이 왕을 권하여 도읍을 그곳으로 옮기도록 하고
나라 이름을 동부여라 하였다.

〈夫婁〉老無子, 一日祭山川求嗣, 所乘馬至〈鯤淵〉, 見大石相對淚[20]
流, 王怪之, 使人轉其石, 有小兒金色蛙形. 王喜曰 "此乃天賚我令
乎!" 乃收而養之, 名曰〈金蛙〉. 及其長, 爲太子, 〈夫婁〉薨, 〈金蛙〉嗣
位爲王. 次傳位于太子〈帶素〉, 至〈地皇〉三年壬午, 〈高麗〉王〈無恤〉
伐之, 殺王〈帶素〉, 國除.

부루가 늙어 자식이 없으매 하루는 산천에 제사를 지내어 뒤이을
아들을 구하였더니 부루가 탄 말이 곤연에 이르러 큰 돌을 보고 마
주 향하여 눈물을 흘리는지라, 왕이 이것을 괴상히 여겨 사람을 시
켜 그 돌을 굴리니 금빛 개구리 형상의 어린아이가 있었다. 왕이 기
뻐서 말하기를 "이는 하늘이 나에게 주시는 아들인가 보다."라고
하고 곧 이것을 거두어 기르고 이름을 금와라 하였다. 그가 자라매
태자로 삼고 부루가 죽자 금와가 왕위를 이어 왕이 되었다. 다음에
왕위를 태자 대소에게 전하였으나, 지황 3년 임오(22)에 이르러 고
(구)려왕 무휼이 이를 치고 왕 대소를 죽이니 나라가 없어졌다.

15. 高句麗45/
〈高句麗〉卽〈卒本扶餘〉也. 或云 "今〈和州〉又〈成州〉等," 皆誤矣.
〈卒本州〉在〈遼東〉界.

---

20. 壬申本은 俠으로 異體字 또는 誤字이다.

고구려

고구려는 곧 졸본부여이다. 더러는 말하기를 "지금의 화주 또는 성주이다."라고들 하나 모두 잘못이다. 졸본주는 요동지역에 있다.

『國史』「高麗本記」云 "始祖〈東明聖帝〉, 姓〈高[21]〉氏, 諱〈朱蒙〉. 先是,〈北扶餘〉王〈解夫婁〉, 旣避地于〈東扶餘〉, 及〈夫婁〉薨,〈金蛙〉嗣位. 于時, 得一女子於〈太伯山〉南〈優渤水〉, 問之, 云 '我是〈河伯〉之女, 名〈柳花〉, 與諸弟出遊, 時有一男子, 自言天帝子〈解慕漱〉, 誘我於〈熊神山〉下〈鴨涤〉邊室中知[22]之, 而往不返.'(『壇君記』云 "君與〈西河〉〈河伯〉之女要親, 有産子, 名曰〈夫婁〉."今據此記, 則〈解慕嗽〉私〈河伯〉之女而後産〈朱蒙〉,『壇君記』云 "産子名曰〈夫婁〉,"〈夫婁〉與〈朱蒙〉異母兄弟也)父母責我無媒而從人, 遂謫居于此."

『국사』「고려본기」에 이른다. "시조 동명성제의 성은 고씨요 이름은 주몽이다. 처음에 북부여왕 해부루가 동부여로 자리를 피하고 나서 부루가 죽으매 금와가 왕위를 이었다. 이때에 왕은 태백산 남쪽 우발수에서 한 여자를 만나서 사정을 물었더니 그가 말하기를 '나는 본시 하백의 딸로서 이름은 유화인데 여러 아우들과 함께 나와 놀던 중 때마침 웬 사나이가 있어 천제의 아들 해모수라고 자칭하면서 나를 유인하여 웅신산 밑 압록강변의 방 속에서 알게 되고는 가서 돌아오지 않았다.'(『단군기』에 이르기를 "(단)군이 서하 하백의 딸과 상관하여 아이를 낳으니 이름을 부루라고 하였다."라

---

21. 壬申本은 言으로 異體字이다.
22. 木板本은 知로 異體字이다.

고 하였다. 지금 이 기록을 보면 해모수가 하백의 딸과 관계하여 뒤에 주몽을 낳았다고 하였다. 『단군기』에는 "아들을 낳으니 이름은 부루이다."라고 하였으니 부루와 주몽은 이복형제일 것이다.) 부모는 내가 중매도 없이 외간남자를 따랐다고 하였다. 그리하여 드디어 이곳에서 귀양살이를 하고 있다."라고 하였다.

〈金蛙〉異之, 幽閉於室中, 爲日光所照. 引身避之, 日影又逐而照之, 因而有孕. 生一卵, 大46/五升許. 王弃之與犬猪, 皆不食. 又弃之路, 牛馬避之. 弃之野, 鳥獸覆之. 王欲剖之, 而不能破, 乃還其母. 母以物裹之, 置於暖處, 有一兒破殼而出, 骨表英奇. 年甫七歲, 岐異常, 自作弓矢, 百發百中, 國俗謂善射爲朱蒙, 故以名焉.

금와가 이를 이상히 여겨 방 속에 깊이 가두었더니 햇빛이 그녀를 비추었다. 그녀는 몸을 끌어 이를 피하였으나 햇빛은 또 쫓아와 비추곤 하였다. 그리하여 잉태하여 알 한 개를 낳으니 크기가 다섯 되들이는 되었다. 왕이 이것을 버려 개와 돼지에게 주니 모두 먹지 않았다. 다시 이것을 길바닥에 버렸더니 소와 말이 피해 갔다. 이것을 들에 버렸더니 새와 짐승이 덮어 주었다. 왕이 이것을 쪼개려 하여도 깨뜨릴 수가 없어 그만 그 어미에게 돌려주었다. 어미가 이것을 물건으로 싸서 따뜻한 데 두었더니 아이 하나가 껍질을 깨고서 나왔는데 골격이나 외양이 영특하고 신기롭게 생겼다. 나이 겨우 일곱 살에 뛰어나게 숙성하여 제 손으로 활과 살을 만들어 1백 번 쏘면 1백 번 맞혔다. 이 나라 풍속에 활 잘 쏘는 자를 주몽이라 하므로 이로써 이름을 지었다.

〈金蛙〉有七子, 常與〈朱蒙〉遊戲, 技能莫及. 長子〈帶素〉言於王曰
"〈朱蒙〉非人所生, 若不早圖, 恐有後患." 王不聽, 使之養馬, 〈朱蒙〉
知其駿者, 減食令瘦, 駑者善養令肥, 王自乘肥, 瘦者給〈蒙〉. 王之諸
子與諸臣將謀害之, 〈蒙〉母知之, 告曰 "國人將害汝, 以汝才畧, 何往
不可? 宜速圖之."

금와가 아들 일곱이 있어 언제나 주몽과 함께 노는데 재주가 그
를 따를 수 없었다. 맏아들 대소가 왕에게 말하기를 "주몽은 사람
의 소생이 아니매 만일 빨리 처치하지 않는다면 후환이 있을 것이
외다."라고 하였으나 왕은 이 말을 듣지 않았다. 왕이 그를 시켜 말
을 먹이게 하였더니 주몽은 그 중에 날쌘 놈을 알아서 먹이를 덜
주어 여위도록 만들고 굼뜬 놈은 잘 먹여서 살이 찌도록 하였다. 왕
은 살찐 놈을 자신이 타고 여윈 놈을 (주)몽에게 주었다. 여러 왕자
들과 여러 신하들이 장차 그를 모해코자 하는 것을 (주)몽의 어머니
가 알고 그에게 일러 말하기를 "국인들이 장차 너를 해치려고 하는
데 너 같은 재주를 가지고 어디로 간들 못 살 것인가? 빨리 손을 쓰
는 것이 좋을 것이다."라고 하였다.

於時, 〈蒙〉與〈烏伊〉等三人爲友, 行至〈淹水〉(今未詳), 告水曰 "我
47/是天帝子〈河伯〉孫, 今日逃遁, 追者垂及, 奈何?"於是, 魚鼈成
橋, 得渡而橋解, 追騎不得渡. 至〈卒本州〉(〈玄菟郡〉之界), 逐都焉. 未
遑作宮室, 但結廬於〈沸流水〉上居之, 國號〈高句麗〉, 因以〈高〉爲氏
(本姓〈解〉也. 今自言是天帝子承日光而生, 故自以〈高〉爲氏.)時年十二
歲, 〈漢〉〈孝元帝〉〈建昭〉二年甲申歲, 卽位稱王. 〈高麗〉全盛之日,

二十一万五百八戶.

　　이에 (주)몽은 오이 등 세 사람과 동무가 되어 엄수(지금은 어딘지 자세하지 않다.)까지 와서 물에게 말하기를 "나는 천제의 아들이요 하백의 손자인데 오늘 도망을 가는 길에 뒤따르는 자가 쫓아 닥치니 이 일을 어쩔 것인가?"라고 하였다. 이때에 고기와 자라들이 나와 다리로 되어 물을 건너게 하고 나서 다리는 풀려 버려, 추격하던 말 탄 자들은 물을 건널 수가 없었다. 그는 졸본주(현도군의 지역이다.)까지 와서 드디어 여기에 도읍을 하였다. 미처 궁실을 지을 사이도 없어 그저 비류수가에 초막을 짓고 살면서 나라 이름을 고구려라 하고, 따라서 고씨로 성을 삼으니(본래의 성은 해씨였는데 이제 천제의 아들로서 햇빛을 받고 낳았다 하여 자신이 높을 고자로 성을 삼았다.) 당시의 나이가 열두 살이요, 한나라 효원제 건소 2년 갑신(B.C.37)에 즉위하고 왕으로 일컬었다. 고(구)려의 전성시대에는 210,508호였다.

　　『珠琳傳』第二十一卷載, 昔〈寧禀離王〉侍婢有娠, 相者占之曰 "貴而當王." 王曰 "非我之胤也, 當殺之." 婢曰 "氣從天來, 故我有娠." 及子之産, 謂爲不祥, 捐圈則猪[23]噓, 欄則馬乳而得不死. 卒爲〈扶餘〉之王.(卽〈東明帝〉爲〈卒本扶餘〉王之謂也. 此〈卒本扶餘〉, 亦是〈北扶餘〉之別都, 故云〈扶餘王〉也. 〈寧禀離〉乃〈夫婁王〉之異稱也.)48/

　　『주림전』 제21권에 쓰였으되, 옛날 영품리왕의 몸종이 태기가

---

23. 木板本은 渚로 異體字이다.

있어 점쟁이가 점을 쳐 말하기를 "아이를 낳으면 귀히 되어 반드시 왕이 되리다." 하니 왕이 말하기를 "내 자식이 아니니 마땅히 죽여야 한다."고 하였다. 몸종이 말하기를 "하늘로부터 기운이 뻗쳐 내렸으므로 내가 아이를 밴 것이외다."라고 하였다. 그가 아들을 낳게 되매 상서롭지 못하다 하여 돼지우리에 버렸던바 돼지가 입김을 불어 덮히고 마굿간에 버린즉 말이 젖을 먹여서 죽지를 않고 필경은 부여왕이 되었다."라고 하였다.(이는 동명제가 졸본부여의 왕이 된 것을 말함이다. 이 졸본부여는 역시 북부여의 별개 도읍지이므로 부여왕이라 한 것이다. 영품리는 부루왕의 다른 칭호이다.)

16. 卞韓 百濟(亦云, 〈南扶餘〉, 卽〈泗沘城〉也.)
〈新羅〉始祖〈赫居世〉卽位十九年壬午, 〈卞韓〉人以國來降.
변한 백제(남부여라고도 하는바, 즉 사비성이다.)
신라 시조 혁거세가 즉위한 지 19년 임오(B.C.39)에 변한 사람이 나라를 바치면서 항복해 왔다.

『新·舊唐書』云 "〈卞韓〉苗裔在〈樂浪〉之地."
『신·구당서』에 이르기를 "변한의 후손들이 낙랑 땅에서 살았다."라고 하였다.

『後漢書』云 "〈卞韓〉在南, 〈馬韓〉在西, 〈辰韓〉在東."
『후한서』에 이르기를 "변한은 남쪽에 있고 마한은 서쪽에 있고 진한은 동쪽에 있다."라고 하였다.

〈致遠〉云 "〈卞韓〉, 〈百濟〉也."

최치원은 이르기를 "변한은 백제이다."라고 하였다.

按『本記』, 〈溫祚〉之起, 在〈鴻嘉〉四年甲辰, 則後於〈赫世〉·〈東
明〉之世四十餘年.

『본기』를 보면 온조가 일어난 것은 홍가 4년 갑진(B.C.17)이라
하였은즉 혁거세나 동명보다도 40여 년 후의 일이다.

而『唐書』云 "〈卞韓〉苗裔在〈樂浪〉之地"云者, 謂〈溫祚〉之系, 出自
〈東明〉故云耳. 或有人出〈樂浪〉之地, 立國於〈卞韓〉, 與〈馬韓〉等
峙者, 在〈溫祚〉之前爾, 非所都在〈樂浪〉之北也.

그런데 『당서』에서는 이르기를 "변한의 후손들이 낙랑 땅에 살았
다."라고 한 것은 온조의 계통이 동명에서 나왔기 때문에 이렇게
말한 것이다. 아마 낙랑 땅에서 어떤 인물이 나서 변한에다가 나라
를 세우고 마한 등과 함께 대치한 것은 온조 이전에 있었던 일인
모양이요, 그 도읍한 데가 낙랑 북쪽에 있는 것은 아니다.

或者濫〈九龍山〉亦名〈卞那山〉, 故以〈高句麗〉爲〈卞韓〉者, 盖謬.
當以古賢之說爲是. 〈百濟〉地自有〈卞山〉, 故49/云〈卞韓〉, 〈百濟〉
全盛之時, 十五萬二千三百戶.

혹자는 구룡산을 또 함부로 변나산이라 한 때문에 고구려를 변한
이라 하는 자가 있는데 대체로 잘못이다. 마땅히 옛날 어른들의 말
을 옳다 해야 할 것이다. 백제 땅에는 원래 변산이 있었으므로 변한

이라 한 것이니 백제 전성시대에는 호수가 152,300호였다.

17. 辰韓(亦作〈秦韓〉)

『後漢書』云 "〈辰韓〉耆老自言, ‘〈秦〉之亡人來適〈韓國〉, 而〈馬韓〉割東界地以與之. 相呼爲徒, 有似〈秦〉語, 故或名之爲〈秦韓〉,’有十二小國, 各萬戶, 稱國."

진한(진한으로도 한다.)

『후한서』에 이른다. "진한의 늙은이들이 직접 말하기를 ‘진나라 망명자들이 한국으로 오매 마한이 동쪽 지역 땅을 떼어 주었다. 서로를 부를 때 도라고 하니, 진나라 말과 비슷하였으므로 혹은 진한으로 이름했다.’고도 하며 열두 개 작은 나라가 있어 각각 1만 호로써 나라로 일컬었다." 라고 하였다.

又〈崔致遠〉云 "〈辰韓〉本〈燕〉人避之者, 故取〈澤涿水〉之名, 稱所居之邑里, 云〈沙涿〉·〈漸涿〉等."(〈羅〉人方言, 讀涿音爲道. 故今或作沙梁, 梁亦讀道.)

또 최치원이 말하기를 "진한은 본래 연나라 사람으로서 도피해 온 자들이므로 탁수의 이름을 따서 그들이 사는 고을과 동리 이름을 사돌·점돌 등으로 불렀다."(신라 사람들의 방언에 탁 자를 읽을 때 발음을 돌이라고 한다. 그러므로 지금도 혹 사돌이라고도 하는데, 양은 역시 돌로도 읽는다.)

〈新羅〉全盛之時, 京中十七萬八千九百三十六戶, 一千三百六十坊,五十五里. 三十五金入宅(言富潤大宅也)〈南宅〉,〈北宅〉,〈亏比所宅〉,〈本彼宅〉,〈梁宅〉,〈池上²⁴宅〉(〈本彼部〉),〈財買井宅〉(〈庾信〉公祖宗), 50/〈北維宅〉,〈南維宅〉(〈反香寺〉下坊),〈隊宅〉,〈賓支宅〉(〈反香寺〉北²⁵),〈長沙宅〉,〈上櫻宅〉,〈下櫻宅〉,〈水望宅〉,〈泉宅〉,〈楊上宅〉(梁南),〈漢歧宅〉(〈法流寺〉南),〈鼻穴宅〉(上同),〈板積宅〉(〈芬皇寺〉上坊),〈別教宅〉(川北),〈衙南宅〉,〈金楊宗宅〉(〈梁官寺〉南),〈曲水宅〉(川北),〈柳也宅〉,〈寺下宅〉,〈沙梁宅〉,〈井上宅〉,〈里南宅〉(〈亏所宅〉),〈思內曲宅〉,〈池宅〉,〈寺上宅〉(〈大宿宅〉),〈林上宅〉(〈青龍之寺〉東方有池),〈橋南宅〉,〈巷叱宅〉(〈本彼部〉),〈樓上宅〉,〈里上宅〉,〈楡南宅〉,〈井下宅〉.

　신라의 전성시대에 서울 안 호수가 178,936호에 1,360방이요, 주위가 55리였다. 서른다섯 개 금입택(부잣집 큰 저택을 말함이다.) 이 있었으니 남택ㆍ북택ㆍ우비소택ㆍ본피택ㆍ양택ㆍ지상택(본피부에 있다.)ㆍ재매정택(김유신공의 조상집)ㆍ북유택ㆍ남유택(반향사 하방)ㆍ대택ㆍ빈지택(반향사 북쪽)ㆍ장사택ㆍ상앵택ㆍ하앵택ㆍ수망택ㆍ천택ㆍ양상택(물창 남쪽)ㆍ한기택(법류사 남쪽)ㆍ비혈택(법류사 남쪽)ㆍ판적택(분황사 웃동리)ㆍ별교택(개천 북쪽)ㆍ아남택ㆍ김양종택(양관사 남쪽)ㆍ곡수택(개천 북쪽)ㆍ유야택ㆍ사하택ㆍ사량택ㆍ정상택ㆍ이남택(우소택)ㆍ사내곡택ㆍ지택ㆍ사상택(대숙택)ㆍ임상택(청룡이란 절 동쪽에 못이 있다.)ㆍ교남택ㆍ항즐택

---

24. (石)은 工으로 異體字로 보인다.
25. 木板本은 犯으로 북의 행초의 誤字이다.

(본피부에 있다.) · 누상택 · 이상택 · 명남택 · 정하택이다.

18. 又四節遊宅

春,〈東野宅〉, 夏,〈谷良宅〉, 秋,〈仇知宅〉, 冬,〈加伊宅〉. 第四十
九〈憲康大王〉代[26], 城中無一草屋, 接角連墻, 歌吹51/滿路, 晝夜不絶.

또 사절유택

봄에는 동야택이요, 여름에는 곡량택이요, 가을은 구지택이요,
겨울은 가이택이다. 제49대 헌강대왕 때에는 성 안에 초가집이란
하나도 없었으며 추녀가 맞붙고 담장이 이어져 있어서 노래와 풍류
소리가 길에 가득 차 밤낮 그치지 않았다.

19. 新羅始祖 赫居世王

〈辰韓〉之地, 古有六村 一曰〈閼川〉〈楊山村〉, 南今〈曇嚴寺〉, 長曰
〈謁平〉, 初降于〈瓢嵓峰〉, 是爲〈及梁部〉〈李〉氏祖.(〈弩礼王〉九年置,
名〈及梁部〉, 本朝〈太祖〉〈天福〉五年庚子, 改名〈中興部〉,〈波替〉·〈東
山〉·〈彼上〉·〈東村〉屬焉)

신라 시조 혁거세왕

진한 땅에는 옛날 여섯 마을이 있었다. 1은 알천 양산촌이니 그
남쪽이 지금의 담엄사이다. 마을 어른은 알평이라 하여 처음에 표
암봉에 내려왔었다. 이가 급량부 이씨의 조상이 되었다.(노례왕 9
년(32)에 부를 두어 이름을 급량부라 하였으니 본조의 태조 천복 5

---

26. 壬申本은 伐로 異體字이다.

110

년 경자(940)에 이름을 고쳐 중흥부라 하였다. 파잠·동산·피상·동촌이 여기에 속한다.)

二曰〈突山〉〈高墟村〉, 長曰〈蘇伐都利〉, 初降于〈兄山〉, 是爲〈沙梁部〉(梁讀云道, 或作涿, 亦音道)〈鄭〉氏祖, 今曰〈南山部〉,〈仇良伐〉·〈麻等烏〉·〈道北〉·〈廻德〉等南村屬焉.(稱今曰者),〈太祖〉所置也, 下例知.)

2는 돌산 고허촌이니, 마을 어른은 소벌도리라 하여 처음에 형산에 내려왔으니 이가 사량부(량을 돌로 읽고 혹은 탁으로 쓰니 음은 역시 돌이다.) 정씨의 조상이 되었다. 지금은 일러서 남산부라 하니 구량벌·마등오·도북·회덕 등 남쪽 마을들이 여기에 속한다.(지금은 일러서라고 말한 것은 태조가 설치함을 말함이다. 아래도 마찬가지이다.)

三曰〈茂山〉〈大樹村〉, 長曰〈俱(一作仇)禮馬〉, 初降于〈伊山〉(一作[27]〈皆比山〉), 是爲〈漸梁(一作涿)部〉又〈牟梁部〉〈孫〉氏之祖, 今云〈長福部〉〈朴谷村〉等西村屬焉

3은 무산 대수촌이니 마을 어른은 구(구를 仇로도 쓴다.)례마라고 하여, 처음에 이산(개비산이라고도 한다.)에 내려왔으니 이가 점량(량을 탁으로도 쓴다.)부 또는 모량부 손씨의 조상이 되었다. 지금은 일러서 장복부라고 하니 박곡촌 같은 서쪽 마을들이 여기에 속한다.

---

27. (晚)(서)(蓬)은 什로 壞字이다.

四曰〈觜山〉〈珍支村〉(作〈賓之〉, 又〈賓子〉, 又〈氷²⁸之〉), 長曰〈智伯
52/虎〉, 初降于〈花山〉, 是爲〈本彼部〉〈崔〉氏祖, 今曰〈通仙部〉, 〈柴
巴〉等東南村屬焉, 〈致遠〉乃〈本彼部〉人也, 今〈皇龍寺〉南〈味呑寺〉
南有古墟, 云是〈崔侯〉古宅也, 殆明矣.

4는 취산 진지촌이니(빈지 또는 빈자 · 빙지라고도 한다.) 마을
어른은 지백호라 하여 처음에 화산에 내려왔다. 이가 본피부 최씨
의 조상이 되었다. 지금은 일러서 통선부라고 하니 시파와 같은 동
남쪽 마을들이 여기에 속하였다. 최치원은 즉 본피부 사람이니 지
금도 황룡사 남쪽 미탄사 앞에 옛날 집터가 있어 이것이 최씨의 옛
집이라고 이르는바 아마도 명백한 것 같다.

五曰〈金山〉〈加利村〉(今〈金剛山〉〈栢栗寺〉之北山也), 長曰〈祇沱〉
(一作〈只他〉), 初降于〈明活山〉. 是爲〈漢歧部〉又作〈韓歧部〉〈裴〉氏
祖. 今云〈加德部〉, 上下〈西知乃兒〉等東村屬焉.

5는 금산 가리촌이니,(지금의 금강산 백률사 북쪽 산이다.) 마을
어른은 지타(只他라고도 쓴다.)라고 하여 처음에 명활산에 내려왔
다. 이가 한기부 또는 한기부 배씨의 조상으로 되었다. 지금은 일러
서 가덕부라고 하니 상 · 하 서지내아 같은 동쪽 마을들이 여기에
속한다.

六曰〈明活²⁹山〉〈高耶村〉, 長曰〈虎珍〉, 初降于〈金剛山〉, 是爲〈習

---

28. 壬申本은 水로 壞字이다.
29. 木板本은 恬이나 대개 活의 異體字로 보인다.

比部〈薛〉氏祖, 今〈臨川部〉, 〈勿伊村〉·〈仍仇㫈村〉·〈闕谷〉(一作
〈葛谷〉)等東北村屬焉.

6은 명활산 고야촌이니 마을 어른은 호진이라 하여 처음에 금강
산에 내려왔으니 이가 습비부 설씨의 조상으로 되었다. 지금은 일
러서 임천부라고 하니 물이촌·잉구진촌·궐곡(갈곡이라고도 한
다.) 같은 동북쪽 마을들이 여기에 속한다.

按上文, 此六部之祖, 似皆從天而降.〈弩禮王〉九年始改六部名, 又
賜六姓. 今[30]俗〈中興部〉爲母,〈長福部〉爲父,〈臨川部〉爲子,〈加德
部〉爲53/女, 其實未詳.〈前漢〉〈地節〉元年壬子(古本云〈建虎〉元年,
又云〈建元〉三年等, 皆誤)三月朔, 六部祖各率子弟, 俱會於〈閼川〉岸
上, 議曰 "我輩上無君主臨理蒸民, 民皆放逸, 自從所欲, 盍覓有德人,
爲之君主, 立邦設都乎!"

위에 쓴 글로 보건대 이 6부의 조상들이 모두 하늘로부터 내려온
모양이다. 노례왕 9년(32)에 처음으로 6부의 이름을 고치고 또 여
섯 가지 성을 주었다. 지금 풍속에서 중흥부를 어머니로 삼고 장복
부를 아버지로 삼고 임천부를 아들로 삼고 가덕부를 딸로 삼으니
그 까닭은 자세치 않다. 전한 지절 원년 임자(B.C.69)(고본에 이르
기를 건무 원년이니 건원 3년이니 한 것들은 다 잘못이다.) 3월 초
하룻날 6부의 조상들이 각각 자제들을 데리고 다 함께 알천 둑 위
에 모여 의논하기를 "우리들이 위로 백성들을 다스릴 만한 임금을

---

30. 木板本은 令이나 今의 異體字로 여겨진다.

가지지 못하고 보매 백성들이 모두 방종하여 제멋대로 놀고 있으니 어찌 덕이 있는 사람을 찾아내어 그를 임금으로 삼아 나라를 창건하고 도읍을 정하지 않을 것이랴!" 하였다.

於時[31], 乘高南望, 〈楊山〉下〈蘿井〉傍, 異氣如電光垂地, 有一白馬拜之狀. 尋撿之, 有一紫卵(一云靑大卵), 馬見人長嘶上天, 剖其卵得童男, 形儀端美. 驚異之, 浴[32]於〈東泉〉(〈東泉寺〉在〈詞腦野〉北), 身生光彩, 鳥獸率舞, 天地振動, 日月淸明, 因名〈赫居世王〉(蓋鄕言也. 或作〈弗矩內王〉), 言光明理世也. 說者云 "是〈西述聖母〉之所誕也. 故中華人讚〈仙桃聖母〉, 有 '娠賢肇邦'之語, 是也." 乃至雞龍現瑞産〈閼英〉, 又焉知非〈西述聖母〉之听現耶!)位號曰〈居瑟邯〉(或作〈居西干〉, 初開口之時, 自稱云 閼智居西干 一起, 因其54/言稱之, 自後爲王者之尊稱), 時人爭賀曰 "今天子已降, 宜覓有德女君配之."

이때에 모두 높은 데 올라가 남쪽을 바라보니 양산 밑 나정 우물 곁에 이상한 기운이 번개처럼 땅에 드리우더니 웬 흰 말 한 마리가 무릎을 꿇고 절하는 시늉을 하고 있었다. 조금 있다가 거기를 살펴보니 보랏빛 알 한 개가(푸른 빛 큰 알이라고도 한다.) 있고 말은 사람을 보자 울음소리를 길게 뽑으면서 하늘로 올라갔다. 그 알을 쪼개 보니 형용이 단정하고 아름다운 사내아이가 있었다. 놀랍고도 이상하여 아이를 동천(동천사는 사뇌벌 북쪽에 있다.)에서 목욕을 시키매 몸에는 광채가 나고 새와 짐승들이 모조리 춤을 추며 천지

---

31. 是의 誤字로 보인다.
32. 壬申本은 俗으로 異體字이다.

가 진동하고 해와 달이 맑게 빛났다. 따라서 이름을 혁거세왕(아마도 향언일 것이다. 혹은 불구내왕이라고도 하는바 광명으로써 세상을 다스린다는 말이다. 설명하는 사람은 말하기를 "이는 서술성모가 낳은 것이다. 그러므로 중국 사람의 선도성모를 찬미하는 글에 '어진 인물을 배어 나라를 창건하라.'라는 구절이 있으니 이것을 두고 하는 말일 것이다."라고 하였다. 또는 계룡이 상서를 나타내어 알영을 낳았으니, 또한 서술성모의 현신이 아닌 줄을 어떻게 알 것이냐!)이라 하고 왕위의 칭호는 거실한(혹은 거서간이라고 하였는바 맨 처음 입을 열 때에 자신을 일컬어 말하기를 알지거서간이라 하고는 단번에 일어섰다. 그의 말에 따라 이렇게 불렀으니 이로부터 임금의 존칭으로 되었다.)이라 하니 당시 사람들이 다투어 축하하여 말하기를 "이제 천자님이 이미 이 땅에 내려왔으니 마땅히 덕 있는 여군을 찾아서 배필을 정해야 하겠다."고 하였다.

是日,〈沙梁里〉〈閼英井〉(一作〈娥利英井〉)邊,有雞龍現而左脇誕生童女(一云龍現死,而剖其腹得之),姿容殊麗,然而脣似雞觜,將浴於〈月城〉北川,其觜撥落,因名其川曰〈撥川〉. 營宮室於〈南山〉西麓(今〈昌林寺〉),奉養二聖兒. 男以卵生,卵如瓠,鄉人以瓠爲朴,故因姓〈朴〉. 女以所出井名名之. 二聖年至十三歲,以〈五鳳〉元年甲子,男立爲王,仍以女爲后.

이날 사량리 알영정(아리영정이라고도 한다.)에서 계룡이 나타나서 왼쪽 옆구리로부터 계집아이(혹은 용이 나타나 죽으매 그 배를 가르고 얻었다고도 한다.)를 낳으니 자색이 뛰어나게 고왔다. 그러나 입술이 닭의 입부리 같은지라 월성 북쪽 냇물에 가서 목욕을 시켰더니 그 입부리가 퉁겨져 떨어졌으므로 그 천의 이름도 따라서 발천이라 하였다. 궁실을 남산 서쪽 기슭(지금의 창림사이다.)에 짓고는 두 명의 신성한 아이를 모셔 길렀다. 사내아이는 알에서 나왔는지라 알은 바가지같이 생겼고 향인들이 바가지를 박이라 하므로 따라서 성을 박이라 하였다. 계집아이는 그가 나온 우물 이름으로써 이름을 지었다. 두 성인의 나이가 열세 살이 되자 오봉 원년 갑자(전 57)에 남자는 위에 올라 왕이 되고 이어 여자로써 왕후를 삼았다.

國號〈徐羅伐〉, 又〈徐伐〉(今俗訓京字云〈徐伐〉, 以此故也). 或云〈斯羅〉, 又〈斯盧〉, 初王生於〈雞井〉, 故或云〈雞林國〉以其雞龍現瑞也. 一說, 〈脫解王〉時得〈金閼智〉而雞鳴於林中, 乃改國號爲〈雞林〉. 後世遂55/定〈新羅〉之號.

나라 이름을 서라벌 또는 서벌(지금 京자의 뜻을 우리말로 서벌〔서울〕이라 하는 것은 이 때문이다.)이라 하였다. 더러는 사라 또는 사로라고도 하며 처음에 왕이 계정에서 났으므로 혹은 일러서 계림국이라고도 하니 계룡이 상서를 보여 주었기 때문이다. 일설에는 탈해왕 때에 김알지를 얻으면서 숲속에서 닭이 울었으므로 나라 이름을 계림으로 고쳤다고 한다. 후세에 와서는 드디어 신라라고 이름을 정하였다.

理國六十一年, 王升于天, 七日後, 遺體散落于地, 后亦云亡. 國人欲合而葬之, 有太蛇逐禁, 各葬五體爲五陵, 亦名〈蛇陵〉, 〈曇嚴寺〉

北陵是也. 太子〈南解王〉繼位.

　나라를 다스린 지 61년 만에 왕이 하늘로 올라갔는데 이레 뒤에
유해가 땅에 흩어져 떨어졌으며 왕후도 역시 죽었다고 한다. 국인
들이 합장을 하려고 했더니 큰 뱀이 나와서 내쫓아 못하도록 하므
로 다섯 동강이로 난 몸뚱이를 다섯 능에 각각 장사하고 역시 이름
을 사릉이라 하니 담엄사 북쪽 왕릉이 바로 이것이다. 태자 남해왕
이 왕위를 계승하였다.

　20. 第二南解王

〈南解居西干〉, 亦云 次次雄, 是尊長之稱, 唯此王稱之. 父〈赫居
世〉, 母〈閼英夫人〉, 妃〈雲帝夫人〉(一作〈雲梯〉, 今〈迎日縣〉西有〈雲
梯山聖母〉, 祈旱有應), 〈前漢〉〈平帝〉〈元始〉四年甲子卽位, 御理二
十一年, 以〈地皇〉四年甲申崩, 此王乃〈三皇〉之第一云.

　제2대 남해왕

　남해거서간은 차차웅이라고도 한다. 이는 존장의 칭호이니 오직
이 임금만 이렇게 불렀다. 아버지는 혁거세요 어머니는 알영부인이
요 왕비는 운제부인이다.(雲梯라고도 하는데 지금 영일현 서쪽에는
운제산성모가 있어 가물 때에 기도를 드리면 영험이 있다.) 전한 평
제 원시 4년 갑자(4)에 즉위하여 21년 동안 나라를 다스리다가 지황
4년 갑신(24)에 죽으니 이 임금을 3황의 첫 번째라고들 이른다.

　按『三國史』云〈新羅〉稱王曰 居西干, 〈辰〉言王也, 或云 呼貴人之
稱. 或曰56/次次雄, 或作 慈充. 〈金大問〉云 "次次雄 方言謂巫也. 世

人以巫事鬼神尙祭祀, 故畏敬之, 遂稱尊長者爲慈充, 或云 尼師今,
言謂 齒理也."

『삼국사』에서 다음과 같이 이른다. 신라에서는 왕을 거서간이라
고 불렀으니 진 땅 말로는 왕이란 말이며 혹은 귀인을 부르는 칭호
라고도 한다. 혹은 차차웅 또는 자충이라고 한다. 김대문이 이르기
를 "차차웅은 방언에 무당을 이름이다. 세상 사람들이 무당으로써
귀신을 섬기고 제사를 받들므로 이를 외경하다가 마침내 높은 어른
을 자충이라 하였으며 혹은 이사금이라고도 하였으니 잇끔을 두고
하는 말이다."라고 하였다.

初, 〈南解王〉薨, 子〈弩禮〉讓位於〈脫解〉, 〈解〉云 "吾聞聖智人多
齒, 乃試以餠噬之." 古傳如此. 或曰 麻立干(立一作袖), 〈金大問〉云
"麻立者, 方言謂橛也. 橛標准位而置, 則王橛爲主, 臣橛列於下, 因
以名之."

처음에 남해왕이 죽고 그 아들 노례가 왕위를 탈해에게 사양하니
탈해가 말하기를 "내가 들으매 갸륵하고 슬기로운 사람은 이가 많
다더라." 하면서 곧 떡을 씹어 시험해 보았다. 예로부터 전하는 이
야기가 이렇다. 혹은 또 마립간(立을 袖라고도 쓴다.)이라고도 하니
김대문이 이르기를 "마립이란 것은 방언에 말뚝이란 말이다. 말뚝
표는 직위에 맞추어 설치하므로 왕의 말뚝이 주장이 되고 신하의
말뚝은 아래로 벌려 서게 되므로 이렇게 이름을 지은 것이다."라고
하였다.

118

史論曰 "〈新羅〉稱 居西干·次次雄 者一, 尼師今 者十六, 麻立干
者四. 〈羅〉末名儒〈崔致遠〉作『帝王年代曆』, '皆稱某王, 不言居西干
等, 豈以其言鄙野不足稱之也. 今記〈新羅〉事, 具存方言亦宜矣. 〈羅〉
人凡追封者稱葛文王, 未詳.' 此王代〈樂57/浪國〉人來侵〈金城〉, 不克
而還. 又〈天鳳〉五年戊寅, 〈高麗〉之裨屬七國來投."

사론에 이르기를 "신라에서 거서간 또는 차차웅으로 부른 임금이
하나씩이요 이사금으로 부른 자가 열여섯이요 마립간으로 부른 자
가 넷이다. 신라 말기의 이름난 유학자 최치원이 지은 『제왕연대력』
에는 '모두 아무 왕이라 불렀고 거서간 등으로 부르지 않았으니 그
말이 어찌 비루하다 하여 칭하기조차 하지 않는단 말인가. 여기에
신라의 사적을 기록함에 있어서 방언들을 모두 그대로 두는 것도 역
시 옳은 일일 것이다. 신라 사람들이 대개 추봉하여 갈문왕이라 일
컬었으니 그 까닭을 모르겠다.'고 하였다. 이 왕대에 낙랑국 사람들
이 금성을 침략해 왔다가 이기지 못하고 돌아갔다. 또 천봉 5년 무
인(18)에는 고(구)려에 예속되었던 일곱 나라가 항복해 왔다."

21. 第三弩禮王

〈朴弩禮尼叱今〉(一作〈儒礼王〉). 初, 王與妹夫〈脫解〉讓位, 〈脫解〉
云 "凡有德者多齒, 宜以齒理試之." 乃咬餠驗之, 王齒多故先立, 因
名尼叱今, 尼叱今之稱, 自此王始. 〈劉聖公〉〈更始〉元年癸未卽位(『年
表』云, 甲申卽位), 改定六部號, 仍賜六姓, 始作「兜率歌」, 有嗟辭·
詞腦格. 始製犁[33]及藏氷庫, 作車乘. 〈建虎〉十八年, 伐〈伊西國〉滅之,
是年〈高麗〉兵來侵.

제3대 노례왕

박노례니즐금(유례왕이라고도 한다.). 처음에 왕이 매부인 탈해
와 서로 왕위를 양보할 때에 탈해가 말하기를 "무릇 덕이 있는 자
는 이가 많은 법이니 마땅히 잇끔으로 시험을 해 볼 것이다." 하고
곧 떡을 씹어 시험을 해 보았더니 왕의 이가 많았으므로 먼저 왕위
에 올라 이름을 이즐금이라 하니 이즐금이란 칭호가 이 임금으로부
터 시작되었다. 유성공 경시 원년 계미(23)에 즉위하여(『연표』에는
갑신년에 즉위하였다고 하였다.) 6부의 칭호를 고쳐 정하고 이어
여섯 가지 성을 내렸으며 처음으로 「도솔가」를 지으니 감탄하는 구
절과 사뇌격이 갖추어졌다. 또 보습을 만들고 얼음을 저장하는 창
고를 짓고 사람 타는 수레를 만들었다. 건무 18년(42)에 이서국을
쳐서 없앴으며 이 해에 고구려 군사가 와서 침범하였다.

22. 第四脫解王58/

〈脫解齒叱今〉(一作〈吐解尼師今〉). 〈南解王〉時(古本云 "壬寅年至
者," 謬矣. 近則, 後於〈弩礼〉卽位之初, 無爭讓之事 前則, 在於〈赫居〉
之世, 故知壬寅非也), 〈駕洛國〉海中有船來泊, 其國〈首露王〉, 與臣
民鼓譟而迎, 將欲留之, 而舡乃飛走. 至於〈雞林〉東〈下西知村〉〈阿珍
浦〉(今有〈上西知〉·〈下西知〉村名). 時, 浦邊有一嫗, 名〈阿珍義先〉,
乃〈赫居王〉之海尺之母. 望之謂曰 "此海中元無石嵓, 何因鵲集而
鳴?" 拏舡尋之, 鵲集一舡上, 舡中有一櫃子, 長二十尺, 廣十三尺.

---

33. 木板本은 黎로 誤字이다.

120

제4대 탈해왕

탈해니즐금(토해니사금이라고 한다.). 남해왕 때에(고본에 이르기를 "탈해가 임인년에 왔다."라는 것은 잘못이다. 가까운 임인년이라면 노례왕이 즉위한 때보다 뒤가 될 것이매 양위를 다투는 사건도 없었을 것이요, 그 전의 임인년이라면 혁거세 시대일 것이므로 임인년이 아닌 것을 알 수 있다.) 가락국 바다 가운데 웬 배가 와서 정박하였으므로 그 나라의 수로왕이 신하와 백성들과 함께 북을 울리면서 맞아서 머물도록 하려 하였더니 배는 그만 나는 듯이 달려 계림 동쪽 하서지촌 아진포(지금도 상서지촌, 하서지촌 등 이름이 있다.)에 닿았다. 이때에 포변에는 한 노파가 있어 이름을 아진의선이라 하니 곧 혁거세왕의 배꾼의 어머니였다. 바다를 바라보고 말하기를 "이 바다 가운데는 원래 바윗돌이 없는데 웬 까닭으로 까치들이 몰려서 울꼬?" 하고는 배를 저어 가서 찾아 보니 웬 배 한 척 위에 까치들이 몰려 있었으며, 배 가운데는 궤짝이 한 개 있는데 길이가 20척이요, 너비가 13척이었다.

曳其船, 置於一樹林下, 而未知凶乎吉乎, 向天而誓爾, 俄而乃開見, 有端正男子, 幷七寶·奴婢滿載其中. 供給七日, 迺言曰 "我本〈龍城國〉人(亦云〈正明國〉, 或云〈琓夏國〉, 〈琓夏〉或作〈花廈國〉, 〈龍城〉在〈倭〉東北一千里), 我國嘗有59/二十八龍王, 從人胎而生, 自五歲六歲繼登王位, 敎萬民修正性命, 而有八品姓骨, 然無揀[34]擇,

---

34. 壬申本은 棟으로 異體字이다.

皆登大位. 時, 我父王〈含達婆〉, 娉〈積女國〉王女爲妃, 久無子胤,[35] 禱祀求息, 七年後産一大卵. 於是, 大王會問羣臣 '人而生卵, 古今未有, 殆非吉祥.' 乃造櫃置我, 幷七寶·奴婢載於舡中, 浮海而祝曰 '任到有緣之地, 立國成家.' 便有赤龍, 護舡而至此矣."

그 배를 끌어다가 어떤 나무 숲 아래 가져다 두고 길조인지 흉조인지 알 수가 없어 하늘을 향하여 맹세를 하고 조금 있다가 궤짝을 열어 보니 단정하게 생긴 웬 사내아이가 들어 있고 겸하여 칠보와 노비들이 가득 실려 있었다. 이레 동안 그의 바라지를 하였더니 그때야 말하기를 "나는 본래 용성국 사람이다.(또는 정명국이라고도 하고 혹은 완하국 또는 화하국이라고도 하니 용성은 왜국의 동북쪽 1천 리 되는 데 있다.) 우리나라에는 일찍부터 28용왕이 있어 사람의 태로부터 나서 대여섯 살에 왕위를 계승하여 만백성들에게 바른 성명을 닦도록 교화하였으며 8품의 성골이 있으나 차별을 두지 않고 모두가 임금 자리에 오르게 되었다. 당시 나의 부왕인 함달파가 적녀국 왕녀에게 장가를 들어 왕비를 삼았는데 오랫동안 아들자식이 없어서 자식 낳기를 기도하였더니 7년 후에 한 개의 커다란 알을 낳았다. 이에 대왕은 여러 신하들을 모으고 묻기를 '사람으로서 알을 낳는다는 것은 고금에 없는 일이니 아마도 좋은 일이 아닌가 보다.' 하고 궤짝을 만들어 나를 넣고 겸하여 칠보와 노비들을 배에 싣고 바다에 띄우면서 빌기를 '인연 닿는 땅에 마음대로 닿아 나라를 세우고 가문을 만들라.'라고 하였다. 때마침 붉은 용이 있어 배

---

35. 木板本은 胤로 異體字이다.

를 호위하여 이곳까지 왔노라."고 하였다.

言訖, 其童子曳杖率二奴, 登〈吐含山〉上作石塚, 留七日. 望城中可居之地, 見一峯如三日月, 勢可久之地, 乃下尋之, 卽〈瓠公〉宅也. 乃設詭計, 潛埋礪炭於其側, 詰朝至門云 "此是吾祖代家屋." 〈瓠公〉云 "否," 爭訟不決, 乃60/告于官. 官曰 "以何驗是汝家?" 童曰 "我本冶[36]匠, 乍出隣鄕, 而人取居之. 請堀地撿看." 從之, 果得礪炭, 乃取而居焉[37].

말을 마치자 그 사내아이는 지팡이를 끌면서 두 종을 데리고 토함산 위에 올라가서 돌무덤을 만들고 이레 동안 머물렀다. 그는 성안에 살 만한 땅을 찾는데, 초승달처럼 생긴 산봉우리가 있음을 바라보고 그 지세가 오래 살 만한 자리인지라 곧 내려가 알아보았더니 이는 호공의 집이었다. 그는 곧 꾀를 내서 남몰래 그 집 옆에 숫돌과 숯을 묻고는 이튿날 아침에 그 집 문 앞에 와서 따져 묻기를 "이 집은 우리 할아버지적의 집이다." 하니 호공은 "그렇지 않다." 하여 서로 시비를 따지다가 결판을 못 내고 이에 관가에 고발하였다. 관리가 말하기를 "무슨 증거가 있기에 이것을 너희 집이라고 하느냐?" 하니 그 아이가 대답하기를 "우리 집은 본래 대장장이인데 잠시 이웃 지방으로 나간 동안에 다른 사람이 빼앗아 여기 살았습니다. 땅을 파서 사실인지 확인해 주소서." 하여 그 말대로 파 보니 과연 숫돌과 숯이 나왔으므로 곧 빼앗아 살았다.

---

36. 木板本은 治로 異體字이다.
37. 木板本은 爲로 異體字이다.

時〈南解王〉知〈脫解〉是智人, 以長公主妻之, 是爲〈阿尼夫人〉, 一日〈吐解〉登〈東岳〉, 廻程次, 令白衣索水飮之, 白衣汲水, 中路先嘗而進, 其角盃貼於口不解. 因而噴之, 白衣誓曰 "爾後若近遙, 不敢先嘗." 然後乃解. 自此白衣襲服, 不敢欺罔. 今〈東岳〉中有一井, 俗云 〈遙乃井〉是也.

이때에 남해왕이 탈해가 지혜 있는 사람인 줄을 알고 맏공주로써 아내를 삼게 하니 이가 바로 아니부인이다. 하루는 탈해가 동악에 올라갔다가 돌아오는 길에 심부름하는 자를 시켜 물을 구하여 마시는데, 그자가 물을 길어 오던 중 먼저 마시고 드리려 하니 물그릇이 입에 늘어붙어 떨어지지 않았다. 그래서 나무랐더니 심부름하던 자가 맹세를 하여 말하기를 "다음에는 가깝고 멀고 간에 감히 먼저 마시지 않겠소이다." 하니 그때야 그만 그릇이 떨어졌다. 이로부터는 심부름하는 자가 습복하여 감히 속이지 못하였다. 지금도 동악 속에는 우물 하나가 있어 속칭 요내물이라 하는 것이 바로 이것이다.

及〈弩禮王〉崩, 以〈光虎帝〉〈中元〉六年丁巳六月, 乃登王位. 以 "昔是吾家" 取他人家故, 因姓〈昔〉氏. 或云, 因鵲開櫃, 故去鳥字, 姓 〈昔〉氏, 解櫃脫卵而生, 故因名〈脫解〉. 在位二十三年, 〈建 61/初〉 四年己卯崩, 葬〈疏川〉丘中.

노례왕이 죽자 광무제 중원 6년 정사(57) 6월에 이에 왕위에 올랐다. "이것이 옛날 우리집이요." 하면서 남의 집을 빼앗았다 하여 성을 석으로 하였다. 혹은 까치 때문에 궤짝을 열었으므로 까치작

글자에서 새조를 떼어 버리고 석씨로 하였다 하기도 하며 궤짝을
풀고 알을 벗고 나왔으므로 이름을 탈해라 하였다고도 한다. 임금
자리에 있은 지가 23년 동안이요, 건초 4년 기묘(79)에 죽어서 소
천 언덕 가운데 장사하였다.

　後有神詔 "愼埋葬我骨." 其髑髏周三尺二寸, 身骨長九尺七寸, 齒
凝如一, 骨節皆連瑣, 所謂天下無敵力士之骨. 碎爲塑像, 安闕內. 神
又報云 "我骨置於〈東岳〉," 故令安之.(一云　崩後二十七世〈文虎王〉
代,〈調露〉二年庚辰三月十五日辛酉, 夜見夢於〈太宗〉, 有老人皃甚威
猛, 曰 "我是〈脫解〉也. 拔我骨於〈疏川〉丘, 塑像安於〈土³⁸含山〉." 王
從其言, 故至今國祀不絶, 即〈東岳神〉也云.)

　후에 신의 명령이 있어 "내 뼈를 조심해 묻으라."라고 하였다. 그
의 해골 둘레가 3자 2치요, 몸뚱이 뼈 길이가 9자 7치요, 이빨이 엉
기어 마치 하나처럼 되었고, 뼈마디가 연이어져 소위 천하에 적수가
없을 장사의 뼈였다. 그 뼈를 부수어 빚어 소상을 만들어 대궐 안에
모셨다. 신이 또 이르기를 "내 뼈를 동악에 두라."라고 하였으므로
여기에 안치하였다.(한편 죽은 후 27세 문무왕대인 조로 2년 경진
(680) 3월 15일 신유 밤에 태종에게 현몽하여 얼굴이 무섭게 생긴
노인이 나타나 말하기를 "나는 탈해다. 내 뼈를 소천둔덕에서 파다
가 소상을 만들어 토함산에 안치하라." 하였다. 왕은 이 말대로 좇은
까닭에 지금까지 국사가 끊이지 않는 즉 동악신이라고 하였다.)

---

38. 壬申本은 工으로 壞字이다.

23. 金閼智 脫解王代

〈永平〉三年庚申(一云〈中元〉六年, 誤矣. 〈中元〉盡二年而已)八月四日, 〈瓠公〉夜行月城西里, 見大光明於〈始林〉中(一作〈鳩林〉). 有紫雲從天垂地, 雲中有黃金櫃, 掛於樹枝, 光自櫃出, 亦有白雞鳴於 62/樹下. 以狀聞於王, 駕幸其林, 開櫃有童男, 臥而卽起, 如〈赫居世〉之故事, 故因其言, 以閼智名之, 閼智卽鄕言小兒之稱也. 抱載還闕, 鳥獸相隨, 喜躍蹌蹌.

김알지 탈해왕대

영평 3년 경신(60)(혹은 중원 6년이라고도 하나 잘못이다. 중원은 2년까지뿐이다.) 8월 4일에 호공이 밤에 월성 서쪽 동리로 갔더니 시림(구림이라고도 한다.) 속에서 환하게 밝은 빛이 나는 것을 보았다. 보랏빛 구름이 하늘로부터 땅에 드리우고 구름 속에는 황금 궤짝이 나뭇가지에 걸려 있었는데 궤짝으로부터 빛이 뿜어 나오고 또 흰 닭이 나무 아래서 울고 있었다. 이 상황을 왕에게 보고하자, 왕이 그 숲으로 행차하여 궤짝을 열어 보니 사내아이가 들어 있어 누웠다가 곧 일어나니, 마치 혁거세의 옛 일과 같았으므로 그 말에 따라 알지라고 이름을 지으니 알지는 우리나라 말로 어린아이를 불러 하는 말이다. 그를 안고 대궐로 돌아오는데 새와 짐승들이 뒤를 따르면서 기뻐서 뛰며 춤을 췄다.

王[39]擇吉日, 册位太子, 後讓於[40]〈婆娑〉, 不卽王位. 因金櫃而出,

---

39. 壬申本은 土로 王의 異體字이다.

乃姓〈金〉氏, 〈閼智〉生〈熱漢〉, 〈漢〉生〈阿都〉, 〈都〉生〈首留〉, 〈留〉
生〈郁部〉, 〈部〉生〈俱道〉(一作〈仇刀〉), 〈道〉生〈末鄒〉, 〈鄒〉卽王位,
〈新羅〉〈金〉氏自〈閼智〉始.

왕이 길일을 택하여 그를 태자로 책봉하였으나 뒤에 파사에게 왕
위를 사양하고 왕위에 오르지 않았다. 그가 금 궤짝에서 나왔으므
로 이에 성을 김씨라 하였으니 알지가 열한을 낳고, 한이 아도를
낳고, 도가 수류를 낳고, 류가 욱부를 낳고, 부가 구도(仇刀로도 쓴
다.)를 낳고, 도가 미추를 낳으니, 추가 왕위에 오르니, 신라의 김씨
가 알지로부터 시작되었다.

24. 延烏郎 細烏女

第八〈阿達羅王〉卽位四年丁酉, 東海濱有〈延烏郎〉·〈細烏女〉, 夫
婦而居. 一日, 〈延烏〉歸海採藻, 忽有一巖(一云一魚), 負歸〈日本〉,
國人見之曰 "此非常人也," 乃立爲王.(按『日本帝記』, 前後無〈新羅〉
63/人爲王者, 此乃邊邑小王而非眞王也.)〈細烏〉怪夫不來, 歸尋之,
見夫脫鞋, 亦上其巖, 巖亦負歸如前. 其國人驚訝, 奏獻於王, 夫婦相
會, 立爲貴妃.

연오랑과 세오녀

제8대 아달라왕이 즉위한 지 4년 정유(157)에 동해 해변에 연오
랑과 세오녀 부부가 살고 있었다. 어느날 연오랑이 바다에 나가 미
역을 따는데 갑자기 웬 바윗돌이 나타나면서(혹은 고기라고도 한

---

40. 壬申本은 故로 誤字이다.

다.) 연오랑을 태우고 일본으로 가니, 국인들이 보고 말하기를 "이
는 범상찮은 인물이다."라고 하고 추대하여 왕으로 삼았다.(『일본제
기』를 보면 전이나 후나 신라 사람으로 왕이 된 자가 없으니, 이는
변방 고을의 작은 왕이요 진짜 왕은 아닌 것이다.) 세오가 남편이
돌아오지 않는 것을 괴히 여겨 나가서 찾다가 남편이 벗어 놓은 신
발을 보고 역시 바위 위에 올라갔더니 바위가 또한 전과 같이 태우
고 갔다. 그 국인들이 놀랍고 이상하여 왕에게 아뢰어 바쳤더니 부
부가 서로 만나 세워서 귀비로 삼았다.

　　是時,〈新羅〉日月無光, 日者奏云 "日月之精, 降在我國, 今去〈日
本〉, 故致斯怪." 王遣使求[41]二人,〈延烏〉曰 "我到此國, 天使然也,
今何歸乎? 雖然朕之妃有所織細綃, 以此祭天可矣." 仍賜其綃. 使人
來奏, 依其言而祭之, 然後日月如舊. 藏其綃於御庫爲國寶, 名其庫爲
〈貴妃庫〉, 祭天所名〈迎日縣〉, 又〈都祈野〉.

　　이때에 신라에서는 해와 달이 빛이 없어지매 천문 맡은 관리가
아뢰기를 "해와 달의 정기가 우리나라에 내려와 있다가 지금은 일
본으로 가 버렸기 때문에 이런 괴변이 생겼습니다."라고 하였다. 왕
이 사신을 보내어 두 사람을 찾았더니 연오가 말하기를 '내가 이
나라에 온 것은 하늘이 그렇게 시킨 것이다. 지금에 어찌 돌아갈 것
이랴. 비록 그러하나 나의 왕비가 가는 생초비단을 짠 것이 있으니
이것으로 하늘에 제사를 지내면 좋을 것이다." 하고 뒤미처 그 생초

---

41. 木板本은 모두 來이나 이는 求의 異體字이다.

를 주었다. 사신이 돌아와 연유를 아뢰매 그의 말대로 제사를 지낸 연후에는 해와 달이 이전과 같았다. 그 생초비단을 어고에 간직하여 국보로 삼고 그 고방을 귀비고라 이름하고 하늘에 제사지낸 곳을 영일현이라 하였으며 또 도기야라고도 하였다.

25. 末鄒王 竹葉軍

第十三〈末鄒尼叱今〉(一作〈末祖〉, 又〈未古〉), 〈金閼智〉七世孫. 赫世紫 64/纓, 仍有聖德, 受禪于〈理解〉, 始登王位(今俗称王之陵爲始祖堂, 盖以〈金〉氏[42]始登王位故. 後代〈金氏〉諸王皆以〈末鄒〉爲始祖宜矣), 在位二十三年而崩, 陵在〈興輪寺〉東.

말추왕과 죽엽군

제13대 말추니즐금(말조라고도 하고 미고라고도 한다.)은 김알지의 7세손이다. 누대 귀족으로 거듭 성인의 덕이 있었으므로 이해 니사금으로부터 선양을 받아 비로소 즉위하니,(지금 풍속에 임금의 능을 시조당이라고 부르는 것은 김씨로서는 처음으로 왕위에 올랐던 까닭이다. 후대에 와서 김씨네 여러 임금들이 말추로써 시조를 삼는 것은 당연하다.) 왕위에 있은 지 23년 만에 죽어, 능은 흥륜사 동쪽에 있다.

第十四〈儒理王〉代, 〈伊西國〉人來攻〈金城〉, 我大擧防禦, 久不能抗, 忽有異兵來助, 皆珥竹葉, 與我軍幷力擊賊破之. 軍退後不知所

---

42. 木板本은 모두 始이나 아마도 氏의 誤字인 듯하다.

歸, 但見竹葉積於〈末鄒〉陵前, 乃知先王陰隲有功, 因呼〈竹現陵〉.

　제14대 유리왕대에 이서국 사람이 와서 금성을 치매 우리가 대대적으로 방어했으나 오래 저항할 수 없었는데 홀연히 이상한 군사들이 와서 돕는데 모두들 대잎사귀를 귀에 꽂고 이편 군사들과 힘을 모아 적을 쳐서 깨뜨렸다. 적군이 물러간 후 그들은 어디로 갔는지 알 바 없고 다만 대잎사귀들이 말추의 왕릉 앞에 쌓여 있음을 보고야 비로소 선대 임금의 음덕의 공로인 것을 알게 되어, 따라서 이 왕릉을 죽현릉이라고 불렀다.

　越三十七世〈惠恭王〉代, 〈大曆〉十四年己未四月, 忽有旋風, 從〈庾信公〉塚起. 中有一人乘駿馬如將軍儀狀, 亦有衣甲器仗[43]者四十許人, 隨從而來, 入於〈竹現陵〉. 俄而陵中似有振動哭[44]位聲, 或如告訴之音.

　세월이 한참 흘러서 37대 혜공왕 시대 대력 14년 기미(779) 4월에 갑자기 회오리바람이 유신공의 무덤으로부터 일어났다. 그 속에 웬 사람 하나가 준마를 탔는데 장군의 차림과 같았고 또한 갑옷 차림에 병장기를 가진 자 40여 명이 뒤를 따라오더니 죽현릉으로 들어갔다. 조금 있다가 왕릉 속에서 흡사 진동하는 울음소리 같은 소리가 나는데 혹은 하소연하는 소리처럼 들렸다.

　其言曰 "臣平生有輔時救難匡合之功, 65/ 今爲魂魄, 鎭護邦國,

---

43. 木板本에 더러 後와 비슷한 자양이 보이나, 이는 仗의 異體字로 보인다.
44. (石)은 泣으로 참고가 된다.

災救患之心, 暫無渝改, 往者庚戌年, 臣之子孫無罪被誅, 君臣不念我
之功烈, 臣欲遠移他所, 不復勞勤, 願王允之." 王荅曰 "惟我與公不
護此邦, 其如民庶何? 公復努力如前." 三請三不許, 旋風乃還.

그 말에 이르기를 "신이 평생 보좌하여 환란을 구제하고 나라를
통일한 공로를 세웠으며 지금은 혼백이 되어 나라를 진호하며 재앙
을 물리치고 환란을 구제하고자 하는 마음이 잠시라도 변함이 없었
거늘 지난 경술년에 신의 자손들이 죄 없이 사형을 당하였고 임금
이나 신하들은 나의 공적을 생각하지 않으니 저는 멀리 다른 곳으
로 옮겨가 다시는 애써 근념도 않겠으니 원컨대 왕은 허락하소서."
라고 하였다. 왕이 대답하기를 '나와 공이 이 나라를 수호하지 않
는다면 저 백성들을 어떻게 할 것인가? 공은 이전과 다름없이 힘을
써 주시오."라고 하며 세 번을 청했으나 세 번 다 허락하지 않자,
회오리바람은 이에 돌아갔다.

王聞之懼, 乃遣太臣〈金敬信〉, 就〈金公〉陵謝過焉. 爲公立功德寶
田三十結于〈鷲仙寺〉, 以資冥福. 寺乃〈金公〉討〈平壤〉後, 植福所置
故也. 非〈未鄒〉之靈, 無以遏〈金公〉之怒, 王之護國, 不爲不大矣. 是
以, 邦人懷德, 與〈三山〉同祀[45]而不墜, 躋秩于〈五陵〉之上, 稱大廟云.

왕이 이 말을 듣고 겁이 나서 즉시로 대신 김경신을 보내어 김공
의 무덤에 가서 사과하고 공을 위하여 공덕보전 30결을 취선사에
들여놓아 그의 명복을 빌었다. 이 절은 김공이 평양을 친 후에 복을

---

45. 木板本은 杞로 祀의 異體字이다.

담기 위하여 세웠던 것이었기 때문이다. 말추의 영이 아니었더라면 김공의 노여움을 막을 수 없었을 것이니 왕의 호국은 크지 않다고 할 수 없을 것이다. 이래서 나라 사람들이 그의 덕을 사모하여 삼산과 함께 제사를 끊이지 않고, 제사의 직위를 5릉의 위에다 두어 대묘라 일컫게 되었다고 한다.

26. 奈勿王(一作〈那密王〉) 金堤上 66/

第十七〈那密王〉卽位三十六年庚寅,〈倭〉王遣使來朝曰 "寡君聞大王之神聖, 使臣等以告〈百濟〉之罪於大王也. 願大王遣一王子, 表誠心於寡君也." 於是, 王使第三子〈美海〉(一作〈未叱⁴⁶喜〉)以聘於〈倭〉. 〈美海〉年十歲, 言辭動止猶未備具, 故以內臣〈朴娑覽〉爲副使而遣之, 〈倭〉王留而不送三十年.

내물왕(나밀왕이라고도 한다.)과 김제상

제17대 나밀왕이 즉위한 지 36년 경인(390)에 왜왕이 사신을 보내어 와서 말하기를 "저희 임금이 대왕의 신성하시다는 말씀을 듣고 저희들로 하여금 백제의 죄를 대왕에게 고해 바치도록 하였습니다. 원컨대 대왕은 왕자 한 명을 보내어 우리 임금에게 성의를 표해 주소서."라고 하였다. 이에 왕이 셋째 아들 미해(미즐희라고도 한다.)를 시켜 왜국에 예방케 하였다. 미해는 그때 나이가 열 살이라, 말이나 행동거지가 아직 미숙하였기 때문에 내신 박사람을 부사로 삼아 보냈더니 왜왕이 붙잡아 두고 30년 동안이나 보내지 않았다.

---

46. 木板本은 吐로 異體字이다.

至〈訥祇王〉卽位三年己未,〈句麗〉〈長壽王〉遣使來朝云 "寡君聞大王之弟〈寶海〉秀智才藝, 願與相親, 特遣小臣懇請." 王聞[47]之幸甚, 因此和通, 命其弟〈寶海〉, 道於〈句麗〉以內臣〈金正謁〉爲輔而送之, 〈長壽王〉又留而不送.

눌지왕 즉위 3년 기미(419)에 이르러 (고)구려의 장수왕이 사신을 보내 와서 말하기를 "저희 임금이 대왕의 아우님 되는 보해가 지혜와 재주가 특출하다는 말을 듣고 그와 서로 친하고 싶어 특히 저를 보내어 간청하는 바입니다."라고 하였다. 왕이 이 말을 듣고 이 일로 말미암아 두 나라가 화친하여 통례함을 다행히 여겨 그 아우 보해를 시켜 고구려로 떠나게 하면서 내신 김무알을 보좌로 삼아 보냈더니 장수왕도 또 억류하고 보내지 않았다.

至十年乙丑, 王召集群臣及國中豪俠, 親賜御宴, 進酒三行, 衆 67/ 樂初作. 王垂涕而謂群臣曰 "昔我聖考, 誠心民事, 故使愛子東聘於〈倭〉, 不見而崩. 又朕卽位已來, 隣兵甚熾, 戰爭不息,〈句麗〉獨有結親之言, 朕信其言, 以其親弟聘於〈句麗〉,〈句麗〉亦留而不送. 朕雖處富貴, 而未嘗一日暫忘[48]而不哭 若得見二弟, 共謝於先主之廟, 則能報恩於國人, 誰能成其謀策?"

10년 을축(425)에 이르러 왕이 여러 신하들과 국중의 호걸들을 불러 친히 잔치를 베풀고 술이 세 번째 돌 때에 온갖 음악이 시작

---

47. 壬申本은 門으로 壞字로 보인다.
48. 壬申本은 志로 異體字이다.

되었다. 왕이 눈물을 지으면서 여러 신하들에게 말하기를 "예전 돌아가신 아버님께서 성심으로 백성들을 위하여 정사를 하셨기 때문에 사랑하는 아들을 동쪽 왜국에 보내었다가 다시 만나 보지 못하고 돌아가셨다. 또 내가 즉위한 이래로 이웃나라 군사들의 기세가 매우 드세어지고 전쟁이 쉴 사이 없었는데 유독 (고)구려가 친교를 맺자는 말이 있어 나는 그 말을 믿고 나의 친아우를 사절로 보냈더니 (고)구려 역시 붙들어 두고 보내지 않는다. 내가 비록 부귀를 누린다지만 아직 하루라도 잠시나마 이를 잊어버리거나 울지 않을 때가 없었다. 만약 두 아우를 다시 만나게 되어 함께 돌아가신 아버지의 사당에 참례하게 된다면 나라 사람들에게 은혜를 갚을 터이니 누가 이 일을 모책해서 성공할 수 있을까?"라고 하였다.

時, 百官咸奏曰 "此事固非易也, 必有智勇方可. 臣等以爲〈歃羅郡〉太守〈堤上〉可也." 於是, 王召問焉. 〈堤上〉再拜對曰 "臣聞, 主憂臣辱, 主辱臣死 若論難易而後行, 謂之不忠 圖死生而後動, 謂之無勇. 臣雖不肖, 願受命行矣." 王甚嘉之, 分觴而飮, 握手而別.

이때에 모든 관리들이 함께 아뢰기를 "이 일이 결코 쉬운 일이 아니외다. 반드시 지혜와 용기가 있어야만 가능할 것입니다. 신 등의 생각에는 삽라군 태수 제상이 적임으로 아뢰오."라고 하였다. 이에 왕이 제상을 불러 물었다. 제상이 재배하며 말하기를 "제가 듣기에 임금이 걱정을 하게 되면 신하가 욕을 보게 되는 법이요, 임금이 욕을 보게 되면 신하는 죽어야만 하는 것입니다. 만약 어렵다느니 쉽다느니 논란을 한 뒤에 실행한다면 이를 불충이라 할 것이요,

죽고 사는 것을 따져 본 뒤에 움직이는 것은 이를 용기가 없다고 일러야 할 것입니다. 제가 비록 똑똑하지는 못하오나 원컨대 명령을 받들어 실행하고자 하옵니다."라고 하였다. 왕이 매우 가상히 여겨 술잔을 나누어 마시고 악수를 하면서 작별하였다.

〈堤上〉簾 68/前受命, 徑趣北海之路, 變服入〈句麗〉. 進於〈寶海〉所, 共謀逸期, 先以五月十五日, 歸泊於〈高城〉水口而待. 期日將至, 〈寶海〉稱病, 數日不朝, 乃夜中逃出, 行到〈高城〉海濱. 王知之, 使數十人追之, 至〈高城〉而及之.

제상이 임금으로부터 직접 명령을 받고 북해 바닷길로 길을 질러 달려 변복을 한 채 고구려로 들어갔다. 보해의 처소로 가서 함께 빠져나갈 기일을 짜고 제상은 먼저 5월 15일에 고성포구에 돌아와 배를 대고 기다리기로 하였다. 약속한 날이 닥쳐오게 되자 보해는 병을 칭하고 며칠이나 조회 참가를 하지 않다가 밤중에 도망쳐 나와 고성해변에 와 닿았다. 왕이 그것을 알고 수십 명의 사람을 시켜 이를 추격하여 고성까지 와서야 따라잡았다.

然〈寶海〉在〈句麗〉, 常施恩於左右, 故其軍士憫傷之, 皆拔箭鏃而射之, 遂免而歸. 王旣見〈寶海〉, 益思〈美海〉, 一欣一悲, 垂淚而謂左右曰 "如一身有一臂一面一眼, 雖得一而亡一, 何敢不痛乎?" 時, 〈堤上〉聞此言, 再拜辭朝而騎馬, 不入家而行, 直至於〈栗浦〉之濱. 其妻聞之, 走馬追至〈栗浦〉, 見其夫已在舡上矣. 妻呼之切懇, 〈堤上〉但搖手而不駐行.

그러나 보해가 (고)구려에 있을 때에 언제나 가깝게 상종하는 자들에게 은혜를 베풀었으므로 군사들이 그를 매우 동정하여 모두가 활촉을 빼고 활을 쏘았기 때문에 마침내 화를 면해서 돌아왔다. 왕이 보해를 만나고 보니 미해 생각이 더하여 한편으로는 기쁘고 한편으로는 슬픈지라, 눈물을 흘리면서 좌우에 말하기를 "몸뚱이는 하나에 한쪽 팔뿐이요, 얼굴 하나에 눈 한쪽만 있음과 같구나. 동생하나는 찾았지만 또 하나가 없으니 어찌 아프지 않겠는가?"라고 하였다. 이때에 제상이 이 말을 듣고 재배하여 하직한 후 말을 타고 집에 들르지도 않은 채 길을 떠나 곧장 율포해변에 닿았다. 그의 아내가 그것을 듣고 말을 달려 율포에 이르러 보니 그의 남편은 벌써 배 위에 올라 있다. 아내는 간절하게 불렀으나 제상은 다만 손만 흔들 뿐 멈추지 않고 갔다.

至〈倭國〉, 詐言 69/曰 "〈雞林〉王以不罪殺我父兄, 故逃來至此矣." 〈倭〉王信之, 賜室家而安之. 時, 〈堤上〉常陪〈美海〉遊海濱, 逐捕魚鳥, 以其所獲, 每獻於〈倭〉王, 王甚喜之而無疑焉. 適曉霧濛晦, 〈堤上〉曰 "可行矣." 〈美海[49]〉曰 "然則偕行." 〈堤上〉曰 "臣若行, 恐〈倭〉人覺而追之, 顧臣留而止其追也." 〈美海〉曰 "今我與汝[50]如父兄焉, 何得弃汝[51]而獨歸?" 〈堤上〉曰 "臣能救公之命, 而慰大王之情則足矣, 何願生乎!" 取酒獻〈美海〉.

---

49. 壬申本은 侮로 異體字이다.
50. 壬申本은 汝로 異體字이다.

왜국에 닿아 거짓으로 말하기를 "계림왕이 아무 죄가 없는데 나의 부형을 죽였으므로 이곳까지 도망하여 왔습니다."라고 하니 왜왕이 그 말을 믿고 집을 지어서 그를 편히 살게 하였다. 이때에 제상은 늘 미해를 모시고 해변에 나가 놀면서 고기와 새들을 잡아서 매번 잡은 것을 왜왕에게 바쳤더니 왕이 매우 기뻐하여 의심을 두지 않았다. 때마침 새벽안개가 자욱하게 끼어 캄캄하니, 제상이 말하기를 "떠나가실 만합니다."라고 하였다. 미해가 "그러면 함께 갑시다."라고 하니 제상이 말하기를 "제가 만약 간다면 왜인들이 알아채고 쫓아올까 염려되오니 원컨대 저는 머물면서 저들이 추격을 못하게 하겠습니다."라고 하였다. 미해가 말하기를 "오늘에 저와 그대는 부형이나 다름없이 여기는 터에 어찌 그대를 버리고 혼자 돌아갈 것인가?"라고 하였다. 제상이 말하기를 "저는 왕자의 생명을 구해서 대왕님의 마음만 위로한다면 그만이외다. 어찌 살기를 바라겠습니까?"라고 하며 미해에게 술을 바쳤다.

時, 〈雞林〉人〈康仇麗〉在〈倭〉國, 以其人從而逗之. 〈堤上〉入〈美海〉房, 至於明旦, 左右欲入見之, 〈堤上〉出止之曰 "昨日馳走於捕獵, 病甚未起." 及乎日昃, 左[52]右怪之而更問焉, 對曰 "〈美海〉行已 70/久矣." 左右奔告於王, 王使騎兵逐之, 不及. 於是, 囚〈堤上〉問曰 "汝何竊遣汝國王子耶?" 對曰 "臣是〈雞林〉之臣, 非〈倭〉國之臣. 今欲成

---

51. 壬申本은 攸로 異體字이다.
52. 壬申本은 老로 異體字로 보인다.

吾君之志耳, 何敢言於君乎?"

이때에 계림 사람 강구려가 왜국에 와 있었던 터라, 그 사람으로써 따라가게 하여 보냈다. 제상이 미해의 방에 들어가 있는데 이튿날 아침이 되어 측근자들이 방에 들어와 보려 하매 제상이 나와서 그들을 말리면서 말하기를 "어제는 왕자님이 사냥을 하느라 쏘다니셨기 때문에 몹시 고단하시어 일어나시지 못한다."라고 하였다. 해가 기울어질 무렵에 그들이 괴이하게 여겨 다시 물으니 대답하기를 "미해는 벌써 떠나간 지가 오래다."라고 하였다. 좌우가 달려가 왜왕에게 보고하니, 왕이 기병을 시켜 그를 쫓아갔으나 따라잡지 못하였다. 이때야 제상을 가두고 심문하기를 "네가 어째서 너의 나라 왕자를 몰래 보냈느냐?"라고 하니 제상이 대답하기를 "나는 계림의 신하이지 왜국의 신하가 아니다. 지금 우리 임금의 뜻을 성취코자 할 뿐이니 구태여 그대에게 무슨 말을 할 것이냐!"라고 하였다.

〈倭〉王怒曰 "今汝已爲我臣, 而言〈雞林〉之臣, 則必具五刑, 若言〈倭國〉之臣者, 必賞重祿." 對曰 "寧爲〈雞林〉之犬㹠, 不爲〈倭國〉之臣子, 寧受〈雞林〉之箠楚, 不受〈倭國〉之爵祿." 王怒, 命屠剝〈堤上〉脚下之皮, 刈蒹葭使趨其上.(今蒹葭上有血痛, 俗云〈堤上〉之血) 更問曰 "汝何國臣乎?" 曰 "〈雞林〉之臣也." 又使立於熱鐵上, 問 "何國之臣乎?" 曰 "〈雞林〉之臣也." 〈倭〉王知不可屈, 燒殺於〈木島〉中.

왜왕이 노하여 말하기를 "네가 이미 오늘에는 나의 신하가 되었는데 그러고도 계림의 신하라고 하니 오형에 처해야 하겠지만 만약에 왜국 신하라고만 말한다면 반드시 높은 벼슬로 상을 주리라."라고 하니 대답하기를 "차라리 계림의 개돼지가 될지언정 왜국의 신하는 될 수 없으며 차라리 계림의 매를 맞을지언정 왜국의 벼슬과 녹은 받을 수 없다."라고 하였다. 왕이 노하여 제상의 발바닥 가죽을 벗기게 하고 갈대를 베고는 그 위로 달리게 하였다. (지금도 갈대 위에 혈흔이 있으니, 사람들이 제상의 피라고 한다.) 왜왕이 다시 묻기를 "너는 어느 나라 신하인가?"라고 하니 "계림의 신하이다."라고 하였다. 다시 그를 뜨겁게 단 쇠 위에 서게 하고 "어느 나라 신하인가?"라고 물었다. 제상이 역시 "계림의 신하이다."라고 하였다. 왜왕이 그를 굴복시킬 수 없음을 알고 목도에서 불에 태워 죽였다.

〈美海〉渡海而來, 使〈康仇麗〉先告於國中, 王驚喜, 命 71/百官迎於〈屈歇驛〉, 王與親弟〈寶海〉迎於南郊, 入闕設宴, 大赦國內, 册其妻爲〈國大夫人〉, 以其女子爲〈美海〉公夫人.

미해가 바다를 건너와서 강구려를 시켜 먼저 국중에 보고하였더니 왕이 놀랄 듯이 기뻐하며 모든 관리들로 하여금 굴헐역에 나가 마중하도록 하고, 왕은 그의 친아우 보해와 함께 남쪽 교외에 나가서 맞아 대궐로 들어와서 잔치를 베풀고 전국에 대사면을 내리고 제상의 아내를 책봉하여 국대부인으로 삼고 그의 딸로써 미해공의 부인을 삼게 하였다.

議者曰 "昔〈漢〉臣〈周苛〉在〈滎陽〉, 爲〈楚〉兵所虜, 〈項53羽〉謂〈周苛〉曰 '汝爲我臣, 封爲万祿侯,' 〈周苛〉罵而不屈, 爲〈楚王〉所殺.

〈堤上〉之忠烈, 無怪於〈周苛〉矣."

　의논하던 자가 말하기를 "옛날 한나라 신하 주가가 형양에 있다가 초나라 군사의 포로가 되었을 때, 항우가 주가에게 말하기를 '네가 내 신하가 된다면 만록을 주는 제후로 봉하겠다.'라고 했더니 주가가 욕을 퍼붓고 굴복하지 않다가 초왕에게 살해당했다. 제상의 충렬은 주가보다 못하지 아니할 것이다."라고 하였다.

　初, 〈堤上〉之發去也, 夫人聞之追不及, 及至〈望德寺〉門南沙上, 放臥長號, 因名其沙曰〈長沙〉. 親戚二人, 扶腋將還, 夫人舒脚坐不起, 名其地曰〈伐知旨〉. 久後夫人不勝其慕, 率三娘子上〈鵄述嶺〉望〈倭國〉痛哭而終, 仍爲〈鵄述神母〉, 今祠堂存焉.

　처음에 제상이 떠나갈 때에 그 부인이 그 말을 듣고 좇아갔으나 따라잡지 못하고, 망덕사문 남쪽 모래밭 위에 이르자 넘어져 길게 울었으니 이 때문에 이 모래밭을 장사라고 불렀다. 친척 두 사람이 그녀를 부축하여 돌아오려는데 부인이 다리를 펴고 앉아 일어서지 않으므로 그 땅이름을 벌지지라고 하였다. 얼마 뒤에 부인이 그 (남편을) 사모함을 이기지 못하여, 딸 셋을 데리고 치술령에 올라가 왜국을 바라다보고 통곡을 하다가 죽어, 이에 치술신모가 되었으니 지금도 이곳에는 당집이 남아 있다.

---

53. 壬申本은 頃으로 異體字이다.

27. 第十八實聖王 72/

〈義熙〉九年癸丑,〈平壤州〉大橋成.(恐〈南平壤〉也, 今〈楊州〉.) 王忌
憚前王太子〈訥祇〉有德望, 將害之, 請〈高麗〉兵而詐迎〈訥祇〉,〈高
麗〉人見〈訥祇〉有賢行, 乃倒戈而殺王, 乃立〈訥祇〉爲王而去.

제18대 실성왕

의희 9년 계축(423)에 평양주에 큰 다리가 완성되었다.(아마도
남평양인 듯한데 지금의 양주다.) 왕이 전 임금의 태자 눌지가 덕망
이 있음을 꺼려서 장차 그를 죽이려 고구려 군사를 청하고 거짓으
로 눌지를 맞는 체하였다. 그러나 고구려 사람들이 눌지에게 현행
이 있음을 보고, 이에 창 끝을 되돌려 왕을 죽이고 눌지를 올려 세
워 왕을 삼아 놓고 가 버렸다.

28. 射琴匣

第二十一〈毗處王〉(一作〈炤智王〉)卽位十年戊辰, 幸於〈天泉亭〉,
時有烏與鼠來鳴. 鼠作人語云 "此烏去處尋之."(或云〈神德王〉欲行香
〈興輪寺〉, 路見衆鼠含尾, 怪之而還占之, 明日先鳴烏尋之云云, 此說
非也.) 王命騎士追之, 南至〈避村〉(今〈壞避寺村〉在〈南山〉東麓), 兩
猪相鬪, 留連見之, 忽失烏所在. 徘徊路旁, 時有老翁自池中出奉書,
外面題云 "開見二人死, 不開一人死." 使來獻之, 王曰 "與其二人死,
莫若 73/ 不開, 但一人死耳."

거문고집을 쏘다

제21대 비처왕(소지왕이라고도 한다.) 즉위 10년 무진(488)에 왕
이 천천정으로 행차하였더니 이때에 까마귀와 쥐가 와서 울었다.

쥐가 사람의 말로 말하기를 "이 까마귀가 가는 곳으로 따라가 보소서."라고 하였다.(혹은 말하기를 신덕왕이 흥륜사로 예불을 하러 가는데 길에서 여러 마리 쥐가 꼬리를 맞물고 가는 것을 보고 괴이하게 여겨 돌아와 점을 쳤더니 "내일 먼저 우는 까마귀를 따라가 보라." 운운했다지만 이 이야기는 틀렸다.) 왕이 말탄 군사를 시켜 그 뒤를 밟아 쫓아가 보게 하니, 남쪽으로 피촌(지금의 양피사촌이니 남산 동쪽 기슭에 있다.)에 이르러 돼지 두 마리가 싸우는 것을 머뭇거리면서 구경하다가 그만 까마귀 간 데를 놓쳐 버렸다. 길가에서 방황하고 있을 때에 마침 웬 늙은 노인이 못 가운데로부터 나와 편지를 드렸는데, 편지 외면에 제하여 이르기를 "열어 보면 둘이 죽고 열어 보지 않으면 한 사람이 죽는다."라고 하였다. 심부름 갔던 자가 돌아와 편지를 바치니 왕이 말하기를 "만약에 두 사람이 죽을 바에는 편지를 열어 보지 않고 한 사람만이 죽는 것만 같지 못하다."라고 하였다.

日官奏云 "二人者庶民也, 一人者王也." 王然之開見, 書中云 "射琴匣." 王入宮見琴匣射之, 乃內殿焚修僧與宮主潛通而所奸也, 二人伏誅. 自爾國俗每正月上亥上子上午等日, 忌愼百事, 不敢動作, 以十六日爲烏忌之日, 以糯飯祭之, 至今行之. 俚言怛切言, 悲愁而禁忌百事也. 命其池曰〈書出池〉.

일관이 아뢰어 말하기를 "두 사람이란 것은 일반 백성이요 한 사람이란 것은 임금님이외다."라고 하니, 왕이 그리 여겨 떼어 보니 편지 속에 "거문고집을 활로 쏘라!" 라고 쓰여 있었다. 왕이 대궐로 들어가 거문고집을 보고 쏘니 그 속에는 내전 분수승과 궁주가 몰래 만나서 간통을 하고 있는 판이라 두 사람을 처형하였다. 이로부터 나라 풍속에 매년 정월 첫 돼지날과 첫 쥐날과 첫 말날 등에는 모든 일에 조심하고 기하여 함부로 동작을 하지 않으며 정월 십육일을 까마귀의 기일이라 하여 찰밥을 지어 제사지냈으니 지금까지이 행사가 있다. 속담에 이를 달도라고 하니 이는 구슬프게 모든 일을 금기한다는 뜻이다. 편지가 나온 못을 서출지라고 하였다.

29. 智哲老王

第二十二〈智哲老王〉, 姓〈金〉氏, 名〈智大路〉, 又〈智度路〉, 諡曰〈智澄〉, 諡號始于此. 又鄉稱王爲麻立干者, 自此王始. 王以〈永元〉二年庚辰卽位.(或云辛巳則三年也.)

지철로왕

제22대 지철로왕의 성은 김씨요 이름은 지대로 또는 지도로이며 시호는 지증이니 시호가 이때부터 시작되었다. 또 우리 말로 왕을 불러 마립간이라고 하기는 이 임금 때부터 시작되었다. 왕은 영원 2년 경진(500)에 즉위하였다.(혹은 이르기를 신사년이라 하나 이러면 영원 3년이 된다.)

王陰長一尺五寸, 難於 74/嘉耦, 發使三道求之. 使至〈车[54]梁部〉〈冬老樹〉下, 見二狗嚙一屎塊如鼓大, 爭嚙其兩端. 訪於里人, 有一小

---

54. 木板本은 年으로 異體字 또는 壞字이다.

女告云"此部相公之女子洗澣于此, 隱林而所遺也." 尋其家撿之, 身長七尺五寸. 具事奏聞, 王遣車邀入宮中, 封爲皇后, 群臣皆賀.

왕의 생식기 길이가 1자 5치나 되어 좋은 배필을 얻을 수 없어 사람을 세 방면으로 보내어 배필을 구하였다. 사자가 모량부 동로수 나무 근처에 와서 보니 개 두 마리가 북만큼 큰 똥덩이 한 개를 물었는데 두 끝을 서로 다투어 가면서 깨물고 있었다. 동리 사람더러 물어 보았더니 웬 계집아이 하나가 나와서 말하기를 "이 마을 상공의 따님이 여기 와서 빨래를 하다가 숲속에 들어가 숨어서 남긴 것입니다."라고 하였다. 그의 집을 찾아가 알아보니 여자의 키가 7자 5치나 되었다. 이 사실을 자세히 왕에게 아뢰었더니 왕이 수레를 보내어 궁중으로 맞아들여 황후로 봉하니 여러 신하들이 모두 축하하였다.

又〈阿瑟羅州〉(今〈溟州〉)東海中, 便風二日程有〈亏陵島〉(今作〈羽陵〉), 周廻二万六千七百三十步. 島夷恃其水深, 憍傲不臣, 王命伊〈朴伊宗〉將兵討之, 〈宗〉作木偶師子, 載於大艦之上, 威之云"不降則放此獸," 島夷畏而降. 賞〈伊宗〉爲州伯.

또 아실라주(지금의 명주이다.) 동쪽 바다 가운데 순풍이면 이틀 뱃길 떨어진 곳에 우릉도(지금은 우릉이라고 한다.)란 섬이 있어 주위가 26,730보이다. 섬오랑캐들이 물 깊은 것을 믿고는 교만해져서 조공을 하지 않았다. 왕이 이찬 박이종을 시켜 군사를 거느리고 가서 이를 토벌케 하였는데 이종이 나무 허수아비 사자를 만들어 큰 배 위에 싣고 그들을 위협해서 말하기를 "항복을 않는다면 이

짐승을 풀어놓을 터이다."라고 했더니 섬오랑캐가 무서워 항복하였다. 이종을 포상하여 주백으로 삼았다.

30. 眞興王 75/

第二十四〈眞興王〉, 卽位時年十五歲, 太后攝[55]政. 太后乃〈法興王〉
之女子・〈立宗〉葛文王之妃, 終時削髮被[56]法衣而逝.〈承聖〉三年九
月,〈百濟〉兵來侵於〈珎城〉, 掠取人男女三万九千, 馬八千疋而去.
先是,〈百濟〉欲與〈新羅〉合兵謀伐〈高麗〉,〈眞興〉曰 "國之興亡在天,
若天未猒〈高麗〉, 則我何敢望焉?" 乃以此言通〈高麗〉,〈高麗〉感其
言, 與〈羅〉通好, 而〈百濟〉怨之, 故來爾.

진흥왕

제24대 진흥왕이 즉위하니 이때 나이가 열다섯 살이었으므로 태후가 섭정을 하였다. 태후는 바로 법흥왕의 딸이요, 입종갈문왕의 아내로 죽을 때는 머리를 깎고 중 법의를 입은 채 세상을 떠났다. 승성 3년(554) 9월에 백제군사가 와서 진성을 침노하여 남녀 3만 9천 명과 말 8천 필을 노략해 갔다. 이보다 앞서 백제가 신라와 군사를 합하여 고구려를 치려고 하였던 바, 진흥왕이 말하기를 "나라가 흥하고 망하는 것은 하늘에 달려 있는 것이니, 하늘이 고(구)려를 미워하지 않을진대 내가 어찌 감히 성공을 바랄 것인가?"라고 하였더니 바로 이 말이 고구려로 전달되어 고구려가 이 말에 감복하고

---

55. 木板本은 橅으로 異體字이다.
56. 木板本은 被로 異體字이다.

신라와 우호를 맺었다. 그러나 백제는 신라를 원망하였으므로 이렇게 침범한 것이다.

31. 桃花女 鼻荊郞

第二十五〈舍輪王〉, 謚〈眞智大王〉, 姓〈金〉氏, 妃〈起烏公〉之女〈知刀夫人〉.〈大建〉八年丙申卽位(古本云, 十一年己亥, 誤矣), 御國四年, 76/政亂荒婬[57], 國人廢之.

도화녀와 비형랑

제25대 사륜왕의 시호는 진지대왕이니 성은 김씨요 비는 기오공의 딸 지도부인이다. 대건 8년 병신(576)에(고본에는 11년 기해라고 하였으나 잘못이다.) 즉위하여 나라를 다스린 지 4년 만에 정치가 문란하고 매우 음탕하여 나라 사람들이 유폐시켰다.

前此,〈沙梁部〉之庶女, 姿容艶美, 時號〈桃花娘〉. 王聞而召致宮中, 欲幸之, 女曰 "女之所守, 不事二夫. 有夫而適他, 雖万乘之威, 終不奪也." 王曰 "殺之何?" 女曰 "寧斬于市, 有願靡他." 王戱曰 "無夫則可乎?" 曰 "可." 王放而遣之. 是年, 王見廢而崩.

이에 앞서 사량부 백성의 딸이 있어 자색이 곱고 아름다워 세상 사람들이 부르기를 도화랑이라 하였다. 왕이 소문을 듣고 궁중으로 불러들여 상관을 하려고 하니 여자가 말하기를 "여자가 지킬 도리는 두 남편을 섬기지 않는 것입니다. 남편이 있으면서 어찌 다른 데

---

57. 木板本은 婬로 異體字로 보인다.

로 가리까. 비록 천자의 위엄으로도 끝내 정조는 빼앗지 못하오리다."라고 하였다. 왕이 말하기를 "너를 죽이면 어찌 하려느냐?"라고 하니 여자가 말하기를 "차라리 저잣거리에서 목을 베어 주소서. 다른 소원은 없습니다."라고 하였다. 왕은 장난하며, "남편이 없으면 가능하겠느냐?"라고 하니 여자가 "좋다."고 하였다. 왕이 그녀를 놓아 보냈던바 이 해에 왕이 임금 자리에서 쫓겨나 죽었다.

後二年, 其夫亦死. 浹旬忽夜中, 王如平昔, 來於女房曰 "汝昔有諾, 今無汝夫可乎?" 女不輕諾, 告於父母, 父母曰 "君王之敎, 何以避之." 以其女入於房. 留御七日, 常有五色雲覆屋, 香氣滿室, 七日後忽然無蹤. 女因而有娠, 月滿將産, 天地振動, 産得一男, 名曰〈鼻荊〉.

그 후 2년 만에 그의 남편도 역시 죽었다. 열흘 만에 갑자기 밤중에 왕이 평상시처럼 여자의 방에 들어와서 말하기를 "네가 예전에 승낙을 하였고 지금은 네 남편이 없으니 내 말을 듣겠느냐?"라고 하였다. 여자는 경솔히 승낙을 못하여 그의 부모에게 고했더니 그 부모가 말하기를 "나랏님의 말씀인데 어떻게 어기겠느냐."라고 하고 그 딸을 방으로 들게 하였다. 이레 동안 왕이 머무는데 언제나 오색 구름이 지붕을 덮고 향기가 방에 가득 찼더니 이레가 지난 뒤에 왕은 홀연히 자취를 감추었다. 여자는 이로 인하여 임신을 하여 달이 차서 해산을 하려는데 천지가 진동하면서 사내아이 하나를 낳으니 이름을 비형이라 하였다.

〈眞平大王〉聞其殊異, 收養宮中. 年至十 77/五, 授差執事, 每夜逃
去遠遊, 王使勇士五十人守之, 每飛過〈月城〉, 西去〈荒川〉岸上(在京
城西), 率鬼衆遊. 勇士伏林中窺伺, 鬼衆聞諸寺曉鍾各散, 郞亦歸矣.
軍士以事來奏, 王召〈鼻荊〉曰 "汝領[58]鬼遊, 信乎?" 郞曰 "然." 王曰
"然則, 汝使鬼衆, 成橋於〈神元寺〉北渠."(一作〈神衆寺〉), 誤. 一云
〈荒川〉東深渠)〈荊〉奉勅, 使其徒鍊石, 成大橋於一夜, 故名〈鬼橋〉.

진평대왕이 이 신기한 소문을 듣고 데려다가 궁중에서 길렀다.
나이 열다섯 살이 되어 집사벼슬을 임명하였더니 그는 밤마다 멀리
도망해 나가 놀았다. 이에 왕이 날랜 군사 50명을 시켜 지켰으나
매번 월성을 뛰어넘어 서쪽으로 황천 기슭가에 가서(경성의 서쪽에
있다.) 뭇 귀신들을 데리고 놀았다. 군사들이 숲속에 엎드려 엿보았
더니 귀신들은 여러 절에서 새벽종 소리가 들리면 제각기 흩어지고
형랑도 돌아왔다. 군사들이 이 사실을 아뢰니 왕이 비형을 불러 말
하기를 "네가 귀신들을 데리고 논다 하니 참말인가?" 하였다. 비형
랑이 "그렇습니다."라고 하였다. 왕이 "그러면 네가 귀신들을 부려
신원사 북쪽 개천(혹은 신중사라고 하나 잘못이다. 황천 동쪽의 깊
은 도랑이라고도 한다.)에 다리를 놓으라."라고 하였다. 형랑이 임
금의 명령을 받들고 귀신 무리들을 부려 돌을 다듬어 하룻밤에 큰
다리를 놓은 까닭에 이 다리를 귀교라고 하였다.

王又問 "鬼衆之中, 有出現人間[59] · 輔朝政者乎?" 曰 "有〈吉達〉者,

---

58. 壬申本은 領으로 異體字이다.
59. 木板本은 問으로 壞字이다.

可輔國政." 王曰 "與來." 翌日〈荊〉與俱見, 賜爵執事, 果忠直無雙.
時, 角干〈林宗〉無子, 王勅爲嗣子. 〈林宗〉命〈吉達〉創樓門於〈興輪
寺〉南, 每夜去宿其門上, 故名〈吉達門〉. 一日〈吉達〉變狐而遁去,
〈荊〉使 78/鬼捉而殺之. 故其衆聞〈鼻荊〉之名, 怖畏而走.

　왕이 또 묻기를 "귀신들 가운데 인간으로 현신하여 조정 정사를
도울 만한 자가 있는가?"라고 하니 비형은 "길달이란 자가 있어 나
라 정사를 도울 만합니다."라고 하였다. 왕이 말하기를 "함께 오라."
고 하니 이튿날 비형과 함께 알현하였다. 이에 벼슬을 주어 일을 보
게 하였더니 과연 충직하기 짝이 없었다. 이때에 각간 임종이 아들
이 없어서 왕이 그를 아들로 삼게 하였다. 임종이 길달을 시켜 흥륜
사 남쪽 다락문을 세우게 하였더니 그는 매일 밤 그 문 위에 올라가
자므로 문 이름을 길달문이라 하였다. 하루는 길달이 여우로 화하여
도망가 버렸더니 비형이 귀신을 시켜 잡아다 죽였다. 이 때문에 귀
신 무리들이 비형의 이름만 들어도 두려워 겁을 내어 달아났다.

　時人, 作詞曰 "聖帝魂生子, 〈鼻荊郎〉室亭. 飛馳諸鬼衆, 此處莫留
停." 鄕俗帖此詞以辟鬼.
　당시 사람이 글을 지어 말하기를 "성제의 영혼이 낳은 아들 비형
랑이 있던 방이 여기라오. 날고 뛰어다니는 뭇 귀신들아, 이곳에는
머물지 못할지라."라고 하였다. 나라 풍속에 이 글을 써 붙여서 귀
신을 쫓았다.

32. 天賜玉帶〈清泰〉四年丁酉五月, 正承〈金傅〉獻鐫金粧玉排方腰

帶一條, 長十圍, 鑴銙六十二, 曰 是〈眞平王〉天賜帶也,〈太祖〉受之, 藏之內庫.)

천사옥대(청태 4년 정유(937) 5월 정승 김부가 금과 옥으로 장식한 허리띠 한 벌을 바치니 길이가 열 뼘이요 새겨 붙인 옥장식이 62개였는데 이것을 일러 진평왕이 하늘이 준 옥띠라고 하였다. 태조가 이것을 받아 안대궐 고방에 간직하였다.)

第二十六〈白淨王〉, 諡〈眞平大王〉,〈金〉氏,〈大建〉十一年己亥八月卽位. 身長十一尺, 駕幸〈內帝釋宮〉(亦名〈天柱寺〉, 王之所創), 踏石梯, 二石並折, 王謂左右曰 "不動此石, 以示後來." 卽城中五不動石之一也. 卽位元年有天使降於殿庭, 謂王曰 "上皇命我傳賜玉帶," 王親奉跪受. 然後其使上天, 凡 79/郊廟大祀皆服之.

제26대 백정왕의 시호는 진평대왕이며 김씨이다. 대건 11년 기해(579) 8월에 즉위하니 키가 열한 자였다. 그가 내제석궁(천주사라고도 하는데 왕이 세운 절이다.)에 행차하였을 때에 돌사다리를 밟으니 돌 두 개가 한 목에 부러지자, 왕이 좌우에게 말하기를 "이 돌을 그대로 두어 후에 오는 사람들에게 보여 주라."라고 하였으니 즉 이 돌은 성 안에 있는 움직이지 못하는 돌 다섯 개 가운데 하나이다. 즉위한 첫해에 천사가 대궐 마당에 내려와서 왕에게 말하기를 "상황께서 나에게 옥띠를 하사해서 전해 주라고 명하였느니라."라고 하니 왕은 친히 무릎을 꿇고 받았다. 이런 연후에 그 천사는 하늘로 올라갔으니, 무릇 교외에 나가 지내는 제사 때나 종묘 또는 큰 제사 때 모두 이 띠를 착용하였다.

後〈高麗〉王將謀伐〈羅〉, 乃曰 "〈新羅〉有三寶不可犯, 何謂也?"
〈皇龍寺〉〈文[60]六尊像〉一, 其寺九層塔二, 〈眞平王〉天賜玉帶三也,
乃止其謀.

그 후 고(구)려 왕이 신라를 치려고 계획하면서 말하기를 "신라
에는 세 가지 보물이 있기 때문에 침범을 해서는 안 된다고 하니
무엇을 두고 하는 말인가?"라고 하였더니 첫째는 황룡사 장륙존불
상이요, 둘째는 그 절의 9층탑이요, 셋째는 진평왕의 "하늘이 준
옥띠"라 하여 왕은 곧 계획을 중지하였다고 한다.

讚曰 "雲外天頒[61]玉[62]帶圍, 辟雍龍袞雅相宜. 吾君自此身彌重, 准
擬明朝鐵作墀."

찬하여 말하기를 "구름 높이 하늘에서 옥대를 하사하여 두르시
니, 임금이 온화해지시고 곤룡포에 우아해져 서로 어울리는구나.
우리 임금 이로부터 몸이 더욱 중후해지니, 헤아리건대 내일 아침
에는 아마도 무쇠로 섬돌을 만들어야 하리라."라고 하였다.

33. 善德王知幾三事

第二十七〈德曼〉(一作万), 謚〈善德女大王〉, 姓〈金〉氏, 父〈眞平
王〉. 以〈貞觀〉六年壬辰卽位, 御國十六年, 凡知幾有三事.

---

60. (石)은 丈으로 異體字로 보인다.
61. (石)은 頒으로 異體字로 보인다.
62. (石)은 王으로 壞字이다.

선덕왕이 세 가지 일을 미리 알다

제27대 덕만(万이라고도 쓴다.)의 시호는 선덕여왕이니 성은 김씨
요 아버지는 진평왕이다. 정관 6년 임진(632)에 즉위하여 나라를 다
스린 지 16년 동안에 미리 알아 맞춘 일이 모두 세 가지나 있었다.

初,〈唐〉〈太宗⁶³〉送畫牧丹三色紅紫白, 以其實三升, 王見畫花曰
"此花定無香." 仍命種於庭, 待其開落, 果如其言.

첫째는 당나라 태종이 붉은빛·자줏빛·흰빛·세 가지 빛깔의
모란꽃 그림과 그 꽃씨 석 되를 보냈는데 왕이 그림의 꽃을 보고
말하기를 "이 꽃은 필시 향기가 없을 것이다."라고 하면서 이내 뜰
에 심으라고 명령하고 그 꽃이 피고 떨어지는 것을 기다려 보았더
니 과연 그의 말과 같았다.

二, 於 80/〈靈廟寺〉〈玉門池〉, 冬月衆蛙集鳴三四日. 國人怪之,
問於王, 王急命角干〈閼川〉〈弼呑〉等, 鍊精兵二千人, 速去西郊, 問
〈女根谷〉, 必有賊兵, 掩取殺之. 二角干旣受命, 各率千人問西郊,
〈富山〉下果有〈女根谷〉,〈百濟〉兵五百人來藏於彼, 並取殺之.〈百
濟〉將軍〈亏召〉者, 藏於〈南山〉嶺石上, 又圍而射之殪. 又有後兵一千
二百人來, 亦擊而殺之, 一無孑遺.

둘째, 영묘사 옥문지 못에서 겨울철에 뭇 개구리가 모여 3, 4일
을 두고 울었다. 나라 사람들이 이것을 괴상히 여겨 왕에게 물었더

---

63. 木板本은 宋으로 宗의 異體字이다.

니 왕이 서둘러 각간 알천과 필탄 등에게 명하여 정병 2천 명을 뽑아 빨리 서쪽 교외로 나가 여근곡을 찾아가면 반드시 적병이 있을 터이니 그들을 습격하여 죽이라고 하였다. 두 각간이 명령을 받은 후 각각 군사 1천 명씩을 데리고 서쪽 교외로 가니, 부산 밑에 과연 여근곡이 있었고 백제 군사 5백 명이 와서 그곳에 숨어 있었으므로 한꺼번에 잡아 죽였다. 백제 장군 우소란 자가 남산 고개 바윗돌 근처에 숨어 있는 것을 또 에워싸고 쏘아 죽였다. 또 후원해 온 군사 1,200명도 역시 습격하여 한 명도 남기지 않고 다 죽였다.

三, 王無恙時, 謂群臣曰 "朕死於某[64]年某月日, 葬我於〈忉利天〉中." 群臣罔知其處, 奏云何所, 王曰 "〈狼山〉南也." 至其月日王果崩, 群臣葬於〈狼山〉之陽. 後十餘年〈文虎大王〉創〈四天王寺〉於王墳之下, 佛經云 "〈四天王天〉之上81/有〈忉利天〉," 乃知大王之靈聖也.

셋째는 왕이 아무런 병도 앓지 않을 때에 여러 신하들에게 말하기를 "내가 아무 해 아무 달 아무 날 죽을 것이니 나를 도리천 가운데 장사 지내라."라고 하였다. 여러 신하들이 그 장소가 어디인지 알 수 없어 어디냐고 물어 아뢰었더니 왕이 말하기를 "낭산 남쪽이니라."라고 하였다. 그달 그날이 되자 과연 왕이 죽으매 여러 신하들이 낭산 남쪽에 장사하였다. 그 후 10여 년 만에 문무대왕이 사천왕사를 왕의 무덤 밑에 지었다. 불경에 이르기를 "사천왕천 위에 도리천이 있다."라고 하였으니 이로써 대왕이 신령스럽고 성스러움

을 알게 되었다.

當時, 群臣啓於王曰 "何知花蛙二事之然乎?" 王曰 "畫花而無蝶, 知其無香. 斯乃〈唐〉帝欺寡人之無耦也. 蛙有怒形, 兵士之像, 玉門者女根也. 女爲陰也, 其色白, 白西方也, 故知兵在西方. 男根入於女根則必死矣, 以是知其易捉." 於是, 群臣皆服其聖智.

당시의 여러 신하들이 왕에게 아뢰기를 "어떻게 모란꽃과 개구리 사건을 미리 알았습니까?"라고 하니 왕이 말하기를 "꽃을 그리면서 나비가 없으니 향기가 없다는 것을 알았다. 이는 바로 당나라 황제가 과인이 배우자가 없는 것을 조롱한 것이다. 개구리는 성낸 꼴을 하고 있어 군사의 모습이요, 옥문이란 여자의 생식기다. 여자는 음이요 그 색은 흰색이니 흰색은 곧 서쪽 방위다. 그러므로 군사가 서쪽에 있다는 것을 알 수 있었다. 남자의 생식기가 여자의 생식기에 들어가면 필경은 죽는 것이니 이래서 적병을 쉽게 잡을 줄 안 것이다."라고 하였다. 이때야 여러 신하들은 모두 그의 성스러운 지혜에 탄복하였다.

送花三色者, 盖知〈新羅〉有三女王而然耶? 謂〈善德〉·〈眞德〉·〈眞聖〉是也, 〈唐〉帝以有懸解之明. 〈善德〉之創〈靈廟寺〉, 具載『良志師傳』, 詳之. 『別記』云 是王代, 鍊石築〈瞻星臺〉.

세 가지 빛깔의 꽃을 보낸 것은 대개 신라에 여왕 세 사람이 날 것을 알아서 그러함인가? 선덕, 진덕, 진성이 곧 그들이니 당나라 황제도 어지러운 세상을 구원한 총명이 있었던 까닭이다. 선덕이

영묘사를 창건한 내력은 『양지사전』에 자세하다. 『별기』에는 이 왕
대에 돌을 다듬어 첨성대를 쌓았다고 하였다.

34. 眞德王

第二十八〈眞德女王〉卽位, 自製「太平歌」, 織錦爲紋, 命使 82/往
〈唐〉獻之.(一本, "命〈春秋公〉爲使, 往仍請兵, 〈太宗〉嘉之, 許〈蘇廷
方〉云云"者皆謬矣. 〈現慶〉前〈春秋〉已登位, 〈現慶〉庚申非〈太宗〉, 乃
〈高宗〉之世. 〈定方〉之來在〈現慶〉庚申, 故知織錦爲紋, 非請兵時也,
在〈眞德〉之世, 當矣, 盖請放〈金欽純〉之時也.)〈唐〉帝嘉賞之, 改封爲
〈雞林國王〉.

진덕왕

제28대 진덕여왕이 즉위하자 스스로 「태평가」를 지어 이를 넣어
비단을 짜서 사신을 시켜 당나라에 가져다 바쳤다.(다른 본에서
"춘추공에 명하여 사신으로 삼아 당나라에 가서 청병했더니 당 태
종이 가상히 여겨 소정방을 보낼 것을 허락했다는 등등" 하는 것은
모두 틀린 말이다. 현경 연간에 앞서 춘추공은 벌써 왕위에 올랐고
현경 경신년(660)은 태종대가 아니요 바로 고종대이다. 정방이 온
때는 현경 경신년이므로 태평가를 넣어 비단을 짰다는 시기는 청병
하던 시기가 아님을 알 수 있으니, 그것은 진덕왕대인 것이 합당할
것이니 대개 김흠순의 석방을 청하던 시기일 것이다.) 당나라 황제
가 가상히 여겨 이를 표창하여 왕을 계림국왕으로 고쳐 봉하였다.

其詞曰 "〈大唐〉開洪業, 巍巍皇猷昌. 止戈戎威定, 修文契百王. 統

天崇雨施, 理物体含章. 深仁諧日月, 撫軍邁〈虞唐〉. 幡旗何赫赫, 鉦
何鍠鍠. 外夷違命者, 剪覆被天殃. 淳風凝幽現, 遐邇競呈祥. 四時和
玉燭, 七曜巡方方. 維嶽降輔宰, 維帝任忠良. 五三成一德, 昭我〈唐〉
家皇."

그 가사에 이르기를 "대당이 왕업을 창건하매, 높고도 높은 황제
의 계략으로 번창하리라. 전쟁을 그치매 군사들은 시름을 놓고 문교
에 힘을 써서 백대 왕까지 이을세라. 천하를 통일하여 비와 같이 높
은 은혜를 베푸시니, 만물을 다스려서 저마다 빛을 내다. 그지없이
어진 덕행, 해와 달 같으며, 군을 위무하여 태평성대를 이루었네. 깃
발은 어찌 그리 빛나게 나부끼며, 군악 소리 유달리도 우렁차게 들
리누나. 황제 명령 거역하는 외방의 오랑캐는 한 칼에 멸망하여 천
벌을 받으리라. 순박한 바람은 밝고 어두운 데 없이 엉기어, 먼 곳
가까운 곳 없이 저마다 축하를 드리리로다. 사계절은 옥촉처럼 조화
롭고 해와 달과 별들은 만방을 두루 돈다. 오악은 어진 재상을 내려
주시고, 황제는 충하고 선량한 신하를 신임한다. 3황과 5제의 하나
의 덕을 이루어, 우리 당나라 황제를 밝게 비춰리."라고 하였다.

王之代有〈閼川公〉·〈林宗公〉·〈述宗公〉·〈虎林公〉(〈慈藏〉之
父)·〈廉長公〉·〈庾信公〉會于〈南山〉〈亏知巖〉, 議國事, 時有大虎,
走入座間. 諸公驚起, 而〈閼 83/川公〉略不移動, 談笑自若, 捉虎尾撲
於地而殺之. 〈閼川公〉膂力如此, 處於席首, 然諸公皆服〈庾信〉之威.

왕의 시대에 알천공·임종공·술종공·호림공(자장법사의 아버
지이다.)·염장공·유신공이 있어 남산 우지암에 모여 나랏일을 의

논하는데, 때마침 큰 범 한 마리가 좌석에 뛰어들어 왔다. 여러 공들이 깜짝 놀라서 일어나는데 알천공은 까딱하지 않고 태연스럽게 담소를 하면서, 범의 꼬리를 붙잡아 땅에 내동댕이쳐서 죽였다. 알천공의 근력이 이같이 세었으므로 윗자리를 차지하였지만, 여러 공들은 유신의 위엄에 복종하였다.

〈新羅〉有四靈地, 將議大事, 則大臣必會其地謀之, 則其事必成. 一東曰〈青松山〉, 二曰南〈亐知山〉, 三曰西〈皮田〉, 四曰北〈金剛山〉. 是王代始行正旦礼, 始行侍郞号.

신라에는 영험 있는 땅이 네 군데 있으니 큰 일을 의논할 때는 대신들이 반드시 여기 모여 모의를 하면 그 일이 꼭 성공하였다. 첫째, 동쪽에 있는 것을 청송산이라 하고, 둘째, 남쪽에는 우지산이라 하고, 셋째, 서쪽에는 피전이라 하고, 넷째, 북쪽에는 금강산이라고 했다. 이 왕대에 처음으로 신년 의례를 시행하고 또 처음으로 시랑이란 칭호를 썼다.

35. 金庾信
〈虎力〉伊干之子〈舒玄〉角干〈金〉氏之長子曰〈庾信〉, 弟曰〈欽純〉, 妹曰〈寶姬〉·小名〈阿海〉, 姉曰〈文姬〉·小名〈阿之〉.

김유신
무력 이간의 아들인 서현각간 김씨의 맏아들을 유신이라 하고, 그 아우를 일러서 흠순이라 하고, 누이는 보희로 아명은 아해이며, 동생은 문희이니 아명은 아지였다.

〈庾信公〉以〈眞平王〉十七年乙卯生, 稟精七曜, 故背有七[65]星文, 又多神異. 年至十八壬申, 修釖得術爲國仙.[66] 時有〈白石〉者, 84/不知其所自來, 屬於徒中有年. 〈郞〉以伐〈麗〉·〈齊[67]〉之事, 日夜深謀, 〈白石〉知其謀, 告於〈郞〉曰 "僕請與〈公〉密先探於彼, 然後圖之何如?"〈郞〉喜, 親率〈白石〉夜出行, 方憩於峴上, 有二女隨〈郞〉而行.

유신공은 진평왕 17년 을묘(595)에 태어났으니 해와 달과 별들의 정기를 타고 났으므로 등에 7성 무늬가 있고 또 신기하고 기이한 일이 많았다. 그가 나이 열여덟 살 되던 임신년(612)에 이르러 검술 공부를 하여 국선이 되었다. 이 당시 백석이란 자가 있어 그가 어디로부터 왔는지 내력을 알 수 없었는데 화랑 무리에 속한 지 여러 해가 되었다. 유신이 고구려와 백제를 정벌할 계획으로 밤낮 몰두하고 있었는데 백석이 그의 계획을 알고 유신에게 말하기를 "내가 청컨대 공과 함께 먼저 비밀히 저 나라들을 정탐한 연후에 일을 도모함이 어떠합니까?"라고 하니 유신이 기뻐서 친히 백석을 데리고 밤에 길을 떠나 바야흐로 고개 위에서 쉬는데 웬 여자 둘이 나타나 유신을 따라왔다.

至〈骨火川〉留宿, 又有一女忽然而至. 〈公〉與三娘子喜話之時, 娘等以美菓餽之, 〈郞〉受而喫之, 心諾相許, 乃說其情. 娘等告云 "〈公〉之所言已聞命矣, 願〈公〉謝〈白石〉而共入林中, 更陳情實." 乃與俱入,

---

65. 壬申本은 士이다.
66. 木板本은 伈으로 仙의 異體字이다.
67. 濟의 壞字일 수 있다.

娘等便現神形曰 "我等〈奈林〉·〈穴禮〉·〈骨火〉等三所護國之神, 今
敵國之人誘郎引之, 郎不知而進途, 我欲留郎而至此矣." 言訖而隱,
〈公〉聞之驚仆, 再拜而出. 宿於〈骨火舘〉, 謂〈白石〉曰 "今歸 85/他
國, 忘其要文, 請與爾還家取來." 遂與還至家, 拷縛〈白石〉而問其情.

　골화천에 와서 유숙을 하는데 또 한 여자가 홀연히 왔다. 공은
세 처녀들을 데리고 좋아서 이야기를 할 때에 처녀들이 맛좋은 과
자를 대접하니 유신이 이것을 받아 먹으면서 서로 속을 주게 되고
그만 그간의 사정을 말하였다. 처녀들이 고하기를 "공이 하는 말씀
은 잘 알아들었습니다. 바라옵건대 공은 백석을 따돌리시고 함께
숲속으로 들어가시면 다시 사뢸 곡절이 있습니다."라고 하였다. 이
래서 함께 들어갔더니 처녀들은 금방 신의 모습으로 변하여 말하기
를 "우리들은 나라를 보위하는 나림, 혈례, 골화 등 세 곳의 호국신
이외다. 지금 적국 사람이 당신을 유인하는데 당신은 알지 못하고
길을 가니 우리는 당신을 만류하고자 이곳까지 왔습니다."라고 하
고는 말을 마치자 사라졌다. 유신공이 이 말을 듣고 놀라 엎어지면
서 재배하고 나와 골화관에 묵으면서 백석에게 말하기를 "지금 타
국으로 가면서 중요 문서를 잊었으니 그대와 함께 집으로 돌아가
가지고 오자."라고 하고 드디어 함께 집으로 돌아가서 백석을 결박
해 놓고 그 사정을 물었다.

曰 "我本〈高麗〉人(古本云〈百濟〉, 誤矣. 〈楸南〉乃〈高麗〉之士,
又逆行陰陽亦是〈寶藏王〉事), 我國群臣曰, 〈新羅〉〈庾信〉是我國卜
筮之士〈楸南〉也. (古本作〈春南〉, 誤矣.)國界有逆流之水(或云雄雌,

凡[68]反覆之事), 使其卜之, 奏曰 '大王夫人逆行陰陽之道, 其瑞如此.'
大王驚怪. 而王妃大怒, 謂是妖狐之語, 告於王, 更以他事驗問之, 失
言則加重刑. 乃以一鼠藏於合中, 問是何物, 其人奏曰 '是必鼠, 其命
有八.' 乃以謂失言, 將加斬罪, 其人誓曰 '吾死之後, 願爲大將, 必滅
〈高麗〉矣.' 卽斬之. 剖鼠腹而視之, 其命有七, 於是知前言有中. 其日
夜大王夢, 〈楸南〉入于 86/〈新羅〉〈舒玄公〉夫人之懷, 以告於羣臣,
皆曰 '〈楸南〉誓心而死, 是其果然.' 故遣我至此謀之爾."

그가 말하기를 "나는 본래 고구려 사람인데(고본에 백제라고 한
것은 잘못이다. 추남은 즉 고구려 사람이요. 또 음양에 역행한다는
것도 보장왕 때 일이다.) 우리나라 여러 신하들이 말하기를 신라의
유신은 우리나라의 점쟁이 추남(고본에는 춘남이라고도 하였으나
잘못이다.)이었다고 합니다. 나라 경계에 거슬러 흐르는 물이 있
어,(혹은 말하기를 자웅이라 한 것은 무릇 반복되는 것이라고도 한
다.) 그를 시켜 점을 쳤더니 '대왕부인께서 음양의 법칙을 거슬러
서 이 같은 조짐이 나타난 것이외다.'라고 하니 왕은 놀라 괴상스럽
게 여겼습니다. 그러나 왕비는 크게 노하여 이를 요사스러운 여우
의 말이라고 하며 다시 다른 일로써 시험해 물어보아 말이 틀리면
엄중한 형벌을 내리자고 왕에게 고하였습니다. 그리하여 쥐 한 마
리를 함 속에 넣고 '이것이 무슨 물건이냐?'고 물었더니 그가 말하
기를 '이는 틀림없이 쥐요, 마릿수는 여덟이요.'라고 하였습니다.
그 말이 틀렸다고 하여 바로 사형을 집행하고자 하니 그가 맹세하

68. (石)은 丸이며 壬申本은 元으로 凡의 異體字이다.

여 말하기를 '내가 죽은 후에는 바라건대 대장이 되어 반드시 고 (구)려를 멸망시킬 것이다.'라고 하니 즉시 목을 베었습니다. 쥐를 잡아 배를 갈라본즉 새끼가 일곱 마리이므로, 이때야 그의 앞서 한 말이 적중한 것을 알게 되었습니다. 그날 밤 왕이 꿈에 추남이 신라 서현공 부인의 품 속으로 들어가는 것을 보고 여러 신하들에게 말 했더니 다들 말하기를 '추남이 발원을 하고 죽더니 이것이 과연 그 렇게 된 듯합니다.'라고 하였습니다. 이 때문에 나를 이곳까지 보내 어 당신을 모해코자 한 것이외다."라고 하였다.

公乃刑〈白石〉, 備百味祀三神, 皆現身受奠. 〈金〉氏宗〈財買夫人〉死, 葬於〈靑淵〉上谷, 因名〈財買谷〉. 每年春月, 一宗士女會宴於其谷之南澗, 于時百卉敷榮, 松花滿洞府林. 谷口架築爲庵, 因名〈松花房〉, 傳爲願刹. 至五十四〈景明王〉, 追封公爲〈興虎大王〉, 陵在〈西山〉〈毛只寺〉之北, 東向走峰.

유신이 이에 백석을 처형하고 온갖 음식을 갖추어 삼신에게 제사 하니 모두 사람으로 현신하여 제사를 받았다. 김씨의 문중 어른이 되는 재매부인이 죽으매 청연의 윗골짜기에 장사하고는 그에 따라 재매곡이라 하였다. 매년 봄철이면 1문의 남녀들이 이 골짜기 남쪽 개울에 모여 잔치를 하는데 이때면 백화가 만발하고 송화는 골짜기 숲속에 가득찬다. 골짜기 입구에다가 암자를 짓고 송화방이라고 이 름하였으니 이것이 전해서 원찰이 되었다. 54대 경명왕 때에 와서 유신공을 흥무대왕으로 추봉하니 능이 서산 모지사 북쪽에 있는 동 쪽으로 뻗은 봉우리에 있다.

36. 太宗春秋公

第二十九〈太宗大王〉, 名〈春秋〉, 姓〈金〉氏, 〈龍樹〉(一作〈龍春〉)
角干·追封〈文興大王〉之子也. 妣〈眞平大王〉之女〈天明夫人〉, 妃
〈文 87/明皇后〉〈文姬〉, 卽〈庾信公〉之季妹也.

태종 춘추공

제29대 태종대왕의 이름은 춘추요 성은 김씨이니 용수(용춘이라
고도 한다.) 각간으로 추봉한 문흥대왕의 아들이다. 어머니는 진평
대왕의 딸 천명부인이요 비는 문명왕후 문희이니 즉 유신공의 막내
누이이다.

初〈文姬〉之姊〈寶姬〉, 夢登〈西岳〉捨溺, 瀰滿京城. 旦與妹說夢,
〈文姬〉聞之謂曰 "我買此夢," 姊曰 "與何物乎?," 曰 "錦裙可乎?"
曰 "諾," 妹開襟受之, 姊曰 "疇昔之夢, 傳付於汝," 妹[69]以錦裙酬之.

처음에 문희의 언니 되는 보희가 꿈에 서악에 올라가 오줌을 누
었더니 오줌이 서울 안에 가득찼다. 아침에 동생에게 꿈 이야기를
했더니 문희가 듣고 말하기를 "내가 그 꿈을 사겠소."라고 하니 언
니가 말하기를 "무슨 물건과 바꾸겠니?"라고 하였다. 문희가 "비단
치마 어때?"라고 하니 언니가 좋다고 하여 동생은 옷섶을 헤치고
받아들이는데 언니가 말하기를 "간밤의 꿈을 네게 전해 준다."라고
하니 동생은 비단치마로 값을 치렀다.

---

69. 壬申本은 妖이다.

後旬日〈庾信〉與〈春秋公〉, 正月午忌日(見上射琴匣事, 乃〈崔致遠〉
之說), 蹴鞠于〈庾信〉宅前(〈羅〉人謂蹴鞠爲弄珠之戲), 故踏〈春秋〉之
裙, 裂其襟紐. 曰 "請入吾家縫之," 公從之. 〈庾信〉命〈阿海〉奉針,
〈海〉曰 "豈以細事, 輕近貴公子乎[70]?" 因辭(古本云, 因病不進). 乃命
〈阿之〉, 公知〈庾信〉之意, 遂幸之, 自後數數來往. 〈庾信〉知其有娠,
乃噴之曰 "爾不告父母而有娠何也?" 乃宣言於國中, 欲焚其妹.

열흘 뒤에 유신이 춘추공과 함께 정월 오기일(위에 쓴 사금갑 사
건을 참고할 것이니 이는 최치원의 말이다.) 유신의 집 앞에서 공을
차다가,([신]라 사람들은 축국을, 구슬을 가지고 노는 것을 이른
다.) 일부러 춘추의 옷자락을 밟아 옷깃의 끈을 찢었다. 유신이 말
하기를 "바라건대 우리집에 들어가 꿰맵시다."라고 하니 춘추공은
그 말대로 좇았다. 유신이 아해에게 명하여 꿰매 드리라고 하니 아
해가 말하기를 "어떻게 하찮은 일로 귀공자에게 함부로 가까이 가
겠나이까?" 하며 이를 사양하였다.(고본에는 병으로 나오지 못했다
고 하였다.) 그제야 아지에게 명하니, 춘추공이 유신의 뜻을 알고
드디어 그녀와 관계하여 이로부터는 자주 내왕을 하게 되었다. 유
신이 누이가 임신한 것을 알고 나무라면서 말하기를 "네가 부모에
게도 고하지 않고 임신을 했으니 웬일이냐?"라고 하며 곧 나라에
소문을 퍼뜨리고 누이를 태워 죽이려고 하였다.

一日, 俟 88/〈善德王〉遊幸〈南山〉, 積薪於庭中, 焚火烟起. 王望

---

70. 壬申本은 子로 乎의 異體字이다.

之問何烟, 左右奏曰 "殆〈庾信〉之焚妹[71]也." 問其故, 曰 "爲其妹無
夫有娠." 王曰 "是誰所爲?" 時〈公〉昵侍在前, 顔色大[72]變. 王曰 "是
汝所爲也. 速往救之!"〈公〉受命馳馬, 傳宣沮之, 自後現行婚禮.

하루는 선덕왕이 남산에 놀러 나가는 것을 기다려 장작을 마당
가운데 쌓고 불을 질러 연기를 올렸다. 왕이 바라보고 무슨 연기냐
고 물으니, 좌우가 아뢰어 말하기를 "아마도 유신이 그 누이를 태
워 죽이는 모양이외다."라고 하였다. 왕이 그 까닭을 물었더니 말하
기를 "그 누이가 남편도 없이 아이를 밴 까닭이라고 하나이다."라
고 하였다. 왕이 "이것이 누구의 소행이냐?"라고 물으니 이때 마침
춘추공이 왕을 측근에서 모시고 앞에 있다가 안색이 크게 변했다.
왕이 말하기를 "이것이 네 소행이로구나. 빨리 가서 구원하라!"라
고 하였다. 춘추공이 이 명령을 받고 말을 타고 달려가 왕의 분부를
전달하고 이를 말렸으니 이로부터 드러내 놓고 혼례를 치렀다.

〈眞德王〉薨, 以〈永徽〉五年甲寅卽位, 御國八年,〈龍朔〉元年辛酉
崩, 壽五十九歲, 葬於〈哀公寺〉東, 有碑. 王與〈庾信〉神謀戮力, 一統
〈三韓〉, 有大功於社稷, 故廟號〈太宗〉. 太子〈法敏〉·角干〈仁問〉·
角干〈文王〉·角干〈老且[73]〉·角干〈智鏡〉·角干〈愷元〉等, 皆〈文姬〉
之所出也, 當時買夢之徵, 現於此矣.

진덕왕이 영휘 5년 갑인(654)에 즉위하여 8년 동안 나라를 다스

---

71. 壬申本은 姝이다.
72. 壬申本은 火로 大의 異體字이다.
73. 旦의 異體字일 수 있다.

리다가 용삭원년 신유(661)에 죽으니 수가 59세였으며, 애공사 동쪽에 장사를 지내고 비를 세웠다. 왕이 유신과 함께 신통한 계획으로 힘을 합하여 삼한을 통일하고 사직에 큰 공로를 세웠으므로 묘호를 태종이라 하였다. 태자 법민과 각간 인문과 각간 문왕과 각간 노차와 각간 지경과 각간 개원 등은 모두가 문희의 소생들이니, 당시 꿈을 산 징험이 여기서 나타났다.

庶子曰〈皆知文〉級干‧〈車得令公〉‧〈馬得〉阿干幷女五人. 王膳一 89/日飯米三斗‧雄雉九首, 自庚申年滅〈百濟〉後, 除晝饍, 但朝暮而已, 然計一日米六斗‧酒六斗‧雉十首. 城中市價, 布一疋租三十碩或五十碩, 民謂之聖代.

서자들로서는 개지문급간과 거득령공과 마득아간과 딸들까지 합하여 모두 다섯 명이다. 왕의 식사는 하루에 쌀이 서 말이요, 숫꿩이 아홉 마리였는데 경신년(660)에 백제를 멸망시킨 후부터는 점심을 없애고 다만 아침 저녁만 먹었다. 그래도 이를 합치면 하루 쌀 여섯 말, 술 여섯 말, 꿩 열 마리였다. 베 한 필의 도성 가격은 벼가 30석 혹은 50석으로 백성들은 태평성대라고 일렀다.

在東宮時, 欲征〈高麗〉, 因請兵入〈唐〉, 〈唐〉帝賞其風彩, 謂爲神聖之人, 固留侍衛, 力請乃還.

왕이 태자로 있을 때에 고(구)려를 치고자 하여 이 때문에 군사를 청하러 당나라에 들어갔더니 당나라 황제가 그의 풍채를 칭찬하여 신성한 사람으로 일러 굳이 만류하여 시위를 하라고 하는 것을 (춘추가) 극력 간청하여 이내 돌아왔다.

時,〈百濟〉末王〈義慈〉乃〈虎王〉之元子也, 雄猛有膽氣, 事親以孝,
友于兄弟, 時號海東〈曾子〉, 以〈貞觀〉十五年辛丑卽位, 耽媱酒色,
政荒國危, 佐平(〈百濟〉爵名)〈成忠〉極諫不聽, 囚於獄中.

이때에 백제의 마지막 임금인 의자는 즉 무왕의 맏아들로서 용맹
스럽고 담력이 있으며 어버이를 효성으로써 섬기고 형제간에 우애
하여 당시 동방의 증자로 불렸으나, 정관 15년 신축(641)에 즉위하
자 술과 계집에 빠져 정치가 문란하여지매 나라가 위태롭게 되었
다. 이에 좌평(백제의 벼슬이름이다.) 성충이 간절히 말렸으나 이를
듣지 않고 그를 옥에 가두었다.

痩困濱死, 書曰 "忠臣死不忘君, 願一言而死. 臣嘗觀時變, 必有兵
革之事. 凡用兵, 審擇其地, 處上流而迎敵, 可以保全. 若異國兵來,
陸路不使 90/過〈炭峴〉(一云〈沉峴〉,〈百濟〉要害之地), 水軍不使入
〈伎伐浦〉(卽〈長嵒〉, 又〈孫梁〉, 一作〈只火浦〉, 又〈白江〉), 據其險隘
以禦之, 然後可也." 王不省.

성충이 극도로 쇠약하여 거의 죽게 되매 글을 써서 말하기를 "충
신은 죽어도 임금을 잊지 않을 것입니다. 바라옵건대 한 말씀만 사
뢰고 죽겠습니다. 제가 일찍이 시국의 변천을 살펴보옵건대 반드시
전쟁이 있을 것입니다. 무릇 군사를 쓰는 데는 그 지세를 잘 살펴서
택할 것이니 상류에 자리를 잡고 적을 맞으면 나라를 보전할 수 있
을 것이요, 만약 다른 나라 군사가 오거든 육로는 탄현(침현이라고

도 하는바 백제의 요충지이다.)을 넘게 하지 말 것이며, 수군은 기벌포(즉 장암 또는 손량이라고도 하고 지화포 또는 백강이라고도 한다.)에 들여놓지 말 것이며, 험한 지형에 의지하여 방어한 연후에야 가능할 것입니다."라고 하였으나 왕은 정신을 차리지 않았다.

〈現慶〉四年己未, 〈百濟〉〈烏會寺〉(亦云〈烏合寺〉)有大赤馬, 晝夜六時, 遶寺行道, 二月, 衆狐入〈義慈〉宮中, 一白狐坐佐平書案上, 四月, 太子宮雌雞與小雀交婚, 五月, 〈泗沘〉(〈扶餘〉江名)岸大魚出死, 長三丈, 人食之者皆死, 九月, 宮中槐樹鳴如人哭, 夜鬼哭宮南路上.

현경 4년 기미(659)에 백제의 오회사(오합사라고도 한다.)에 있는 크고 붉은 말이 밤낮 여섯 시간 동안 절을 돌며 공덕을 닦았으며, 2월에는 여우떼가 의자의 궁중에 들어갔는데 흰 여우 한 마리가 좌평의 책상 위에 앉았으며, 4월에는 태자궁의 암탉이 작은 참새와 관계를 했으며, 5월에는 사비(부여의 강 이름이다.) 강둑에 큰 고기가 나와 죽었는데 길이가 세 척이요, 이것을 먹은 사람은 다 죽었으며, 9월에는 대궐 안에 있는 회나무가 사람처럼 울었고 밤에는 대궐 남쪽 길 위에서 귀신이 나와 울었다.

五年庚申春二[74]月, 王都井水血色, 西海邊小魚出死, 百姓食之不盡, 〈泗沘〉水血色, 四月, 蝦○數萬集於樹上, 王都市人無故驚走, 如有捕捉, 驚仆[75]死者百餘, 亡失財物者無數. 六月, 〈王興寺〉僧皆見如

---

74. 壬申本은 一로 二의 壞字이다.
75. (石)이외의 木板本은 什으로 仆의 異體字이다.

舡楫隨大水入 91/寺門, 有大犬如野鹿, 自西至〈泗沘〉岸, 向王宮吠
之, 俄不知所之, 城中群犬集於路上, 或吠或哭, 移時而散.

　5년 경신(660) 봄 2월에는 왕도의 우물물이 핏빛으로 변하였으
며, 서해변에 작은 고기가 나와서 죽은 것을 백성들이 다 먹어 내
지 못하였고, 사비의 물이 핏빛으로 변하였으며, 4월에는 두꺼비
수만 마리가 나무 위에 모였고, 왕도의 저잣거리 사람들이 마치 붙
잡는 사람이나 있듯이 까닭없이 놀라 달아나다가 놀라서 엎어져 죽
는 자가 1백여 명이나 되었고, 재물을 잃어버린 자가 헤아릴 수 없
었다. 6월에는 왕흥사 중들이 배 같은 것이 큰물을 따라 절 문으로
들어오는 것을 모두 보았으며, 사슴만하게 생긴 큰 개가 있어 서쪽
으로부터 사비의 강변에 와서 왕궁을 향하여 짖다가 갑자기 어디로
갔는지 모르게 되었고, 성 안에 뭇 개가 길바닥에 모여 더러는 짖
고 더러는 울기도 하다가 잠시 후에는 흩어졌다.

　有一鬼入宮中, 大呼曰 "〈百濟〉亡! 〈百濟〉亡!" 卽入地, 王怪之,
使人掘地, 深三尺許, 有一龜, 其背有文, "〈百濟〉圓月輪, 〈新羅〉如
新月." 問之巫者, 云 "圓月輪者滿也, 滿則虧, 如新月者未滿也, 未滿
則漸盈." 王怒殺之. 或曰 "圓月輪盛也, 如新月者微也, 意者國家盛
而〈新羅〉寖微乎." 王喜.

　한 귀신이 대궐 안으로 들어와 크게 소리쳐 말하기를 "백제가 망
한다! 백제가 망한다!"고 하며 즉시 땅으로 들어갔으므로 왕이 괴
상하게 여겨 사람을 시켜 그 자리를 팠더니 깊이 석 자나 되는 곳
에 거북 한 마리가 있었다. 그 등에 글이 쓰여 있었는데, "백제는

둥근 달이요, 신라는 초승달과 같다."라고 하였으므로, 무당에게 물었더니 말하기를 "둥근 달바퀴라 함은 달이 다 찼다는 것을 말함이니 차면 이지러지는 법이요, 초승달과 같다는 말은 아직 차지 못했다는 것을 말함이니, 차츰 차게 될 것이외다."라고 하니 왕이 노하여 그를 죽였다. 누군가 말하기를 "둥근 달바퀴는 융성하다는 뜻이요, 초승달과 같다는 것은 미약해진다는 뜻이니 우리나라는 융성하고 신라는 미약해진다는 의미일까 하나이다."라고 하니 왕이 기뻐하였다.

〈太宗〉聞〈百濟〉國中多怪變, 五年庚申, 遣使〈仁問〉請兵〈唐〉.
〈高宗〉詔左虎衛大將軍〈荊國公〉〈蘇定方〉爲〈神丘道〉行策摠菅, 率左衛將軍〈劉伯英〉字〈仁遠〉・左虎衛將軍〈馮士貴〉・左驍衛將軍 92/〈龐孝公〉等, 統十三万兵來征.(鄕記云 軍十二万二千七百十一人, 舡一千九百隻, 而『唐史』不詳言之.)

태종이 백제 국내에 괴변이 많다는 소문을 듣고 5년 경신에 인문을 당나라에 사신으로 보내어 군사를 청하였다. 고종이 좌무위 대장군 형국공 소정방을 명하여 신구도행책총관을 삼아 좌위장군 유백영 자 인원과 좌무위장군 풍사귀, 좌효위장군 방효공 등과 함께 군사 13만 명을 거느리고 가서 정벌하게 하였다.(향기에는 군사 122,711명, 배 1,900척이라 하였는데 『당사』에는 이것을 자세하게 말하지 않았다.)

以〈新羅〉王〈春秋〉爲〈嵎夷道〉行軍摠菅,[76] 將其國兵, 與之合勢.

〈定方〉引兵, 自〈城山〉濟海, 至國西〈德勿島〉, 〈羅〉王遣將軍〈金庾信〉, 領精兵五万以赴之. 〈義慈王〉聞之, 會群臣問戰守之計, 佐平〈義直〉進曰 "〈唐〉兵遠涉溟海, 不習水, 〈羅〉人恃大國之援, 有輕敵之心, 若見〈唐〉人失利, 必疑懼而不敢銳進. 故知先與〈唐〉人決戰可也."

신라왕 춘추를 우이도행군총관으로 삼아 국내 군사를 거느리고 이들과 합세하게 하였다. 정방이 군사를 이끌고 성산으로부터 바다를 건너 우리나라 서쪽 덕물도에 닿으니 신라왕이 장군 김유신을 시켜 정병 5만을 거느리고 그곳으로 가게 하였다. 의자왕이 이 소문을 듣자 여러 신하들을 모아 놓고 싸워서 막아 낼 계책을 물었더니 좌평 의직이 앞에 나와 말하기를 "당나라 군사가 넓은 바다를 멀리 건너왔으나 물에는 익숙하지 못합니다. 신라 사람들은 큰 나라의 원조를 믿고 적을 업신여기는 생각이 있으니 만약에 당나라 군사가 불리한 것을 본다면 반드시 겁을 내어 감히 날카롭게 달려들지 못할 터이므로 먼저 당나라 사람들과 결전을 해야 된다는 것을 알아야 할 것이외다."라고 하였다.

達率〈常永〉等曰 "不然! 〈唐〉兵遠來, 意欲速戰, 其鋒不可當也. 〈羅〉人屢見敗於我軍, 今望我兵勢, 不得不恐. 今日之計, 宜塞〈唐〉人之路, 以待師老, 先使偏師擊〈羅〉, 折其銳氣, 然後伺其便 93/而合戰, 則可得全軍而保國矣." 王猶預不知所從.

달솔 상영 등은 말하기를 "그렇지 않습니다. 당나라 군사가 멀리

---

76. 管의 異體字이다.

서 와 빨리 싸워 결전할 계획이매 그들의 서슬은 당해 낼 수 없습니다. 신라 사람들이 여러 번 우리나라 군사에게 패하여 지금 우리 군사의 기세를 바라보면 무서워하지 않을 수 없을 것이외다. 오늘의 계책으로는 마땅히 당나라 사람들의 길을 막아 그들이 피로하기를 기다리면서 우선 일부 군대로 신라를 쳐서 그들의 날카로운 기세를 꺾어 놓은 후에 다시 좋은 형편을 보아 접전을 하면 군사는 온전히 살리고 나라를 보전할 것이외다."라고 하니 왕이 어느 의견을 좇을는지 몰라서 망설이고 있었다.

時佐平〈興首〉得罪, 流竄于〈古馬昨知之〉縣, 遣人問之曰 "事急矣, 如何?"〈首〉曰 "大槩如佐平〈成忠〉之說." 大臣等不信, 曰〈興首〉在縲絏之中, 怨君而不愛國矣, 其言不可用也. 莫若使〈唐〉兵入〈白江〉(卽〈伎伐浦〉), 沿流而不得方舟,〈羅〉軍升〈炭峴〉, 由徑而不得馬. 當此之時, 縱兵擊之, 如在籠之雞, 罹網之魚也." 王曰 "然."

때마침 좌평 홍수가 죄를 받고 고마작지현에서 귀양살이를 하고 있었는데 왕이 그에게 사람을 보내어 묻기를 "일이 급한데 어떻게 했으면 좋을까?"라고 하였더니 홍수가 말하기를 "대체로 성충의 의견과 같사외다."라고 하였다. 대신들이 믿지 않고 "홍수가 옥중에 있으면서 임금을 원망하고 나라를 사랑하지 않습니다. 그의 말은 들을 것이 못 됩니다. 차라리 당나라 군사를 백강(즉 기벌포다.)으로 들어오게 하여 흐름을 타서 배를 나란히할 수 없게 할 것이며 신라 군사를 탄현 고개로 올라오게 하여 오솔길에 들어서 두 마리 말도 나란히 서지 못하게 만든 후 이런 기회를 이용하여 군사를 풀어 습격을 하면 이야말로 저들은 채롱 속에 든 닭이요 그물에 걸린 고기가 될 것이외다."라고 하니 왕이 "그럴 일이다."라고 하였다.

又聞〈唐〉·〈羅〉兵已過〈白江〉·〈炭峴〉, 遣將軍〈堦[77]伯〉, 帥死士
五千出〈黃山〉, 與〈羅〉兵戰, 四合皆勝之, 然兵寡力盡, 竟敗而〈堦
伯〉死之. 進軍合兵, 薄津口, 瀕江屯兵, 忽有鳥廻翔於〈定方〉營上,
使人卜之, 曰 "必傷元帥," 〈定方〉懼94/欲引兵而止. 〈庾信〉謂〈定
方〉曰 "豈可以飛鳥之怪, 違天時也? 應天順人, 伐至不仁, 何不祥之
有?" 乃拔神劍擬其鳥, 割裂而墜於座前. 於是, 〈定方〉出左涯, 垂山
而陣, 與之戰, 〈百濟〉軍大敗.

왕은 또 당나라와 신라 군사가 벌써 백강과 탄현을 지났다는 말
을 듣고 장군 계백을 시켜 결사대 5천 명을 거느리고 황산으로 출
동시켜 신라 군사와 싸워서 네 번 접전에 모두 이를 이겼으나 군사
는 적고 힘은 지쳐서 필경은 패하고 계백은 거기서 죽었다. 신라군
사는 당나라 군사와 연합해 나루 어구로 육박하여 강가에 진을 치
고 있는데 돌연히 웬 새가 정방의 군영 위로 빙빙 돌므로 사람을
시켜 점을 쳤더니, "반드시 원수님이 부상할 것이외다."라고 하여
정방이 겁을 먹고 군사를 끌어들여 싸움을 그만두려고 하였다. 유
신이 정방더러 말하기를 "어찌하여 나는 새의 요괴스러운 일을 가
지고 하늘이 주는 기회를 놓칠 것인가? 천명에 응하고 인정에 따
라, 지극히 불인함을 정벌하는 이 참에 어찌 나쁜 조짐이 있을 것

---

77. 木板本은 偕로 異體字이다.

인가?"라고 하고는 곧 신검을 뽑아 새를 겨누어 쳐서 갈라 정방의 좌석 앞에 떨어뜨렸다. 이때에야 정방이 강 왼편 기슭으로 나와 산 밑에 진을 치고 싸웠더니 백제 군사가 크게 패하였다.

王師乘潮, 軸轤含尾, 鼓譟而進. 〈定方〉將步騎, 直趨都城一舍止, 城中悉軍拒之, 又敗死者万餘.

당나라 군사가 밀물을 타서 병선들이 꼬리를 물고 북을 울리며 함성을 치고 진격하였다. 정방이 보병과 기병을 거느리고 바로 수도로 향하여 수도 30리 밖에 와서 머무니 성 중의 전체 군사가 이를 막았으나 또 패전하여 죽은 자가 1만여 명이었다.

〈唐〉人乘勝薄城, 王知不免, 嘆曰 "悔不用〈成忠〉之言, 以至於此." 遂與太子〈隆〉(或作〈孝〉, 誤也), 走北鄙. 〈定方〉圍其城, 王次子〈泰〉自立爲王, 率衆固守. 太子之子〈文思〉謂王〈泰〉曰 "王與太子出, 而叔擅[78]爲王, 若〈唐〉兵解去, 我等安得全?" 率左右縋而出, 民皆從之, 〈泰〉不能止.

당나라 군사가 이긴 김을 타서 성에 육박하매 백제왕이 최후를 면치 못할 것을 알고 탄식하면서 말하기를 "성충의 말을 듣지 않았기 때문에 일이 이 지경에 이르렀음을 뉘우치노라."라고 하고 마침내 태자 융(효라고도 하나 잘못이다.)과 함께 북쪽 변경 땅으로 달아났다. 정방이 그 성을 포위하자 왕의 둘째 아들인 태가 스스로 왕으로

---

78. 王申本은 檀으로 異體字이다.

이 되어 무리를 거느리고 성을 굳게 지켰다. 태자의 아들 문사가 왕 태에게 말하기를 "왕과 태자가 함께 나갔는데 아저씨가 맘대로 왕 이 되었으니 만약 당나라 군사가 물러가면 우리가 어떻게 목숨을 부지하겠나이까?"라고 하며 좌우를 데리고 줄을 타고 성 밖으로 나 가니 백성들이 모두 그를 따랐으나 태가 말리지 못하였다.

〈定方〉令士起堞立〈唐〉旗幟,〈泰〉95/窘迫, 乃開門請命. 於是, 王及太子〈隆〉・王子〈泰〉・大臣〈貞福〉,與諸城皆降.〈定方〉以王 〈義慈〉及太子〈隆〉・王子〈泰〉・王子〈演〉,及大臣將士八十八人・ 百姓一万二千八百七人送京師.

정방이 군사를 시켜 성가퀴에 당나라 기를 세우니 태가 궁핍하여 곧 성문을 열고 목숨을 빌었다. 이에 왕과, 태자 융과, 왕자 태와, 대신 정복이 여러 성들과 함께 항복하였다. 정방이 왕 의자와, 태자 융과, 왕자 태와, 왕자 연과, 대신・장사 88명과, 백성 12,807인을 당나라 서울로 보냈다.

其國本有五部・三十七郡・二百城・七十六万戶, 至是折[79]置〈熊 津〉・〈馬韓〉・〈東明〉・〈金漣〉・〈德安〉等五都督府, 擢渠長爲都督 刺史以理[80]之, 命郎將〈劉仁願〉守都城, 又左衛郎將〈王文度〉爲熊津 都督, 撫其餘衆.

---

79. 析의 異體字일 수 있다.
80. 壬申本은 鯉으로 誤字로 보인다.

백제는 본래 5부 37군 200성 76만 호였는데 이때 와서 웅진, 마한, 동명, 금련, 덕안 등 오도독부를 나누어 설치하고 우두머리를 뽑아서 도독과 자사를 삼아 다스리게 하며 낭장 유인원을 시켜 도성을 지키게 하고 또 좌위낭장 왕문도를 웅진도독으로 삼아 남은 무리들을 진무하게 하였다.

〈定方〉以所俘見, 上責而宥之. 王病死, 贈金紫光祿大夫衛尉卿, 許舊臣赴臨, 詔葬〈孫皓〉·〈陳叔寶〉墓側, 幷爲竪碑.

정방이 포로들을 데리고 황제를 찾아 뵈니, 황제가 책망을 하다가 용서하였다. 의자왕이 병들어 죽으매 황제는 금자광록대부위위경 벼슬을 추증하고 예전 신하들에게 장사에 오는 것을 허락하며 손호와 진숙보 무덤 옆에 장사하도록 명령하고 함께 비를 세우게 하였다.

七年壬戌, 命〈定方〉爲〈遼東道〉行軍大摠管, 俄攻[81]〈平壤道〉, 破〈高麗〉之衆於〈浿江〉, 奪 96/〈馬邑山〉爲營, 遂圍〈平壤城〉, 會大雪解圍還. 拜〈涼州〉安集大使, 以定〈吐蕃〉, 〈乾封〉二年卒, 〈唐〉帝悼之, 贈左驍騎大將軍〈幽州〉都督, 諡曰〈莊〉.(已上[82]『唐史』文.)

7년 임술(662)에 소정방을 임명하여 요동 방면 행군대총관으로 삼았다가 곧이어 평양도 행군대총관으로 바꿔, 고(구)려 군사를 패강에서 격파하고 마읍산을 빼앗아 군영으로 정하고 드디어 평양성을

---

81. 木板本은 改로 攻의 異體字로 보인다.
82. (石)은 工으로 壞字 또는 誤字로 보인다.

에워쌌다가 때마침 큰 눈이 와서 포위를 풀고 돌아갔다. 소정방을 양주 안집대사로 임명하여 토번을 평정하였더니 그는 건봉 2년(667)에 죽었다. 당나라 황제가 애도하여 좌효기 대장군 유주도독 벼슬을 추증하고 시호를 장이라 하였다.(이상은 『당사』에 쓰인 글이다.)

『〈新羅〉別記』云 "〈文虎王〉卽位五年乙丑秋八月庚子, 王親統大兵, 幸〈熊津城〉, 會假王〈扶餘隆〉作壇, 刑白馬而盟, 先祀天神及山川之靈, 然後歃血爲文[83]而盟曰 '往者, 〈百濟〉先王迷於逆順, 不敦敢[84]隣好, 不睦親姻, 結托〈句麗〉, 交通〈倭國〉, 共爲殘暴, 侵削〈新羅〉, 破邑屠城, 略無寧歲. 天子憫一物之失所, 憐百姓之被毒, 頻命行人, 諭其和好.

『신라별기』에 이르기를 "문무왕 즉위 5년 을축(665) 가을 8월 경자에 왕이 친히 대부대를 거느리고 웅진성으로 행차하여 가왕인 부여융을 만나 제단을 만들고 흰 말을 잡아서 맹약을 하는데 먼저 천신과 산천의 영들에게 제사한 연후에 피를 마시고 글을 지어 맹세하기를 '지난 날에 백제의 전 임금이 역리와 순리를 분간 못하고 이웃 나라와 좋게 지낼 줄 모르고 인척간에 화목하지 못하면서 고구려와 결탁하고 왜국과 내통하여 함께 잔인과 포악을 일삼아 신라를 침략하여 고을을 겁탈하고 성을 함락시켜 조금도 편안한 해가 없었으므로 천자는 물건 하나라도 제자리를 잡지 못하는 것을 딱하게 여기고 죄 없는 백성들을 불쌍히 여겨 여러 차례 사신을 시켜

83. 木板本은 父로 文의 異體字이다.
84. 木板本은 敢으로 異體字로 보인다.

176

사이 좋게 화친하도록 하였다.

負險恃遠, 侮慢天經, 皇赫斯怒, 恭行弔伐, 旌旗所指, 一戎大定. 固可瀦宮汚宅, 作誡來裔, 97/塞源拔本, 垂訓後昆, 懷柔伐叛, 先王之令典, 興亡繼絶, 往哲之通規. 事必[85]師古, 傳諸曩册. 故立前〈百濟王〉司〇正卿〈扶餘隆〉爲〈熊津〉都督, 守其祭祀, 保其桑梓, 依倚〈新羅〉, 長爲與國, 各除宿憾, 結好和親, 恭永詔命, 永爲藩[86]服. 仍遣使人右威衛將軍〈魯城縣公〉〈劉仁願〉, 親臨勸諭, 具宣成旨. 約之以婚姻, 申之以盟誓, 刑牲歃血, 共敦終始, 分災恤患, 恩若兄弟.

그러나 지세가 험하고 거리가 먼 것을 믿고 하늘의 법칙을 업신여기므로 황제는 크게 노하여 엄숙히 백성들을 위로하고 반역자를 문죄하는 토벌을 결행하니 군사들의 깃발이 향하는 곳에는 한 칼에 크게 평정되었다. 단연코 궁실과 집터를 못으로 만들어 오는 세대를 경계하고 아주 뿌리를 뽑아 버려 자손들에게 교훈을 보여 줄 것이로되 유순한 자를 맞아들이고 배반하는 자를 치는 것은 앞서 임금들의 좋은 법이요, 망한 것을 다시 일으키고 끊어진 것을 잇는 것은 지난날 성인들의 공통된 규범이었다. 어떤 일이든지 옛 것을 본떠야 한다는 것은 역사에 전하고 있는 말이다. 그러므로 전 백제왕 사(농)정경 부여융을 세워 웅진도독을 삼아 자기 조상의 제사를 모시게 하고 그의 옛 고장을 보전케 하니 신라에 의지하여 길이 우

---

85. 壬申本은 心으로 異體字로 보인다.
86. 木板本은 潘으로 藩의 異體字이다.

방으로 될 것이요, 저마다 묵은 감정을 버리고 우호를 맺으며 서로 화친하여 각각 조서의 명령을 받들고 길이 번으로서 복종할 것이다. 이에 우위장군 노성현공 유인원을 보내어 친히 가서 권유를 하고 황제의 결의를 자세히 선포하였다. 혼인으로써 약조를 맺고 맹세로써 다졌으며, 짐승을 잡아 피를 머금었으니 언제나 함께 친목하여야 하며, 걱정을 나누고 환란을 서로 구제하여 형제나 다름없이 사랑하여야 할 것이다.

祗奉綸言, 不敢墜失, 旣盟之後, 共保歲寒. 若有乖背, 二三其德, 興兵動衆, 侵犯邊陲, 神明鑒之, 百殃是降, 子孫不育, 社稷無宗, 祀磨滅, 罔[87]有遺餘. 故作金書鐵契, 藏之宗廟, 子孫万代,[88] 無或敢犯. 神之聽 98/之, 是享是福.'

황제의 말씀을 삼가 받들어 함부로 실수를 하지 말며, 이미 맹세를 마친 뒤에는 다 함께 절조를 지킬 것이다. 만일 맹세를 저버리고 그 행동이 한결같지 못하여 군사를 일으키고 무리를 움직여 변경을 침범하는 등 일이 있다면 신명이 굽어봐 수없는 재앙이 내릴 것이며, 자손을 기르지 못할 것이요, 사직을 보전하지 못할 것이며, 제사가 끊어질 것이요, 아무것도 남을 것이 없을 것이다. 그러므로 여기에 금으로 글씨를 쓰고 쇠로 문서를 만들어 내어, 종묘에 간직해 두고 자손만대를 통하여 감히 어기거나 범하거나 하지 못할 것이다.

---

87. 木板本은 同으로 異體字 또는 壞字로 보인다.
88. (石)은 伐로 대의 異體字이다.

신께서는 이를 듣고 제물을 받으시고 복을 베푸시라.'라고 하였다.

歃訖埋弊帛於壇之壬地, 藏盟文於大廟, 盟文乃〈帶方〉都督〈劉仁軌〉作." (按上『唐史』之文, 〈定方〉以〈義慈王〉及太子〈隆〉等送京師, 今云會〈扶餘王〉〈隆〉, 則知〈唐〉帝宥隆而遣之, 立爲〈熊津〉都督也. 故盟文明言, 以此爲驗.)

피를 마신 후에 제물을 제단의 북쪽에 묻고 맹세문을 대묘에 간직하니 이 맹세문은 바로 대방도독 유인궤가 지은 것이다."라고 하였다(위의 『당사』에는 "정방이 의자왕과 태자 융을 당나라 서울로 보냈다."라고 하였고 여기에서는 부여왕 융을 만났다고 하였은즉 당나라 황제가 융을 용서하여 돌려보내어 세워서 웅진도독으로 삼은 것을 알 수 있다. 그러므로 맹세문에 명백히 말하였으니 이것으로써 증거가 될 것이다.)

又『古記』云 "〈總章〉元年戊辰(若〈總章〉戊辰則〈李勣〉之事, 而下文〈蘇定方〉, 誤矣. 若〈定方〉則年号當〈龍朔〉二年壬戌, 來圍〈平壤〉之時也), 國人之所請〈唐〉兵, 屯于〈平壤〉郊而通書曰 '急輸軍資.'

또 『고기』에 이르기를 "총장 원년 무진(668)(만약 총장연간의 무진이라면 이적의 일일 것이요, 아래 기사에 나오는 소정방은 틀린 것이다. 만약 정방이라면 연호는 용삭 2년 임술(662)에 해당하니, 이는 평양에 와서 성을 에워싸던 때가 될 것이다.)에 나라 사람들이 청한 당나라 군사가 평양의 교외에 주둔하고 있으면서 글을 보내어 말하기를 '빨리 군량을 나르라.'라고 하였다.

王會群臣問曰 '入於敵國至〈唐〉兵屯所, 其勢危矣, 所請王師粮
而不輸其料, 亦不宜也. 如何?'〈庾信〉奏曰 '臣等能輸其軍資, 請大
王無慮.' 於是,〈庾信〉·〈仁問〉等率數万人入〈句麗〉境, 輸料二万斛
乃還, 王大喜.

왕은 여러 신하들을 모아 묻기를 '적국에 들어가 당나라 진영까
지 이르른다는 것은 형편이 위험한 일이요, 우리가 청해 온 당나라
군사의 군량이 부족한데 이것을 보내지 않는다면 이 역시 옳지 못
한 일이다. 어떻게 했으면 좋겠는가?'라고 하니, 유신이 아뢰기를
'신들이 능히 그 군량을 나를 수 있으니 청컨대 대왕은 걱정하지
마옵소서.'라고 하였다. 이에 유신과 인문 등이 군사 수만 명을 거
느리고 (고)구려 국경을 넘어 들어가 군량 2만 석을 수송하고 돌아
오니 왕이 크게 기뻐하였다.

又欲興師會〈唐〉兵,〈庾信〉先遣〈然起〉·〈兵川〉等二[89]人, 問其會
期,〈唐〉帥〈蘇定 99/方〉紙畫鸞犢二物廻之, 國人未解其意, 使問於
〈元曉法師〉, 解之曰 '速還其兵, 謂畫[90]犢畫鸞二切也.'

다시 군사를 동원하여 당나라 군사와 회합하고자 유신이 먼저 연
기와 병천 등 두 사람을 보내어 회합할 기일을 물었더니 당나라 장
수 소정방이 종이에다가 난새와 송아지 두 가지를 그려 보내 왔다.

---

89. 木板本은 一이나 二의 壞字이다.
90. 반절에 따르면 혹한이 된다. 물론 당시의 중국음이 속환과 그 음이 비슷할 수도 있으나,
畫의 경우 같은 음이었을 것이므로 오히려 畵대신 書로 된 것이 와전된 것이 아닌가 싶다.
두 글자는 그 異體字가 거의 비슷하기에 더욱 그러하다. 따라서 書犢畫鸞二切이 된다면 速
還의 반절로 문제가 없을 것으로 여겨진다.

나라 사람들이 그 뜻을 풀지 못하고 사람을 시켜 원효법사더러 물었더니 그가 해석하여 말하기를 '빨리 군사를 돌이키시오. 화독과 화란의 두 개의 반절을 이름입니다.' 라고 하였다.

於是, 〈庾信〉廻軍欲渡〈浿江〉, 令曰 '後渡者斬之,' 軍士爭先半渡, 〈句麗〉兵來, 掠殺其未渡者. 翌日〈信〉返追〈句麗〉兵, 捕殺數万級."

이에 유신이 군사를 돌려 패강을 건너고자 명령을 하여 말하기를 '뒤에 건너는 자는 목을 벤다.' 라고 했더니 군사들이 앞을 다투어 가며 절반쯤 건너는 판에 (고)구려 군사가 와서 미처 건너지 못한 자들을 덮쳐서 죽였다. 이튿날 유신이 군사를 돌려 고구려 군사를 추격하여 수만 명을 잡아 죽였다." 라고 하였다.

『〈百濟〉古記』云 "〈扶餘城〉北角有大岩, 下臨江水, 相傳云, 〈義慈王〉與諸後宮知其未免, 相謂曰 '寧自盡, 不死於他人手.' 相率至此, 投江而死, 故俗云〈墮死岩〉." 斯乃俚諺之訛也. 但宮人之墮死, 〈義慈〉卒於〈唐〉, 『唐史』有明文.

『백제고기』에 이르기를 "부여성 북쪽 귀퉁이에 있는 큰 바윗돌이 밑으로는 강물에 내밀고 있는데 전해 오는 말에 이르기를, 의자왕이 여러 궁녀들과 함께 최후를 면치 못할 줄을 알고 서로 말하기를 '차라리 자살을 할지언정 남의 손에 죽지는 말자.' 라고 하면서 서로 이끌고 이곳에 와서 강물에 몸들을 던져 죽었다고 하니, 따라서 세상에서는 타사암이라고 한다." 라고 하였다. 이는 잘못 전해지고 있는 속설이니 궁녀들만은 여기에 떨어져 죽었으나 의자왕은 당나라에 가서 죽었다는 것이 당나라 역사에 명백히 쓰여 있다.

又〈新羅〉古傳云"〈定方〉旣討〈麗〉·〈濟〉二國, 又謀伐〈新羅〉而留連. 於是, 〈庾信〉知其謀, 饗〈唐〉兵鴆之, 皆死坑之." 今〈尙州〉界有〈唐〉橋, 是 100/其坑地.

또 신라고전에 이르기를 "정방이 고구려와 백제 두 나라를 치고 나서 다시 신라를 칠 계획으로 머물고 있었다. 이때에 유신이 그 계획을 알고 당나라 군사를 한턱 먹이면서 독약을 섞어 먹여 모조리 죽이고 이를 구덩이에 묻었다."라고 하였다. 지금도 상주 지방에 당나라 다리가 있으니 이것이 그 묻은 자리이다.

(按『唐史』, 不言其所以死, 但書云 "卒" 何耶? 爲復諱之耶? 鄕諺之無據耶? 若壬戌年〈高麗〉之役, 〈羅〉人殺〈定方〉之師, 則後〈總章〉戊辰何有請兵滅〈高麗〉之事. 以此知鄕傳無據. 但戊辰滅〈麗〉之後, 有不臣之事, 擅有其地而已, 非至殺〈蘇〉·〈李〉二公也.)

(『당사』를 보면 그 죽은 까닭을 말하지 않고 다만 "죽었다."고만 하였으니 무엇 때문일까? 역시 기피한 것일까? 우리 땅에 전하는 이야기가 근거가 없는 것일까? 만약 임술년(668) 고구려를 치던 전쟁에서 신라 사람들이 정방의 군대를 죽였다면 그 뒤 총장 무진년(662)에 어떻게 당나라에 청병을 하여 고구려를 멸망시킨 일이 있을 수 있겠는가? 이것으로써 향전이 근거가 없다는 것을 알 수 있을 것이다. 그러나 무진년 고구려를 멸한 후에 신라가 불충한 일이 있었다면 제 맘대로 그 땅을 차지했던 일뿐일 것이요, 소정방 이적을

죽이는 데까지는 이르지 않았다.)

王師定〈百濟〉, 既還之後, 〈羅〉王命諸[91]將, 追捕〈百濟〉殘賤, 屯次
于〈漢山城〉, 〈高麗〉·〈靺鞨〉二國兵來圍之, 相擊未解, 自五月十一
日至六月二十二日, 我兵危甚. 王聞之, 議群臣曰 "計將何出?" 猶豫
未決, 〈庾信〉馳奏曰 "事急矣. 人力不可及, 唯神術可救." 乃於〈星浮
山〉設壇修神術, 忽有光耀如大瓮, 從壇上而出, 乃星飛而北去.

당나라 군대가 백제를 평정하고 돌아간 후에 신라왕이 여러 장수
들에게 명령하여 백제의 남은 적을 추격하여 사로잡도록 하고 한산
성에 주둔하고 있더니, 고(구)려와 말갈 두 나라 군사가 와서 이를
포위하였으므로 마주 싸웠으나 포위를 풀지 못하고 5월 11일로부
터 6월 22일에 이르매 우리 군사가 매우 위급하였다. 왕이 이 말을
듣고 여러 신하들과 의논하여 "무슨 계책이 없을까?"라고 하고 망
설이면서 결정을 못 짓더니, 이때에 유신이 달려 나와 아뢰기를
"사세가 급합니다. 사람의 힘으로써는 미치지 못할 것이요, 오직
신술로써만 구원할 수 있을 것이외다."라고 하고는 곧 성부산에 제
단을 설치하고 신술을 청했더니 갑자기 큰 독만한 불빛이 나타나
제단 위로부터 나와 별처럼 날아서 북쪽으로 갔다.

(因此名〈星浮山〉. 山名或有別說云, 山在〈都林〉之南, 秀出一峯是
也. 京城有一人謀求官, 命其子作高炬, 夜登此山擧之, 其夜京師人望

---

91. (石)은 請으로 異體字 또는 誤字로 보인다.

火[92], 皆謂怪星現於其地. 王聞之憂懼, 募人禳之, 其父將應之, 日[93]官
奏曰 "此非大怪也. 但一家子死・101/父泣之兆耳." 遂不行禳法. 是
夜, 其子下山, 虎傷而死.)

(이 때문에 산 이름을 성부산이라고 하였다. 이 산 이름에 대하여
다른 일설로는, 이 산이 도림의 남쪽에 있으며 특출하게 빼어난 하
나의 봉우리가 바로 이 산이라고 한다. 서울 사람 하나가 벼슬을 구
하기 위한 계책으로 그 아들을 시켜 높은 횃불을 만들어 밤에 이 산
에 올라가 켜들게 했다. 그날 밤 서울 사람들이 불을 보고 모두들 괴
상한 별이 나타났다고 하였다. 왕이 걱정하여 사람을 구해 푸닥거리
를 하려고 하니 그가 하겠다고 나섰다. 일관이 아뢰기를 "이것은 그
리 큰 괴변이 아니라 다만 누구네 집에서 아들은 죽을 것이요, 아버
지는 울 징조일 뿐이외다."라고 하여 푸닥거리는 행하지 않았다. 이
날 밤에 그 아들이 산에서 내려오다가 범에 물려 죽었다고 한다.)

〈漢山城〉中士卒, 怨救兵不至, 相視哭泣而已. 賊欲攻[94]急, 忽有光
耀, 從南天際來, 成霹靂・擊碎砲石三十餘所, 賊軍弓箭矛戟籌碎皆
地, 良久乃蘇, 奔潰而歸, 我軍乃還. 〈太宗〉初卽位, 有獻猪一頭二身
八足者, 議者曰 "是必幷吞六合瑞也." 是王代始服中國衣冠牙笏, 乃
法師〈慈藏〉請〈唐〉帝而來傳也.

한산성 안의 군사들이 구원병이 오지 않음을 원망하면서 마주 쳐

다보고 울 뿐이었다. 적이 급히 공격을 하려고 하니 갑자기 그 광채가 남쪽 하늘 끝으로부터 와서 벼락이 되어 30여 곳의 돌대포를 쳐부수니 적군의 활과 살과 창칼들이 산대처럼 산산히 부서지고 모두들 땅에 엎어졌다가 얼마 후에 깨어나서 패주하여 달아나고 우리 군사들도 돌아왔다. 태종이 처음 즉위했을 때에 멧돼지를 바친 자가 있어 머리는 하나요, 몸뚱이는 둘이요, 발이 여덟이었다. 의논하던 자가 말하기를 "이것은 필시 천하를 병탄할 조짐이외다."라고 하였다. 이 왕대에 처음으로 중국의 의관과 상아로 된 홀을 쓰게 되었으니 이것은 법사 자장이 당나라 황제에게 청하여 가지고 와서 전한 것이다.

〈神文王〉時,〈唐〉〈高宗〉遣使〈新羅〉曰 "朕之聖考得賢臣〈魏徵〉·〈李淳風〉等, 恊心同德, 一統天下, 故爲〈太宗皇帝〉. 汝〈新羅〉海外小國, 有〈太宗〉之号, 以僭天子之名, 義在不忠, 速改其号."

신문왕 때에 당나라 고종이 신라에 사신을 보내어 말하기를 "돌아가신 나의 아버지께서는 어진 신하 위징과 이순풍 등을 만나서 마음과 행동을 함께 하여 천하를 통일하였으므로 태종황제라 하였지만 너희 신라는 바다 밖의 작은 나라로서 태종이란 왕호가 있어 천자의 이름을 참람되게 쓰는 것은 뜻이 불충스러우니 빨리 왕호를 고칠 일이다."라고 하였다.

〈新羅〉王[95]上表曰 "〈新羅〉雖小國, 得聖臣〈金庾信〉, 一統三國, 故封 102/爲〈太宗〉." 帝見表乃思儲貳時, 有天唱空云 "三十三天之一

人, 降於〈新羅〉爲〈庾信〉," 紀在於書, 出撿挍之, 驚懼不已, 更遣使
許無改〈太宗〉之号.

　신라왕이 글을 올려 "신라가 비록 작은 나라일지라도 성스러운
신하 김유신을 얻어 삼국을 통일하였으므로 태종으로 봉한 것이외
다."라고 하였다. 황제가 신라왕의 표를 보고는 곧 자기가 황태자로
있을 때에 하늘에서 외치는 소리로 "33천의 한 분이 신라에 태어나
서 유신이 되었다."라고 하던 말을 글로 적어 둔 것이 생각나서 꺼
내다가 뒤져 보고는 놀랍고 무섭지 않을 수 없어서 다시 사신을 보
내어 태종의 왕호를 고치지 않아도 좋다고 하였다.

37. 長春郎 罷郎(一作羆)

　初與〈百濟〉兵戰於〈黃山〉之役,〈長春郎〉·〈罷郎〉死於陣中. 後討
〈百濟〉時, 見夢於〈太宗〉曰 "臣等昔者爲國亡身, 至於白骨, 庶欲完
護邦國, 故隨從軍行無怠而已. 然迫於〈唐〉帥〈定方〉之威, 逐於人後
爾. 願王加我以小勢." 大王驚怪之, 爲二魂, 說經一日於〈牟山亭〉,
又爲創〈壯義寺〉於〈漢山州〉, 以資冥援. 103/

　장춘랑과 파랑(파를 비라고도 한다.)

　처음에 백제 군사와 싸우던 황산전투에서 장춘랑과 파랑이 진중
에서 전사하였다. 그 후 백제를 칠 때에 태종에게 현몽하여 말하기
를 "우리는 예전에 나라를 위하여 목숨을 바쳤으나, 백골이 되어도
나라를 끝까지 보위하고자 해서 언제나 부지런히 군사들만 따라다

---

95. (石)은 土로 壞字로 보인다.

님에 있어 태만함이 없었습니다. 그러나 당나라 장수 소정방의 위력에 부대껴 남의 꽁무니로 쫓겨다니게 되었습니다. 원하옵건대 왕은 저희들에게 얼마의 군사를 보태 주소서."라고 하였다. 왕은 놀랍고 괴이하여 두 사람의 영혼을 위하여 모산정에서 하룻동안 불경을 설법하고, 또 한산주에 장의사를 세우고 명복을 빌었다.

三國遺事卷第一 104/

Ⅲ. 三國遺事卷第二

三國遺事卷第二

1. 文虎王法敏

王初卽位, 〈龍朔〉辛酉, 〈泗沘〉南海中有死女尸, 身長七十三尺, 足長六尺, 陰長三尺, 或云身長十八尺, 在〈封乾〉二年丁卯.

문무왕 법민

왕이 처음으로 즉위한 용삭 신유(661)에 사비 남쪽 바다에 여자의 시체가 있었는데, 몸 길이가 73자요, 발 길이가 6자요, 생식기 길이가 석 자나 되었다. 혹은 말하기를 몸 길이가 18자요, 건봉 2년 정묘(667)라고도 한다.

〈總章〉戊辰, 王統兵, 與〈仁問〉·〈欽純〉等至〈平壤〉, 會〈唐〉兵滅〈麗〉, 〈唐〉帥〈李勣〉獲〈高臧王〉還國.(王之姓[1]〈高〉, 故云〈高臧〉. 按『唐書·高記』〈現慶〉五年庚申, 〈蘇定方〉等征〈百濟〉. 後十二月大將

---

1. 木板本은 性으로 異體字로 보인다.

軍〈契如何〉爲〈浿道〉行軍大摠管, 〈蘇定方〉爲〈遼東道〉大摠管, 〈劉伯英〉爲〈平壤道〉大摠管, 以伐〈高麗〉.)

총장 무진에 왕이 군사를 거느리고 인문, 흠순 등과 함께 평양에 와서 당나라 군사와 회합하여 고구려를 멸하고 당나라 장수 이적은 고장왕을 사로잡아 가지고 본국으로 돌아갔다.(왕의 성이 고씨이므로 고장이라고 한다. 『당서』·『고〔제〕기』에 의하면 현경 5년 경신〔660〕에 소정방 등이 백제를 정벌하였다. 그 뒤 12월에 대장군 설〔필〕하력이 패강도행군대총관이 되고 소정방이 요동도대총관이 되고 유백영이 평양도대총관이 되어 고〔구〕려를 쳤다.

又明年辛酉正月, 〈蕭嗣業〉爲〈扶徐²道〉摠管, 〈任雅相〉爲〈浿江道〉摠105/管, 率三十五万軍以伐〈高麗〉. 八月甲戌, 〈蘇定方〉等及〈高麗〉, 戰于〈浿江〉敗亡, 〈乾封〉元年丙寅六月, 以〈龐同善〉·〈○高臨〉·〈薛仁貴〉·〈李謹行〉等爲後援, 九月, 〈龐同善〉及〈高麗〉戰敗之. 十二月己酉, 以〈李勣〉爲〈遼東道〉行臺大摠管, 率六摠管兵以伐〈高麗〉. 〈總章〉元年戊辰九月癸巳, 〈李勣〉獲〈高臧王〉, 十二月丁巳獻俘³于帝. 〈上元〉元年甲戌二月, 〈劉仁軌〉爲〈雞林道〉摠管, 以伐〈新羅〉. 而『鄕古記』云 "〈唐〉遣陸路將軍〈孔恭〉·水路將軍〈有相〉, 與⁴〈新羅〉〈金庾信〉等滅之, 而此云〈仁問〉·〈欽純〉等, 無〈庾信〉, 未詳.)

---

2. 餘의 壞字거나 異體字일 수 있다.
3. 壬申本은 浮로 俘의 異體字로 보인다.
4. 木板本은 興이나 與의 異體字이다.

또 이듬해 신유〔661〕 정월에는 소사업이 부여도총관이 되고 임아상이 패강도총관이 되어 군사 35만 명을 거느리고 고〔구〕려를 쳤다. 8월 갑술에는 소정방 등이 고〔구〕려에 와서 패강에서 싸우다가 패배하였더니 건봉 원년 병인〔666〕 6월에 방동선, ○고림, 설인귀, 이근행 등이 후원군이 되었다. 9월에 방동선이 와서 고구려와 싸워 이를 이겼다. 12월 기유에는 이적을 요동도 행대대총관으로 삼아 여섯 총관의 군사를 거느리고 가서 고〔구〕려를 쳤다. 총장원년 무진〔668〕 9월 계사에는 이적이 고장왕을 사로잡아 12월 정사에 포로를 황제에게 바쳤다. 상원 원년 갑술〔674〕 2월에 유인궤를 계림도총관으로 삼아 신라를 쳤다. 그런데 『향고기』에 이르기를 "당나라가 육로장군 공공과 수로장군 유상을 보내어 신라 김유신 등과 함께 고구려를 쳤다."라고 하였는데 여기는 인문, 흠순 등이라고만 하였고 유신은 없으니 자세히 모를 일이다.)

時,〈唐〉之游兵·諸將兵, 有留鎭而將謀襲我者, 王覺之, 發兵之. 明年,〈高宗〉使召〈仁問〉等106/讓之曰 "爾請我兵以滅〈麗〉, 害之何耶?" 乃下圓扉, 鍊兵五十万, 以〈薛邦〉爲帥, 欲伐〈新羅〉. 時,〈義相師〉西學入〈唐〉, 來見〈仁問〉,〈仁問〉以事諭之,〈相〉乃東還上聞, 王甚悼之, 會群臣問防禦策.

이때에 당나라 유격병의 모든 장병들이 진에 머물고 있으면서 장차 우리를 습격하려고 계획하는 것을 왕이 알아채고 군사를 동원하였다. 이듬해에 고종이 사람을 시켜 인문을 불러 꾸짖어 말하기를 "너희가 우리 군사를 청하여 고구려를 멸하고도 우리 군사를 해치려는 것은 무슨 까닭이냐?"라고 하고는 곧 옥에 가두고 50만 군사를 조련하여 설방을 대장으로 삼아 신라를 치려 하였다. 이때에 의상법사가 서쪽으로 당나라에 들어와 유학하고 있던 중에 인문을 찾아와 보니 인문이 이 일을 그에게 일러 주었다. 의상이 곧 신라로 돌아와 왕에게 보고하였더니 왕이 매우 염려하여 여러 신하들을 모아 놓고 방어할 계책을 물었다.

角干〈金天尊〉奏曰 "近有〈明朗法師〉入龍宮, 傳秘法以來, 請詔問之."〈朗奏〉曰 "〈狼山〉之南有〈神遊⁵林〉, 創〈四天⁵王寺〉於其地, 開設道場則可矣." 時有〈貞州〉使走報曰 "〈唐〉兵無數至我境, 廻塹⁶海上."

각간 김천존이 아뢰기를 "요즘 명랑법사가 용궁에 들어가 비법을 받아가지고 왔다고 하오니 바라건대 불러 물어보소서."라고 하였다. 명랑이 왕에게 아뢰되 "낭산 남쪽에 신유림이 있는바 그곳에 사천왕사를 짓고 도량을 개설하면 될 것이외다."라고 하였다. 이때에 정주에서 사람이 달려와 급보하기를 "당나라 군사들이 수없이 우리나라 국경까지 와서 바다 위에 순회하고 있습니다."라고 하였다.

王召〈明朗〉曰 "事已逼至如何?"〈朗〉曰 "以彩帛假構⁷宜矣." 乃以彩帛營寺, 草搆五方神像, 以瑜珈明僧十二員,〈明朗〉爲上首, 作〈文

---

5. 壬申本은 大로 壤字이다.
6. 壬申本 塹으로 槧의 誤字일 수 있다.
7. 木板本 등은 搆이나 構의 異體字이다.

豆婆〉秘密之法. 時,〈唐〉·〈羅〉兵未交接, 風濤怒起,〈唐〉舡皆沒於
水. 後改刱107/寺, 名〈四天王寺〉, 至今不墜壇席.(『國史』云[8]改刱在
〈調露〉元年己卯.)後年辛未,〈唐〉更遣〈趙憲〉爲帥, 亦以五萬兵來征,
又作其法, 舡沒如前.

　왕이 명랑을 불러 말하기를 "일이 이미 절박하게 되었으니 어떻
게 했으면 좋겠는가?"라고 하니 명랑이 말하기를 "채색비단으로써
임시로 집을 만들 것이외다."라고 하여 왕이 채색비단으로써 절집
을 만들고 풀로써 5방신상을 꾸려 놓고 유가명승 열두 명이 명랑을
우두머리로 삼아 문두루 비밀법을 부렸다. 이때에 당나라와 신라의
군사가 아직 교전을 하지 않았는데 풍랑이 크게 일어나 당나라 배
가 모두 침몰하였다. 뒤에 절을 고쳐 지어 사천왕사라고 불렀는데
지금도 불단의 법석이 계속되고 있다.(『국사』에는 조로 원년 기묘
〔679〕에 크게 고쳐 지었다고 하였다.) 그 후 신미년(671)에 당나라
는 당시 조헌을 장수로 삼아 보내어 역시 군사 5만을 거느리고 왔
다. 이때에도 다시 이 술법을 썼더니 배들은 그 전처럼 침몰하였다.

　是時, 翰林郎〈朴文俊〉, 隨〈仁問〉在獄中,〈高宗〉召〈文俊〉曰 "汝
國有何密法, 再發大兵, 無生還者."〈文俊〉奏曰 "陪臣等來於上國一
十餘年, 不知本國之事. 但遙聞一事爾, 厚荷上國之恩, 一統三國, 欲
報之德, 新刱〈天王寺〉於〈狼山〉之南, 祝皇壽万年, 長開法席而已."
〈高宗〉聞之大悅, 乃遣禮部侍郎〈樂鵬龜〉使於〈羅〉, 審其寺.

---

8. 壬申本은 大로 異體字이다.

이때에 한림랑 박문준이 인문을 따라 옥중에 있었는데 고종이 문준을 불러 말하기를 "너희 나라에 무슨 비밀 술법이 있는가? 두 번이나 큰 군사를 동원했는데도 살아 돌아온 자가 없구나!"라고 하니 문준이 아뢰기를 "저희들이 상국에 온 지 10여 년이라 본국 일은 알 수 없으나 다만 멀리서 한 가지 일을 들었을 뿐이온바, 그것은 상국의 은혜를 후히 받아 삼국을 통일하고 그 은덕을 보답하기 위하여 낭산의 남쪽에 새로 천왕사를 짓고 황제님의 만수무강을 축복하노라고 오랫동안 법석을 개설하였을 뿐이라 합니다."라고 하니 고종이 이 말을 듣고 크게 기뻐하며 바로 예부시랑 악붕귀를 신라에 보내어 그 절을 알아보도록 하였다.

王先聞〈唐〉使將至, 不宜見茲寺, 乃別剏新寺於其南待之. 使至曰 "必先行香於皇帝祝壽之所〈天王寺〉." 乃引見新寺, 其使立於門108/前曰 "不是〈四天王寺〉." 乃望〈德遙山〉之寺, 終不入. 國人以金一千兩贈之, 其使乃還奏曰 "〈新羅〉剏〈天王寺〉, 祝皇壽於新寺而已." 因〈唐〉使之言, 因名〈望德寺〉.(或系〈孝昭王〉代, 誤矣.)

왕은 당나라 사신이 오리라는 소문을 미리 듣고 이 절을 보이는 것이 못마땅하여 곧 그 절 남쪽에 따로 새 절을 지어 놓고 기다렸다. 사신이 와서 말하기를 "황제를 위하여 축수하는 천왕사에 먼저 가서 꼭 분향을 해야 하겠다."라고 하므로 곧 새 절로 인도하여 보였더니 사신이 대문 앞에 서서 말하기를 "이것은 사천왕사가 아니다."라고 하면서 멀리 덕요산에 있는 절을 바라보고 끝내 들어가지 않았다. 국인이 황금 1천 냥을 뇌물로 주었더니 그 사자가 돌아가 아뢰기를 "신라가 천왕사를 세우고 새 절에서 황제의 장수를 빌 뿐이었습니다."라고 하였다. 당나라 사신의 말에 따라서 그 절을 망덕사라고 하였다.(더러는 효소왕 때 일이라고 하나 이는 잘못이다.)

王聞〈文俊〉善奏, 帝有寬赦之意, 乃命〈强首先生〉作請放〈仁問〉表, 以舍人〈遠禹〉奏於〈唐〉. 帝見表流涕, 赦〈仁問〉慰送之. 〈仁問〉在獄時, 國人爲刱寺名〈仁容寺〉, 開設〈觀音道場〉. 及〈仁問〉來還, 死於海上, 改爲〈彌陁道場〉, 至今猶存. 大王御國二十一年, 以〈永隆〉二年辛巳崩, 遺詔葬於東海中大嵒上.

왕은 문준이 대답을 잘하여 당나라 황제가 관대히 처분할 의향이 있다는 말을 듣고 곧 강수 선생에게 인문의 석방을 청하는 글을 짓게 하여 사인 원우를 시켜 당나라에 올렸다. 황제가 글을 보고 눈물을 흘리면서 인문을 용서하며 위로해 보냈다. 인문이 옥에 있을 때에 국인들이 인문을 위하여 절을 짓고 그 절 이름을 인용사라 하고 관음도량을 개설하였는데 인문이 돌아오다가 바다에서 죽자 고쳐서 미타도량으로 삼았는데, 그것이 지금까지 남아 있다. 대왕은 나라를 다스린 지 21년 만인 영룡 2년 신사(681)에 죽으면서 동해 가운데 큰 바위 위에 장사하라고 유언하였다.

王平時常謂〈智義法師〉曰 "朕身後願爲護國大龍, 崇奉佛法, 守護邦家." 法師曰 "龍爲畜報何?" 王曰 "我猒世間109/榮華久矣. 若麤報爲畜, 則雅合朕懷矣."

왕이 평소에 지의법사에게 말하기를 "내가 죽은 뒤에는 원컨대 나라를 수호하는 큰 용이 되어 불교를 떠받들고 국가를 보위하리라." 하니 법사가 말하기를 "용이라면 짐승의 과보를 받는 것인데 왜 그러시나이까?"라고 하였다. 왕이 말하기를 "내가 세상 영화를 싫어한 지가 오래 되었다. 만약에 내가 나쁘게 태어나 짐승으로 된다면 나의 소망에 꼭 맞을 것이다."라고 하였다.

王初卽位, 置〈南山〉長倉, 長五十步, 廣十五步, 貯米穀兵器, 是爲〈右倉〉, 〈天恩寺〉西北山上, 是爲〈左倉〉. 別本云 "〈建福〉八年辛亥築〈南山城〉, 周二千八百五十步," 則乃〈眞德王〉代始築, 而至此乃重修爾. 又始築〈富山城〉, 三年乃畢, 〈安北河〉邊築〈鐵城〉. 又欲築京師城郭. 旣令眞吏.

왕이 처음 즉위하여 남산에 장창을 설치하였으니 길이가 50보요 너비가 15보였는데 쌀과 병기를 저장하니 이것이 우창이 되었고 천은사 서북쪽 산 위에 있는 것이 좌창으로 되었다. 별본에는 "건복 8년 신해(591)에 남산성을 쌓으니 주위가 2,850보"라고 하였는 바 이는 진덕왕 때에 처음 쌓았다가 이때에 와서 중수한 것이다. 또 부산성을 쌓아 3년 만에 끝마치고 안북하 가에 철성을 쌓았다. 또 서울에 성곽을 쌓으려고 하여 이미 책임관리를 명령하였다.

時〈義相法師〉聞之, 致書報云 "王之政教明, 則雖草丘盡地而爲城, 民不敢蹂, 可以潔[9]災進福, 政教苟不明, 則雖有長城, 災害未消." 王於是正罷其役.

이때에 의상법사가 이 말을 듣고 글을 올려 아뢰기를 "왕의 정치와 교화가 밝으면 비록 풀 둔덕에 땅 금을 그어 성으로 삼더라도 백성들이 감히 타고 넘지 않을 것이요, 재앙을 물리치고 복이 들어오도록 할 것이로되, 만약 정치와 교화가 밝지 못하면 비록 만리장성이 있더라도 재해를 없앨 수 없을 것입니다."라고 하니 왕이 그제서야 그 역사를 그만두었다.

〈麟德〉三年丙寅三月十日, 有人家婢名〈吉伊〉, 一乳生三子, 〈總章〉三年庚午正月七, 〈漢歧部〉〈一山〉級干〔一110/作〈成山〉何10干婢〕, 一乳生四子, 一女三子,11 國給穀二百石以賞之. 又伐12〈高麗〉, 以其國王孫還國, 置之眞骨位.

인덕 3년 병인(666) 3월 10일에 어떤 집의 길이라는 계집종이 한 번에 아이 셋을 낳았고, 총장 3년 경오(670) 정월 7일에 한기부의 일산급간(혹은 성산아간의 계집종이라고도 한다.)이 한 번에 아이 넷을 낳았는데, 딸이 하나요 아들이 셋이었으므로 나라에서는 곡식 2백 석을 상으로 주었다. 또 고(구)려를 쳐서 그 나라의 왕손을 데려다가 진골 지위에 두었다.

王一日召庶弟〈車得公〉曰 "汝爲冢宰, 均理百官, 平章四海." 公曰 "陛下若以小臣爲宰, 則臣願潛行國內, 示民間13徭役之勞逸・租賦之

9. 木板本은 潔로 襖의 異體字일 수 있다.
10. 阿의 異體字일 수 있다.
11. (晩)(서)(蓬)은 丁으로 壞字이다.
12. (晩)(서)(蓬)은 代로 異體字이다.

輕重·官吏之淸濁, 然後就職." 王聽之.

왕이 하루는 그의 서출 아우인 거득공을 불러 말하기를 "네가 정승이 되어 모든 관리들을 고루 감독하고 세상을 다스려라."라고 하니 거득공이 말하기를 "폐하가 만약 저 같은 자로 재상을 삼는다면 신은 국내를 잠행하면서 백성들의 부역하는 노일과 납세의 경중과 관리들의 청탁을 본 연후에 취임하기를 원합니다."라고 하였고 왕이 이를 승낙하였다.

公著緇衣·把琵琶爲居士形, 出京師, 經由〈阿瑟羅州〉(今〈溟州〉)·〈牛首州〉(今〈春州〉)·〈北原京〉(今〈忠州〉), 至於〈武珍州〉(今〈海陽〉), 巡行里閈, 州吏〈安吉〉見是異人, 邀致其家, 盡情供億. 至夜〈安吉〉喚妻妾三人曰 "今玆侍宿客居士者, 終身偕老." 二妻曰 "寧不並居, 並何以旅人同宿." 其一妻曰 "公若許終身並111/居, 則承命矣." 從之.

공은 스님의 옷을 입고 손에 비파를 잡아 거사의 차림을 하고는 서울을 떠나서 아실라주(지금의 명주)·우수주(지금의 춘주)·북원경(지금의 충주)을 경유하여 무진주(지금의 해양)에 이르러 동리와 거리로 돌아다니는데, 고을의 관리인 안길이 그를 신이한 사람으로 보고 자기 집에 청해다가 갖은 인정을 다하여 대접하였다. 밤이 되어 안길이 처첩 세 사람을 불러서 말하기를 "지금 우리 집에 묵고 계시는 거사 손님을 모시고 자는 부인과 죽을 때까지 살겠소."

---

13. 木板本은 問으로 間의 異體字이다.

라고 하니 두 아내는 "차라리 당신과 함께 못 살지언정 어찌 여행객과 같이 잘 수야 있겠습니까?"라고 하는데 다른 한 아내는 말하기를 "당신이 만약 죽을 때까지 함께 살기를 승낙하신다면 곧 시키는 대로 하겠습니다."라고 하며 그대로 따랐다.

詰旦居士欲辭行時曰 "僕京師人也. 吾家在〈皇龍〉·〈皇聖〉二寺之間, 吾名〈端午〉也.(俗爲端午爲車衣.) 主人若到京師, 尋訪吾家幸矣." 遂行到京師, 居冢[14]宰.

이튿날 아침에 거사가 작별을 하고 떠나려 할 때에 말하기를 "나는 서울 사람인데 내 집이 황룡, 황성 두 절 사이에 있고 내 이름은 단오(민간에서는 단오를 수레옷이라 한다.)라고 하오. 주인이 혹 서울에 오거든 내 집을 찾아 주면 고맙겠소."라고 하더니 그 길로 서울로 올라가 정승이 되었다.

國之制, 每以外州之吏一人上守京中諸曹, 注, 今之其人也.[15] 〈安吉〉當次上守至京師, 問兩寺之間〈端午居士〉之家, 人莫知者.〈安吉〉久立道左, 有一老翁經過, 聞其言, 良久佇思曰 "二寺間一家, 殆大內也, 〈端午〉者, 乃〈車得令公〉也. 潛行外郡時, 殆汝有緣契乎."〈安吉〉陳其實.

---

14. 木板本은 家로 異體字이다.
15. 이 역시 각주여야 하는데 본문으로 전도된 것으로 보인다. 특히 注라고 쓰여진 것은 필사본에 횡간이나 두주로 붙일 때 붙여 놓은 표시로 나중에 木板本에 정착된 것이 아닌가 싶다. 그럴 경우 이 역시 後註가 될 것으로 보인다.

나라 제도에 매번 외주의 관리 한 사람씩이 서울로 올라와 각 중앙부서에서 일해야 하는데(지금의 기인이 그것이다.) 안길이 다음 차례의 상수가 되어 서울에 올라왔다. 그는 두 절 사이에 있는 단오 거사의 집을 물었으나 아무도 아는 사람이 없었다. 안길이 길가에 한동안 서 있으려니 한 노인이 지나가다가 안길의 말을 듣고는 한참 생각하다 말했다. "두 절 사이에 한 집이란 말은 아마도 대궐일 것이네. 단오라는 말은 거득령공을 가리키는 말이니 그가 지방에 잠행했을 때에 아마도 자네와 연이 닿게 된 모양이로세!" 이에 안길이 사연을 늘어놓았다.

老人曰"汝去宮城之西畊正門, 待宮女出入者告之." 〈安吉〉從之, 告"〈武珎州〉〈安吉〉進於門矣," 公聞而走出, 携手入宮, 喚出公之妃,112/與[16]〈安吉〉共宴, 具饌至五十[17]味. 聞於上, 以〈星浮山〉(一作〈星損乎山〉)下爲〈武珎州〉上守繞[18]木田, 禁人樵採, 人不敢近, 內外欽羨之. 山下有田三十畝, 下種三石, 此田稔歲, 〈武珎州〉亦稔, 否則亦否[19]云.

노인이 말하기를 "그대는 궁성의 서쪽 귀정문으로 가서 출입하는 궁녀를 기다려서 사연을 말하라."라고 하였다. 안길이 그 말대로 가서 "무진주 사는 안길이 대문까지 왔소이다."라고 아뢰었더니 공

---

16. 木板本은 興이나 與의 異體字로 보인다.
17. (晩)(서)(蓬)은 卜으로 壞字로 보인다.
18. 燒의 異體字일 수 있다.
19. (晩)(서)(蓬)은 石으로 壞字로 보인다.

이 듣고 달려 나와 그의 손목을 끌고 대궐로 들어가 공의 부인을
불러내어 안길과 함께 잔치를 하는데 차린 음식이 50가지나 되었
다. 이 일을 임금께 아뢰었더니 성부산(성손호산이라고도 한다.) 밑
땅을 무진주 상수의 소목전으로 삼아 사람들이 나무하는 것을 금하
며 누구도 감히 가까이 가지 못하게 하니 안팎이 모두 그를 부러워
하였다. 산 밑에는 밭 30묘가 있어 종자 석 섬을 뿌리는데 이 밭곡
식이 잘 되면 온 무진주도 역시 풍년이 들고 이 밭이 잘못되면 무
진주도 잘못된다고 한다.

2. 万波息笛

第三十一〈神文大王〉, 諱〈政明〉, 〈金〉氏, 〈開耀〉元年辛巳七月七
日卽位, 爲聖考〈文武大王〉創〈感恩寺〉於東海邊(『寺中記』云 "〈文武
王〉欲鎭〈倭〉兵, 故始創此寺, 未畢而崩, 爲海龍. 其子〈神文〉立, 〈開
耀〉二年畢排. 金堂砌下東向開一穴, 乃龍之入寺旋繞之備. 盖遺詔之
藏骨處, 名〈大王岩〉, 寺名〈感恩寺〉, 後見龍現形處, 名〈利見臺〉.")

거센 물결을 잠재우는 젓대

제31대 신문대왕의 이름은 정명이요 성은 김씨이다. 개요원년
신사(681) 7월 7일에 즉위하여 선대부왕인 문무대왕을 위하여 동
해변에 감은사를 지었다.(『사중기』에는 이르기를 "문무왕이 왜병을
진압하기 위하여 일부러 이 절을 처음으로 짓다가 다 끝내지 못하
고 죽어 바다의 용이 되었다. 그 아들 신문왕이 즉위하여 개요 2년
〔682〕에 공사를 마쳤다. 금당 문지방 돌 아래 동쪽으로 향하여 구
멍이 하나 났는바 이는 용이 절에 들어와서 서리고 있을 설비라고

한다. 아마도 유언에서 뼈를 간직하라는 곳이 대왕암이요, 절 이름
이 감은사이며, 현신한 장소를 이견대"라 하였다고 한다.)

明年壬午五月朔(一本云, 〈天授〉元年, 誤矣). 海官波珍喰〈朴夙
淸〉奏曰 "東海中有113/小山, 浮來向〈感恩寺〉隨波往來."
　이듬해 임오년(682) 5월 초하룻날(일본에는 천수 원년이라고 하
지만 이는 잘못이다.) 해관 파진찬 박숙청이 아뢰기를 "동해 가운
데 한 작은 산이 감은사로 향하고 떠 와서 파도가 노는 대로 왔다
갔다 하나이다."라고 하였다.

王異之, 命日官〈金春質〉(一作〈春日〉)占之, 曰 "聖考今爲海龍, 鎭
護〈三韓〉. 抑又〈金〉公〈庾信〉乃三十三天之一子, 今降爲大臣, 二聖
同德, 欲出守城之寶. 若陛下行幸海辺, 必得無價大寶." 王喜, 以其
月七日, 駕幸〈利見臺〉, 望其山, 遣使審之, 山勢如龜頭, 上有一竿竹,
晝爲二, 夜合一.(一云 山亦晝夜開合如竹.)
　왕이 이상하게 여겨 일관 김춘질(춘일이라고도 한다.)더러 점을
쳐보라고 하였더니 말하기를 "선대 임금이 지금 바다용이 되어 삼
한을 수호하고 있습니다. 더군다나 또 김유신공은 33천의 한 분으
로 지금 인간에 내려와 대신이 되었사온바 두 분 성인은 덕행을 같
이하신지라 성을 지키는 보물을 내리시려는 것 같사오니 만약 폐하
께서 해변으로 나가 보신다면 반드시 값으로 칠 수 없는 큰 보물을
얻을 것이외다."라고 하였다. 왕이 기뻐하여 그 달 이렛날 이견대로
행차하여 그 산을 건너다 보고 사람을 보내어 잘 알아보게 하였더

니 산 모양은 거북 머리처럼 생겼고 그 위에 대 막대기가 하나 있는
데 낮에는 둘이 되었다가 밤에는 하나로 합쳐졌다.(다른 말로는 산
도 역시 낮과 밤에 벌어졌다 합하는 것이 대와 같았다고 한다.)

使來奏之, 王御〈感恩寺〉宿, 明日午時, 竹合爲一, 天地振動, 風雨
晦暗七日, 至其月十六日風霽波平. 王泛海入其山, 有龍奉黑玉帶來
獻, 迎接共坐, 問曰 "此山與竹, 或判或合, 如何?"

　심부름 갔던 사람이 와서 이 사실을 왕에게 아뢰었다. 왕이 감은
사에 와서 묵더니 이튿날 오시에 갈라졌던 대가 합쳐서 하나가 되
는데 천지가 진동하며 바람이 불고 비가 오면서 이레 동안 캄캄하
다가 그 달 16일이 되어 바람이 잦아지고 물결이 평온해졌다. 왕이
배를 타고 그 산으로 들어가 보니 용이 검정 옥띠를 가져와 바치는
지라 왕이 영접하여 함께 앉아서 묻기를 "이 산과 대가 어떤 때는
갈라지고 어떤 때는 맞붙고 하니 무슨 까닭인가?"라고 하였다.

　　龍曰 "比如一手拍之無聲, 二手拍則有聲. 此竹之爲物, 合之然
114/後有聲, 聖王以聲理天下之瑞也. 王取此竹, 作笛吹之, 天下和
平. 今王考爲海中大龍, 〈庚信〉復爲天神, 二聖同心, 出此無價大寶,
令我獻之."

　용이 대답하기를 "이는 비하자면 한 손으로는 쳐도 소리가 없으
나 두 손뼉을 치면 소리가 나는 것과 마찬가지입니다. 이 대라는 물
건도 마주 합한 연후에 소리가 나는 것입니다. 성왕께서 소리로써
천하를 나스릴 좋은 징조입니다. 왕이 이 대를 가져다가 젓대를 만

들어 부시면 천하가 태평할 것입니다. 지금 선대 임금께서 바다 가
운데 큰 용이 되시고 유신도 다시 천신이 되어 두 분 성인의 마음
이 합하매 이같이 값으로 칠 수 없는 큰 보물을 내어 나를 시켜 바
치는 것이외다."라고 하였다.

王驚喜, 以五色錦彩金玉酬賽之. 勅使斫竹出海時, 山與龍忽隱不
現. 王宿〈感恩寺〉, 十七日, 到〈祇林寺〉西溪邊, 留駕晝饍. 太子〈理
恭〉(卽〈孝昭大王〉) 守闕, 聞此事, 走馬來賀, 徐察奏曰 "此玉帶諸窠
皆眞龍也." 王曰 "汝何知之?"

왕이 놀랍고도 기뻐서 오색비단과 금과 옥으로 시주를 하였다.
칙사가 대를 꺾어 가지고 바다로부터 나올 때는 산과 용이 갑자기
숨어 버리고 나타나지 않았다. 왕이 감은사에서 묵고 17일에는 지
림사 서쪽 냇가에 이르러 수레를 멈추고 점심 참을 치렀다. 태자 이
공(즉 효소대왕이다.)이 대궐을 지키다가 이 소문을 듣고 말을 타
고 달려와서 축하하면서 천천히 살펴보고 말하기를 "이 옥띠에 달
린 여러 개 장식은 모두가 정말 용들입니다."라고 하니 왕이 물어서
"네가 어떻게 그것을 아는가?"라고 하였다.

太子曰 "摘一窠沈水示之." 乃摘左邊第二窠沈溪, 卽成龍上天, 其
地成淵, 因號〈龍淵〉. 駕還, 以其竹作笛, 藏於〈月城〉〈天尊庫〉. 吹此
笛則兵退病愈, 旱雨雨晴, 風定波平, 號〈万波息笛〉, 稱爲國寶. 至
〈孝昭大王〉115/代, 〈天授〉四年癸巳, 因〈失[20]禮郎〉生還之異, 更封
號曰〈万万波波息笛〉, 詳見彼傳.

태자가 말하기를 "옥장식 하나를 따서 물에 담가 보여 드리지요."라고 하고는 곧 왼편으로 둘째 옥장식을 따서 개울물에 담그니 즉시로 용이 되어 하늘로 올라가고 그곳은 연못이 되었으니 이 때문에 용연이라고 이름 지었다. 왕의 행차가 돌아와 그 대를 가지고 젓대를 만들어 월성의 천존고에 간직하였다. 이 젓대를 불면 적병이 물러가고 병이 낫고 가뭄에는 비가 오고 장마가 개고 바람과 파도가 잠잠해지므로 이름을 거센 물결을 자게 하는 젓대라 하여 국보로 일컬었다. 효소대왕대인 천수 4년 계사(693)에 실례랑이 살아 돌아온 기적으로 인하여 다시 이름을 수없는 거센 물결들을 자게 하는 젓대라고 고쳐 봉했으니 자세한 것은 그의 전기에 쓰여 있다.

3. 孝昭王代 竹旨郎(亦作〈竹曼〉, 亦名〈智官〉.)

第三十二〈孝昭王代〉, 〈竹曼郎〉之徒有〈得烏〉(一云谷)級干, 隸名於『風流黃卷』, 追日仕進, 隔旬日不見. 〈郎〉喚其母, 問 "爾子何在." 母曰 "幢典〈牟梁〉〈益宣〉阿干, 以我子差〈富山城〉倉直, 馳去行急, 未暇告辭於〈郎〉." 〈郎〉曰 "汝子若私事適彼, 則不須尋訪, 今以公事進去, 須歸享矣." 乃以舌餠一合・酒一缸, 率[21]左人(鄕云 皆叱知, 言奴僕也)而行, 〈郎〉徒百三十七人, 亦具儀侍從. 到〈富山城〉, 問閽人, 〈得烏失〉奚在, 人曰 "今在〈益宣〉116/田, 隨例赴役."

효소왕대의 죽지랑(죽만이라고도 하고 지관이라고도 한다.)

---

20. 夫의 誤字일 가능성도 있다.
21. 木板本은 모두 卒이나 率의 異體字인 듯하다.

제32대 효소왕 시대 죽만랑의 무리 가운데 득오(곡이라고도 한다.)급간이 『풍류황권』에 이름을 달아 놓고 날마다 출근을 하더니 열흘이 되도록 보이지 않았다. 낭이 그 어머니를 불러 묻기를 "너의 아들이 어디 있느냐?"라고 했더니 그 어머니가 대답하기를 "당전으로 있는 모량의 익선아간이 내 아들을 부산성 창고지기로 임명하여 서둘러 가기에 길이 바빠서 미처 낭에게 하직인사를 드릴 겨를이 없었습니다."라고 하였다. 낭이 말하기를 "네 아들이 만약에 사사로운 볼일로 거기 갔다면 구태여 찾아 볼 것도 없겠지만 이제 공무로 갔다 하니 찾아 보고 음식 대접이라도 해야 되겠다." 하고는 곧 떡 한 홉과 술 한 항아리를 가지고 좌인(방언에 개즐지라고 하니 종이란 말이다.)을 데리고 가는데, 낭도 137인 역시 위의를 갖추고 뒤를 따랐다. 부산성에 이르러 문지기에게 득오실이 어디 있느냐고 물으니 그 사람이 대답하기를 "지금 익선네 밭에서 전례대로 일을 하고 있습니다."라고 하였다.

〈郎〉歸田, 以所將酒餠饗之, 請暇於〈益宣〉, 將欲偕還, 〈益宣〉固禁不許. 時有使吏〈侃珍〉管收〈推火郡〉, 能節租三十石, 輸送城中, 美〈郎〉之重士風味, 鄙〈宣〉暗塞不通, 乃以所領三十石, 贈〈益宣〉助請, 猶不許. 又以〈珍節〉舍知騎馬鞍具貽之, 乃許. 朝廷花主聞之, 遣使取〈益宣〉, 將洗浴其垢醜, 〈宣〉逃隱, 掠其長子而去.

낭이 밭으로 가서 가지고 간 술과 떡으로 그를 대접하고 익선에게 말미를 청하여 곧 함께 돌아가려고 하였으나 익선은 기어코 못 보내겠다고 승낙하지 않았다. 때마침 출장 관속 간진이 추화군의 전세를 관리하면서 능절조 30석을 성 안으로 운반하다가 죽지랑이 부하를 소중히 생각하는 풍미를 찬미하는 한편 익선의 벽창호 같은 태도를 비루하게 여겨, 가졌던 벼 30석을 그만 익선에게 주면서 청을 들어 주라고 권했으나 그래도 승낙하지 않았다. 또 다시 진절 사지의 말안장까지 주니까 그제야 승낙하였다. 조정에 있는 화주가 그 말을 듣고 사람을 보내어 익선을 잡아다가 그 더러운 때를 씻기로 했더니 익선이 도망하여 숨어 버렸기 때문에 그의 큰아들을 붙들어 갔다.

時, 仲冬極寒之日, 浴洗於城內池中, 仍合凍死. 大王聞之, 勅〈牟梁里〉人從官者, 並合黜遣, 更不接公署, 不著黑衣, 若爲僧者, 不合入鍾鼓寺中, 勅史上〈侃珍〉子孫爲枰定戶孫, 標異之. 時, 〈圓測法師〉是海東高德, 以〈牟梁里〉人故不授僧職.

때는 바로 동짓달도 매우 추운 날이라 성 안 못 가운데서 목욕을 시켰더니 곧 얼어 죽었다. 왕이 이 말을 듣고 모량리 사람으로 벼슬하는 사람들을 모두 내쫓아서 다시는 관청에 발을 못 붙이게 하였으며, 스님이 못 되게 하고 이미 스님이 된 자는 큰 절에는 못 들어서도록 하였으며, 유사에게 명령하여 간진의 자손을 올려 평정호손으로 삼아 이를 표창하였다. 당시 원측법사는 해동의 고승이었지만 모량리 사람이었기 때문에 중의 벼슬을 주지 않았다.

初, 〈迹117/宗公〉爲〈朔州〉都督使, 將歸理所, 時〈三韓〉兵亂, 以騎兵三千護送之. 行至〈竹旨嶺〉, 有一居士, 平理其嶺路. 公見之歎

美, 居士亦善公之威勢赫甚, 相感於心. 公赴州理, 隔一朔, 夢見居士
入于房中, 室家同夢, 驚怪尤甚. 翌日使人問[22]其居士安否, 人曰居士
死有日矣. 使來還告其死, 與夢同日矣.

처음에 술종공이 삭주도독사가 되어 장차 임지로 가려고 하는데
이때 삼한에 병란이 나서 기병 3천 명으로써 그를 호송하였다. 일
행이 죽지령에 이르자 한 처사가 나와 그 고갯길을 닦고 있었다. 술
종공은 그것을 보고 감복하였고 처사도 역시 술종공의 위세가 매우
빛난 데 서로 마음으로 감탄하였다. 공이 임지에 간 지 한 달만에
꿈을 꾸니 처사가 자기 방에 들어왔는데, 그의 부인도 이 같은 꿈
을 꾸었으므로 더욱 이상하고 놀랍게 생각하여 이튿날 사람을 시켜
처사의 안부를 알아보았더니 사람들의 말이 처사는 벌써 죽은 지가
여러 날이라고 하였다. 심부름꾼이 돌아와서 그가 죽은 소식을 전
하는데 (죽은 날이) 바로 술종공이 꿈꾼 날과 같은 날이었다.

公曰 "殆居士誕於吾家爾." 更發卒修葬於嶺上北峯, 造石彌勒一軀,
安於塚前. 妻氏自夢之日有娠, 旣誕, 因名〈竹旨〉. 壯而出仕, 與〈庚
信公〉爲副帥, 統〈三韓〉, 〈眞德〉·〈太宗〉·〈文武〉·〈神文〉四代爲
冢宰, 安定厥邦.

술종공이 말하기를 "아마도 처사가 우리 집에 태어나는가 보다."
라고 하고는 다시 군사를 내어 고갯마루 북쪽 봉우리에다가 그를
안장하고 돌미륵 한 분을 조성하여 무덤 앞에 세워 주었다. 부인은

---

22. 壬申本은 同으로 壞字로 보인다.

처사 꿈을 꾼 날부터 태기가 있어 아이를 낳았으므로 이에 죽지라
고 이름을 지었다. 커서 벼슬을 하여 유신공의 부수가 되어 삼한을
통일하고 진덕·태종·문무·신문 4대에 걸쳐 재상이 되어 나라를
안정시켰다.

初.〈得烏谷〉慕〈郞〉而作歌曰118/ "去隱春皆理米, 毛冬居叱沙哭
屋尸以憂音, 阿冬音乃叱好支賜烏隱, 皃史年數就音墮支行齊, 目煙
迴於尸七史伊衣, 逢烏支惡知作乎下是, 郞也慕理尸心未, 行乎尸道
尸, 蓬次叱巷中宿尸夜音有叱下是."

처음에 득오곡이 낭을 사모하여 노래를 짓기를 "지나간 봄을 그
리워하니,[23] 모든 것이 울게 하는 시름,[24] 아름다움 나타내신,[25] 모
습이 주름 살지는구나.[26] 눈 돌릴 사이라도, 만나 보기[27] 다시[28] 이
루리, 낭이여 그리는 마음에[29] 가는 길, 다복쑥[30] 마을[31]에서 잘[32]
밤이 있으리.[33]"

---

23. 보내며/돌아오지 못하니/원망하며.
24. 그분이 안 계시어 울음과 시름/살아 계시지 못하여 울어 말라 버릴 이 시름/(자연의 섭리
   를) 거역하지 못하고 울음으로 (지내는) 시름이여!
25. 사랑해 주시던/눈두덩 불두덩 좋으신/은밀히 사랑을 받으시온 그 거룩한 모습이.
26. 이 몸을 그르칠세라 조심해 나가자./(影幀의) 모습이 해가 갈수록 헐어 가도다./天命이 다
   하여 돌아가셨구려.
27. 영접하기.
28. 어찌.
29. 마음이/마음의 모습이.
30. 초가집.
31. 구덩이.
32. 잠들.

4. 聖德王

第三十三〈聖德王〉,〈神龍〉二年丙午歲 不登, 人民飢甚. 丁未正月
初一日至七月三十日, 救民給租, 一口一日三升爲式, 終事而計, 三十
万五百碩也. 德[34]王爲〈太宗大王〉刱〈奉德寺〉, 設〈仁王道場〉七日,
大赦. 始有侍中職.(一本119/系〈孝成王〉.)

성덕왕

제33대 성덕왕 신룡 2년 병오(706)에 흉년이 들어 백성들의 기
근이 심했다. 정미(707) 정월 초하룻날부터 7월 30일까지 백성들
을 구제하는 벼를 나누어 주었는데 한 사람 앞에 하루 석 되씩을
규정으로 삼아 구제사업을 다 마치고 계산을 하니 모두 30만 5백
석이나 되었다. 왕은 태종을 위하여 봉덕사를 창건하고 이레 동안
인왕도량을 개설하였으며 대사면을 하였다. 이 왕대부터 처음으로
시중이라는 관직을 두었다.(일본에는 효성왕 시대라고 하였다.)

5. 水路夫人

〈聖德王〉代,〈純貞公〉赴〈江陵〉大守(今〈冥州〉), 行次海汀晝饍.
傍有石嶂, 如屛臨海, 高千丈, 上有躑躅花盛開. 公之夫[35]人〈水路〉見
之, 謂左右曰 "折花獻者其誰?"

---

33. 있겠는가?
34. (趙)이외는 ○이다.
35. (天)은 末, (日)은 末(夫).

수로부인

성덕왕대에 순정공이 강릉 태수(지금의 명주이다.)로 부임해 가는 도중에 바닷가에서 점심을 먹었다. 옆에는 돌로 된 산이 병풍처럼 바다를 둘러서 높이는 천장이나 되는데 그 꼭대기에는 진달래꽃이 만발하고 있었다. 공의 부인 수로가 그것을 보고 좌우에게 말하기를 "꽃을 꺾어다 줄 사람이 누가 없을까?"라고 하였다.

從者曰 "非人跡所到." 皆辭不能. 傍有老翁牽牸牛而過者, 聞夫人言, 折其花, 亦作歌詞獻之, 其翁不知何許人也.

종자들이 말하기를 "사람이 발 붙여 올라갈 데가 못 됩니다."라고 하면서 모두들 못 하겠다고 하였다. 곁에 웬 늙은 노인이 새끼 밴 암소를 몰고 지나다가 부인의 말을 듣고는 그 꽃을 꺾어다 (바치고) 또 노래까지 지어 바쳤으나, 그 늙은이가 어떤 사람인지 알 수 없었다.

便行二日程, 又有臨海亭, 畫膳次, 海龍忽攬夫人入海, 公顚倒躄地, 計無所出. 又有一老人告曰 "故人有言, 衆口鑠金, 今海中傍生, 何不畏衆口乎? 宜進界內民, 作歌唱之, 以杖打岸,120/則[36]可見夫人矣."

다시 이틀 길을 간즉 또 바닷가에 정자가 있었다. 거기서 점심을 먹던 판에 해룡이 돌연히 부인을 채 가지고 바다로 들어갔다. 순정

---

36. (趙) 이외는 ○이다.

공은 엎어진다 자빠진다 발을 굴렀으나 어쩔 줄을 몰랐다. 또다시
한 노인이 나타나 말하기를 "옛 사람의 말에 여러 입이 떠들면 쇠
라도 녹여 낸다고 했는데 지금 바닷속에 있는 미물이 어찌 여러 입
을 겁내지 않을 것입니까? 이 경내의 백성들을 시켜 노래를 지어
부르고 막대기로 언덕을 두드리면 부인을 볼 수 있을 것입니다."라
고 하였다.

　公從之, 龍奉夫人出海獻之. 公問夫人海中事, 曰[37] "七寶宮殿, 所
饍[38]甘滑香潔, 非人間煙火." 此夫人衣襲異香, 非世所聞. 〈水路〉姿
容絶代, 每經過深山大澤, 屢被神物掠攬.

　공이 그 말대로 했더니 용이 부인을 모시고 바다로부터 나와 바
쳤다. 공이 부인더러 바닷속 일을 물었더니 그가 말하기를 "칠보로
꾸민 궁전에, 음식들이 달고 연하고 향기롭고도 깨끗하여 인간세상
의 음식이 아니더이다."라고 하였다. 부인의 입은 옷에서는 기이한
향기가 풍겼는데 이 세상에서는 맡아 보지 못한 향내였다. 수로는
절세미인이었으므로 깊은 산이나 큰 물을 지날 적마다 여러 번 신
물에게 붙들려 갔다.

　衆人唱海歌詞曰 "龜乎龜乎出水路, 掠人婦女罪何極. 汝若悖逆不
出獻, 入網捕掠燔之喫."

---

37. 木板本은 四로 曰의 異體字이다.
38. 木板本은 饎으로 饍의 異體字이다.

여러 사람들이 부른 바다 노래 가사에 말하기를 "거북아, 거북아! 수로부인을 내놓아라. 남의 아내 훔쳐간 그 죄 얼마나 크랴. 네만일 거역하고 내놓지 않는다면, 그물로 너를 잡아 구워 먹겠다." 라고 하였다.

老人獻花歌曰 "紫布岩乎邊希執音乎手母牛放教遣, 吾肹不喩慚肹伊賜等, 花肹折叱可獻乎理音如."

노인의 헌화가에는 이르기를 "자줏빛 바위 끝에,[39] 잡으온 암소 놓게 하시고,[40] 나를 아니 부끄려하시면,[41] 꽃을 꺾어 받자오리이다.[42]"라고 하였다.

6. 孝成王

〈開元〉十年壬戌十月, 始築關門於〈毛火[43]郡〉. 今〈毛火村〉, 屬
121/〈慶州〉東南境, 乃防〈日本〉塞垣也, 周迴六千七百九十二步五尺,
役徒三万九千二百六十二人, 掌員〈元眞〉角干. 〈開元〉二十一年癸酉,
〈唐〉人欲征北狄, 請兵〈新羅〉, 客使六百四人來還國.

---

39. 붉은 바윗가에서/자줏빛 바윗가에/검푸른 바위의 언저리에.
40. 손에 잡은 어미소 놓으시고/잡고 있는 암소 놓게 하시고/손에 잡고 있는 암소를 놓아 두고.
41. 나를 부끄러워 아니 하시면/아니 부끄러워하시면/나무라지 아니하신다면.
42. 꽃을 꺾어 드리오리다/바치오리다/바치겠습니다.
43. 壬申本은 大로 異體字이다.

효성왕

개원 10년 임술(722) 10월에 처음으로 모화군에 관문을 지었다.
지금의 모화촌은 경주 동남쪽 지경에 속하니 곧 일본을 방비하는
요새로서 주위가 6,792보 5자요, 역군이 39,262명이나 들었으며
공사 감독은 원진각간이었다. 개원 21년 계유(733)에 당나라 사람
들이 북쪽 오랑캐를 치려고 신라에 청병을 하였는데 사신 일행 604
명이 왔다가 돌아갔다.

7. 景德王 忠談師 表訓大德
『德經』等, 大王備禮受之. 王御國二十四年, 〈五岳〉·〈三山〉神等,
時或現侍於殿庭.

경덕왕 · 충담스님 · 표훈스님
『(노자도)덕경』을 (바치니) 왕이 예를 갖추어 그것을 받았다. 왕
은 24년 동안 나라를 다스렸는데 5악과 3산의 신들이 때로는 대궐
마당에 나타나서 왕을 모셨다.

三月三日, 王御〈叛正門〉樓上, 謂左右曰 "誰能途中得一員榮服僧
來?" 於是, 適有一大德, 威儀鮮潔, 徜徉而行, 左右望而引見之. 王曰
"非吾所謂榮僧也." 退之.

3월 삼짇날 왕이 귀정문 문루 위에 나와 앉아 좌우에게 말하기를
"누가 길에 나가 훌륭하게 차린 스님 한 명을 데려올 수 없을까?"
라고 하였다. 이때 마침 한 대적이 위의가 매우 깨끗했으며 어슬렁
어슬렁 걸어오고 있었다. 좌우가 바라보고 그를 데려와 알현시켰는

데. 왕이 말하기를 "내가 말한 훌륭하게 차린 중이 아니다."라며 그를 물리쳤다.

更有一僧, 被衲衣負櫻筒(一作荷簣), 從南而來, 王122/喜見之, 邀致樓上. 視其筒中, 盛茶具已. 曰 "汝爲誰耶?" 僧曰 "〈忠談〉." 曰 "何所歸來?" 僧曰 "僧每重三重九之日, 烹茶饗〈南山〉〈三花嶺〉彌勒世尊, 今茲旣獻而還矣."

또다시 어떤 스님 한 명이 누비옷에 벗나무로 만든 통(삼태기라고도 한다.)을 지고 남쪽으로부터 오고 있었다. 왕이 그를 보고 기뻐서 문루 위로 맞아들였다. 왕이 그 통 속을 들여다보니 차 달이는 도구가 들었을 뿐이었다. 왕이 "너는 누구인가?"라고 물으니 스님이 대답하기를 "충담이올시다."라고 하였다. "어디서 오는 길인가?"라고 물으니 스님은 "소승이 3월 삼짇날과 9월 9일은 남산 삼화령의 미륵세존님께 차를 달여 올리는데, 지금도 차를 올리고 돌아오는 길입니다."라고 하였다.

王曰 "寡人亦一甌茶有分乎?" 僧乃煎茶獻之, 茶之氣味異常, 甌中異香郁烈. 王曰 "朕嘗聞師讚〈耆婆郎〉「詞腦歌」, 其意甚高, 是其果乎?" 對曰 "然." 王曰 "然則, 爲朕作理「安民歌」," 僧應時奉勅歌呈之. 王佳之, 封王師焉, 僧再拜固辭不受.

왕이 말하기를 "과인도 차 한 잔을 나눠 주겠는가?"라고 했더니 스님이 곧 차를 달여 바치는데 차맛이 희한하고 찻잔 속에서 기이한 향기가 코를 찔렀다. 왕이 말하기를 "짐이 일찍이 듣기는 대사의 기파랑을 찬미하는 사뇌가가 그 뜻이 매우 고상하다고 하는데 과연 그런가?"라고 하니 "그렇소이다."라고 대답하였다. 왕이 "그러면 짐을 위하여 백성들을 편히 살게 하는 노래를 지으라."라고 하니 스님이 그 당장에 임금의 명령을 받들어 노래를 지어 바쳤다. 왕이 칭찬하고 이에 왕사로 봉하니 스님은 재배하면서 굳이 사양하여 받지 않았다.

「安民歌」曰 "君隱父也, 臣隱愛賜尸母史也, 民焉狂尸恨阿孩古爲賜尸知民是愛尸知古如, 窟理叱大肹生以支所音物生此肹喰惡支治良羅,　此地肹捨遣只123/於冬是去於丁, 爲尸知國惡支持以, 支知古如, 後句, 君如臣多支民隱如, 爲內尸等焉國惡大平恨音叱如."

「안민가」에 이르기를 "군(君)[44]은 아버지요,[45] 신(臣)[46]은 사랑하실[47] 어머니요,[48] 민(民)[49]은 어린[50] 아이로고 하실지면,[51] 민(民)[52]이 사랑을[53] 알 리이다,[54] 꾸물거리며 살손 물생(物生)이,[55] 이를[56]

---

44. 임금.
45. 아비여/아비요/아비이기에.
46. 신하.
47. 자애로운/사랑하시는.
48. 어미여/어미요/어미로다.
49. 백성.
50. 어리석은.
51. 할 것인저.
52. 백성.
53. 사랑하는 이.
54. 압내다/알도다.
55. 윤회(輪廻)의 차축(車軸)을 괴고 있는 갓난이/대중(大衆)을 살리기에 익숙해져 있기에/보금자리의 터전을 이룩하게 된 중생(衆生).

먹어[57] 다스려져,[58] 이 땅을 버리고 어디[59] 가려[60] 할지면, 나라 안이[61] 유지될[62] 줄 알리이다,[63] 아으 군(君)답게,[64] 신(臣)답게,[65] 민(民)답게[66] 할지면,[67] 나라 안이[68] 태평하니이다.[69]"라고 하였다.

「讚耆婆郎歌」曰 "咽鳴爾處米, 露曉邪隱月羅理, 白雲音逐于浮去隱安支下, 沙是八陵隱汀理也中, 耆郎矣皃史是史藪邪, 逸烏川理叱磧惡希, 郎也持以支如賜烏隱, 心未際叱肹逐內良齊, 阿耶, 栢史叱枝次高支好, 雪是毛冬乃乎尸花判也."

「찬기파랑가」에 이르기를 "열치매,[70] 나타난[71] 달이, 흰 구름을 좇아 떠가는 것 아니야?[72] 새파란 내에,[73] 기랑(耆郎)의 즛[74]이 있어

---

56. 이들을.
57. 먹여/먹게.
58. 편안히 하여라/다스릴러라/다스릴 것이로다.
59. 어디로.
60. 갈 것인가/가겠는가.
61. 나라를.
62. 보전할/보전함을.
63. 알 것이로다.
64. 君은 君답게.
65. 臣은 臣답게.
66. 백성은 백성답게.
67. 한다면.
68. 나라가.
69. 태평을 지속하느니라/태평할 것이로다.
70. 우러러 보니/흐느끼며 바라보매/슬픔을 지우며.
71. 뚜렷한/이슬 밝힌/나타나 밝게 비친.
72. 흰구름을 좇아서 떠가지는 않거니/흰 구름 따라 떠 간 언저리에/흰 구름을 따라 멀리 떠난 것은 무슨 까닭인가.
73. 물이 파란 나룻가에/모래 가른 물가에/모래가 넓게 펼쳐진 물가에.

라[75]! 이도[76] 나리[77] 조약[78]에(서), 낭이(여) 지니시던,[79] 마음의 끝[80]을 좇과저,[81] 아으, 잣(무) 가지가 높아(서),[82] 서리(눈)를 모를 화(花)반[83]이여![84]" 라고 하였다.

王玉莖長八. 無子廢之, 封〈沙梁夫人〉. 後妃〈滿月夫人〉124/諡〈景垂大后〉,〈依忠〉角干之女也.

왕의 생식기는 길이가 여덟 치로, 아들이 없으므로 왕비를 폐하여 사량부인으로 봉하였다. 후비는 만월부인이니 시호는 경수태후요 의충각간의 딸이다.

王一日詔〈表訓大德〉曰 "朕無祐, 不獲其嗣, 願大德請於上帝而有之." 〈訓〉上告於天帝, 還來奏云 "帝有言, 求女卽可, 男卽不宜." 王曰 "願轉女成男." 〈訓〉再上天請之, 帝曰 "可則可矣. 然, 爲男則國殆矣." 〈訓〉欲下時, 帝又召曰 "天與人不可亂, 今師往來如隣里, 漏洩天機, 今後宜更不通."

---

74. 모양/ 모습/ 모습이올시.
75. 있고나/ 수풀이여/ 거기에 있도다.
76. 일오/ 逸烏/ 깨끗하게.
77. 내/ 냇물의.
78. 小石/ 벼랑/ 벌/ 자갈.
79. 디녀야 할/ 그대의 지님과 같으신.
80. 갓/ 가운데.
81. 좇으려 하노라/ 쫓고 있노라/ 따라가고자 하노라.
82. 너무도 높고 사랑스러움은.
83. 花郎長/ 꽃한/ 고깔/ 殉烈.
84. 이로구려.

왕이 하루는 표훈스님에게 말하기를 "짐이 복이 없어 자식을 얻지 못하니 원컨대 스님은 상제께 청하여 아들을 점지하여 주시오." 라고 하니 표훈이 하늘로 올라가 천제께 고하고 돌아와서 아뢰기를 "천제의 말씀이 딸을 구하면 좋으나 아들은 좋지 않다고 하시더이다."라고 하였다. 왕이 말하기를 "딸을 아들로 바꾸어 주기 바란다."라고 하니 표훈이 다시 하늘로 올라가 청하였다. 천제가 말하기를 "그렇게 될 수는 있으나 그러나 남자가 되면 나라가 위태로워질 것이다."라고 하고 표훈이 하늘로부터 내려오려고 할 때에 천제가 다시 불러 말하기를 "하늘과 인간 사이를 문란하게 할 수는 없다. 지금 스님이 이웃 마을 다니듯 왕래하며 천기를 누설하니 금후 다시는 왕래하지 마라."라고 하였다.

〈訓〉來以天語諭之, 王曰 "國雖殆, 得男而爲嗣足矣." 於是, 〈滿月王后〉生太子, 王喜甚. 至八歲王崩, 太子卽位, 是爲〈惠恭大王〉. 幼冲故大后臨朝, 政條不理, 盜賊蜂起, 不遑備禦, 〈訓師〉之說驗矣. 小帝旣女爲男故, 自期晬至於登位, 常爲婦女之戲, 好佩錦125/囊, 與道流爲戲, 故國有大亂, 終[85]爲〈宣德〉與〈金良相〉所弑. 自〈表訓〉後, 聖人不生於〈新羅〉云.

표훈이 와서 천제의 말로써 타이르니 왕이 말하기를 "비록 나라가 위태하더라도 아들을 얻어 후사를 이으면 족하다."라고 하였다. 이에 만월왕후가 태자를 낳으니 왕이 매우 기뻐하였다. 태자가 여덟

---

85. 壬申本은 修로 誤字 또는 異體字로 보인다.

살이 되어 왕이 죽고 태자가 즉위하니 이가 혜공대왕이다. 나이가 어렸으므로 태후가 조정의 정사를 맡았으나 정치가 문란하여 도적이 벌떼처럼 일어났으며 미처 막아 낼 수 없었으니 표훈대사의 말이 맞은 것이다. 나이 어린 임금은 원래 여자로 남자가 되었기 때문에 벌써 첫 돌부터 즉위할 때까지도 언제나 여자들이 하는 장난을 하고 비단주머니를 차기 좋아하며 도사들 따위와 장난을 하였으므로 나라에 큰 난리가 생기고 필경은 선덕과 김양상에게 시해되었다. 표훈 이후로부터는 성인이 신라에 나지 않았다고들 한다.

8. 惠恭王

〈大曆〉之初, 〈康州〉官署大堂之東, 地漸陷成池(一本大寺東小池), 從十三尺, 橫七尺, 忽有鯉魚五六, 相繼而漸大, 淵亦隨大. 至二年丁未, 又天狗墜於東樓南, 頭如瓮, 尾三尺許, 色如烈火, 天地亦振.

혜공왕

대력 초년에 강주 관서 대당 동쪽에 땅이 차츰 꺼져 못이 되었는데(일본에는 큰 절 동쪽에 있는 작은 못이라 한다.) 길이가 열석 자요 너비가 일곱 자나 되는데, 갑자기 잉어 대여섯 마리가 생겨나 계속하여 점점 커지니 못도 역시 따라서 커졌다. 2년(767) 정미에 이르러는 다시 천구가 동쪽 누각 남쪽에 떨어졌는데 머리가 항아리처럼 생겼고 꼬리는 석 자나 되고 색깔은 타는 불빛 같았으며 천지 또한 진동하였다.

又是年, 〈今浦縣〉稻田五頃中, 皆米顆成穗. 是年七月, 北宮庭中, 先有二星墜地, 又一星墜, 三星皆沒入地. 先時, 宮北厠圊中, 二莖蓮生, 又〈奉聖寺〉田中生蓮. 虎入禁城中, 追覓失之. 角干〈大恭〉家梨木上 126/雀集無數, 據『安國兵法』下卷云 "天下兵大亂," 於是大赦修省.

또 이 해에 금포현에 있는 논 5경의 낟알들이 모두 이삭이 되었다. 이 해 7월에 북쪽 대궐 뜰로 별 두 개가 떨어지고 다시 별 하나가 떨어져 모두 땅 속으로 들어갔다. 이보다 앞서 대궐 북쪽 변소 속에 연 두 줄기가 솟았고 또 봉성사 논 가운데도 연이 솟았다. 범이 궁성 안에 들어왔으므로 뒤를 좇았으나 잃어버렸다. 각간 대공의 집 배나무 위에 참새가 수없이 모여들었는데, 『안국병법』하권에 이르기를 "천하에 크게 병란이 일어난다."고 하니 이에 대사면을 내리고 반성을 하였다.

七月三日, 〈大恭〉角干賊起, 王都及五道州郡幷九十六角干相戰大亂, 〈大恭〉角干家亡, 輸其家資寶帛于王宮. 〈新城〉長倉火燒, 逆黨之寶穀在〈沙梁〉·〈车梁〉等里中者, 亦輸入王宮. 亂珎三朔乃息, 被賞者頗多, 誅死者無筭[86]也. 〈表訓〉之言國殆是也.

7월 3일에 대공각간의 반란이 일어나, 왕도와 오도주군과 96각간이 서로 싸우는 대란에 휩싸였다. 대공각간의 집은 망하고 그 집의 재산과 보물이며 비단 등을 대궐로 실어 들였다. 신성에 있는 장창이 불에 타고 역도들의 보물과 곡식으로 사량, 모량 등 동리에 있던 것도 역시 왕궁으로 실어 들였다. 난리는 석 달이나 끌다가 끝났

---

86. 木板本은 筭으로 異體字로 보인다.

는데 상을 받은 자도 매우 많았으나 목이 베어진 자는 수가 없었다. 표훈대사의 말에 나라가 위태롭겠다는 것이 바로 이것이다.

9. 元聖大王

伊飡〈金周元〉, 初爲上宰, 王爲角干, 居二宰. 夢脫幞頭·著素笠·把十二絃琴, 入於〈天官寺〉井中. 覺而使人占之, 曰 "脫幞頭者, 失職之兆, 把琴者, 著枷之兆, 入井, 入獄之兆."127/

원성대왕

이찬 김주원이 처음에 상재가 있을 때에 왕은 각간의 지위로 두 번째 재상으로 있었다. 왕이 꿈에 머리에 썼던 두건을 벗고 흰 갓을 쓰고, 손에 12현금을 잡고 천관사 우물 속으로 들어갔다. 꿈을 깨어 사람을 시켜 점을 쳐 보았더니 "두건을 벗는 것은 관직에서 쫓겨날 조짐이요, 12현금을 잡은 것은 칼을 쓸 조짐이요, 우물에 들어간 것은 옥에 들어갈 조짐이외다."라고 하였다.

王聞之甚患, 杜門不出. 于時, 阿飡〈餘三〉〔或本〈餘山〉〕來通謁, 王辭以疾不出. 再通曰 "願得一見." 王諾之. 阿飡曰 "公所忌何事?" 王具說占夢之由, 阿飡興拜曰 "此乃吉祥之夢. 公若登大位而不遺我, 則爲公解之."

왕이 그 말을 듣고 매우 걱정하여 문을 잠그고 출입을 하지 않았다. 이때에 아찬 여삼(혹본에는 여산이라고도 한다.)이 와서 배알하겠다고 연락했으나 왕은 병으로 나가지 못하겠다고 사양하였다. 재차 연락하여 말하기를 "꼭 한 번만 뵙기를 바라나이다."라고 하여 왕이 이를 승낙하였다. 아찬이 말하기를 "공께서 지금 기하고 계신 것은 왜입니까?"라고 물었다. 왕이 해몽하여 점친 사연을 죄다 말했더니 아찬이 일어나서 절하고 말하기를 "이 꿈은 아주 길한 꿈이외다. 공께서 만약 왕위에 올라가도 나를 버리시지 않으신다면 공을 위하여 해몽을 하겠습니다."라고 하였다.

王乃辟禁左右而請解之, 曰 "脫幞頭者, 人無居上也, 著素笠者, 冕旒之兆也, 把十二絃琴者, 十二孫傳世之兆也, 入〈天官井〉, 入宮禁之瑞也." 王曰 "上有〈周元〉, 何居上位?" 阿飱曰 "請密祀北川神可矣." 從之.

왕이 곧 좌우를 물리치고서 해몽을 청하니 "두건을 벗는 것은 자기 윗자리에 사람이 없다는 것이요, 흰 갓을 썼다는 것은 면류관을 쓸 조짐이요, 12현금을 들었다는 것은 열두 대 손자에게 왕위를 전한다는 조짐이요, 천관사 우물에 들어간 것은 대궐에 들어갈 조짐이외다."라고 하였다. 왕이 말하기를 "위에 주원이 있는데 어떻게 윗자리를 차지할 것인가?"라고 하니 아찬이 말하기를 "청컨대 비밀히 북천신에게 제사를 지내면 될 것입니다."라고 하니 그대로 좇았다.

未幾, 〈宣德王〉崩, 國人欲奉〈周元〉爲王, 將迎入宮, 家在川北, 忽川漲不得渡, 王先入宮卽位, 上宰之徒衆, 皆來附之, 拜賀新登之主. 是爲〈元聖大王〉諱128/〈敬信〉, 〈金〉氏,[87] 盖厚夢之應也.

얼마 안 되어 선덕왕이 죽자 나라 사람들이 주원을 받들어 왕을 삼으려고 그를 대궐로 맞아들이려고 하였던바, 그의 집이 개천 북쪽에 있었는데 졸지에 냇물이 불어 건널 수가 없었다. 왕이 먼저 대궐로 들어가 즉위하니 상재의 도당들도 모두 와서 여기 붙어 새로 등극한 임금에게 배하를 하였다. 이가 원성대왕이 되었으니 이름은 경신이요, 성은 김씨로 대개 후덕한 꿈이 들어맞은 것이다.

〈周元〉退居〈溟州〉. 王旣登極時, 〈餘山〉已卒矣, 召其子孫賜爵. 王之孫[88]有五人, 〈惠忠大子〉·〈憲平大子〉·〈禮英匝干〉·〈大龍夫人〉·〈小龍夫人〉等也.

주원은 명주로 퇴거하고 왕이 이미 등극하였을 때 여산은 벌써 죽은지라 왕이 그의 자손을 불러 작위를 내렸다. 왕의 손자가 다섯 명이 있었으니 혜충태자·헌평태자·예영잡간·대룡부인·소룡부인 등이다.

大王誠知窮達之變, 故有「身空詞腦歌」.(歌亡未詳.) 王之考大角干〈孝讓〉, 傳祖宗〈万波息笛〉, 乃傳於王, 王得之, 故厚荷天恩, 其德遠輝.

대왕이 사람의 성공과 실패에 관한 운명을 잘 알게 되었으므로 「신공사뇌가」라는 노래를 지었다.(노래는 없어져 알 수 없다.) 왕의 아버지 되는 대각간 효양이 선조 때부터 전해 내려오던 만파식적을

---

87. 木板本은 武으로 氏의 誤字이다.
88. 子의 誤字일 수 있다.

왕에게 전하였더니 왕이 그것을 얻은 까닭에 하늘의 은혜를 후하게 받아서 그의 덕행은 먼 곳까지 빛이 났었다.

〈貞元〉二年丙寅十月十一日,〈日本〉王〈文慶〉(按『日本帝紀』, 第五十五主[89]〈文德王〉, 疑是也, 餘無〈文慶〉. 或本云, 是王大子), 舉兵欲伐〈新羅〉, 聞〈新羅〉有〈万波息笛〉退兵, 以金五十兩, 遣使請其笛. 王謂使曰 "朕聞上世〈眞平王〉代有之耳, 今不知所在." 明年七月七日, 更遣使, 以金一千兩請之曰 "寡人願得見神物而還129/之矣." 王亦辭以前對, 以銀三[90]千兩賜其使, 還金而不受. 八月, 使還, 藏其笛於〈內黃殿〉.

정원 2년 병인(786) 10월 11일에 일본왕 문경(『일본제기』를 보면 제55대 왕인 문덕왕이 아마도 이 임금 같은바 이 밖에 문경은 없다. 혹본에는 이가 왕의 태자라고도 했다.)이 군사를 동원하여 신라를 치려고 하다가 신라에 만파식적이 있다는 소문을 듣고는 군사를 물리고 사신을 보내어 금 50냥으로 젓대를 달라고 하였다. 왕이 사신에게 말하기를 "짐이 듣건대 윗대 진평왕 시대에는 있었다고 할 뿐이요, 지금은 어디 있는지 알 수 없다."라고 하였다. 이듬해 7월 7일에 다시 사신을 시켜 금 1천 냥을 보내면서 이것을 청하여 말하기를 "과인의 소원은 그 신성한 물건을 한 번 보기만 하고 돌려보내겠다."라고 하니 왕이 역시 이전의 대답으로 사양하면서 은

---

89. 木板本은 年이나 主나 王의 誤字로 보인다.
90. (趙)는 主로 丨은 가필자이다.

3천 냥을 그 사신에게 주고 금은 돌리고 받지 않았다. 8월에 그 사신이 돌아간 후 이 젓대를 내황전에 간직하였다.

王卽位十一年乙亥, 〈唐〉使來京, 留一朔而還, 後一日, 有二女進內庭, 奏曰 "妾等乃〈東池〉·〈靑池〉(〈靑池〉卽〈東泉寺〉之泉也.『寺記』云 泉乃東海龍往來聽法之地. 寺乃〈眞平王〉所造, 五百聖衆·五層塔, 幷納田民焉)二龍之妻也. 〈唐〉使將〈河西國〉二人[91]而來, 呪我[92]夫二龍及〈芬皇寺〉井等三龍, 變爲小魚, 筒貯而皈. 願陛下勅二人, 留我夫等護國龍也." 王追至〈河陽舘〉, 親賜享宴, 勅〈河西人〉曰 "爾輩何得取我三龍至此? 若不以實告, 必加極刑." 於是, 出三魚獻之. 使放於三處, 各湧水丈餘, 喜躍而逝. 〈唐〉人服王之明聖.

왕이 즉위한 지 11년 을해(795)에 당나라 사신이 서울에 와서 한 달 동안 체류하다가 돌아간 지 하루 만에 웬 여자 두 명이 대궐 안 뜰에 나와 아뢰기를, "첩 등은 바로 동지·청지(청지는 즉 동천사에 있는 샘이다. 『사기』에 이르기를 샘은 바로 동해의 용이 내왕하면서 설법을 듣던 곳이다. 절은 바로 진평왕이 세운 절로서, 5백나한과 5층탑과 아울러 밭과 작인을 바쳤다.) 두 용의 처이올시다. 당나라 사신이 하서국 사람 둘을 데리고 와서 우리들의 남편 두 용과 분황사 우물 등의 세 용에게 주술을 써서 작은 물고기로 변하도록 하여 통에 넣어가지고 돌아갔습니다. 원컨대 폐하는 그 두 사람에

---

91. (晩)(서)(蓬)은 ㅣ으로 壞字이다.
92. 壬申本은 口로 壞字이다.

228

게 명령하여 우리 남편 등의 호국룡들을 붙잡아 주소서"라고 하였다. 왕이 하양관까지 그들을 뒤쫓아 가서 그들에게 친히 잔치를 베풀어 주고 하서인에게 말하기를 "너희들은 어째서 우리의 용 셋을 잡아가지고 이곳까지 왔는가? 만약에 사실을 고백하지 않는다면 반드시 극형에 처할 것이다."라고 했더니 이때야 고기 세 마리를 내어 바쳤다. 고기를 세 군데 놓아 주도록 하였더니 각각에 물이 한 길 남짓 솟아 올랐고 기뻐 뛰놀다 사라졌다. 당나라 사람이 왕의 성명에 감복하였다.

王一日[93]請〈皇龍寺〉〔注或本130/云〈華嚴寺〉又〈金剛寺〉者[94], 盖以寺名經名, 交[95]混之也.〕釋〈智海〉入內, 講[96]『華嚴經』五旬. 沙弥〈妙正〉, 每洗鉢於〈金光井〉(因〈大賢法師〉得名)邊, 有一黿浮沈井中. 沙弥每以殘食, 饋而爲戲, 席將罷, 沙弥謂黿曰 "吾德汝日久, 何以報之?" 隔數日, 黿吐一小珠, 如欲贈遺.

왕이 하루는 황룡사(주혹본에는 화엄사 또는 금강사라고 하였는데 아마도 절 이름과 불경 이름이 뒤섞인 듯하다.)[97] 중 지해를 궁중으로 들여 50일 동안 『화엄경』 강경을 하게 하였다. 사미 묘정이

---

93. 壬申本은 ○로 壞字이다.
94. 木板本은 畨로 者의 異體字인 듯하다.
95. 木板本은 光으로 交의 異體字이다.
96. 木板本은 稱으로 講의 異體字로 보인다.
97. 각주로 처리되어야 할 것이 본문과 전도된 부분이다. 참고로 앞서 지적한 바와 같이, 맨 앞의 注에 주목해 본다면 이 역시 필사본에 두주의 형식으로 후대에 추가돼 木板本에 정착된 것으로 보인다. 곧 후주일 가능성이 적지 않다고 여겨진다.

매양 금광정(대현법사 때문에 이름을 얻었다.) 가에서 바리때를 씻는데 우물 속에 큰 자라가 떠올랐다가 잠기곤 하였다. 사미는 매번 밥 찌꺼기를 장난삼아 먹이고는 법석이 파할 무렵에 사미가 자라더러 말하기를 "내가 오랫동안 네게 공덕을 베풀었는데 무엇으로 갚겠느냐?"라고 하였다 하니 며칠 뒤에 자라가 작은 구슬 하나를 토하여 마치 선물을 주는 듯하였다.

　沙弥得其珠, 繫於帶端, 自後大王見沙弥愛重, 邀致內殿, 不離左右. 時有一匝干, 奉使於〈唐〉, 亦愛沙匝, 請與俱行, 王許之. 同入於〈唐〉, 〈唐〉帝亦見沙弥而寵愛, 承相左右莫不尊信. 有一[98]相士奏曰 "審此沙弥, 無一吉相, 得人信敬, 必有所持異物." 使人撿看, 得帶端小珠, 帝曰 "朕有如意珠四枚, 前年失一个, 今見此珠,131/乃吾所失也." 帝問沙弥, 沙弥具陳其事, 帝內失珠之日, 與沙弥得珠同日. 帝留其珠而遣之, 後人無愛信此沙弥者.

　사미가 그 구슬을 얻어 허리띠 끝에 매어 찼더니 이런 뒤로부터 왕이 사미 보고는 애중하여, 내전까지 불러들여 좌우에서 떠나지 못하게 하였다. 이 당시 한 잡간이 당나라에 사신으로 가게 되었는데 역시 그 상좌 중을 귀여워하여 함께 동행할 것을 청했더니 왕이 이를 승낙하여 함께 당나라로 갔다. 당나라 황제가 사미를 보고는 역시 총애를 하자 승상과 좌우가 존중하며 신임하지 않는 자가 없었다. 웬 관상 보는 술객 한 명이 있어 아뢰기를 "이 사미를 자세히

보니 한 군데도 좋은 상이 없는데 남의 신임과 존경을 얻는 것은 반드시 몸에 무슨 범상한 물건을 지니고 있는 탓일 것이외다."라고 하여 사람을 시켜 뒤져 보았더니 허리띠 끝에서 작은 구슬을 찾았다. 황제가 말하기를 "내게 여의주 네 개가 있었다. 작년에 하나를 잃어 버렸는데 지금 이 구슬을 보니 바로 내가 잃었던 그것이다."라고 하였다. 황제가 사미에게 물으니, 사미가 그 사연을 죄다 이야기했는데, 황제가 대궐에서 구슬을 잃었던 날이 바로 상좌 중이 구슬을 얻었던 날짜와 같은 날이었다. 황제가 그 구슬을 압수하고 그를 보냈더니 후로는 아무도 이 사미를 사랑하고 신임하는 사람이 없었다.

王之陵在〈吐含岳〉西〈洞鵠寺〉(今〈崇福寺〉), 有〈崔致遠〉撰碑. 又刱〈報恩寺〉又〈望德樓〉.[99] 追封祖〈訓入〉匝干爲〈興平大王〉, 曾祖〈義官〉匝干爲〈神英大王〉, 高祖〈法宣〉大阿干爲〈玄聖大王〉, 〈玄聖大王〉, 〈玄聖〉之考卽〈摩叱次〉匝干.

왕의 능은 토함악 서쪽 동곡사(지금의 숭복사)에 있고 최치원이 지은 비문이 있다. 또 보은사와 망덕루도 창건하였다. 왕의 할아버지인 훈입잡간을 홍평대왕으로, 증조부 의관잡간을 신영대왕으로, 고조부인 법선대아간을 현성대왕으로 추봉했는데, 현성의 아버지는 즉 마질차잡간이다.

---

99. 이 내용은 앞에 어딘가의 사찰 등을 창건했다는 말이 없는데도 '또'라는 용어를 사용하면서 갑작스럽게 등장한다. 아마도 글의 순서상 착란된 것이 아닌가 싶다.

10. 早雪

第四十〈哀莊王〉，末年戊子，八月十五日有雪．第四十一〈憲德王〉，
〈元和〉十三年戊戌，三月十四日大雪．(一本[100]作丙寅，誤矣．〈元和〉
盡十五，無丙寅．)132/第四十六〈文聖王〉，己未五月十九日大雪，八
月一日天地晦暗．

이른 눈

제40대 애장왕 말년 무자(808) 8월 15일에 눈이 왔다. 제41대
헌덕왕 원화 13년 무술(818) 3월 14일에 큰 눈이 왔다.(일본에는
병인년이라고도 하나 잘못이다. 원화는 15년으로 끝나므로 병인은
없다.) 제46대 문성왕 기미(839) 5월 19일에 큰 눈이 왔고 8월 1일
에 천지가 캄캄하였다.

11. 興德王 鸚鵡

第四十二〈興德大王〉，〈寶曆〉二年丙午卽位．未幾，有人奉使於
〈唐〉，將鸚鵡一雙而至，不久雌死，而孤雄哀鳴不已．王使人掛鏡於
前，鳥見鏡中影，擬其得偶，乃啄其鏡而知其影，乃哀鳴而死．王作歌
云，未詳．

흥덕왕과 앵무새

제42대 흥덕대왕은 보력 2년 병오(826)에 즉위하자 얼마 못 되
어 당나라에 사신으로 갔던 사람이 앵무새 한 쌍을 가지고 왔는데
오래잖아 암놈은 죽고 홀로 된 수놈의 구슬픈 울음이 끊어지지 않

---

100. (晚)(서)(蓬)은 平으로 誤字이다.

232

왔다. 왕이 사람을 시켜 거울을 그 앞에 걸도록 했더니 새가 거울 속에서 제 그림자를 보고는 제 짝이나 만난 줄 알았다가, 그만 그 거울을 쪼아 보고는 그것이 그림자인 줄 알고, 이에 슬프게 울다가 죽었다. 왕이 노래를 지었다 하나 자세하지 않다.

12. 神武大王 閻長 弓巴

第四十五〈神武大王〉潛邸時, 謂俠士〈弓巴〉曰 "我有不同天之讎, 汝能爲我除之, 獲居大位, 則娶爾女爲妃."〈弓巴〉133/許之, 恊心同力, 擧兵犯京師, 能成其事. 旣纂位, 欲以〈巴〉之女爲妃, 羣臣極諫曰 "巴側微, 上以其女爲妃則不可." 王從之. 時,〈巴〉在〈淸海鎭〉爲軍戍, 怨王之違言, 欲謀亂.

신무대왕과 염장과 궁파

제45대 신무대왕이 임금이 되기 전에 협사 궁파에게 말하기를 "나에게는 불공대천의 원수가 있는데 네가 나를 위하여 처치를 해 주면 내가 즉위하여 너의 딸을 맞아 왕비를 삼겠다."라고 하였다. 궁파가 이를 승낙하고 함께 힘과 마음을 협력하여 군사를 일으켜 서울을 침공함으로써 일을 성공할 수 있었다. 왕위를 찬탈한 뒤에 그는 궁파의 딸을 왕비를 삼고자 했더니 여러 신하들이 극히 간하여 말하기를 "궁파의 집안은 한미하여 대왕께서 그의 딸을 맞아 왕비로 삼는다는 것은 옳지 못한 줄로 아뢰오."라고 하므로 왕은 그대로 좇았다. 이 당시 궁파는 청해진에서 수자리를 살고 있으면서 왕의 배신을 원망하여 반란을 도모코자 하였다.

時, 將軍〈閻長〉聞之, 奏曰"〈巴〉將爲不忠, 小臣請除之." 王喜許
之. 〈閻長〉承旨歸〈淸海鎭〉, 見謁者通曰"僕有小怨於國君, 欲投明
公, 以全身命." 〈巴〉聞之大怒曰"爾輩諫於王而廢我女, 胡顧見我
乎?" 〈長〉復通曰"是百官之所諫, 我不預謀, 明公無嫌也." 〈巴〉聞
之, 引入廳事, 謂曰"卿以何事來此?" 〈長〉曰"有忤於王, 欲投幕下
而免害爾." 〈巴〉曰"幸矣." 置酒歡甚, 〈長〉取〈巴〉之長劍斬之, 麾下
軍士, 驚懾皆伏地. 〈長〉引至京134/師, 復命曰"已斬〈弓巴〉矣." 上
喜賞之, 賜爵阿干.

　이때에 장군 염장이 이 말을 듣고 아뢰기를 "(궁)파가 장차 불충
을 범하려 하니, 소신이 청컨대 처치하겠습니다."라고 하였더니 왕
이 기꺼이 승낙하였다. 염장이 왕의 명령을 받들고 청해진으로 가
서 알현하는 사람을 통하여 말하기를 "내가 우리 임금에게 약간의
원한을 품은지라 총명하신 공께 투신하여 목숨을 보전코자 한다."
라고 하였다. 궁파가 이 말을 듣고 크게 노하여 말하기를 "너희들
이 왕에게 권하여 내 딸을 폐하였는데 무슨 얼굴로 나를 만나려는
것이냐?"라고 하였다. 염장이 다시 통하여 말하기를 "이것은 다른
여러 관리들이 권고한 것이요, 나는 그러한 모의에 참가한 적이 없
었으니 총명하신 공께서는 꺼리시지 마십시오."라고 하였다. 궁파
가 이 말을 듣고 안으로 불러들여 말하기를 "경은 무슨 일로 이곳
까지 왔던가?"라고 하니 염장이 말하기를 "왕에게 감정이 있기에
막하에 투신하여 화를 면하고자 할 뿐이다."라고 하니 궁파가 "잘
왔다!"라고 하며 술자리를 벌이고 매우 즐겁게 노는데, 염장이 궁
파의 긴 칼을 뽑아 목을 치니 휘하의 군사들이 놀라서 모두 땅에

엎드렸다. 염장이 데리고 서울로 와서 복명하여 말하기를 "궁파의 목을 베었습니다."라고 하니 왕이 기뻐하며 그에게 상을 주고 아간 벼슬을 주었다.

13. 四十八景文大王

王諱〈膺廉〉, 年十八爲國仙. 至於弱冠, 〈憲安大王〉召〈郎〉, 宴於殿中, 問曰 "郎爲國仙, 優遊四方, 見何異事?"〈郎〉曰 "臣見有美行者三." 王曰 "請聞其說."〈郎〉曰 "有人爲人上者, 而撝謙坐於人下, 其一也, 有人豪富而衣儉易, 其二也, 有人本貴勢而不用其威者, 三也."

48대 경문대왕

왕의 이름은 응렴이요, 나이 열여덟 살에 국선이 되었다. 나이 스무 살 때에 헌안대왕이 낭을 불러 대궐에서 잔치를 베풀고 묻기를 "낭이 국선이 되어 사방으로 유람을 하는 중에 무언가 특이한 일을 보았는가?"라고 하였다. 낭이 대답하기를 "신은 행실이 아름다운 사람 셋을 보았습니다."라고 하니, 왕이 "이야기 한번 들어 보자꾸나!"라고 하였다. 낭이 말하기를 "남의 윗자리에 있으면서 겸손하게도 남의 아랫자리에 가 앉는 사람이 있었는데 이것이 첫째요, 큰 부자로서 간소하고 검소한 의복을 입는 사람을 보았는데 이것이 둘째요, 본래 귀하고 세도가 있으면서도 그 위세를 부리지 않는 사람이 있었는데 이것이 셋째올시다."라고 하였다.

王聞其言而知其賢, 不覺墮淚而謂曰 "朕有二女, 請以奉巾櫛."〈郎〉避席而拜之, 稽首而退, 告於父母, 父母驚喜, 會其子弟議曰 "王

之上公主兒甚寒寢, 第二公主甚美, 娶之幸矣." 〈郞〉之徒上首135/
〈範教師〉者聞之, 至於家問〈郞〉曰 "大王欲以公主妻公, 信乎?" 〈郞〉
曰 "然." 曰 "奚娶?" 〈郞〉曰 "二親命我宜弟." 師曰 "郞若娶弟, 則予
必死於郞之面前, 娶其, 兄則必有三美. 誠之哉." 〈郞〉曰 "聞命矣."
旣而王擇辰而使於〈郞〉曰 "二女惟公所命." 使歸以〈郞〉意奏曰 "奉長
公主爾."

왕이 이 말을 듣고는 그가 현명함을 알고 자기도 모르게 눈물을
지으면서 말하기를 "짐에겐 딸 둘이 있는데 그대의 아내로 정해 주
기 바란다."라고 하였다. 그러자 낭이 자리에서 비켜 나면서 절을
하고 머리를 숙인 채 물러나 그의 부모에게 고했더니 부모들은 놀
랍고 기뻐서 그 가족들을 모으고 의논하기를 "왕의 맏공주는 얼굴
이 아주 못생겼고 둘째 공주가 매우 고우니 그녀에게 장가를 드는
것이 좋을 것이다."라고 하였다. 낭의 무리 가운데 상수인 범교사라
는 이가 그 말을 듣고 낭의 집에 와서 묻기를 "대왕께서 공에게 공
주를 아내로 준다는 게 참말입니까?"라고 물었다. 낭이 "그렇다."
라고 했더니 "어느 공주를 취하겠습니까?"라고 물었다. 낭이 말하
기를 "양친의 말씀이 동생에게 가는 것이 좋다."라고 했다고 하니
교사가 말하기를 "만약 낭이 동생을 얻는다면 내가 바로 낭의 면전
에서 죽을 것이요, 그 언니를 얻는다면 반드시 세 가지 좋은 일이
생길 것이니 명심하소서."라고 하였다. 낭이 "시키는 대로 하오리
다."라고 하였다. 얼마 뒤에 왕이 날을 받고 낭에게 사람을 보내어
말하기를 "두 공주는 그대의 명에 따를 것이다."라고 하였다. 사신
이 돌아와 낭의 의향을 왕에게 아뢰되 "맏공주를 모시겠다고 하나

이다."라고 하였다.

　旣而過三朔, 王疾革, 召群臣曰 "朕無男孫, 窀穸之事, 宜長女之夫
〈膚廉〉繼之." 翌日王崩, 〈郞〉奉遺詔卽位. 於是, 〈範敎師〉詣於王曰
"吾所陳三美者, 今皆著矣. 娶長故, 今登位一也, 昔之欽艶弟[101]主,
今易可取二也, 娶兄故, 王與夫人喜甚三也." 王德其言, 爵爲大德,
賜金一百三十兩.

　그 후 석 달이 지나 왕의 병이 위독하게 되매 여러 신하들을 불
러서 말하기를 "내가 아들이나 손자가 없는 터에 나 죽은 뒷일은
맏사위 응렴으로 마땅히 계승케 할 것이다."라고 하고 이튿날 죽었
다. 그리하여 낭이 왕의 유언을 받들어 즉위하였다. 이때야 범교사
가 왕을 찾아가 말하기를 "제가 말씀한 세 가지 좋은 일이라고 하
던 것이 지금에야 모두 밝혀졌습니다. 그것은 맏딸에게 장가를 들
었으므로 오늘 왕위에 오르게 된 것이 하나요, 전일에 아우 되는
공주의 자색을 흠모했던 터에 지금은 쉽게 얻을 수 있게 된 것이
둘이요, 맏공주에게 장가를 들었으므로 선대 임금 부처가 매우 만
족해한 것이 셋입니다."라고 하였다. 왕이 그 말을 고맙게 여겨 그
에게 대덕 벼슬을 주고 금 130냥을 주었다.

　王崩, 諡曰〈景文〉. 王之寢殿,136/每日暮無數衆蛇俱集, 宮人驚
怖, 將驅遣之, 王曰 "寡人若無蛇不得安寢, 宜無禁." 每寢吐舌滿胸

---

101. 木板本은 第이나 弟와 상통하므로 교정하였다.

鋪之. 乃登位, 王耳忽長如驢耳. 王后及宮人皆未知, 唯幞頭匠一人知
之. 然, 生平不向人說, 其人將死, 入〈道林寺〉竹林中無人處, 向竹唱
云"吾君耳, 如驢耳." 其後風吹, 則竹聲云"吾君耳如驢耳, 王惡之,
乃伐竹, 而植山茱萸, 風吹則, 但聲云"吾君耳長."(〈道林寺〉舊在〈入
都林〉邊.)

　왕이 죽으매 시호를 경문이라 하였다. 왕의 침전에서는 매일 저
녁이면 수많은 뱀이 무리로 모여들었다. 궁인들이 겁을 내어 쫓아
내려고 하니 왕이 말하기를 "과인은 뱀이 없으면 편히 잘 수 없으
니, 마땅히 뱀을 쫓지 말라."라고 하였다. 매번 혀를 내어 가슴 위
가 가득차도록 늘이고 잤다. 왕이 즉위하자 왕의 귀가 갑자기 당나
귀 귀처럼 길게 되었다. 왕후와 궁인들이 아무도 이것을 몰라보았
으나 오직 두건 만드는 재인바치 한 사람이 알고 있었다. 그러나 그
사람은 평생에 다른 사람에게 대하여 이런 이야기를 하지 않다가
죽을 임시에 도림사 대숲 속에 들어가 아무도 없는 데서 대를 향하
여 외쳤다. "우리 임금님 귀는 당나귀 귀!" 그러자 그 후에도 바람
이 불 때면 대가 소리를 내어 "우리 임금님 귀는 당나귀 귀!"라고
하였다. 왕이 싫어하여 곧 대를 베어 버리고 산수유를 심었더니, 바
람이 불면 다만 "우리 임금님 귀는 길다!"라고 하는 소리만 났
다.(도림사는 예전에 입도림 주변에 있었다.)

　國仙〈邀元郎〉·〈譽昕郎〉·〈桂元〉·〈叔宗郎〉等遊覽〈金蘭〉, 暗
有爲君主理邦國之意, 乃作歌三首, 使〈心弼〉舍知授針卷, 送〈大炬和
尙〉處, 令作三歌. 初名「玄琴抱曲」, 第二「大道曲」, 第三「問羣曲」, 入

238

奏於王, 王大喜137/稱賞. 歌未詳.

국선 요원랑과 예흔랑과 계원·숙종랑 등이 금란을 유람하는데, 은근히 군주가 나라를 다스리는데 도움이 되고자 하는 뜻이 있어 노래 세 곡을 짓는데, 심필 사지에게 책을 주어 대거화상의 처소에 보내어 노래 세 곡을 짓도록 하였다. 처음 노래 이름은「현금포곡」이요, 둘째는「대도곡」이요, 셋째는「문군곡」으로, 왕에게 들어가 아뢰었더니 왕이 매우 기뻐서 칭찬하고 상을 주었다. 노래는 알 수 없다.

14. 處容郞 望海寺

第四十九〈憲康大王〉之代, 自京師至於海內, 比屋連墻無一草屋, 笙歌不絶道路, 風雨調於四時. 於是, 大王遊〈開雲浦〉(在〈鶴城〉西南今〈蔚州〉), 王將還駕, 晝歇於汀邊, 忽雲霧冥曀, 迷失道路. 怪問左右, 日官奏云 "此東海龍所變也, 宜行勝事以解之." 於是, 勅有司, 爲龍刱佛寺近境, 施令已出, 雲開霧散, 因名〈開雲浦〉.

처용랑과 망해사

제49대 헌강대왕대에 서울로부터 동해 어구에 이르기까지 집들이 쭉 늘어섰지만 초가집은 한 채도 없었고 도로에서는 음악소리가 그치지 않았으며 사철의 비바람마저 순조로웠다. 이때에 왕이 개운포(학성 서남쪽에 있으니 지금의 울주이다.)에 나가 놀다가 어가를 돌려 오는 길에 바닷가에서 점심참으로 쉬던 중, 졸지에 구름과 안개가 자욱하게 끼어들어 길을 잃어 버렸다. 괴상하게 여겨 좌우에게 물었더니 일관이 말하기를 "이는 동해 용의 장난이니 수승한 일

을 하시어 풀어 버려야만 하겠습니다."라고 하였다. 이에 유사에게
명하여 용을 위하여 근방에 절을 세우라고 하니 이 명령이 떨어지
자 구름이 걷히고 안개가 흩어져 버렸으므로 이곳을 개운포라고 이
름지었다.

東海龍喜, 乃率七子現於駕前, 讚德獻舞奏樂. 其一子隨駕入京,
輔佐王政, 名曰〈處容〉. 王以美女妻之, 欲留其意, 又賜級干職. 其妻
甚美, 138/疫神欽慕之, 變爲[102]人, 夜至其家, 竊與之宿. 處容自外
至其家, 見寢有二人, 乃唱歌作舞而退.

동해 용이 기뻐하여 곧 아들 일곱을 데리고 임금이 탄 수레 앞에
나타나 왕의 덕행을 찬미하면서 춤을 추고 노래를 연주하였다. 그
의 아들 하나가 임금을 따라 서울로 들어와서 왕의 정치를 보좌케
되었는데 이름을 처용이라고 하였다. 왕이 그를 미인에게 장가 들
이고 그의 마음을 안착시키고자 다시 급간 벼슬까지 시켰다. 그런
데 그의 아내가 너무도 고왔기 때문에 역신이 흠모하여 사람으로
변하여 밤이면 그 집에 가서 몰래 데리고 잤다. 처용이 밖에 나갔
다가 집에 들어와서 자리 속에 두 사람을 보고 노래를 부르고 춤을
추면서 그만 물러나왔다.

歌曰 "東京明期月良, 夜入伊遊行如可. 入良沙寢矣見昆, 脚烏伊
四是良羅. 二肹隱吾下於叱古, 二肹隱誰支下焉古. 本矣吾下是如馬

---

102. 木板本은 無이나 爲와 그 行草가 비슷해서 오류가 생긴 것이 아닌가 싶다.

於隱, 奪叱良乙何如爲理古."

노래에 이르기를 "서울[103] 밝은 달에,[104] 밤들이[105] 노니다가,[106] 들어와[107] 자리를 보니, 다리가 넷이어라,[108] 둘은 내 것이고,[109] 둘은 누구의 것인고,[110] 본디 내 것이다마는,[111] 빼앗거늘[112] 어찌 하리꼬.[113]"라고 했다.

時, 神現形, 跪於前曰 "吾羨公之妻, 今犯之矣. 公不見怒, 感而美之, 誓今已後, 見畫公之形容, 不入其門矣." 因此, 國人門帖〈處容〉之形, 以僻邪進慶. 王旣還, 乃卜〈靈鷲山〉東麓勝地置寺, 曰〈望海寺〉, 亦名〈新房寺〉, 乃爲龍而置也.

이때에 역신이 처용의 앞에 정체를 나타내어 무릎을 꿇고 말하기를 "내가 공의 아내를 탐내어 지금 범하였소. 그런데도 공은 노하지 않으니 내가 감동하며 장하게 생각한 나머지 이제부터는 맹세코 당신의 얼굴을 그려 붙여 둔 것만 보면 그 문 안에 들어가지 않겠소."라고 하였다. 이 까닭에 국인들이 처용의 형상을 문에 그려 붙

---

103. 동경.
104. 달이기에.
105. 이슥히/깊이.
106. 놀고 다니다가.
107. 들어와서.
108. 넷이로구나.
109. 내해었고/내 것이언마는.
110. 뉘해인고/누구핸고/누구 것인가.
111. 내해다마는.
112. 빼앗는 걸/빼앗은 것을/빼앗음을.
113. 어찌리/어찌 하리오/어떻게 할 것인가.

여 나쁜 귀신을 쫓고 복을 맞아들이는 것이다. 왕이 돌아온 후에 이에 영취산 동쪽 기슭에 좋은 자리를 잡아 절을 지었는데 망해사라고도 하고 또 신방사라고도 불렀으니 이는 용을 위하여 설치한 것이다.

又幸〈鮑石亭〉,〈南山〉神現舞於御前, 左右不見, 王獨見之. 有人現舞於前,139/王自作舞, 以像示之. 神之名或曰〈祥審〉, 故至今國人傳此舞, 曰〈御舞祥審〉, 或曰〈御舞山神〉. 或云 旣神出舞 審象其皃, 命工摹刻, 以示後代, 故云〈象審〉. 或云〈霜髥舞〉, 此乃以其形稱之. 又幸於〈金剛嶺〉時, 〈北岳〉神呈舞, 名〈玉刀鈐〉. 又〈同禮殿〉宴時, 地神出舞, 名〈地伯〉級干.

또 왕이 포석정에 행차하였는데 남산신이 임금 앞에 나타나 춤을 추었으나, 좌우는 못 보는데 왕만은 이것을 보았다. 어떤 사람이 앞에 나타나서 춤을 추는 대로 왕은 이것을 시늉 내어 자신이 춤을 추어 보였다. 그 신의 이름을 혹은 상심이라고도 하므로 지금까지도 국인들이 이 춤을 전해 오면서 어무상심이라고도 하며 혹은 어무산신이라고도 한다. 더러는 말하기를 이미 산신이 나와서 춤을 출 때에 그 모양을 자세히 본떠 조각쟁이를 시켜 그대로 새겨 후대에 보였으므로 상심이라고도 하였으며 혹은 상염무라고도 하였으니 이것은 그 형상에 따라서 이름을 지은 것이다. 또 왕이 금강령에 행차했을 때에 북악신이 춤을 추어 보였는데 옥도금이라 이름 지었다. 또 동례전에서 연회를 할 때는 지신이 나와 춤을 추었는데 지백급간이라 이름 지었다.

『語法集』云"于時, 山神獻舞, 唱歌云, 智理多都波都波等者, 盖言以智理國者, 知而多逃, 都邑將破云謂也. 乃地神·山神知國將亡, 故作舞以警之, 國人不悟, 謂爲現瑞, 耽樂滋甚, 故國終亡."

『어법집』에 이르기를 "당시 산신이 춤을 추면서 노래를 불러 '지리다도파도파등자!'라고 하였는데 대개 말하자면 지혜로 나라를 다스리는 자는 알아서 도망쳐야 하므로, 도읍이 장차 난리가 날 것을 일러 말해 준 것이라는 의미일 것이다. 이는 지신이나 산신들이 나라가 장차 망할 줄을 알았기 때문에 일부러 춤을 추어 경고한 것인데 사람들이 이를 알아채지 못하고 좋은 징조가 나타난다고 생각하고 유흥에만 너무 빠졌었기 때문에 나라가 필경 망하고 만 것이다." 라고 하였다.

15. 眞聖女大王 居陁知140/

第五十一〈眞聖女王〉, 臨朝有年, 乳母〈鳧好夫人〉, 與其夫〈魏弘〉匝干等三四寵臣, 擅權撓政, 盜賊蜂起. 國人患之, 乃作〈陁羅尼〉隱語, 書投路上. 王與權臣等得之, 謂曰"此非〈王居仁〉, 誰作此文?"乃囚〈居仁〉於獄. 〈居仁〉作詩訴于天, 天乃震其獄囚以免之.

진성여대왕과 거타지

제51대 진성여왕이 정치를 한 지 몇 해에 유모 부호부인과 남편인 위홍잡간 등 서너 명의 총신들이 세도를 부려 정치를 마음대로 쥐고 흔들었으므로 도적이 벌떼처럼 일어났다. 국인들이 이를 걱정하여 다라니로 은어를 만들어 써서 길바닥에 던져 둔 일이 있었다. 왕이 권신들과 함께 이것을 주워서 보고 말하기를 "왕거인이 아니

고야 누가 이런 글을 지을 것이랴!" 하고는 곧 거인을 옥에 가두었다. 거인이 옥에서 시를 지어 하늘에 하소연을 하였더니 하늘이 곧 그 옥에다가 벼락을 쳐서 그를 면하게 하였다.

詩日 "〈燕〉丹泣血虹穿日, 〈鄒衍〉含悲夏落霜. 今我失途還似舊, 皇天何事不垂祥." 〈陁羅尼〉日 "南無亡國, 刹尼那帝, 判尼判尼, 蘇判尼, 于于三阿干, 鳧伊裟婆訶." 說者云 "刹尼那帝者, 言女主也, 判尼判尼蘇判尼者, 言二蘇判也, 蘇判爵名, 于于三阿干也, 鳧伊者, 言〈鳧好〉也."

시에 이르기를 "연태자 단의 피눈물에 무지개가 해를 뚫고, 추연이 원한을 품자 여름에도 서리 왔네. 오늘에 갈 길 없으매 옛 일 그대로건만, 황천은 어찌하여 조짐을 보이지 않으십니까." 라고 하였다. 다라니에 "나무망국 찰니나제 판니판니 소판니 우우삼아간 부이사바하." 라고 하였으니 해설하는 자는 말하기를 "찰니나제란 말은 여왕을 두고 하는 말이요, 판니판니 소판니란 말은 소판 두 사람을 가리키는 말이니 소판이란 작명이며 우우는 세 아간이요, 부이는 부호부인을 두고 하는 말이다." 라고 하였다.

此王代阿飧〈良貞〉,[114] 王之季子141/也, 奉使於〈唐〉, 聞〈百濟〉海賊梗於津鳧, 選弓士五十人隨之. 舡次〈鵠島〉(鄕云〈骨大島〉), 風濤大作, 信宿浹[115]旬. 公患之, 使人卜之, 日 "島有神池, 祭之可矣."

---

114. (서)는 貟, 이외의 木板本은 貝으로 異體字 또는 壞字이다.
115. 木板本은 俠으로 異體字이다.

이 왕대에 아찬 양정이 왕의 막내 아들로서 사신이 되어 당나라로 가는데 백제의 해적들이 진도를 막고 있다는 말을 들은지라 활 쏘는 군사 50명을 골라 데리고 갔다. 배가 혹도(방언으로는 골대섬이라고 한다.)에 닿자 풍랑이 크게 일어나 열흘이나 묵게 되었다. 공이 걱정을 하여 사람을 시켜 점을 쳤더니 "이 섬에 신지가 있는데 거기 제사를 드려야만 합니다."라고 하였다.

於是, 具奠於池上, 池水湧高丈餘. 夜夢有老人, 謂公曰 "善射一人, 留此島中, 可得便風." 公覺而以事諮於左右曰 "留誰可矣?" 衆人曰 "宜以木簡五十片, 書我輩名, 沈水而圖之." 公從之.

이에 못둑에다가 제전을 차렸더니 못물이 한 길 남짓 높이 솟았다. 그날 밤 꿈에 한 노인이 나타나 공에게 말하기를 "활 잘 쏘는 사람 한 사람을 이 섬에 남겨 두면 순풍을 맞을 수 있을 것이다."라고 하였다. 공이 깨어나 좌우에게 이 일을 가지고 묻기를 "누가 여기 남아 있었으면 좋을까?"라고 하니 여러 사람들이 말하기를 "목간 50개에 자신의 이름을 써서 물에 가라앉는 제비뽑기 점을 하자."고 하므로 공은 이 말대로 하였다.

軍士有〈居陁知〉者, 名沈水中, 乃留其人. 便風忽起, 舡進無滯. 〈居陁〉愁立島嶼, 忽有老人, 從池而出, 謂曰 "我是西海若, 每一沙弥, 日出之時, 從天而降, 誦〈陁羅尼〉, 三繞此池, 我之夫婦·子孫皆浮水上, 沙弥取吾子孫肝腸, 食之盡矣, 唯存142/吾夫婦與一女爾. 來朝又必來, 請君射之."

군사 중에 거타지란 자가 있어 그의 이름이 물에 가라앉았으므로 그를 머물게 하였다. 갑자기 순풍이 일어 배는 지체없이 떠났다. 거타가 시름없이 섬에 서 있는데 돌연히 웬 노인이 못으로부터 나와서 말하기를 "나는 서해신인데 매양 한 사미가 해돋을 무렵이면 하늘로부터 내려와 다라니를 외우면서 이 못을 세 바퀴 돌면 우리 부부와 자손들이 모두 물 위에 떠오르게 되는데, 사미승이 우리 자손들의 간과 창자를 뽑아 다 먹어 버리고 지금은 우리 부부와 딸 하나가 남았을 뿐이오. 내일 아침에도 반드시 올 터이니 청컨대 그대는 이 놈을 활로 쏘아 주시오." 하였다.

〈居陁〉曰 "弓矢之事, 吾所長也, 聞命矣." 老人謝之而沒. 〈居陁〉隱伏[116]而待, 明日扶桑旣暾, 沙弥果來, 誦呪如前, 欲取老龍肝. 時 〈居陁〉射之中, 沙弥卽變老狐, 墜地而斃. 於是, 老人出而謝曰 "受公之賜, 全我性命, 請以女子妻之." 〈居陁〉曰 "見賜不遺, 固所願也."

거타가 말하기를 "활 쏘는 거야 나의 장기이니 말씀대로 하오리다."라고 하였더니 그 노인은 감사를 하며 물 속으로 들어가 버렸다. 거타가 숨어 엎드려서 기다리고 있었더니 이튿날 아침이 되어 동녘이 훤할 때에 과연 사미승이 와서 전과 다름없이 주문을 외워 늙은 용의 간을 빼앗아 내려고 하였다. 이때 거타가 활을 쏘아 맞추니 사미승은 즉시로 늙은 여우로 화하여 땅에 떨어져 죽었다. 그러자 노인이 나와 감사를 하면서 말하기를 "공의 덕택으로 나의 목숨

---

116. 壬申本은 伏으로 異體字이다.

을 보전하였으매 청컨대 내 딸을 아내로 삼아 주소."라고 하였다. 거타지가 말하기를 "저를 버리지 않고 상을 주신다면 이야말로 소원하는바이외다."라고 하였다.

老人以其女, 變作一枝花, 納之懷中, 仍命二龍, 捧〈居陁赾〉及使舡, 仍護其舡, 入於〈唐〉境. 〈唐〉人見〈新羅〉舡有二龍負之, 具事上聞, 帝曰 "〈新羅〉之使, 必非常人." 賜宴坐於羣臣之上, 厚以金帛遺之. 旣還國, 〈居陁〉出花枝, 變女同居焉.143/

노인은 그 딸을 한 가지 꽃으로 만들어 그의 품 속에 간직하도록 하고 또다시 두 마리 용을 시켜 거타지를 떠받들어 사신이 탄 배를 따라가 그 배를 호위하도록 하여 당나라 땅으로 들어갔다. 당나라 사람들이 용 두 마리가 신라 배를 지고 오는 것을 보고 이 사연을 황제에게 보고하였더니 황제가 말하기를 "신라 사신은 아무래도 보통 인물이 아닐 것이다."라며 연회를 차리는데, 그를 여러 신하들의 윗자리에 앉히고 금품과 비단을 후하게 주었다. 본국으로 돌아와서 꽃가지를 끄집어 내었더니 꽃이 여자로 변모하였으므로 그와 함께 살게 되었다.

16. 孝恭王

第五十二〈孝恭王〉, 〈光化〉十五年壬申(實〈朱梁〉〈乾化〉二年也), 〈奉聖寺〉外門東西二十一間鵲巢. 又〈神德王〉卽位四年乙亥(古[117]本

---

117. 壬申本은 右로 異體字이다.

云〈天祐〉十二年, 當作〈貞明〉元年),〈靈廟寺〉內行廊鵲巢三十四·
烏巢四十. 又三月, 再降霜, 六月,〈斬浦〉水與海水波相鬪三日.

효공왕

제52대 효공왕 광화 15년 임신(912)(실상은 주량의 건화 2년이
다.) 봉성사 외문 동서 스물한 칸 집에 까치가 집을 지었다. 또 신
덕왕이 즉위한 지 4년 을해(915)(고본에는 천우 12년이라 하였으
나 정명 원년이 되어야 할 것이다.)에 영묘사 안 행랑채에 까치집
서른네 개와 까마귀집 마흔 개를 지었다. 또 3월에 두 번 서리가 내
렸고 6월에는 참포의 민물이 바닷물과 사흘 동안이나 서로 싸웠다.

17. 景明王

第五十四〈景明王〉代,〈貞明〉五年戊寅,〈四天王寺〉壁畫狗鳴, 說
經三日禳之, 大半日又鳴. 七年庚辰二月,〈皇龍寺〉塔影, 倒立於〈今
毛〉舍知家庭中一朔. 又十月,〈四天王寺〉五方神, 弓絃皆絶, 壁畫狗
出走庭中, 還入壁中.144/

경명왕

제54대 경명왕대인 정명 5년 무인(918)에 사천왕사 벽에 그린
개가 짖으므로 사흘 동안 불경을 설법하여 푸닥거리를 하였더니 반
나절 만에 또 짖었다. 7년 경진(920) 2월에 황룡사탑 그림자가 한
달 동안이나 금모사지의 집 뜰 복판에 거꾸로 서 비추었다. 또 10
월에 사천왕사 오방신의 활줄이 모두 끊어지고 벽에 그린 개가 뛰
어나와 마당 복판으로 달리다가 다시 벽 속으로 들어갔다.

18. 景哀王

第五十五〈景哀王〉卽位,〈同光〉二年甲辰二月十九日,〈皇龍寺〉說
百座說經, 兼飯禪僧三百, 大王親行香致供, 此百座通說禪敎之始.

경애왕

제55대 경애왕이 즉위한 동광 2년 갑신(924) 2월 19일 황룡사에
서 백고좌회를 열고 경전을 베풀고 겸하여 선승 3백 명을 공양했는
데 대왕이 친히 향불을 피우고 치성을 드렸으니 이 백고좌회는 선
과 교를 함께 설한 시초가 된다고 한다.

19. 金傅大王

第五十六〈金傅大王〉, 謚〈敬順〉.〈天成〉二年丁亥九月,〈百濟〉
〈甄萱〉侵〈羅〉至〈高鬱府〉,〈景哀王〉請救於我〈太祖〉, 命將以勁兵一
万往救之. 救兵未至,〈萱〉以冬十一月掩入王京, 王與妃嬪宗戚, 遊
〈鮑石亭〉宴娛, 不覺兵至, 倉卒不知所爲, 王與妃奔入後宮, 宗戚及公
卿大夫士女, 四散奔走, 爲145/賊所虜, 無貴賤匍匐乞爲奴婢.〈萱〉
縱兵摽掠公私財物, 入處王宮, 乃命左右索王.

김부대왕

제56대 김부대왕의 시호는 경순이다. 천성 2년 정해(927) 9월
백제의 견훤이 신라를 침범하여 고울부까지 이르매 경애왕이 우리
태조에게 구원을 청하였으므로 태조는 장군에게 명하여 정병 1만
명을 보내어 구원하도록 하였다. 구원병이 미처 이르지 못했는데,
견훤이 이 해 겨울 11월에 서울을 습격했다. 왕과 비빈들과 종친들
이 포석정에서 연회를 배설하고 놀이를 하다가 뜻밖에 군사가 닥치

매, 창졸들은 어찌할 줄을 모르고 왕은 왕비와 함께 후궁으로 도망가고 종친과 공경대부는 사방으로 흩어져 달아나다가 적군들에게 포로가 되어 귀천을 가리지 않고 벌벌 기어 노비가 되기를 애원하였다. 견훤은 군사들을 풀어 놓아 공사할 것 없이 닥치는 대로 재물을 노략하고 왕궁에 들어가 앉아 부하들을 시켜 왕을 수색하였다.

王與妃妾數人匿在後宮, 拘致軍中, 逼令王自進[118], 而强淫王妃, 縱其下亂其嬪妾. 乃立王之族弟〈傅〉爲王. 王爲〈萱〉所擧卽位, 前王尸殯於西堂, 與羣下慟哭. 我〈太祖〉遣使弔祭.

왕이 비첩들과 함께 후궁에 숨어 있는 것을 붙잡아 군중으로 끌고 와서 왕에게 자살을 강박하면서 왕비를 강간하고 부하들을 놓아 왕의 빈첩들을 제 맘대로들 강간케 하였다. 이에 왕의 일가 동생인 김부를 세워 왕을 삼았다. 왕은 견훤의 추천으로 즉위한 후 전 임금의 시체를 대궐 서쪽 채의 빈소로 모시고 여러 신하들과 함께 통곡하였다. 우리 태조는 사신을 보내어 조문하고 제사를 지냈다.

明年戊子春三月,〈太祖〉率五十餘騎, 巡到京畿, 王與百官郊迎, 入相對, 曲盡情禮. 置宴〈臨海殿〉, 酒酣王言曰 "吾以不天, 侵致禍亂.〈甄萱〉恣行不義, 喪我國家, 何如之." 因泣[119]然涕泣, 左右莫不嗚咽,〈太祖〉亦流涕. 因留數旬, 乃迴駕, 麾下肅靜, 不犯秋毫, 都人士女相

---

118. 盡의 誤字로 보인다.
119. 壬申本은 泫로 異體字이다.

慶曰 "昔〈甄〉氏之來也, 如逢豺虎, 今〈王公〉146/之至, 如見父母."

이듬해 무자(928) 3월에 태조가 기병 50여 명을 데리고 순행을 하면서 서울 근방에 도착하였을 때에 왕이 모든 관리들과 함께 교외에 나와 맞았다. 그리고 (대궐로) 들어가 마주앉아 정곡을 털어 이야기하였다. 임해전에서 잔치를 차리고 술이 거나하게 되자 왕이 "내가 운을 못 타고나서 침입을 불러들이고 재난을 빚어내었습니다. 견훤이 불의를 자행하여 우리나라를 망쳐 놓았으니 이를 어찌하면 좋겠습니까?'라고 말하고는 눈물을 줄줄 흘리면서 우니, 좌우도 흐느끼지 않는 자가 없었고 태조도 역시 눈물을 지었다. 그대로 수십 일 동안 체류하다가 이에 어가를 돌렸는데 휘하 군사들의 규율이 엄숙하여 털끝만치라도 범죄를 일으키지 않았으므로 서울 안 남녀들이 서로 기뻐하여 말하기를 "전일에 견씨가 왔을 때는 승냥이나 범이라도 만난 듯하였는데 오늘 왕씨가 이르니 마치도 부모를 만난 것만 같다."라고 하였다.

八月,〈太祖〉遣使遺王錦衫鞍馬, 幷賜羣僚將士有差.〈淸泰〉二年乙未十月, 以四方地盡爲他有, 國弱勢孤, 不已自安, 乃與羣下謀擧土降〈太祖〉, 羣臣可否, 紛然不已.

8월에 태조가 사신을 시켜 왕에게 비단 웃옷과 안장 갖춘 말을 보내고 아울러 여러 관료들과 장수들에게도 차등 있게 선물을 하였다. 청태 2년 을미(935) 10월에 신라는 4방의 땅이 죄다 남의 손으로 들어가 국력은 약화되고 형세는 고립되어 제대로 부지할 수 없었으므로 여러 신하들과 함께 전 국토를 가지고 태조에게 항복할 것을 의논하는데, 여러 신하들이 가부 의견을 가지고 토론이 분분하여 끝날 줄을 몰랐다.

王大子曰 "國之存亡, 必有天命, 當與忠臣義士收合心, 力盡而後已, 豈可以一千年之社稷, 輕以與人." 王曰 "孤危若此, 勢不能全, 旣不能强, 又不能弱. 至使無辜之民, 肝腦塗地, 吾所不能忍也." 乃使侍郎〈金封休〉齎書, 請降於〈太祖〉.

왕태자가 말하기를 "나라의 존망은 반드시 천명이 있을 터이니 마땅히 충신과 의사들이 함께 민심을 수습하여 힘을 다 쓴 후에야 말 일이지 어째서 1천 년 사직을 선뜻 남에게 내 줄 것인가?"라고 하였다. 왕이 말하기를 "나라가 이와 같이 고립무원한 위기에 처하였으니 형세로 보아 보전할 형편이 못 되고 이미 강해질 수가 없는데다가 아주 약할 대로 약해졌다. 무고한 백성들을 참혹한 죽음의 구렁으로 몰아넣는 것은 나로서는 차마 못할 노릇이다."라고 하고는 곧 시랑 김봉휴를 시켜 국서를 가지고 태조에게로 가서 항복을 청하였다.

大子哭泣辭王, 徑往〈皆骨山〉, 麻衣草食, 以終其身. 季子祝髮, 隷〈華嚴〉, 爲浮圖, 名〈梵空〉, 後住〈法水〉〈海印寺〉云. 〈太祖〉受書, 送太相〈王鐵〉迎之. 王率百僚147/歸我〈太祖〉, 香車寶馬, 連亘三十餘里, 道路塡咽, 觀者如堵. 〈太祖〉出郊迎勞, 賜宮東一區(今〈正承院〉), 以長女〈樂浪公主〉妻之, 以王謝自國居他國, 故以鸞喩之, 改號〈神鸞公主〉謚〈孝穆〉.

태자는 통곡하면서 왕에게 하직하고 개골산으로 들어가 베옷에 나물을 뜯어먹어 가면서 세상을 마쳤다. 왕의 막내 아들은 머리를 깎고 화엄종에 속하여 승려가 되니 이름을 범공이라 하고 뒤에는 법수 해인사에 살았다고 한다. 태조가 글을 받고 태상 왕철을 보내어 왕을 영접하게 하였다. 왕이 모든 관리들을 거느리고 우리 태조에게 귀순해 오는데 아름답게 꾸민 수레며 말들이 30여 리에 이어 길을 꽉 메웠으며 구경꾼들은 담을 쌓은 듯하였다. 태조가 교외에 나가 맞아들여 대궐 동쪽 한 구역(지금의 정승원이다.)을 하사하고 맏딸인 낙랑공주로 아내를 삼게 하니, 왕이 자기 나라를 하직하고 다른 나라에 와서 살게 된 까닭에 난새에 비하여 신란공주로 칭호를 고치고 시호는 효목이라 하였다.

封爲〈正承〉, 位在太子之上. 給祿一千石, 侍從員將皆錄用之, 改〈新羅〉爲〈慶州〉, 以爲公之食邑. 初王納土來降, 〈太祖〉喜甚, 待之厚禮, 使告曰 "今王以國與寡人, 其爲賜大矣. 願結婚於宗室, 以永甥舅之好." 王答曰 "我伯父〈億廉〉(王之考〈孝宗〉角干·追封〈神興大王〉之弟也.)有女子, 德容雙美, 非是無以備內政."

왕을 정승으로 봉하니 태자의 위에 가는 자리이다. 녹봉으로 1천석을 주었으며 왕을 모시고 따라온 관원들도 다 등용하였으며 신라를 경주로 고쳐 그의 식읍으로 삼게 하였다. 처음에 왕이 국토를 가져다 바치면서 항복을 하매 태조가 매우 기뻐하여 깍듯이 대접하면서 사람을 시켜 고하기를 "지금에 왕이 나라를 과인에게 내 주니 선물로서야 이 이상 클 수 없을 것이오. 원컨대 귀 종실과 결혼을

하여 장인과 사위간이 되어 길이 좋게 지냈으면 하오."라고 하매 왕
이 대답하여 "우리 백부 되는 억렴(왕의 아버지인 효종각간, 즉 추
봉한 신흥대왕의 아우이다.)이 딸을 두었는데 덕과 용모가 모두 뛰
어나서 안 살림을 맡을 만합니다."라고 하였다.

〈太祖〉娶之, 是爲〈神成王后〉〈金氏〉.(本朝登仕郞〈金寬毅〉所撰
『王代宗錄』云 〈神成王后〉〈李氏〉, 本〈慶州〉大尉〈李正言〉爲〈俠州〉
守時,〈太祖〉幸此州, 納爲妃, 故或云〈俠州君〉. 願堂〈玄化148/寺〉
三月二十五日立忌, 葬貞陵. 生一子,〈安宗〉也. 此外二十五妃主中不
載〈金氏〉之事, 未詳. 然而史臣之論, 亦以〈安宗〉爲〈新羅〉外孫, 當
以史傳爲是.)

태조가 장가를 드니 이가 바로 신성왕후 김씨로 되었다.(고려조
의 등사랑 김관의가 지은 『왕대종록』에 의하면 신성왕후 이씨의
본은 경주인데 대위 이정언이 협주의 원으로 있을 때에 태조가 이
지방에 행차하였다가 그를 얻어 비를 삼았으므로 혹은 협주군이라
고도 한다. 원당은 현화사로 3월 25일이 제삿날로 되어 있고 정릉
에 장사하였다. 아들 하나를 두었는데 즉 안종이다. 이 외에 왕비
스물다섯 명 가운데 김씨의 사적은 기록하지 않았으니 자세히 알
수 없다. 그런데 역사 맡은 관리의 평론에는 역시 안종을 신라왕의
외손자라 하였으니 역사의 기록이 옳다 할 것이다.)

〈太祖〉之孫〈景宗〉〈伷〉, 聘〈政承公〉之女爲妃, 是爲〈憲承皇后〉,
仍封〈政承〉爲尙父.〈大平興國〉三年戊寅崩, 謚曰〈敬順〉.

태조의 손자 경종 주는 정승공의 딸을 맞아 왕비를 삼았는데 이
가 헌승황후였으며 이로 인하여 정승을 봉하여 상보로 삼았다. 그
가 태평흥국 3년 무인(978)에 죽으니 시호를 경순이라 하였다.

册尙父誥曰 "勅,〈姬周〉啓聖之初, 先封〈呂主〉,〈劉漢〉興王之始,
首册[120]〈簫何〉, 自大定寰區, 廣開基業, 立龍圖三十代, 踦麟趾四百
年. 日月重明, 乾坤交泰, 雖自無爲之主, 乃開致理之臣. 觀光順化衛
國功臣上柱國樂浪王政承食邑八千戶〈金傅〉, 世〈雞林〉, 官分王爵,
英烈振淩雲之氣, 文章騰擲地之才, 富有春秋, 貴居茅土, 六韜三略,
拘[121]入胸襟, 七縱五申, 撮皈指掌.

상보로 책봉한 글에 이르기를 "칙령을 내리노니 주나라가 창건
되던 벽두에 여주를 먼저 봉하고 한나라가 왕조를 일으키던 시초에
먼저 소하를 책봉하였으니 이로부터 천하가 안정되고 왕업을 넓게
열어 30대에 걸쳐 용도가 세워졌으며 4백 년간 섭린이 이어졌다.
해와 달이 더욱 밝아지며 건곤이 더욱 커지어, 비록 스스로는 덕으
로 다스리는 임금이나, 도리를 다하는 신하로서 통달했다. 관광순
화 위국공신 상주국 낙랑왕 정승 식읍 8천 호 김부는 대대로 계림
땅에 자리를 잡아 벼슬은 왕의 지위를 갖게 되었고 영특한 기상은
아주 높았으며 문장과 학식도 뛰어나 토지신과 노름을 하는 경지에
올랐다. 춘추로 풍요롭게 지냈으며, 자기의 봉토에서 귀하게 지내

---

120. 木板本은 開로 册의 誤字로 보인다.
121. 壬申本은 恂로 異體字로 보인다.

면서 육도삼략은 가슴에 들어 있고, 칠종오신을 손바닥 안에서 움직였다.

我〈太祖〉須載接陸149/擲之好, 早認餘風, 尋時頒駙馬之姻, 內酬
大節, 家國旣歸於一統, 君臣宛合於〈三韓〉. 顯播令名, 光崇懿範, 可
加號尙父都省令, 仍賜推忠愼義崇德守節功臣號, 勳封如故, 食邑通
前爲一万戶, 有司擇日備禮冊命, 主者施行. 〈開寶〉八年十月日. 大匡
內議令兼摠翰林臣〈翮宣〉奉行, 奉勅如右, 牒到奉行.

우리 태조는 모름지기 이웃과 화목하게 지내는 우호를 닦으니, 선대의 남겨진 풍속을 빨리 인지하여 때를 잡아 부마의 인의를 맺으니 안으로 큰 절의에 보답했으며, 집안이나 국가가 통일을 이루게 되었고 임금과 신하는 삼한에서 결합되었다. 좋은 명예는 드러나 퍼지고 도덕과 규범은 높다랗게 빛나서 상보 도성령이란 칭호를 더할 것이요, 추충신의 숭덕수절공신 칭호를 주며 훈공과 봉작은 전과 같을 것이요, 식읍은 앞서의 것과 아울러 1만 호로 하니 담당 관원이 날을 택하여 예절을 갖추어 책명할 것을 일 맡은 자가 실행하라. 개보 8년(976) 10월 일. 대광 내의령 겸 총한림 신 핵선이 받들어 시행하니 받들게 된 칙명은 이상과 같고 공문이 이르자 거행하였다.

〈開寶〉八年十月日. 侍中署, 侍中署, 內奉令署, 軍部令署, 軍部令
無署, 兵部令無署, 兵部令署, 廣坪122侍郎署, 廣坪123侍郎無署,
內奉侍郎無署, 內奉侍郎署, 軍部卿無署, 軍部卿署, 兵部卿無署,

兵部卿署. 告推忠愼義崇德守節功臣尙父都省令·上柱國樂浪150/
都[124]王·食邑一万戶〈金傅〉, 奉勅如右, 符到奉行. 主事無名, 郞中
無名, 書令史無名, 孔目無名.〈開寶〉八年十月日下."

개보 8년 10월 일. 시중 서명, 시중 서명, 내봉령 서명, 군부령 서
명, 군부령 서명 없음, 병부령 서명 없음, 병부령 서명, 광평시랑 서
명, 광평시랑 서명 없음, 내봉시랑 서명 없음, 내봉시랑 서명, 군부
경 서명 없음, 군부경 서명, 병부경 서명 없음, 병부경 서명. '추충
신의 숭덕수절공신 상보 도성령 상주국 낙랑군왕 식읍 1만 호 김
부'에게 고하여 칙명을 이상과 같이 받들었으며 문서가 이르자 거행
하였다. 주사의 이름이 없고, 낭중의 이름이 없고, 서령사의 이름이
없고, 공목의 이름은 없다. 개보 8년 10월 일 하."라고 쓰여 있다.

史論曰 "〈新羅〉〈朴氏〉·〈昔氏〉, 皆自卵生,〈金氏〉從天入金櫃而
降, 或云乘金車, 此尤詭怪不可信. 然, 世俗相傳爲實事. 今但原[125]厥
初, 在上者, 其爲己也儉, 其爲人也寬, 其設官也略, 其行事也簡, 以
至誠事中國, 梯航朝聘之使, 相續不絶, 常遣子弟, 造朝宿衛, 入學而
誦習. 于以襲聖賢之風化, 革鴻荒之俗, 爲禮義之邦.

사론에 이르기를 "신라의 박씨와 석씨는 모두 알로부터 탄생하
였고 김씨는 하늘로부터 금 궤짝 속에 들어서 내려왔다고도 하고

---

122. (斗)는 坪(評).

123. (斗)는 坪(評).

124. (北)(日)은 都(郡).

125. 木板本은 厚로 原의 異體字로 보인다.

혹은 금 수레를 탔다고도 하나, 이는 더욱 황당무계하여 믿을 수
없다. 그러나 세간에서는 이렇게 전해 오면서 사실처럼 되었다. 이
제 다만 건국 초기의 일들을 따져서 본다면 윗자리에 앉은 자가 자
신을 위하여는 검약하였고 남을 위하여는 관대하였으며 관제의 설
정은 간략하게 하고 정치 행사는 간편하게 하였으며 지성껏 중국을
섬겨 산을 넘고 물을 건너 조빙하는 사신이 연속되어 끊어지지 않
았으며 언제나 자제들을 보내어 조정에서 숙위를 하게 하였고 입학
하여 공부하게 하였다. 이리하여 성현의 교화를 계승하고 미개한
습속을 개혁함으로써 예의를 존중하는 나라가 되었다.

又憑王師之威靈, 平〈百濟〉·〈高句麗〉, 取其地郡縣, 可謂盛矣.
然而奉浮屠之法, 不知其弊, 至使閭里比其塔廟, 齊民逃於緇褐, 兵農
侵小, 而151/國家日衰, 幾何其不亂且亡也哉? 於是時, 〈景哀王〉加
之以荒樂, 與宮人左右出遊〈鮑石亭〉, 置酒燕衎,[126] 不知〈甄萱〉之至,
與門外〈韓檎[127]虎〉, 樓頭〈張麗華〉, 無以異矣. 若〈敬順〉之歸命〈太
祖〉, 雖非獲已, 亦可佳矣.

또 천자가 거느린 군대의 위력과 위엄에 의거하여 백제와 고구려
를 평정하고 그의 국토를 빼앗아 이를 군과 현으로 만들었으니 가
위 번성했다고 할 만하다. 그러나 불교를 숭봉하여 그 폐단을 알지
못하였으며 심지어 불탑과 절집이 동리 속에 총총 늘어서게 되고

---

126. 壬申本은 衛로 衎의 異體字 또는 誤字로 보인다.
127. 擒의 異體字이다.

백성들이 모두 도피하여 중이 되면서부터 군사와 농업은 차차 줄어들고 국가는 날로 쇠퇴하여졌으니 어찌 나라가 어지러워지고 또 망하지 않을 것이랴? 게다가 이때에 이르러 경애왕은 방탕하기까지 하여 궁녀들과 좌우를 상대로 포석정에 나가 놀면서 술자리를 벌이고 잔치를 하다가 견훤이 들이닥치는 것도 알지 못하였으니, 이야말로 대문 밖에 한금호나 다락 위의 장려화에 다름이 없다. 경순왕이 태조에게 귀순함은 비록 그것이 부득했다 하더라도 역시 가상하다 할 수 있다.

向若力戰守死, 以抗[128]王師, 至於力屈勢窮, 卽必覆其家[129]族, 害及于無辜之民, 而乃不待告命, 封府庫·籍郡縣[130]以歸之, 其有功於朝廷, 有德於生民甚大. 昔〈錢民〉以〈吳越〉入〈宋〉,〈蘇子瞻〉謂之忠臣, 今〈新羅〉功德, 過於彼遠矣. 我〈太祖〉妃嬪衆多, 其子孫亦繁衍, 而〈顯宗〉自〈新羅〉外孫卽寶位, 此後繼統者, 皆其子孫, 豈非陰德也歟."

당시에 만약 죽기를 각오하고 힘을 다해 싸워 왕사에 반항하여 기운이 다 빠진다면 반드시 가족을 뒤엎고 무고한 백성들에게 위해가 미쳤을 터인데 고명을 기다리지 않고 부고를 봉한 채로 군현의 호적을 가지고 귀순하였으니 그의 조정에 대한 공로와 백성들에 대한 덕이 매우 크다. 옛날 전민은 오월땅을 가지고 송나라에 귀순하

128. 木板本은 抗이나 抗의 異體字로 보인다.
129. 宗의 異體字일 수 있다.
130. 木板本은 群難으로 郡縣의 誤字로 보인다.

였으며 소자첨은 이를 충신이라고 하였는바, 지금 신라의 공덕은 그보다도 훨씬 넘어서고 있다. 우리 태조는 비빈들이 많아 그의 자손들은 번창하였는데 현종이 신라의 외손으로 왕위에 오르게 되면서부터 이후로 왕통을 계승한 자는 모두 그의 자손들이니 어찌 이것이 그의 음덕이 아니겠느냐고 하였다."

〈新羅〉旣納土國除, 阿干〈神會〉罷外署還,152/見都城離潰, 有黍離離嘆, 乃作歌, 歌亡未詳.

신라가 이미 땅을 바치고 나라가 없어지게 되자 아간 신회는 지방관청을 그만두고 돌아와 서울이 황폐한 것을 보고 서리리의 탄식을 하면서 따라서 노래를 지었으나 노래는 없어져 잘 알 수 없다.

20. 南扶餘 前百濟 〔北扶餘已見上〕[131]

〈扶餘郡〉者, 前〈百濟〉王都也, 或稱〈所夫里郡〉. 按『三國史記』, "〈百濟〉〈聖王〉二十六年戊午春, 移都於〈泗沘〉, 國號〈南扶餘〉." 〔注曰 "其地名〈所夫里〉, 〈泗沘〉, 今之〈古省津〉也, 〈所夫里〉者, 〈扶餘〉之別號"也. 已上注.〕[132]

남부여 · 전백제(북부여는 위에 이미 나왔다.)

부여군이란 전 백제의 왕도이니 혹은 소부리군이라고도 한다.

---

131. 분주가 되어야 할 부분이 본문이 된 것이다.
132. 상기 두 조목 모두 분주는 시주되어 있지 않다. 따라서 여기서의 注는 권제이 문무왕법민 조의 注와 동일한 성격의 것이 아닌가 싶다. 또한 각주에 들어갈 것이 본문으로 나와 있는 한 예이기도 하다.

『삼국사기』에 의하면 "백제 성왕 26년(548) 무오 봄에 서울을 사비로 옮기고 나라 이름을 남부여라 하였다."라고 하였으며 주석에는 이르기를 "그 땅 이름은 소부리요 사비는 지금의 고성진이요 소부리란 부여의 별호이다."라고 하였는바 이상은 주석이다.

又按『量田帳籍』, 曰"〈所夫里郡〉田丁柱貼," 今言〈扶餘郡〉者, 復上古之名也. 〈百濟〉王姓〈扶〉氏, 故稱之. 或稱〈餘州〉者, 郡西〈資福寺〉高座之上, 有繡帳焉, 其繡文曰"〈統和〉十五年丁酉五月日, 〈餘州〉〈功德大寺〉繡帳." 又昔者, 〈河南〉置〈林州〉刺史, 其時圖籍之內, 有〈餘州〉二字, 153/〈林州〉, 今〈佳林郡〉也, 〈餘州〉, 今之〈扶餘郡〉也.

또 『양전장적』을 보면 "소부리군 전정주첩"이라 쓰여 있는데 지금에 말하는 부여군이란 것은 아주 먼 옛날의 명칭을 회복한 것이다. 백제왕의 성이 부씨이므로 이렇게 부르는 것이다. 혹 여주라고 부르는 것은 고을 서쪽에 있는 자복사 고좌 위에 수놓은 휘장이 있는데 그 수놓은 글에 보면 "통화 15년 정유(997) 5월일 여주 공덕대사 수장."이라고 하였기 때문이다. 또 옛날 하남에 임주자사를 두었는데 그때의 그림과 서적에 여주란 두 글자가 있었으니 임주는 지금의 가림군이요 여주는 지금의 부여군이다.

『百濟地理志』曰『後漢書』曰"〈三韓〉凡七十八國, 〈百濟〉是其一國焉."

『백제지리지』에는 이르되 『후한서』에 이르기를 "삼한은 무릇 78

국인데 백제가 바로 그 중의 한 나라이다."라고 하였다.

『北史』云 "〈百濟〉東極〈新羅〉, 西南限大海, 北際〈漢江〉, 其都[133]曰〈居扶[134]城〉, 又云〈固麻城〉, 其外更有五方城."

『북사』에는 이르기를 "백제는 동쪽으로 신라에 닿고 서남쪽은 큰 바다가 가로막히고 북으로는 한강과 맞붙었는데 서울은 거부성이라 하고 또는 고마성이라고도 하며 그 밖에 오방성이 있다."라고 하였다.

『通典』云 "〈百濟〉南接〈新羅〉, 北距〈高麗〉, 西限大海."

『통전』에 이르기를 "백제는 남으로 신라에 접하고 북으로는 고구려에 이르고 서쪽은 큰 바다에 막혔다."라고 하였다.

『舊唐書』云 "〈百濟〉〈扶夫[135]〉之別種,[136] 東北〈新羅〉, 西渡海〈越州〉, 南渡海至〈倭〉, 北〈高麗〉. 其王所居, 有東西兩城."

『구당서』에는 이르기를 "백제는 부여의 별종으로 동북쪽은 신라요, 서쪽으로 바다를 건너면 월주에 이르고 남으로 바다를 건너면 왜국에 이르고 북쪽은 고(구)려이니 그 나라 임금이 있는 데는 동서로 두 성이 있다." 하였다.

---

133. 木板本은 郡으로 都의 異體字이다.
134. 拔의 異體字일 수 있다.
135. 餘의 壞字 또는 余의 異體字로 보인다.
136. 木板本은 程이나 種의 異體字이다.

『新唐書』云 "〈百濟〉西界〈越州〉, 南〈倭〉, 皆踰海. 北〈高麗〉."

『신당서』에 이르기를 "백제는 서쪽으로 월주를 경계로 하고 남쪽은 왜국으로 모두 바다를 건너야 하며 북은 고(구)려이다."라고 하였다.

『史·本記』云 "〈百濟〉始祖[137]〈溫祚〉. 其父〈雛车王〉或云〈朱蒙〉, 自〈北扶餘〉逃難, 至〈卒本扶餘〉, 州之王無子, 只有三女, 見〈朱蒙〉知非常人, 以第二女妻之. 未幾, 〈扶餘州〉王薨,154/〈朱蒙〉嗣位, 生二子, 長曰〈沸流〉, 次曰〈溫祚〉.

『사기·본기』에 이른다. "백제의 시조는 온조이니 그의 아버지는 추모왕이요 혹은 주몽이라고도 한다. 북부여로부터 도망하여 졸본부여까지 왔더니 이 지방의 왕이 아들은 없고 다만 딸 셋이 있었는데 주몽을 보고 그가 보통 사람이 아닌 것을 알고 그의 둘째딸로 아내를 삼게 하였다. 얼마 못 되어 부여땅의 왕이 죽으매 주몽이 왕위를 계승하여 아들 둘을 낳으니 맏이가 비류요 둘째가 온조였다.

恐後大子所不容, 遂與〈烏干〉·〈馬黎〉等臣南行, 百姓從之者多. 遂至〈漢山〉, 登〈負兒岳〉, 望可居之地. 〈沸流〉欲居於海濱, 十臣諫曰'惟此河南之地, 北帶〈漢水〉, 東據高岳, 南望沃澤, 西阻大海, 其天險地利, 難得之勢, 作都於斯, 不亦宜乎?'〈沸流〉不聽, 分其民歸〈弥雛忽〉居之. 〈溫祚〉都河南〈慰禮城〉, 以十臣爲輔翼, 國號〈十濟〉,

---

137. 壬申本은 祖로 異體字이다.

是〈漢〉〈成帝〉〈鴻佳〉三年也.

그들은 뒷날 태자에게 용납되지 못할까 염려하여 드디어 오간·
마려 등 신하들과 함께 남쪽으로 떠나가니 그들을 따르는 백성들이
많았다. 그들은 드디어 한산에 이르러 부아악에 올라가 살 만한 곳
을 살펴보았다. 비류가 해변으로 가서 살려고 하니 열 명의 신하
들이 말려 권고하기를 '이곳 하남은 북으로 한수를 두루고 동으로
는 높은 산을 기대고 남으로는 비옥한 습지를 바라보고 서로는 큰
바다가 막혀 그 천연적인 방비와 지형이 유리하여 얻기 어려운 지
세이니 이곳에 도읍을 만드는 것이 아무래도 좋지 않겠습니까?'라
고 하였다. 그러나 비류는 이 말을 듣지 않고 백성들을 갈라 가지고
미추홀로 가서 살았다. 온조는 하남 위례성에 도읍을 잡고 열 명의
신하가 보좌하여 나라 이름을 십제라 하였으니, 이때가 한나라 성
제 홍가 3년(B.C.18)이었다.

〈沸流〉以〈弥雛忽〉土濕水醎, 不得安居, 皈見〈慰禮〉都邑鼎定, 人
民安泰, 遂慙悔而死, 其臣民皆皈於〈慰礼城〉, 後以來時百姓樂悅,
改號〈百濟〉. 其世系與〈高句麗〉同出〈扶餘〉, 故以〈解〉爲氏. 後155/
至〈聖王〉, 移都於〈泗沘〉, 今〈扶餘郡〉.(〈弥雛忽〉〈仁州〉,〈慰礼〉今
〈稷山〉.)"

비류는 미추홀의 땅이 습하고 물이 짜기 때문에 편히 살 수 없었
다. 온조가 위례성에 도읍을 정하고 인민들이 태평하게 사는 것을
와서 보고 마침내 부끄럽고도 후회가 되어 죽었으며 그의 신하와
백성들은 모두 위례성으로 귀속하였다. 그때 이후로 백성들이 쭉

264

기뻐하였다 하여 나라 이름을 백제로 고쳤다. 그의 세계는 고구려
와 함께 부여로부터 나왔으므로 해로써 성씨를 삼고 뒷날 성왕 때
에 이르러 서울을 사비로 옮겼으니 지금의 부여군이다.(미추홀은
인주요 위례는 지금의 직산이다.)"

按『古典記』云 "〈東明王〉第三子〈溫祚〉, 以〈前漢〉〈鴻佳〉三年癸
酉, 自〈卒本扶餘〉至〈慰礼城〉, 立都稱王, 十四年丙辰, 移都〈漢山〉
(今〈廣州〉), 歷三百八十九年. 至十三世〈近肖古王〉, 〈咸安〉元年, 取
〈高句麗〉〈南平壤〉, 移都〈北漢城〉(今〈楊州〉), 歷一百五年, 至二十
二世〈文周王〉卽位, 〈元徽〉三年乙卯, 移都〈熊川〉(今〈公州〉), 歷六
十三年, 至二十六世〈聖王〉, 移都〈所夫里〉, 國號〈南扶餘〉, 至三十
一世〈義慈王〉, 歷一百二十年, 至〈唐〉〈顯慶〉五年, 是〈義慈王〉在位
二十年, 〈新羅〉〈金庾信〉與〈蘇定方〉討平之."

살펴보건대 『고전기』에 이르기를 "동명왕의 셋째 아들 온조가 전
한 홍가 3년 계유에 졸본부여로부터 위례성으로 와서 도읍을 정하
고 왕으로 일컫다가 14년 병진(B.C.5)에 한산(지금의 광주)으로 옮
겨 389년 동안 지냈다. 13대 근초고왕에 이르러 함안 원년(371)에
고구려의 남평양을 빼앗아 북한성(지금의 양주)으로 도읍을 옮겨
105년 동안 지냈으며 22대 문주왕이 즉위함에 이르러 원휘 3년 을
묘(475)에 웅천(지금의 공주)으로 도읍을 옮겨 63년 동안 지냈으며
26대 성왕대에 와서 도읍을 소부리로 옮기고 나라 이름을 남부여
라 하였으며, 31대 의자왕 때까지 120년 동안 지내다가 당나라 현
경 5년(660) 바로 의자왕이 왕위에 있은 지 20년 만에 신라의 김유

신과 소정방에 의해 평정되었다."라고 하였다.

〈百濟國〉舊有五部, 分統三十七郡·二百濟[138]城, 七十六万156/
戶. 〈唐〉以地, 分置〈熊津〉·〈馬韓〉·〈東明〉·〈金漣〉·〈德安〉等
五都督府, 仍其酋長爲都督府刺史. 未幾, 〈新羅〉盡幷其地, 置
〈熊〉·〈全〉·〈武〉三州及諸郡縣.

백제국은 예전은 5부로 되어 37군과 2백여 개의 성으로 갈라 다
스렸으니 도합 76만 호였다. 당나라는 그 땅을 웅진·마한·동
명·금련·덕안 등 다섯 도독부로 나누어 두고 이어 그 지방 추장
으로 도독부 자사를 삼았더니 얼마 안 되어 신라가 그 땅을 죄다
병탄하여 웅주·전주·무주 세 주와 여러 군과 현을 설치하였다.

又〈虎嵒寺〉有〈政事嵒〉, 國家將議宰相, 則書當選者名或三四, 函
封置嵒上, 須臾取看, 名上有印跡者爲相, 故名之.

또 호암사에는 정사암이 있다. 나라에서 재상을 전형할 때, 당선
될 후보자 3, 4인의 이름을 써서 봉함을 하여 바위 위에 두었다가
조금 뒤에 집어 보아 이름 위에 도장 자국이 있는 자로써 재상을
삼았으니 이 때문에 정사암이라 한 것이다.

又〈泗沘〉河邊有一嵒, 〈蘇定方〉嘗坐此上, 釣魚龍而出, 故嵒上有
龍跪之跡, 因名〈龍嵒〉. 又郡中有三山, 曰〈○山〉·〈吳山〉·〈浮山〉,

---

138. 활자본들은 餘로 교정하고 있어 참고가 된다.

國家全盛之時, 各有神人居其上, 飛相往來, 朝夕不絶.

또 사비 강변에 바위가 하나 있어 일찍이 소정방이 그 위에 앉아
어룡을 낚았으므로 바위 위에는 용이 꿇어앉은 자취가 있기 때문에
용암이라고 이름을 지었다. 또 고을 안에는 산이 세 개 있는데 (일)
산, 오산, 부산이라고 불러 백제 전성시대에는 그 산 위에 각각 신
령이 한 사람씩 살면서 아침저녁으로 계속 날아다니며 서로 내왕하
였다고 한다.

又〈泗沘〉岸[139]又有一石, 可坐十餘人, 〈百濟〉王欲幸〈王興寺〉禮
佛, 先於此石望拜佛, 其石自煖, 因名〈煖石〉.

또 사비 강변에는 돌 하나가 있었는데 여남은 사람쯤 앉을 만하
여 백제왕이 왕흥사로 예불하러 갈 때는 먼저 이 돌 위에서 부처를
바라보고 절을 하면 그 돌이 절로 따뜻해지게 되어 이 때문에 돌석
이라고 이름을 지었다.

又〈泗沘〉河兩岸[140]如畫屏, 〈百157/濟〉王每遊宴歌舞, 故至今稱爲
〈大王浦〉.

또 사비 강의 양쪽 언덕이 그림 병풍처럼 되어 백제왕이 매양 연
회를 열고 노래와 춤을 추었으니 이 때문에 지금도 대왕포라고 부
른다.

---

139. 壬申本은 崖로 異體字 또는 誤字이다.
140. 壬申本은 崖으로 異體字 또는 誤字로 보인다.

又始祖〈溫祚〉乃〈東明〉第三子, 体洪大, 性孝友, 善騎射.

또 시조 온조는 바로 동명왕의 셋째 아들로서 몸집이 매우 크고 효성스럽고 우애가 깊었으며, 말 타고 활 쏘기를 잘하였다.

又〈多婁王〉, 寬厚有威望.

또 다루왕은 사람이 관후하고 위엄과 명망이 있었다.

又〈沙沸王〉(一作〈沙伊王〉), 〈仇首〉崩, 嗣位, 而幼少不能政, 卽廢而立〈古爾王〉. 或云至〈景[141]初〉二年己未乃崩, 〈古爾〉方立.

또 사비왕(사이왕이라고도 한다.)은 구수왕이 죽은 뒤에 왕위를 계승하였으나 나이가 어려 정치를 할 수 없었으므로 즉시 폐위되고 고이왕을 임금으로 세웠다. 혹은 경초 2년 기미(239)에 죽고 고이가 비로소 왕이 되었다고도 한다.

21. 武王(古本作〈武康〉, 非也. 〈百濟〉無〈武康〉.)

第三十〈武王〉, 名〈璋〉. 母寡居, 築室於京師〈南池〉邊, 池龍交[142]通而生, 小名〈薯童〉, 器量難測. 常掘薯蕷, 賣爲活業, 國人因以爲名. 聞〈新羅〉〈眞平王〉第三公主〈善花〉(一作〈善化〉)美艶無雙, 剃髮來京師, 以薯蕷餉閭里羣童, 羣童親附之,

무왕(고본에 무강이라고 한 것은 잘못이다. 백제에는 무강왕이

---

141. 木板本은 樂으로 景의 誤字로 보인다.
142. (天)(서)(蓬)은 文으로 交의 異體字이다.

없다.)

제30대 무왕의 이름은 장이다. 그의 어머니가 서울의 남지란 못 둑에 집을 짓고 홀어미로 살더니 그 못의 용과 상관하여 그를 낳았는바 아명은 서동이니 재능과 도량을 헤아릴 수 없었다. 그는 평소에 마를 캐어 팔아서 생업을 삼았으므로 국인들이 이렇게 이름을 지었다. 신라 진평왕의 셋째 공주 선화(善化라고도 쓴다.)가 아름답고 곱기 짝이 없다는 소문을 듣고 머리를 깎고 서울로 와서 동리 아이들에게 마를 나눠 먹여 여러 아이들이 친하게 따르게 되었다.

乃158/作謠, 誘羣童而唱之云 "〈善化公主〉主隱, 他密只嫁良置古, 〈薯童〉房乙, 夜矣卯乙抱遣去如."
이에 동요를 지어 여러 아이들을 꾀어 이를 부르게 하며 이르기를 "선화공주님은, 타인에게 은밀히 얼어 두고,[143] 맛둥방을,[144] 밤에 몰래 안고 가다.[145]"라고 하였다.

童謠滿京, 達於宮禁, 百官極諫, 竄流〈公主〉於遠方. 將行, 王后以純金一斗贈行, 〈公主〉將至竄所, 〈薯童〉出拜途中, 將欲侍衛而行, 〈公主〉雖不識其從來, 偶爾信悅, 因此隨行, 潛通焉, 然後知〈薯童〉名, 乃信童謠之驗. 同至〈百濟〉, 出母后所贈金, 將謀計活, 〈薯童〉大

---

143. 남 몰래 시집 가서/남 몰래 짝 맞추어 두고/남 몰래 정을 두고.
144. 서동이를/서동 방을/막동의 집을 (찾아).
145. 밤이면 안고 가다/밤에 알을 안고 간다/밤에는 알을 품고 가는구나.

笑曰 "此何物也?" 〈主〉曰 "此是黃金, 可致百年之富."

동요가 서울 안에 널리 퍼져 대궐에까지 들어가니, 백관이 극히 간하여 공주를 먼 지방으로 귀양을 보내게 되었는데, 장차 떠날 적에 왕후가 순금 한 말을 노자로 주었다. 공주가 귀양살이 처소를 향하여 가는데 서동이 도중에서 뛰어나와 절을 하면서 호위를 하고 가겠다 하니 공주는 비록 그가 어떤 사람인지 알지는 못하였지만 순간적으로 믿고 좋아했기 때문에 이로써 따라오게 하여 남 몰래 관계를 한 뒤에야 서동이란 이름을 알고서 동요의 영험을 믿게 되었다. 함께 백제까지 오니, 왕후가 준 금을 내어 놓고 장차 살아갈 것을 의논하는데 서동이 크게 웃으면서 말하기를 "이게 뭐요?"라고 하니 공주가 말하기를 "이것은 황금이니, 한평생 부자로 살 수 있소."라고 하였다.

〈薯童〉曰 "吾自小掘薯之地, 委積如泥土." 〈主〉聞大驚曰 "此是天下至寶, 若今知金之所在, 則此寶輸送父母宮殿何如?" 〈薯童〉曰 "可." 於是, 聚金積如丘陵, 詣〈龍華山〉159/〈師子寺〉〈知命法師〉所, 問輸金之計, 師曰 "吾以神力可輸, 將金來矣."

서동이 말하기를 '내가 어릴 적부터 마를 캐던 곳에 쌓아 둔 것이 흙더미 같소.'라고 하였다. 공주가 듣고 크게 놀라면서 말하기를 "이것은 천하의 지보인데, (당신이) 지금 금 있는 데를 알거든 이 보물을 부모님 계신 궁전으로 실어 보냈으면 어떻겠소?"라고 하니 서동이 "좋소!"라고 하였다. 이에 금을 끌어모아 쌓았더니 산더미와 같았는데, 용화산 사자사 지명법사의 처소에 이르러 금을 실어

나를 계책을 물었더니 법사가 말하기를 "내가 신력으로 보낼 수 있으니 금을 가져오시오."라고 하였다.

〈主〉作書, 幷金置於〈師子〉前, 師以神力, 一夜輸置〈新羅〉宮中, 〈眞平王〉異其神變, 尊敬尤甚, 常[146]馳書問安否, 〈薯童〉由此得人心, 卽王位. 一日王與夫人, 欲幸〈師子寺〉, 至〈龍華山〉下大池邊, 彌勒三尊出現池中, 留駕致敬. 夫人謂王曰 "須創大伽藍於此地, 固所願也." 王許之, 詣〈知命〉所, 問塡池事, 以神力一夜頹山塡池爲平地.

공주가 편지를 써서 금과 함께 사자사 앞에 가져다 놓았더니 법사가 신력으로 하룻밤 동안에 신라 궁중으로 옮겼다. 진평왕이 이런 신기스러운 일을 기이하게 여겨 더욱 존경하여 늘 편지를 띄워 안부를 물었더니 서동이 이 까닭으로 인심을 얻어 왕위에 올랐다. 하루는 왕이 부인과 함께 사자사로 행차하고자 용화산 부근 큰 못 가까지 왔더니 미륵삼존께서 못 속으로부터 나타나므로 수레를 멈추고 치성을 드렸다. 부인이 왕에게 말하기를 "모름지기 여기에 큰 절을 짓도록 하소서. 저의 진정 소원이외다."라고 하니 왕이 이를 승낙하고 지명법사의 처소를 찾아 가서 못을 메울 일을 물었다. 그러자 법사가 신력으로 하룻밤 사이에 산을 무너뜨려 못을 메워 평지로 만들었다.

乃法像彌勒三尊[147]殿塔廊廡各三所創之, 額曰〈彌勒寺〉(『國史』云

---

146. (天)(晩)(蓬)은 當으로 異體字 또는 誤字로 보인다.

〈王興寺〉),〈眞平王〉遣百工助[148]之, 至今存其寺.(『三國史』云 "是〈法王〉之子," 而此傳之獨女之子, 未詳.)160/

이에 미륵불상 셋을 모실 전각과 탑과 회랑을 각각 세 곳에 짓고 미륵사(『국사』에는 왕흥사라 하였다.)라는 현판을 붙였다. 진평왕이 백공을 보내어 도와 주었으니 지금도 그 절이 남아 있다. (『삼국사』에 이르기를 "이는 법왕의 아들이다."라고 했는데 여기에 전하기를 홀어미의 자식이라 했으니 모를 일이다.)

22. 後百濟 甄萱

『三國史·本傳』云 "〈甄萱〉〈尙州〉〈加恩縣〉人也. 〈咸通〉八年丁亥生, 本姓〈李〉, 後以〈甄〉爲氏. 父〈阿慈个〉, 以農自活, 〈光啓〉中據〈沙弗城〉(今〈尙州〉),自稱將軍. 有四子, 皆知名於世, 〈萱〉號傑出, 多智略."

후백제 견훤

『삼국사』「본전」에 이르기를 "견훤은 상주 가은현 사람이요 함통 8년 정해(867)에 태어났으니 본래의 성은 이씨였는데 뒤에 견으로 성을 삼았다. 아버지는 아자개이니 농사로 생활을 하다가 광계 연간에 사불성(지금의 상주)에 할거하고 자칭 장군이라 하였다. 아들 넷이 있어 모두 세상에 이름이 알려졌는바 훤이 걸출하고 지혜와

---

147. 木板本은 會이나 曾의 誤字로 보인다.
148. 壬申本은 肋로 異體字이다.

책략이 많았다고들 불렀다."라고 하였다.

『李磾[149]家記』云 "〈眞興大王〉妃〈思刀〉, 諡曰〈白㲩夫人〉, 第三子
〈仇輪公〉之子波珎干〈善品〉之子角干〈酌珎〉, 妻〈王咬巴里〉生角干
〈元善〉, 是爲〈阿慈个〉也.〈慈〉之第妻〈上院夫人〉・第二妻〈南院夫
人〉, 生五子一女, 其長子是尙父〈萱〉, 二子將軍〈能哀〉, 三子將軍
〈龍盖〉, 四子〈寶盖〉, 五子將軍〈小盖〉, 一女大主〈刀金〉."

『이제가기』에 이르기를 "진흥대왕의 왕비 사도의 시호는 백숭부
인이며, 셋째 아들 구륜공의 아들인 파진간 선품의 아들 각간 작진
은 왕교파리를 아내로 삼아 각간 원선을 낳았으니 이가 아자개다.
아자개의 첫째 부인이 상원부인이요, 둘째 부인은 남원부인이니 아
들 다섯, 딸 하나를 낳았는데 그 맏아들이 상보 훤이요, 둘째 아들이
장군 능애요, 셋째 아들이 장군 용개요, 넷째 아들이 보개요, 다섯
째 아들이 장군 소개요, 맏딸이 대주 도금이라."라고 하였다.

又古記云 "昔一富人居〈光州〉北村, 有一[161]女子, 姿容端正. 謂
父曰 '每有一紫衣男到寢交婚.' 父謂曰 '汝以長絲貫針刺其衣.' 從之.
至明尋絲於北墻下, 針刺於大蚯蚓之腰. 後因姙生一男, 年十五, 自稱
〈甄萱〉. 至〈景福〉元年壬子稱王, 立都於〈完山郡〉, 理四十三年. 以
〈淸泰〉元年甲午,〈萱〉之三子簒逆,〈萱〉投〈大祖〉, 子〈金剛〉卽位.

---

149. 木板本은 碑이나 磾의 異體字이다. 참고로 동조목 후반부에 한번 더 『이제가기』가 등장
하는데 그 경우는 완전한 磾으로 표기되어 있다.

〈天福〉元年丙申, 與〈高麗〉兵會戰於〈一善郡〉, 〈百濟〉敗績國亡云."

또 『고기』에 이르기를 "옛적에 광주 북촌 사는 한 부자가 딸 하나를 두었는데 외모가 단정하였다. 아버지에게 말하기를 '자줏빛 옷을 입은 웬 남자가 매양 와서 잠자리를 치릅니다.'라고 하니 그 아버지가 이르기를 '네가 긴 실을 바늘에 꿰어 그의 옷에 찔러 놓아 보아라.'라고 하니 딸은 그 말대로 했다. 이튿날 실 끝을 북쪽 담장 밑에서 찾게 되었고 바늘은 큰 지렁이 허리에 찔려 있었다. 후에 이 때문에 임신하여 아들을 낳았는데 나이 열다섯에 자칭 견훤이라 하였다. 경복 원년 임자(892)에 이르러 왕이라 일컫고 도읍을 완산군으로 정하여 43년 동안 다스렸다. 청태 원년 갑오(934)에 훤의 세 아들이 반역을 하자 훤은 태조에게 투신하고 금강이 즉위하였으니 천복 원년 병신(936)에 고려 군사와 일선군에서 서로 접전하다가 백제가 패하여 나라가 망했다."라고 하였다.

初〈萱〉生孺褓時, 父耕于野, 母餉之, 以兒置于林下, 虎來乳之, 鄉黨聞者異焉. 及壯體皃雄奇, 志氣倜儻不凡. 從軍入王京, 赴西[150]南海防戍, 枕戈待敵, 其氣恒爲士卒先, 以勞爲裨將.

처음에 훤이 어려서 강보에 있을 때에 아버지가 들에 나가 밭을 가는데 어머니가 밥을 나르면서 어린아이를 숲속에 두었더니 범이 와서 젖을 먹였으므로 이 고장 사람들이 듣고 이상하게 여겼다. 장성하매 몸집이 크고 외모가 기이하였으며 지기가 뛰어나 범상치 않

---

150. 木板本은 四이나 西의 異體字이다.

왔다. 종군하여 왕경에 들어왔다가 서남쪽 바다를 방비하여 지키는 데로 가서 창을 베고 적을 대비하는데 그의 기개는 언제나 군사들의 앞장을 서므로 그 공로로 인하여 비장이 되었다.

〈唐〉〈昭宗〉〈景福〉元年, 是〈新羅〉〈眞聖王〉在位162/六年, 嬖竪在側, 竊弄國權, 綱紀紊弛, 加之以飢饉, 百姓流移, 群盜蜂起. 於是, 〈萱〉竊有○心, 嘯聚徒侶, 行擊京西南州縣, 所至響應, 旬月之間, 衆至五千.

당나라 소종 경복 원년(892)은 바로 신라 진성왕 재위 6년으로서 총신들이 곁에 있으면서 몰래 국권을 농락하여 강기가 문란하고 해이해졌으며 그 위에 기근까지 덮쳐 백성들이 떠돌아다니니 도적떼가 봉기하였다. 이에 훤은 속으로 반역심을 품고 무리들을 불러 모아 서울 남서쪽에 있는 고을을 공격하니, 이르는 곳마다 호응을 얻어 한 달 만에 무리가 5천이나 되었다.

遂襲〈武珍州〉自王, 猶不敢公然稱王, 自署爲〈新羅〉西南都統行〈全州〉刺史兼御史中丞上柱國〈漢南國〉〈開國公〉, 〈龍化〉元年己酉也. 一云〈景福〉元年壬子.

마침내 그는 무진주를 습격하여 스스로 왕 노릇을 하였으나 아직 공공연하게 왕이라 부르지는 못하고 제 스스로 신라 서남 도통 행 전주자사 겸 어사중승 상주국 한남군 개국공이라는 관작 칭호를 사용하였으니, 이때가 용기 원년 기유(889)인데 한편으로는 경복 원년 임자(892)라고도 한다.

是時,〈北原〉賊〈良吉〉雄强,〈弓裔〉自投爲麾下.〈萱〉聞之, 遙授〈良吉〉職爲裨將.〈萱〉西巡至〈完[151]山州〉, 州民迎勞, 喜得人心, 謂左右曰 "〈百濟〉開國六百餘年,〈唐〉〈高宗〉以〈新羅〉之請, 遣將軍〈蘇定方〉, 以舡兵十三万越海,〈新羅〉〈金庾信〉卷土歷〈黃山〉, 與〈唐〉兵合攻〈百濟〉滅之. 予163/今敢不立都, 以雪宿憤乎!" 遂自稱〈後百濟王〉, 設官分職, 是〈唐〉〈光化〉三年,〈新羅〉〈孝恭王〉四年也.

이때에 북원의 도적 양길이 매우 강성하였으므로 궁예가 스스로 투신하여 휘하가 되었다. 훤이 이 말을 듣고 멀리서 양길에게 비장의 직을 주었다. 훤이 서쪽으로 순행하여 완산주에 이르니 주민들이 환영하므로 인심을 얻은 것이 기뻐서 좌우에게 말하기를 "백제가 개국한 지 6백여 년 만에 당나라 고종이 신라의 청에 의하여 장군 소정방을 보내어 수군 13만 명이 바다를 건너오고, 신라의 김유신은 육지로 황산을 지나 당나라 군사와 합하여 백제를 공격해서 멸망시켰다. 내가 이제 기어코 도읍을 세워 묵은 분을 씻어 버리지 않을 수 있겠는가!" 라고 하고는 드디어 자칭 후백제왕이라 하고 관제를 설정하였는바 이것이 당나라 광화 3년(900)이요, 신라 효공왕 4년이다.

〈貞明〉四年戊寅,〈鐵原京〉衆心忽變, 推戴我〈太祖〉卽位,〈萱〉聞之遣使稱賀, 遂獻孔雀扇,〈地理山〉竹箭等.〈萱〉與我〈太祖〉陽和陰剋, 獻驄馬於〈太祖〉.

정명 4년 무인(918)에 철원경의 인심이 돌변하여 우리 태조를 추대하여 왕위에 오르니 견훤이 이 소문을 듣고 사신을 보내어 축하하고 공작깃 부채와 지리산 대화살 등을 바쳤다. 견훤이 우리 태조와 겉으로는 화목하는 체하고 속으로는 이기려고 해서 태조에게 총마를 바쳤다.

三年冬十月,〈萱〉率三千騎, 至〈曹物城〉(今未詳),〈太祖〉亦以精兵來與之角,〈萱〉兵銳, 未決勝負.〈大祖〉欲權和, 以老其師, 移書乞和, 以堂弟〈王信〉爲質,〈萱〉亦以外甥〈眞虎〉交質. 十二月攻取〈居西〉(今未詳)等二十餘城, 遣使入〈後唐〉稱藩,〈唐〉策授撿校大尉兼侍中判〈百濟〉軍事, 依前都督行〈全州〉刺史海東四面都統指揮兵馬判置等事〈百164/濟王〉, 食邑二千五百戶.

3년 겨울 10월에 견훤이 기병 3천 명을 거느리고 조물성(지금은 어딘지 알 수 없다.)에 닿으매 태조 역시 정병을 거느리고 와서 겨루는데, 견훤의 군사가 정예하여 승부를 내지 못하였다. 태조가 임시로 화해함으로써 견훤의 군사를 피로케 하고자 하여 글을 보내어 화친을 청하고, 4촌 아우인 왕신을 볼모로 보내고 견훤도 역시 생질 진호를 볼모로 바꾸었다. 12월에 거서(지금은 어딘지 알 수 없다.) 등 20여 성을 쳐서 빼앗고 사신을 후당에 보내어 번을 자처하매 당나라가 검교태위 겸 시중 판백제군사라는 벼슬을 제수하고 전례에 따라 도독 행전주자사 해동사면도통지휘병마판치등사 백제왕이라 하고 식읍을 2,500호로 하였다.

四年〈眞虎〉暴卒, 疑故殺, 卽囚〈王信〉, 使人請還前年所送驄馬, 〈太祖〉笑還之. 〈天成〉二年丁亥九月, 〈萱〉攻取〈近品城〉(今〈山陽縣〉)燒之, 〈新羅王〉求救於〈太祖〉. 〈太祖〉將出帥, 〈萱〉襲取〈高鬱府〉(今〈蔚州〉), 進軍族〈始林〉(一云〈雞林〉西郊), 卒入〈新羅〉王都. 〈新羅王〉與夫人出遊〈鮑石亭〉, 時由是甚敗. 〈萱〉强引夫人亂之, 以王之族弟〈金傅〉嗣位. 然後, 虜王弟〈孝廉〉・宰相〈英景〉, 又取國珍寶・兵仗・子女・百工之巧者. 自隨以歸.

4년에 진호가 갑자기 죽으매 일부러 죽였다고 의심하여 견훤은 즉시로 왕신을 가두고 사람을 시켜 전년에 보냈던 총마를 돌려보내라고 청하니 태조가 웃으면서 이것을 돌려보냈다. 천성 2년 정해(927) 9월에 견훤이 근품성(지금은 산양현이다.)을 쳐서 빼앗아 불사르니 신라왕이 태조에게 구원을 청하였다. 태조가 군사를 동원하고자 하는데 견훤이 고울부(지금의 을주)를 습격하여 빼앗고 시림(계림의 서쪽 교외라고도 한다.)으로 진군하여 마침내 신라왕도에 들어갔다. 신라왕이 부인과 함께 포석정에 나가 놀던 차에 이 때문에 매우 크게 패망하였다. 견훤은 억지로 부인을 끌어다가 강간을 하고 왕의 친족 아우뻘 되는 김부로써 왕위를 잇게 하였다. 연후에 왕의 아우 효렴과 재상 영경을 사로잡고 또한 나라의 진귀한 보물과 병장기와 자녀들과 뛰어난 백공들을 몸소 데리고 돌아갔다.

〈太祖〉以精騎五千, 要〈萱〉於〈公山〉下大戰, 〈太祖〉之將〈金樂〉〈崇謙〉死之, 諸軍敗北, 〈太祖〉僅以身免, 而不與相抵, 使盈其貫. 〈萱〉乘勝轉掠〈大木城〉(今〈若木〉)・〈京山府〉・〈康州〉165/, 攻〈缶

谷城〉. 又〈義成府〉之守〈洪述〉, 拒戰而死, 〈太祖〉聞之曰 "吾失右手
矣."

태조가 정병 5천 명으로써 공산 아래서 견훤을 요격하여 크게 싸
워 태조의 장수인 김낙과 숭겸이 거기서 죽고 여러 군사들이 패배
하여 태조는 간신히 몸만 빠져 나와 더불어 저항도 해 보지 못한
채 그가 통과하는 것을 눈 뜨고 지켜보았다. 견훤은 승승장구하여
대목성(지금의 약목) · 경산부 강주를 약탈하고 부곡성을 쳤다. 또
의성부의 원 홍술이 항전을 하다가 죽으니 태조가 이 말을 듣고 말
하기를 "내가 오른팔을 잃었구나!"라고 하였다.

四十二年庚寅,〈萱〉欲攻〈古昌郡〉(今〈安東〉), 大擧而〈石山〉營寨,
〈太祖〉隔百步而郡北〈瓶山〉營寨, 累戰〈萱〉敗, 獲侍郎〈金渥〉. 翌日
〈萱〉收卒, 襲破〈順城〉, 城主〈元逢〉不能禦, 弃城宵遁. 〈太祖〉赫怒,
貶爲〈下枝縣〉.(今〈豐山縣〉, 〈元逢〉本〈順城〉人故也.)

42년 경인(930)에 견훤이 고창군(지금의 안동)을 치려고 군사를
대규모로 동원하여 석산에 진지를 치니 태조는 백 보를 떨어져서
고을 북쪽 병산에 진영채를 만들었는데, 여러 번 싸워서 견훤이 패
하매 시랑 김악을 붙잡았다. 이튿날 견훤이 군사를 수습하고 순(주)
성을 습격하여 깨뜨리니 성주 원봉이 막아 낼 수 없어 성을 버리고
야밤에 도주하였다. 태조가 매우 화를 내며, 고을의 격을 떨어뜨려
하지현(지금의 풍산현이니 원봉은 본래 순(주)성 사람이기 때문이
다.)으로 만들었다.

〈新羅〉君臣以衰季, 難以復興, 謀引我〈太祖〉結好爲援. 〈萱〉聞之,
又欲入王都作惡, 恐〈太祖〉先之, 寄書于〈太祖〉曰 "昨者, 〈國〉相〈金
雄廉〉等將召足下入京, 有同鼈應黿聲, 是欲鷾披隼[152]翼, 必使生靈塗
炭, 宗社丘墟. 僕是以先著祖鞭, 獨揮韓鉞, 誓百寮如皎日, 諭六部以
義風. 不意奸臣遁逃.166/邦君薨變, 遂奉〈景明王〉表弟〈獻康王〉之
外孫, 勸卽尊位, 再造危邦, 喪君有君, 於是乎在.

신라의 군신은 나라가 쇠하여져 다시 일어서기 어려웠으므로 우
리 태조를 끌어들여 우호를 맺어 후원을 삼으려고 도모하였다. 견
훤이 이 소문을 듣고 다시 왕도로 들어가 나쁜 짓을 하고자 하였으
나 태조가 먼저 선수를 쓸까 염려하여 태조에게 편지를 부쳐 말하
기를 "전번에 신라 재상 김웅렴 등이 귀하를 서울로 불러들이려고
한 것은 이야말로 남생이 소리에 자라가 호응하는 것이며, 이것은
종달새가 매의 날개를 다치게 하려는 것과 같으니, 반드시 사람들
은 도탄에 빠지게 될 것이요, 종묘사직은 구릉과 폐허가 될 것이다.
나는 이 때문에 먼저 조적의 말채찍을 분명히 하고자 홀로 한금호
의 도끼를 휘둘렀으니, 모든 관료들에게는 밝은 해와 같이 경계하
였으며 6부 백성들에게는 옳은 교화로써 타일렀다. 뜻밖에 간신들
은 도망해 달아나고 임금이 죽는 변고가 생기매 드디어 경명왕의
외종 아우 헌강왕의 외손자를 받들어 권하여 왕위에 오르게 하여
위급해진 나라를 다시 세우고 임금이 죽으매 다시 임금을 세워 이
렇게 있게 되었다.

---

152. 木板本은 準이나 隼의 異體字로 보인다.

足下勿詳忠告, 徒聽流言, 百計窺覦, 多方侵擾, 尙不能見僕馬首·
拔僕牛毛. 冬初, 都頭〈索湘〉束手〈星山〉陣下, 月內, 左將〈金樂〉曝
骸〈美利寺〉前, 殺獲居多, 追禽不小. 强嬴若此, 勝敗可知, 所期者,
掛弓於〈平壤〉之樓, 飮馬於〈浿江〉之水.

　족하는 나의 충고를 자세히 살피지 않고, 다만 유언비어만을 들
어 온갖 꾀를 써서 분수밖에 일을 틈타며 다방면으로 침략하여 소
동을 일으키되 아직도 내 말 머리도 보지 못하고 나의 소 털 하나
도 뽑지 못하고 있다. 초겨울에는 도두 색상이 성산의 진지에서 붙
잡히고 이 달에는 좌장 김낙이 미리사 앞에서 무참히 죽었으며 그
밖에도 죽은 자, 붙잡힌 자가 많았으며 추격을 받아 사로잡힌 자도
적지 않았다. 강하고 약한 품이 이렇고 보면 승패를 넉넉히 짐작할
수 있을 것이니 곧이어 평양의 누각에 활을 걸고 패강의 물로 마시
게 될 터였다.

　然以前月七日,〈吳越國〉使〈班〉尙書至, 傳王詔旨 '知卿與〈高麗〉,
久通和好, 共契隣盟, 比因質子之兩亡, 遂失和親之舊好, 互侵疆境,
不戢干戈. 今專發使臣, 赴卿本道, 又移文〈高麗〉, 宜各相親比, 永孚
于休.'

　그런데 지난달 7일에 오월국 사신 반상서가 와서 왕의 조서를 전
하는데 거기에 쓰기를 '듣건대, 경은 고려로 더불어 오랫동안 서로
화목하는 사이로서 함께 선린관계를 맺어 오다가 얼마 전 볼모를
함께 죽인 일로 말미암아 드디어 화친하던 옛날의 우호관계를 버리
고 서로 국경을 침범하며 싸움을 그치지 않으므로 이제 오로지 사

신을 내어 경에게 보내고 또 고려로도 통지를 하였으니 각기 서로
친목하여 길이 평화롭게 지낼 것이다.'라고 하였다.

僕義篤尊王, 情深事大, 及聞詔諭, 卽欲167/祇[153]承, 但慮足下欲
罷不能·困而猶鬪. 今錄詔書寄呈, 請留心詳悉, 且兎獹[154]迭憊, 終
必貽譏, 蚌鷸相持, 亦爲所笑, 宜迷復之爲誡, 無後悔之自貽."

　내가 의리로는 천자를 높이 받들고 정리로는 대국을 충실히 섬기
는 터에 이 조칙을 받음에 미치어 곧 그 뜻을 받들고 싶으나 다만
족하가 군사를 파하려 해도 하지 못하고 곤경에 있으면서도 싸우려
할 것을 염려한다. 이에 조서를 베껴 보내니 청컨대 마음을 잡아 자
세히 살피기 바란다. 또한 토끼나 개가 함께 피로해지면 필경 조롱
거리가 될 것이요, 조개와 황새가 맞겨룬다면 역시 웃음거리가 될
것이니 마땅히 거듭 미혹되어 잘못을 반복하는 것을 경계로 삼아
스스로 후회를 남기지 말아야 할 것이다."라고 하였다.

　〈○○〉二年正月,〈太祖〉答曰"伏奉〈吳越國〉通使〈班〉尙書所傳詔
旨書一道, 兼蒙足下辱示長書敍事者. 伏以華軺膚使, 爰到制書, 尺素
好音, 兼蒙敎誨. 捧芝檢而雖增感激, 闢華牋而難遣嫌疑, 今托廻軒,
輒敷危衽.

　(천성)2년(928) 정월에 태조가 답하기를 "오월국 사신 반상서가

153. 木板本은 祇이나 祇의 異體字이다.
154. 木板本은 攎이나 獹의 異體字로 보인다.

전한 조서 한 통을 엎드려 받들고 겸하여 족하가 보낸 수고로운 긴 사연을 늘어 놓은 편지를 받았다. 삼가 말씀컨대 금번 사신의 행차 편에 조서가 전달되고 좋은 소식을 전하는 편지에 겸하여 가르침을 듣게 되었다. 조서를 받들고 보니 감격이 더할 뿐이지만 당신의 편지를 펴서 보니 의심쩍은 생각을 놓을 수 없다. 금번 돌아가는 인편에 부탁하여 문득 흉금을 털어놓을까 한다.

僕仰承天假, 俯迫人推, 過叨將帥之權, 獲赴經綸之會. 頃[155]以〈三韓〉厄會, 九土凶荒, 黔黎多屬於〈黃巾〉, 田野無非其赤土, 庶幾弭風塵之警, 有以救邦國之災, 爰自善隣, 於爲結好, 果見數千里農桑樂業, 168/ 七八年士卒閑眠. 及至癸酉年, 維時陽月, 忽焉生事, 至乃交兵. 足下始輕敵以直前, 若螳螂之拒轍, 終知難而勇退, 如蚊子之負山.

내가 우러러 하늘의 명령을 받들고 굽어보매 사람들의 추천에 못 견디어 과분하게도 장수의 직권을 외람되게 맡아서 나라를 경륜하는 기회를 얻게 되었다. 근래 삼한 땅의 재앙이 모여 전국에 흉년이 들어 백성들이 많이들 도적떼에 붙게 되고 논밭은 모조리 흉년으로 거둘 수 없는 땅이 되었으므로 전쟁의 위험을 종식시키고 나라의 재난을 구원코자 기도하여 여기서 이웃과 좋게 사귀어 우호를 맺었더니 과연 수천 리 지방에서는 농사 짓고 누에치는 직업을 즐기고 있었으며 7, 8년을 두고 군사들이 한가롭게 쉬는 것을 보게

---

155. 木板本은 頃이나 頉의 異體字로 보인다.

되었다. 계유년에 이르자 이 해 10월에 갑자기 사건이 생겨 그만 교전을 하기까지에 이르렀다. 당신은 처음 상대방을 업신여기고 바로 돌진해 왔으나 이는 마치 사마귀가 수레바퀴를 막는 것과 같았으며 필경은 어려운 줄 알고 용감히 물러갔으니 이는 마치 모기가 산을 짊어진 것이나 다름없었다.

拱手陳辭, 指天作誓 '今日之後, 永世歡和, 苟或渝盟, 神其殛矣.' 僕尒[156]尙止戈之正, 期不殺之仁, 遂解重圍以休疲卒, 不辭質子, 但欲安民, 此卽我有大德於南人也. 豈期歃血未乾, 凶威復作! 蜂蠆之毒侵害於生民, 狼虎之狂爲梗於畿甸.

손을 마주 잡고 인사를 하며, 하늘을 가리키면서 맹세하기를 '오늘 이후로는 영원토록 즐겁게 화목하되 만약에 혹시라도 맹세를 저버린다면 신께서 죽여 주십시오.'라고 한바 있다. 나 역시 창칼을 쓰지 않는 무력을 숭상하였고 살인하지 않는 어진 행실을 목적하여 드디어 여러 겹 에워싸던 포위망을 풀고 피로한 군사들을 쉬게 하였으며 볼모를 잡는 것도 사양하지 않고 다만 백성들을 안도시키고자만 하였으니 이는 곧 내가 남방 사람들에게 큰 은덕을 베푼 것이다. 어떻게 맹세할 때에 입에 바른 피가 마르기 전에 흉포한 행동을 다시 할 줄이야 알았으랴! 벌과 전갈 같은 독은 백성들에게 해를 끼쳤고 이리와 범 같이 광포한 행동은 서울 근방의 화근이 되었다.

---

156. 木板本은 尒로 亦의 異體字로 보인다.

〈金城〉窘忽, 黃屋震驚, 仗義尊〈周〉, 誰似〈桓〉·〈文〉之霸? 乘間
謀〈漢〉, 唯看〈莽〉·〈卓〉之奸. 致使王之至尊, 枉稱子於足下, 尊卑
失序, 上下同憂. 以爲非有元輔之忠純, 豈得再安社稷? 以僕心無匿
惡, 志169/切尊王, 將援置於朝廷, 使扶危於邦國.

금성이 망하게 되자 왕실은 떨고 흔들렸으나 대의에 의거하여 주
나라 왕실을 높임에 누가 환공과 문공의 패업과 같을 수 있겠는가?
다만 이 틈을 타서 한나라를 도모하고자 하던 왕망과 동탁 따위 간
웅밖에 볼 수 없었다. 이리하여 지극히 존귀한 왕으로 하여금 억지
로 당신 앞에서 아들로 자칭하도록 하여 높고 낮은 질서가 없어지
고 상하가 함께 걱정에 싸였다. 만약 이때에 원보의 순실한 충성이
없었다면 어찌 다시 사직을 편안하게 할 수 있었을까? 나는 마음에
악심을 품지 않았고 왕실을 받드는 뜻이 간절하였으매 장차 조정을
구원하고 나라의 위기를 붙들고자 했던 것이다.

足下見毫釐之小利, 忘天地之厚恩, 斬戮君主, 焚燒宮闕, 葅醢卿
佐, 虔劉士民, 姬妾157則取以同車, 珍寶則奪之相158載. 元惡浮於
〈桀〉·〈紂〉, 不仁甚於獍梟. 僕怨極崩天, 誠深却日, 約効鷹鸇之逐,
以申犬馬之勤.

그런데 족하는 털끝 같은 이익에 눈이 어두워 천지의 두터운 은
혜를 잊어버리고 임금을 목 베어 죽이며 궁궐을 불태우고 재상과

---

157. 木板本은 妾으로 妾의 異體字 또는 誤字로 보이다
158. 箱의 壞字일 수 있다.

대신들을 몰살하고 백성들을 상하 없이 도륙하였으며 임금의 첩실들을 붙잡아 수레를 같이 타고 진귀한 보물이면 빼앗아 실어 갔다. 그 흉악함은 걸, 주보다도 지나치고 잔인한 것으로 친다면 맹수보다 더 심할 것이다. 나는 원한은 하늘이 무너질듯 지극하였고 정성은 해를 뒷걸음치게 할만큼 깊어 매가 참새를 쫓는 것과 같이 견마지로를 다하기로 하였다.

再擧干戈, 兩更槐柳, 陸擊則雷馳電激, 水攻則虎搏[159]龍騰, 動必成功, 擧無虛發. 逐〈尹卿〉於海岸, 積甲如山, 禽〈雛造〉於城邊, 伏尸蔽野, 〈燕山郡〉畔, 斬〈吉奐〉於軍前, 〈馬利(疑〈伊山郡〉)〉城), 戮〈隨晤〉於纛下, 拔〈任存〉(今〈大興郡〉)之日, 〈刑積〉等數百人捐軀, 破〈淸川縣〉(〈尙州〉領內縣名)之時, 〈直心〉等四五輩授首, 〈桐藪〉(今〈桐華寺〉)望旗而潰散, 〈京山〉銜璧以投170/降. 〈康州〉則自南而來, 〈羅府〉則自西移屬.

두 번째 군사를 동원한 후로 해가 두 차례 바뀌면서 육로에서의 공격은 번개가 번뜩이고 벼락을 치듯 하였으며 수공에서는 범이 활개를 치고 용이 하늘로 오르듯하여 움직이면 반드시 성공하였고 군사를 동원하여 허행이 없었다. 윤경을 해안까지 쫓으매 버린 갑옷이 산처럼 쌓이게 되었고 추조를 성 밖에서 사로잡으니 넘어진 시체가 들을 덮었다. 연산고을 지경에서 길환을 군문 앞에서 목을

---

159. 木板本은 愽으로 搏의 異體字로 보인다.

베고 마리(이산군인 듯하다.)성 밖에서 수오를 대장기 아래서 잡아
죽였으며 임존(지금은 대흥군이다.)을 함락시키던 날 형적 등 수백
명이 희생되었고 청천현(상주 영내의 현 이름이다.)을 쳐부술 때는
직심 등 4, 5명이 목숨을 바쳤으며, 동수(지금의 동화사다.)가 깃
발을 바라보자 허물어져 흩어졌으며 경산지방이 옥을 받들며 항복
을 해 왔다. 강주는 남으로부터 왔으며, 나부는 서쪽으로부터 귀속
해 왔다.

侵攻若此, 收復寧遙! 必期〈泜水〉營中, 雪[160]〈張耳〉千般之恨, 〈烏
江〉岸上, 成〈漢王〉一捷之心, 竟息風波, 永淸寰海. 天之所助, 命欲
何歸! 況承〈吳越王〉殿下, 德洽包荒, 仁深字小, 特出綸於丹[161]禁, 諭
難於〈靑丘〉, 旣奉訓謀, 敢不尊奉, 若足下祗承睿旨, 悉戢凶機, 不唯
副上國之仁恩, 抑可紹東海之絶緖. 若不過而能改, 其如悔不可追."
(書乃〈崔致遠〉作也.)

공격이 이와 같으니 수복인들 어찌 멀다 하랴! 반드시 지수의 군
영 중에서 초한 장이가 진여를 죽인 것처럼 천추의 한을 설욕하고
야 말 것이요, 오강 언덕에서 한 유방이 한번에 크게 승리하여 항
우를 죽인 마음을 성취하고야 말 것이니 필경은 풍파도 그치게 될
것이요, 천하가 길이 숙청될 것이다. 하늘이 돕고 있으니 명이 어디
에 귀의할 것이랴! 더구나 오월왕 전하의 덕은 머나먼 변방의 사람

---

160. 壬申本은 靈로 誤字로 보인다.
161. 壬申本은 舟으로 異體字이다.

까지도 흡족하게 하시고 소국의 백성들까지도 깊이 어질게 여기는
지라 특히 조서를 대궐로부터 내려 우리 강토에서 병란을 정지하라
고 타일렀다. 이미 훈계하는 교시를 받들매 감히 높이 받들지 않을
수 없으니, 만약 족하가 오월왕의 명철한 뜻을 받들어 흉기를 모두
버린다면 상국의 어진 은혜에 부합될 뿐 아니라 나아가서는 우리
나라의 끊어진 왕대를 이을 수 있을 것이다. 그러나 만약 허물을 고
칠 수 없다면 후회를 하더라도 돌릴 수 없을 것이다."라고 하였
다.(글은 바로 최치원이 지었다.)

〈長興〉三年〈甄萱〉臣〈龔直〉, 勇而有智略, 來降〈太祖〉, 〈萱〉捉〈
直〉二子一女, 烙斷股筋. 秋九月, 〈萱〉遣〈一吉〉, 以舡兵入〈高麗〉
〈禮城江〉, 留三日, 取〈鹽〉·〈白〉·〈眞〉三州船一百艘, 焚之而
去.(云云.)

장흥 3년(932)에 견훤의 신하 공직이 용감하고도 지략이 있더니
태조에게 와서 항복하매 견훤이 공직의 두 아들과 딸 하나의 다리
힘줄을 불로 지져 끊었다. 가을 9월에 견훤이 일길을 시켜 수군으
로써 고려의 예성강을 침입하여 사흘 동안 머물면서 염, 백, 진 세
주의 배 1백 척을 불사르고 갔다.(라고 운운한다.)

〈清泰〉元年甲午,171/〈萱〉聞〈太祖〉屯〈運州〉(未詳), 遂簡甲士,
食而至. 末及營壘, 將軍〈黔弼〉以勁騎擊之, 斬獲三千餘級, 〈熊津〉
以北三十餘城, 聞風自降. 〈萱〉麾下, 術士〈宗訓〉·醫者〈之謙〉·勇
將〈尙逢〉·〈雀弼〉等降於〈太祖〉.

청태 원년 갑오(934)에 견훤이 태조가 운주(어딘지 알 수 없다.) 에 주둔하고 있다는 말을 듣고 드디어 군사를 선발하여 새벽밥을 일찍먹고 부랴부랴 닥쳐서 아직 보루도 조영하기 전에 (고려의) 장 군 금필이 강한 기병으로 이를 쳐서 머리 3천여 개를 베어 얻으니, 웅진 이북의 30여 성이 풍문을 듣고 항복해 왔다. 견훤의 부하인 술객 종훈과 의사 지겸과 날랜 장수 상봉, 작필 등이 태조에게 항복 하였다.

丙申正月, 〈萱〉謂[162]子曰 "老父〈新羅〉之季, 立〈後百濟〉名, 有年 于今矣, 兵倍於北軍, 尙爾不利. 殆天假手爲〈高麗〉, 盖歸順於北王, 保首領矣?" 其子〈神劍〉·〈龍劍〉·〈良劍〉等三人皆不應.

병신 정월에 견훤이 그의 아들에게 말하기를 "내가 신라 말년에 후백제라는 이름을 내걸고 지금까지 여러 해가 되어 군사는 북쪽 (고려) 군사의 갑절이나 되지만 아직도 이렇게 불리한 형편이다. 아마도 하늘이 고려를 위하여 힘을 빌려 주는 것 같으니 어찌 북쪽 임금에게 귀순하여 목숨을 보전하지 아니할까 보냐?"라고 하였으 나 그의 아들들인 신검(神劍)·용검(龍劍)·양검(良劍) 등 세 사람 은 모두 듣지 않았다.

『李磾家記』云 "〈萱〉有九子, 長曰〈神劍〉(一云〈甄成〉), 二子太師 〈謙腦〉, 三子佐承〈龍述〉, 四子大師〈聰智〉, 五子大阿干〈宗祐〉, 六

---

162. 木板本은 胃로 謂의 壞字이다.

子關, 七子佐承〈位興〉, 八子大師〈青丘〉, 一女〈國大夫人〉, 皆〈上院
夫人〉所生也.〈萱〉多妻妾, 有子十餘172/人, 第四子〈金剛〉, 身長而
多智,〈萱〉特愛之, 意欲傳位, 其兄〈神劍〉·〈良劍〉·〈龍劍〉知之憂
憫. 時,〈良劍〉爲〈康州〉都督,〈龍劍〉爲〈正州〉都督, 獨〈神劍〉在側.
伊殂〈能奐〉使人往〈康〉·〈正〉二州, 與〈良劍〉等謀, 至〈淸泰〉二年乙
未春三月, 與〈英順〉等勸〈神劍〉, 幽〈萱〉於〈金山〉佛宇, 遣人殺〈金
剛〉,〈神劍〉自稱大王, 赦境內.(云云.)"

『이제가기』에 이르기를 "견훤이 자식 아홉이 있어 맏이를 신검
(견성이라고도 한다.)이라 부르고, 둘째는 태사 겸뇌요, 셋째는 좌
승 용술이요, 넷째는 태사 총지요, 다섯째가 대아간 종우요, 여섯째
가 궐이요, 일곱째는 좌승 위흥이요, 여덟째는 태사 청구요, 맏딸이
국대부인이니 모두 상원부인의 소생이다. 견훤은 첩들이 많아서 자
식 10여 명을 두었는데 넷째 아들 금강은 키가 크고 지혜가 많아서
견훤이 특별히 그를 사랑하여 자기의 위를 전할 생각이 있었더니
그의 형 신검·양검·용검이 이것을 알고 몹시 속을 태웠다. 이 당
시 양검은 강주도독이 되었고 용검은 무주도독이 되었는데 홀로 신
검이 그 아버지의 측근에 있었다. 이찬 능환이 사람을 시켜 강주,
무주 두 주에 가서 양검 등과 함께 모의하고 청태 2년 을미(935)
봄 3월에 영순 등과 함께 신검을 권하여 견훤을 금산사에 유폐하고
사람을 보내어 금강을 죽이고 신검 자신이 대왕이라 하여 경내에
대사면을 내렸다고(운운)." 하였다.

初,〈萱〉寢未起, 遙聞宮庭呼喊聲, 問 "是何聲歟?" 告父曰 "王163

年老, 暗於軍國政要, 長子〈神劍〉攝父王位, 而諸將歡賀聲也." 俄移
父於〈金山〉佛宇, 以〈巴達〉等壯士三十人守之. 童謠曰 "可憐〈完山〉
兒, 失父涕連洒."

처음에 견훤이 잠자리에 누워 아직 일어나지도 않았는데 멀리
대궐 뜰로부터 고함소리가 들렸으므로 "이것이 무슨 소리냐?"라고
물었더니 신검이 그 아버지에게 고하기를 "왕이 연로하여 군무와
국정에 어두우므로 맏아들 신검이 아버지의 왕위를 섭정하게 되었
으므로 여러 장수들이 축하하는 환성이외다."라고 하였다. 얼마 못
되어 그 아버지를 금산사로 옮기고 파달 등 장사 30인으로 지키게
하였다. 동요로 부르기를 "가엽구나 완산 아이여, 애비 잃고 눈물
쏟아 내네."라고 하였다.

〈萱〉與後宮年小男女二人·侍婢〈古比女〉·內人〈能乂男〉等囚繫.
至四月, 釀173/酒而飮醉守卒三十人, 而與〈小元甫〉·〈香乂〉·〈吳
琰〉·〈忠質〉等以海路迎之, 旣至, 以〈萱〉爲十年之長, 尊號爲尙父,
安置于南宮, 賜〈楊州〉食邑田莊, 奴婢四十口, 馬九匹, 以其國先來降
者〈信康〉爲衙前.

견훤과 후궁에 있던 젊은 남녀 두 사람과 시비로 있던 고비녀와
나인 능우남 등을 가두었더니 4월에 이르러 술을 빚어서 파수 보는
군사 30인을 취하도록 먹여 (도망 오니), 소원보·향우·오담·충
질 에게 바닷길로 견훤을 맞게 하였다. 견훤이 도착하매 그는 태조

---

163. 壬申本은 五로 誤字이다.

보다 나이가 10년이 위가 되므로 존칭으로 상보라 하여 남쪽 대궐에 있게 하고 양주를 식읍으로 하여 전장과 노비 40명과 말 아홉 필을 주었으며 그 나라로부터 먼저 항복해 온 자인 신강을 아전으로 삼았다.

〈甄萱〉婿將軍〈英規〉密語其妻曰 "大王勤勞四十餘年, 功業垂成, 一旦以家人之禍, 失地從於〈高麗〉. 夫貞女不可二夫, 忠臣不事二主, 若捨己君, 以事逆子, 卽[164]何顔以見天下之義士乎? 況聞〈高麗〉〈王公〉仁厚勤儉, 以得民心, 殆天啓也. 必爲〈三韓〉之主, 盍致書以安慰我王, 兼慇懃於〈王公〉, 以圖後來之福乎?" 妻曰 "子之言是吾意也."

견훤의 사위인 장군 영규가 그의 처에게 비밀히 말하기를 "대왕이 40여 년 동안 애를 써서 공업이 이루어졌는데 하루 아침에 집안 사람의 화단으로 국토를 잃고 고려에 가 붙게 되었다. 무릇 정조 있는 여자는 두 남편에게 허락하지 아니하고 충신은 두 임금을 섬기지 않는다. 만약 자기의 임금을 버리고 역적 아들을 섬긴다면 무슨 면목으로 세상에 의로운 인사들을 볼 것인가? 하물며 듣건대 고려의 왕공은 사람이 인후하고 근검하여 민심을 얻었으니 이것은 아마도 하늘의 가르침이다. 반드시 삼한의 임금이 될 것이니 어찌 글을 우리 임금께 드려 위로하고 겸하여 왕공에게도 공손하게 처신하여 뒷날 돌아올 복을 도모하지 않을 것인가?"라고 하니 아내가 말하기를 "당신의 말인즉 바로 나의 생각이외다."라고 하였다.

---

164. 壬申本은 耶으로 異體字이다.

於是, 〈天福〉元年丙申二月, 遣人致意於174/〈太祖〉曰 "若[165]舉義旗, 請爲內應, 以迎王師." 〈太祖〉喜, 厚賜其使者遣之, 謝〈英規〉曰 "若蒙恩一合, 無道路之梗, 卽先致謁於將軍, 然後升堂拜夫人, 兄事而姊尊之, 必終有以厚報之, 天下鬼神皆聞此語."

여기서 천복 원년 병신(936) 2월에 사람을 보내어 태조에게 의사를 전하여 말하기를 "당신이 정의를 위하여 들고 일어선다면 청컨대 안에서 호응함으로써 정의의 군대를 맞이하겠다."라고 하니 태조가 기뻐서 그의 사자에게 후하게 선물을 주어 보내면서 영규에게 사례하여 말하기를 "만약 은혜를 입게 되어 하나로 단합하고 막혔던 길이 통한다면 바로 장군을 먼저 찾아뵈온 후에 대청에 올라가 부인을 뵙고 한 분을 형으로 섬기고 한 분을 맏누이로 모시게 될 것이요, 반드시 나중에는 후한 보답이 있을 것이니 천지신명이 이 말을 다 들을 것이다."라고 하였다.

六月, 〈萱〉告〈太祖〉"老臣所以投身於殿下者, 願仗殿下威稜, 以誅逆子耳. 伏望, 大王借以神兵, 殲其賊亂, 臣雖死無憾." 〈太祖〉曰 "非不欲討之, 待其時也." 先遣太子及〈正〉將軍〈述希〉, 領步騎十万, 趣〈天安府〉.

6월에 견훤이 태조에게 고하기를 "노신이 전하께 투신한 까닭은 전하의 위엄에 의지하여 역적 자식을 처단할 것만 바랐던 것입니다. 삼가 바라옵건대 대왕께서는 날랜 군사를 빌려 주셔서 반란을

---

165. 壬申本은 君으로 참고가 된다.

일으킨 적들을 섬멸해 준다면 제가 비록 죽더라도 유감이 없겠사외다."라고 하였다. 태조가 말하기를 "토벌하지 않으려는 것이 아니라 그 시기를 기다리는 것이요."라고 하면서 먼저 태자 무와 장군 술희를 시켜 보병·기병 10만을 거느리고 천안부로 가게 하였다.

秋九月,〈太祖〉率三軍至〈天安〉, 合兵進次〈一善〉,〈神劍〉以兵逆之. 甲午, 隔〈一利川〉相對, 王師背艮向坤而陣[166].〈太祖〉與〈萱〉觀兵, 忽白雲狀如劍戟, 起我師向彼行焉. 乃鼓175/行而進,〈百濟〉將軍〈孝奉〉·〈德述〉·〈哀述〉·〈明[167]吉〉等, 望兵勢大[168]而整, 弃甲降於陣前.〈太祖〉勞慰之, 問將帥所在,〈孝奉〉等曰 "元帥〈神劍〉在中軍."〈太祖〉命將軍〈公萱〉等, 三軍齊進狹擊,〈百濟〉軍潰北, 至〈黃山〉〈炭峴〉,〈神劍〉與二弟·將軍〈富達〉·〈能奐〉等四十餘人生降.〈太祖〉受降, 餘皆勞之, 許令與妻子上京.

가을 9월에 태조가 3군을 거느리고 천안에 이르러 군사를 연합하여 일선 땅으로 진군하니, 신검이 군사로써 대항하였다. 갑오에 일리천을 사이에 두고 마주 대진하니 태조의 군대는 동북방을 등지고 서남방을 향하여 진을 쳤다. 태조가 견훤과 함께 열병을 하는데 갑자기 검과 창처럼 생긴 흰 구름이 우리 군대 쪽에서 일어나 적편으로 향하여 갔다. 곧 북을 치면서 진군하니 백제 장군 효봉, 덕술, 애술, 명길 등이 군대의 기세가 크고 정비된 것을 보고 갑옷을 버리

---

166. 木板本은 陳으로 陣의 異體字로 보인다.
167. 壬申本은 明으로 異體字이다.
168. 간혹 火로 표기된 것도 있으나 大의 異體字이다.

고 진지 앞에 와서 항복하였다. 태조가 위로하면서 신검이 있는 곳을 물으니 효봉 등이 말하기를 "원수 신검이 중군에 있습니다."라고 하였다. 태조가 장군 공훤 등에게 명하여 3군이 일제히 줄혀서 진격하니 백제 군사가 허물어져 쫓겨 황산 탄현에 이르렀을 때 신검이 두 아우와 장군 부달·능환 등 40여명과 함께 와서 항복하였다. 태조가 항복을 받고 나머지도 다 위로하여 처자들과 함께 상경할 것을 허락하였다.

問〈能奐〉曰 "始與〈良劍〉等密謀, 囚大王立其子者, 汝之謀也. 爲臣之義, 富如是乎?"〈能奐〉俛首不能言, 遂命誅之. 以〈神劍〉僭位爲人所脅, 非其本心, 又且歸命乞罪, 特原其死, 〈甄萱〉憂懣發疽, 數日卒於〈黃山〉佛舍, 九月八日也, 壽七十. 〈太祖〉軍令嚴明, 士卒不犯秋毫, 州縣安堵, 老幼176/皆呼万歲.

태조가 능환에게 말하기를 "처음에 양검 등과 함께 대왕을 가두고 그 아들을 왕위에 올린 것은 너의 계획인지라 신하가 된 의리에 이 같을 수가 있는가?"라고 하니 능환이 고개를 숙이고 아무 말도 하지 못하매 드디어 명령하여 그를 처단하였다. 신검의 왕위찬탈은 다른 사람의 우격다짐이요 그의 본심이 아니며 또한 목숨을 내어 바치고 벌을 청한 이유로 특히 그의 죽을 죄를 용서하였더니 견훤은 화가 나서 고민하다가 등창이 터져서 며칠 만에 황산 절간에서 죽었으니, 이날이 9월 8일이요, 나이가 70이었다. 태조의 군령이 엄격하여 군사들이 추호의 불법도 없었으므로 고을들이 안도하고 늙은이, 아이 할 것 없이 모두 다 만세를 불렀다.

謂〈英規〉曰 "前王失國後, 其臣子無一人慰之者, 獨卿夫妻, 千里
嗣音, 以致誠意, 兼歸美於寡人, 其義不可忘." 許職左承, 賜田一千
頃, 許借驛馬三十五匹, 以迎家人, 賜其二子以官. 〈甄萱〉起〈唐〉〈景
福〉元年, 至〈晋〉〈天福〉元年, 共四十五年, 丙申滅.

영규에게 일러 말하기를 "앞서 임금이 나라를 잃어버린 후 그의
신하나 자식으로서 누구 하나 위로 인사를 하는 자가 없었는데 유
독 그대의 부처가 멀리서 서신왕래를 그치지 않고 성의를 다하였으
며 겸하여 나를 찬미까지 하였으니 그 의리를 잊을 수 없다."라고
하고 좌승관직을 주고 농토 1천 경을 상 주고 역말 35필을 빌려 주
어 그의 권솔들을 맞아 그의 두 아들에게도 벼슬을 주었다. 견훤은
당나라 경복 원년(892)에 일어나 진나라 천복 원년(936)까지 도합
45년 만인 병신년에 멸망하였다.

史論曰 "〈新羅〉數窮道喪, 天無所助, 民無所歸, 於是羣盜投隙而
作, 若猬毛然. 其劇者〈弓裔〉·〈甄萱〉二人而已. 〈弓裔〉本〈新羅〉王
子, 而反以家國爲讎, 至斬先祖之畫像, 其爲不仁甚矣. 〈甄萱〉起自
〈新羅〉之民, 食〈新羅〉之祿, 包藏禍心, 幸國之危, 侵軼都邑, 虔劉君
臣若禽獸, 實天下之元惡. 故〈弓裔〉見弃於其臣, 〈甄萱〉177/産禍於
其子, 皆自取之也, 又誰咎也? 雖〈項羽〉·〈李密〉之雄才, 不能敵
〈漢〉·〈唐〉之興, 而況〈裔〉·〈萱〉之凶人, 豈可與我〈太祖〉相抗[169]
歟?"

---

169. 木板本은 抗이나 扰의 異體字로 보인다.

사론에 이르기를 "신라가 천운이 다 되고 왕도를 잃었으매 하늘
은 돕지 못하고 백성은 귀의할 데가 없게 되었다. 이때에 뭇 도적이
틈을 타서 고슴도치 바늘처럼 일어났다. 그 중에도 두드러진 자가
궁예와 견훤 두 사람이다. 궁예는 원래 신라의 왕자인데, 자기의 집
과 국가를 원수로 삼아 선조의 화상을 칼로 치기까지에 이르렀으니
그의 잔인한 행동이란 심하였다. 견훤은 신라의 백성으로서 일어나
신라의 녹을 먹으면서 나쁜 마음을 품고 나라의 위기를 다행으로
여겨 도성과 성읍을 침공하고 임금과 신하 죽이기를 금수처럼 하였
으니 실로 천하에 죄악의 원흉이다. 그러므로 궁예는 그의 부하로
부터 버림을 받았고 견훤은 그 아들에게 화를 당하게 되었는바 모
두들 자업자득인데, 누구를 탓할 것인가? 비록 항우와 이밀 같은
재질로서도 한나라와 당나라가 일어남을 막아 내지 못하였거든 더
군다나 궁예, 견훤 같은 흉악한 사람이 어떻게 우리 태조를 상대로
맞겨룰 수 있을 것인가?"라고 하였다.

23. 駕洛國記(〈文廟朝〉〈大康〉年間, 〈金官〉知州事文人所撰也,
今略而載之.)

開闢之後, 此地未有邦國之號, 亦無君臣之稱. 越有〈我刀干〉·〈汝
刀干〉·〈彼刀干〉·〈五刀干〉·〈留水干〉·〈留天干〉·〈神天干〉·
〈五天干〉·〈神鬼干〉等九干者, 是酋長, 領總百姓, 凡一百戶, 七万
五千人. 多以自都山野, 鑿井而飮, 耕田而食. 屬〈後漢〉〈世祖〉〈光正
帝〉〈建正〉十八年壬寅三月禊浴[170]之日, 居〈北龜旨〉(是峯巒之稱, 若
十朋伏之狀, 故云也)有殊常聲氣呼喚, 衆庶二三百178/人集會於此,

有如人音, 隱其形而發其音曰 "此有人否?"

가락국기(문묘조 대강 연간에 금관지주사 문인의 찬술로 여기에 간략하게 게재한다.)

개벽 후에 이 땅에는 아직 나라로 부르는 칭호가 없고 역시 군신을 부르는 칭호도 없었다. 여기에는 다만 아도간, 여도간, 피도간, 오도간, 유수간, 유천간, 신천간, 오천간, 신귀간 등 아홉 간이 있었으니 이들이 추장으로서 백성들을 통솔하였으며 호수는 무릇 100호에 7만 5천 명이었다. 모두가 저마다 산과 들에 모여 살면서 우물을 파서 마시고 밭을 갈아 먹었다. 바로 후한 세조 광무제 건무 18년 임인(42) 3월 계욕일에 이곳 북구지(이는 산봉우리 이름으로서 여러 마리 거북이 엎드린 형상이므로 이렇게 불렀다.)에서 수상한 소리로 부르는 기척이 있었으므로 2, 3백 명 되는 무리가 모였다. 이때 사람 목소리 같은 소리가 나는데 형체는 감추고 소리만 내어 말하기를 "여기에 거기 누가 있느냐?"라고 하였다.

九干等云 "吾徒在!" 又曰 "吾所在爲何?" 對云 "龜旨"也. 又曰 "皇天所以命我者, 御是處, 惟新家邦, 爲君后. 爲兹故降矣. 你等須掘峯頂撮土, 歌之云 '龜何龜何, 首其現也. 若不現也, 燔灼而喫也,' 以之蹈舞, 則是迎大王·歡喜踊躍之也."

구간들이 대답하기를 "우리들이 있습니다."라고 하니 또 말하기를 "내가 있는 곳이 어디인가?"라고 하여, "구지외다."라고 대답하

---

170. 木板本은 洺으로 浴의 異體字로 보인다.

였다. 또 말하기를 "황천이 나에게 명령하기를 이곳을 다스려 나라를 새롭게 하고 임금이 되라고 하셨다. 그러기 위하여 여기 내려온 것이다. 너희들은 모름지기 봉우리 꼭대기의 흙 한 줌씩을 쥐고 '거북아 거북아! 머리를 내밀어라. 만약 아니 내놓으면 불에 구워 먹겠다.'라고 노래하면서 춤을 추어라. 그러면 대왕을 맞이해 기뻐 뛰어 놀게 될 것이다."라고 하였다.

九干等如其言, 咸忻而歌舞. 未幾, 仰而觀之, 唯紫繩自天垂而着[171] 地, 尋繩之下, 乃見紅幅裏金合子. 開而視之, 有黃金卯六圓如日者. 衆人悉皆驚喜, 俱伸百拜, 尋還裏著, 抱持而歸〈我刀〉家, 寘榻上, 其 衆各散. 過浹辰, 翌日平明, 衆庶復相聚集開合, 而六卯化爲童子, 容 179/甚偉. 仍坐於床, 衆庶拜賀, 盡恭敬止.

구간들이 그 말대로 모두 즐겨 노래를 부르고 춤을 추었다. 얼마 안 되어 쳐다보니 다만 보랏빛 노끈이 하늘로부터 드리워 땅에 닿아 있었고 노끈 끝을 찾아 보니 홍보로 싼 금합이 있었다. 그것을 열고 보매 해같이 둥근 황금알 여섯 개가 있었다. 여러 사람들이 모두다 놀랍고도 기뻐서 함께 수없이 절을 하다가 조금 뒤에 다시 알을 싸가지고 아도간의 집으로 돌아와 탁자 위에 두고는 각각 흩어졌다. 그 후 열두 시간이 지난 다음 날 샐 무렵에 무리들이 다시 함께 모여 합을 열었더니 알 여섯 개가 사내아이로 화하였는데 얼굴들이 매우 훌륭했다. 이내 평상 위에 앉으니 무리들이 축하하는 절

---

171. 木板本은 著으로 異體字 또는 誤字로 보인다.

을 하고 정성을 다하여 공경하였다.

日日而大 踰十餘晨昏, 身長九尺則〈殷〉之〈天乙〉, 顏如龍焉則〈漢〉之〈高祖〉, 眉之八彩則〈有唐〉之〈高〉, 眼之重瞳則〈有虞〉之〈舜〉, 其於月望日卽位也. 始現故諱〈首露〉, 或云〈首陵〉(〈首陵〉是崩後諡也), 國稱〈大駕洛〉, 又稱〈伽耶國〉, 卽六〈伽耶〉之一也. 餘五人各歸爲五〈伽耶〉主. 東以〈黃山江〉, 西南以滄海, 西北以〈地理山〉, 東北以〈伽耶山〉, 南而爲國尾. 俾創假宮而入御, 但要質儉, 茅茨不剪, 土階三尺.

나날이 장성하여 10여 주야를 지났다. 키가 9자가 되니 은나라 천을이라 할 수 있었고, 얼굴이 용 같으매 한나라 고조라 할 수 있었고, 눈썹이 여덟 가지 빛깔이 나니 당나라 요임금과 같았고, 눈동자가 겹으로 되었으매 우나라 순임금과 같으니, 그 달 보름에 왕위에 올랐다. 처음으로 나타났다고 하여 이름을 수로 혹은 수릉(이는 죽은 후의 시호이다.)이라 하고 나라를 대가락이라 하였으며, 또 가야국이라고도 일컬었으니 즉 여섯 가야의 하나이다. 남은 다섯 사람은 각각 돌아가 다섯 가야의 우두머리가 되었다. 나라 경계는 동쪽이 황산강이요, 서남쪽이 바다요, 서북쪽이 지리산이요, 동북쪽이 가야산이요, 남쪽은 나라 끝으로 되었다. 임시 대궐을 짓게 하고 들어가 거하니 다만 질박과 검소를 바랄 뿐으로 집 이엉도 자르지 않고 흙으로 된 섬돌 층대가 석 자 높이밖에 안 되었다.

二年癸卯春正月, 王若曰 "朕欲定置京都," 仍駕幸假宮之南〈新畓

300

坪〉(是古來閑田, 新耕作故云也. 畓乃俗文也), 四望山嶽, 顧左右曰
"此地狹小如蓼葉, 然而秀異, 可爲十180/六〈羅漢〉住地. 何況, 自一
成三, 自三成七, 七聖住地, 固合于是, 托土開疆, 終然允臧歟." 築置
一千五百步周廻羅城·宮禁殿宇及諸有司屋宇·虎庫倉廩之地. 事訖
還宮, 徵國內丁壯·人夫·工匠, 以其月二十日資始金陽, 曁[172]三月
十日役畢. 其宮闕屋舍, 候農隙而作之, 經始于厥年十月, 逮甲辰二月
而成, 涓吉辰御新宮, 理万機而懃庶務.

　2년 계묘 봄 정월에 왕이 말하기를 "내가 서울 자리를 잡아야 하
겠다."라고 하고 곧 임시로 지은 대궐 남쪽 신답평(이는 예로부터
휴전인데 새로 경작을 하였으므로 하는 말이다. 답은 속자이다.)으
로 행차하여 사방의 산악을 바라보고 좌우를 돌아보면서 말하기를
"이 땅이 여뀌잎처럼 좁고 적지만 땅이 청수하고 범상치 않으니 16
나한 부처님이 머물 만한 데다. 더군다나 하나로부터 셋이 생기고
셋에서 일곱이 생기는 원리가 있는지라 일곱 분의 성인이 머물 만
한 데가 진실로 여기가 맞는 듯하니, 강토를 개척한다면 나중은 참
으로 좋겠구나!"라고 하고 주위 1,500보 되는 나성에 궁궐전각과
일반관사들과 무기고와 곡식창고들의 자리를 잡았다. 일을 마치고
대궐로 돌아와서 국내의 장정 역부들과 공장들을 두루 징발하여 그
달 20일부터 견고한 성터를 닦기 시작하여 3월 10일에 이르러 역
사를 마쳤다. 궁궐과 관사들은 농한기를 타서 짓는데 이 해 10월부
터 공사를 시작하여 갑진(44) 2월에 낙성하고 좋은 날을 받아 왕이

---

172. 木板本은 曁으로 異體字 또는 誤字로 보인다.

새 대궐로 들어가 모든 정사를 처리하고 일체 사무에 근면하였다.

忽有〈琓夏國〉〈含達王〉之夫人妊娠, 旂月生卵, 卵化爲人, 名曰〈脫
解〉. 從海而來, 身長三尺, 頭圓一尺, 悅焉詣闕, 語於王云 "我欲奪王
之位, 故來耳." 王答曰 "天命我俾卽于位, 將令安中國而綏下民, 不
敢違天之命以與之181/位, 又不敢以吾國吾民, 付囑於汝."

문득 완하국 함달왕의 부인이 임신하여 달이 차서 알을 낳았는데
화하여 사람으로 되매 그의 이름을 탈해라고 불렀다. 그는 바다를
건너왔는데 키가 석 자요 머리둘레가 한 자였다. 반갑다는 듯이 대
궐을 찾아 와서 왕에게 말하기를 "내가 왕의 지위를 빼았고자 일부
러 왔노라."라고 하니 왕이 대답하되 "하늘이 나를 명하여 왕위에
오르게 하고 장차 국내를 안정시키며 인민들을 편안케 하려고 한지
라 하늘의 명령을 저버리고 왕위를 내놓을 것이 못 되며 또 우리나
라와 우리 백성들을 너에게 맡길 수도 없다."라고 하였다.

〈解〉云 "若爾可爭其術." 王曰 "可"也. 俄頃之間, 〈解〉化爲鷹, 王
化爲鷲, 又解化爲雀, 王化爲鸇. 于此際也, 寸陰未移, 〈解〉還本身,
王亦復然. 〈解〉乃伏膺曰 "僕也適於角術之場, 鷹之鷲, 雀之於鸇, 獲
免焉, 此盖聖人惡殺之仁而然乎! 僕之與王, 爭位良難." 便拜辭而出,
到麟郊外渡頭, 將中朝來泊之[173]水道而行, 王竊恐滯留謀亂, 急發舟
師五百艘而追之, 〈解〉奔入〈雞林〉地界, 舟師盡還. 事記所載多異與

---

173. 木板本은 木이나 의미상 水가 옳을 듯싶으며, 두 자의 자형이 비슷한 것도 참고가 된다.

〈新羅〉.

탈해가 말하기를 "그렇다면 술법으로 경쟁을 해 볼 것이다."라고 하니 왕이 "좋다!"라고 하였다. 이러고서 잠시 동안에 탈해가 매로 화하매 왕은 독수리로 화하였다. 다시 탈해가 참새로 화하니 왕은 새매로 화하였다. 바로 이럴 즈음 순식간에 탈해가 본래의 몸으로 돌아오니 왕도 역시 그렇게 회복하였다. 탈해가 그제야 항복을 하면서 말하기를 "제가 바로 술법으로 다툴 때에 매일 때는 독수리로, 참새일 때는 새매로 되었음에도 불구하고 죽음을 면케 된 것은 이야말로 살육을 꺼리는 성인의 어진 덕으로 해서 그러함이 아니겠습니까. 제가 왕을 상대하여 임금 자리를 다투기는 진실로 어려운 일이라고 생각합니다."라고 하고 선뜻 작별을 하고 나가 교외에 있는 나루목에 이르러 중국으로부터 오는 배가 닿는 물길을 따라가려고 하는데 왕이 그가 머물러 난리를 꾸밀까 염려하여 서둘러 수군 배 5백 척을 발동시켜 그를 추격하였더니 탈해가 계림 땅 지경으로 달아나 들어갔으므로 수군들이 모두 돌아왔다. 그런데 사적 기록들이 신라의 그것과는 많이 다르다.

屬〈建正〉二十四年戊申七月二十七日, 九干等朝謁之次, 獻言曰 "大王降靈已來, 好仇未得. 請臣等所有處女絶好者, 選入宮闥, 俾 182/爲伉儷." 王曰 "朕降于玆天命也. 配朕而作后, 亦天之命, 卿等 無慮." 遂命〈留天干〉押輕舟, 持駿馬, 到〈望山島〉立待, 申命〈神鬼 干〉就〈乘岾〉(〈望山島〉, 京南島嶼也. 〈乘岾〉, 輦下國[174]也), 忽自海 之西南隅, 掛緋帆, 張茜旗, 而指乎北. 〈留天〉等先擧火於島上, 則競渡下陸, 爭奔而來.

　　때마침 건무 24년 무신(48) 7월　27일 구간들이 조회 끝에 말씀
을 올려 "대왕께서 하늘로부터 내려오신 이래로 아직 좋은 배필을
얻지 못하였으니 저희들의 딸들 중에 제일 좋은 자를 뽑아서 대궐
로 들여 배필로 삼도록 하심을 청하옵니다."라고 하니 왕이 말하기
를 "내가 여기 온 것은 천명이었으니 나의 짝이 될 왕후를 만들어
주실 것도 또한 천명일 것이다. 경들은 걱정 말라!"라고 하고 드디
어 유천간을 시켜 가벼운 배에다가 좋은 말을 가지고 망산도에 가
서 기다리게 하고 또 신귀간을 시켜 승점(망산도는 서울 남쪽의 섬
이요, 승점은 바로 연하국이다.)으로 가도록 하였더니 갑자기 바다
서남쪽 구석으로부터 붉은 비단 돛을 달고 붉은 깃발을 펼친 배가
북쪽으로 향하고 있었다. 유천 등이 먼저 섬 위에서 횃불을 들매 그
배에서는 다투어 가면서 하륙하여 빨리 달려들 왔다.

　　〈神鬼〉望之, 走入闕奏之. 上聞欣欣, 尋遣九干等, 整蘭橈, 揚桂楫
而迎之, 旋欲陪入內, 王后乃曰 "我與等素昧平生, 焉敢輕忽相隨而
去!"〈留天〉等返達后之語, 王然之, 率有司動蹕, 從闕下西南六十步
許地, 山邊設幔殿祗候. 王后於山外〈別浦〉津頭, 維舟登陸, 憩於高
嶠, 解所著綾袴爲贄, 遺于山靈也.

　　신귀가 이것을 바라다보고 대궐로 달려와 이 사실을 아뢰었다.
왕이 듣고 기뻐하면서 뒤미처 구간들을 시켜 목련으로 만든 키를

---

174. 木板本 가운데에는 더러 岡이라고 된 것도 있으나 이는 國의 異體字로 보인다.

바로잡고 계수나무로 만든 노를 저어 이들을 맞이하여 되돌아 대궐로 모셔 들어가고자 하니 왕후가 말하기를 "내가 너희들을 평생에 처음 본 터인데 어찌 함부로 경솔하게 함께 따라서 가랴!"라고 하였다. 유천 등이 돌아와 왕후의 말을 전하니 왕이 그 말을 옳게 여겨 관리들을 거느리고 행차하여 대궐로부터 서남쪽 60보 가량 되는 산 가장자리에 장막을 치고 왕후를 기다렸다. 왕후는 산 바깥쪽 별포 나루목에 배를 잡아 매고 상륙하여 높은 산에 올라가 쉬니 입었던 비단바지를 벗어서 폐백으로 삼아 산령에게 바쳤다.

其地侍從媵臣183/二員, 名曰〈申輔〉·〈趙匡〉, 其妻二人, 號〈慕貞〉·〈慕良〉. 或臧獲幷計二十餘口, 所齎錦繡綾羅·衣裳疋段·金銀珠玉·瓊玖服玩器, 不可勝記. 王后漸近行在, 上出迎之, 同入帷宮媵臣已下衆人, 就階下而見之卽退.

그 땅의 시종 신하로서 따라온 두 명의 이름은 신보와 조광이라 하고 그들의 아내 두 사람의 이름은 모정과 모량이라고 불렀다. 혹은 노비가 도합 20여 명이요, 가지고 온 각종 비단과 의복, 피륙과 금, 은, 주옥과 구슬과 완구들이 이루 다 기록할 수 없었다. 왕후가 점차 임금 있는 처소까지 가까이 오자 왕이 나가 그를 맞아 함께 장막으로 된 궁으로 들어오니 잉신 이하 여러 사람들이 뜰 아래에서 알현하고 곧 물러갔다.

上命有司, 引媵臣夫妻曰 "人各以一房安置, 已下臧獲各一房五六人安置." 給之以蘭液蕙醑, 寢之以文茵彩薦, 至於衣服疋段寶貨之類,多以軍夫遬集而護之.

　왕이 관원을 시켜 잉신 부처를 데려다가 말하기를 "사람들은 각
각 한 방씩에 쉬게 하고 이하 노비들은 한 방에 대여섯 사람씩 들
게 하라."라고 하면서 지극히 호사스러운 음식을 주게 하고 무늬 놓
은 요석과 채색이 있는 자리에 자게 하며, 바로 군사들을 추려 모아
서 의복과 비단과 보물들을 지키게 하였다.

　於是, 王與后共在御國寢, 從容語王曰 "妾是〈阿踰陁國〉公主也.
姓〈許〉名〈黃玉〉年二八矣. 在本國時, 今年五月中, 父王與皇后顧妾
而語曰 '爺孃一昨夢中, 同見皇天上帝, 謂曰 "〈駕洛國〉元君184/〈首
露〉者, 天所降而俾御大寶, 乃神乃聖, 惟其人乎! 且以新莅家邦, 未
定匹偶, 卿等須遣公主而配之." 言訖升天. 形開之後, 上帝之言, 其
猶在耳, 你於此而忽辭親, 向彼乎往矣.'

　이에 왕은 왕후와 함께 침전에 드니 왕후가 조용히 왕더러 말하
기를 "저는 아유다국 공주로서 성은 허요, 이름은 황옥이며, 나이
는 열여섯이올시다. 본국에 있던 금년 5월, 부왕과 황후께서 저를
불러 말하기를 '이 아비와 어미가 어젯밤 꿈에 함께 황천의 상제를
만나 보았더니 상제가 말하기를 "가락국 임금 수로는 하늘이 내려
보내어 왕위에 오르게 하였는바 신성한 이는 오직 그분일까 한다.
또한 새로이 그 나라에 왕이 되어 아직 배필을 정하지 못하였으니
경등 모름지기 공주를 보내어 배필이 되게 하라."고 말을 마치자 하
늘로 올라갔다. 꿈을 깬 후에도 상제의 말씀이 여전히 귀에 쟁쟁할
뿐이다. 너는 이에 빨리 친지들에게 하직인사를 하고 그에게로 갈

것이다.'라고 하였습니다.

妾也浮海遐尋於蒸棗, 移天夐赴於蟠桃, 蠐首敢叨, 龍顏是近."王
答曰"朕生而頗聖, 先知公主自遠而屆, 下臣有納妃之請, 不敢從焉.
今也淑質自臻, 眇躬多幸." 遂以合歡, 兩過淸宵, 一經白晝. 於是, 遂
還來船, 篙工楫師共十有五人, 各賜粮粳米十碩·布三十疋, 令歸本
國.

저는 바다에 배를 띄워 선계의 과일을 찾고자 하늘로 가서 천도
복숭아를 찾아 이제 매무새를 가다듬고 감히 용안을 가까이하게 되
었습니다."라고 하니 왕이 대답하기를 "내가 나면서부터 자못 현명
하여 미리 공주가 멀리서부터 올 것을 짐작하고 신하들로부터 왕비
를 들이라는 청이 있었으나 기어코 듣지를 않았다. 이제 현숙한 그
대가 절로 왔으매 이 몸으로서는 커다란 행복이로다."라고 하고 드
디어 동침하게 되어 두 밤을 지내고 다시 하루 낮을 지냈다. 그리고
공주가 타고 온 배를 돌려보내는데 뱃사공 열다섯 명에게 각각 쌀
열 섬씩과 베 30필씩을 주어 본국으로 돌아가게 하였다.

八月一日廻鑾, 與后同輦, 媵臣夫妻齊鑣[175]並駕, 其〈漢肆雜物,
感[176]使乘載, 徐徐入闕, 時銅壺欲午. 王后爰處中185/宮, 勅賜媵臣
夫妻, 私屬空閑二室分入, 餘外從者以賓館一坐二十餘間, 酌定人數,

---

175. 木板本은 鑣로 壞字 또는 異體字로 보인다.
176. 木板本은 感이나 의미상 咸이 적합할 듯하다. 그러나 感이라고 해서 해석상 문제가 되는
    것은 아니므로 원문 그대로 둔다.

區別安置. 日給豊羨, 其所載珍物, 藏於內庫, 以爲王后四時之費.

8월 1일에 왕후와 함께 수레를 타고 돌아오는데 잉신 부부도 말고삐를 나란히하였으며 가지고 온 중국의 잡화들도 모두 수레에 싣게 하여 천천히 입궐하니 이때 시각이 정오가 되려고 하였다. 왕후는 중궁에 자리를 잡고 왕명으로 후행온 부부와 따른 권솔들에게는 빈 방 두 칸을 주어 나누어 들게 하고 그 밖에 남은 종자들은 20여 칸 크기의 빈관 한 채에 사람 수효를 참작하여 구별하여 쉬게 하고 날마다 풍족한 음식을 제공하며, 싣고 온 진귀한 보물들은 대궐 곳간에 간직하여 왕후의 사철 소용으로 삼았다.

一日上語臣下曰 "九干等俱爲庶僚之長, 其位與名, 皆是宵人野夫之號, 頓非簪履職位之稱, 儻化外傳聞, 必有嗤笑之恥." 遂改〈我刀〉爲〈我躬〉·〈汝刀〉爲〈汝諧〉·〈彼刀〉爲〈彼藏〉·〈五方〉爲〈五常〉, 〈留水〉·〈留天〉之名, 不動上字, 改下字〈留功〉·〈留德〉, 改爲〈神道〉, 〈五天〉改爲〈五能〉, 〈神鬼〉之音不易, 改訓爲〈臣貴〉, 取〈雞林〉職儀, 置角干·阿叱干·級干之秩, 其下官僚, 以〈周〉判〈漢〉儀而分定之, 斯所以革古鼎, 新設官分職之道歟!

하루는 왕이 신하더러 말하기를 "구간들은 모두가 일반 관료들의 우두머리인데도 그 위품과 명칭이 모두 미천한 사람들의 이름이요 결코 존귀한 벼슬의 칭호라 할 수 없으매 만일 밖으로 소문이 퍼진다면 반드시 웃음거리가 될 것이다."라고 하고 드디어 아도를 아궁으로, 여도를 여해로, 피도를 피장으로, 오방은 오상으로 고치고 유수와 유천이라는 이름은 앞 글자는 그대로 두고 아래 글자만 고쳐 유공, 유덕이라 하고, (신천을) 고쳐 신도라 하고, 오천을 고쳐 오능이라 하였으며 신귀는 음은 고치지 않고 뜻만 고쳐서 신귀로 하였다. 그리고 계림의 직관의례를 따라 각간, 아즐간, 급간의 등급을 두고 그 아래 관료들은 주나라와 한나라 제도에 의하여 갈라서 배정하였으니 이는 옛 제도를 혁신하고 새 관직을 마련하여 나누는 길이로다.

於是乎, 理186/國齊家, 愛民如子, 其教不肅而威, 其政不嚴而理, 況與王后而居也, 比如天之有地 · 日之有月 · 陽之有陰, 其功也〈塗山〉翼〈夏〉, 〈唐媛177〉興〈嬌〉. 頻年有夢得熊羆之兆, 誕生太子〈居登公〉. 〈靈帝〉〈中平〉六年己巳三月一日后崩, 壽一百五十七. 國人如嘆坤崩, 葬於〈龜旨〉東北塢. 遂欲志178子愛下民之惠, 因號初來下纜〈渡頭村〉曰〈主浦村〉. 解綾袴179高岡曰〈綾峴〉, 茜旗行入海涯曰〈旗出邊〉.

이로부터 나라를 다스리고 집안을 정돈하며 백성들을 자식처럼 사랑하여 교시가 엄숙하지 않아도 위엄이 있었고 정치를 엄하게 하지 않아도 다스려졌으니, 더구나 왕후와 함께 살게 된 것은 비하자면 하늘이 땅을 가지며 해가 달을 가지며 양이 음을 가짐과 같으니, 그 공로야말로 도산의 딸이 하나라 우왕을 보좌하고, 요임금의 딸인 아황이 순임금을 도와 교씨를 일으킨 것과 같았다. 이 해에 곰

---

177. 木板本은 媛으로 異體字이다.
178. 木板本은 㤫으로 志의 異體字이다.
179. 木板本은 袴로 異體字이다.

을 얻는, 즉 아들 낳을 꿈을 꾸고 태자 거등공을 낳았다. 영제 중평 6년 기사(189) 3월 1일에 왕후가 죽으니 나이가 157세였다. 국인들이 땅이 무너질 듯 통탄하면서 구지봉 동북쪽 둔덕에 장사하였다. 마침내 백성들을 자식처럼 사랑하는 은혜를 기념하기 위하여 왕후가 처음 도착하여 닻을 내린 도두촌을 주포촌이라 하고 비단바지를 벗었던 높은 산언덕을 능현이라 하고 붉은 기를 달고 들어온 바닷가를 기출변이라 하였다.

媵臣泉府卿〈申輔〉・宗正監〈趙匡〉等到國三十年後, 各産二女焉, 夫與婦踰一二年而皆抛信也. 其餘臧獲之輩, 自來七八年間, 未有孳[180]生, 唯抱懷土之悲, 皆首丘而没. 所舍賓館, 圓其187/無人, 元君乃每歌鰥枕, 悲嘆良多. 隔二五歲, 以〈獻帝〉〈立安〉四年己卯三月二十三日而殂落, 壽一百五十八歲矣. 國中之人若亡天只, 悲慟甚於后崩之日. 遂於闕之艮方平地, 造立殯宮, 高一丈, 周三百步而葬之, 號〈首陵王廟〉也. 自嗣子〈居登王〉洎九代孫〈仇衡〉, 之享是廟, 須以每歲孟春三之日七之日・仲夏重五之日・仲秋初五之日十五之日, 豊潔之奠, 相繼不絶洎.

잉신 천부경 신보와 종정감 조광 등은 이 나라에 도착한 지 30년만에 각각 딸 둘씩을 낳았으며 부부가 다 1, 2년 지나서 세상을 떠났다. 그 밖에 노비들은 온 지 7, 8년이 되도록 이곳에서 자식을 낳지 못하고 다만 고향을 그리는 시름만 품고 지내다가 모두들 고향

---

180. 壬申本은 玆子로 誤字이다.

쪽으로 머리를 두고 죽었다. 그들이 묵고 있었던 빈관은 근처에 사람이 없었고 임금은 매양 홀아비인 것을 노래 부르면서 언제나 비탄에 잠겼었다. 25년을 두고 헌제 건안 4년 기묘(199) 3월 23일에 죽으니 나이가 158세였다. 나라 사람들이 하늘이 무너진 듯 슬퍼한 것은 왕후가 죽었을 때보다 더 심하였다. 마침내 대궐 동북쪽 평지에 높이 한 길, 주위가 3백 보 되는 빈궁을 만들고 장사하니 수릉왕묘라고 불렀다. 왕의 맏아들인 거등왕으로부터 9대손 구형에 이르기까지 이 묘에 제향을 드리러 가서, 반드시 매년 정월 3일, 7일과 5월 5일과 8월 초닷새 날과 보름날이면 성대하고도 깨끗한 제사가 계속되어 왔다.

〈新羅〉第三十王〈法敏〉,〈龍朔〉元年辛酉三月日, 有制曰 "朕是〈伽耶國〉元君九代孫〈仇衡王[181]〉之降于當國也, 所率來子〈世宗〉之子〈率友公〉之子〈庶云[182]〉匝干之女, 〈文明皇后〉寔生我者. 茲故元君於188/幼冲人, 乃爲十五代始祖也. 所御國者已曾敗, 所葬廟者今尙存, 合于宗祧, 續乃祀事." 仍遣使於黍離之趾, ○近廟上上田三十頃, 爲供營之資, 號稱〈王位田〉, 付屬本土, 王之十七代孫〈賡世〉級干祇稟朝旨, 主掌厥田.

신라 제30대 왕 법민이 용삭 원년 신유(661) 3월 일에 조서를 내려 이르기를 "짐은 가야국 시조왕 9대손 구형왕이 나라에 항복할

---

181. (晚)(서)(藩)은 三으로 壞字이다.
182. 玄의 異體字일 수 있다.

때에 데리고 온 아들 세종의 아들인 솔우공의 아들 서운 잡간의 딸 문명황후가 낳아 주셨다. 그러하여 시조왕은 나에게 15대 되는 조상이다. 그분이 다스리시던 나라는 벌써 옛날에 패망했으나 장사를 지낸 능묘는 지금도 아직 그대로 있으니 이를 종묘에 합사하고 제사를 계속할 것이다."라고 하고 뒤미처 고국의 옛터에 사람을 보내어 그 사당집 근처에 있는 상상전 30경을 주어 제사 모시는 밑천으로 삼게 하고 왕위전이라 불러 본래 있던 토지에 붙이고 왕의 17대 손 갱세급간이 삼가 조정의 명령을 받들어 그 밭들을 주관하였다.

每歲時釀醪醴, 設以餠飯茶菓庶羞等奠, 年年不墜. 其祭日不失〈居登王〉之所定年內五日也, 芬苾孝祀, 於是乎在於我. 自〈居登王〉卽位己卯年置便房, 降及〈仇衡[183]〉朝, 未三百三十載之中, 享廟禮曲, 永無違者. 其乃〈仇衡〉失位去國, 逮〈龍朔〉元年辛酉, 六十年之間, 享是廟禮或闕如也. 美矣哉!〈文武王〉(〈法敏王〉諡也). 先奉尊祖, 孝乎惟孝, 繼泯絕189/之祀, 復行之也.

매년 때마다 술을 빚고 떡이며 밥이며 다과 등 제수를 준비하고 제사를 모시기를 해마다 거르지 않았다. 그 제사 날짜는 거등왕이 제정한 1년에 닷새 그대로 하매 정성스러운 조상 제사가 이제야 우리에게 있게 되었다. 거등왕이 즉위한 기묘년으로부터 별실을 설치하여 구형왕 시대까지 내려오면서 330년 동안 묘제사의 예절을 한 번도 어김이 없었다. 그러나 구형이 왕위를 잃고 나라를 떠나서 용

---

183. 木板本은 衝으로 衡의 異體字로 보인다. 이하 동일.

삭 원년 신유년(661)까지 60년 동안은 이 사당의 제향이 간혹 빠지기도 했던 것이다. 훌륭하도다. 문무왕(법민왕의 시호다.)이여! 먼저 선조부터 높이 받드니 효성은 지극하여 끊어졌던 제사를 다시 시행하게 되었다.

〈新羅〉季末有〈忠至〉匝干者, 攻取〈金官〉〈高城〉, 而爲城主將軍, 爰有〈英規〉阿干, 假威於將軍, 奪廟享而濫祀. 當端午而致告祀, 堂梁無故折墜, 因覆壓而死焉. 於是, 將軍自謂 "宿因多幸, 辱爲聖王所御國城之奠, 宜我畵其眞影, 香燈供之, 以酬玄恩." 遂以鮫絹三尺, 摸出眞影, 安於壁上, 旦夕膏炷, 瞻仰虔至.

신라의 말기에 충지잡간이 금관의 고성을 쳐서 빼앗아 성주장군이 되었더니 이에 영규 아간이 장군의 위세를 빌려 사당을 빼앗아 음사를 받들었다. 단옷날이 되어 고사를 지냈더니 사당 집 대들보가 까닭 없이 부러져 떨어지면서 그만 덮쳐서 깔려 죽었다. 이때에 장군이 혼잣말로 '다행히 전세의 인연이 있어서 과분하게도 성왕이 다스리던 나라의 제사를 받들게 되었으니 마땅히 내가 그의 진영을 그려 놓고 치성을 하여 은혜를 갚으리라."하고 드디어 그림 그리는 비단 석 자에 화상을 그려 벽상에 모시고 아침저녁으로 촛불을 밝히고 정성껏 높여 받들었다.

才三日, 影之二目, 流下血淚, 而貯於地上, 幾一斗矣. 將軍大懼, 捧持其眞, 就廟而焚之, 卽召王之眞孫〈圭林〉而謂曰 "昨有不祥事, 一何重疊! 是必廟之威靈, 震怒余之圖畵而供養不孫. 〈英規〉旣死,

余甚怖畏. 影已燒矣, 必受陰誅. 卿是王之190/眞孫, 信合依舊以祭
之."〈圭林〉繼世奠酌, 年及八十八歲而卒, 其子〈間元卿〉, 續而克禋.

사흘 만에 진영의 두 눈에서 피눈물이 흘러 바닥에 고인 것이 거
의 한 말이나 되었다. 장군이 몹시 겁이 나서 그 진영을 모셔 들고
사당으로 가서 이를 불에 사르고 즉시 왕의 직계자손인 규림을 불
러 말하기를 "어제는 불상사가 있었는데 어쩌면 이렇게도 거듭 닥
치는가? 이는 필시 사당에 모신 위령이 내가 그림을 그려 놓고 공
양하는 것을 불손하다고 진노하는 것이다. 영규가 이미 죽었으므로
나는 매우 무섭구나! 화상을 불태워 버렸으니 필시 남 모를 천벌이
있을 것만 같다. 그대는 시조왕의 직계자손으로서 예전대로 제사를
모시는 것이 참으로 합당한 일일 것이다."라고 하였다. 이리하여 규
림이 대를 이어 제사를 모시게 되었는데 나이 88세가 되어 죽었으
며 그의 아들 간원경이 계속하여 제사를 잘 모셨다.

端午日, 謁廟之祭,〈英規〉之子〈佼184必〉又發狂, 來詣廟, 俾徹〈間
元〉之奠, 以己奠陳享, 三獻未終, 得暴疾, 歸家而斃. 然, 古人有言
"淫祀無福, 反受其殃," 前有〈英規〉・後有〈佼必〉父子之謂乎!

단옷날에 참배하는 제사를 지내는데 영규의 아들 교필이 또 발광
하여 묘에 와서 간원이 차려 놓은 제물을 걷어치우고 자기가 제물
을 차려 제사를 드렸다. 그런데 세 번째 술잔을 채 바치지 못하여
갑자기 병을 얻어 집으로 돌아가 죽었다. 그러므로 옛날 사람의 말

---

184. 俊의 異體字일 수 있다. 이하 동일.

에 "음사는 복을 받지 못할 뿐 아니라 도리어 재앙을 받는다."라고 하였는바 전에 영규, 뒤에는 교필 두 부자를 두고 말한 것이 아니겠는가?

又有賊徒, 謂廟中多有金玉, 將來盜焉. 初之來也, 有躬擐甲冑·張弓挾矢·猛士一人從廟中出, 四面雨射, 中殺七八人, 賊徒奔走. 數日再來, 有大蟒長三十餘尺, 眼光如電, 自廟旁出, 咬殺八九人, 粗得完免者, 皆僵仆而散. 故知陵園表裏, 必有神物護之. 自〈建[185]安〉四年己卯始造, 逮今上御圖[186]三191/十一載, 〈大康〉二年丙辰, 凡八百七十八年, 所封美土, 不騫不崩, 所植佳木, 不枯不朽, 況所排列万蘊玉之片片, 亦不頹坼.[187]

또 도적떼들이 이 사당 안에 금옥이 많이 있는 줄 알고 여기 와서 도적질을 하게 되었는데 첫번 왔을 때는 몸에 갑옷을 입고 화살을 차고 활을 버틴 용사 한 명이 사당으로부터 나와 4방으로 빗발처럼 활을 쏘아 7, 8명 도적을 맞혀 죽이니 도적떼가 달아나 버렸다. 며칠 지나 두 번째 왔더니 이번은 길이 30여 척 되는 큰 뱀이 눈을 번갯불처럼 번쩍이면서 사당집 옆으로부터 나와 8, 9인을 물어죽였는데, 어쩌다가 모면한 자도 모두 엎어지고 자빠지면서 흩어져버렸다. 그러므로 이 능원의 안팎에는 반드시 신물들이 있어 호위하고

---

185. 木板本은 逮으로 建의 異體字이다.
186. 木板本은 圖로 国의 異體字 또는 誤字로 보인다.
187. 木板本은 坼으로 坼의 異體字이다.

있음을 알게 되었다. 건안 4년 기묘(199)에 이 사당을 처음 세운 뒤로부터 금상이 나라를 다스린 지 31년, 대강 2년 병진(1076)까지 무릇 878년 동안 이 사당의 좋은 봉토는 조금도 다치지 않았으며 심어 둔 좋은 나무들은 마르지도 썩지도 않았다. 더구나 사당에 수없이 차려 둔 가지가지 묵은 보물들도 역시 상하지도 부서지지도 않고 있다.

由是觀之, 〈辛替否〉曰 "自古迄今, 豈有不忘之國 · 不破之墳?" 唯此〈駕洛國〉之昔曾亡, 則〈替否〉之言有徵矣, 〈首露〉廟之不毁, 則〈替否〉之言, 未足信也. 此中更有戱樂思慕之事, 每以七月二十九日, 土人吏卒, 陟乘岾, 設帷幕, 酒食歡呼, 而東西送目, 壯健人夫, 分類以左右之, 自望山島, 駿蹄駸駸而競湊於陸, 鷁首泛泛而相推於水, 北指〈古浦〉而爭趨. 盖此昔〈留天〉 · 〈神鬼〉等望后之來, 急促告君之遺迹也.

이로써 보건대 신체부가 말하기를 "옛날부터 오늘에 이르기까지 망하지 않은 나라가 어디 있으며 허물어지지 않은 무덤이 어디 있으리요."라고 하였지만 오직 이 가락국만은 옛날에 이미 망해 없어진 점은 체부의 말이 맞았다고 할 것이나, 수로왕의 사당은 허물어지지 않았으니 체부의 말은 족히 믿을 수 없다고 해야 할 것이다. 이 가운데도 다시 유희와 오락으로 사모하는 행사가 있었으니 매양 7월 29일이면 사인과 이졸들이 승점에 올라가 장막을 치고 술과 음식을 먹으면서 동서로 눈짓을 보내면 장정들이 좌우편으로 갈라서 한편은 망산도로부터 말을 급히 몰아 육지를 향해 달리고 한편은 뱃머리

를 둥둥 띄워 물 위에서 서로 노를 저으면서 북으로 고포를 향하여
다퉈 달린다. 대체로 이것은 옛날 유천 · 신귀 등이 왕후가 오는 것
을 바라보고 임금에게 달려와서 서둘러 보고하던 자취이다.

國亡之後, 代代稱號不一, 〈新羅〉第三192/十一〈政明王〉卽位,
〈開耀〉元年辛巳, 號爲〈金官京〉, 置大守, 後二百五十九年, 屬我〈大
祖〉統合之後, 代代爲〈臨海縣〉置排岸使, 四十八年也, 次爲〈臨海
郡〉, 或爲〈金海府〉, 置都護府, 二十七年也, 又置防禦使, 六十四年
也.

가락국이 망한 후에 이 땅은 대대로 칭호가 같지 않았으니 신라
의 31대 정명왕이 즉위한 개요 원년 신사(681)에는 금관경이라 하
여 태수를 두었다가 그 후 259년 만에 우리 태조에게 귀속하여 통
합된 후에는 계속 임해현으로 되어 배안사를 두었던 것이 48년 동
안이요, 다음에는 임해군 혹은 김해부가 되어 도호부를 둔 것이 27
년 동안이요, 또 방어사를 둔 것이 64년 동안이다.

〈淳化〉二年〈金海府〉量田使 · 中大夫〈趙文善〉申省狀稱, 〈首露陵〉
王廟屬田結數多也, 宜以十五結仍舊貫, 其餘分折於府之役丁. 所司
傳狀奏聞, 時廟朝宣旨曰 "天所降卵, 化爲聖君, 居位而延齡, 則一百
五十八年也. 自彼三皇而下, 鮮克比肩者歟! 崩後自先代俾屬廟之壟
畝, 而今減除, 良堪疑懼." 而不允. 使又申省, 朝廷然之, 半不動於陵
廟中,193/半分給於鄉人之丁也. 節使(量田使稱188也) 受朝旨, 乃以
半屬於陵園, 半以支給於府之徭役戶丁也.

순화 2년(991)에 김해부 양전사인 중대부 조문선이 조사하여 보고하기를 수로능의 왕묘에 속한 밭의 결수가 많으니 마땅히 15결로 하여 옛 관례대로 하고 그 나머지는 부의 부역 담당한 장정들에게 나누어 주자고 하였다. 소관관청에서는 보고대로 임금께 아뢰었더니 당시의 조정에서 임금의 교지를 전하여 말하기를 "하늘이 내린 알이 거룩한 임금으로 화하여 왕위에 있으면서 수명이 158세였다. 저 3황 이래로 드문 일로서 여기 견줄 자가 있을 것인가? 왕이 죽은 뒤로 선대적부터 사당에 속하게 한 전토를 지금에 와서 감소시킨다는 것은 진실로 송구스러운 일이다."라고 하면서 이를 윤허하지 않았다. 양전사가 다시 상부에 삭감을 신청하였더니 조정에서도 그러리라 여겨 절반은 능묘 가운데 고정시키고 절반은 향인의 정에게 분급하였다. 절사(양전사를 말하는 것이다.)가 조정의 교지를 받아가지고 그대로 절반은 능원에 소속시키고 절반은 부의 요역하는 호정에게 지급하였다.

幾臨事畢, 而甚勞倦, 忽一夕夢見七八介鬼神, 執纆絏, 握刀劒而至, 云 "你有大憝, 故加斬戮." 其使以謂受刑而慟楚, 驚懼而覺, 仍有疾瘵, 勿令人知之, 宵遁而行, 其病不間, 渡關而死. 是故, 量田都帳不著印也. 後人奉使來, 審撿[189]厥田, 才一結十二負九束也, 不足者三結八十七負一束矣. 乃推鞫斜入處, 報告內外官, 勅理足支給焉.

---

188. 壬申本은 稚으로 稱의 異體字 또는 誤字로 보인다.
189. 壬申本은 檢으로 異體字이다.

얼마 안 되어 거의 일을 끝내고 매우 피로하였는데 하룻밤에는 갑자기 꿈에 7, 8명의 귀신이 나타나 손에는 오랏줄과 칼을 잡고 와서 말하기를 "네가 큰 죄를 지었으므로 목을 베어 죽일 터이다." 라고 하였다. 그 양전사는 형벌을 받는다 하여 놀라고 두려워 울다가 깨니 이에 몸살로 병이 나서 다른 사람에게 알리지 않고 몰래 사잇길로 도주하다가 그 병이 낫지를 않고 관문을 건너다 죽었다. 이 때문에 양전 토지대장에는 그의 도장이 찍히지 않았던 것이다. 뒷날 사람들이 사명을 받들고 와서 그 밭을 자세히 조사해 보니 면적이 겨우 1결 12부 9속으로서 부족분이 3결 87부 1속이었다. 즉시로 잘못 처리된 땅을 단단히 추궁하여 내외의 관리들에게 보고하고 부족분을 채워 지급하도록 처리하였다.

又有古今所嘆息者, 元君八代孫〈金銍王〉克勤爲政, 又切崇眞, 爲世祖母〈許皇后〉奉資冥福, 以〈元嘉〉二十九年壬辰, 於元君194/與皇后合婚之地創寺, 額曰〈王后寺〉, 遣使審量近側平田十結, 以爲供億三寶之費. 自有是寺五百後, 置〈長遊寺〉, 所納田柴幷三百結. 於是右寺〈三剛〉, 以〈王后寺〉在寺柴地東南標內, 罷寺爲莊, 作秋收冬藏之場, 秣馬養牛之廐, 悲夫!

또 개탄할 만한 일이 있는데, 시조왕의 8대손 김질왕이 매우 부지런히 정사를 하며, 또 간절히 진영을 숭배하여 그의 조상 할머니인 허황후의 명복을 빌기 위하여 원가 29년 임진(452)에 시조왕이 황후와 함께 혼인을 한 곳에 절을 짓고 왕후사란 이름으로 현판을 붙이고 사람을 보내어 근방에 있는 평전 10결을 측량하여 부처님을 공양하는 비용으로 만들었다. 이 절이 생긴 지 5백 년 후에 장유사를 세우게 되니 절에 바친 전답이 3백결이나 되었다. 이에 이 절의 삼강이 왕후사가 그 절의 산판 동남쪽 장승표 안에 있다는 이유로 절을 혁파하여 장원으로 만들고 가을에 추수하고 겨울에는 저장하는 곳과 마소를 먹이는 외양간으로 만들었으니 슬픈 일이로다!

世祖已下九代孫曆數, 委錄于下. 銘曰 "元胎肇啓, 利眼初明. 人倫雖誕, 君位未成. 中朝累世, 東國分京. 〈雞林〉先定, 〈駕洛〉後營. 自無銓宰, 誰察民氓. 逐玆玄造, 顧彼蒼生. 用授符命, 特遣精靈. 山中降卵, 霧裏藏形[190]. 內猶漠漠, 外亦冥冥. 望如無象, 聞乃有聲.195/ 羣歌而奏, 衆舞而呈. 七日而後, 一時所丁. 風吹雲卷, 空碧天靑. 下六圓卵, 垂一紫纓. 殊方異土, 比屋連甍. 觀者如堵, 覬者如羹. 五歸各邑, 一在玆城. 同時同迹, 如弟如兄. 實天生德, 爲世作程. 寶位初陟, 寰區欲淸. 華構[191]徵古, 土階尙平. 万機始勉, 庶政施行. 無偏無儻, 惟一惟精. 行者讓路, 農者讓耕. 四方奠枕, 萬姓迓衡. 俄晞薤露, 靡保椿齡[192]. 乾坤變氣, 朝野痛情. 金相其躅, 玉振其聲. 來苗不絶, 薦藻惟馨. 日月雖逝, 規儀不傾." 196/

시조 이하로 9대손의 연대표는 아래에 기록한다. 비명에 이르기를 "천지가 처음 열리니, 비로소 이안이 밝았네, 인륜은 비록 생겼다 하나, 임금의 지위는 아직 이루어지지 않았다네. 중국이 여러 대

---

190. 木板本은 刑으로 異體字이다.
191. 고판본은 搆로 構의 異體字이다.
192. 木板本은 岺으로 齡의 壞字로 보인다.

320

를 거듭하자, 동국에서는 서울이 나뉘었네. 계림은 먼저 안정되고, 가락국은 후에 만들어졌도다. 스스로 맡아서 다스릴 자 없으니 어느 누가 백성을 보살피겠는가. 드디어 상제께서 나서서 저 창생들을 돌보았도다. 부명을 주어 특별히 정령을 보내셨다네. 산중에 알을 내려 보내고, 안개 속에 그 모습 감추었다네. 안은 오히려 아득하고, 바깥도 역시 캄캄하네. 바라보매 형상은 나타나지 않으나, 귀기울이면 소리가 있으니, 무리들은 노래 불러 아뢰고, 춤을 추어 바치었네. 7일이 지나매, 일시에 조용해졌네. 바람이 불어 구름이 걷히고, 허공은 맑게 개이고 푸른 하늘이 펼쳐지고 여섯 개의 둥근 알이 내려오매, 한 오라기 자줏빛 끈이 드리웠네. 낯선 이국 땅에 집과 국과 같이 엉겨 있네. 구경꾼들은 담벽처럼 움직이지 않고, 국과 같이 엉겨 있네. 다섯 분은 각 읍으로 흩어지고, 한 분만 이 성에 남아 있었네. 한 시에 나와 행적도 같으니, 형제와 같도다. 진실로 하늘이 덕을 낳아, 세상을 위해 질서를 만들도다. 처음 왕위에 오르니, 세상은 이내 맑아질 듯하였네. 궁전은 옛 법을 따랐고, 흙섬돌로 여전히 (땅과) 평평했네. 비로소 정사에 힘쓰고, 서정을 고루 베푸니, 기울지도 치우치지도 않으매, 오로지 한결같이 정성을 다하네. 길손은 서로 길을 양보하고 농부는 농토를 서로 사양하니 사방은 모두 안정을 찾고, 만민은 태평을 맞이했도다. 풀잎 이슬과 같이 금방 마르니, 커다란 동백과 같이 만수는 누리지 못하네. 천지의 조화가 깨지며 조야가 모두 슬퍼하였네. 그의 발자취, 금과 같으며 그의 명성은 옥과 같이 떨치니 후손이 끊어지지 않으매, 영묘의 제전은 향기롭기도 하여라. 비록 세월은 흘러갔지만 그 규범은 기울어지지 않았네."라고 하였다.

居登王 父〈首露王〉, 母〈許王后〉.〈立安〉四年己卯三月二十三日
卽位, 治三十九年,〈嘉平〉五年癸酉九月十七日崩. 王妃泉府卿〈申
輔〉女〈慕貞〉, 生太子〈麻品〉.『開皇曆』云 "姓〈金〉氏, 盖國世祖從金
卵而生, 故以金爲姓尒."

거등왕의 아버지는 수로왕이요, 어머니는 허황후이니 건안 4년
기묘(199) 3월 23일에 즉위하여 39년 동안 나라를 다스리다가 가
평 5년 계유(257) 9월 17일에 죽었다. 왕비는 천부경 신보의 딸 모
정이니 그는 태자 마품을 낳았다.『개황력』에 이르기를 "성은 김씨
니 대개 나라의 조상이 금알로부터 나왔기 때문에 금으로 성을 삼
았다."라고 하였다.

麻品王 一云〈馬品〉,〈金〉氏.〈嘉平〉五年癸酉卽位, 治三十九年,
〈永平〉元年辛亥一月二十九日崩. 王妃宗正監〈趙匡〉孫女〈好仇〉,
生太子〈居叱弥〉.

마품왕은 마품이라고도 하며 성은 김씨이다. 가평 5년 계유(253)
에 즉위하여 39년 동안 나라를 다스리다가 영평 원년 신해(291) 1
월 29일에 죽었다. 왕비는 종장감 조광의 손녀 호구이니 태자 거즐
미를 낳았다.

居叱弥王 一云〈今勿〉,〈金〉氏.〈永平〉元年卽位, 治五十六年,
〈永和〉二年丙午七月八日崩. 王妃〈阿躬〉阿干197/孫女〈阿志〉, 生王

子〈伊品〉.

거즐미왕은 금물이라고도 하며, 성은 김씨이다. 영평 원년에 즉위하여 56년 동안 나라를 다스리다 영화 2년 병오(346) 7월 8일에 죽었다. 왕비는 아궁아간의 손녀 아지이니 왕자 이품을 낳았다.

伊尸品王〈金〉氏.〈永和〉二年卽位, 治六十二年,〈義熙〉三年丁未四月十日崩. 王妃司農卿〈克忠〉女〈貞信〉, 生王子〈坐知〉.

이시품왕은 성은 김씨이다. 영화 2년에 즉위하여 62년 동안 나라를 다스리다가 의희 3년 정미(407) 4월 10일에 죽었다. 왕비는 사농경 극충의 딸 정신이니 왕자 좌지를 낳았다.

坐知王 一云〈金叱〉.〈義熙〉三年卽位, 娶傭女, 以女黨爲官, 國內擾亂,〈雞林國〉以謀欲伐. 有一臣名〈朴元道〉, 諫曰 "遺草閱閱亦含羽, 況乃人乎! 天亡地陷, 人保何基?" 又卜士筮得解卦, 其辭曰 "解而悔,[193] 朋至斯孚, 君鑒易卦乎?" 王謝曰 "可." 擯傭女, 貶於〈荷山島〉, 改行其政, 長御安民也, 治十[198]/五年,〈永初〉二年辛酉五月十二日崩, 王妃〈道寧〉大阿干女〈福壽〉, 生子〈吹希〉.

좌지왕은 김즐이라고도 한다. 의희 3년에 즉위하여 부리던 계집종에게 장가를 들어 그 아내의 친정 패거리들에게 벼슬을 시켰기 때문에 나라 안이 소란하더니, 계림국이 이들을 정벌하고자 계획하였다. 박원도라고 부르는 한 신하가 있어 간하여 말하기를 "버려진

---

193. 활자본들은 拇로 교정하고 있어 참고가 된다.

잡초도 고르고 고르면 화초의 싹이 돋거늘 하물며 사람에 있어서
랴! 하늘이 무너지고 땅이 꺼진다면 사람이 어느 터에서 보존할 것
입니까?"라고 하였다. 또 복사가 점을 쳐서 해괘를 얻었는데 그 설
명에 말하기를 "풀리면서 후회할 것이요, 친구가 이르니 이야말로
성실하다 하였습니다. 왕은 주역의 괘를 교훈으로 삼겠습니까?"라
고 하였다. 왕이 고마워서 말하기를 "좋다!" 라고 하고 그 계집종을
물리치고 하산도로 귀양을 보내고 정치를 개선하여 오랫동안 백성
을 편안케 하면서 15년간 나라를 다스렸다. 영초 2년 신유(421) 5
월 12일에 죽으니 왕비는 도령 대아간의 딸 복수이며 왕자 취희를
낳았다.

吹希王 一云〈叱嘉〉,〈金〉氏.〈永初〉二年卽位, 治三十一年,〈元
嘉〉二十八年辛卯二月三日崩. 王妃〈進思〉角干女〈仁德〉, 生王子〈銍
知〉.

취희왕은 김즐왕이라고도 이르며 김씨이다. 영초 2년에 즉위하
여 31년 동안 나라를 다스리다가 원가 28년 신묘(451) 2월 3일에
죽었다. 왕비는 진사각간의 딸 인덕이며, 왕자 질지를 낳았다.

銍知王 一云〈金銍王〉.〈元嘉〉二十八年卽位, 明年爲世祖〈許黃玉
玉[194]后〉, 奉資冥福於初與世祖合御之地, 創寺曰〈王后寺〉, 納田十結
充之. 治四十二年,〈永明〉十年壬申十月四日崩. 王妃〈金相〉沙干女

---

194. 壬申本은 玉으로 王의 異體字로 보인다.

〈邦媛〉, 生王子〈鉗知〉.199/

　질지왕은 김질왕이라고도 부르니 원가 28년에 즉위하여 이듬해에 시조왕과 허황옥 황후를 위하여 그가 수로왕과 합궁하던 곳에 그의 명복을 빌고자 절을 세워 왕후사라 부르고 전토 10결을 바쳐 충당하게 하였다. 42년 동안 나라를 다스리다가 영명 10년 임신(492) 10월 4일에 죽었다. 왕비는 김상사간의 딸 방원이며 왕자 감지를 낳았다.

　鉗知王 一云〈金鉗王〉.〈永明〉十年卽位, 治三十年,〈正光〉二年辛丑四月七日崩. 王妃〈出忠〉角干女〈淑〉, 生王子〈仇衡〉.

　감지왕은 금감왕이라고도 한다. 영명 10년에 즉위하여 30년 동안 나라를 다스리다가 정광 2년 신축(521) 4월 7일에 죽었다. 왕비는 출충각간의 딸 숙이며 왕자 구형을 낳았다.

　仇衡王〈金〉氏.〈正光〉二年卽位, 治四十二年,〈保定〉二年壬午九月,〈新羅〉第二十四君〈眞興王〉, 興兵薄伐, 王使親195軍卒, 彼衆我寡, 不堪對戰也. 仍遣同氣〈脫知尒叱今〉留在於國, 王子上孫〈卒支公〉等, 降入〈新羅〉. 王妃〈分叱〉水尒叱女〈桂花〉, 生三子, 一〈世宗〉角干, 二〈茂刀〉角干, 三〈茂得〉角干.『開皇錄』云 "〈梁〉〈中大通〉四年壬子, 降于〈新羅〉."200/

　구형왕 김씨이다. 정광 2년에 즉위하여 42년 동안 나라를 다스

---

195. 木板本 가운데 더러는 視이나 親의 異體字로 보인다.

렸다. 보정 2년 임오(562) 9월에 신라 제24대 진흥왕이 군사를 일으켜 닥쳐오므로 왕이 친히 거느렸던 군사들을 인솔하였으나 적의 수는 많고 아군은 수가 적어 맞싸워 감당할 수 없었다. 이에 형제인 탈지 이즐금을 남겨 두고 왕자와 상손 졸지공 등이 신라로 들어가 항복하였다. 왕비는 분즐수이즐의 딸 계화이니 아들 셋을 낳았는데 맏이는 세종각간이요, 둘째는 무도각간이요, 셋째는 무득각간이다. 『개황록』에 이르기를 "양나라 중대통 4년 임자(592)에 신라에 항복하였다."라고 하였다.

義曰 案『三國史』, 〈仇衡〉以〈梁〉〈中大通〉四年壬子, 納土投〈羅〉, 則計自〈首露〉初卽位〈東漢〉〈建武〉十八年壬寅, 至〈仇衡〉末壬子, 得四百九十年矣. 若以此記考之, 納土在〈元魏〉〈保定〉二年壬午, 則更三十年, 摠五百二十年矣. 今兩存之.201/

평하여 말하기를 "살펴보건대 『삼국사』에는 구형은 양나라 중대통 4년 임자에 국토를 바치면서 신라에 투항하였으니 곧 수로왕이 처음 즉위한 건무 18년 임인(42)으로부터 계산해 보면 490년이 된다. 만약 이 기록으로써 고증한다면 땅을 바친 것은 원위 보정 2년 임오인 즉 30년을 더해야 하니, 총 520년이 된다. 여기는 두 가지를 다 기록해 둔다.

三國遺事卷第二.202/

Ⅳ. 三國遺事卷第三 興法第三

三國遺事卷第三 興法第三

1. 順道肇麗(〈道公〉之次, 亦有〈法深〉·〈義淵〉·〈曇嚴〉之流, 相
繼而興教. 然, 古傳無文, 今亦不敢編次. 詳見『僧傳』.)

순도가 고구려에 불교를 전함(순도 다음에 또한 법심, 의연, 담엄
의 무리가 있어서 서로 계승하여 불교를 일으켰다. 그러나 고전에
는 문헌이 없으매 여기서도 역시 편으로 목차에 넣을 수 없다. 자세
한 것은 『승전』에 실려 있다.)

『高麗本記』云 "〈小獸林王〉卽位二年壬申, 乃〈東晉〉〈咸安〉二年,
〈孝武帝〉卽位之年也. 〈前秦〉〈符堅〉遣使及僧〈順道〉, 送佛像經
文.(時〈堅〉都〈關中〉, 卽〈長安〉.)又四年甲戌,〈阿道〉來自〈晉〉. 明年
乙亥二月, 創〈肖門寺〉, 以置〈順道〉, 又創〈伊弗蘭寺〉, 以置〈阿道〉,
此〈高麗〉佛法之始."

『고려본기』에 이르기를 "소수림왕 즉위 2년 임신(372)은 즉 동
진 함안 2년으로 효무제가 즉위한 해이다. 전진의 부견은 사신과

스님 순도를 시켜 불상과 경문을 보냈다.(당시 부견은 관중에 도읍하였으니 즉 장안이다.) 또 4년 갑술(374)에는 아도가 진나라로부터 왔다. 이듬해 을해 2월에는 초문사를 창건하여 순도를 두고 또 이불란사를 세워서 아도를 두니 이것이 고구려 불교의 시초이다." 라고 하였다.

『僧傳』作二〈道〉來自〈魏〉云者, 誤矣, 實自〈前秦〉而來. 又云 "〈肖[1]門寺〉今〈興國〉,〈伊弗蘭寺〉今〈興福〉"者, 亦誤. 按,〈麗〉時都〈安市城〉, 一名〈安丁忽〉, 在〈遼水〉之北.〈遼水〉一名203/〈鴨淥[2]〉, 今云〈安民江〉, 豈有〈松京〉之〈興國寺〉名! 讚曰〈鴨淥〉春深渚草鮮, 白沙鷗鷺等閑眠. 忽驚柔櫓一聲遠, 何處漁舟客到烟.

『승전』에 순도와 아도가 위나라로부터 왔다는 말은 틀린 것이요, 실상은 전진으로부터 왔다. 또 이르기를 "초문사는 지금의 홍국사요, 이불란사는 지금의 홍복사이다."라고 한 것도 역시 그릇된 것이다. 살펴보건대 고구려 당시의 도읍은 안시성으로 안정홀이라고도 하였으니 요수의 북쪽에 있다. 요수는 압록이라고도 하며, 지금은 안민강이라고 부르는데 송도에 어찌 홍국사라는 이름이 있겠는가! 찬에 이른다. 압록강 봄도 깊어 물가 풀도 고울씨고, 흰 모래밭 백구 백로 한가로이 잔다. 저 멀리 들려오는 노 젓는 소리에 놀라 깨니, 어딘가 고깃배인지 안개 속에 손님 왔네.

---

1. 省의 異體字이다.
2. 木板本은 淥으로 綠의 異體字이다.

2. 難陁闢濟

『百濟本記』云 "第十五(『僧傳』云十四, 誤)〈枕流王〉卽位甲申(〈東晉〉〈孝武帝〉〈大元〉九年), 胡僧〈摩羅難陁〉至自〈晉〉, 迎置宮中禮敬. 明年乙酉, 創佛寺於新都〈漢山州〉, 度僧十人, 此〈百濟〉佛法之始. 又〈阿莘王〉卽位〈大元〉十七年二月, 下敎 '崇信佛法求福.'"〈摩羅難陁〉, 譯云 '童學'(其異迹詳見『僧傳』.)

난타가 백제의 불교를 개척하다

『백제본기』에 이르기를 "제15세(『승전』에 14세라 한 것은 잘못이다.) 침류왕이 즉위한 갑신(384)(동진 효무제 태원 9년)에 호승 마라난타가 진나라로부터 오매, 맞이하여 궁중에 두고 예경하였다. 이듬해 을유에 절을 새로운 도읍 한산주에 창건하고 열 사람이 스님이 되니 이것이 백제에서 불교의 시작이다. 또 아신왕이 즉위한 태원 17년(392) 2월에 왕명을 내려 '불교를 믿어 복을 구하라.'라고 하였다."라고 하였다. 마란난타는 번역하면 '동학'을 이른다.(그의 기이한 행적은 『승전』에 자세하다.)

讚曰 "天造從來草昧間, 大都爲伎也應難. 翁翁自解呈歌舞, 引得旁人借眼看." 204/

찬에 이른다. "하늘의 조화는 아직 어두컴컴하여, 대개 재주를 부려도 응하질 않네. 늙은이들이 스스로 나서서 노래와 춤을 바치니, 주변 사람을 끌어들여 눈뜨게 했네."

3. 阿道基羅(一作〈我道〉, 又阿頭〉.)

『新羅本記』第四云 "第十九〈訥祇王〉時, 沙門〈墨胡子〉, 自〈高麗〉至〈一善郡〉, 郡人〈毛禮〉(或作〈毛祿〉), 於家中作堀室安置."

아도가 신라의 불교 기초를 닦다.(我道 또는 阿頭라고도 한다.)

『신라본기』제4에 이르기를 "제19대 눌지왕 때에 사문 묵호자가 고구려로부터 일선군에 이르니 그 고을 사람 모례(혹은 모록이라고도 한다.)가 집 안에 토굴을 짓고 모셨다."고 하였다.

時〈梁〉遣使賜衣著香物(〈高得相〉詠史詩云 "〈梁〉遣使僧曰〈元表〉, 宣送溟檀及經像."), 君臣不知其香名與其所用, 遣人齎香遍問國中. 〈墨胡子〉見之曰 "此之謂香也. 焚之則香氣芬馥, 所以達誠於神聖, 神聖未有過於三寶, 若燒此發願, 則必有靈應."(〈訥祇〉在〈晉〉·〈宋〉之世, 而云〈梁〉遣使, 恐誤.)

때에 양나라가 사신을 시켜 의복과 향료를 보내 왔는데(고득상이 역사를 읊은 시에 이르기를 "양나라가 보낸 중의 이름은 원표요, 명단과 불경과 불상을 보내 주었다."라고 하였다.) 군신이 그 향의 이름과 사용 방법을 몰라서 사람을 시켜 향을 가지고 전국에 두루 물었다. 묵호자가 그것을 보고 말하기를 "이것은 향이라고 하는 것이다. 피우면 향기가 피어나는 까닭에 그 정성이 신성에게 도달하게 되는 것이다. 신성에는 삼보보다 더 나은 것이 없으니 만일 이것을 피워서 발원을 한다면 반드시 영험이 있으리라."(눌지왕은 진·송 시대인데 양나라가 사신을 보냈다는 것은 아마도 틀린 듯하다.)라고 하였다.

時, 王女病革, 使召〈墨胡子〉焚香表誓, 王女之病尋愈. 王喜, 厚加
賽貺, 俄而不知所歸. 又至二十一〈毗處王〉時, 有〈我道和尙〉, 與侍
者三人, 亦來〈毛禮〉家, 儀表似〈墨胡子〉. 住205/數年, 無疾而終, 其
侍者三人留住, 講讀經律, 往往有信奉者.(有注云 "與本碑及諸傳記
殊異." 又『高僧傳』云 "〈西竺〉人," 或云 "從〈吳〉來.")

이때에 왕녀가 병이 위독하여 묵호자를 불러서 분향을 하고 발원
케 하였더니 왕녀의 병이 곧 나았다. 왕이 기뻐서 예물을 후하게 주
었으나 얼마 후 그가 어디로 돌아갔는지 알 수 없었다. 또 21대 비
처왕 때에 아도화상이 시종 세 명과 함께 역시 모례의 집으로 왔는
데 그의 외모가 묵호자와 비슷하였다. 수년 동안 살다가 병도 없이
생애를 마쳤는데 시종 세 명은 그대로 머물러 살면서 불경과 계율
을 강독하니 간혹 신봉자가 생겼다(주에 이르기를 "본비 및 여러
전기들과 자못 다르다."라고 하였고 또 『고승전』에 이르기를 "서천
축국 사람"이라 하였으며 혹은 "오나라로부터 왔다."고도 한다.)

按〈我道〉本碑云 "〈我道〉〈高麗〉人也, 母〈高道寧〉. 〈正始〉間, 〈曺
魏〉人〈我(姓〈我〉也)崛摩〉奉使〈句麗〉, 私之而還, 因而有娠. 師生五
歲, 其母令出家. 年十六歸〈魏〉, 省覲〈崛摩〉, 投[3]〈玄彰和尙〉講下就
業, 年十九又歸寧於母.[4]

---

3. 木板本은 杈로 投의 異體字이다.
4. 壬申本은 毌로 異體字이나.

살펴보건대 아도본비에 이른다. "아도는 고구려 사람이요, 그 어머니는 고도령이다. 정시 연간(240-48)에 조위 사람인 아(성이 아이다.)굴마가 명을 받들어 사신으로 고구려에 왔다가 사통하고 돌아갔더니 이로 인하여 아도를 임신하게 되었다. 아도가 태어나서 다섯 살에 그의 어머니가 출가를 시켰다. 나이 열여섯 살에 위나라로 가서 그 아버지 굴마를 찾아 보고 현창화상의 문하로 들어가 수업을 하다가 나이 열아홉에 다시 돌아와 어머니에게 문안을 올렸다.

母[5]謂曰 '此國于今不知佛法, 爾後三千餘月, 〈雞林〉有聖王出, 大興佛敎. 其京都內有七處伽藍之墟, 一曰〈金橋〉東〈天鏡林〉(今〈興輪寺〉. 〈金橋〉謂〈西川〉之橋, 俗訛呼云〈松橋〉也. 寺自〈我道〉始基而中廢, 至〈法興王〉丁未草創, 乙卯大開, 〈眞興王〉畢成), 二曰〈三川歧〉(今〈永興寺〉, 与〈興輪〉開同代), 三曰〈龍宮南〉(今〈皇龍寺〉, 〈眞興王〉癸酉始開), 四曰〈龍宮北〉(今〈芬皇寺〉, 〈善德〉甲午始開), 五曰 206/〈沙川尾〉(今〈靈妙寺〉, 〈善德王〉乙未始開), 六曰〈神遊林〉(今〈天王寺〉, 〈文武王〉己卯開), 七曰〈婿請田〉(今〈曇嚴寺〉). 皆前佛時伽藍之墟, 法水長流之地, 爾歸彼而播揚大敎, 當東嚮於釋祀矣.'

어머니가 말하기를 '이 나라는 여지껏 불법을 알지 못했으나 이후 3천여 월 만에 계림에 성왕이 나서 크게 불교를 일으킬 것이다. 그곳 서울 안에 일곱 곳의 절터가 있으니 첫째가 금교의 동쪽 천경

---

5. 壬申本은 毋로 異體字이다.

림(지금의 흥륜사이다. 금교는 서천의 다리를 말함이니 세간에서는 송교라고도 잘못 부르기도 한다. 절은 아도가 처음으로 세운 뒤 중간에 없어졌다가 법흥왕 정미〔257〕에 조그맣게 세웠다가 을묘〔535〕에 크게 공사를 시작하여 진흥왕이 완성했다.)이요, 둘째는 삼천기(지금의 영흥사이니 흥륜사와 같은 시대에 개창되었다.)요, 셋째는 용궁남(지금의 황룡사이니 진흥왕 계유〔553〕에 처음 세웠다.)이요, 넷째는 용궁북(지금의 분황사이니 선덕왕 갑오〔634〕에 개창하였다.)이요, 다섯째는 사천미(지금의 영묘사이니 선덕왕 을미〔635〕에 개창하였다.)요, 여섯째는 신유림(지금의 천왕사이니 문무왕 기묘에 개창하였다.)이요, 일곱째는 서청전(지금의 담엄사이다.)이니 모두가 전불시대에 절터로 불법의 물이 오랫동안 흘렀던 땅이니 네가 그곳으로 가서 불교를 선양한다면 마땅히 우리나라 불교의 초조가 될 것이다.'라고 하였다.

〈道〉稟教至〈雞林〉, 寓止王城西里, 今〈嚴莊寺〉, 于時〈未雛王〉卽位二年癸未也. 詣闕請行教法, 世以前所未見爲嫌, 至有將殺之者, 乃逃隱于〈續林〉(今〈一善縣〉)〈毛祿〉家(祿与礼形近之訛.『古記』云 '法師初來〈毛祿〉家, 時天地震驚, 時人不知僧名而云〈阿頭彡麼〉, 彡麼者乃鄕言之称僧也, 猶言沙弥也.')三年.

아도가 가르침을 받들고 계림에 이르러 왕성 서쪽 동리에 와서 잠시 머무니 지금의 엄장사이며, 때는 미추왕 즉위 2년 계미(263)였다. 대궐에 이르러 불교의 홍포를 청하니 세상에서는 전에 보지도 못한 것이라고 의심을 가져 심지어 죽이려는 자까지 있으므로 이에 속림(지금의 일선현이다.)에 있는 모록의 집(녹과 예의 자양이 비슷하여 와전된 것이라. 『고기』에 이르기를 "법사가 처음 모록의 집에 왔을 때에 천지가 진동하였다. 당시 사람들이 중의 이름을 몰라서 아두삼마라 불렀으니 삼마라는 말은 방언으로 스님을 부르는 말로서 사미라는 말과 같다."고 하였다.)으로 도망하여 3년 동안 숨어 있었다.

時, 〈成國公主〉疾, 巫醫不効, 勅使四方求醫, 師率然赴闕, 其疾遂理. 王大悅, 問其所須, 對曰 '貧道百無所求, 但願創佛寺於〈天境[6]林〉, 大興佛教, 奉福邦家爾.' 王許之, 命興工, 俗方質儉, 編茅207/葺屋. 住而講演, 時或天花落地, 号〈興輪寺〉.

때에 성국공주가 병이 들어 무당이나 의원에게 효력을 보지 못하니, 칙사가 사방으로 의원을 구했는데 법사가 알고서는 대궐로 가니, 마침내 그 병이 나았다. 왕이 매우 기뻐서 그의 소원을 물었더니 아도가 대답하기를 '빈도는 아무것도 원하는 것이 없고 다만 천경림에 절을 짓고 불교를 크게 일으켜 나라를 받들어 복받게 하고자 합니다.'라고 하였다. 왕이 이를 승낙하고 공사에 착수할 것을 명령하니, 당시 풍속대로 질박하고 검소하게 띠풀을 엮어 지붕을 이었다. 주석하면서 강연할 때 간혹 하늘꽃이 땅에 떨어졌으며, 흥륜사라 하였다.

---

6. 木板本은 境으로 鏡의 異體字 또는 誤字로 보인다.

〈毛祿〉之妹名〈史〉氏, 投師爲尼, 亦於〈三川歧〉, 創寺而居, 名〈永興寺〉. 未幾, 〈末雛王〉卽世, 國人將害之, 師還〈毛祿〉家, 自作塚, 閉戶自絶, 遂不復現. 因此大教亦廢. 至二十三〈法興大王〉, 以〈蕭梁〉〈天監〉十三年甲午登位, 乃興〈釋氏〉, 距〈末雛王〉癸未之歲二百五十二年, 〈道寧〉所言三千餘月, 驗矣."

모록의 누이 이름은 사씨이니 스님에게 투신하여 비구니가 되어 역시 삼천기에 절을 짓고 살았는바 영흥사라 이름 지었다. 얼마 안 가 미추왕이 세상을 떠나매 국인들이 죽이고자 하므로 스님은 모록의 집으로 돌아와 스스로 무덤을 만들고 문을 채운 채 자살하여 마침내 다시 나타나지 않았다. 이로 인하여 불교도 다시 없어지게 되었다. 23대 법흥대왕대 소량의 천감 13년 갑오(514)에 왕이 즉위하게 되자, 이에 불교를 일으키니 이는 미추왕 계미년으로부터 252년으로서 도령이 말한 3천여 월이란 말이 맞았다."

據此, 『本記』與本碑, 二說相戾不同如此. 嘗試論之, 〈梁〉·〈唐〉二『僧傳』, 及『三國本史』皆載, 〈麗〉·〈濟〉二國佛敎之始, 在〈晉〉末〈太元〉之間, 則二〈道〉法師, 以〈小獸林〉甲戌, 到〈高麗〉明矣, 此傳不誤. 若以〈毗處王〉時方始到〈羅〉, 則是〈阿道〉留〈高麗〉百餘歲乃來208/也. 雖大聖行止出沒不常, 未必皆爾, 抑亦〈新羅〉奉佛, 非晚甚如此. 又若在〈末雛〉之世, 則却超先於到〈麗〉甲戌百餘年矣.

이에 의거해 보건대, 『본기』와 본비 두 가지 설이 서로 어긋나서 이와 같이 다르다. 잠시 시험삼아 논평한다면 양나라, 당나라의 두 『승전』과 『삼국본사』에는 모두 고구려와 백제 두 나라 불교의 시작이 진나라 말년 태원 연간(376-96)이라고 기재하였으니, 곧 순도, 아도 두 법사가 소수림왕 갑술(374)에 고구려에 도착한 것이 명백하므로 이 전기는 틀리지 않는다. 만약 비처왕 때에 처음으로 신라에 왔다고 하면 이는 아도가 고구려에 머문 지 1백여 년 만에 온 것이 된다. 비록 대성의 행적과 출몰이 평범하지는 않다고 할지라도 반드시 다 그렇지는 않을 것이요, 더군다나 신라가 불교를 받든 것이 이와 같이 매우 늦지는 않았을 것이다. 또 만약에 미추왕대라고 한다면 고구려에 도착했다는 갑술년보다도 도리어 1백여 년이나 앞서게 된다.

于時, 〈雞林〉未有文物禮敎, 國号猶未定, 何暇〈阿道〉來請奉佛之事? 又不合〈高麗〉未到而越至于〈羅〉也. 設使暫興還廢, 何其間寂寥無聞, 而尙不識香名哉! 一何大後, 一何大先, 揆夫東漸之勢, 必始于〈麗〉·〈濟〉而終乎〈羅〉. 則〈訥祇〉旣與〈獸林〉世相接也, 〈阿道〉之辭〈麗〉抵〈羅〉, 宜在〈訥祇〉之世.

당시 계림에는 아직 문물과 예교가 없었으며, 국호도 채 정하지 못 했을 때인데 어느 겨를에 아도가 와서 불교를 받들자고 청했을 것인지? 또한 고구려에도 오지 않고 뛰어넘어 신라에 왔다는 것은 사리에 맞지 않는다. 설사 잠시 일어났다가 곧 없어져 그 동안에 아무 소리도 없이 잠잠해졌다고 해도 어찌 향이란 이름조차 몰랐을 것이랴! 하나는 너무 뒤지고 하나는 너무 앞섰다. 헤아려 보건대 불교가 동방으로 차차 전파해 온 과정이 반드시 고구려, 백제로부터 시작되어 신라에서 끝마쳤을 것이다. 즉 눌지왕대가 소수림왕대와 맞닿고 있으므로 아도가 고구려를 하직하고 신라에 온 것은 응당 눌지왕대가 되어야 할 것이다.

又王女救病, 皆傳爲〈阿道〉之事, 則所謂 墨胡者 非眞名也, 乃指目之辭. 如〈梁〉人指〈達摩〉爲碧眼胡, 〈晉〉調釋〈道安〉爲柒道人類也. 乃〈阿道〉危行避諱, 而不言名姓209/故也. 蓋國人隨其所聞, 以〈墨胡〉‧〈阿道〉二名, 分作二人爲傳爾. 況云〈阿道〉儀表似〈墨胡〉, 則以此可驗其一人也.

또 왕녀의 병을 구원한 것이 모두 아도의 사적이라고 전하고 있으니, 곧 소위 묵호자란 참이름이 아니라 바로 별명 같은 것일 것이다. 마치 양나라 사람들이 달마를 벽안호라 하고 진나라 사람들이 승 도안을 조롱하여 칠도인이라고 부르는 따위일 것이다. 즉 아도는 위험한 여행을 하면서 이름을 숨기고 성명을 하지 않았던 까닭이다. 아마도 국인들이 그저 소문에 따라 묵호니 아도니 하는 두 가지 이름으로 두 사람으로 나누어 전한 것뿐이었을 것이다. 더군다나 아도의 외모가 묵호와 비슷했다니 이로써 그가 한 사람인 것이 증명된다.

〈道寧〉之序七處, 直以創開先後預言之, 兩[7]傳失之, 故今以〈沙川尾〉躋於五次, 三千餘月, 未必盡信書. 自〈訥祇〉之世, 抵乎丁未, 无慮一百餘年, 若曰一千餘月, 則殆幾矣. 姓〈我〉單名, 疑贗難詳.

---

7. 木板本은 而로 異體字이다.

도령이 절터 일곱 곳을 차례로 꼽은 것은 바로 개창되는 순서를 가지고 예언한 것인데 두 전기에서 이것이 빠졌으므로 여기에서 사천미를 다섯 번째로 올려 놓았으며 3천여 월이란 말은 그대로 다 믿을 수 없다. 눌지왕 때로부터 정미년에 이르기까지는 무려 1백여 년이매 만약에 일러서 1천여 월이라 했다면 거의 비슷하다 할 것이다. 그의 성 아라가 외자인 것은 거짓인 듯하나 자세하진 않다.

又按〈元魏〉釋『曇始(一云〈惠始〉)傳』云 "〈始〉〈關中〉人, 自出家已後, 多有異迹. 〈晉〉〈孝武〉〈大元〉年末, 賫經律數十部, 往〈遼東〉宣化, 現授三乘, 立以歸戒, 蓋〈高麗〉聞道之始也. 〈義熙〉初復還〈關[8]中〉, 開導〈三輔〉. 〈始〉足白於面, 雖涉泥水, 未嘗沾濕, 天下咸稱〈白足和尙〉云.

또 원위의 승 『담시(혜시라고도 한다.)전』에 이르기를 "담시는 관중 사람으로 출가하여 중이 된 후 기이한 행적이 많았다. 진나라 효무제 태원 9년(384) 말에 경부, 율부를 비롯한 수십 부를 가지고 요동으로 가서 포교를 하는데, 직접 3승을 가르쳐 주면서 그 자리에서 불교에 귀의하게 하니 아마 고구려가 불교를 알게 된 시초일 것이다. 의희 초년에 관중으로 다시 돌아와서 삼보 지방을 교화시켰다. 담시의 발은 얼굴보다도 더 희며, 비록 흙탕물을 건너더라도 한번도 발에 물을 적신 적이 없었으므로 세상에서 모두들 백족화상

---

8. 木板本은 開로 關의 異體字이다.

이라고 칭했다.

〈晉〉末, 朔方凶奴〈赫連勃210/勃〉, 破獲〈關中〉, 斬戮無數, 時〈始〉亦遇害, 刀⁹不能傷, 〈勃勃〉嗟嘆之, 普赦沙門, 悉皆不殺. 〈始〉於是潛遁山澤, 修頭陁行. 〈拓拔燾〉復剋〈長安〉, 擅威〈關〉·〈洛〉, 時有〈博陵〉〈崔皓〉, 小習左道, 猜嫉釋教.

진나라 말년에 북방의 흉노 혁련발발이 관중을 쳐부수고 무수한 살육을 감행할 때에 담시도 역시 박해를 당하였으나 칼로도 상처를 낼 수 없으매 발발이 탄복을 하면서 스님들은 모두 놓아 주고 죽이지 않았다. 이에 담시는 몰래 산골에 숨어서 두타행을 닦았다. 탁발도가 다시 장안을 회복하고 관·락 지방에서 함부로 위세를 부리고 있을 때 박릉의 최호란 자가 있어 좌도를 조금 익혀서 불교를 시기하였다.

既位居僞¹⁰輔, 爲〈燾〉所信, 乃與天師〈寇謙之〉說〈燾〉, 佛教無益, 有傷民利, 勸令廢之云云. 〈大平〉之末, 〈始〉方知〈燾〉將化時至, 乃以元會之日, 忽杖錫到宮門. 〈燾〉聞令斬之, 屢不傷, 〈燾〉自斬之亦無傷, 飼北園所養虎, 亦不敢近. 〈燾〉大生慙懼, 遂感癘疾, 〈崔〉·〈寇〉二人, 相次發惡病. 燾以過由於彼, 於是誅滅二家門族, 宜¹¹下國

---

9. 木板本은 刂이나 刀의 異體字이다.
10. 爲의 誤字로 보인다.
11. 木板本은 宜로 宣의 異體字이다.

中, 大弘佛法."〈始〉, 後不知所終.

이미 위조인 북조의 재상이 되어 탁발도의 신임을 받아 천사 구겸지와 함께 탁발도를 설득하여 불교란 무익한 것이요, 백성들의 복리를 해치는 것이니 철폐해야 한다고 권했다는 말들이 있었다. 태평 말년에 담시는 탁발도가 장차 죽을 때가 닥친 것을 알고 정초 대궐에서 조회하는 날에 돌연히 지팡이를 짚고 궐문에 당도하였다. 탁발도가 이 말을 듣고 그의 목을 베라고 명령하였는데, 여러 번 목을 쳐도 베어지지 않자, 탁발도가 몸소 베었으나 역시 베어지지 않으므로 후원에 기르는 범에게 주었더니 범도 감히 접근하지 못하였다. 도가 매우 부끄럽고도 겁이 나서 드디어 악질에 걸리게 되니, 최호와 구겸지 두 사람도 차례로 악질이 발병하였다. 탁발도가 이 허물이 그들에게 있다고 하여 이때에야 두 사람의 가문 일족을 다 죽여 없애고 전국에 선포하여 불교를 크게 확장하였다."라고 했다. 담시는 후에 어떻게 끝을 마쳤는지 모른다.

議曰 "〈曇始〉以〈大元〉末到海東,〈義熙〉初還211/〈關中〉, 則留此 十餘年, 何東史無文?〈始〉旣恢詭不測之人, 而與〈阿道〉·〈墨胡〉· 〈難陁〉, 年事相同, 三人中疑一必其變諱也."

평하기를 "담시가 태원 말년에 해동에 왔다가 의희 초에 관중으로 돌아갔으니 즉 이곳에 머문 지 10여 년이나 될 터인데 어찌하여 우리나라 역사에는 아무런 기사가 없었을까? 담시는 이미 (이름 등을) 많이 속여서 (누군지) 알기 어려운 사람이므로, 아도·묵호·난타와 함께 연대와 사적이 서로 같으매 세 사람 가운데 아마도 한 사람은 반드시 그가 이름을 바꾼 것일 것이다."라고 하였다.

讚曰 "雪擁〈金橋〉凍不開, 〈雞林〉春色未全廻. 可怜青帝多才思,
先著〈毛郎〉宅裏梅."

찬에 이른다. "눈에 덮인 금교의 얼음은 아직 풀리지 않고, 계림
봄기운은 아직 돌지 않는구나. 어여뻐라. 봄신은 재주도 많을세라,
모랑댁 매화에 먼저 찾아 드셨구나."

4. 原宗興法(距〈訥祗〉世一百餘年)猒髑滅身

『新羅本記』 "〈法興大王〉卽位十四年, 小臣〈異次頓〉爲法滅身,"
卽〈蕭梁〉〈普通〉八年丁未, 〈西笁〉〈達摩〉來〈金陵〉之歲也. 是年,
〈朗智法師〉亦始住〈靈鷲山〉開法, 則大敎興衰, 必遠近相感一時, 於
此可信.

원종이 불교를 진흥시키고(눌지왕 시대와 백여 년 떨어졌다.) 염
촉이 몸을 희생하다

『신라본기』에 이르기를 "법흥대왕 즉위 14년(527)에 소신 이차
돈이 불법을 위하여 몸을 희생하였다."라고 하였으니, 이 해는 즉
소량 보통 8년 정미(527)로서 서축의 달마가 금릉에 왔던 해이다.
이 해에 낭지법사가 또한 처음으로 영취산에 주석하면서 불법을 열
었으니, 곧 불법이 흥하고 쇠하는 것은 멀고 가깝고 간에 반드시 같
은 시간에 서로 감응한다는 것을 여기서 믿을 수 있다.

〈元和〉中, 〈南澗寺〉沙門〈一念〉, 撰「髑香墳禮佛結社文」, 載此事

甚詳. 其略曰 "昔在〈法興大王〉垂拱212/〈紫極之殿〉, 俯察扶桑之域,
以謂'昔〈漢〉〈明〉感夢, 佛法東流. 寡人自登位, 願爲蒼生, 欲造修福
滅罪之處.' 於是, 朝臣(『鄉傳』云, 〈工目〉·〈謁恭〉等) 未測深意, 唯
遵理國之大義, 不從建寺之神略. 大王嘆曰 '於戲! 寡人以不德, 丕承
大業, 上虧陰陽之○化, 下無黎庶之歡, 萬機之暇, 留心釋風, 誰與爲
伴?'

원화 연간(806-21)에 남간사 사문 일념이 「촉향분예불결사문」
을 지었는데 이 사건을 매우 자세하게 썼다. 그 대강을 말하면 "옛
날에 법흥대왕이 자극지전에 계실 때에 동방을 굽어 살피고 말하기
를 '옛날 한나라 명제가 꿈에 감응하여 불교가 중국으로 전파되었
으니, 내가 즉위함으로부터 뭇 백성들을 위하여 복을 닦고 죄를 소
멸하는 곳으로 만들고자 원하노라.'라고 하였다. 이에 조정 신하들
(『향전』에 이르기를 공목·알공 등이라고 하였다.)이 아직 그의 깊
은 뜻을 알아차리지 못하고 다만 나라를 다스리는 대의만 따를 뿐,
절을 세우려는 신략을 좇지 않았다. 대왕이 탄식하면서 말하기를
'슬프다! 과인이 덕이 없이 왕업을 계승하여 위로는 음양의 조화를
훼손하고 아래로는 뭇 백성들의 즐거움이 없으므로 정사를 하면서
석가의 교화에 뜻을 두었지만 누가 함께 좇아 줄 것인가?'라고 하
였다.

粵有內養者, 姓〈朴〉字〈猒髑〉(或作〈異次〉, 或云〈伊處〉, 方音之別
也, 譯云 猒也. 髑, 頓·道·覩·獨 等皆隨書者之便, 乃助辭也. 今
譯上不譯下, 故云〈猒髑〉, 又〈猒覩〉等也), 其父未詳, 祖阿珍〈宗〉,

卽〈習寶〉葛文王之子也.(〈新羅〉官爵凡十七級, 其第四曰波珎喰, 亦云阿珎喰也. 〈宗〉其名也, 〈習寶〉亦名也. 〈羅〉人凡追封王者, 皆称葛文王, 其實, 史臣亦云未詳. 又按〈金用行〉撰『阿道碑』, 舍人時年二十六, 父〈吉升〉, 祖〈功漢〉, 曾祖〈乞解大王〉.)

궁중에서 길러 낸 자가 있어 성은 박이요, 자는 염촉(혹은 이차라 하고 이처라고도 하는데 발음이 다를 뿐이며, 번역하면 싫다는 뜻이다. 촉은 頓 · 道 · 覩 · 獨 등 다 글 쓰는 자의 편의에 따랐으니 이는 조사이다. 여기서 위의 글자만 한문 글자로 번역하고 아래 글자는 번역하지 않았으므로 염촉 또는 염도 등으로 불렀다.)이며, 그의 아버지는 자세치 않으나 할아버지는 아진 종으로 즉 습보갈문왕의 아들이다.(신라의 관작이 모두 17급인데 넷째를 일러서 파진찬이라 하며, 또는 아진찬이라고도 이른다. 종은 그 이름이요, 습보도 이름이다. 신라 사람들이 대개 추봉왕을 모두 갈문왕이라고 하는데 그 실상에 대해서는 사신들도 자세히 모른다고 하였다. 그리고 김용행이 지은 『아도비』에는 사인이 당시 26세이며 아버지는 길승이요, 할아버지는 공한이요, 증조부는 걸해대왕이라 하였다.)

挺竹栢而爲質, 抱水鏡而爲志, 積善曾孫, 213/望宮內之爪牙, 聖朝忠臣, 企河淸之登侍. 時年二十二, 當充舍人(〈羅〉爵有大舍 · 小舍等, 盖下士之秩), 瞻仰龍顔, 知情擊目.

죽백 같은 절개로 바탕을 삼고 수경과 같은 맑음으로써 뜻을 삼았으며 적선가의 증손으로 임금의 위사가 되어, 성조의 충신으로 태평시대의 시종이 되고자 하였다. 당년 나이가 22세에 사인(신라

의 벼슬에 대사·소사가 있으니 대체로 낮은 벼슬 등급이다.) 벼슬
에 임명되어 용안을 우러러, 눈만 마주쳐도 왕의 심정을 알았다.

奏云 '臣聞古人, 問策蒭蕘, 願以危罪啓諮.' 王曰 '非爾所爲.' 舍
人曰 '爲國亡身, 臣之大節, 爲君盡命, 民之直義. 以謬傳辭, 刑臣斬
首, 則萬民咸伏, 不敢違敎.'

아뢰기를 '신이 듣건대 고인은 계책을 비천한 사람에게도 물었
다고 합니다. 죄를 무릅쓰고 가르침을 주시기를 원하나이다.'라고
하였다. 왕이 말하기를 '네가 할 바가 못 된다.' 하니 사인이 말하
기를 '나라를 위하여 몸을 바치는 것은 신하의 큰 절개요, 임금을
위하여 목숨을 바치는 것은 백성의 바른 의리입니다. 그릇되게 말
을 전한 죄로 저에게 형벌을 내려 머리를 벤다면 만민이 모두 복종
하여 감히 교시를 어기지 못할 것입니다.'라고 하였다.

王曰 '解肉枰軀, 將贖一鳥, 洒血摧命, 自怜七獸. 朕意利人, 何殺
無罪! 汝雖作功德, 不如避罪.' 舍人曰 '一切難捨, 不過身命. 然, 小
臣夕死, 大敎朝行, 佛日再中, 聖主長安.'

왕이 말하기를 '(옛날에 시비왕은) 살을 베어 저울에 달아 새 한
마리를 살리려 했으며, 피를 뿌려 목숨을 끊으면서까지 일곱 마리
짐승을 불쌍히 여겼다(고 한다). 짐은 사람을 이롭게 하는 데 뜻을
두었거늘 어찌 무죄한 자를 죽일 것이랴! 너로서는 비록 공덕을 닦
는 것이겠지만 죄를 피하는 것만 같지 못할 것이다.'라고 하였다.
사인이 말하기를 '모든 버리기 어려운 것들 가운데 생명보다 더한

것은 없을 것입니다. 그러나 소신이 저녁에 죽더라도 다음날 아침에 불법이 행해져서 부처님이 다시 나투신다면 성주께서는 길이 평안하게 되실 것입니다.'라고 하였다.

王曰 '鸞鳳之子, 幼有凌霄之心, 鴻鵠之兒, 生懷截波之勢. 爾得如是, 可謂大士之行乎!'於焉, 大王權整威儀, 風刀東西, 霜仗南北, 214/以召群[12]臣, 乃問 '卿等於我欲造精舍, 故作留難.'(『鄕傳』云 "〈髑〉僞以王命傳下興工創寺之意, 羣臣來諫, 王乃責怒於〈髑〉, 刑以僞傳王命.")於是, 羣臣戰戰兢懼, 偬侗作誓, 指手東西.

왕이 말하기를 '난새와 봉황의 새끼는 어려서부터 하늘을 깔보는 마음을 가지며 큰기러기와 고니의 새끼는 나면서부터 바다를 횡단할 기세를 품나니, 너야말로 이와 같으니 가히 보살행이라고 할 만하구나.'라고 하였다. 이에 왕은 일부러 위의를 차리고자 무서운 형구를 동서로 늘여 세우고 서리 같은 병장기를 남북으로 벌린 후 군신을 불러서 묻기를 '경 등은 내가 절을 지으려고 하는데 고의로 지체시키고 있는가?'(『향전』에 이르기를 "염촉이 거짓으로 왕의 명령이라고 하여 공사를 일으켜 절을 창건한다는 뜻을 전했더니 여러 신하들이 와서 말리니, 이에 왕이 노하여 염촉을 책망하고 왕명을 거짓 전하였다 하여 형벌을 하다."라고 하였다.)라고 하니 이때야 여러 신하들이 떨면서 겁을 내어 어쩔 줄 모르며 맹세를 하여 손가락으로 동서를 가리켰다.

---

12. 壬申本은 郡으로 異體字이다.

王喚舍人而詰之, 舍人失色, 無辭以對. 大王忿怒, 勅令斬之, 有司
縛到衙下. 舍人作誓, 獄吏斬之, 白乳湧出一丈.(『鄕傳』云 舍人誓曰
"大聖法王, 欲興佛敎, 不顧身命, 多却結緣, 天垂瑞祥, 遍示人庶."
於是, 其頭飛出, 落於〈金剛山〉頂云云.) 天四黯黲, 斜景爲之晦明,
地六震動, 雨花爲之飄落.

왕이 사인을 불러 힐문하니 사인이 아연실색하여 대답할 말이 없
었다. 대왕이 분노하여 그의 목을 베라고 명령하니 유사가 포박하
여 관아로 끌고 갔다. 사인이 서원을 빌고 나서 옥리가 그를 베니
흰 젖이 한 길이나 솟아올랐다.(『향전』에는 사인이 서원하기를 "대
성법왕께서 불교를 일으키고자 하시매 저는 신명을 돌보지 않고 다
겁에 걸친 인연을 맺으니, 하늘은 복과 상서를 내려 두루 인간들에
게 보이소서."라고 하니, 이때에 그의 머리가 날아가 금강산 꼭대기
에 떨어졌다고 하였다.) 이때에 하늘이 사방으로 침침해지고 사양
이 사라지고 땅이 진동하면서 천화가 질풍처럼 떨어졌다.

聖人哀戚, 沾悲淚於龍衣, 冢宰憂傷, 流輕汗於蟬冕. 甘泉忽渴, 魚
鼈爭躍, 直木先折, 猿猱群鳴. 春宮連鑣之侶, 泣血相顧, 月庭交袖之
朋, 斷腸惜別, 望柩聞聲, 如喪考妣. 咸謂 ‘〈子推〉割股, 未足比其
215/苦節, 〈弘演〉剖腹, 詎能方其壯烈, 此乃扶丹墀之信力, 成〈阿
道〉之本心, 聖者也.’ 遂乃葬北山之西嶺(卽〈金剛山〉也. 傳云 "頭飛
落處, 因葬其地," 今不言何也?), 內人哀之, 卜勝地, 造蘭若, 名曰
〈刺楸寺〉. 於是, 家家作禮, 必獲世榮, 人人行道, 當曉法利.

왕은 애통해하면서 눈물로 곤룡포를 적시고 재상들은 상심하여

사모에 땀이 배어 흘렀다. 샘물이 갑자기 마르고 고기들은 다투어 뛰고 곧게 뻗은 나무가 먼저 꺾어지니 원숭이들이 떼를 지어 울었다. 동궁에서 수레를 함께 타던 벗들은 피눈물을 흘리면서 마주 쳐다보고 대궐 뜰에서 같이 놀던 동무들은 창자를 끊는 듯 이별을 아쉬워하며 상여를 바라보고 부모가 죽은 듯 소리쳐 울었다. 모두들 말하기를 '자추가 다리 살점을 벤 것도 그의 고충에는 비할 수 없을 것이며 홍연이 배를 가른들 어찌 그의 장렬한 죽음에 견줄 수 있으랴. 이야말로 왕의 신심을 부축하고 아도의 본심을 성취하였으니 성스럽도다.'라고 하면서 북산 서쪽 고개(즉 금강산이다. 전에는 이를기를 "머리가 날아서 떨어진 곳에 장사지냈다."라고 하였는데 여기서 말하지 않는 것은 왜인가?)에 장사하였다. 안사람이 슬퍼하며 좋은 터를 잡아서 절을 짓고 이름을 자추사라 하였다. 이에 집마다 불공을 하면 반드시 대대로 영화롭게 되고 누구나 도를 행하면 법리를 깨닫게 되었다.

〈眞興大王〉卽位五年甲子, 造〈大興輪寺〉(按『國史』與[13]『鄕傳』, "實〈法興王〉十四年丁未始開, 二十一年乙卯大伐〈天鏡林〉, 始興工, 梁棟之材, 皆於其林中取足, 而階礎石龕皆有之, 至〈眞興王〉五年甲子寺成." 故云甲子, 『僧傳』云七年, 誤).

진흥대왕 즉위 5년 갑자(544)에 대흥륜사를 짓고(『국사』나 『향전』에 의하면 "실제로는 법흥왕 14년 정미(527)에 시작하여 21년

---

13. 木板本은 興의 異體字인 奥이다.

을묘에 천경림을 크게 채벌하여 비로서 공사가 시작되고 서까래와 들보들을 모두 그 숲으로부터 가져다 쓰고 섬돌과 주춧돌이며 돌함들도 모두 여기에 있었는데 진흥왕 5년 갑자에 와서 절이 낙성되었다."라고 하였다. 그러므로 갑자라고 한 것이니, 『승전』에 7년이라 한 것은 잘못이다.)

〈太淸〉之初, 〈梁〉使〈沈湖〉將舍利, 〈天壽〉六年, 〈陳〉使〈劉思〉幷僧〈明觀〉, 奉內經幷次, 寺寺星張, 塔塔鴈行. 竪法幢, 懸梵鏡, 龍象釋徒, 爲寰中之福田, 大小乘法, 爲京國之慈雲. 他方菩薩出現於世(謂〈芬皇〉之〈陳那〉, 〈浮石〉〈寶蓋〉, 以至〈洛山〉〈五臺〉等是也), 〈西216/域〉名僧降臨於境, 由是幷〈三韓〉而爲邦, 掩四海而爲家. 故書德名於天鎭之樹, 影神迹於星河之水, 豈非三聖威之所致也.(謂〈我道〉·〈法興〉·〈猒髑〉也.)

태청(547-48) 초년에는 양나라 사신 심호가 사리를 가져오고 천수 6년에는 진나라 사신 유사와 승 명관이 불경을 받들고 뒤를 이어 오니, 절들은 별처럼 많았고 탑들은 기러기떼처럼 줄지어 서 있었다. 법당을 세우고 범경을 다니 고승대덕의 불도들은 세상에도 복전이 되었으며 대승과 소승법은 자비로 나라를 덮었다. 다른 세계의 보살이 세상에 나투시고(분황사의 진나와 부석사의 보개와 낙산의 오대에 이르기까지가 이런 것이다.) 서방의 유명한 승들이 이 땅에 강림하니 이로 말미암아 삼한을 병합하여 한나라가 되고 온 세상을 통일하여 한집안을 만들었다. 이 때문에 그의 공덕을 천구의 나무에 새기고 신성한 행적을 은하수에 남기니 어찌 세 분 성인의 위덕으로 이루어진 것이 아니겠는가!(아도와 법흥왕과 염촉을 이름이다.)

降有國統〈惠隆〉・法主〈孝圓〉・〈金相郎〉・大統〈鹿風〉・大書省〈眞怒〉・波珍喰〈金嶷〉等, 建舊塋, 樹豊碑, 〈元和〉十二年丁酉八月五日, 卽第四十一〈憲德大王〉九年也. 〈興輪寺〉〈永秀禪師〉(于時, 瑜伽諸德皆称禪師), 結湊斯塚禮佛之香徒, 每月五日, 爲魂之妙願, 營壇作梵."

뒤에 국통 혜륭과 법주 효원, 김상랑과 대통 녹풍과 대서성 진노와 파진찬 김억 등이 옛 무덤을 수축하고 큰 비를 세우니 원화 12년 정유(817) 8월 5일이요 41대 헌덕대왕 9년이었다. 흥륜사 영수선사(이 당시 유가종의 대덕들을 모두 선사라고 불렀다.)가 이 무덤에 예불하는 신도들을 모아서 매월 5일이면 혼백의 묘원을 위하여 단을 쌓고 작법을 하였다."라고 하였다.

又『鄕傳』云 "鄕老每當忌旦, 設社會於〈興輪寺〉, 則今月初五, 乃舍人捐軀順法之晨也." 嗚呼! 無是君無是臣, 無是臣無是功[14], 可謂〈劉〉・〈葛〉魚水, 雲龍感會之美歟?

또 『향전』에 이르기를 "향로들이 매번 제삿날 아침에 흥륜사에서 결사의 모임을 가졌다."라고 하였으니 즉 이달 초닷새날이 바로 사인이 몸을 희생하여 불법에 좇은 아침이다. 아아! 이러한 임금이

---

14. 木板本은 切이나 功의 異體字이다.

없으면 이러한 신하가 없을 것이요 이러한 신하가 없으면 이러한 공덕이 없을 것이니 이야말로 유비와 제갈량의 고기가 물을 만난 것 같으며 구름과 용이 서로 감응해 만난 아름다운 일이라고 할 수 있으리라.

〈法興王〉旣擧廢立寺, 217/ 寺成, 謝冕旒披方袍, 施宮戚爲寺隸(寺隸至今称王孫, 後至〈太宗王〉時, 宰輔〈金良圖〉信向佛法, 有二女曰〈花宝〉·〈蓮寶〉, 捨身爲此寺婢. 又以逆臣〈毛尺〉之族, 没寺爲隸, 二族之裔至今不絶), 主住其寺, 躬任弘化. 〈眞興〉乃繼德重聖, 承袞職處九五, 威率百僚, 号令畢備, 因賜額〈大王興輪寺〉.

법흥왕이 이미 없어진 불교를 다시 일으켜 절을 세우고 절이 낙성되자 면류관을 벗어 버리고는 가사장삼을 걸치고 친척들을 절의 노비로 보시하고,(이 절의 노비들은 지금까지도 왕손이라 일컬어지며, 뒷날 태종왕 때에 와서 재상 김양도가 불교에 독실하여 화보와 연보라는 딸 둘을 보시하여 이 절의 노비가 되게 하였다. 또 역신 모척의 가족의 경우는 모두 절의 노비로 만들었으니 두 가족의 자손들이 지금도 끊어지지 않고 있다.) 이 절의 주지가 되어 몸소 불교를 홍포하였다. 진흥왕이 바로 성덕을 계승하여, 왕위를 이어받아 즉위하니, 위엄으로 신료들을 이끌고 호령이 모두 갖추어졌으므로 대왕흥륜사라고 절 이름을 내렸다.

前王姓〈金〉氏, 出家〈法雲〉, 字〈法空〉.(『僧傳』与諸說亦以王妃出家名〈法雲〉, 又〈眞興王〉爲〈法雲〉, 又以爲〈眞興〉之妃名〈法雲〉, 頗多疑混.)

　전왕의 성은 김씨인데 출가한 후는 법운이라 하였고 자를 법공이라 하였다.(『승전』과 함께 여러 가지 설에는 왕비도 출가하여 이름을 법운이라 하였고 또 진흥왕도 법운이라 하였고 진흥왕비 역시 법운이라고 했다 하니 자못 혼동이 많았다.)

　『册府元龜』云 "姓〈募〉, 名〈秦〉. 初興役之乙卯歲, 王妃亦創〈永興寺〉, 慕〈史氏〉之遺風, 同王落彩爲尼, 名〈妙法〉, 亦住〈永興寺〉, 有年而終."

　『책부원구』에 이르기를 "성은 모요, 이름은 진이니, 당초 역사를 일으키던 을묘년에 왕비도 영흥사를 창건하였으며 사씨의 유풍을 추모하여 왕과 함께 머리를 깎고 비구니가 되니 이름을 묘법이라 하고 역시 영흥사에서 주석한 지 몇 해 만에 죽었다."라고 하였다.

　『國史』云 "〈建福〉三十一年, 〈永興寺〉塑像自壞, 未幾〈眞興王〉妃比丘尼卒." 按〈眞興〉乃〈法興〉之姪子, 妃〈思刀夫人〉〈朴〉氏, 〈牟梁里〉〈英失〉角干之女, 亦出家爲尼, 218/而非〈永興寺〉之創主也. 則恐眞字當作法. 謂〈法興〉之妃〈巴刀[15]夫人〉爲尼者之卒也, 乃創寺立像之主故也. 二〈興〉捨位出家, 史不書, 非經世之訓也?

　『국사』에 이르기를 "건복 31년에 영흥사 소상이 저절로 허물어지고 오래지 않아 진흥왕비인 비구니가 죽었다."라고 하였다. 살펴

---

15. 木板本은 刁으로 刀의 異體字이다.

보건대 진흥왕은 바로 법흥의 조카요 왕비 사도부인 박씨는 모량리 영실 각간의 딸로서 역시 출가하여 비구니가 되었지만 영흥사를 창건한 시주는 아니다. 그리고 보면 아마도 진이 법으로 되어야 할 것이다. 이는 법흥왕의 왕비 파도부인이 비구니가 되었다가 죽은 것을 말함이니 곧 절을 창건하고 소상을 세운 주인이기 때문이다. 법흥, 진흥 두 임금이 왕위를 버리고 출가한 것을 역사에 쓰지 않은 것은 세상을 다스리는 교훈이 아니었기 때문인가?

又於〈大通〉元年丁未, 爲〈梁〉帝創寺於〈熊川州〉, 名〈大通寺〉(〈熊川〉卽〈公州〉也, 時屬〈新羅〉故也. 然恐非丁未也, 乃〈中大通〉元年己酉歲所創也. 始創〈興輪〉之丁未, 未暇及於他郡立寺也.)

또 대통 원년(527) 정미에 양나라 황제를 위하여 웅천주에 절을 세우고 대통사라 하였다.(웅천은 곧 공주이니 당시는 신라에 속하였기 때문이다. 그러나 아마도 정미년은 아닐 것이요, 바로 중대통 원년 기유에 세웠을 것이다. 흥륜사를 세우던 정미년에는 다른 고을에까지 절을 세울 여유가 미처 없었을 것이다.)

讚曰 "聖智從來萬世謀, 區區興議謾秋毫. 法輪解逐金輪轉, 舜日方將佛日高." 右〈原宗〉. "徇義輕生已足驚, 天花白乳更多情. 俄然一釰身亡後, 院院鍾聲動帝京. 右〈猒髑〉."

찬에 이른다. "성인의 지혜는 만세를 도모하는 것에서 온 것이며, 구구한 여론은 털끝도 안 되는 비방일 뿐이네, 부처님의 법륜이 풀리고 금륜의 성왕을 좇으니, 태평성세가 바야흐로 시작되려

하니 부처님의 광명 높고도 높도다." 이상은 원종을 찬한 것이다.
"의를 이루고자 생명을 가볍게 버린 것도 이미 충분히 놀랍거늘,
하늘 꽃과 흰 젖 더욱 뜻을 더한다. 어느덧 한 칼에 몸이 죽은 후
에, 절마다 종소리 왕경을 진동하네." 이상은 염촉을 찬한 것이다.

5. 法王禁殺

〈百濟〉第二十九主〈法王〉諱〈宣〉, 或云〈孝順〉, 〈開皇〉十年己未
219/卽位. 是年冬, 下詔禁殺生, 放民家所養鷹鷂之類, 焚漁獵之具,
一切禁止.

법왕이 살생을 금하다

백제 제29대 법왕의 이름은 선이요, 혹은 효순이라 하니 개황 10
년 기미(590)에 즉위하였다. 이 해 겨울에 살생을 금하는 조서를
내려 민간에서 기르는 매 종류 등을 놓아 주게 하고 고기 잡고 사
냥하는 도구를 불사르게 하여 일체 살생을 금지하였다.

明年庚申, 度僧三十人, 創〈王興寺〉於時都〈泗沘城〉(今〈扶餘〉),
始立栽而升遐, 〈武王〉繼統, 父基子構, 歷數紀而畢成. 其寺亦名〈弥
勒寺〉, 附山臨水, 花木秀麗, 四時之美具焉.

이듬해 경신년에는 30명에게 스님이 될 것을 허락하고 당시의
서울인 사비성에(지금의 부여이다.) 왕흥사를 창건하고 비로소 터
를 닦아 놓고 승하하니 무왕이 왕통을 이어 아버지는 터를 닦고 아
들은 집을 지어 수년에 걸려서 낙성되었다. 그 절 이름을 역시 미륵
사라 하여 산에 의지하고 물에 임해서 화초와 수목이 수려하고 사

철의 아름다움을 갖췄다.

王每命舟, 沿河入寺, 賞其形勝壯麗.(与『古記』所載小異, 〈武王〉是
貧母与池龍通交而所生, 小名〈薯蕷〉, 卽位後謚号〈武王〉, 初与王妃
草創也.)

왕은 매양 배를 내어 강을 따라 절에 가서 그 장려한 경치를 감
상하였다.(『고기』의 기록과는 조금 다르니 무왕은 가난한 어머니가
못에 사는 용과 상관하여 낳은 소생으로 아명은 서여요, 즉위 후에
는 시호를 무왕이라 하였으며 당초 왕비와 함께 창건한 것이다.)

讚曰 "詔寬豼狱千丘惠, 澤洽豚魚四海仁. 莫謂聖君輕下世, 上方
兜率正芳春."

찬에 이른다. "날짐승과 길짐승을 훨훨 날려 보내고 달아나게 명
하니 천구에까지 은혜가 미치며, 제일 무던한 돼지와 물고기마저도
흡족해하니 인자스러움이 사해에 가득하네. 성군께서 빨리 세상을
저버리신 것을 말하지 마오. 도솔천에는 바야흐로 꽃피는 봄이라
오."

6. 寶藏奉老 普德移庵

『高麗本記』云 "〈麗〉季〈武德〉〈貞觀〉間, 國人爭奉〈五斗米教〉,
〈唐〉220/〈高祖〉聞之, 遣道士送天尊像, 來講『道德經』, 王與國人聽
之. 卽[16]第二十七代〈榮留王〉卽位七年, 〈武德〉七年甲申也. 明年遣
使往〈唐〉, 求學佛 · 老, 〈唐〉帝(謂〈高祖〉也)許之. 及〈寶藏王〉卽位

(〈貞觀〉十六年壬寅也), 亦欲併興三教, 時寵相〈蓋蘇文〉, 說王以
儒‧釋並熾而黃冠未盛, 特使於〈唐〉求道教.

보장왕이 도교를 신봉하고 보덕이 절을 옮기다

『고려본기』에 이르기를 "고구려 말 무덕 정관 연간(618-49)에
국인들이 다투다시피 오두미교를 신봉하는데 당나라 고조가 이 소
문을 듣고 도사로 하여금 천존상을 보내게 하고는 가서 『도덕경』을
강의하게 하니 왕이 국인들과 함께 들었다. 이것이 바로 27대 영류
왕 즉위 7년이요, 무덕 7년 갑신(624)이다. 그 이듬해에 사신을 당
나라에 보내어 불교와 도교를 배우고자 청하매 당나라 황제가(고조
를 이른다.) 이를 허락하였다. 보장왕이 즉위할 때에 이르러(정관
16년 임인이다.) 역시 세 교를 함께 진흥시키고자 하니, 이때에 총
애를 받던 재상 개소문이 왕에게 권고하여 유교와 불교는 함께 융
성하지만 도교는 성하지 못하니 특별히 당나라에 사신을 보내 도교
를 청하자고 하였다.

時,〈普德和尙〉住〈盤龍寺〉, 憫左道匹正, 國祚危矣, 屢諫不聽, 乃
以神力飛方丈, 南移于〈完山州〉(今〈全州〉也)〈孤大山〉而居焉, 卽〈永
徽〉元年庚戌六月也.(又『本傳』云,〈乾封〉二年丁卯三月三日也.)未幾
國滅(以〈摠章〉元年戊辰國滅, 則計距庚戌十九年矣), 今〈景福寺〉有
飛來方丈是也" 云云.(已上『國史』.)〈眞樂公〉留詩在堂,〈文烈公〉著
傳行世.

---

16. 壬申本은 艮으로 卽의 壞字이다.

당시 보덕화상이 반룡사에 주석하면서 도교가 정교에 필적하면 나라가 위태롭게 된다고 걱정하여 누차 간하였으나 왕이 듣지 않으니, 그만 신통력으로써 거처하던 방장을 날려 남쪽으로 완산주(지금의 전주이다.)의 고대산으로 옮겨 거기에 사니 곧 영휘 원년 경술(652) 6월이다.(또 『본전』에 이르기를 건봉 2년 정묘〔667〕 3월 3일이라 하였다.) 얼마 안 되어 나라가 망하였으니(총장 원년 무진〔668〕에 나라가 망하니 계산하면 경술년과 19년 떨어졌다.), 지금의 경복사에 있는 비래방장이란 것이 바로 이것이다."라고들 하였다.(이상이 『국사』이다.) 진락공은 시를 지어 거처에 걸어 두었고 문열공은 전기를 지어 세상에 유포시켰다.

又按『唐書』云 "先是, 〈隋〉221/〈煬帝〉征〈遼東〉, 有裨將〈羊皿〉, 不利於軍, 將死有誓曰 '必爲寵臣滅彼國矣,' 及〈蓋氏〉擅朝, 以〈盖〉爲氏, 乃以〈羊皿〉是之應也."

또 살펴보건대 『당서』에 이르기를 "이보다 앞서 수양제가 요동을 정벌한 때 비장 양명이 전쟁이 불리하여 죽으면서 맹세하기를 '죽어서는 총신이 되어 저 나라를 멸망시키리라.'라고 하더니 개씨가 조정을 전횡하게 되자 개로써 성으로 삼았으니 바로 양명이 그 응한 것이다."라고 하였다.

又按『高麗古記』云 "〈隋〉〈煬帝〉以〈大業〉八年壬申, 領三十萬兵, 渡海來征, 十年甲戌十月, 〈高麗〉王(時第三十六代〈嬰陽王〉立二十五年也)上表乞降. 時有一人, 密持小弩於懷中, 隨持表使到〈煬帝〉舡中,

帝奉表讀之, 弩發中帝胸. 帝將旋師, 謂左右曰 '朕爲天下之主, 親征
小國而不利, 萬代之所嗤.' 時右相〈羊皿〉奏曰 '臣死爲〈高麗〉大臣,
必滅國, 報帝王之讎.'

또 살펴보건대 『고려고기』에 이르기를 "수나라 양제가 대업 8년
임신(612)에 군사 30만 명을 거느리고 바다를 건너와서 쳤는데 10
년 갑술(614) 10월에 고구려 왕이(이때는 제36대 영양왕 25년이
다.) 표를 올려 항복을 청했다. 이때에 웬 사람 하나가 작은 활을
몰래 가슴 속에 감추고 표를 가지고 가는 사신을 따라 양제가 탄
배 가운데 이르러 황제가 표문을 들고 읽는데 활을 쏘아 황제의 가
슴을 맞췄다. 수양제가 군사를 돌이키면서 좌우에게 말하기를 '짐
이 천하의 주인으로 작은 나라를 친히 정벌하다가 이기지 못하였으
니 만대의 조롱거리가 되었구나!'라고 하였다. 당시의 우상인 양명
이 아뢰기를 '신이 죽어서 고구려의 대신이 되어서라도 저 나라를
꼭 멸망시켜 황제의 원수를 갚겠나이다.'라고 하였다.

帝崩後, 生於〈高麗〉, 十五聰明神武. 時, 〈武陽王〉聞其賢(『國史』
〈榮留王〉名〈建武〉, 或云〈建成〉, 而此云〈武陽〉, 未詳). 徵入爲臣, 自
稱姓〈盖〉名〈金〉, 位222/至蘇文, 乃侍中職也.(『唐書』云 "〈盖蘇文〉
自謂莫離支, 猶中書令." 又按『神誌秘詞』序云 "蘇文〈大英弘〉序幷
注." 則蘇文乃職名, 有文證, 而傳云 '文人〈蘇英弘〉序,' 未詳孰是.)

황제가 죽은 후 고구려에 태어나서 열다섯 살에 총명하고도 용맹
하였다. 이때에 무양왕이 그가 현명하다는 소문을 듣고,(『국사』에
는 영류왕의 이름이 건무요 혹은 건성이라고도 하는데 여기서는 무

양이라고 하니 잘 모르겠다.) 대신으로 불러들였더니 성을 개, 이름을 금으로 자칭하고, 지위가 소문에 이르니 바로 시중직이다.(『당서』에 이르기를 "개소문은 스스로 막리지라 불렀다고 하니 중서령과 같은 것이다."라고 하였다. 또 살펴보건대 『신지비사』 서에 이르기를 "소문 대영홍이 서를 달고 아울러 주석하다."라고 하였으니 곧 소문이 바로 직명인 것은 문헌으로 증명되나 전기에 이르기를 '문인 소영홍의 서'라 하였으니 어느 것이 옳은지 알 수 없다.)

〈金〉奏曰 '鼎有三足國有三敎, 臣見國中, 唯有儒釋, 無道敎, 故國危矣.' 王然之, 奏〈唐〉請之, 〈太宗〉遣〈叙[17]達〉等道士八人.(『國史』云 "〈武德〉八年乙酉, 遣使入〈唐〉求[18]佛・老, 〈唐〉帝許之." 據此則〈羊皿[19]〉自甲戌年死, 而托生于此, 則才年十餘歲矣. 而云寵宰說王遣請, 其年月必有一誤, 今兩存.)

개금이 아뢰기를 '솥은 세 발이 있고 나라에는 삼교가 있는데 신이 나라 안을 살펴보니, 다만 유교와 불교가 있을 뿐 도교가 없으므로 나라가 위태롭습니다.'라고 하였다. 왕이 이를 옳게 여겨 당나라에 청해 아뢰었더니 태종이 서달 등 도사 여덟 사람을 보냈다.(『국사』에는 "무덕 8년 을유[625]에 사신을 당나라에 보내어 불교와 도교를 청하매 당나라 황제가 이를 허락하였다."라고 하였다. 이에 의하면 양명이 갑술년에 죽어서 이곳에 환생했다면 나이가 겨우

---

17. 叔의 異體字일 가능성도 있다.
18. 木板本은 永으로 求의 異體字 또는 誤字이다.
19. 壬申本은 血로 皿의 異體字이다.

열 살일 것인데 총애받는 재상 자격으로 왕을 유세하여 사신을 보내어 청하니 그 연월에 반드시 한 쪽은 잘못이 있을 것이나 여기에는 두 쪽 모두 남겨 둔다.)

王喜以佛寺爲道館, 尊道士, 坐儒士之上. 道士等行鎭國內有名山川, 古〈平壤城〉勢新月城也, 道士等呪勅南河龍, 加築爲滿月城, 因名〈龍堰城〉, 作讖曰〈龍堰堵〉, 且云〈千年寶藏堵〉, 或鑿破靈石.(俗云〈都帝嵓〉, 亦云〈朝天石〉, 盖昔聖帝騎此石, 朝上帝故也.)〈盖金〉又奏築長城東北西南, 時, 男役女耕, 役至223/十六年乃畢.

왕이 기뻐하여 절을 도관으로 삼고 도사를 높여 유자의 윗자리에 앉게 하였다. 도사들이 국내의 유명한 산천을 찾아다니며 토지신을 진압하는 행사를 하는데 옛 평양성의 형세는 반달형의 신월성이라 하여 도사들이 주문으로 남하의 용을 시켜 성을 증축하여 만월성으로 만들고는 이로 인해서 용언성이라 하였으며 도참을 지어 용언도라 하고 또 천년보장도라고도 하였으며 간혹 신령스러운 바윗돌을 뚫어 깨뜨렸다.(풍속에 도재암이라 하고 또한 조천석이라고도 하니 대개 옛날에 성제가 이 돌을 타고 상제께 조회하였기 때문이다.) 개금이 또 아뢰어 동북과 서남으로 장성을 쌓게 하니 이때에 남자는 부역에 종사하고 여자는 밭을 가니 부역이 16년 만에야 끝났다.

及〈寶藏王〉之世, 〈唐〉〈太宗〉親統以六軍來征, 又不利而還. 〈高宗〉〈總章〉元年戊辰右相〈劉仁軌〉·大將軍〈李勣〉·〈新羅〉〈金仁問〉等攻破國滅, 擒王歸〈唐〉, 〈寶藏王〉庶子率四千餘家, 投于〈新羅〉. (与『國史』小殊, 故幷錄.)"

보장왕대에 이르러 당태종이 친히 6군을 거느리고 와서 치다가
또 이기지 못하고 돌아갔다. 고종 총장 원년 무진(668)에는 우상
유인궤와 대장군 이적과 신라의 김인문 등이 침공하여 나라를 멸망
시키고 왕을 사로잡아 당나라로 돌아가니, 보장왕의 서자는 4천여
가를 이끌고 신라로 투신하였다.(『국사』와는 좀 다르나 짐짓 모두
기록해 둔다.)"라고 했다.

〈大安〉八年辛未, 〈祐世〉僧統到〈孤大山〉〈景福寺〉飛來方丈, 禮
〈普聖師〉之眞, 有詩云 "涅槃方等教, 傳受自吾師 云云, 至可惜飛房
後, 〈東明〉古國危."

대안 8년 신미(1211)에 우세 승통이 고대산 경복사 비래방장으
로 찾아와서 보덕성사의 진영에 예배하고 시를 지어 이르기를 "열
반방등의 가르침은 우리 스님으로부터 전수받았네, ……애석하도
다. 방장이 날아간 후에는 동명왕의 옛 나라도 망하게 되었네."라고
하였다.

跋云 "〈高麗〉〈藏王〉, 感於道教, 不信佛法, 師乃飛房, 南至此山.
後有神人, 現於〈高麗〉〈馬嶺〉, 告人云 '汝國敗亡無日矣.'"具如『國
史』, 餘具載『本傳』與『僧傳』.

발문에 이르기를 "고구려 보장왕이 도교에 혹하여 불교를 믿지
않으매 스님이 이에 방장을 날려 남쪽으로 이 산에까지 왔다. 그 후
어떤 신인이 고구려의 마령에 나타나서 사람들에게 말하기를 '며칠

못 가서 너희 나라는 망할 것이다.'라고 하였다."고 한다. 모두가
『국사』와 같고 나머지는 모두 『본전』과 『승전』에 기재되었다.

師有高弟十一人, 〈無上和尙〉與弟子〈金趣〉等, 創〈金洞寺〉, 〈寂
滅〉·〈義融〉二師創224/〈珍丘寺〉, 〈智藪〉創〈大乘寺〉, 〈一乘〉與
〈心正〉·〈大原〉等, 創〈大原寺〉, 〈水淨〉創〈維摩寺〉, 〈四大〉與〈契
育〉等, 創〈中臺寺〉, 〈開原和尙〉創〈開原寺〉, 〈明德〉創〈燕口寺〉,
〈開心〉與〈普明〉亦有『傳』, 皆如『本傳』.

선사에게는 고제 열한 사람이 있어 무상화상과 제자 김취 등은
금동사를 세웠으며, 적멸·의융 두 선사는 진구사를 세웠으며 지수
는 대승사를 세우고 일승과 심정·대원 등은 대원사를 세우고 수정
은 유마사를 세우고 사대와 계육 등은 중대사를 세우고, 개원화상
은 개원사를 세우고 명덕은 연구사를 세웠으며, 개심과 보명도 전
기가 있으니 모두 『본전』과 같다.

讚曰 "〈釋氏〉汪洋海不窮, 百川儒·老盡朝宗. 〈麗王〉可笑封沮洳,
不省滄溟徒臥龍."

찬에 이른다. "불교는 끝없이 드넓은 바다로 유교·도교를 비롯
한 수많은 개천이 모두 다 흘러 들어오네. 고구려왕은 가소롭게도
늪에 빠져 강과 바다에 와룡이 있는 것을 살펴보지 못하는구나."

7. 東京興輪寺金堂十聖
東壁坐庚向泥塑, 〈我道〉, 〈猒髑〉, 〈惠宿〉, 〈安含〉, 〈義湘〉, 西壁

坐甲向泥塑, 〈表訓〉, 〈虵巴〉, 〈元曉〉, 〈惠空〉, 〈慈藏〉.

동경 홍륜사 금당의 십성[20]

동쪽 벽에 서향으로 앉은 소상이 아도·염촉·혜숙·안함·의상
이요, 서쪽 벽에 동향으로 앉은 소상이 표훈·사파·원효·혜공·
자장이다.

---

20. 기존에는 본래 탑상에 있던 것이 아닌가 싶다. 그러나 편차상 홍법편에 들어 있으며 살펴
보면 소상에 대한 조목이라기보다는 오히려 10성에 대한 것으로 보고, 또 그들이 모두 홍
법과 관련된 스님들이라는 것에 주목한다면 홍법편과 있는 것이 되려 당연한 게 아닌가 싶
다.

V. 塔像

塔像¹ 225/

1. 迦葉佛宴坐石

『玉龍集』及『慈藏傳』與『諸家傳紀』皆云 "〈新羅〉〈月城〉東·〈龍宮〉
南, 有〈迦葉佛〉宴坐石. 其地卽前佛時伽藍之墟也. 今〈皇龍寺〉之地
卽七伽藍之一也."

가섭불의 연좌석

『옥룡집』과 『자장전』과 『제가전기』에² 모두 이르기를 "신라의 월
성 동쪽 용궁의 남쪽³에 가섭불의 연좌석이 있다. 이 터는 전불시

---

1. 편재상 제편과 비교해 보면 塔像第四라고 되어야 하지만, 탑상이라고 되어 있다. 단순히 刻
手의 잘못이라고도 할 수 있겠지만, 이러한 결락이 초간본으로 보이는 고판본에도 존재한
다. 따라서 적어도 두 가지 가능성이 상정된다. 하나는 찬자가 간행 과정에 참여하지 못했
다는 것으로 이는 결국 찬자의 사후에 책이 출간된 것을 반증해 준다는 것, 또 하나는 왕력
제일이나 기이권제일의 서 등의 추가에 의해서 새로운 편목조정상에서 일어난 문제일 수 있
다는 것이다. 이는 결국 초고본에 대한 편목이나 조목의 재편집을 의미하는 것이며 그러한
과정이 간행 이전에 존재했다는 것 역시 반증하는 것이 아닌가 싶다.
2. 제가의 전기일 수도 있으나 서명일 수도 있다. 여기서는 일단 전자의 입장을 취하고자 한다.

대의 절터이다. 지금 황룡사터는 곧 칠처가람의 하나이다."라고 하
였다.

按『國史』"〈眞興王〉卽位十四,〈開國〉三年癸酉二月, 築新宮於〈月
城〉東, 有皇龍現其地. 王疑之, 改爲〈皇龍寺〉."

살펴보건대 『국사』에는 "진흥왕 즉위 14년 개국 3년 계유(553)
2월에 월성 동쪽에 신궁을 짓는데 그 터에 황룡이 나타났다. 왕이
이를 괴이하게 여겨 고쳐서 황룡사를 만들었다."라고 하였다.

〈宴坐石〉在佛殿後面, 嘗一謁焉, 石之高可五六尺來, 圍僅三肘幢
立而平頂.〈眞興〉創寺已來, 再經災火, 石有坼[4]裂處, 寺僧貼鐵爲護.

연좌석은 불전의 후면에 있는데 일전에 한 번 친견한 바 있다.
돌의 높이가 5-6자 가량은 되나 둘레는 겨우 2자 정도밖에 안 되어
깃발처럼 홀쭉하게 서 있으며 그 정수리는 평평하였다. 진흥왕이
절을 세운 이래로 두 번이나 화재를 입어 돌은 터져 벌어진 데가
있어 절의 스님들이 쇠로 때워 붙여 보호하였다.

乃有讚曰 "惠日沈輝不記年, 唯餘〈宴坐石〉依然. 桑田幾度成滄海,
可惜巍然尙未遷."

---

3. 용궁의 남쪽 앞서 전불칠처가람의 설명에 있어서는 〈용궁남〉으로 하나의 고유명사로 불렸
   다. 그러나 여기서는 앞에 나오는 '월성동'이 위치 설명의 일부분으로서 단순히 월성의 동
   쪽으로 해석하는 게 좋을 듯싶어 이에 맞추어 용궁의 남쪽으로 해석해 보았다.
4. 木板本은 折이나 의미상으로도 坼의 異體字로 보인다.

이에 어떤 찬에 이른다. "전불의 쇠퇴는 아득히 먼 옛날로, 연좌석만이 의연히 남았구나. 상전은 몇 차례나 벽해로 변했던가? 아아! 여전히 그 자리에 우뚝 서 있네."

旣而〈西山〉大兵已後, 殿塔煨燼而此石226/亦夷沒, 而僅與地平矣.
얼마 후 몽고의 대병이 온 후에 전탑은 다 타 버리고 이 돌도 묻혀져 거의 땅과 같이 평평해졌다.

按『阿含經』, "〈迦葉佛〉是賢劫第三尊也, 人壽二萬歲時, 出現於世." 據此以增減法計之, 每成劫初, 皆壽無量歲, 漸減至壽八萬歲時, 爲住劫之初, 自此又百年減一歲, 至壽十歲時爲一減, 又增至人壽八萬歲時爲一增, 如是二十減二十增爲一住劫.
『아함경』을 살펴보면 "가섭불은 바로 현겁의 제3존으로 인간세계의 나이로 2만 살 때에 세상에 출현한다."라고 한다. 이에 의하여 증감법으로 계산하면 매번 (사람과 축생들이 형성되는) 성겁의 초에는 모두 무량수를 누리나 차차 줄어들어 수가 8만 세에 이를 때는 (사람들이 안주를 시작하는) 주겁의 초가 된다. 이때로부터는 다시 백 년에 한 살씩 줄어들어 백 년마다 한 살씩 줄어들고, 그 수명이 열 살이 되는 때까지를 1감이라고 하며 다시 늘어나기 시작하여 수명이 8만 살까지 이를 때를 1증으로 삼는데, 이와 같이 20감 20증 하는 동안을 1주겁이라 한다.

此一住劫中, 有千佛出世, 今本師〈釋迦〉是第四尊也. 四尊皆現於
第九減中, 自〈釋尊〉百歲壽時, 至〈迦葉佛〉二萬歲時, 已得二百萬餘
歲. 若至賢劫初第一尊〈拘留孫佛〉時, 又幾萬歲也, 自〈拘留孫佛〉時,
上至劫初無量歲壽時, 又幾何也? 自〈釋尊〉下至于今〈至元〉十八年辛
巳歲, 已得二千227/二百三十矣. 自〈拘留孫佛〉歷〈迦葉佛〉時至于今,
則直幾萬歲也.

이 한 주겁 동안에는 천불이 세상에 출현하니 지금의 본사이신
석가모니는 바로 제4존이다. 4존은 모두 제9감 동안에 출현하였으
며, 석가가 1백 살 될 때부터 가섭불이 2만 살 되었던 때까지는 벌
써 2백만여 년이 된다. 만약 현겁 초의 구류손불 때까지를 치면 다
시 몇 만 해가 될 것이니, 구류손불 때로부터 위로 겁초의 무량수
때까지는 또다시 얼마나 될 것인가? 석가모니로부터 현재 지원 18
년 신사(1281)까지는 벌써 2,230년에 달한다. 구류손불로부터 가
섭불 시기를 거쳐 지금까지 친다면 몇 만 년에 해당할 것이다.

有本朝名士〈吳世文〉作『歷代歌』, "從〈大金〉〈貞祐〉七年己卯, 逆
數至四萬九千六百餘歲, 爲〈盤古〉開闢戊寅," 又〈延禧宮〉錄事〈金希
寧〉所撰『大一曆5法』, 自開闢上元甲子至〈元豊〉甲子, 一百九十三萬
七千六百四十一歲, 又『纂古圖』云 "開闢至獲麟, 二百七十六萬歲."
按諸經, 且以〈迦葉佛〉時至于今, 爲此石之壽, 尚距於劫初開闢時爲
兒子矣. 三家之說, 尚不及玆兒石之年, 其於開闢之說, 踈之遠矣.

---

5. 壬申本은 歷으로 曆의 異體字이거나 誤字이다.

본조의 명사인 오세문이 지은 『역대가』에는 "대금 정우 7년 기묘(1219)로부터 거슬러 49,600여 년이 반고가 개벽한 무인이다."라고 하였고 또 연희궁 녹사인 김희령이 지은 『태일력법』에는 천지가 개벽한 상원 갑자로부터 원풍 갑자(1084)까지가 1,937,641세라 하였고 또 『찬고도』에 이르기를 "개벽부터 노애공이 획린한 때(B.C. 477)까지는 276만 세이다."라고 하였다. 여러 경전에 의하면 항차 가섭불 시대로부터 지금에 이르기까지를 이 돌의 수명으로 삼으나 겁초의 개벽한 시기와의 시간적인 거리에 비하면 어린아이에 불과하다. 그러나 (앞의) 세 책의 말은 이러한 어린 아이에 불과한 돌의 나이도 언급하지 못하였으니 그 개벽설에 대해서는 너무나 소홀하기 짝이 없다.

2. 遼東城育王塔228/

『三寶感通錄』載〈高麗〉〈遼東城〉傍塔者, 『古老傳』云 "昔〈高麗〉〈聖王〉按行國界次, 至此城, 見五色雲覆地, 往尋雲中, 有僧執錫而立, 旣至便滅, 遠看還現. 傍有土塔三重, 上如覆釜, 不知是何. 更往覓僧, 唯有荒草, 掘尋一丈, 得杖幷履, 又掘得銘, 上有梵書. 侍臣識之, 云 '是佛塔.'

요동성의 육왕탑

『삼보감통록』에 다음과 같이 쓰여 있다. 고구려 요동성 옆의 탑은 『고로전』에[6] 이르기를 "옛날 고구려 성왕이 국경에 순행을 하다가 이 성에 이르러 오색구름이 땅을 덮는 것을 보고 구름 속으로 가서 살펴보니 어떤 스님이 석장을 잡고 서 있는데 가까이 가면 그만 없어지고 멀리서 보면 다시 나타났다. 곁에 삼중토탑이 있는데 위에는 가마솥을 뒤집어 씌운 것 같은데 이게 무엇인지 알 수 없었다. 다시 가서 스님을 찾았으나 잡초만 무성했으나 한 길이나 파서 석장과 신을 얻었으며 또 파서 금석문을 얻었는데 그 위에는 범서가 씌어 있었다. 시신이 이것을 알아보고 '이것은 불탑입니다.'라고 하였다.

王委曲問詰, 答曰 '〈漢國〉有之, 彼名〈蒲圖王〉.'(本作〈休屠王〉, 祭天金人.)因生信, 起木塔七重, 後佛法始至, 具知始末. 今更損高, 本塔朽壞. 育王所統一閻浮提洲, 處處立塔, 不足可怪.

왕이 자세히 물으니 답하기를 '한 나라에 이것이 있었는데 포도왕이라고 합니다.'(본래는 휴도왕으로 제천금인이다.)라고 하였다. 그로 인해서 신심이 생겨 칠중목탑을 세웠는데 후에 불법이 전래되어서야 그 시말을 자세히 알게 되었다. 근래 고쳐서 탑 높이를 줄였더니 본탑이 썩어 무너져 버렸다. 육왕이 통일한 염부제주에는 곳곳에 탑을 세웠으니 괴이할 것이 없다.

又〈唐〉〈龍朔〉中, 有事〈遼左[7]〉, 行軍〈薛仁貴〉行至〈隋〉主討〈遼〉古地, 乃見山像, 空曠蕭條, 絶於行往, 問古老, 云 '是先代所現,' 便圖寫229/來京師.(具在若函.)"

---

6. 『고로전』은 옛노인들이 전하는 말로 해석해도 되나, 어떤 原典에서 인용했을 가능성도 배제할 수 없으므로, 일단은 典據로 인정하여 번역해 두고자 한다.
7. 右와 左는 의미는 정반대이나 그 異體字의 자형이 거의 비슷하므로 판독상 주의를 요한다.

또 당나라 용삭 연간에 요좌 지방에 전쟁이 벌어져 행군 설인귀가 수나라 임금이 토벌했던 요의 옛 땅에 이르자 산의 형상을 보았다. 텅 비고 매우 쓸쓸하여 길에 인적이 끊긴 것을 보고 늙은이에게 물었더니 '이는 두가 옛날에 나타났던 그대로라.'라고 하였으므로 당장 그림으로 그려가지고 서울로 돌아갔다.(모두가 약자함 속에 있다.)"

按『西漢』與『三國地理志』, 〈遼東城〉在〈鴨綠〉之外, 屬〈漢〉〈幽州〉, 〈高麗〉〈聖王〉, 未知何君. 或云〈東明聖帝〉, 疑非也. 〈東明〉以〈前漢〉〈元帝〉〈建昭〉二年卽位, 〈成帝〉〈鴻嘉〉壬寅升遐, 于時〈漢〉亦未見貝[8]葉, 何得海外陪臣已能識梵書乎. 然稱佛爲〈蒲圖王〉, 似在〈西漢〉之時, 〈西域〉文字或有識之者, 故云梵書爾.

『한서』와 『삼국지』의 「지리지」에 의하면 요동성은 압록강 밖에 있어 한나라 유주에 속하였으며 고구려의 성왕은 어느 임금인지 알 수 없다. 혹은 동명성제라고 하나 틀릴 것이다. 동명왕은 전한 원제 건소 2년(B.C.37)에 즉위하였고 성제 홍가 임인(B.C.19)에 승하했으니 이때는 한나라도 아직 패엽경을 못 보았을 터인데 해외의 변방국의 신하로 어찌 벌써 범서를 알아볼 수 있을 것인가. 그러나 부처를 포도왕이라고 한 것은 서한시대에 간혹 서역의 문자를 아는 자가 있어서 범서라고 한 것이 아닐까 한다.

---

8. 木板本은 具이나 貝의 異體字이다.

按『古傳』,〈育王〉命鬼徒, 每於九億人居地立一塔, 如是起八萬四千於閻浮界內, 藏於巨石中, 今處處有現瑞非一, 蓋眞身舍利, 感應難思矣.

『고전』을 살펴보건대 육왕이 귀신들에게 명하여 매번 9억의 인구가 사는 곳마다 탑 하나씩을 세우니 이렇게 8만 4천 개를 염부계내에 세워서 큰 돌 속에 감추어 두니 지금 곳곳에서 상서를 보이는 일이 한두 번이 아니나 대개 진신사리의 감응이란 불가사의 하다.

讚曰 "〈育王〉寶塔遍塵寰, 雨濕雲埋蘚纈斑.[9] 想像當年行路眼, 幾人指點祭神墦.230/"

찬에 이른다. "육왕의 보탑은 속세에 두루하며, 비구름에 젖고 묻혀 이끼만 끼어 있네. 생각하건대 당시 길 가던 손 가운데 몇 명이나 제신번〔무덤〕을 손으로 가리켰을까."

3. 金官城婆娑石塔

〈金官〉〈虎溪寺〉〈婆娑石塔〉者, 昔此邑爲〈金官國〉時, 世祖〈首露王〉之妃, 〈許皇后〉名〈黃玉〉, 以〈東漢〉〈建武〉二十四年甲申, 自〈西域〉〈阿踰陁國〉所載來. 初公主承二親之命, 泛海將指東, 阻波神之怒, 不克而還, 白父王, 父王命載茲塔, 乃獲利涉, 來泊南涯, 有緋帆旗珠玉[10]之美, 今云〈主浦〉.[11] 初解綾袴於岡上處曰〈綾峴〉, 茜旗初入

---

9. 木板本은 班이나 斑의 異體字로 보인다.

374

海涯曰〈旗出邊〉.

금관성의 파사석탑

금관 호계사 파사석탑은 옛날 이 고을이 금관국이었을 때에 세조 수로왕의 비이며 이름은 황옥인 허황후가 동한 건무 24년 무신(48)에 서역의 아유타국으로부터 가지고 온 것이다. 이전에 공주가 양친의 명령을 받들고 바다를 건너 동쪽으로 향하려 하다가 파도 신의 노여움을 사서 가지 못하고 돌아와 부왕에게 아뢰니 부왕이 이 탑을 싣도록 하니 이에 순조롭게 항해가 이뤄져 남쪽 해안에 와서 정박하였는데, 붉은 비단 돛과 깃발에 주옥으로 아름다웠으니, 지금의 주포이다. 이전에 공주가 비단 바지를 벗은 둔덕을 능현이라 하고 붉은 깃발을 펄럭거리며 처음으로 닿은 해변을 기출변이라 하였다.

〈首露王〉聘迎之, 同御國一百五十餘年, 然于時海東末有創寺奉法之事, 蓋像敎未至, 而土人不信伏. 故『本記』無創寺之文, 逮第八代〈知王〉二年壬辰, 置寺於其地, 又231/創〈王后寺〉(在〈阿道〉·〈訥祇王〉之世, 〈法興王〉之前), 至今奉福焉, 兼以鎭南〈倭〉, 具見『本國本記』.

수로왕이 아내로 맞이하여 함께 나라를 다스린 지 150여 년이나 되었지만 당시 우리 나라에는 아직 절을 세우거나 불법을 신봉하는 일이 없었으니 대개 불교가 아직 전래되지 못하여 이 땅 사람들이

---

10. 壬申本은 王으로 玉의 異體字로 보인다.
11. 해석상 분주가 되어야 할 부분이다. 따라서 이 역시 분주와 본문이 뒤바뀐 예로 여겨진다.

신봉을 하지 않았다. 그러므로 『본기』에도 절을 세웠다는 내용은 없다 제8대 질지왕 2년 임진(452)에 그 땅에 절을 만들고 또 왕후사를 세워(아도와 눌지왕 때로 법흥왕 이전이다.), 지금까지 복덕을 쌓으며 남쪽 왜국을 진압하였으니 『본국본기』에 자세하다.

塔方四面五層, 其彫鏤甚奇, 石微赤斑[12]色, 其質良脆, 非此方類也. 『本草』所云 "點雞冠血爲驗者"是也. 〈金官國〉亦名〈駕洛國〉, 具載 『本記』.

탑은 4면 5층이며, 그 조각과 장식은 매우 기이하며 돌은 약간 붉은 얼룩무늬의 색을 띠며 재질이 공교하고 가벼우니 이 지방의 물건이 아니다. 『신농본초』의 이른바 "닭볏의 피를 찍어서 시험한다는 것"이 바로 이것이다. 금관국을 또한 가락국이라고도 부르니 『본기』에 자세히 기재되어 있다.

讚曰 "載厭緋帆茜旆輕, 乞靈遮莫海濤驚. 豈徒到岸扶〈黃玉〉, 千古南〈倭〉遏怒鯨."

찬에 이른다. "석탑을 싣고 붉은 돛과 깃발의 배는 가볍게 항해하니, 혹시라도 파도가 일지 않도록 파신에게 비네. 어찌 다만 황옥공주가 해안에 닿도록 도왔겠는가, 천고로 남쪽 왜적의 침략을 막았도다."라고 하였다.

---

12. 木板本은 班이나 斑의 異體字이다.

4. 高麗靈塔寺

『僧傳』云 "釋〈普德〉字〈智法〉, 前〈高麗〉〈龍岡縣〉人也." 詳見下
『本傳』.

고(구)려의 영탑사

『승전』에 이르기를 "스님 보덕의 자는 지법이니 예전 고(구)려의
용강현 사람이다."라고 하였으니 다음에 나올『본전』에 자세하다.

常居〈平壤城〉, 有山房[13]老僧, 來請講經. 師固辭不免, 赴講『涅槃
經』四十餘卷. 罷席, 至城西〈大寶山〉嵒穴下禪觀, 有232/神人來請,
宜住此地. 乃置錫杖於前, 指其地曰 "此下有八面七級石塔," 掘之果
然, 因立精舍, 曰〈靈塔寺〉, 以居之.

늘 평양성에서 살더니 한 번은 어느 산방의 노승이 와서 강경을
청하였다. 스님은 굳이 사양하다가 어쩔 수 없이 가서『열반경』
40여 권을 강의하였다. 자리가 파한 후에 성의 서쪽 대보산 바위
굴에 이르러 참선과 관법을 행하니, 신인이 와서 이곳에 주석해
달라고 청하였다. 이에 석장을 앞에 놓고 땅을 가리키면서 말하기
를 "이 아래에 8면 7급의 석탑이 있다."라고 하므로 거기를 파 보
니 과연 그런지라 이로 인하여 정사를 세우고 영탑사라 하고 거기
서 살았다.

---

13. 木板本은 方이나 의미상 房이 더 적당하다. 이와 같이, 『삼국유사』에는 음이 같으나 다른
자들을 刻手가 잘못 새긴 것이 적지 않다.

5. 皇龍寺丈六

〈新羅〉第二十四〈眞興王〉即位十四年癸酉二月, 將築紫宮於龍宮南, 有黃龍現其地, 乃改置爲佛寺, 号〈黃龍寺〉. 至己丑年, 周圍墻宇, 至十七年方畢. 未幾, 海南有一巨舫, 來泊於〈河曲縣〉之〈絲浦〉(今〈蔚州〉〈谷浦〉也).

황룡사의 장육(불)

신라 제24대 진흥왕 즉위 14년 계유(553) 2월에 궁궐을 용궁 남쪽에 건축하는데 누런 용이 그 터에서 나타나므로 그만 고쳐서 절을 설치하고 이름을 황룡사라 하였다. 기축년에 이르러 주위의 담장을 만들어 17년이 되어서야 드디어 완성되었다. 얼마 안 되어 남쪽 바다로부터 큰 배 한 척이 하곡현의 사포(지금의 울주의 곡포이다.)에 와서 정박하였다.

撿看有『牒文』云 "〈西竺〈阿育王〉, 聚黃鐵五萬七千斤·黃金三萬分(『別傳』云 "鐵四十万七千斤·金一千兩," 恐誤. 或云三万七千斤), 將鑄〈釋迦〉三尊像, 未就, 載舡泛海而祝曰 '願到有緣國土, 成丈六尊容'." 幷載模[14]樣一佛二菩[233]/薩像.

살펴 보니 『첩문』에 이르기를 "서축의 아육왕이 황철 57,000근과 황금 3만 푼을 모아 (『별전』에는 "철이 407,000근이요, 금은 1천 량이다."라고 하였는데 잘못인 것 같다. 혹은 37,000근이라고도 한다.) 석가삼존불을 주조하려다 성취하지 못하고 배에다 실어 띄

---

14. 木板本은 摸이나 模의 異體字이다.

우면서 축원하기를 '원컨대 인연 있는 땅에 닿아 장육의 존귀한 모습을 성취하소서.'"라고 하며, 함께 견본으로 부처상 하나와 보살상 둘을 실었다.

縣吏具狀上聞, 勅使卜其縣之城東爽塏之地, 創〈東竺寺〉, 邀安其三尊, 輸其金鐵於京師, 以〈大建〉六年甲午三月(『寺中記』云 癸巳十月十七日), 鑄成丈六尊像, 一鼓而就, 重三萬五千七斤, 入黃金一萬一百九十八分, 二菩薩入鐵一萬二千斤, 黃金一萬一百三十六分, 安於〈皇龍寺〉. 明年像淚流至踵, 沃地一尺, 大王升遐之兆. 或云 '像成在〈眞平〉之世者,' 謬也."

현리가 사연을 갖추어 국왕에게 아뢰었더니, 그 현의 성 동쪽에 깨끗한 터를 잡아서 동축사를 세우고 삼존을 맞아 모시라 하고 그 금과 철을 서울로 실어다가 대건 6년 갑오(574) 3월에(『사중기』에는 계사 10월 17일이라 하였다.) 장육불상의 주조가 댓바람에 끝나니 무게가 35,007근이요, 여기에 든 황금이 10,198푼이며 두 보살불상에 든 철이 12,000근이요, 황금이 10,136푼중으로 모두 황룡사에 모셨다. 그 이듬해에 장육불상이 눈물을 흘려 발꿈치까지 내리어 땅이 한 자나 젖었으니 국왕이 죽을 징조였다. 더러는 말하기를 '장육상이 진평왕 시대에 되었다는 것은 잘못'이라고 한다."라고 하였다.

『別本』云 "〈阿育王〉在〈西竺〉〈大香華國〉, 生佛後一百年間, 恨不得供養眞身, 歛化金鐵若干斤, 三度鑄成無功. 時王之太子獨不預斯

事, 王使詰之, 太子奏云 '獨力非功, 曾知不就.'

『별본』에 이른다. "아육왕은 서축 대향화국에서 석가가 입적한 후 1백 년 사이에 태어나서, 진신을 공양 못한 것을 한스럽게 여겨, 금과 철 약간을 모아 녹여 부처를 주조하였으나 성공을 하지 못하였다. 당시 왕의 태자가 홀로 이러한 일을 기뻐하지 않으므로 왕이 힐책하니 태자가 아뢰어 말하기를 '혼자 힘으로 될 일이 아닙니다. 이미 안 될 줄 알았습니다.'라고 하였다.

王然之, 乃載舡泛海, 南閻浮234/提十六大國 · 五百中國 · 十千小國 · 八萬聚落, 靡不周旋, 皆鑄不成, 最後到〈新羅國〉,〈眞興王〉鑄之於〈文仍林〉, 像成. 相好畢備,〈阿育〉此飜無憂. 後大德〈慈藏〉西學到〈五臺山〉, 感〈文殊〉, 現身授訣. 仍囑云 '汝國〈皇龍寺〉, 乃〈釋迦〉與〈迦葉佛〉講演之地,〈宴坐石〉猶在. 故〈天竺〉〈無憂王〉, 聚黃鐵若干斤泛海, 歷一千三百餘年, 然後乃到爾[15]國, 成安其寺, 蓋威緣使然也.' (与『別記』所載符[16]同.) 像成後,〈東竺寺〉三尊亦移安寺中."

왕이 동의하여 곧 배에 싣고 바다에 띄워 남염부제 16대국 · 500중국 · 1만 소국 · 8만 취락을 두루 돌아다녔으나 어디에서도 주조는 이뤄지지 못하고 최후로 신라국에 도착하여 진흥왕이 문잉림에서 주조하여 불상이 완성되었다. 상호가 다 갖추어지자 아육왕도

---

15. 木板本은 而이지만 의미상 爾가 옳을 듯싶다. 아마도 爾의 異體字 또는 壞字로 보인다.

16. 木板本은 符이다. 그러나 활자본에는 不라는 의견도 없지 않다. 『별기』가 존재하지 않는 상태에서 어느 쪽이 타당할까는 알 수 없다. 다만 삼국유사에는 符同이라는 용례가 勒仙花末尸郎眞慈師條와 芬皇寺千手大悲盲兒得眼條에 존재하므로 참고가 된다.

그제야 한시름을 놓았다. 뒤에 대덕 자장이 서방으로 유학하여 오
대산에 갔을 때, 문수보살과 감응하니, 현신이 수기를 하며 부탁하
여 이르기를 '너희 나라 황룡사는 바로 석가와 가섭불이 강연을 한
곳으로, 연좌석이 아직 거기에 있다. 때문에 천축의 무우왕이 황철
약간을 모아 바다에 띄워서 1,300여 년을 지난 연후에 그것이 너희
나라에 닿아 주조되어 절에 모셔졌으니 대개 불연으로 그렇게 된
것이다.'(『별기』에 적힌 것과 꼭 같다.)라고 하였다. 불상이 완성된
후 동축사의 삼존도 이 절로 이안하였다."라고 하였다.

　『寺記』云 "〈眞平〉五年甲辰, 金堂造成, 〈善德王〉代, 寺初主眞骨
〈歡喜師〉, 第二主〈慈藏〉國統, 次國統〈惠訓〉, 次〈廂[17]律師〉云." 今
兵火已來, 大像與二菩薩皆融沒, 而小〈釋迦〉猶存焉.235
　『사기』에 "진평왕 5년 갑진(584)에 금당이 낙성되었고 선덕왕대
에 절의 첫 주지는 진골 환희사였으며 제2대 주지가 자장국통이
며, 다음이 국통 혜훈, 다음이 상율사이다."라고 하였다. 지금 병
화가 있어 삼존불 모두 녹아 없어지고 작은 석가상만이 아직도 여
기 남아 있다.

---

17. 학산본은 一相이다. 가로로 볼 때는 두 글자이지만, 판본은 세로로 되어 있으므로 결국 廂
의 壞字로 볼 수 있다. 이로써 보건대 壬申本이 고판본을 수정하려는 노력이 전혀 없었다
는 말은 할 수 없다고 생각될 수도 있다. 고판본을 수정하려고 했다는 그 의도의 확인은
불가능하지만, 적어도 壬申本의 교정자 또는 각수의 입장에서는 적어도 자신이 이해하기
힘든 자를 인식하려는 기본적인 노력조차 없었다고는 할 수 없기 때문이다. 그럼에도 불구
하고 고판본과 壬申本을 대교해 볼 때, 이 자를 비롯한 두서너 개에 한하고 있으며, 그 역
시 간단한 異體字 또는 壞字에 한하고 있으므로, 壬申本의 고판본 수정 노력이 거의 보이
지 않는다고 할 수 있겠다.

讚曰 "塵方何處匪眞鄉, 香火因緣最我邦. 不是〈育王〉難下手, 〈月城〉來訪舊行藏."

찬에 이른다. "티끌 세상 어디든지 진향은 아니나, 부처님 모실 인연 우리나라가 제일일세. 그렇지 않다면 육왕도 손도 대지 못할 것을, 월성의 (옛 석가와 가섭불의) 옛 처소를 내방할 수 있었겠는가."

6. 皇龍寺九層塔

〈新羅〉第二十七〈善德王〉卽位五年, 〈貞觀〉十年丙申, 〈慈藏法師〉西學, 乃於〈五臺〉感〈文殊〉授法(詳見『本傳』). 〈文殊〉又云 "汝國王是〈天笁〉〈刹利種王〉, 預受佛記, 故別有因緣, 不同〈東夷〉·〈共工〉之族. 然以山川崎嶮, 故人性麤悖, 多信邪見, 而時或天神降禍, 然有多聞比丘, 在於國中, 是以君臣安泰, 萬庶和平矣." 言已不現, 〈藏〉知是大聖變化, 泣血而退.

황룡사9층탑

신라 27대 선덕왕 즉위 5년 정관 10년 병신(636)에 자장법사가 서방으로 유학하였는데 오대산에서 감응하니 문수보살이 법을 주었다.(『본전』에 자세히 적혔다.) 문수보살이 말하기를 "너희 나라 왕은 바로 천축의 찰리종왕인데 일찍이 부처님의 수기를 받았으므로 특별한 인연이 있으니, 동이의 공공족과는 같지 않다. 그러나 산천이 험준하므로 인성도 거칠어져서 삿된 견해를 많이 믿어서 때로는 천신이 재앙을 내리기도 했으나 그러나 다문비구들이 국내에 있어서 군신들이 평안하고 백성들도 화평하게 된 것이다."라고 하고는 말을 마치자 사라지니 자장은 이것이 보살의 화신임을 알고 눈물을 흘리며 (감격하여) 물러나왔다.

經由中國〈太和池〉邊, 忽有神人出問 "胡爲至此?"〈藏〉答曰 "求
236/菩提故." 神人禮拜, 又問 "汝國有何留難?"〈藏〉曰 "我國北連〈靺
鞨〉, 南接〈倭〉人,〈麗〉·〈濟〉二國, 迭犯封陲, 隣寇縱橫, 是爲民梗."

중국의 태화지 가를 지나는데 홀연히 어떤 신인이 나와 묻기를
"왜 이곳까지 왔는가?"라고 하였다. 자장이 대답하기를 "보리를 구
하기 위해서입니다."라고 하니 신인이 예배하며 다시 묻기를 "너희
나라에 무슨 어려운 일이 있는가?"라고 하니, 자장이 말하기를
"우리나라는 북으로 말갈, 남으로 왜국과 연접하였으며 고구려·백
제 두 나라가 번갈아 국경을 침범하고 이웃에 적들이 횡행하니 이
것이 백성들의 고통이 되오."라고 하였다.

神人云 "今汝國以女爲王, 有德而無威, 故隣國謀之. 宜速歸本國."
〈藏〉問 "歸鄕將何爲利益乎?" 神曰 "〈皇龍寺〉護法龍, 是吾長子. 受
〈梵王〉之命, 來護是寺, 歸本國成九層塔於寺中, 隣國降伏, 九〈韓〉
來貢, 王祚永安矣. 建塔之後, 設〈八關會〉, 赦罪人, 則外賊不能爲害,
更爲我於京畿南岸置一精廬, 共資予福, 予亦報之德矣." 言已遂奉玉[18]
而獻之, 忽隱不現.(『寺中記』云 於〈終南山〉〈圓香禪師〉處, 受建塔因
由.)

신인이 이르기를 "지금 너희 나라는 여자가 왕이 되어, 덕은 있

<hr>

328. 木板本은 王이나 玉의 異體字이거나 壞字이다.

으나 위엄이 없으므로 이웃 나라들이 도모하고자 하니 빨리 본국으로 돌아가야 한다."라고 하였다 자장이 묻기를 "고국으로 돌아가 무엇을 하면 이익이 되겠소?"라고 하니 신이 말하기를 "황룡사의 호법룡은 바로 나의 맏아들이다. 범왕의 명령을 받고 가서 이 절을 호위하고 있으니 본국으로 돌아가 절 가운데 9층탑을 세우면 이웃 나라들이 항복을 하고 9한이 조공하러 올 것이며 왕위가 길이 평안하리라. 탑을 세운 후에 팔관회를 열고 죄인들을 사면하면 외적들이 해칠 수 없을 것이며, 나를 위하여는 서울 근교의 남쪽 언덕에 절 한 채를 지어 나의 복을 빌면 나 역시 이 은덕을 갚을 것이다."라고 하고 말을 마치자 옥을 바치고는 홀연히 사라졌다.(『사중기』에 종남산 원향선사의 처소에서 탑을 세울 연유를 받았다고 한다.)

〈貞觀〉十七年癸卯十六日, 將〈唐〉帝所賜經像袈裟幣帛而還國, 以建塔之237/事聞於上,〈善德王〉議於群臣, 群臣曰 "請工匠於〈百濟〉, 然後方可." 乃以寶帛請於〈百濟〉. 匠名〈阿非知〉, 受命而來, 經營木石, 伊干〈龍春〉(一云〈龍樹〉)幹蠱, 率小匠二百人. 初立刹柱[19]之日, 匠夢本國〈百濟〉滅亡之狀, 匠乃心疑停手, 忽大地震動, 晦冥之中, 有一老僧·一壯士, 自〈金殿門〉出, 乃立其柱, 僧與壯士皆隱不現. 匠於是改悔, 畢成其塔.

정관 17년 계묘(643) 16일에 당나라 황제가 준 불경과 불상과 가사와 폐백들을 가지고 귀국하여 국왕에게 탑 세울 사연을 아뢰니,

---

19. 壬申本은 拄로 柱의 異體字로 보인다. 이하 동일하므로 생략한다.

선덕왕이 군신들과 의논하자 군신들이 말하기를 "백제로부터 장인을 청한 뒤에야 비로소 가능할 것입니다."라고 하였다. 이리하여 보물과 폐백으로써 백제에 청하였다. 아비지라는 장인이 명을 받고 와서 목석을 경영하는데 이간 용춘(용수라고도 한다.)이 일을 주관하여 소장 2백 명을 인솔하였다. 처음에 찰주를 세우는 날 장인의 꿈에 백제가 멸망하는 것을 보고 장인은 마음이 의혹되어 공사를 그만 두었더니 홀연히 대지가 진동하면서 컴컴해진 가운데 어떤 노승과 장사 한 명이 금전문으로부터 나와 찰주를 세우고 스님과 장사는 함께 사라졌다. 장인이 이때야 뉘우치고 그 탑을 완성하였다.

『刹柱記』云 "鐵盤已上高四十二尺, 已下一百八十三尺." 〈慈藏〉以〈五臺〉所授舍利百粒, 分安於柱中幷〈通度寺〉戒壇及〈太和寺〉塔, 以副池龍之請.(〈太和寺〉在〈阿曲縣〉南. 今〈蔚州〉, 亦〈藏師〉所創也.)樹塔之後, 天地開泰, 〈三韓〉爲一, 豈非塔之靈蔭乎!

『찰주기』에 이르기를 "철반 위의 높이가 42자요, 그 아래가 183자라."라고 하였다. 자장이 오대에서 얻은 사리 백과를 찰주 안과 아울러 통도사 계단 및 대화사탑에 나누어 모셔 지룡의 청에 따랐다.(대화사는 아곡현 남쪽에 있고 지금의 울주이니 역시 자장이 창건하였다.) 탑을 세운 후에 천지가 비로소 태평하게 되고 삼한을 통일하였으니 어찌 이것이 탑의 영험과 음조가 아니랴!

後〈高麗〉王238/將謀伐〈羅〉, 乃曰 "〈新羅〉有三寶, 不可犯也, 何謂也?" "〈皇龍〉〈丈六〉幷〈九層塔〉, 與〈眞平王〉〈天賜玉帶〉." 遂寢其謀.〈周〉有〈九鼎〉,〈楚〉人不敢北窺, 此之類也.

뒤에 고(구)려 왕이 장차 신라를 치려고 하여 말하기를 "신라에 세 가지 보물이 있어 침범할 수 없다고 하는데 무엇을 말하는가?" (라고 하니) "황룡사 장육불과 9층탑과 진평왕의 천사옥대가 그것입니다."라고 하니, 마침내 그들의 음모가 중지되었다. 주나라에 9정이 있어 초나라 사람들이 북방을 감히 엿보지 못하였다는 것이 이와 같은 것이다.

讚曰 "鬼拱神扶壓帝京, 輝煌金碧動飛甍. 登臨何啻九〈韓〉伏, 始覺乾坤特地平."

찬에 이르기를 "귀신이 도와 왕경을 압도하니, 찬란한 단청은 기와를 날리는 듯하여라. 높게 군림하니 어찌 9한이 항복하는 것뿐이겠는가, 비로소 하늘과 땅이 매우 평안해진 것을 깨닫게 되리라." 라고 하였다.

又海東名賢〈安弘〉撰『東都成立記』云 "〈新羅〉第二十七代女王爲主, 雖有道無威,〈九韓〉侵勞, 若龍宮南〈皇龍寺〉建九層塔, 則隣國之災可鎭, 第一層〈日本〉, 第二層〈中華〉, 第三層〈吳越〉, 第四層〈托羅〉, 第五層〈鷹遊〉, 第六層〈靺鞨〉, 第七層〈丹國〉, 第八層〈女狄〉, 第九層〈穢貊〉."

또 해동의 명현 안홍이 지은 『동도성립기』에 이르기를 "신라 제27대에 여왕이 즉위하니 비록 덕행은 있으나 위엄이 없으므로 9한이 침노하니 만약 용궁남 황룡사에 9층탑을 세우면 이웃 나라의 침범을 진압할 수 있을 것이니 제1층은 일본이요, 제2층은 중국이요, 제3층은 오월이요, 제4층은 탁라요, 제5층은 응유요, 제6층은 말갈이요, 제7층은 단국이요, 제8층은 여적이요, 제9층은 예맥이다."라고 하였다.

又按『國史』及『寺中古記』, "〈眞興王〉癸酉創寺後, 〈善德王〉代, 〈貞觀〉十九年乙巳, 塔239/初成. 三十二〈孝昭王〉卽位七年, 〈聖曆〉元年戊戌六月霹靂(『寺中古記』云 "〈聖德王〉代, 誤也. 〈聖德〉王代無戊戌."), 第三[20]十三〈聖德王〉代庚申歲重成, 四十八〈景文王〉代戊子六月, 第二霹靂, 同代第三重修, 至本朝〈光宗〉卽位五年癸丑十月, 第三霹靂, 〈現[21]宗〉十三年辛酉, 第四重成, 又〈靖宗〉二年乙亥, 第四霹靂, 又〈文宗〉甲辰年, 第五重成, 又〈憲[22]宗〉末年乙亥, 第五霹靂, 〈肅宗〉丙子, 第六重成, 又〈高宗〉十六年戊戌冬月, 〈西山〉兵火, 塔·寺·丈六·殿宇皆災."

또 『국사』와 『사중고기』를 살펴보건대, "진흥왕 계유년(553) 6월에 절을 세운 후, 선덕왕대 정관 19년 을사(645)에 탑이 처음으로 완성되었다. 32대 효소왕 즉위 7년 성력 원년 무술(698) 6월에 벼락이 떨어져서,(『사중고기』에 이르기를 "성덕왕대란 말은 잘못이다. 성덕왕대에는 무술년이 없다."라고 하였다.) 제33대 선덕왕대 경신년(720)에 두 번째 세웠으며, 48대 경문왕 무자년(868) 6월에

---

20. 壬申本은 二로 三의 壞字이다.
21. 木板本은 現이나 現慶과 마찬가지로 顯의 誤字인 듯하다.
22. 木板本은 憲이나 獻의 誤字인 듯하다.

두 번째로 벼락이 떨어져서 같은 왕대에 세 번째 중수를 하였으며 본조 광종 즉위 5년 계축(953) 10월에 세 번째로 벼락이 떨어져서 현종 13년 신유(1021)에 네 번째 다시 세웠으며, 또 정종 2년 을해(1035)에 네 번째 벼락이 떨어져서 다시 문종 갑진년(1064)에 다섯 번째로 세웠으며, 또 헌종 말년 을해(1095)에 다섯 번째 벼락이 떨어져서 숙종 병자(1096)에 여섯 번째로 다시 세웠으며, 또 고종 16년 무술(1238) 겨울에는 몽고의 병란으로 탑과 절과 장육불과 전각들이 모두 불에 탔다."라고 하였다.

7. 皇龍寺鐘 芬皇寺 藥師 奉德寺鍾

〈新羅〉第三十五〈景德大王〉, 以〈天寶〉十三甲午, 鑄〈皇龍寺〉240/鍾, 長一丈三寸, 厚九寸, 入重四十九万七千五百八十一斤, 施主〈孝貞伊王〉〈三毛夫人〉, 匠人〈里上宅〉下典. 〈肅宗〉朝重成新鍾, 長六尺八寸. 又明年乙未, 鑄〈芬皇〉〈藥師〉銅像, 重三十万六千七百斤, 匠人〈本彼部〉〈强古乃末23)〉. 又捨黃銅一十二万斤, 爲先考〈聖德王〉欲鑄巨鍾一口, 未就而崩, 其子〈惠恭大王〉〈乾運〉, 以〈大曆〉庚戌十二月, 命有司, 鳩工徒, 乃克成之, 安於〈奉德寺〉. 寺乃〈孝成王〉〈開元〉二十六年戊寅, 爲先考〈聖德大王〉奉福所創也.

황룡사종 분황사의 약사(불) 봉덕사종

신라 35대 경덕대왕 천보 13년 갑오(754)에 황룡사 종을 주조하니, 길이가 1장 3치요, 두께가 9치이며, 무게가 497,581근이며, 시

---

23. 木板本은 未이나 末의 異體字이다.

주는 효정이왕 삼모부인이요, 장인은 이상댁의 하전[24]이다. 숙조에
다시 새 종을 만드니 길이가 6자 8치였다. 또 이듬해 을미에 분황
사 약사동상을 주조하니 무게가 306,700근이요 장인은 본피부의
강고 나마이다. 또 황동 12만 근을 희사하여 선고 성덕왕을 위하여
큰 종 한 개를 주조하고자 하였으나 성취하지 못하고 죽으니 그의
아들 혜공대왕 건운이 대력 경술(770) 12월에 유사에게 명하여 공
도들을 모아 이에 완성시켜 봉덕사에 모셨다. 절은 효성왕 개원 26
년 무인(738)에 선고 성덕대왕의 명복을 빌기 위하여 세웠다.

故鍾銘曰 "〈聖德大王神鍾〉之銘(〈聖德〉乃〈景德〉之考〈典[25]光大
王〉也. 鍾本〈景德〉爲先考所施之金, 故称云〈聖德鍾〉尒.)朝散大夫兼
[26]太子司[27]議郎翰林郎〈金弼奧[28]〉奉教撰鍾241/銘," 文煩不錄.

그러므로 종명에 이르기를 "성덕대왕신종의 명이다.(성덕은 바
로 경덕의 아버지 전광대왕이다. 종은 본래 경덕이 죽은 아버지를
위하여 시주했던 쇠이다. 그러므로 성덕종이라고 불렀다.) 조산대
부 겸 태자사의랑 한림랑 김필오가 왕명을 받들어 종명을 찬하다."
라고 하였으나, 문장이 번거로워 기록하지 않는다.

---

24. 종이라는 뜻이나 하전이 하나의 직위일 가능성도 있으므로 그대로 놔 둔다.
25. 木板本은 典이나 輿의 異體字이다. 그러나 典일 수도 있으므로 그대로 놔 둔다.
26. 木板本은 前이나 兼의 誤字 또는 異體字로 보인다.
27. 활자본에는 朝가 되어야 한다는 견해도 있으나 일단 그대로 둔다.
28. 木板本은 粤이나 성명으로는 대개 사용하지 않으므로 奧나 奚와 그 핵초나 이체가 비슷하
    다. 여기서는 일단 奧로 교정해 본다.

8. 靈妙寺丈六

〈善德王〉創寺塑像因緣, 具載『良志法師傳』,〈景德王〉卽位二十三
年, 丈[29]六改金, 租二万三千七百碩.(『良志傳』, 作像之初成之費, 今
兩存之.)

영묘사 장육불

선덕왕이 절을 세우고 불상을 만든 인연은 『양지법사전』에 자세
히 실렸으니, 경덕왕 즉위 23년(764)에 다시 도금하는 데 벼
23,700석이 들었다고 한다.(『양지전』에는 불상을 처음으로 만들 때
의 비용이라 하였으나 여기는 두 가지 다 써 둔다.)

9.四佛山 掘佛山 萬佛山

〈竹嶺〉東百許里, 有山屹然高峙.〈眞平王〉九年甲申, 忽有一大石,
四面方丈, 彫四方如來, 皆以紅紗護之, 自天墜其山頂. 王聞之命駕瞻
敬, 遂創寺嵓側, 額曰〈大乘寺〉. 請比丘亡名誦『蓮經』者主寺, 洒掃供
石, 香火不廢, 或曰〈亦242/德山〉, 或曰〈四佛山〉. 比丘卒旣葬, 塚上
生蓮.

사불산 굴불산 만불산

죽령 동쪽 백 리쯤 되는 곳에 우뚝하게 높이 솟은 산이 있다. 진
평왕 9년 정미(587) 홀연히 큰 돌 하나가 4면이 한 길이며 4방여래
를 조각하고 모두 붉은 비단으로 씌워져 있었는데, 하늘로부터 산
정에 떨어졌다. 왕이 이 소문을 듣고 행차하여 달려가서 보고 예배

---

29. 王申本은 文이나 丈의 異體字로 보인다.

390

하니, 드디어 바위 옆에 절을 세우고 대승사라 하였다. 『(묘법)연
(화)경』을 염송하는 비구 무명30을 청하여 절 주지를 삼아 공석을
깨끗이 쓸고 분향을 끊이지 않았으며 역덕산 또는 사불산이라 하였
다. 비구가 입적하자 장사를 치르니 무덤 위에 연이 돋았다.

又〈景德王〉遊幸〈栢栗寺〉, 至山下聞地中有唱佛聲, 命掘之, 得大
石, 四面刻四方佛, 因創寺, 以〈掘佛〉爲号, 今訛云〈掘石〉.

또 경덕왕이 백률사로 놀러가는데 산 밑에 닿으니 땅 속에서 염
불 소리가 나므로 그곳을 파게 하여 큰 돌을 캐 내니 사면에 4방불
을 새겼으므로 절을 세우고 굴불(사)라고 하였더니 지금은 잘못하
여 굴석이라고 한다.

王又聞〈唐〉〈代宗〉皇帝優崇〈釋氏〉, 命工作五色氍毹, 又彫沈檀木,
與明珠美玉爲假山, 高丈餘, 置氍毹之上, 山有巉嵓怪石澗穴區隔, 每
一區內有歌舞伎樂, 列國山川之狀. 微風入戶, 蜂蝶翱翔, 鷰雀飛舞,
隱約視之, 莫辨眞假.

왕이 또 당나라 대종황제가 불교를 특별히 숭상한다는 말을 듣고
공인으로 오색 빛깔 모직을 만들고 또 침단목을 조각하여 맑고 아름
다운 주옥으로 가산을 만들었는데 길이는 한 길 남짓으로 모직 위에
두었는데, 산에는 기암괴석과 개골과 동굴이 구역을 이뤘으며, 매

---

30. 대개의 번역본의 경우, 이름이 없거나 전하지 않는 중이라고 하나 무명은 승명으로 충분하
며, 무명이라는 법명을 사용하는 스님은 신라사는 아니지만 역사상에는 존재하는 것을 확
인할 수 있다.

구역 안에는 가무와 기악의 모습과 나라의 산천 모양이 망라되었다.
미풍이 창으로 들어오면 벌과 나비가 훨훨 날고 제비와 참새가 너울
너울 춤을 추어 얼핏 보아서는 진짜 가짜를 분별할 수 없었다.

中安萬佛, 大者逾方寸, 小者八九分,[31] 其頭或巨黍者, 或半菽者,
螺髻白毛, 眉目的皪, 相好悉備, 只可髣髴, 莫得而詳, 因号〈萬佛山〉.
　가운데는 만불을 모셨는데 큰 것은 한 치 남짓하고 작은 것은 8-
9푼으로 그 머리가 더러는 큰 기장만하고 더러는 콩 반쪽만하기도
한데 나발과 백모, 눈썹과 눈이 선명하며, 상호는 모두 갖춰졌으니
그저 방불하다고나 할까 자세한 것은 말할 수 없었다. 따라서 만불
산이라 하였다.

更鏤金玉爲流蘇幡蓋菴羅薝葍花243/果莊嚴, 百步樓閣臺殿堂樹,
都大雖微, 勢皆活動. 前有旋遶比丘像千餘軀, 下列紫金鍾三簴, 皆有
閣有蒲牢, 鯨魚爲撞. 有風而鍾鳴, 則旋遶僧皆仆拜頭至地, 隱隱有梵
音, 盖關棙在乎鍾也. 雖号萬佛, 其實不可勝記. 旣成, 遣使獻之, 〈代
宗〉見之, 嘆曰 "〈新羅〉之巧, 天造非巧也." 乃以〈九光扇〉加置嵓岫
間, 因謂之佛光. 四月八日, 詔兩街僧徒, 於內道場, 禮〈万佛山〉, 命
三藏不空念讚『密部眞詮』千遍以慶之, 觀者皆嘆伏其巧.
　다시 금과 옥을 새겨서 수실이 달린 깃발과 천개·망고·치자나
무의 꽃·화과들을 장엄하였으며 백 보나 되는 누각과 대전, 당사

---

31. 木板本은 兮로 分의 異體字이다.

가 비록 크기는 작지만 기세는 모두 살아 움직이는 것 같았다. 앞으로는 돌아다니는 비구상 천여 개가 있고 아래로는 자금종 세 틀을 벌려 놓았는데 모두 각과 포뢰가 있어 고래로 치게 하였다. 바람이 불어 종소리가 울리면 포행하던 스님들이 오체투지하며, 은은히 염불 소리가 들렸으니 대개 기축이 종에 들어 있음이다. 비록 만불상이라고 해도 그 실상은 이루 다 기록할 수가 없다. 완성되자 사신을 보내 바쳤더니 대종이 보고 탄복하면서 말하기를 "신라의 재간은 하늘의 솜씨이지 사람의 재주가 아니다."라고 하고 즉시로 구광선을 바위 동굴 틈새에 놓고서는 불광이라고 하였다. 4월 초파일에는 양가의 스님들에게 명하여 내도량에서 만불산에 예배하게 하고 삼장불공에게 명하여 『밀부진전』을 천 번 염송하여 경축하니 구경하는 자들이 모두 그 솜씨에 탄복하였다.

讚曰 "天糚[32]滿月四方裁, 地湧明毫一夜開. 妙手更煩彫萬佛, 眞風要使遍三才."

찬에 이른다. "하늘은 만월로 4방을 장식하고, 땅은 사방불을 하룻밤에 솟아 내었구나. 교묘한 솜씨로 다시 만불산을 새겨, 참된 교화으로 천지인 삼재에 두루하게 하였다."

10. 生義寺石珎勒244/

〈善德王〉時, 釋〈生義〉常住〈道中寺〉, 夢有僧引上〈南山〉而行,

令[33]結草爲標, 至山之南洞, 謂曰 "我埋此處, 請師出安嶺上." 旣覺, 與友人尋所標,[34] 至其洞掘地, 有石弥勒出, 置於〈三花嶺〉上.〈善德王〉十二年甲辰歲, 創寺而居, 後名〈生義寺〉.(今訛言〈性義寺〉.〈忠淡師〉每歲重三重九, 烹茶獻供者, 是此尊也.)

생의사 돌미륵

선덕왕 때 스님 생의가 도중사에 상주하더니 꿈에 어떤 스님이 와서 끌고 남산으로 올라가서 풀을 묶어 표지를 삼게 하고 산의 남쪽 동네에 와서 말하기를 "내가 이곳에 묻혔으니 스님은 파 내어 고개 위에 안장해 주소서."라고 하였다. 꿈에서 깨자 친구들과 함께 꿈에 표한 자리를 찾고 그 동네에 가서 땅을 팠더니 돌미륵이 나오므로 삼화령 고개 위에 두었다. 선덕왕 12년 갑진에 절을 짓고 살았으니 뒤에 생의사라 하였다.(지금은 와전되어 성의사라고 한다. 충담사가 매년 3월 3일, 9월 9일에 다례를 올리는 부처가 바로 이 부처다.)

11. 興輪寺壁畫普賢

第五十四〈景明王〉時,〈興輪寺〉南門及左右廊廡, 災焚未修,〈靖和〉〈弘繼〉二僧募緣將修, 〈貞明〉七年辛巳五月十五日,〈帝釋〉降于寺之左經樓, 留旬日, 殿塔及草樹土石, 皆發異香, 五雲覆寺, 南池魚龍喜躍跳擲, 國人聚觀, 嘆未245/曾有, 玉[35]帛梁稻施積丘山, 工匠自

---

33. 木板本은 令이나 令의 壞字 또는 異體字로 보인다.
34. 壬申本 가운데는 標도 있으나 異體字이다.
35. 壬申本은 王이나 玉의 異體字 또는 壞字로 보인다.

來, 不日成之.

흥륜사의 보현보살 벽화

제54대 경명왕 때에 흥륜사 남문과 좌우 행랑채가 불에 탄 채 아직 수리도 못 하였더니 정화와 홍계 두 스님이 인연 있는 자들을 모연하여 장차 수리를 하려 하는데 정명 7년 신사(922) 5월 15일에 제석이 절의 좌경루에 내려와서 열흘 동안 머무니, 전탑과 풀, 나무 흙, 돌 할 것 없이 모두 기이한 향기를 풍기고 오색구름이 절을 덮으며 남지의 어룡은 기뻐서 뛰노니 국인들이 모여들어 구경하는데, 미증유라 탄복을 하면서 주목과 폐백과 곡식 등의 보시가 산더미처럼 쌓이고 장인들이 자원해 와서 며칠이 못 되어 완성하였다.

工旣畢, 天帝將還, 二僧白曰 "天若欲還宮, 請圖寫聖容, 至誠供養, 以報天恩. 亦乃因玆留影, 永鎭下方焉." 帝曰 "我之願力, 不如彼〈普賢菩薩〉遍垂玄化, 畫此菩薩像, 虔設供養而不廢宜矣." 二僧奉敎, 敬畫〈普賢菩薩〉於壁間, 至今猶存其像.

공사를 마치자 천제가 장차 돌아가려 하는데 두 스님이 사뢰기를 "천제께서 만약 대궐로 돌아가시려거든 거룩하신 얼굴 모습을 그려 모셔 지성으로 공양하여 천은에 보답하게 하며 또한 진영을 이 땅에 남겨 두심으로써 길이 하계를 진호해 주기를 청하나이다."라고 하니 천제가 말하기를 "나의 원력은 저 보현보살이 현화를 두루 드리우는 것만 같지 못하니 이 보살상을 그려 정성껏 공양을 하여 그치지 않는 것이 좋을 것이다."라고 하였다. 두 스님이 교시를 받들고 삼가 보현보살을 벽에다가 그렸으므로 지금도 아직 그 화상이 보존되어 있다.

12. 三所觀音 衆生寺

『新羅古傳』云 "〈中華〉天子有寵嬰,[36] 美艶無雙. 謂古今圖畫, 尟有如此者, 乃命善畫者寫眞.(畫工傳失其名, 或云〈張僧繇〉, 則是〈吳〉人也. 〈梁〉〈天監〉中爲〈武陵王國〉侍郎直秘閣知畫事, 歷右將軍 · 〈吳興〉大守, 則乃中國〈梁〉·〈陳〉間之天子也. 而『傳』云〈唐〉帝者, 海東246/人凡諸中國爲〈唐〉爾, 其實未詳何代帝王, 兩存之.)

삼소관음과 중생사

『신라고전』에 이르기를 "중국 천자가 사랑하는 첩이 있었는데 아름답고 예쁘기가 짝이 없었다. 고금의 미인도도 이 같은 미인은 없으리라 하여 그림 잘 그리는 자를 시켜 진영을 그리도록 하였다.(화공의 이름은 전해지지 않으나 혹은 장승요라고도 하니 오나라 사람이다. 양나라 천감 연간에 무릉왕국의 시랑 직비각 지화사가 되었고 우장군과 오흥태수를 역임하였으며, (여기의 천자는) 바로 중국의 양 · 진나라 사이의 천자이다. 그런데 『전』에서 당나라 황제라고 한 것은 우리나라 사람들이 무릇 여러 중국을 모두 당나라라고 하기 때문이니, 실상은 어느 시대 제왕인지 자세하지 않으니 두 가지 다 그대로 써 둔다.) ·

其人奉勅圖成, 誤落筆污赤毁於臍下, 欲改之而不能, 心疑赤誌必

---

36. 활자본은 姬라고 하나 그대로도 의미는 통하며 그 異體字일 가능성도 있으므로 그대로 두고자 한다.

自天生, 功畢獻之. 帝目之曰 '形則逼眞矣, 其臍下之誌, 乃所內秘, 何得知之幷寫?' 帝乃震怒, 下圓扉, 將加刑. 丞[37]相奏云 '所謂伊人其心且直, 願赦宥之.' 帝曰 '彼旣賢直, 朕昨夢之像, 畫進不差則宥之.'

그가 칙명을 받들고 그림을 그리는데 잘못하여 붓을 떨어뜨려 붉은 점이 배꼽 아래에 생겨, 다시 고치려 했으나 잘 되지 않으므로 필시 나면서부터 붉은 점이 있었을 것으로 의심하여 다 그려서 바쳤더니 황제가 보고 말하기를 '형상은 진짜 같으나 배꼽 밑에 있는 점은 속에 감추어진 것인데 어떻게 알고서 그렸는가?'라고 하며 진노하여 그를 하옥하고는 장차 처형하려고 했다. 승상이 아뢰기를 '그 사람은 마음이 정직한 사람이라고 하니 그를 석방하여 주소서.'라고 하니 황제가 말하기를 '그가 원래 어질고 정직하다면 간밤 꿈에서 본 상을 그려 바쳐서 차이가 없다면 석방하리라.' 라고 하였다.

其人乃畫〈十一面觀音〉像呈之, 恊於所夢, 帝於是意解赦之. 其人旣免, 乃與博士〈芬節〉約曰 '吾聞〈新羅國〉敬信佛法, 與子乘桴于海, 適彼同修佛事, 廣益仁邦, 不亦益乎.' 遂相與到〈新羅國〉, 因成此寺大悲像, 國人瞻仰, 禳禱獲福, 不可勝記."

그는 곧 11면관음상을 그려서 바치니 꿈에 본 것과 흡사한지라 황제가 그제야 마음이 풀려서 그를 석방하였다. 그 사람이 화를 면하게 되자 즉시로 박사 분절과 약속하여 말하기를 '내가 들으니 신라국은 불법을 신봉한다고 하니 그대와 함께 배를 타고 바닷길로

37. 木板本은 丞으로 承의 속자이면서 丞의 異體字이기도 하므로 이를 채택하였다.

그곳까지 가서 함께 불사를 닦으며 어진 나라를 널리 돕는 것이
유익하지 않겠는가.'라고 하고는 드디어 함께 신라국에 와서 이 절
의 관음보살상을 완성하니 국인들이 보고는 우러르니, 제시와 기도
로 복을 받는 자가 이루 다 기록할 수 없었다."라고 하였다.

〈羅〉季〈天成〉中, 正甫〈崔殷247/誠〉久無胤息, 詣玆寺大慈前祈
禱, 有娠而生男, 未盈三朔, 〈百濟〉〈甄萱〉襲犯京師, 城中大潰. 〈殷
誠〉抱兒來告曰"隣兵奄至, 事急矣, 赤子累重, 不能俱免. 若誠大聖
之所賜, 願借大慈之力覆養之, 令我父子再得相見."涕泣悲惋, 三泣
而三告之, 裹以襁褓, 藏諸猊座下, 眷眷而去.

　　신라 말년 천성(926-29) 연간에 정보 최은함이 오랫동안 자식이
없었으므로 이 절을 찾아 관세음보살 앞에 기도를 올리니, 임신을
해서 아들을 낳았는데 석 달도 차지 못하여 백제의 견훤이 서울을
습격하여 성 안이 크게 혼란하게 되었다. 은함이 아이를 안고 와서
고하기를 "이웃 나라 군사가 졸지에 닥치니 사세가 급박한지라 아
기가 짐이 되어 함께 화를 면할 수 없습니다. 진실로 대성께서 주신
자식이라면 한없는 자비로운 힘을 빌려 주셔서 보호하여 길러 주시
어 우리 부자가 다시 만나 상견할 수 있게 해 주소서."라고 하고는
눈물을 흘려 슬프게 한탄하며, 세 번을 울며 세 번을 고하고 아이
를 강보에 싸서 사자좌 아래에 숨기고는 몇 번이나 뒤를 돌아보면
서 떠나갔다.

經半月寇退, 來尋之, 肌膚如新浴, 兒軆軆嬛好, 乳香尙痕於口. 抱

持歸養, 及壯聰惠過人. 是爲〈永魯〉, 位至正匡.〈永魯〉生郎中〈崔肅〉,〈肅〉生郎中〈齊顏〉焉, 自此繼嗣不絶.〈殷誠〉隨〈敬順王〉入本朝爲大姓.

반 달이 지나 적병이 물러간 후 돌아와서 찾으니, 피부가 갓 목욕한 것 같고 얼굴과 몸뚱이가 한결 고왔으며 젖 냄새가 아직도 입에 남아 있었다. 껴안고 돌아와 길렀더니 장성해서 총명과 지혜가 뛰어났다. 이가 바로 승로이니 지위가 정광에 이르렀다. 승로가 낭중 최숙을 낳고 숙이 낭중 제안을 낳았으니 이로부터 자손이 끊어지지 않았다. 은함은 경순왕을 따라 본조에 입시하여 문벌귀족이 되었다.

又〈統和〉十年三月, 主寺釋〈性泰〉, 跪於菩薩前, 自言 "弟子久住茲寺, 精勤香火, 晝夜匪懈, 然248/以寺無田出, 香祀無繼, 將移他所, 故來辭爾." 是日, 假寐夢大聖謂曰 "師旦住無遠離, 我以緣化充齋費." 僧忻然感寤,[38] 遂留不行.

또 통화 10년(992) 3월에 이 절의 주지인 승 성태가 보살 앞에 꿇어앉아 스스로 말하기를 "제자가 오랫동안 이 절에 살면서 정성스럽게 예불을 올리며 밤낮으로 나태한 적이 없었지만 이 절에는 밭의 소출이 없으므로 분향과 제사를 이을 수 없는지라 다른 데로 옮겨 갈까 하여 와서 하직드립니다."라고 하였다. 이날 잠깐 침상에서 조는 동안 비몽사몽간에 대성께서 이르기를 "스님은 아직 머물러 있고 멀리 떠나지 말라. 내가 인연으로 화주를 받아서 재 드리는

---

38. 활자본은 悟라고 하고, 寤라고도 하나 원문과 같은 뜻이다.

비용을 충당하게 하리라."라고 하니 스님이 흔연히 깨닫고 드디어 머물고 떠나지 않았다.

後十三日, 忽有二人, 馬載牛馱, 到於門前. 寺僧出問"何所而來?"
曰"我等是〈金州〉界人. 向有一比丘到我云'我住東京〈衆生寺〉久矣,
欲以四事之難, 緣化到此.' 是以, 歛施隣閭, 得米六碩, 鹽四碩, 負載
而來." 僧曰"此寺無人緣化者, 爾輩恐聞之誤." 其人曰"向之比丘率
我輩而來, 到此神見井邊曰'距寺不遠, 我先往待之.' 我輩隨逐而來."
寺僧引入法堂前, 其人瞻禮大聖, 相謂曰"此緣化比丘之像也." 驚嘆
不已. 故所納米鹽, 追年不廢.249/

열사흘 만에 홀연히 어떤 두 사람이 말과 소에 잔뜩 짐을 싣고 문 앞에 당도하였다. 스님이 나가서 "어디서 오느냐?"라고 물으니 "우리는 금주땅 사람들인데 얼마 전에 한 스님이 우리에게 와서 말하기를 '내가 오랫동안 동경 중생사에 살았는데, 공양하는 데 의복, 침구, 탕약, 의복 등 네 가지가 없어서 화주를 모연하고자 여기까지 왔습니다.'라고 하므로 이웃 마을에서 시주를 거두어 쌀 여섯 섬과 소금 넉 섬을 싣고 왔소."라고 하니 스님이 말하기를 "이 절에서는 화주를 모연한 사람이 없었는데 그대들이 아마 잘못 들은 것인가 보다."라고 하였다. 그 사람이 대답하여 "요전에 왔던 비구가 우리들을 데리고 왔으며, 여기 신경정 우물가까지 와서는 말하기를 '절이 얼마 떨어지지 않았으니 내가 먼저 가서 기다리겠다.'라고 하기에 우리들은 뒤쫓아 따라왔소."라고 하였다. 절 스님이 그들을 인도하여 법당 앞까지 들어왔더니 그들이 대성을 쳐다보고 예배하며

서로 말하기를 "이가 화주를 모연하던 비구의 형상이다."라며 놀라
탄복함을 마지않았다. 이리하여 해마다 거둬들인 쌀과 소금이 매년
끊이지 않았다.

又一夕寺門有火災, 閭里奔救, 升堂見像, 不知所在, 視之已立在庭
中矣. 問其出者誰, 皆曰不知, 乃知大聖靈威也.

또 하루 저녁은 절 대문에 불이 나서 동리 사람들이 달려와서 불
을 끄는데, 마루에 올라가 보살화상을 찾았으나 소재를 알 수 없었
다. 그런데 찾아 보니 벌써 마당에 서 있었다. 화상을 누가 내어 놓
았느냐고 물었으나 모두들 모른다고 하였는바 이래서 대성의 심묘
한 위력임을 알았다.

又〈大定〉十三年癸巳間, 有僧〈占崇〉, 得住玆寺, 不解文字, 性本純
粹, 精勤火香. 有一僧欲奪其居, 訴於〈襯衣天使〉曰 "玆寺所以國家
祈恩奉福之所, 宜選會讀文疏者主之." 天使然之, 欲試其人, 乃倒授
疏文, 〈占崇〉應手披讀如流. 天使服膺, 退坐房中, 俾之再讀, 〈崇〉
鉗口無言. 天使曰 "上人良由大聖之所護也." 終不奪之. 當時, 與
〈崇〉同住者, 處士〈金仁夫〉, 傳諸鄕老, 筆之于傳.

또 대정 13년 계사(1173)년간에 점숭이라는 스님이 이 절에 주지
로 있었는데 문자를 모르나 성품이 본래 순수해서 예불을 정성스럽
고 부지런히 하였다. 어떤 승 하나가 그의 자리를 빼앗으려고 친의
천사에게 호소하기를 "이 절은 국가에서 은혜와 복을 빌며 받드는
곳이기 때문에 마땅히 소문을 읽을 줄 아는 자를 뽑아 주지를 삼아

야 합니다."라고 하니 천사가 옳게 여겨 그를 시험해 보고자 이에 소문을 거꾸로 해서 주었더니 점숭이 손을 받아 펴들고 거침없이 읽었다. 천사가 감복을 해서 방 안으로 물러나와 앉아 다시 읽어 보라 하였더니 점숭이 입을 다물고 말이 없었다. 천사가 말하기를 "스님은 진실로 대성의 가호를 받고 있습니다."라고 하면서 마침내 그의 자리를 빼앗지 않았다. 당시에 점숭과 함께 거처하던 처사 김인부가 여러 시골 늙은이들에게 전했으므로 이것을 적어서 전한다.

13. 栢栗寺250/

〈雞林〉之北岳曰〈金剛嶺〉. 山之陽有〈栢栗寺〉, 寺有大悲之像一軀. 不知作始, 而靈異頗著. 或云 是中國之神匠塑〈衆生寺〉像時并造也. 諺云 此大聖曾上〈忉利天〉, 還來入法堂時, 所履石上脚迹至今不刓, 或云 救〈夫禮郞〉還來時之所視迹也. 〈天授〉三年壬辰九月七日, 〈孝昭王〉奉〈大玄〉薩喰之子〈夫禮郞〉爲國仙, 珠履千徒, 親〈安常〉尤甚. 〈天授〉四年(○[39]〈長壽〉二年)癸巳暮春之月, 領徒遊〈金蘭〉, 到〈北溟〉之境, 被狄賊所掠而去. 門客皆失措而還, 獨〈安常〉追迹之, 是三月十一日也.

백률사

계림의 북악을 일러서 금강령이라고 한다. 산의 남쪽에는 백률사가 있고 절에는 관세음보살상이 한 분 있다. 언제 처음으로 만들었

---

39. 木板本은 ○이며 (日)은 無關字 처리를 했다. 이 경우 삼국유사의 경우 대개 或을 쓴 경우도 있으나 周라는 국호를 사용했을 가능성도 있으므로 그대로 둔다.

는지는 알 수 없으나 그 영험과 이적으로 꽤 유명하다. 혹은 이는 중국의 신장이 중생사의 불상을 만들 때에 함께 만든 것이라고 한다. 세상에서는 이 대성께서 일찍이 도리천에 올라갔다가 돌아와 법당으로 들어갈 때에 밟은 돌 위의 발자국이 지금까지 그대로 남아 있다고 하며 혹은 부례랑을 구해 돌아올 때의 자취라고도 한다. 천수 3년 임진(692) 9월 7일 효소왕이 대현 사찬의 아들 부례랑을 받들어 화랑으로 삼았더니 낭도가 천 명이나 되었는데 그 중에서도 안상과 가장 친하였다. 천수 4년(혹은 주나라 장수 2년) 계사(693) 늦은 봄에 화랑 무리들을 거느리고 금란을 유람하는 길을 떠나 북명의 지경에 이르러 말갈적에게 붙들려 갔다. 문객들은 모두 어찌할 바를 모르고 돌아왔으나 홀로 안상만은 그 뒤를 추격하였으니 이때가 바로 3월 11일이다.

大王聞之, 驚駭不勝曰"先君得神笛, 傳于朕躬, 今與玄琴藏在內庫, 因何國仙忽爲賊俘, 爲251/之奈何?"(琴笛事具載別傳.) 時有瑞雲覆〈天尊庫〉. 王又震懼使撿之, 庫內失琴·笛二寶. 乃曰"朕何不予,[40] 昨失國仙, 又亡琴·笛." 乃囚司庫吏〈金貞高〉等五人. 四月募於國曰"得琴·笛者, 賞之一歲租."

대왕이 듣고 깜짝 놀라서 말하기를 "선대 임금이 신령한 젓대를 얻어서 짐에까지 전하여 지금은 현금과 함께 궁중의 고방에 간직

---

40. 이재호본은 弔로 교정하였는데 매우 타당한 지적이었다. 그래서 다시 보니, 予는 그 壞字 또는 異體字로 그 자형상 가능하리라 여겨진다. 이와 같이, 이재호본의 번역의 우수성은 판본 이해에도 커다란 도움을 주고 있다.

하였는데 국선이 무엇 때문에 도적에게 붙잡혔으며, 이를 어쩌면 좋을꼬?"라고 하였다.(가야금과 젓대 이야기는 『별전』에 자세히 실었다.) 이때에 상서로운 구름이 천존고를 덮었다. 왕이 다시 매우 두려워서 사람을 시켜 알아보니 고방 속에 있던 가야금과 젓대 두 가지 보물이 없어졌다. 이래서 왕이 말하기를 "내가 박복하여 어제는 국선을 잃었는데 다시 또 가야금과 젓대를 잃었을꼬!"라고 하면서 사고리인 김정고 등 다섯 사람을 가두었다. 4월에는 국내에 현상모집하여 "가야금과 젓대를 찾는 자는 한 해 납세를 상으로 한다."라고 하였다.

五月十五日,〈郎〉二親就〈栢栗寺〉大悲像前, 禮祈累夕, 忽香卓上得琴·笛二寶, 而〈郎〉·〈常〉二人來到於像後. 二親顚喜, 問其所由來,〈郎〉曰 "予自被椋,[41] 爲彼[42]國〈大都仇羅〉家之牧子, 放牧於〈大烏羅尼〉野(一本作〈都仇〉家奴, 牧於〈大磨〉之野), 忽有一僧, 容儀端正, 手携琴·笛來慰曰 '憶桑梓乎?' 予不覺跪于前曰 '眷戀君親, 何論其極.' 僧曰 '然則, 宜從我來!' 遂率至海壖, 又與〈安常〉會. 乃批笛爲兩分, 與二人252/各乘一隻, 自乘其琴, 泛泛歸來, 俄然至此矣."

5월 15일 낭의 양친이 백률사 관음상 앞에서 여러 밤 정성 어린 기도를 드렸더니 갑자기 향탁 위에서 가야금과 젓대 두 가지 보물을 얻게 되고 낭과 안상 두 사람은 불상 뒤에 와 있었다. 양친이 매

---

41. 椋의 異體字이다.
42. 壬申本은 波로 異體字로 보인다.

우 기뻐하여 돌아오게 된 사연을 물었더니 낭이 말하기를 "내가 붙잡혀서부터 그 나라 대도구라 가의 목자가 되어 대오라니 들에서 방목을 하는데 (일본에는 도구의 집 종이 되어 대마 들에서 목축을 했다고 한다.) 돌연히 용모와 행동이 단정한 스님 한 분이 나타나 손에 가야금과 젓대를 들고 와서 위로하여 말하기를 '고향 생각이 나는가?'라고 하기에 나도 모르게 절로 그의 앞에 무릎을 꿇고 '임금과 부모가 그리운 생각이야 한량이 있겠습니까!'라고 하였더니 스님이 말하기를 '그러면 나를 따라오라!'라고 하면서 나를 데리고 마침내 해변까지 나와서 다시 안상을 만났습니다. 이에 젓대를 툭 치더니 두 쪽으로 갈라서 두 사람에게 주면서 각기 한 쪽씩 타라 하고 자신은 가야금을 타고 둥실 떠서 돌아오는데 잠시 만에 이곳까지 돌아왔습니다."라고 하였다.

於是, 具事馳聞, 王大驚使迎, 〈郎〉隨琴・笛入內. 施鑄金銀五器二副各重五十兩, 摩衲袈裟五領, 大綃三千疋, 田一萬頃[43]納於寺, 用答慈庥焉, 大赦國內, 賜人爵三級, 復民租三年, 主寺僧移往[44]〈奉聖〉, 封〈郎〉爲大角干(羅之家[45]宰爵名), 父〈大玄〉阿喰爲太大角干, 母〈龍寶夫人〉爲〈沙梁部〉〈鏡井宮主〉, 〈安常師〉爲大統, 司庫五人皆免, 賜爵各五級.

이에 자세한 사정을 급히 아뢰었더니 왕이 깜짝 놀라 사람을 시

---

43. 학산본은 止頁로 異體字이다.
44. 木板本은 住이나 往의 壞字 또는 異體字로 보인다.
45. 木板本은 冢으로 家의 異體字이다.

켜 영접하게 하니, 가야금과 젓대를 따라서 대궐로 들어갔다. (왕
은) 50냥쯤씩 되는 금, 은으로 부어 만든 5합 두 벌과 누비가사 다
섯 벌과 비단 3천 필과 밭 1만 경을 절에 시주하고 자비로운 은혜에
보답하고 국내에 대사면을 내리며 사람들에게 벼슬 삼 등씩을 올려
주고 백성들의 납세를 3년간 면제하였으며 왕사의 스님들을 봉성사
로 옮기게 하고 낭을 봉하여 대각간(신라 재상의 벼슬 이름이다.)을
삼고 그의 아버지 대현 아찬을 태대각간으로 삼고 어머니 용보부인
을 사랑부의 경정궁주로 삼고 안상사를 대통으로 삼았으며 사고의
관리 다섯 명을 모두 방면하여 작을 다섯 급씩 올려 주었다.

　六月十二日, 有彗星孚于東方, 十七日, 又孚于西方, 日官奏曰
"不封爵於琴・笛之瑞." 於是, 册号神笛爲〈萬萬波波息〉, 彗乃滅. 後
多靈異, 文煩不載. 世謂〈安常〉爲〈俊永郎〉徒, 不之審也. 〈永郎〉
253/之徒, 唯〈眞才〉・〈繁完〉等知名, 皆亦不測人也.(詳見『別傳』.)
　6월 12일에 혜성이 동쪽에 나타나고 17일은 또 서쪽에 나타나매
일관이 아뢰기를 "가야금과 젓대의 상서에 대하여 작위를 봉하지
않아서입니다."라고 하니 이에 신적을 책호하여 만만파파식이라 했
더니 혜성이 그만 사라졌다. 그 뒤에도 영험과 이적이 많으나 글이
번거로워 게재하지 않는다. 세상에는 안상을 일러서 준영랑의 무리
라고도 하나 이는 자세히 알지 못함이다. 영랑의 무리로서는 다만
진재, 번완 등의 이름이 알려져 있으나 역시 인물을 알 수 없
다.(『별전』에 자세히 실렸다.)

14. 敏藏寺

〈禺金里〉貧女〈寶開〉, 有子名〈長春〉, 從海賈而征, 久無音耗. 其
母就〈敏藏寺〉(寺乃〈敏藏〉角干捨家爲寺)觀音前克祈七日, 而〈長春〉
忽至. 問其由緒, 曰"海中風飄舶壞, 同侶皆不免, 予乘隻板歸泊〈吳〉
涯. 〈吳〉人收之, 俾耕于野, 有異僧如鄕里來, 吊慰勤勤, 率我同行,
前有深渠, 僧掖我跳之, 昏昏間如聞鄕音與哭泣之聲, 見之乃已屆此
矣. 日晡時離〈吳〉, 至此纔戌初."卽〈天寶〉四年乙酉四月八日也.〈景
德王〉聞之, 施田於寺, 又納財幣焉.254/

민장사

우금리에 보개라 하는 가난한 여자가 장춘이라 하는 아들을 두었
는데 해외로 다니는 장사꾼을 따라 나가 오랫동안 소식이 없었다.
그 어머니가 민장사 절에 가서(절은 민장각간이 자기 집을 회사하
여 만든 것이다.) 관음 앞에 이레 동안 정성스럽게 기도를 드렸더니
갑자기 장춘이 돌아왔다. 어머니가 그 연유를 물으니 장춘이 말하
기를 "바다에서 바람을 만나 배가 부서져 동려들은 다 죽고 나는
판자 한 쪽을 타고 오나라 해변에 닿았습니다. 오나라 사람들이 거
둬들여 들에서 농사를 짓는 중에 어떤 기이한 스님이 와서 고향에
서 온 것처럼 친절히 위문을 하고 나를 데리고 동행하여 오는데 앞
에 개천이 있자 스님은 나를 겨드랑이에 끼고 뛰어 정신이 혼미해
있는 사이에 고국의 소리와 함께 우는 소리 같은 것이 들리기에 보
니 바로 여기에 도착해 있었습니다. 해질 무렵에 오나라를 떠나 여
기 닿으니 겨우 초저녁이었습니다."라고 하였다. 이것이 바로 천보
4년 을유(742) 4월 8일이다. 경덕왕이 이 소문을 듣고 땅을 절에

시주하고 재물과 폐백을 바쳤다.

15. 前後所將舍利

『國史』云 "〈眞興王〉〈大淸〉三年己巳,〈梁〉使〈沈湖〉送舍利若干粒,〈善德王〉代〈貞觀〉十七年癸卯,〈慈藏法師〉所將佛頭骨·佛牙·佛舍利百粒, 佛所著緋羅金點袈裟一領, 其舍利分爲三, 一分在〈皇龍塔〉, 一分在〈太和塔〉, 一分幷袈裟在〈通度寺〉戒壇, 其餘未詳所在. 壇有二級, 上級之中, 安石蓋如覆鑊."

앞뒤로 가지고 온 사리

『국사』에 이르기를 "진흥왕 대청 3년 기사(549)에 양나라 사신 심호가 사리 몇 과를 보내 왔으며 선덕왕대 정관 17년 계묘(643)에 자장법사가 가져온 부처님의 두골과 치사리와 사리 백 과와 부처님께서 입었던 자줏빛 비단에 금점을 놓은 가사 한 벌이 있었는데 그 사리는 세 몫으로 나누어 한 몫은 황룡사에 있고 한 몫은 태화탑에 있고 한 몫은 가사와 함께 통도사 계단에 있는바 그 나머지는 어디 있는지 알 수 없다. 이 계단은 두 층으로 되어 위층 속에는 가마를 뒤집어 놓은 것 같은 석개를 두었다."고 하였다.

諺云 昔在本朝, 相次有二廉使禮壇, 擧石鑊而敬之, 前感脩蟒在函中, 後見巨蟾蹲石腹. 自此不敢擧之, 近有上將軍〈金公〉〈利生〉·〈庾侍郎〉〈碩〉, 以〈高廟朝〉受旨, 指揮〈江東〉, 仗節到寺, 擬欲擧石瞻禮, 寺僧以往事難之, 255/二公令軍士固擧之, 內有小石函, 函襲之中, 貯以瑠璃筒, 筒中舍利只四粒, 傳示瞻敬. 筒有小傷裂處, 於是〈庾公〉適蓄一水精函子, 遂奉施兼藏焉, 識之以記, 移御〈江都〉四年乙未歲也.

　세상에서는 말한다. 옛날에 고려조에 연거푸 두 안렴사가 계단에 예배하고는 예를 갖춰 석개를 들어서 이무기가 함 속에 있는 것을 보았으며 뒤에는 큰 두꺼비가 돌 위에 쭈그리고 있었다. 이로부터는 이것을 열지 못하였더니 근래에 상장군 김이생공과 시랑 유석이 고종대에 왕의 명령을 받고 낙동강 이동 지방을 지휘하다가 부절에 의지하여 절에 와서 (전례를) 따라서 그 돌을 들고 예배를 하고자 하였다. 절 스님들이 지난 일 때문에 꺼리는데, 두 공이 군사들을 시켜 기어코 이것을 들었더니, 안에는 작은 돌함이 있고 함 속에는 겹으로 유리통을 채웠는데 통 속에는 다만 사리 네 과가 있어 전해 보이면서 보고 예배하게 하였다. 그 통에는 조금 상하여 터진데가 있으니 이에 유공은 마침 수정함 한 개를 준비했던 것이 있어서 마침내 받들어 시주하여 함께 보관하도록 하고 이 일을 기록해 남겼으니 이 해가 바로 강도로 수도를 옮겨 간 지 4년 되는 을미년 (1235)이다.

『古記』稱百枚分藏三處, 今唯四爾, 旣隱現隨人多小, 不足怪也. 又諺云, 其〈皇龍寺塔〉災之日, 石鑊之東面始有大斑, 至今猶然, 卽〈大遼〉〈應曆〉三年癸丑歲也, 本朝〈光廟〉五載也, 塔之第三災也. 〈曹[46]溪〉〈無衣子〉留詩云 "聞道[47]〈皇龍〉災塔日,[48] 連燒一面示無

---

46. 木板本은 曺이나 曹의 異體字이다.
47. 활자본은 道라고 하나 그대로 둬도 해석상 문제는 없을 듯싶다.
48. 木板本은 曰이나 日의 異體字이다.

間."是也.

『고기』에는 (사리) 1백 과를 세 곳에 갈라서 간직하였다는데 여기서는 다만 네 과뿐인 것을 본다면 사람에 따라서 숨고 드러나서 많게도 보이고 적게도 보이는 것이니 괴이하게 여길 것이 아니다. 또 세상에서 말하기는 황룡사탑이 불에 타는 날부터 석개의 동쪽 면에 커다란 점이 생겨서 지금도 그렇다는데 이 해가 대요 응력 3년 계축(953)이요, 본조 광종 5년으로 탑이 세 번째 화재를 당하던 때다. 조계종 무의자가 남긴 시에 이르기를 "듣건대 황룡사 탑이 불 타게 된 날에, 연이어 탄 한쪽 면은 무간지옥을 보여 주네."라 한 것이 바로 이것이다.

自〈至元〉甲子已來, 大朝使佐本國, 皇華爭來瞻禮, 四方雲水輻湊來參, 或擧不擧. 眞身四枚外變身舍利, 碎如砂礫, 256/現於護外, 而異香郁烈, 旅日不歇者, 比比有之. 此末[49]季一方之奇事也.

지원 갑자(1264) 이래로 원나라는 자기 나라를 위하여 사신들이 다투어 와서 예배하고 순례하였으며, 사방에서 행각승들이 모여들어서 참배를 하는데 더러는 이 돌을 들기도 하고 더러는 못 들기도 하였다. 또 진신사리 네 과 이외의 변신사리가 모래처럼 부서져서 돌함 밖에 나타났는데 기이한 향기가 자욱하여 여러 날 동안 그치지 않곤 했다. 이는 말세에 한 쪽 지방에서 생긴 기적이다.

---

49. 木板本은 未이지만 末의 異體字이다.

〈唐〉〈大中〉五年辛未, 入朝使〈元弘〉所將佛牙(今未詳所在, 〈新
羅〉〈文聖王〉代), 〈後唐〉〈同光〉元年癸未, 本朝〈大祖〉卽位六年, 入
朝使〈尹質〉所將〈五百羅漢〉像, 今在〈北崇山〉〈神光寺〉. 〈大宋〉〈宣
和〉元年己卯(〈睿廟〉十五年), 入貢使〈鄭克永〉・〈李之美〉等所將佛
牙, 今內殿置奉者是也.

당나라 대중 5년 신미(851)에 당나라에 들어갔던 사신 원홍이
부처의 치아(지금은 어디 있는지 자세치 않으나 신라 문성왕대이
다.)를 가지고 왔다. 후당 동광 원년 계미(923), 즉 본조 태조 즉위
6년에 중국에 들어갔던 사신 윤질이 가져온 오백나한상은 현재 북
숭산 신광사에 있다. 대송 선화 원년 기묘(예종 15년이다.)(1119)
에 조공 바치러 갔던 사신 정극영과 이지미 등이 가져온 부처의 치
아는 지금 내전에 모셔 둔 것이다.

相傳云 昔〈義湘法師〉入〈唐〉, 到〈終南山〉〈至相寺〉〈智儼尊者〉處.
隣有〈宣律師〉, 常受天供, 每齋時天廚送食. 一日〈律師〉請〈湘〉公齋,
〈湘〉至坐定旣久, 天供過時不至. 〈湘〉乃空鉢而歸, 天使乃至.

서로 전해서 이르기를 옛날 의상법사가 당나라에 들어가서 종남
산 지상사 지엄존자의 거처에 이르렀다. 이웃에 선율사가 언제나
하늘의 공양을 받았는데 매양 재를 올리는 시간에는 하늘의 주방으
로부터 음식을 보내 왔다. 하루는 율사가 의상을 재에 청하여 의상
이 와서 좌정한 지 이미 오래 지났으나 하늘로부터의 공양은 시간
이 지나도록 오지 않았다. 의상은 이에 빈 바리때를 가지고 돌아가
매 천사가 그제야 왔다.

〈律師〉問"今日何故遲?"天使曰"滿洞有神兵遮擁, 不能得入."於
是,257/〈律師〉知〈湘公〉有神衛, 乃服其道勝, 仍留其供具, 翌日又邀
〈儼〉・〈湘〉二[50]師齋, 具陳其由, 〈湘公〉從容謂〈宣〉曰"師旣被天帝
所敬, 嘗聞〈帝釋宮〉有佛四十齒之一牙, 爲我等輩, 請下人間爲福如
何?"〈律師〉後與天使傳其意於上帝, 帝限七日送與〈湘公〉. 致敬訖,
邀安大內.

선율이 묻기를 "오늘은 어째서 늦었는가?"라고 하니 천사가 말하
기를 "동구가 꽉 차도록 신병들이 막아 옹위를 하므로 들어올 수
없었습니다."라고 하니 율사는 의상스님이 신위를 가진 줄 알고 그
의 도가 수승한 것에 탄복하면서 이에 그 공양구들을 그대로 두고
이튿날 또 지엄, 의상 두 스님을 재에 청하여 자세히 그 전말을 진
술하였더니 의상스님이 조용히 선에게 말하기를 "스님이 이미 천제
의 존경을 받는지라 일찍이 들으니 제석궁에 부처님의 치아 40개
중에 어금니 한 개가 있다 하니 우리들을 위해서 청하여 인간에게
내려다가 복을 삼게 하는 것이 어떻겠습니까?"라고 하였다. 율사가
뒤에 천사와 함께 그 뜻을 상제께 전했더니 상제가 7일간으로 한정
해서 의상스님에게 보내 주었다. 지극한 예배를 마치고 맞아서 대
궐에다가 모셨다.

後至〈大宋〉〈徽宗〉朝, 崇奉左道, 時國人傳圖讖曰 "〈金〉人敗國."
〈黃巾〉之徒, 諷日官奏曰 "〈金〉人者, 佛教之謂也, 將不利於國家."

---

50. 학산본은 一로 誤字로 보인다.

議將破滅〈釋氏〉, 坑諸沙門, 焚燒經典, 而別造小舡, 載佛牙泛於大
海, 任隨緣流泊.

후에 송나라 휘종 대에 이르러 사교를 숭상하여 당시 국인들이
도참을 전하며 말하기를 "금인이 나라를 멸망시켰다."라고 하였다.
도교의 패거리가 일관을 움직여서 아뢰기를 "금인이란 불교를 말하
는 것으로 장차 국가에 해로울 것이다."라고 하였더니 의논해서 앞
으로 불교를 없애고 스님들을 생매장하고 불경들을 불사르고 따로
작은 배를 만들어 부처님의 어금니를 실어 큰 바다에 띄워서 떠내
려가는 대로 내버려 두게 하였다.

于時, 適有本朝使者, 至〈宋〉聞其事, 以〈天花茸〉五十領·紵布三
百疋, 行賂於押舡內史, 密授佛牙, 258/但流空舡. 使臣等旣得佛牙
來奏, 於是〈睿宗〉大喜, 奉安于〈十員殿〉左捵小殿, 常鑰匙殿門, 施
香燈于外.

이때에 마침 본조 사신이 송나라에 가서 이 사실을 듣고 천화용
50령과 저포 3백 필로써 그 배를 호송해 가는 내사에게 뇌물을 주
고 가만히 부처님의 어금니를 받고는 빈 배만 띄우게 하였다. 사신
들이 부처님의 어금니를 얻어 가지고 와서 아뢰니 이에 예종은 매
우 기뻐서 십원전 왼편에 있는 작은 전각에 봉안하고 언제나 전각
문을 자물쇠로 채우고 바깥에서 분향하고 등불을 밝혔다.

每親幸日, 開殿瞻敬. 至壬辰歲移御次, 內官恩遽中忘不收撿, 至丙
申四月, 御願堂〈神孝寺〉釋〈蘊光〉請致敬佛牙, 聞于上, 勅令內臣遍

宮中, 無得也. 時, 栢臺侍御史〈崔冲〉命〈薛伸〉, 急徵于諸謁者房, 皆
未知所措.

친히 행차하는 날마다 전각 문을 열고 예배하였다. 임진년이 되어 이어하던 차에 내관들이 경황중에 잊어 버리고 수렴하지 않았더니 병신 4월에 와서 어원당인 신효사 스님 온광이 부처님의 어금니에 치성 올릴 것을 청하여 임금에게 아뢰었더니 칙령으로 내신들로 하여금 궁중을 두루 검색하였으나 찾지 못하였다. 이때에 사헌부의 시어사로 있던 최충이 설신을 시켜서 여러 알자들의 방을 서둘러 수색하였더니 모두들 어찌할 바를 몰랐다.

內臣〈金承老〉奏曰 "壬辰年移御時『紫門日記』推看." 從之, 記云
"入內侍大[51]府卿〈李白全〉受佛牙函"云. 召〈李〉詰之, 對曰 "請歸家
更尋私記." 到家撿看, 得左番謁者〈金瑞龍〉佛牙函准受記, 來呈. 召
問〈瑞龍〉, 無辭以對.

내신 김승로가 아뢰기를 "임진년에 이어할 당시의 『자문일기』를 찾아 보소서."라고 하여 그의 말대로 했더니, 일기에 이르기를 "입내시대부경 이백전이 불아함을 받았다."라고 하였다. 이백전을 불러서 힐문하니 대답하기를 "집으로 돌아가서 다시 사기를 찾아 보도록 해 주소서."라고 하고 집으로 와서 뒤져 보았더니 좌번알자 김서룡이 불아함을 확실히 받았다는 기록을 얻어 와서 바쳤다. 다시 서룡을 불러 물어 보았더니 대답을 하지 못하였다.

---

51. 壬申本은 六이나 大의 異體字이다.

又以〈金承老〉所奏云: 壬辰至今丙259/申五年間,〈御佛堂〉及〈景靈殿〉上守等, 囚禁問當. 依違未決. 隔三日, 夜中〈瑞龍〉家園墻裏, 有投擲物聲, 以大[52]撿看, 乃佛牙函也. 函本內一重沈[53]香合, 次重純金合, 次外重白銀函, 次外重瑠璃函, 次外重螺鈿函, 各幅子如之, 今但瑠璃函爾.

다시 김승로가 아뢴바대로 임진년으로부터 현재 병신년까지 5년 동안에 근무한 어불당과 경령전의 수직자들을 잡아 가두고 심문했으나, 서로 말이 달라 결판이 안 났다. 사흘을 지나 밤중에 서룡의 집 담장 안에 무슨 물건을 던지는 소리가 들렸으므로 대대적으로 찾아 보았더니 바로 불아함이었다. 함은 본래 제일 속 함이 침향함이요, 다음이 순금함이요, 다음이 백은함이요, 그 다음이 유리함이요, 그 다음이 나전함으로서 각각의 폭은 같았는데 이젠 다만 유리함뿐이었다.

喜得之, 入達于內, 有司議, 〈金瑞龍〉及兩殿上守皆誅, 〈晉陽府〉奏云 "因佛事, 不合多傷人." 皆免之.

얻은 것을 기뻐하여 대궐로 들어가 아뢰니 유사들이 의논하여 김서룡과 두 전각의 수직자들을 다 죽이자고 하였다. 그러자 진양부가 아뢰기를 "불사로 인하여 많은 사람을 죽이는 것은 합당하지 못하니다."라고 하여 모두 방면하였다.

---

52. (천)의 가필자와 활자본은 火라고 하나 이는 大의 異體字이다. 그러나 둘 다 해석에 문제가 없으므로 木板本에 따르는 것이 교감학방법론에 맞는다.
53. 木板本은 沉이나 沈의 異體字이다.

更勅〈十員殿〉中庭特造〈佛牙殿〉安之, 令將士守之, 擇吉日, 請〈神
孝寺〉上房〈薀光〉, 領徒三十人, 入內設齋敬之. 其日入直承宣〈崔
弘〉·上將軍〈崔公衍〉〈李令長〉·內侍茶房等侍立于殿庭, 依次頂戴
敬之, 佛牙區穴[54]間, 舍利不知數, 〈晋260/陽府〉以白銀合貯而安之.

다시 칙명으로 십원전 중정에 특별히 불아전을 지어 봉안하고 장
사들을 시켜 지키게 하고 길일을 택하여 신효사의 주지 온광을 청
하여 승도 30명을 데리고 대궐로 들어가서 재를 올려 예배하였다.
그날 입직 승선 최홍과 상장군 최공연, 이영장과 내시다방 등이 궁
전 뜰에 시립하여 차례대로 머리에 이고 예배를 하였는바 불아함의
구멍 사이에 보이는 사리는 부지기수이니 진양부가 은합에 담아 봉
안하였다.

時, 主上謂臣下曰 "朕自亡佛牙已來, 自生四疑. 一疑, 天宮七日限
滿而上天矣, 二疑, 國亂如此, 牙旣神物, 且移有緣無事之邦矣, 三疑,
貪財小人, 盜取函幅, 弃之溝壑矣, 四疑, 盜取珠利, 而無計自露, 匿
藏家中矣. 今第四疑當之矣." 乃放聲大哭, 滿庭皆洒涕獻壽, 至有煉
頂燒臂者, 不可勝計.

이때에 주상께서 신하에게 말하기를 "짐이 불아를 잃은 이래로
네 가지 의심이 절로 나게 되었으니 첫째는 천궁의 7일이라는 기한
이 다 차서 하늘로 올라갔나 의심하였고, 둘째는 나라가 이토록
어지러우니 불아는 신물이라 항차 인연 있고 평온한 나라로 옮겨

---

54. 木板本은 冗이나 穴의 異體字이다.

갔는가 의심하였고, 셋째는 재물을 탐내는 소인배가 함만 훔치고 불아는 구렁탕에 버렸는가 의심하였고, 넷째는 보물을 훔치고 자백할 길이 없어서 집 안에 은닉하지 않았을까 의심했는데 이제 넷째 의심이 맞았구나."라고 하고는 그만 목을 놓고 큰 소리로 우니 뜰에 가득 모였던 신하들이 모두 눈물을 뿌리면서 축하를 올리는데 심지어 정수리와 팔뚝을 태우며 수계를 하는 자가 헤아릴 수 없었다.

得此實錄於當時內殿焚修前〈祇林寺〉大禪師覺猷, 言親所眼見, 使予錄之. 又至庚午出都之亂, 顚沛之甚, 過於壬辰, 〈十員殿〉監主禪師心鑑亡身佩持, 獲免於賊難, 達於大內, 大賞其功, 移授名刹, 今住〈氷山寺〉, 是亦親聞於彼.

이러한 사실의 기록은 당시 내전 분수였던 전 기림사 대선사 각유로부터 얻었는데 친히 눈으로 본 것이라 하여 나를 시켜 기록하게 한 것이다. 또 경오년 서울을 탈출하던 난리에 이르러서는 임진년보다도 혼란이 더 심하여 십원전 감주 선사 심감이 일신의 위험을 무릅쓰고 불아를 몸에 지니고 삼별초의 난을 면하여 대궐까지 가져다 바치매 그 공로를 크게 상 주고 명찰로 옮겨 주었으니 지금은 빙산사에 살고 있는바 이 이야기도 역시 그로부터 직접 들은 이야기이다.

〈眞興王〉代261/〈天嘉〉六年乙酉, 〈陳〉使〈劉思〉與釋〈明觀〉, 載送佛經論一千七百餘卷. 〈貞觀〉十七年, 〈慈藏法師〉載三藏四百餘函來, 安于〈通度寺〉. 〈興德王〉代〈太和〉元年丁未, 入學僧〈高麗〉釋〈丘

塔像　417

德〉, 齋佛經若干函來, 王與諸寺僧徒出迎于〈興輪寺〉前路.

진흥왕대 천가 6년 을유(565)에 진나라 사신 유사가 스님 명관과 함께 불경 1,700여 권을 실어 왔으며 정관 17년(643)에 자장법사가 경율론 삼장 400여 함을 싣고 와서 통도사에 봉안하였다. 홍덕왕대 태화 원년 정미(827)에 당나라에 유학하였던 고려의 스님 구덕이 약간의 불경 함을 가지고 오니 왕과 여러 절의 스님들이 홍륜사 앞길까지 마중을 나왔다.

〈大中〉五年, 入朝使〈元弘〉, 齋佛經若干軸來. 〈羅〉末〈普耀禪師〉再至〈吳越〉, 載『大藏經』來, 卽〈海龍王寺〉開山祖也. 〈大宋〉〈元祐〉甲戌, 有人眞讚云 "偉哉初祖, 巍乎眞容, 再至〈吳越〉, 『大藏』成功. 賜銜〈普耀〉, 鳳詔四封, 若問其德, 白月淸風."

대중 5년(851)에 중국에 들어갔던 사신 원홍이 불경 몇 축을 가지고 왔으며 신라 말년에 보요선사가 오월에 재차 가서 『대장경』을 실어 왔으니 즉 해룡왕사의 개산조이다. 송나라 원우 갑술(1094)에 어떤 사람이 격찬하며 이르기를 "위대하다 초조시여, 높으신 그의 모습, 오월나라 두 번 가서 『대장경』을 가져왔네. 보요란 이름을 하사하시며, 조서로 네 번이나 봉하셨다. 만일 그의 덕을 말하라면 밝은 달 맑은 바람일세."라고 하였다.

又〈大定〉中, 『漢南管記』〈彭祖逖〉留詩云 "水雲蘭若住空王, 況是神龍穩一場. 畢竟名藍誰得似, 初傳像敎自南262/方."

또 대정연간에 『한남관기』에 실린 팽조적의 시에 이르기를 "수운

난야는 부처님이 계시던 곳, 더군다나 신룡이 평온하게 있는 한 마당. 필경 이 명찰은 어느 것이 이와 같겠는가, 초전 불교는 남방으로부터."라고 하였다.

有跋云 "昔〈普耀禪師〉始求『大藏』於〈南越〉, 泊旋返次, 海風忽起, 扁舟出沒於波間, 師卽言曰 '意者, 神龍欲留經耶!' 遂呪願乃誠兼奉龍歸焉, 於是風靜波息. 旣得還國. 遍賞山川, 求可以安邀處, 至此山, 忽見瑞雲起於山上, 乃與高弟〈弘慶〉經營蓮社. 然則, 像敎之東漸, 實始乎此. 『漢南管記』〈彭祖逖〉題."

발문에 이르기를 "옛날 보요선사가 처음으로 『대장경』을 남월에 가서 구하여, 배를 타고 돌아오는 길에 바다에서 바람이 갑자기 일어났으므로 작은 배가 풍랑 틈에서 잠겼다 떴다 하니 보요선사가 말하기를 '아마도 신룡이 불경을 못 가져가도록 말리나 보다.'라고 하고 드디어 주문을 외워 정성껏 용을 함께 받들어 돌아가기를 기원하니 이에 바람은 잠잠하여지며 물결은 멎게 되었다. 본국으로 돌아와서 산천을 두루 돌아다니면서 가이 봉안할 만한 곳을 찾다가 이 산에 와서야 홀연히 상서로운 구름이 산 위에서 일어나는 것을 보고 당장 그의 제자인 홍경과 함께 사찰을 지었다. 그러므로 불교가 동방으로 전파해 온 것은 실상 이때부터이다. 『한남관기』 팽조적이 제한다."라고 하였다.

寺有〈龍王堂〉, 頗多靈異, 乃當時隨『經』而來止者也, 至今猶存. 又〈天成〉三年戊子, 〈默和尙〉入〈唐〉, 亦載『大藏經』來, 本朝〈睿廟〉時,

〈慧照國師〉奉詔西學, 市〈遼〉本『大藏』三部而來, 一本今在〈定惠寺〉.(〈海印寺〉有一本, 〈許參政〉宅有一本.)

절에는 용왕당이 있는데 자못 영험과 이적이 많이 있으니 바로 당시에 『대장경』을 따라 와서 있게 된 용이 지금도 남아 있다고 한다. 또 천성 3년 무자(928)에 묵화상이 당나라에 들어가서 『대장경』을 또 싣고 왔으며 본조 예종 때에 혜조국사가 조서를 받들고 서방으로 유학하여 요본 『대장경』 세 부를 사 가지고 와서 그 한 질이 지금 정혜사에 있다.(해인사에 한 질 있고 허 참정댁에 한 질이 있다.)

〈大安〉二年, 本朝〈宣宗〉代, 祐世僧統〈義天〉入〈宋〉, 多將〈天台 263/敎觀〉而來. 此外方册所不載, 高僧信士往來所齎, 不可詳記. 大敎東漸, 洋洋乎慶矣哉. 讚曰 "華月夷風尙隔烟, 鹿園鶴樹二千年. 流傳海外眞堪賀, 東震西乾共一天."

대안 2년 본조 선종대에 우세승통 의천이 송나라에 들어가 천태교관에 관한 책을 많이 가지고 왔다. 이 밖에는 문헌에 기록되지는 않았으나, 고승 신사들이 내왕하면서 가져온 것은 자세히 기록할 수 없다. 불교가 동방으로 퍼진 것은 무한한 경사라 할 것이다. 찬에 이른다. "중국과 동방이 아득하게 떨어졌으며, 불타가 설법하시고 열반하신 지 어느덧 2천 년이네. 해외로 유전되니 참으로 경축할 일이로다, 우리나라와 서천축이 한세상이 되었구나."라고 하였다.

按此錄『義湘傳』云 "〈永徽〉初, 入〈唐〉謁〈智儼〉." 然據〈浮石〉本

碑,〈湘〉〈武德〉八年生, 卅歲出家,〈永徽[55]〉元年庚戌, 與〈元曉〉同伴
欲西入, 至〈高麗〉有難而廻, 至〈龍朔〉元年辛酉入〈唐〉, 就學於〈智
儼〉.〈總章〉元年,〈儼〉遷化,〈咸享〉二年,〈湘〉來還〈新羅〉,〈長安〉
二年壬寅示滅, 年七十八. 則疑與〈儼公〉齋於〈宣律師〉處, 請天宮佛
牙, 在辛酉至戊辰七八年間也. 本朝〈高廟〉入264/〈江都〉壬辰年, 疑
天宮七日限滿者, 誤矣.

　살펴보건대, 이 기록의 『의상전』에 보면 "영휘(650-55) 초년에
의상이 당나라에 들어가 지엄을 배알하였다."라고 하나 부석사본
비에 의하면 의상은 무덕 8년(625)에 나서 어렸을 때 출가하여 영
휘 원년 경술(650)에 원효와 동반하여 서방으로 들어가려고 하여
고(구)려까지 갔다가 난리가 나서 되돌아왔으며 용삭 원년 신유
(661)에 다시 입당하여 지엄의 문하에서 배웠다. 총장 원년(668)에
지엄이 입적하니 함형 2년(671)에 의상이 신라로 돌아와 장안 2년
임인(702)에 입적하니 나이 78세라 하였는바 그러면 의상이 지엄
과 함께 선율사의 처소에서 재를 올리고 천궁의 불아를 청한 것은
신유년으로부터 무진년까지 7-8년 동안인 듯하다. 본조 고종이 강
도로 들어간 임진년에 천궁의 7일 만기라고 의심했다는 말은 틀린
말이다.

　〈忉利天〉一日夜當人間一百歲, 且從〈湘公〉初入〈唐〉辛酉, 計至
〈高廟〉壬辰, 六百九十三歲也, 至庚子年, 始滿七百年而七日限已滿

---

55. 木板本은 微이나 徽의 異體字이다.

矣. 至出〈都〉〈至元〉七年庚午, 則七百三十年. 若如天言而七日後還
天宮, 則禪師〈心鑑〉出都時, 佩持出獻者, 恐非眞佛牙也. 於是, 年春
出〈都〉前, 於大內集諸宗名德, 乞佛牙・舍利, 精勤雖切而不得一枚,
則七日限滿上天者, 幾矣.

　도리천의 하루는 인간 세상의 1백 년에 해당하고 보니 의상이 처
음으로 당나라에 들어간 신유년으로부터 고종 임진년까지 계산하
면 693년이 되며 경자년까지가 비로소 7백 년이 차게 되면서 7일
기한이 만기가 될 것이다. 강도로부터 나오던 지원 7년 경오(1270)
까지는 즉 730년이 된다. 만약 하늘의 말대로 7일 후에 천궁으로
돌아갔다면 선사 심감이 강도로 나올 때에 차고 가지고 나와 바친
것은 아무래도 진짜 불아는 아닐 것이다. 이에 봄에 강도를 나오기
전에 대궐에서 여러 종파의 명망 있는 스님들을 모아 불아와 사리
를 얻고자 절실하게 정근하였지만 한 개도 얻지 못한 것으로 보아
서는 7일 기한이 되어 하늘로 올라갔다는 말도 그럴듯한 말이다.

　二十一年甲申, 修補〈國清寺〉金塔, 國主與〈莊穆王后〉, 幸〈妙覺
寺〉, 集衆慶讚訖, 右佛牙與〈洛山〉水精念珠 如意珠, 君臣與大衆, 皆
瞻奉頂戴, 後幷納金塔內. 予亦預265/斯會, 而親見所謂佛牙者, 長
三寸許, 而無舍利焉.〈無極〉記.

　21년 갑신에 국청사 금탑을 보수하는데 임금이 장목황후와 함께
묘각사에 행차하여 무리를 모아 경찬한 후에 위의 불아와 낙산의
수정염주와 여의주를 군신과 대중이 모두 친견하며 정대를 봉행한
후에 함께 금탑 속에 넣어 두었다. 나 역시 이 회합에 참여하여 소

위 불아를 친견했는데 길이가 세 치 가량 되고 사리는 없었다. 무극이 기록한다.

16. 弥勒仙花 未尸郎 眞慈師

第二十四〈眞興王〉, 姓〈金〉氏, 名〈彡麥[56]宗〉, 一作〈深麥[57]宗〉. 以〈梁〉〈大同〉六年庚申卽位. 慕伯父〈法興〉之志, 一心奉佛, 廣〈興佛寺〉, 度人爲僧尼. 又天性風味, 多尙神仙, 擇人家娘子美艶者, 捧爲〈原花〉, 要聚徒選士, 敎之以孝悌忠信, 亦理國之大要也. 乃取〈南毛娘〉·〈峧貞娘〉兩花, 聚徒三四百人.

제24(대) 진흥왕의 성은 김씨이며 이름은 삼맥종으로 혹은 심맥종이라고도 한다. 양나라 무제 대동 6년 경신(540)에 왕위에 올랐다. (진흥왕은) 백부인 법흥(왕)의 뜻을 본받아 한마음으로 부처님을 받들어 널리 절을 창건했으며 사람들을 제도하여 승려로 만들었다. (진흥왕은) 또한 천성이 풍미하고 신선을 매우 숭상하여 인가의 낭자 중에서 용모가 아름답고 고운 자를 간택하여 원화로 높이 받들고 (원화로 하여금) 무리를 모아 (그 중에서) 인물을 선발하고 그들을 효·제·충·신으로 가르치게 하였으니 이 또한 나라를 다스리는 큰 요체인 것이다. 이에 남모랑과 교정랑 두 원화를 취하니 모여든 무리가 3-400명이나 되었다.

---

56. 木板本은 麦으로 麥의 異體字이다.
57. 木板本은 麦으로 麥의 異體字이다.

〈峻貞〉者嫉妬〈毛娘〉, 多置酒飮〈毛娘〉, 至醉潛舁去北川中, 擧石埋殺之. 其徒罔知去處, 悲泣而散. 有人知其謀者, 266/作歌誘街巷小童, 唱於街. 其徒聞之, 尋得其尸於北川中, 乃殺〈峻貞娘〉. 於是, 大王下令, 廢〈原花〉.

교정은 남모랑을 질투하여 술자리를 마련하여 남모랑에게 (술을) 많이 마시게 하였다. (남모랑이) 취하게 되자 남몰래 북천 가운데로 메고 가서 돌을 들고서는 (거기에) 묻어 죽였다. 남모낭자의 무리들은 그녀의 행방을 몰라 슬피 울다가 흩어졌다. (그러나) 그러한 모략을 안 어떤 사람이 노래를 짓고서는 동리의 아이들을 꾀어서 거리에서 부르게 하였다. 남모랑의 무리들이 그 노래를 듣고 북천 가운데서 남모랑의 주검을 찾아 내고는 이에 교정랑을 죽여 버렸다. 이에 대왕은 영을 내려 원화의 제도를 폐지하였다.

累年, 王又念欲興邦國, 須先〈風月道〉, 更下令選良家男子有德行者, 改爲〈花娘〉, 始奉〈薛原郎〉爲國仙, 此〈花郎〉·〈國仙〉之始. 故竪碑於〈溟州〉, 自此使人悛惡更善, 上敬下順, 五常六藝, 三師六正, 廣行於代.(『國史』, 〈眞智王〉〈大建〉八年庚申, 始奉〈花郎〉, 恐史傳乃誤.)

그런 지 여러 해가 지나 왕은 또한 나라를 흥하게 하려면 모름지기 풍월도를 먼저 행해야 한다고 생각하고 다시 영을 내려 양가의 남자 중에서 덕행이 있는 자를 선발하여 화랑이라고 고쳐 이름하였다. 처음으로 설원랑을 받들어 국선을 삼았으니 이가 화랑국선의 시초이다. 그런 까닭에 명주에 (설원랑의) 비를 세웠다. 이로부터 사람들로 하여금 악습을 고쳐 선행을 하게 하고 윗사람에게 공경하며 아랫사람에게 온순하게 하니 오상·육예와 삼사·육정이 이 왕대에 널리 행하여졌다.(『국사』에는 진지왕 대건 팔년 경신[576]에 처음으로 화랑을 받들었다고 하나 아마도 이는 사전의 잘못일 것이다.)

及〈眞智王〉代, 有〈興[58]輪寺〉僧〈眞慈〉(一作〈貞慈〉也), 每就堂主勒像前發願[59]誓言 "願我大聖化作〈花郎〉, 出現於世, 我常親近晬容, 奉以○周旋." 其誠懇至禱之情, 日益[60]弥篤, 一夕夢有僧謂曰 "汝往〈熊川〉(今〈公州〉)〈水源寺〉, 得見弥勒仙花也."〈慈〉覺而驚喜,267/尋其寺, 行十日程, 一步一禮, 及到其寺.

진지왕대에 이르러 흥륜사에 진자라는 스님이 있었다.(혹은 정자라고도 한다.) (그는) 매양 법당의 주불인 미륵존상 앞에 나아가 발원하며 맹세하기를 "우리 미륵대성께서 화랑으로 화신하셔서 이 세상에 나타나신다면 제가 늘 온윤하신 (미륵대성의) 모습을 가까이서 받들며 시중을 들겠습니다."라고 하였다. 그 참되고 간절하고 지극하게 기도하는 정성이 날이 갈수록 더욱 돈독해지더니 어느날 밤 꿈에 한 스님이 (나타나) 이르기를 "너는 웅천(지금의 공주이다.) 수원사로 가라. 그러면 미륵선화를 친견할 수 있을 것이다."라고 하였다. 진자는 깨어나 몹시 기뻐하였다. 그 절을 찾아 열흘 길을 가는데 한 걸음마다 일배씩 하면서 절에 당도하였다.

---

58. 학산본은 與로 興의 異體字이다.
59. 木板本은 原으로 願의 壞字로 보인다.
60. 木板本은 益으로 益의 異體字이다.

門外有一郎, 儂纖不爽, 盼倩而迎, 引入小門, 邀致賓軒,〈慈〉且升且揖曰"郎君素昧平昔, 何見待殷勤如此?"郎曰"我亦京師人也, 見師高蹈遠屆, 勞來之尒."俄而出門, 不知所在.

(절) 문 밖에는 농섬이 잘 조화된 한 낭이 눈과 입에 미소를 머금으며 반가이 맞이하였다. 샛문으로 인도하여 들어와 객실로 안내하여 모시니 진자는 (객실로) 올라가면서 읍하여 말하기를 "낭군께서는 평소에 저를 모르는데 어찌하여 저를 보매 이토록 정중하고도 친절하게 대하십니까?"라고 하였다. 낭이 말하기를 "저 역시 서울사람입니다. 스님께서 지금 멀리 (서울)서 오시는 것을 보고서 (다만) 맞이하여 위로했을 따름입니다."라고 하였다. 이윽고 (낭은) 문 밖으로 나가더니 행방이 묘연해졌다.

〈慈〉謂偶爾, 不甚異之, 但與寺僧叙曩昔之夢興來之之意, 且曰"暫寓下榻, 欲待弥勒仙花何如?"寺僧欺其情蕩然而見其懃悋, 乃曰"此去南隣有〈千山〉, 自古賢哲寓止, 多有冥感, 盍歸彼居?"〈慈〉從之, 至於山下.

진자는 그저 우연이거니 생각하고는 그다지 이상하게 여기지 않고 다만 절의 스님들에게 지난 밤의 꿈과 자신이 여기에 온 의도를 얘기하였다. 또한 말하기를 "잠시 객사에 머무르면서 미륵선화를 기다리고 싶은데 어떻겠습니까?"라고 하였다. 절의 스님들은 (처음에는) 속마음을 드러내지 않고 (모른 척하며) 가만히 있었으나 그의 정성이 매우 근실한 것을 보고서는 이에 말하기를 "여기서 남쪽으로 가면 그곳에서 멀지 않은 곳에 천산이라는 곳이 있는데, 예로부터 현인·철인이 머물렀던 곳이어서 영험이 많다고 하니 그곳에 가보는 것이 어떻겠습니까?"라고 하였다. 진자는 그 말을 좇아 천산 근처에 이르렀다.

山靈變老人出迎曰 "到此奚爲?" 答曰 "願見弥勒仙花尒." 老人曰 "向於〈水源寺〉之門外, 已見弥勒仙花, 更來何求?" 〈慈〉聞卽驚汗, 驟還本寺. 268/居月餘. 〈眞智王〉聞之, 徵詔問其由, 曰 "郎旣自稱京師人, 聖不虛言, 盍覓城中乎?" 〈慈〉奉宸旨, 會徒衆, 遍於閭閻間物色求之.

산(신)령이 노인으로 변신하여 나와서 그를 맞이하며 말하기를 "이곳에 무엇을 하러 왔는가?"라고 하니 (진자가) 답하기를 "미륵선화를 친견하고 싶을 따름입니다."라고 했다. 노인이 말하기를 "전번에 수원사의 문 밖에서 이미 미륵선화를 친견했거늘 다시금 와서 누구를 더 찾고자 하는가?"라고 하였다. 진자는 그 말을 듣고서 놀라 식은땀을 흘렸다. (이에) 바삐 본사〔흥륜사〕로 돌아갔다. 그런 지 한 달 남짓 지나자 진지왕이 그 이야기를 듣고서는 조서를 내려 (진자를) 불러 그 자초지종을 묻고 나서 말하기를 "낭이 이미 스스로를 서울 사람이라고 칭했다면, 성인은 빈 말을 하지 않는 법인데 어찌 성 안을 찾아 보지 않으셨습니까?"라고 하였다. 진자는 왕의 뜻을 받들어 무리들을 모아 마을마다 두루 돌면서 물색하며 찾아 보았다.

有一小郎子, 斷紅齊具, 眉彩秀麗, 〈靈妙寺〉之東北路傍樹下, 婆娑

而遊. 〈慈〉迓之驚曰 "此弥勒仙花也." 乃就而問曰 "郞家何在, 願聞芳
氏?" 郞答曰 "我名〈未尸〉, 兒孩時爺孃俱沒, 未知何姓." 於是, 肩輿
而入見於王, 王敬愛之, 奉爲國仙. 其和睦子弟, 禮義風敎, 不類於常,
風流耀世幾七年, 忽亡所在. 〈慈〉哀懷[61]殆甚, 然飮沐慈澤, 承淸化,
能自悔改, 精修爲道, 晩年亦不知所終.

화장을 하지 않았는데도 용모가 단정하고 미목이 수려한 한 소년
이 영묘사 동북쪽 길가 나무 밑에서 너울너울 춤추면서 놀고 있었
다. 진자는 그와 마주치자 놀라면서 말하기를 "이분이 미륵선화일
것이다."라고 하여 그에게 다가가서 물었다. "낭의 집은 어디에 있
습니까? 또한 존함을 알고 싶습니다."라고 하니 낭이 대답하기를
"내 이름은 미시입니다. 어렸을 때 부모님이 모두 돌아가셔서 성은
무엇인지 미처 알지 못합니다."라고 하였다. 이에 (진자는 낭을) 가
마에 모시고 대궐로 들어가 왕을 알현하니, 왕은 그를 경애하며 받
들어 국선으로 삼았다. (그는) 자제들과 서로 화목하였으며 예의와
풍교가 보통 사람들과는 달랐다. (그가) 풍류로 세상을 빛낸 지 거
의 7년이 되자, 홀연히 행방이 묘연해졌다. 진자는 애타게 그리워
함이 몹시 심했으나 (미륵선화의) 자애와 은택을 많이 입었고 맑은
덕화를 직접 계승하였으므로 능히 스스로 회개하고, 수행 정진하며
도를 닦으니 만년에는 그 역시 종적을 알 수가 없었다.

說者曰 "未與弥聲相近, 尸與力形相類, 乃託其近似而相謎也. 大

---

61. 木板本은 壞로 懷의 異體字이다.

269/聖不獨感〈慈〉之誠款也, 抑有緣于玆土, 故比比示現焉." 至今國
人稱神仙曰 勒仙花, 凡有媒係於人者曰 未尸, 皆〈慈〉氏之遺風也. 路
傍樹至今名〈見郎〉, 又俚言〈似如樹〉(一作〈印如樹〉).

어떤 이가 말하기를 "미와 미는 그 소리가 서로 가깝고, 시와 역
은 그 글자 모양이 서로 비슷하기 때문에 이에 그 근사한 (글자)를
빌려서 서로 은미하게 한 것이며, 미륵대성께서 유독 진자의 정성
에만 감응한 것이 아니라 아마도 이 땅에 인연이 있었기 때문에 종
종 현신을 보이신 것이다."라고 하였다. 지금까지도 나라 사람들은
신선을 일컬어 미륵선화라 하고, (이가) 매계된 사람[현신]을 모두
미시라고 하니 이 모두가 미륵(선화)의 유풍인 것이다. 길가에 있
던 그 나무를 지금까지도 견랑수라고 하니, 또한 우리말로는 사여
수라고 한다.(혹은 인여수라고도 한다.)

讚曰 "尋芳一步一瞻風, 到處栽培一樣功. 羃地春歸無覓處, 誰知
頃[62]刻上林紅."

찬에 이르기를 "(미륵)선화를 찾아 한 걸음마다 그의 풍교를 우
러러, 그곳에 이르기까지 (한 걸음에 일 배씩 하여) 한결 같은 공덕
을 심었도다. 문득 봄(미륵선화)은 사라져 찾을 길이 영영 없으니,
누가 알았으리, 상림에 어느새 단풍이 들 줄을."이라 하였다.

---

62. 학산본은 止頁로 異體字이다.

17. 南白月二聖 努肦夫得 怛怛朴朴

『〈白月山〉兩聖成道記』云, 〈白月山〉在〈新羅〉〈仇史郡〉之北(古之
〈屈自郡〉, 今〈義安郡〉), 峰巒奇秀, 延袤數百里, 眞巨鎭也. 『古老相
傳』云, 昔〈唐〉皇帝嘗鑿一池, 每月望前, 月色滉朗, 中有一山, 嵓石
如師子, 隱映花間之影, 現於池中. 上命畫[63]工圖其270/狀, 遣使搜訪
天下, 至海東見此山有大師子嵓. 山之西南二步許有三山, 其名〈花
山〉(其山一体三首, 故云三山), 與圖相近. 然未知眞僞, 以隻履懸於
師子嵓之頂, 使還奏聞, 履影亦現池. 帝乃異之, 賜名曰〈白月山〉(望
前白月影現, 故以名之). 然後池中無影.

남백월의 두 성인 노힐부득과 달달박박

『백월산양성성도기』[64]에 이른다. 백월산은 신라 구사군의 북쪽에
있는데(옛날의 굴자군이요 지금의 의안군이다.) 산봉우리들이 기이
하고 빼어나며 동서남북으로 수백 리에 뻗쳐 있어 참으로 큰 진산
이라 할 만하다. 『고로상전』에 이르기를,[65] 옛날 당나라 황제가 일
찍이 못을 하나 팠는데 매월 보름 전에 달빛이 밝으면 못 가운데
한 산이 나타나는데, 바윗돌은 사자 같으며 은은히 화초 사이에 비
치면서 못 가운데 나타났다. 황제가 화공을 시켜 그 모양을 그리고
사람을 시켜 온 천하를 찾아다니면서 이 바위를 찾게 하였더니 우
리나라에 이르러 이 산에 큰 사자바위가 있음을 보았다. 이 산 서남
쪽 2보쯤 되는 곳에 세 산이 있었는데 그 이름을 화산이라고 하여

---

63. 木板本은 盡으로 畫의 異體字로 보인다.
64. 백월산 두 성인의 『성도기』라고도 번역할 수 있다.
65. '옛 노인들이 전하여 이르기를'로 해석할 수도 있다.

(그 산이 한 몸뚱이에 머리가 셋이므로 세 산이라 하였다.) 그림과
비슷하였다. 그러나 참인지 아닌지를 알 수 없어서 신 한 짝을 사자
바위 꼭대기에 걸어 두고 사신이 돌아와서 황제께 아뢰었더니 그
신 그림자가 역시 못에 비치어 나타났다. 황제가 이것을 기이하게
여겨 산 이름을 백월산이라 지어 주었더니(보름 전에 흰 달빛 그림
자로 나타나므로 이렇게 이름을 지었다.) 그 후에는 못 가운데 그림
자가 없어졌다.

　山之東南三千步許, 有〈仙川村〉, 村有二人, 其一曰〈努肹夫得〉(一
作〈等〉), 父名〈月藏〉, 母〈味勝〉, 其一曰〈怛怛朴朴〉, 父名〈修梵〉,
母名〈梵摩〉.(『鄕傳』云〈雉山村〉, 誤矣. 二士之名方言, 二家各以二士
心行, 騰騰苦節二義, 名之尒.)皆風骨不凡, 有域外遐想, 而相與友善.
　이 산 동남쪽 3천 보쯤 되는 곳에 선천촌이 있고 이 마을에 사람
둘이 살았는데 그 한 사람은 노흘부득(등이라고도 한다.)이라 하여
아버지의 이름은 월장이요 어머니는 미승이었으며, 또 한 사람은
달달박박이라 하여 아버지의 이름은 수범이요, 어머니의 이름은
범마였다.(『향전』에 치산촌이라 한 것은 잘못이다. 두 사람의 이름
은 방언인데 두 집에서 각각 두 사람이 마음 수행을 하는 데 있어
서 등등하고 고절하다는 두 가지 뜻을 가지고 지은 이름일 뿐이다.)
모두 풍채와 골격이 비범하고 속세를 초월하고자 하는 뜻을 품어서
서로 친구가 되어 좋게 지냈다.

　年皆弱冠, 往依村之東北嶺外〈法積房〉, 剃髮爲僧. 未幾, 聞西南

〈雉山村〉·〈法宗谷〉·〈僧道村〉有古寺, 可以挿眞, 同往〈大佛田〉·
〈小271/佛田〉二洞各居焉. 〈夫得〉寓〈懷眞庵〉, 一云〈壤寺〉(今〈懷眞
洞〉有古寺基, 是也), 〈朴朴〉居〈瑠璃光寺〉(今〈梨山〉上有寺基, 是
也). 皆挈妻子而居. 經營産業, 交相來往, 捿神安養, 方外之志, 未常
暫廢.

나이가 모두 약관에 그 마을의 동북쪽 고개 너머 있는 법적방에
귀의하여 머리를 깎고 스님이 되었다. 얼마 못 되어 서남쪽 치산촌
법종곡 승도촌에 옛 절이 있어 옮겨 살 만하다는 말을 듣고 함께
가서 대불전, 소불전 두 동리에 각각 살았다. 부득은 회진암에 머무
니 절 이름을 양사라고도 하며(지금의 회진동에 있는 옛 절터가 바
로 이것이다.) 박박은 유리광사에 거처하였으니(지금의 이산 위에
있는 절터가 바로 이것이다.) 모두 처자를 데리고 살았다. 두 사람
은 농사를 짓고 서로 내왕하면서 정신을 수양하였는데 속세를 초월
할 뜻은 아직 잠시라도 잊어 본 적이 없었다.

觀身世無常, 因相謂曰 "腴田美歲良利也, 不如衣食之應念而至,
自然得飽煖也, 婦女屋宅情好也, 不如蓮池華藏千聖共遊, 鸚鵡孔雀
以相娛也. 況學佛當成佛, 修眞必得眞! 今我等旣落彩爲僧, 當脫略纏
結, 成無上道, 豈宜汨沒風塵, 與俗輩無異也!" 遂唾謝人間世, 將隱
於深谷, 夜夢白毫光自西而至, 光中垂金色臂, 摩二人頂.

속세의 무상함을 보면서 서로 이야기하기를 "기름진 밭에 풍년이
들면 매우 이롭지만 의식이 생각대로 생겨 절로 따뜻하고 배부른 것
만 같지 못하며 계집과 집이 마음에는 끌리지만 연화장세계 여러 부

432

처님과 함께 놀고 앵무새, 공작새와 서로 즐김만 같지 못할 것이다. 더구나 불도를 공부하면 마땅이 성불해야 하니, 참된 마음을 닦아 반드시 참된 도를 얻을 수 있음이랴! 우리들이 이에 이미 머리를 깎고 스님이 되었으니 당연히 모든 장애와 구속을 벗어 버리고 무상도를 성취할 것이어늘 세속에 골몰하고 있으니 속물과 다름이 없도다!"라고 하고 드디어 인간세상을 버리고 장차 깊은 산골에 숨으려 했더니 꿈에 백호의 광명이 서쪽으로부터 와서 빛줄기 속으로부터 금빛 팔이 드리워져 두 사람의 머리 정수리를 어루만졌다.

及覺說夢, 與之符同, 皆感嘆久之, 遂入〈白月山〉〈無等谷〉(今〈南藪洞〉也), 272/ 〈朴朴師〉占北嶺師子嵓, 作板屋八尺房而居, 故云〈板房〉, 〈夫得師〉占東嶺磊石下有水處, 亦成方丈而居焉, 故云〈磊房〉(『鄕傳』云 "〈夫得〉處山北〈瑠璃洞〉, 今〈板房〉, 〈朴朴〉居山南〈法精洞〉〈磊房〉," 與此相反. 以今驗之, 『鄕傳』誤矣), 各庵而居.

잠에서 깨어 꿈 이야기를 하였더니 둘이 꿈이 똑같아 한동안 감탄하다가 드디어 백월산 무등곡에 들어가(지금의 남수동이다.) 박박사는 북쪽 고개에 있는 사자바위에 자리를 잡고 판잣집 여덟 자 되는 방을 지어 거처하니 이 때문에 판자방이라 일렀으며 부득사는 동쪽 고개 돌무더기 밑에 물 있는 곳에 역시 방장을 짓고 살았다. 이 때문에 뇌방이라 하고(『향전』에 이르기를 "부득이 산 북쪽 유리동에 거처하니 지금의 판방이며 박박은 산 남쪽 법정동의 뇌방에 거처하였다." 하여 여기와 정반대이다. 지금에 상고한다면 『향전』이 틀렸다.) 각사 암사에서 살았다.

〈夫得〉勤求弥勒,〈朴朴〉禮念弥陁, 未盈三載,〈景龍〉三年己酉四月八日,〈聖德王〉卽位八年也, 日將夕, 有一娘子年幾二十, 姿儀殊妙, 氣襲蘭麝, 俄然到北庵(『鄕傳』云南庵), 請寄宿焉, 因投詞曰 "行逢[66]日落千山暮, 路隔城遙絶四隣. 今日欲投庵下宿, 慈悲和尙莫生嗔."

부득은 미륵을 정근하며 구하고 박박은 미타를 예불하며 염하니 3년이 못 차서 경룡 3년 기유(709) 4월 8일 즉 성덕왕 즉위 8년 해질 무렵에 나이 거의 스무 살쯤 된 낭자가 있어 자태가 절묘하고 몸에 난향과 사향을 풍기면서 홀연히 북쪽 암자에 이르러(『향전』에는 남쪽 암자라 하였다.) 묵겠다고 청하면서 시 한 편을 지었다. "길 가다 해가 지니 첩첩의 산도 저물고, 길도 멀고 인가도 먼데 사방이 안 보여. 오늘 암자에 묵고 가려 하오니, 자비로운 스님은 성가시게 생각 마오."

〈朴朴〉曰 "蘭若護淨爲務, 非尒所取近. 行矣, 無滯此遽![67]" 閉門而入.(『記』云 "我百念灰冷, 無以血囊見試.") 娘歸南庵(『傳』曰北庵), 又請如前,〈夫得〉曰 "汝從273/何處, 犯夜而來?" 娘答曰 "湛然與大虛同體, 何有往來! 但聞賢士志願深重, 德行高堅, 將欲助成菩提○."

박박이 말하기를 "난야란 청정함을 지키려고 힘쓰므로 네가 가까이 할 데가 못 된다. 지체 말고 냉큼 이곳을 떠나라!" 하고는 문

---

66. 遲의 異體字일 가능성도 있다.
67. 壬申本은 處로 고관본의 壞字이다.

을 닫고 들어가 버렸다.(『기』에 이르기를 "나는 1백 가지 잡념이 재처럼 식었으니 몸으로 나를 시험하지 말라."라고 하였다.) 낭자가 남쪽 암자로 가서(『전』에는 북쪽 암자라고 하였다.) 다시 전처럼 청하니 부득이 말하기를 "너는 어디로부터 밤 걸음을 했느냐?"라고 하니 그 낭자가 대답하기를 "담연함이 태허와 같은데 어디에 오고 가는 것이 있겠습니까! 다만 어지신 스님의 뜻과 서원이 심중하고 덕행이 높고 굳으신지라 장차 보리를 이루게 도와 드릴까 하나이다."라고 하였다.

因投一偈曰 "日暮千山路, 行行絶四隣. 竹松陰轉邃, 溪洞響猶新. 乞宿非迷路, 尊師欲指津. 願惟從我請, 且莫問何人." 師聞之驚駭, 謂曰 "此地非婦女相汚, 然隨順衆生, 亦菩薩行之一也. 況窮谷夜暗, 其可忽視歟!" 乃迎揖庵中而置之.

인하여 게송 한 구절을 주기를 "해 저문 첩첩 산길을 걸어가고 또 가도 사방은 적막하네. 대나무와 소나무 그늘은 짙고 계곡물 소리는 더욱 새롭다. 잘 곳을 청하는 것은 길 잃은 탓 아니요. 스님께서 피안으로 가고자 하는 것을 존경해서이니. 원컨대 다만 나의 청을 들어 주시되 누구냐고 묻지는 말아 주오."라고 하였다. 스님이 이 말을 듣고 깜짝 놀라서 말하기를 "이곳은 부녀들로써 더럽힐 데가 못 되지만 중생들의 뜻을 따르는 것은 이 역시 보살행의 하나일 것이요, 더군다나 궁벽한 산골 어두운 밤에 어찌 괄세를 하랴!"라고 곧 친절히 암자 안으로 맞아서 모셨다.

至夜淸心礪操, 微燈半壁, 誦念猒猒, 及夜將艾, 娘呼曰 "予不幸適有産憂, 乞和尙排備苫草." 〈夫得〉悲矜莫逆, 燭火殷勤, 娘旣産, 又請浴. 〈弩肹〉慚懼交心, 然哀憫之情有加無已, 又備盆槽, 坐娘於中, 薪湯以浴之. 旣而274/槽中之水香氣郁烈, 變成金液. 〈弩肹〉大駭, 娘曰 "吾師亦宜浴此." 〈肹〉勉强從之, 忽覺精神爽凉, 肌膚金色, 視其傍忽生一蓮臺. 娘勸之坐, 因謂曰 "我是觀音菩薩, 來助大師, 成大菩提矣." 言訖不現.

밤이 되어 마음을 깨끗이 하고 지조를 가다듬어, 미등 아래에 벽을 향하여 염송을 계속하여, 밤이 끝날 즈음에 낭자가 부르기를 "내가 불행히도 공교롭게 해산 기미가 있으니 바라건대 스님은 짚자리를 깔아 주오."라고 하자, 부득은 불쌍한 생각에 거절할 수 없어서 촛불을 밝히고 은연중에 일하는데, 낭자는 벌써 아이를 낳고 다시 목욕을 시켜 달라고 청하였다. 노힐은 부끄러움과 두려운 마음이 교차했으나 불쌍한 생각이 더욱 그치지 않아, 다시 욕조를 가져다놓고 낭자를 그 속에 앉히고 장작으로 물을 끓여 목욕을 시켰다. 조금 있자 욕조 속의 물에서 향기가 자욱하게 풍기며 금빛으로 변하였다. 노힐이 깜짝 놀라자 낭자가 말하기를 "우리 스님도 이에 목욕하시라!"라고 하였다. 노흘이 마지못하여 좇았더니 갑자기 깨달아 정신이 상쾌해지고 살빛에 금빛깔이 도니, 곁에 보니 연화대가 하나 생겼다. 낭자가 그를 거기에 앉으라고 권하면서 말하기를 "나는 관음보살로 대사가 대보리를 성취하도록 와서 도운 것이요." 하고, 말을 마치자 사라졌다.

〈朴朴〉謂〈肦〉今夜必染戒, 將歸听之, 旣至, 見〈肦〉坐蓮臺, 作勒尊像, 放光明, 身彩檀金, 不覺扣頭而禮曰 "何得至於此乎?" 〈肦〉具叙其由, 〈朴朴〉嘆曰 "我乃障重, 幸逢大聖, 而反不遇. 大德至仁, 先吾著鞭, 願無忘昔日之契, 事須同攝." 〈肦〉曰 "槽有餘液, 但可浴之." 〈朴朴〉又浴, 亦如前成無量壽, 二尊相對儼然.

박박은 노힐이 오늘 밤에 틀림없이 계율을 범할 것이라 생각하면서 찾아가서 놀려 주리라 하고 와서 보니 노힐이 연화대 위에 앉아 미륵부처님이 되어 광명을 내뿜으며 몸에 금빛 광채가 나고 있으니 자기도 모르게 절로 머리를 조아리고 절을 하면서 말하기를 "어떻게 하여 이렇게 되었는가?"라고 하니 노힐이 사유를 자세히 말하였다. 박박이 탄복을 하면서 말하기를 "내가 그만 업장이 무거워 다행히 대성을 만나고도 도리어 좋은 기회를 놓쳤다. 스님은 지극히 어질어 나보다 앞서 성불하셨으니 원컨대 옛날의 교분을 잊지 마시고 반드시 함께해야 할 것이다."라고 하였다. 노힐이 말하기를 "욕조에 물이 남아 있으니 목욕은 할 수 있을 것입니다."라고 하였다. 박박도 목욕을 했더니 앞서처럼 무량수불이 되어 두 부처님이 엄연히 마주 대하였다.

山下村民聞之, 競來瞻仰, 嘆曰 "希有, 希有!" 二聖爲說法要, 全身 275/雲而逝.

산 아래 마을 사람들이 듣고서는 다투다시피 와서 우러러 쳐다보고 탄복하여 말하기를 "참으로 드물고 드문 일이로구나!" 하니 두 분 성인이 법의 요체를 설하시고는 몸채로 구름을 타고 가 버렸다.

〈天寶〉十四年乙未,〈新羅〉〈景德王〉卽位(古記云,〈天鑑〉二十四
年乙未〈法興〉卽位, 何先後倒錯之甚如此), 聞斯事, 以丁酉歲遣使創
大伽藍, 号〈白月山南寺〉,〈廣德〉二年(『古記』云〈大曆〉元年, 亦誤)
甲辰七月十五日, 寺成, 更塑弥勒尊像, 安於金堂, 額曰現身成道弥勒
之殿, 又塑弥陁像安於講堂, 餘液不足, 塗浴未周, 故弥陁像亦有斑駁
之痕, 額曰現身成道無量壽殿.

천보 14년 을미(755)에 신라 경덕왕이 즉위하여(『고기』에는 천
감이라고 한다. 24년 을미〔515〕에 법흥왕이 즉위하였다고 하였으
니 어쩌면 이렇게도 앞뒤가 심하게 거꾸로 뒤바뀌었을까?) 이 일을
듣고 정유년에 사람을 보내어 큰 절을 세우고 이름을 백월산남사라
하였는데, 광덕 2년(764)(『고기』에 대력 원년이라 한 것은 잘못이
다.) 갑진 7월 15일에 절이 낙성하자 다시 미륵존상을 새겨 금당에
모시고 제액하여 현신성도미륵지전이라 하였으며 또 아미타상을
만들어 강당에 모셨는데 남았던 물이 부족해서 그런지 몸에 다 못
발랐으므로 미타상은 역시 얼룩진 흔적이 있으며 제액하여 현신성
도무량수전이라고 하였다.

議曰 "娘可謂應以婦女身攝化者也. 『華嚴經』〈摩耶夫人〉善知識,
寄十一地生佛如幻解脱門, 今娘之桷産微意在此. 觀其投詞, 哀婉可
愛, 宛轉有天仙之趣. 嗚呼! 使娘婆不解隨順衆生語言〈陁羅尼〉, 其
能若是乎? 其末聯宜云"淸風276/一榻莫予嗔!'然不爾云者, 盖不欲
同乎流俗語爾."

평한다. "낭자는 부녀의 몸으로 응신하여 교화하였다고 할 수 있

438

다. 『화엄경』에는 마야부인은 선지식으로 십일지에 거하면서 부처님 낳아 해탈문을 보이셨다고 했는데 지금에 낭자가 해산을 한 은근한 뜻도 여기에 있을 것이다. 그녀가 준 시를 보면 애절하면서도 완곡하여 사랑스럽고 완연히 천선의 자취가 있었다. 아아! 가령 낭자가 수순한 중생들이 말하는 다라니를 알지 못했던들 어찌 이렇게 할 수 있었을 것인가? 이 시의 끝 구절을 당연히 '청풍이 이곳에서 나에게 화내지 마시오!'라고 했을 터인데 이렇게 표현하지 않는 것은 대개 세속류의 말처럼 하고 싶지 않아서이기 때문일 것이다."

讚曰 "滴翠嵒前剝啄聲, 何人日暮扣雲扃. 南庵且近宜尋去, 莫踏蒼苔汚我庭.' 右北庵. '谷暗何歸已暝煙, 南窓有簟[68]且流連. 夜闌百八深深轉, 只恐成喧惱客眠.' 右南庵. '十里松陰一徑迷, 訪僧來試夜 「招」[69]提. 三槽浴罷天將曉, 生下雙兒擲向西.' 右聖娘."

찬에 이른다. "'물방울 떨어지는 바위 앞에 문 두드리는 소리에, 누가 이 저녁녘에 구름 사립을 두드릴까? 남쪽 암자 가까우니 찾아가 보려무나. 내 집 뜰의 푸른 이끼를 밟아 더럽히지 마시오.'라고 하였는데 위는 북쪽 암자를 기린 것이다. '산골짜기 어두우매 어디로 돌아갈지 암담한데, 남암에는 자리 있으니 항차 머물고 가오. 밤새 백팔염주 부지런히 세면서 다만 소리가 나서 나그네 잠 깨울까 염려될 뿐이오.'라고 하였는데 위는 남쪽 암자를 기린 것이다. '10

---

68. 壬申本은 葷으로 異體字이다.
69. 木板本은 ○이나 번역상 가장 알맞은 단어로 복원해 보았다.

리 뻗은 소나무 그늘에 계속 길을 헤매다, 스님을 찾아 밤 절 찾아 그 마음 떠 보셨네. 세 통의 욕조로 목욕 마치자 하늘은 동트려 하는데 쌍동이 낳고는 서방정토로 돌아가시다.'라고 하였는데 위는 성스러운 낭자를 기린 것이다."

18. 芬皇寺千手大悲 盲兒得眼

〈景德王〉代, 〈漢歧里〉女〈希明〉之兒, 生五稔而忽盲. 一日其母抱兒詣〈芬皇寺〉左殿北壁畫千手大悲前, 令兒作歌禱之, 遂得明.

분황사의 천수대비와 눈을 뜨게 된 맹아

경덕왕 때에 한기리 여자 희명의 아이가 나서 다섯 살에 갑자기 눈이 멀었다. 하루는 그 어머니가 아이를 안고 분황사 좌전 북벽의 천수대비 앞에서 아이를 시켜 노래를 짓게 하고 빌었더니 드디어 눈을 뜨게 되었다.

其詞曰 "膝肹古召旀, 二尸掌音毛277/乎支內良. 千手觀音叱前良中, 祈以支白屋尸置內乎多, 千隱手 叱千隱目肹, 一等下叱放一等除惡支, 二于萬隱吾羅, 一等沙隱賜以古只內乎叱等. 邪阿邪也, 吾良遺知支賜尸等焉, 放冬矣用屋尸慈悲也根古."

그 노래에 이르기를 "무릎을 곧추며,[70] 두 손바닥 모아,[71] 천수관음 앞에, 기구(祈求)의 말씀 두노이다, 천 개의 손의 천 개의 눈을, 하나를 놓아 하나를 덜어, 둘 다 없는 나니,[72] 하나야 그윽이 고치

---

70. 꿇으며/낮추며/바로 세우며.
71. 모아 괴어서.

올러라.[73] 아야여 내게 끼쳐 주시면,[74] 놓되 쓰올(놓아 주시고 베푼) 자비여 얼마나 큰고.[75]"라고 하였다.

讚曰 "竹馬葱笙戲陌塵, 一朝雙碧失瞳人. 不因大士廻慈眼, 虛度楊花幾社春."

찬에 이른다. "죽마 타고 풀피리 불며 거리에서 놀다가 하루 아침에 두 눈이 멀 줄이야. 보살님의 자비로운 보살핌이 없었던들 계속되는 버들꽃 피는 좋은 봄을 헛되이 보냈을 것이네."라고 하였다.

19. 洛山二大聖 觀音 正趣 調信

昔,〈義湘法師〉始自〈唐〉來還, 聞大悲眞身住此海邊崛[76]內, 故因名〈洛山〉, 盖〈西域〉〈寶陁洛伽山〉, 此云〈小白華〉, 乃白衣大士眞身住處, 故借此名之. 齋戒七日, 浮座具晨水上, 278/龍天八部侍從, 引入崛內. 叅禮空中, 出水精念珠一貫○[77]之,〈湘〉領受而退. 東海龍亦獻如意寶珠一顆. 師捧出, 更齋七日, 乃見眞容. 謂曰 "於座上山頂雙竹湧生, 當其地作殿宜矣."

---

72. 두 눈 감은 나니.

73. 하나나마 주어 고칠네라/하나를 숨겨 주소서 하고 매달리누나 /하나쯤 넌지시 괴여 주실 것인지여.

74. 나라고 알아 주실진댄.

75. 내놓아도 자비심 뿌리로 되오리/어디에 쓸 자비라고 큰고/어찌 그것을 씀에 있어서 자비롭다고 이르지 않겠는가.

76. 활자본에서는 窟로 교정했으나, 이대로 두어도 해석에는 무리가 없다.

77. 학산본은 가필자인 回, (天)(訂)(斗)(北)(日)은 給, (민)에 따라 유부현과 김용옥도 獻으로 어느 것도 의미상 통하긴 하나 木板本에는 결자이므로 비워 둔다.

낙산의 두 성인 관음 정취 두 보살과 조신

옛날 의상법사가 당나라로에서 처음 돌아와서, 관세음보살의 진
신이 이 해변의 굴에 있다는 말을 듣고 이 때문에 낙산이라 이름을
지었는바 대개 서역의 보타락가산으로, 여기서는 소백화라고 부르
는데, 이는 백의보살의 진신이 계신 곳이기 때문에 이 뜻을 따서
이름을 지은 것이다. 의상이 재계한 지 이레 만에 앉았던 자리를 새
벽 바닷물 위에 띄웠더니 용중과 천중 등의 8부 시종들이 굴 속으
로 인도하였다. 공중에 예배하니 수정 염주 한 꾸러미를 내어 주었다.
의상이 받아 가지고 물러나오니 동해의 용이 역시 여의주 한 개를
바쳤다. 법사가 받들고 나와서 다시 재계한 지 이레 만에야 이에 진
용을 친견하게 되었다. 일러 말하기를 "앉은 자리 위 산꼭대기에
대나무 한 쌍이 솟아날 터이니 꼭 그곳에 전각을 짓는 것이 좋을
것이다."라고 하였다.

師聞之出崛, 果有竹從地湧出. 乃作金堂, 塑像而安之, 圓容麗質,
儼若天生, 其竹還沒, 方知正是眞身住也, 因名其寺曰〈洛山〉.

법사가 이 말을 듣고 굴에서 나오니 과연 대나무가 땅으로부터
솟아났다. 곧 금당을 짓고 불상을 만들어 여기 모시니 원만한 얼굴
과 아리따운 질감이 마치 하늘이 만들어 낸 것만 같았으며 그 대나
무는 도로 없어졌으니 이것으로써 진신이 살던 곳임을 알겠는지라
따라서 그 절 이름을 낙산이라 하였다.

師以所受二珠, 鎭安于聖殿而去. 後有〈元曉法師〉, 繼踵而來, 欲

求瞻禮. 初, 至於南郊水田中, 有一白衣女人刈稻, 師戲請其禾, 女以
稻荒戲答之. 又行至橋下, 一女洗月水帛, 師乞水, 女酌其穢水獻之,
師覆弃之, 更酌川水而飲之. 時, 野中松上有一靑鳥, 279/呼曰"休醍
○[78]和尙!" 忽隱不現, 其松下有一隻脫鞋.

법사는 받은 구슬 두 개를 성전에 잘 모셔 두고 떠나 갔다. 뒤에
원효법사가 의상의 뒤를 이어 와서 예배하고자 하였다. 처음에 남
쪽 교외 밭 가운데서 한 백의의 여인이 추수를 하고 있으므로 법사
가 농담 삼아 그 벼를 달라고 청하였으나 그 여인도 장난말로 흉년
이 들었다고 대답하였다. 다시 어떤 다리 밑까지 왔는데 어떤 여인
이 월경서답을 빨고 있는 것을 보고 물을 청하였더니 여인이 그 더
러운 물을 떠서 주므로 법사는 그 물을 쏟아 버리고 다시 냇물을
떠서 마셨다. 이때에 들에 있는 소나무 위에 파랑새 한 마리가 있어
말하기를 "제호화상은 단념하라!" 라고 하고는 갑자기 간 곳이 없어
지고 그 소나무 밑에는 신 한 짝이 벗겨져 있었다.

師旣到寺, 觀音座下又有前所見脫鞋一隻, 方知前所遇聖女乃眞身
也. 故, 時人謂之〈觀音松〉. 師欲入聖崛, 更覩眞容, 風浪大作, 不得
入而去.

법사가 절에 이르렀더니 관음상 자리 밑에 또 앞서 본 벗어 놓은
신 한 짝이 있으므로 이때야 앞서 만났던 성녀가 바로 진신임을 알

---

78. 의미상 醐가 결락되어 있는 듯하다. 제호는 요즘말로 치즈를 만드는 과정을 일컫는 것으로
결국 불성을 이르는 말이 되었다.

왔다. 이 때문에 당시 사람들이 이 소나무를 관음송이라 하였다. 법사가 그 신성한 굴에 들어가고자 다시 한 번 관음의 모습을 보려고 했더니 풍랑이 크게 일어나 들어가지 못하고 떠나갔다.

後有〈崛山祖師〉〈梵日〉, 〈太和〉年中入〈唐〉, 到〈明州〉〈開國寺〉, 有一沙彌截左耳, 在衆僧之末, 與師言曰 "吾亦鄕人也. 家在〈溟州〉界〈翼嶺縣〉〈德耆坊〉, 師他日若還本國, 須成吾舍." 旣而遍遊叢席, 得法於鹽官(事具在『本傳』), 以〈會昌〉七年丁卯還國, 先創〈崛山寺〉而傳敎.

후에 굴산조사 범일이 태화 연간(827-35)에 당나라에 들어가 명주 개국사에 갔더니 왼편 귀가 떨어진 어떤 사미가 여러 스님들의 말석에 앉았다가 조사에게 말하기를 "저 역시 신라 스님입니다. 집이 명주땅 익령현 덕기방에 있사온데 후일 스님이 만약 본국으로 돌아가시거든 반드시 저의 집을 지어 주소서."라고 하였다. 이러고 나서 여러 총림을 돌아다니면서 염관으로부터 불법을 수업하고(이 일은 『본전』에 자세히 실렸다.) 회창 7년 정묘(847)에 귀국하여 우선 굴산사를 세우고 전교하였다.

〈大中〉十二年戊寅二月十五日, 夜夢昔所見沙彌到窓下, 曰 "昔在〈明州〉〈開國寺〉, 與師有約, 旣蒙見諾, 何其晩也?" 祖師280/驚覺, 押數十人, 到〈翼嶺境〉, 尋訪其居. 有一女居〈洛山〉下村, 問其名, 曰〈德耆〉. 女有一子年才八歲, 常出遊於村南石橋邊, 告其母曰 "吾所與遊者, 有金色童子."

대중 12년 무인(858) 2월 15일 밤 꿈에 전일에 본 사미가 창문 아래에 와서 말하기를 "전일 명주 개국사에 있을 때에 스님과 약조가 있어 이미 승낙까지 얻었던 터인데 어찌 그리 지체를 하십니까?"라고 하였다. 조사가 놀라 깨어 수십 명 사람을 데리고 익령현 경내에 이르러 그의 집을 찾았다. 낙산의 아랫마을에 사는 한 여인이 있어 그 이름을 물으니 덕기라 하였다. 이 여자가 겨우 여덟 살 나는 아들 하나를 두었는데 언제나 마을 남쪽 돌다리 옆에 나가 놀면서 그 어머니에게 고하기를 "나하고 같이 노는 아이 중에 금빛나는 아이가 있다."라고 하였다.

母以告于師, 師驚喜, 與其子尋所遊橋下, 水中有一石佛异出之, 截左耳, 類前所見沙彌, 卽正趣菩薩之像也. 乃作簡子, 卜其營構之地, 〈洛山〉上方吉. 乃作殿三間安其像.(『古本』載〈梵日〉事在前, 〈湘[79]〉·〈曉〉二師在後, 然按〈湘〉·〈曉〉二師○於〈高宗〉之代, 〈梵日〉在於〈會去〉之後, 相昌[80]一百七十餘歲. 故今前却而編次之. 或云, 〈梵日〉爲〈湘[81]〉之門人, 謬妄也.)

어머니가 이를 조사에게 고했더니 조사가 놀랍고도 기뻐서 그의 아들과 함께 놀던 다리 밑까지 가서 찾으니, 물 속에 돌부처 하나가 있으므로 이를 끌어 내었는데, 부처의 왼쪽 귀가 떨어진 것이 전

---

79. 木板本은 相이나 湘의 壞字인 듯하다.
80. 의미상 會去는 會昌으로 相昌은 相去로 바뀌어야 하니, 아마도 각수의 잘못으로 보인다.
81. 木板本은 相이나 湘의 壞字인 듯하다.

날에 본 사미와 같았으니 곧 정취보살의 석상이었다. 곧 간자를 만들어 절 지을 터를 점쳐 보니 낙산의 위쪽이 길하였다. 이에 전각 세 칸을 지어 그 불상을 모셨다.(『고본』에는 범일의 사연을 앞에 기록하고 의상과 원효의 사적이 뒤에 있으나 상고하여 보면 의상과 원효 두 법사는 고종 시대이고 범일은 회창〔841-46〕 이후이니 서로 떨어지기가 170여 년이다. 그러므로 여기서는 전자를 버리고 편차를 매겼다. 혹은 범일을 의상의 제자라고 하나 이는 아주 틀린 말이다.)

後百餘年, 野火連延到此山, 唯二聖殿獨免其災, 餘皆煨燼. 及〈西山〉大兵已來, 癸丑甲寅年間, 二聖眞容及二寶珠, 移入〈襄州城〉, 大兵來攻281/甚急, 城將陷時, 住持禪師〈阿行〉(古名〈希玄〉)以銀合盛二珠, 佩持將逃逸, 寺奴名〈乞升〉奪取, 深埋於地, 誓曰 "我若不免死於兵, 則二寶珠終不現於人間, 人無知者. 我若不死, 當奉二寶獻於邦家矣."

백여 년 지나 들불이 이 산까지 옮았으나 다만 두 성전만 그 화재를 면하고 나머지는 다 타 버렸다. 서산의 큰 병란이 있은 이래로 계축 갑인년 사이에 보살의 진용과 보주를 양주성으로 옮겨 들였더니 대부대 군사의 침공이 매우 급하여 성이 함락하려 할 때에 주지인 선사 아행(옛 이름은 희현이다.)이 구슬 두 개를 은함에 담아서 몸에 지니고 막 도망을 하려고 하는데 걸승이라고 부르는 절간 종이 빼앗아 가지고 땅 속에 깊이 묻고는 발원하기를 "내가 만약 난리에 죽음을 면치 못한다면 두 개 보배구슬은 끝내 인간세상에 나타나지 못해도 알 사람이 없을 것이요, 내가 만일 죽지 않는다면 응당 두 보물을 받들어 국가에 바칠 것이다."라고 하였다.

甲寅十月二十二日城陷,〈阿行〉不免而乞升獲免. 兵退後掘出, 納於〈溟州道〉監倉使. 時, 郎中〈李祿綏〉爲監倉使, 受而藏於監倉庫中, 每交代傳受. 至戊午十一月, 本業老宿〈祇林寺〉住持大禪師〈覺猷〉奏曰 "〈洛山〉二珠, 國家神寶,〈襄州城〉陷時, 寺奴乞升埋於城中, 兵退, 取納監倉使, 藏在〈溟州〉營庫中. 今〈溟州城〉殆不能守矣, 宜輸安御府." 主上允可. 發〈夜別抄〉十人, 率乞282/升, 取於〈溟州城〉, 入安於內府, 時使介十人各賜銀一斤‧米五石.

갑인 10월 22일 성이 함락되자 아행은 죽음을 면치 못하고 걸승은 살게 되어 군사들이 물러간 후에 파내어 명주 감창사에게 바쳤다. 당시에 낭중 이녹수가 감창사로서 이것을 받아 창고 속에 간직하고 교대가 될 때마다 물려받아 오더니 무오 11월에 이르러 본업의 노숙인 기림사 주지 대선사 각유가 아뢰기를 "낙산의 두 구슬은 국가의 신성한 보물로서 양주성이 함락할 때에 절간의 종 걸승이 성 중에 묻었다가 적병이 물러간 뒤에 파내어 감창사에게 바쳐 명주의 병영 고방 속에 두었습니다. 지금 명주성이 위태로워 지켜 낼 수 없는지라 마땅히 옮겨서 대궐에 모시어야 합니다."라고 하니 주상이 윤허하였다. 야별초 열 사람을 내어 걸승을 데리고 명주성에 들어가 찾아서 궁중에 모시니, 당시 심부름하던 관원 열 사람에게 각각 은 한 근씩과 쌀 닷 섬씩을 하사하였다.

昔,〈新羅〉爲京師時, 有〈世逵[82]寺〉(今〈興敎寺〉也)之莊舍, 在〈溟
州〉〈㮆李郡〉(按『地理志』,〈溟州〉無〈㮆李郡〉, 唯有〈㮆城郡〉, 本〈㮆
生郡〉, 今〈寧越〉. 又〈牛首州〉領縣有〈㮆靈郡〉, 本〈㮆已郡〉, 今〈剛
州〉.〈牛首州〉今〈春州〉, 今言〈㮆李郡〉, 未知孰是), 本寺遣[83]僧〈調
信〉爲知莊,

옛날 신라시대에 세규사(지금의 흥교사이다.)의 장원이 명주 날
이군에 있었는데 (『지리지』를 살펴보건대 명주에는 날이군이 없고
오직 날성군이 있을 뿐인데 본래는 날생군으로 지금의 영월이다.
또 우수주에 영현으로 날령군이 있는데 본래 날이군으로 지금의 강
주이다. 우수주는 지금의 춘주인데 여기서 날이군이라 하니 어느
것이 옳은지 모르겠다.) 본사에서 승 조신을 보내어 장원을 관리하
게 하였다.

〈信〉到莊, 上悅〇守〈金昕〉公之女, 惑之深, 屢就〈洛山〉大悲前,
潛祈得幸, 方數年間, 其女已有配矣. 又往堂前怨大悲之不遂已, 哀泣
至日暮, 情思倦憊, 俄成假寢, 忽夢〈金氏〉娘, 容豫入門, 粲然啓齒而
謂曰 "兒早識上人於半面, 心乎愛矣, 未嘗暫忘, 迫於父母之命, 强從
人矣. 今願爲同穴之友, 故來爾."

조신이 장원에 이르러 태수 김흔공의 딸을 좋아하게 되어 깊이
반한지라 여러 번 낙산의 관음 앞에 가서 남 몰래 사랑이 성공할

---

82. 木板本은 逵이나 達의 異體字로 보인다. 그러나 어느 쪽이든 의미는 통하므로 여기서는 그
   대로 둔다.
83. 壬申本은 遺이나 遣의 異體字이다.

것을 빌어온 지 수년인데 그 여자는 벌써 배필이 생겼다. 다시 관음
당 앞에 가서 관세음보살이 자기 일을 이루어 주지 않았다고 원망
하면서 슬프게 울다가 날이 저물어 그리운 정에 지쳐서 잠깐 졸던
차에 갑자기 꿈에 김씨의 딸이 기쁜 얼굴로 문으로 들어와서 환하
게 웃으며 말하기를 "제가 일찍이 스님의 얼굴을 어렴풋이 알았으
나 마음으로 사랑하여 잠시나마 한번도 잊어 본 적이 없었는데 부
모의 명령에 못 이겨 억지로 다른 사람에게 갔던 것입니다. 이제는
부부가 되어 주시기를 원하여 이렇게 왔습니다."라고 하였다.

〈信〉乃顚喜, 同皈鄕里, 計活四十餘283/霜, 有兒息五, 家徒四壁,
藜藿不給, 遂乃落魄扶携, 糊其○於四方. 如是十年, 周流草野, 懸
百結, 亦不掩体. 適過〈溟州〉〈蟹縣〉嶺, 大兒十五歲者忽餒死, 痛哭
收瘞於道, 從率餘四○, 到〈羽曲縣〉(今〈羽縣〉也), 結茅於路傍而舍.
夫婦老且病, 飢不能興, 十歲女兒巡乞, 乃爲里獒所噬, 號痛臥於前.

조신이 매우 기뻐서 함께 고향으로 가서 같이 산 지 40여 년에
자식 다섯을 낳았으나 집은 텅텅 빈 네 벽뿐이요, 변변찮은 끼니거
리도 댈 수 없어, 마침내 지독하게 가난하게 되어 서로 이끌고 입
에 풀칠이라도 하기 위해 사방으로 다녔다. 이러기를 십 년 동안 초
야를 두루 돌아다니니 갈갈이 찢어진 옷이 몸을 가리지 못하였다.
마침 명주 해현고개를 지나는데 열다섯 난 큰 아이가 갑자기 굶어
죽어 통곡을 하다가 길가에 묻고 나머지 네 식구를 데리고 우곡현
(지금의 우현이다.)에 이르러 길가에 움집을 엮고 살았다. 부부가
늙고 병들고 굶주려 일어나지 못하니 열 살 난 딸아이가 돌아다니

며 동냥을 하다가 동네 사나운 개에게 물려 울부짖으면서 앞에 와 쓰러졌다.

父母爲之歔欷, 泣下數行, 婦乃○澁拭涕, 倉卒而語曰 "予之始遇君也, 色美年芳, 衣袴稠鮮, 一味之甘, 得與子分之, 數尺之煖, 得與子共之, 出處五十年, 情鍾莫逆, 恩愛綢繆, 可謂厚緣. 自比年來, 衰病歲益深, 飢寒日益迫, 傍舍壺漿, 人不容乞, 千門之恥, 重似丘山. 兒寒兒284/飢, 未遑計補, 何暇有愛悅夫婦之心哉. 紅顔巧笑, 草上之露, 約束芝蘭, 柳絮飄風. 君有我而爲累, 我爲君而足憂, 細思昔日之歡, 適爲憂患所階. 君乎予乎, 奚至此極, 與其衆鳥之同餒, 焉如[84]隻鸞之有鏡. 寒弃炎附, 情所不堪, 然而行止非人, 離合有數, 請從此辭."

아버지 어머니가 흐느껴 눈물을 흘리다 말고 부인이 눈물을 씻고 창졸간에 말하기를 "내가 처음 당신을 만날 때에 당신은 젊은 나이에 얼굴이 잘났으며 옷차림도 깨끗하여 한 가지 맛난 음식도 당신과 갈라 먹었고 몇 자 되는 따뜻한 옷감도 당신과 함께 입어 가며 지낸 지 50여 년에 그러한 정분은 그대로이며 은혜와 사랑은 더욱 굳어져 두터운 인연이라 할 수 있습니다. 근년에 와서 쇠약해져 병이 해마다 더하고 춥고 배고픔이 날로 핍박하자 곁방이나 미음 한 병도 사람들에게 빌지 않으면 얻을 수 없게 되었으니, 온 동리의 수치는 산과 같이 중합니다. 아이들이 춥고 배 고파도 어떻게 해 줄 수 없는 터에 어느 겨를에 부부 사이에 사랑과 즐거운 생각이 나겠

---

84. 木板本은 知로 如의 異體字이다.

습니까. 붉은 얼굴에 예쁘던 웃음도 풀 위의 이슬처럼 사라졌고 지란과 같은 약속도 회오리 바람에 버들꽃인 양 흩어졌습니다! 당신은 나로 하여 누가 되고 나는 당신 때문에 걱정이 되니 곰곰이 옛날 즐거움을 생각하면 우환이 함께 따라올 것도 당연한 일입니다. 당신이나 나나 어째서 이 지경에 이르렀으니, 뭇새가 함께 굶주리는 것보다는 차라리 짝 잃은 난새가 거울 앞에 있는 것만 못 합니다. 차면 버리고 따뜻하면 붙는 것은 인정에 차마 못 할 노릇이지만 가고 멈추는 것은 인력으로 안 되는 것이요, 만나고 헤어지는 것에 운수가 있으니 청컨대 이제 헤어집시다."라고 하였다.

〈信〉聞之大喜, 各分二兒將行, 女曰 "我向桑梓, 君其南矣." 方分手進途而形開, 殘燈翳吐, 夜色將闌.

조신이 듣고는 매우 기뻐하여 각각 두 아이씩 데리고 장차 헤어져 가려고 하니, 아내가 말하기를 "나는 고향으로 갈 터이니 당신은 남쪽으로 가시라."라고 하고 막 작별을 하고 길을 떠나는 참에 잠에서 깨어나니 타다 남은 등잔불이 가물거리고 밤은 짙어 갔다.

及旦鬢髮盡白, 惘惘然殊無人世意, 已猒勞生, 如飫百年辛苦, 貪染之心, 然氷釋. 於是, 慚對聖容, 懺滌無已. 歸撥〈蟹峴〉所埋兒塚, 乃石弥勒也. 灌洗奉安于隣寺, 還京師, 免莊任, 傾私財, 創〈淨土285/寺〉, 懃修白業, 後莫知所終.

아침이 되어 보니 머리털이 죄다 세고 정신이 멍하니 도무지 인간세상에 살 생각이 없어지고 괴로운 삶에 염증이 나니, 마치 평생의 고생을 다 겪은 듯하고, 탐욕스러운 마음이 씻은 듯 녹아 버렸다. 이에 관음의 진영을 대하기가 부끄러워 뉘우쳐 마지않았다. 해현으로 가서 어린아이를 묻은 데를 팠더니 돌미륵이 있었다. 잘 씻어서 이웃 절에 봉안하고 서울로 돌아와 장원의 임무를 마치고 사재를 털어서 정토사를 세우고 부지런히 선업을 닦더니 그 후 어떻게 생애를 마쳤는지 알 수 없다.

議曰 "讀此傳, 掩卷而追繹之, 何必〈信師〉之夢爲然! 今皆知其人世之爲樂, 欣欣然役役然, 特未覺尒."

평한다. "이 글을 읽다가 책을 덮고 곰곰이 풀어 보니 하필 조신의 꿈만 그렇다고 하랴! 이에 저 인간세상의 낙이라 하는 것은 즐겁기도 하고 괴롭기도 하되 다만 이것을 깨닫지 못함을 알 수 있을 것이다."

乃作詞誡之曰 "快適須臾意已閑, 暗從愁裏老蒼[85]顔. 不須更待黃粱熟, 方悟勞生一夢間. 治身臧否失[86]誠意, 鰥夢蛾眉賊夢藏. 何以秋來淸夜夢, 時時合眼到淸凉."

이에 노래를 지어 경계하기를 "달콤했던 한 시절에 뜻은 한가롭더니, 어느덧 근심 속에 이 몸이 다 늙었네. 좁쌀밥이 다 익기도 전에 바야흐로 괴로운 한평생이 꿈인 줄 알다. 수행하는 데 잘못을

---

85. 木板本은 會이나 蒼의 壞字로 보인다.
86. 木板本은 先이나 失의 異體字로 보인다.

품어 성의를 잃었으니, 홀아비가 미인을 그리며 도적이 창고를 꿈
꾸는 것과 같구나. 가을날 맑은 밤에 무슨 꿈 꿀거나, 이따금 눈
감으면 오대에 이른다."라고 하였다.

20. 魚山佛影

『古記』云 "〈萬魚寺〉者古之〈慈成山〉也, 又〈阿耶斯山〉.(當作 摩耶
斯, 此云魚也.) 傍有〈呵囉國〉, 昔天卵下于海邊, 作人御國, 卽〈首露
王〉. 當此時, 境內有〈玉池〉, 池有毒龍焉. 〈万魚山〉有五羅利286/女,
往來交通, 故時降電雨, 歷四年, 五穀不成. 王呪禁不能, 稽首請佛說
法, 然後羅刹女受五戒而無後害, 故東海魚龍遂化爲滿洞之石, 各有
鍾磬之聲.(已上『古記』.)"

어산의 부처 그림자

『고기』에 이르기를 "만어사는 옛날의 자성산이니 또 아야사산이
라고도 한다.(마땅히 마야사라 해야 할 것이니 이는 물고기를 이른
다.) 그 이웃에는 아라국이란 나라가 있어 옛날 하늘로부터 알이 해
변에 내려와 사람이 되어 나라를 다스리니 이가 곧 수로왕이다. 이
당시에 경내에 옥지가 있고 못 속에는 악룡이 있었다. 만어산에는
다섯 명의 나찰녀가 있어 내왕하고 교통하기 때문에 때로 번개가 치
고 비가 내려 4년 동안 오곡이 잘 되지 않았다. 왕이 주문으로 이를
금할 수 없어서 공손히 부처님에게 설법을 청하였더니 그러고 난 후
는 나찰녀들이 오계를 수지하고 이후에 아무런 피해가 없어졌으므
로 동해의 어룡이 마침내 변하여 골짜기를 가득 찬 돌이 되어 저마
다 종과 풍경 소리를 냈다.(이상은 『고기』이다.)"라고 했다.

又按,〈大定〉十二年庚子, 卽〈明宗〉十一年也, 始創〈萬魚寺〉, 棟
梁〈宝林〉狀奏所稱山中奇異之迹, 與〈北天竺〉〈訶羅國〉佛影事符同者
有三, 一, 山之側近地〈梁州〉界〈玉池〉, 亦毒龍所蟄是也, 二, 有時自
江邊雲氣始出, 來致山頂, 雲中有音樂之聲是也, 三, 影之西北有盤
石, 常貯水不絶, 云是佛浣濯袈裟之地是也. 已上皆〈寶林〉之說, 今親
來瞻禮, 亦乃彰彰可敬信者有二, 洞中之石, 凡三分之二皆有金玉
287/之聲, 是一也, 遠瞻卽現, 近瞻不見, 或見不見[87]等, 是一也.〈北
天〉之文, 具錄於後.

또 상고하건대 대정 12년 경자(1180) 즉 명종 11년에 처음으로
만어사를 창건했는데 동량 보림이 산중의 기이한 사적에 관한 보고
를 올렸는데 북천축 가라국의 부처 그림자 사건과 꼭 같은 데가 세
가지 있었으니 첫째로 산 옆 가까운 곳인 양주땅에 옥지가 있어 역
시 독룡이 칩거하고 있었다는 것이 그것이요, 둘째로 때때로 강변
으로부터 구름 기운이 나오기 시작하여 산꼭대기에 이르면 구름 속
에서 음악 소리가 난다는 것이 그것이요, 셋째로 그림자 서북쪽에
반석이 있어 언제나 물이 고여 마르지 않았는데 여기는 부처가 가
사를 빨던 곳이라고 이르는 것이 그것이다. 이상은 모두 보림의 이
야기로서 지금 친히 와서 예배를 하고 보니 역시 분명히 공경하여
믿을 만한 일이 두 가지 있으니, 골짜기 속에 있는 돌 가운데 무릇
3분의 2는 모두 금과 옥소리가 나는 것이 그 한 가지요, 멀리서 쳐
다보면 금방 나타나고 가까이서 보면 나타나지 않거나 혹은 보였다

---

87. 木板本은 覓이나 판본이 縱書인 까닭에 不見이 합쳐진 듯하다.

가 안 보였다가 하는 것 등이 그 한 가지이다. 북천축에 관한 글은
뒤에 자세히 기록한다.

可函『觀佛三昧經』第七卷云 "佛到〈耶乾訶羅國〉〈古仙山〉,
花林毒龍之側, 靑蓮花泉北羅刹穴中, 〈阿那斯山〉南. 尒時, 彼穴有五
羅刹, 化作女龍, 與毒龍通, 龍復降雹, 羅刹亂行, 飢饉疾疫. 已歷四
年, 王驚懼, 禱祀神祇, 於事無益. 時有〈梵志〉聰明多智, 白言大王
'〈伽毗羅〉〈淨飯王子〉, 今者成道号〈釋迦文〉,' 王聞是語, 心大歡喜,
向佛作禮曰云 '何今日佛日已興, 不到此國?'

　가함에 든 『관불삼매경』 제7권에 이르기를 "부처님이 야건가라
국의 고선산에 이르니 담복화 숲의 악룡이 사는 옆에, 청련화샘 북
쪽 나찰의 굴 속에 있는 아나사산의 남쪽이다. 이 당시 그 동굴에는
다섯 명의 나찰이 살았는데 암룡으로 화하여 독룡과 사통을 하니,
용은 또 우박을 내리고 나찰들은 행실이 난잡하여 기근이 들고 역
질이 돌았다. 이렇게 4년을 지나매 왕이 놀라 무서워서 신지에게
기도를 올렸으나 아무런 영험이 없었다. 이때에 총명하고 지혜가
많은 범지가 왕에게 아뢰기를 '가비라의 정반왕자가 지금 성도하여
석가문이라 부른다.'고 하니, 왕이 이 말을 듣고 대환희심을 내어
부처를 향하여 예배를 하고 말하기를 '오늘날 부처님의 광명한 시
대가 이미 시작되었는데 어찌하여 이 나라에는 오시지 않나이까?'
라고 하였다.

尒時, 如來勅諸比丘, 得六神通者, 隨從佛後, 受〈那乾訶羅〉王〈弗

婆浮提〉請. 尒時, 世尊頂放288/光明, 化作一萬諸大化佛, 往至彼國.
尒時, 龍王及羅刹女, 五體投地, 求佛受戒. 佛卽爲說三歸五戒, 龍王
聞已, 長跪合掌, 勸請世尊常住此間, 佛若不在, 我有惡心, 無由得成
阿耨菩提.

이때에 여래가 여러 비구 가운데 이미 육신통을 얻은 자에게 명
하여 자기 뒤를 따르게 하고 나간가라 국왕 불파부제의 청을 들어
주기로 하였다. 이때에 세존께서는 정수리에서 광명을 발하니 1만
이나 되는 여러 대화불로 화하여 그 나라로 왕림하였다. 이때야 용
왕과 나찰녀들이 오체투지를 하면서 부처님께 수계를 청하였다. 부
처님은 즉시로 3귀의 5계를 설법하니 용왕이 듣기를 마치자 무릎
을 꿇고 합장하여 세존께서 이곳에 상주하실 것을 간청하면서 부처
님이 계시지 않으면 우리는 악한 마음이 있어 무상의 정등정각을
얻게 될 수 없노라고 하였다.

時, 梵天王復來禮佛, 請婆伽婆爲未來世諸衆生故, 莫獨偏爲此一
小龍, 百千〈梵〉王皆作是請. 時, 龍王出七寶臺, 奉上如來. 佛告龍王
'不須此臺, 汝今但以羅刹石窟持以施我.' 龍歡喜(云云)尒時, 如來安
慰龍王 '我受汝請, 坐汝窟中, 經千五百歲.' 佛湧身入石, 猶如明鏡,
人見面像, 諸龍皆現, 佛在石內, 映現於外.

이때에 범천왕이 또 와서 예불을 하고 세존께서는 미래 세상의
여러 중생들을 위할 것이므로 다만 편벽되게 이 작은 용 한 마리만
위하지는 말아 줄 것을 청하니 백, 천의 범왕들이 모두 이같이 청하
였다. 이때에 용왕이 칠보로 꾸민 대를 내어 여래에게 바쳤다. 부처

가 용왕에게 말하기를 '이 대는 소용 없으니 네가 지금 나찰의 석굴만 가져다가 나에게 시주하라.'라고 하니 용왕이 기뻐했다고 하였다. 이때에 여래가 용왕을 위로하며 말하기를 '내가 너의 청대로 너의 굴 속에서 1,500년 동안 있으리라.'라고 하고 몸을 솟아 석굴 속으로 들어가매 석굴 속이 밝은 거울처럼 되어 사람의 얼굴 형상이 보이고 여러 용들도 나타나며 부처님은 석굴 속에 있으면서도 형상은 바깥에까지 비추어 보였다.

尒時, 諸龍合掌歡喜, 不出其地, 常見佛日. 尒時, 世尊結伽趺289/坐在石壁內, 衆生見時, 遠望卽現, 近則不現. 諸天供養佛影, 影亦說法." 又云 "佛蹴嵓石之上, 卽便成金玉之聲."

이때에 여러 용들이 합장을 하고 환희심을 발하여 그곳에서 나오지 않고 언제나 부처님을 친견하게 되었다. 이때에 세존께서 석벽 안에서 결가부좌를 하니 중생들이 볼 때에 멀리서 바라보면 나타나나 가까우면 보이지 않았다. 이리하여 제천이 부처님의 그림자에 공양을 하면 그림자가 역시 설법을 하였다."고 하였다. 또 이르기를 "부처님이 바윗돌 위를 차면 문득 금과 옥소리가 났다."라고 한다.

『高僧傳』云 "〈惠遠〉聞〈天竺〉有佛影, 昔爲龍所留之影, 在〈北〈天竺〉〈月支國〉〈那竭呵城〉南古仙人石室中(云云)."

『고승전』에 이르기를 "혜원이 천축에 부처님의 그림자가 있다는 말을 들었는데 옛날에 용을 위하여 남겼던 그림자로서 북천축 월지국 나갈가성 남쪽 옛 선인의 석굴 속에 있다."고 운운하였다.

又〈法現〉『西域傳』云"至〈那竭國〉界,〈那竭城〉南半由旬有石室,〈博山〉西南面, 佛留影此中. 去十餘步觀之, 如佛眞形, 光明炳著, 轉遠轉微. 諸國王遣工摹寫, 莫能髣髴. 國人傳云, 賢劫千佛, 皆當於此留影, 影之西百步許, 有佛在時剃髮剪爪之地(云云)."

또 법현의 『서역전』에 이르기를 "나갈국 경계에 이르면 나갈성 남쪽 반유순쯤 되는 곳에 석굴이 있는데 박산 서남쪽을 면하여 부처님의 그림자가 이 속에 머물러 있었다. 십여 보를 떨어져서 이것을 보면 부처님의 참모습과 꼭 같아서 광명이 찬연하나 멀어질수록 점점 희미하게 보였다. 여러 나라 왕들이 화공을 보내어 본떠 그리려 하였으나 비슷하게 그릴 수 없었다고 한다. 국인들이 일러 전하기를 현겁의 천불이 모두 여기다 그림자를 남겼다 하며 그림자의 서쪽 1백 보쯤 되는 곳에는 부처님이 세상에 계실 때에 머리를 깎고 손톱을 깎던 땅이 있다."라고 하였다.

星函『西域記』第二卷云"昔, 如來在世之時, 此龍爲牧牛之士, 供王乳酪, 進奏失宜, 旣獲譴嘖, 心懷290/恨, 以金錢買花供養, 授記〈堵婆〉, 願爲惡龍破國害王, 特趣石壁, 投身而死, 遂居此窟爲大龍王. 適起惡心, 如來鑑此, 變神通力而來至. 此龍見佛, 毒心遂止, 受不殺戒, 因請如來常居此穴, 常受我供, 佛言'吾將寂滅, 爲汝留影, 汝若毒忿, 常觀吾影, 毒心當止.'攝神獨入石室, 遠望卽現, 近則不現. 又令石上蹴爲七寶(云云)."

성자함에 든 『서역기』 제2권에는 이르기를 "옛날에 여래가 재세시에 이 용이 소 먹이는 목자가 되어 왕에게 우유를 바치더니 진상

458

하는데 잘못을 하여 견책을 당하니 마음속으로 원한을 품고 돈으로 꽃을 사 가지고 공양을 하면서 탑에 수기를 하며 악룡이 되어 나라를 파괴하고 왕을 살해할 것을 발원하고 즉시 석벽으로 달려가 투신하여 죽어 마침내 이 석굴에 살면서 대용왕이 되었다. 이때에 악심을 일으키자 석가여래가 이것을 알고 신통력의 조화로 이곳에 왔었다. 이 용이 부처님을 친견하게 되자 악독한 마음이 그만 가라앉게 되어 불살계를 받고는 곧 여래에게 항상 이 석굴에 살면서 자기의 공양을 받아 달라 청하니 부처님이 말하기를 '내가 장차 세상을 떠날 터인데 너를 위하여 그림자를 남길 터이니 네가 만약 악독한 분심이 생길 때는 늘 내 그림자를 보면 악독한 마음이 반드시 그치게 될 것이다.'라고 하면서 정신을 가다듬고 혼자 석굴로 들어가매 멀리서 바라보면 곧 나타나고 가까우면 보이지 않았다. 또 돌 위의 발자취로써 칠보로 삼았다."라고 하였다.

已上皆經文, 大略如此. 海東人名此山爲〈阿那斯〉, 當作〈摩那斯〉, 此翻爲魚, 盖取彼〈北天〉事而稱之爾.

이상은 모두 불경의 글로서 대략 이와 같다. 해동인이 이 산 이름을 아나사라 했는데 마땅히 마나사라고 하여야 될 것이니 이를 번역하면 물고기라는 말이다. 대개 저 북천축 이야기를 취하여 이렇게 부르는 것이다.

21. 臺山五萬眞身

按『山中古傳』, 此山之署名眞聖住處者, 始自〈慈藏法師〉.291/ 初,

法師欲見中國〈五臺山〉文殊眞身. 以〈善德王〉代,〈貞觀〉十年丙申
(『唐僧傳』云十二年, 今從『三國本史』)入〈唐〉, 初至中國〈太和池〉邊,
石文殊處, 虔祈七日, 忽夢大聖授四句偈, 覺而記憶, 然皆〈梵語〉, 罔
然不解.

오대산의 5만진신

『산중고전』을 상고하건대, 이 산의 이름을 진성이 거주하는 곳이
라고 붙인 것은 자장법사 때부터 시작되었다. 처음에 법사가 중국
의 오대산에 있는 문수보살의 진신을 친견하고자 하였다. 선덕왕
대 정관 10년 병신(『당승전』에는 12년인데 여기서는 『삼국본사』를
좇는다.)(636)에 당나라에 들어가서 처음은 중국의 태화지 가에 있
는 문수보살의 석상을 찾아가 경건하게 기도를 한 지 이레가 되어
갑자기 꿈에 대성이 게송 네 구절을 주었는데 잠을 깨어도 기억을
했으나 모두가 범어였으므로 전혀 그 뜻을 알 수 없었다.

明旦忽有一僧, 將緋羅金點袈裟一領・佛鉢一具・佛頭骨一片, 到
于師邊, 問 "何以無聊?" 師答以夢所受四句偈,〈梵音〉不解爲辭, 僧
譯之云 "呵囉婆佐曩, 是曰了知一切法, 達㘑哆佉嘢, 云自性無所有,
曩伽呬伽曩啊曩, 云如是解法性, 達㘑盧舍那, 云卽見盧舍那." 仍以所
將袈裟等, 付而囑云 "此是本師釋迦尊之道具也. 汝善護持." 又曰
"汝本國艮方〈溟州〉界有〈五臺山〉, 一萬文殊292/常住在彼, 汝往見
之." 言已不現.

이튿날 아침에 돌연히 한 스님이 붉은 비단에 금점을 놓은 가사
한 벌과 바리때 한 벌과 부처님 두골 한 쪽을 가지고 자장법사의

곁에 와서 "무엇 때문에 수심에 잠겨 있느냐?"라고 물었다. 법사가 "꿈에 받은 게송 네 구절이 범어이므로 그 뜻을 해석할 수 없어서 그렇습니다."라고 하니 그 스님이 번역하여 말하기를 "가나파좌랑이란 말은 일체법을 분명하게 안다는 말이요, 달예치구야란 말은 자성은 무소유라는 말이요, 랑가희가랑이란 말은 이와 같이 법성을 알았다는 말이요, 달예로사나는 노사나불을 곧 친견한다는 말이다."라고 하면서 가지고 온 가사 등을 주면서 부탁하여 말하기를 "이것은 본사 석가세존의 도구들이니 네가 잘 수지하라."라고 하고 다시 말하기를 "너의 본국 동북쪽 명주땅 오대산에 1만이나 되는 문수보살이 항상 그곳에 상주하고 계시니 너는 가서 친견하여라." 라고 하고 말을 마치자 사라졌다.

遍尋靈迹, 將欲東還, 〈太和池〉龍現身請齋, 供養七日. 乃告云 "昔之傳偈老僧, 是眞文殊也." 亦有叮囑創寺立塔之事, 具載『別傳』.

영험 있는 유적들을 두루 찾아 다니고 장차 동방으로 돌아오고자 하더니 태화지의 용이 현신하여 재를 청하므로 이레 동안 공양을 올렸다. 이에 고하기를 "예전에 게송을 전한 노승은 바로 진짜 문수보살이시다."라고 하였다. 또 절을 짓고 탑을 세우도록 간곡히 부탁하였는데 『별전』에 자세히 실려 있다.

師以〈貞觀〉十七年來到此山, 欲覩眞身, 三日晦陰, 不果而還. 復住〈元寧寺〉, 乃見文殊云, 至〈葛蟠處〉, 今〈淨嵓寺〉是.(亦載『別傳』.) 後有頭陁〈信義〉, 乃〈梵日〉之門人也, 來尋〈藏師〉憩息之地, 創庵而居.〈信義〉旣卒, 庵亦久廢, 有〈水多寺〉長老有緣, 重創而居, 今〈月精寺〉是也.

법사는 정관 17년(643)에 이 산에 도착하여 진신을 보고자 하였더니 사흘 동안 날씨가 캄캄하여 뜻을 이루지 못하고 돌아갔다. 다시 원령사에 머물면서 이에 문수보살을 친견했다고 하는데, 갈반처에 이르면 지금의 정암사가 바로 이 절이다.(역시 『별전』에 실려 있다.) 뒤에 두타승 신의가 범일의 문인으로서 자장법사의 휴식하던 곳을 찾아와서 암자를 세우고 살았으며 신의가 죽자 이 암자가 오랫동안 폐하였다가 수다사 장로 유연이 중창을 하고 살았으니 지금의 월정사가 바로 이 절이다.

〈藏師〉之返〈新羅〉,〈淨神大王〉太子〈寶川〉·〈孝明〉二昆弟(按『國史』,〈新羅〉無〈淨神〉·〈寶川〉·〈孝明〉三父子明文. 然此記下文云〈神龍〉元年開土立寺, 則〈神龍〉乃〈聖德王〉卽位四年乙巳也. 王名〈興光〉, 本名〈隆基〉,〈神文〉之第二子也.〈聖德〉之兄〈孝照〉名〈理恭〉, 一作〈洪〉, 亦〈神293/文〉之子.〈神文〉〈政明〉字〈日照〉, 則〈淨神〉恐〈政明〉·〈神文〉之訛也.〈孝明〉, 乃〈孝照〉一作〈昭〉之訛也.『記』云〈孝明〉卽位而〈神龍〉年開土立寺云者, 亦不細詳言之尒,〈神龍〉年立寺者乃〈聖德王〉也),

자장법사가 신라로 돌아올 때에 정신대왕의 태자인 보천과 효명 두 형제의 일이다.(『국사』를 보건대 신라에는 정신·보천·효명 3부자의 명문은 없다. 그러나 이 기록의 하문에는 신룡 원년〔705〕에 터를 닦고 절을 지었다는 말이 있으니 신룡은 성덕왕 즉위 4년

462

을사이다. 왕의 이름은 홍광이요, 본명은 융기이니 신문왕의 둘째 아들이다. 성덕왕의 형 효조의 이름은 이공으로 홍이라고도 하는데 역시 신문왕의 아들이다. 신문왕 정명의 자는 일조인즉 정신은 아마도 정명과 신문을 그릇되게 부르는 말 같고 효명은 바로 효조의 소리고 잘못 부른 것인가 한다. 『기』에 이르기를 효명이 즉위하여 신룡연간에 터를 닦고 절을 세웠다고 한 것도 역시 분명치 못한 말이니 신룡연간에 절을 세웠다는 이는 바로 성덕왕이다.)

到〈河西府〉(今〈溟州[88]〉亦有〈河西郡〉是也. 一作〈河曲縣〉, 今〈蔚州〉非是也)〈世獻〉角干之家留一宿, 翌日過大嶺, 各領千徒, 到〈省烏坪〉遊覽累日. 忽一夕昆弟二人, 密約方外之志, 不令人知, 逃隱入〈五臺山〉

두 형제가 하서부에 이르러(지금의 명주에 역시 하서군이 있으니 바로 이곳이다. 한편 하곡현이라고도 하였으니 지금의 울주는 이곳이 아니다.) 세헌각간의 집에서 하룻밤 묵고 이튿날 큰 고개를 넘어서 각각 무리 천 명을 거느리고 성오평에 도착하여 여러날 유람하였다. 하룻저녁은 갑자기 형제 두 사람이 속세를 초월할 뜻을 두고 밀약한 후 아무도 모르게 도망하여 오대산에 들어가 숨었다.

(『古記』云 "〈太和〉元年戊申八月初, 王隱山中." 恐此文大誤. 按〈孝照〉一作〈昭〉, 以〈天授〉三年壬辰卽位, 時年十六, 〈長安〉二年壬

---

88. 壬申本은 舟로 州의 誤字로 보인다.

寅崩, 壽二十六.〈聖德〉以是年卽位, 年二十二. 若曰〈太和〉元年戊
申, 則先於〈孝照〉卽位甲辰已過四十五歲, 乃〈太宗〉·〈文武王〉之世
也. 以此知此文爲誤, 故不取之.)

(『고기』에 이르기를 "태화 원년 무신〔648〕 8월 초에 왕이 산중
에 숨다."라고 하였으니 아마도 이 기사는 크게 틀린 것 같다. 살펴
보건대 효조를 소라고도 하니, 천수 3년 임진에 즉위하니 이때의
나이는 열여섯이요, 장안 2년 임인에〔702〕 죽었으니 수가 26세이
다. 성덕은 이 해에 즉위하여 나이가 스물둘이다. 만약 이 해가 태
화 원년 무신년이라 한다면 효조왕이 즉위한 갑진년보다 45년이나
앞서니 태종과 문무왕의 시대이다. 이로써 이 기사가 잘못된 것을
알 수 있으므로 이를 취하지 않는다.)

侍衛不知所歸, 於是還國. 二太子到山中, 靑蓮忽開地上. 兄太子結
庵而止住, 是曰〈寶川庵〉. 向東北行六百餘步, 北臺南麓亦有靑蓮開
處, 弟太子孝明又294/結庵而止, 各勲修業. 一日同上〈五峰〉瞻禮次,
東臺〈滿月山〉, 有一萬觀音眞身現在, 南臺〈騏驎山〉, 八大菩薩爲首
一萬地藏, 西臺〈長嶺山〉, 無量壽如來爲首一萬大勢至, 北臺〈象王
山〉, 釋迦如來爲首五百大阿羅漢, 中臺〈風盧山〉亦名〈地盧山〉, 毗盧
遮那爲首一萬文殊. 如是五萬眞身一一瞻禮.

시위하던 자들이 그가 간 곳을 모르고 이에 서울로 돌아왔다. 두
태자가 산중에 이르렀더니 푸른 연꽃이 땅 위에 갑자기 피었다.
형 되는 태자가 암자를 짓고 여기 머무니 이것을 보천암이라고 하
였다. 이에 동북쪽을 향하여 6백여 보를 가서 북대의 남쪽 기슭에

역시 푸른 연꽃이 핀 곳이 있어 아우 되는 태자 효명이 또 암자를 짓고 살면서 저마다 부지런히 업을 닦았다. 하루는 형제가 함께 오봉에 올라가 예배코자 하던 차에 동대인 만월산에 1만 관음의 진신이 현재하고 남대인 기린산에는 팔대보살을 수위로 한 1만지장이, 서대인 장령산에는 무량수여래를 수위로 하는 1만 대세지보살이, 북대 상왕산에는 석가여래를 수위로 하는 5백의 대아라한이, 중대인 풍로산 또는 지로산이라고도 하는데 비로자나를 수위로 일만 문수보살이 나타났으니 이와 같은 5만이나 되는 진신께 일일이 예배를 하였다.

每日寅朝, 文殊大聖到〈眞如院〉·今〈上院〉, 變現三十六種形. 或時現佛面形, 或作寶珠形, 或作佛眼形, 或作佛手形, 或作寶塔形, 或萬佛頭形, 或作萬燈形, 或作金橋形, 或作金鼓形, 或作金鍾形, 或作神通形, 或作金樓形, 或作金輪形, 或作金剛杵[89]形, 或作金甕形, 或作金295/鈿形, 或五色光明形, 或五色圓光形, 或吉祥草形, 或青蓮花形, 或作金田形, 或作銀田形, 或作佛足形, 或作雷電形 或[90]來湧出形, 或地神湧出形, 或作金鳳形, 或作金烏形, 或馬産師子形, 或雞産鳳形, 或作青龍形, 或作白象形, 或作鵲鳥形, 或牛産師子形, 或作遊猪形, 或作青蛇形.
　　매일 새벽이면 문수보살이 진여원·지금의 상원에 와서 서른여

---

89. 木板本은 柝이나 杵의 異體字로 보인다.
90. 원문에는 없지만 앞에 如가 있는 것으로 보인다.

섯 가지 형상으로 변하여 현신한다. 어떤 때는 부처님의 얼굴 형상
으로 나타나기도 하고, 어떤 때는 보배구슬 형상이 되기도 하고,
어떤 때는 부처 눈 모양으로 되기도 하고, 어떤 때는 부처 손 모양
으로 되기도 하며, 어떤 때는 보탑 모양으로 되기도 하고, 어떤 때
는 수없는 부처의 머리 모양으로, 어떤 때는 만 가지 등 모양으로,
혹은 금다리 모양, 혹은 금북 모양, 혹은 금종 모양, 혹은 신통 모
양, 혹은 금누각 모양, 혹은 금바퀴 모양, 혹은 금강저 모양, 혹은
금항아리 모양, 혹은 금비녀 모양, 혹은 5색광명 모양으로, 혹은 5
색원광 모양으로, 혹은 길상초 모양으로, 혹은 푸른 연꽃 모양으로,
혹은 금전 모양으로, 혹은 은전 모양으로, 혹은 부처 발 모양으로,
혹은 번개 모양으로, 혹은 여래가 솟아오르는 모양으로, 혹은 지신
이 솟아오르는 모양으로, 혹은 금봉황의 모양으로, 혹은 금까마귀
모양으로, 혹은 말이 낳은 사자 모양으로, 혹은 닭이 낳은 봉황 모
양으로, 혹은 푸른 용 모양으로, 혹은 흰 코끼리 모양으로, 혹은 까
치 모양으로, 혹은 소가 낳은 사자 모양으로, 혹은 노는 돼지 모양
으로, 혹은 푸른 뱀 모양으로 되어 나타났다.

二公每汲洞中水, 煎茶獻供, 至夜各庵修道. 〈淨神王〉之弟與王爭
位, 國人廢之, 遣將軍四人到山迎之. 先到〈孝明庵〉前呼萬歲, 時有五
色雲, 七日垂覆. 國人尋雲而畢至, 排列鹵簿, 將邀兩太子而歸, 〈寶
川〉哭泣以辭, 乃奉〈孝明〉歸卽位.

두 사람이 매양 골짜기 속의 물을 길어다가 차를 달여 올리고 밤
에는 저마다 암자에서 수도하였다. 정신왕의 아우가 왕과 임금의

자리를 다투매 국인들이 왕을 폐위시키고 장군 네 사람을 보내어
이 산에 와서 맞이하게 하였다. 먼저 효명암 앞에 와서 만세를 부르
니 이때에 오색 구름이 이레 동안 그곳에 드리워 덮여 있었다. 국인
들이 구름을 따라 모두 이르러 임금의 의장을 벌려 세우고 두 태자
를 맞아 가려고 하니 보천은 울면서 사양하므로 그만 효명을 모시
고 돌아와서 즉위시켰다.

理國有年(『記』云, 在位二十餘年, 盖崩年壽二十六之訛. 296/在位
但十年尒. 又〈神文〉之弟爭位事『國史』無文, 未詳). 以〈神龍〉元年
(乃〈唐〉〈中宗〉復位之年, 〈聖德王〉卽位四年也)乙巳三月初四日始改
創〈眞如院〉, 大王親率百寮到山, 幷構殿堂, 幷塑泥像文殊大聖安于
堂中, 以知識〈靈卞〉等五員, 長轉『華嚴經』, 仍結爲〈華嚴社〉, 長年供
費, 每歲春秋, 各給近山州縣倉租一百石 淨油一石, 以爲恒規. 自院
西行六千步, 至〈车尼岾〉·〈古伊峴〉外, 柴地十五結, 栗枝六結, 坐
位二結, 創置莊舍焉.

효명이 나라를 다스린 지 몇 해가 지났다.(『기』에는 재위 20여
년이라 하였는데 아마 죽을 때 수가 26세라는 말의 그릇 전함일 것
이요, 재위는 다만 십 년뿐이다. 또 신문왕의 동생이 왕위를 다투던
사건은 『국사』에 기사가 없으니 자세치 못한 일이다.) 신룡 원년(바
로 당나라 중종이 복위한 해요, 성덕왕 즉위 4년이다.) 을사 3월 초
나흘에 비로소 진여원을 고쳐 세웠는데 대왕이 친히 백관들을 데리
고 산에 이르러 불전과 불당을 짓고 아울러 문수보살 소상을 당중
에 모시고 식식 영변 등 다섯 명이 『화엄경』을 계속 읽으며 화엄사

를 결사하고 오랜 기간 동안 공양할 비용으로 매년 봄가을로 산에서 가까운 주현 창고에서 벼 1백 석과 맑은 기름 한 섬씩을 지급하게 하여 이를 일정한 규례로 삼았다. 진여원의 서쪽으로 6천 보를 가면 모니점과 고이현 밖에 이르는 땔나무 밭 15결과 밤나무 밭 6결과 위토전 2결을 주어 여기다가 장원을 세웠다.

〈寶川〉常汲服其靈洞之水, 故晚年肉身飛空, 到〈流沙江〉外〈蔚國〉〈掌天窟〉停止, 誦『隨求陁羅尼』, 日夕爲課, 窟神現身白云 "我爲窟神已二千年, 今日始聞〈隨求眞詮〉." 請受菩薩戒. 旣受已, 翌297/日窟亦無形, 〈寶川〉驚異.

보천이 언제나 그 영험 있는 골 속 물을 길어 먹었으므로 만년에는 육신이 공중으로 날아 유사강 밖에 울진국 장천굴에 이르러 머물게 되면서 『수구다라니』를 외우는 것으로 아침저녁의 일과를 삼았더니 굴신이 현신하여 사뢰기를 "나는 굴의 신이 된 지 2천 년이나 되었지만 수구진언은 오늘에야 처음 들었다."라고 하면서 보살계를 수계받겠다고 청하였다. 이미 수계를 받고 이튿날 그 굴이 형체조차 없어졌으므로 보천은 놀랍고 기이하게 생각하였다.

留二十日乃還〈五臺山〉〈神聖窟〉, 又修眞五十年, 〈切利天〉神三時聽法, 〈淨居天〉衆烹茶供獻, 四十聖騰空十尺, 常時護衛, 所持錫杖一日三時作聲, 遶房三匝, 用此爲鍾磬. 隨時修業, 文殊或灌水〈寶川〉頂, 爲授成道記莂.

머문 지 20일 만에 오대산 신성굴로 돌아와서 다시 50년간 수도를 하니 도리천의 신이 삼시로 설법을 듣고 정거천의 무리들이 차를 달여 공양하고 40성들이 공중에 열 자나 올라 언제나 호위를 하고 가지고 있는 석장으로 하루 세 번씩 소리를 내면서 방 주위를 세 바퀴씩 돌아다니매 이것으로 종과 풍경 소리를 삼아 시간에 맞추어 수업을 하였는데, 문수보살이 때로는 보천의 정수리에 물을 끼얹는 관정을 하면서 성도기별을 주었다.

〈川〉將圓寂之日, 留記後來山中所行輔益邦家之事云 "此山乃〈白頭山〉之大脉, 各臺眞身常住之地. 靑在東臺北角下·北臺南麓之末, 宜置〈觀音房〉, 安圓像觀音及靑地畫一万觀音像, 福田五員, 晝讀八卷『金經』·『仁王』·『般若』·『千手』呪, 夜念『觀音礼懺』, 称名〈圓通社〉, 赤在[91]南臺南面, 置〈地藏房〉, 安圓像地藏及赤地畫八大298/菩薩爲首一萬地藏像, 福田五員, 晝讀『地藏經』·『金剛般若』, 夜念『占[92]察禮懺』, 稱〈金剛社〉,

보천이 입적하려는 날, 나중에 이 산중에서 시행할 행사로 국가에 도움이 될 만할 일들을 기록해 남겨 두었는데 거기에 이르기를 "이 산은 바로 백두산의 큰 줄기로서 각 대는 진신이 상주하는 곳이다. 청재인 동대의 북쪽 귀퉁이 밑, 북대의 남쪽 기슭 끝에 마땅히 관음방을 설치하여 원만한 관음상과 푸른 바탕에 1만 관음상을 그려 모시고 복전승 다섯 명이 낮에는 여덟 권의 『금강경』과 『인왕

---

91. 壬申本은 任으로 在의 異體字로 보인다.
92. 壬申本은 궐자이나 念占이 결락된 것이 확실해 보이므로 보족해 보았다.

경』·『반야경』과 『천수다라니』를 읽고, 밤에는 『관음예참』을 염하게 하고는 원통사라고 부를 것이요, 적재인 남대의 남쪽 면에 지장방을 두어 원만한 지장상과 붉은 바탕에 8대보살을 수위로 한 1만 지장상을 그려 모시고 복전승 다섯 명이 낮에는 『지장경』과 『금강반야경』을 읽으며 밤에는 『점찰예참』을 염할 것이니 이를 금강사라 부를 것이요,

白[93]方西臺南面置, 〈弥陁房〉, 安圓像無量壽及[94]白地無量壽如來爲首一萬大勢至, 福田五員, 晝讀八卷『法華』, 夜念『弥陁禮懺』, 稱〈水精社〉 黑地北臺南面, 置〈羅漢堂〉, 安圓像釋迦及黑地畫釋迦如來爲首五百羅漢, 福田五員, 晝讀『佛報恩經』·『涅槃經』, 夜念『涅槃禮懺』, 稱〈白蓮社〉,

백방인 서대의 남쪽 면에 미타방을 두고 원만한 무량수상과 흰 바탕에 무량수여래를 수위로 한 1만의 대세지보살을 그려 모시고 복전승 다섯 명이 낮에는 여덟 권의 『법화경』을 읽고 밤에는 『미타예참』을 외우게 하여 수정사라 부를 것이요, 흑지인 북대 남쪽 면에 나한당을 두고 원만한 석가상과 검정 바탕에 석가여래를 수위로 5백나한을 그려 모시고, 복전승 다섯 명이 낮에는 『불보은경』과 『열반경』을 읽고 밤에는 『열반예참』을 외우게 하여 백련사라 부를 것이요,

---

93. 木板本은 日이나 白의 壞字로 보인다.
94. 木板本은 反이나 及의 壞字로 보인다.

黃處中臺，〈眞如[95]院〉，中安泥像文殊不動，後壁安黃地畫毗盧遮
那爲首三十六化形，福田五員，畫讀『華嚴經』・六百『般若』，夜念『文
殊禮懺』，稱〈華嚴社〉，〈寶川庵〉改創〈華藏寺〉，安圓像毗盧遮那三尊
及『大藏299/經』，福田五員，長門[96]『藏經』，夜念『華嚴神衆』，每年設
華嚴會一百日，稱名〈法輪社〉.

황처인 중대 진여원 가운데는 문수와 부동명왕의 소상을 모시고,
뒷벽에는 노란 바탕에 비로자나를 수위로 한 서른여섯 가지로 변화
하는 형상을 그려 모시고, 복전승 다섯 명이 낮에는 『화엄경』과
『육백반야경』을 읽고 밤에는 『문수예참』을 염하게 하여 화엄사라
부를 것이며, 보천암을 화장사로 다시 세우고 원만한 비로자나삼존
상과 『대장경』을 모시고, 복전승 다섯 명이 오랫동안 『대장경』을
읽고 밤에는 『화엄신중』을 염하게 하고 해마다 화엄회를 일백 일
동안 베풀고 법륜사라고 이름할 것이다.

以此〈華藏寺〉爲〈五臺社〉之本寺，堅固護持，命淨行福田，鎭長香
火，則國王千秋，人民安泰，文虎和平，百穀豐穰矣. 又加排下院〈文
殊岬寺〉爲社之都會，福田七員，畫夜常行『華嚴神衆禮懺』. 上件三十
七員齋料衣費，以〈河西府〉道內八州之稅，充爲四事之資，代代君王，
不忘遵行幸矣."

이 화장사로 오대사의 본사로 삼아 견고하게 호지하며 행실이

---

95. 木板本은 결자이나 如가 결락된 것이 확실해 보이므로 보족해 보았다
96. 木板本은 門이나 읽는다는 의미와 관련된 聞, 閱 등의 壞字로 보인다.

청정한 스님을 시켜 길이 예불을 드리면 국왕은 천추를 누리고 백성들이 평안할 것이요, 문무가 화평하고 온갖 곡식이 풍성하게 잘 될 것이다. 또 하원에 문수갑사를 더 배치하여 결사의 본산으로 삼고 복전승 일곱 명이 밤낮으로 늘 『화엄신중예참』을 행할 것이다. 이상 승 37명의 재에 드는 비용과 의복의 비용은 하서부의 도내 9주의 세납을 의복, 침구, 탕약, 의복 등 네 가지 일의 비용으로 충당할 것인바 대대로 군왕들은 잊지 말고 준행할 것이다." 라고 하였다.

22. 溟州(古河西府也.)五臺山寶叱徒太子傳記

〈新羅〉〈淨神太子〉〈寶叱徒〉, 與弟〈孝明太子〉, 到〈河西府〉〈世獻〉 角干家一宿, 翌日踰大嶺, 各領一千人到〈省烏坪〉, 累日300/遊翫, 〈太和〉元年八月五日, 兄弟同隱入〈五臺山〉. 徒中侍衛等推覓不得, 皆還國. 兄太子見中臺南下〈眞如院〉塂下山末靑蓮開, 其地結草菴而居, 弟〈孝明〉見北臺南山末靑蓮開, 亦結草菴而居.

명주(옛날의 하서부이다.) 오대산 보질도태자 전기

신라의 정신태자 보질도가 아우 효명태자와 함께 하서부 세헌각간 집에 이르러 하룻밤 묵고 이튿날 큰 재를 넘어 각각 사람 1천 명씩 데리고 성오평에 와서 여러 날 동안 유람을 하다가 태화 원년 8월 5일에 형제가 함께 오대산에 들어가니 따르던 무리들 가운데 시위하던 자들이 찾다가 만나지 못하고 모두 함께 서울로 돌아왔다. 형 되는 태자는 중대의 남쪽 진여원 하늘 아래 산 가장자리에 푸른 연꽃이 핀 것을 보고 그곳에 초가로 암자를 짓고 살았으며, 아우 되는 효명은 북대의 남쪽 산 가장자리에 푸른 연꽃이 핀 것을 보고

472

역시 초가로 암자를 짓고 살았다.

兄弟二人禮念修行, 五臺進敬禮拜, 青在東臺〈滿月形山〉, 觀音眞
身一萬常住, 南臺〈騏麟山〉, 八大菩薩爲首一萬地藏菩薩常住, 白方
西臺〈長嶺山〉, 無量壽如來爲首一萬大勢至菩薩常住, 黑掌北臺〈相
王山〉, 釋迦如來爲首五百大阿羅漢常住, 黃處中臺〈風爐山〉, 亦名
〈地爐山〉, 毗盧遮那爲首一萬文殊常住, 〈眞如院〉地, 文殊大聖每日
寅朝化現三十六形(三十六形301/見『臺山五萬眞身傳』), 兩太子並禮
拜, 每日早朝汲于洞水, 煎茶供養一萬眞身文殊.

형제 두 사람이 예불과 염불로 수행을 하여 5대에 나아가 삼가
예배를 드리니 청재 동대의 만월형산에는 관음의 진신 1만이 상주
하였으며, 남대인 기린산에는 8대보살을 수위로 하여 1만의 지장
보살이 상주하였으며, 백방인 서대 장령산에는 무량수여래를 수위
로 하는 1만 대세지보살이 상주하였으며, 흑장인 북대 상왕산에는
석가여래를 수위로 하는 5백 대아라한이 상주하였으며, 황색이 처
하는 중대의 풍로산은 지로산이라고도 하는데 비로자나를 수위로
1만 문수보살이 상주하였으며, 진여원 땅에는 문수대성이 매일 이
른 아침이면 서른여섯 가지 형상으로 변화하여 현신하니,(서른여섯
가지 형상은 『대산오만진신전』에 보인다.) 두 태자는 함께 예배하
고 매일 이른 아침이면 골짜기의 물을 길어 차를 달여 1만 진신의
문수 보살에게 공양하였다.

〈淨神太子〉弟副君, 在〈新羅〉爭位誅滅, 國人遣將軍四人到〈五臺

山〉, 〈孝明太子〉前呼萬歲, 卽是有五色雲, 自〈五臺〉至〈新羅〉, 七日
七夜浮光. 國人尋光到〈五臺〉, 欲陪兩太子還國, 〈寶叱徒太子〉涕泣
不歸, 陪〈孝明太子〉歸國卽位, 在位二十餘年, 〈神龍〉元年三月八日
始開〈眞如院〉(云云).

　정신태자의 아우 부군은 신라에서 왕위를 다투다가 죽게 되자 국
인들이 장군 네 사람을 보내어 오대산에 이르러 효명태자 앞에 와
서 만세를 부르니 즉시로 오색 구름이 나타나서 오대산으로부터 신
라 서울까지 뻗치고 이레 밤 이레 낮을 광명이 돌았다. 국인들이 광
명을 찾아 오대산에 이르러 두 태자를 모시고 서울로 돌아가려 하
니 보질도 태자는 울면서 돌아가지 않으므로 효명태자만 모시고 서
울로 돌아와 즉위하였으며, 왕위에 있은 지 20여 년인 신룡 원년 3
월 8일 처음으로 진여원을 세웠다고 (운운)하였다.

　〈寶叱徒太子〉常服于洞靈水, 肉身登空, 到〈流沙江〉, 入〈蔚珎大
國〉〈掌天窟〉修道, 還至〈五臺〉〈神聖窟〉, 五十年修道(云云), 〈五臺
山〉是〈白頭山〉大根脉, 各臺眞身常住(云云).302/

　보질도태자는 언제나 골짜기 속의 신령한 물을 마셔서, 육신이
공중으로 올라가 유사강에 이르러 울진대국의 장천굴에 들어가 수
도하다가, 오대산 신성굴에 돌아와 이르러 50년 동안 수도하였다
고 (운운)하였으니, 오대산은 바로 백두산의 큰 줄기로 각 대에는
진신이 상주하였다고 (운운)하였다.

23. 臺山月精寺五類聖衆

按『寺中所傳古記』云〈慈藏法師〉初至〈五臺〉,欲覩眞身,於山麓結
茅而住,七日不見,而到〈妙梵山〉創〈淨岩寺〉.後有〈信孝居士〉者,
或云"幼童菩薩化身,家在〈公州〉,養母純孝,"母非肉不食,士求肉
出行山野,路見五鶴射之.有一鶴落一羽而去.士執其羽,遮眼而見
人,人皆是畜生,故不得肉,而因割股肉進母.後乃出家,捨其家爲寺,
今爲〈孝家院〉.

오대산의 월정사와 오류성중

『사중소전고기』를 살펴보건대 자장법사가 처음 오대산에 이르러
진신을 친견하고자 산 기슭에 움집을 짓고 머물면서 이레가 되어도
나타나지 않으므로 묘범산에 이르러 정암사를 세웠다. 뒤에 신효거
사란 이가 있었으니 혹은 말하기를 "유동보살의 화신으로 집이 공
주에 있어 그 어머니 봉양을 극히 효성스럽게 하였다"고 하니, 그
어머니가 고기 반찬이 아니면 식사를 하지 않으므로 거사는 고기를
구하고자 산과 들에 나가 돌아다니다가 길에서 학 다섯 마리를 보
고 이것을 쏘았더니 학 한 마리가 깃 하나를 떨어뜨리고 날아갔다.
거사가 그것을 들고 눈을 가린 채 사람을 보니 사람들이 모두 축생
으로 보이므로 고기를 얻지 못하고 이에 자기 넓적다리 살을 베어
어머니에게 드렸다. 그 후 곧 스님이 되어 자기 집을 희사하여 절을
만들었더니 지금은 효가원이 되었다.

士自〈慶州〉界至〈河率〉,見人多是人形.因有居住之志,路見老婦,
問可住處,婦云"過西嶺有北向洞可居."言訖不現.士知觀音所敎,

塔像　475

因過〈省烏坪〉, 入〈慈藏〉初結茅處303/而住. 俄有五比丘到云 "汝之
持來袈裟一幅今何在?" 士茫然, 比丘云 "汝所執見人之羽, 是也."

거사가 경주땅으로부터 하솔에 이르러 사람들을 보니 모두 사람
으로 보였다. 이리하여 여기 살 생각을 가지고 길에서 늙은 여인을
만나 살 만한 곳을 물었더니 여인이 말하기를 "서쪽 재를 넘으면
북쪽으로 향한 골짜기가 있어 살 만하다."라고 하고는 말을 마치자
사라졌다. 거사가 관음보살의 가르침으로 알고 곧 성오평을 지나
자장법사가 처음으로 움집을 지었던 자리에 들어가 살았다. 문득
다섯 명의 비구가 와서 말하기를 "네가 가지고 온 가사 한 폭이 지
금 어디 있는가?"라고 하였다. 거사가 어리둥절해 있었더니 비구가
말하기를 "네가 쥐고서 사람을 봤던 깃이 바로 그것이다."라고 하
였다.

士乃出呈. 比丘乃置羽於袈裟闕幅中相合, 而非羽乃布也. 士與五
比丘別, 後方知是五類聖衆化身也. 此〈月精寺〉, 〈慈藏〉初結茅, 次
〈信孝〉居士來住, 次〈梵日〉門人〈信義〉頭陁來, 創庵而住, 後有〈水多
寺〉長老〈有緣〉來住, 而漸成大寺. 寺之五類聖衆, 九層石塔皆聖跡
也. 相地者云, 國內名山, 此地最勝, 佛法長興之處云云.

거사가 곧 바치니, 비구가 그 깃을 가사의 떨어진 폭에 대어 보
니 꼭 맞았다. 따라서 깃이 아니라 베였다. 거사가 다섯 비구와 작
별한 뒤에야 그들이 오류성중의 화신임을 알았다. 이 월정사는 자
장법사가 처음으로 움집을 지었고, 다음에 신효거사가 와서 살았
고, 다음은 범일의 문인인 신의 두타가 와서 암자를 짓고 살았으며,

후에 수다사의 장로 유연이 와 살면서 점차 큰 절이 되었다. 절에 있는 5류 성중과 9층석탑은 모두 거룩한 유적들이다. 땅 보는 자의 말로는 국내의 명산에서 이 자리가 제일 좋아 불교가 길이 흥왕할 자리라고 운운하였다.

24. 南月山(亦名甘山寺)

寺在京城東南二十許里, 金堂主弥勒尊像火光後記304/云 "〈開元〉七年己未二月十五日, 重阿喰〈全志[97]誠〉, 爲亡考〈仁章〉一吉干·亡妃〈觀肖里夫人〉, 敬造〈甘山寺〉一所·石彌勒一軀, 兼及〈愷元〉伊弟〈懇誠〉小舍·〈玄度師〉·〈古巴里〉·前妻〈古老里〉·後妻〈阿好里〉, 兼庶族[98]〈及漢[99]〉一吉·〈一幢〉薩喰·〈聰敏〉七[100]舍妹〈首買〉等, 同營玆善. 亡妣〈肖里夫人〉, 古人成之東海攸反[101]邊散也. (古人成之以下, 文未詳其意, 但存古文而已. 下同.)"

남월산(감산사라고도 한다.)

절은 서울 동남쪽 20여 리쯤 되는 곳에 있으니 금당의 주존 미륵 존상의 광배 후기에 이르기를 "개원 7년 기미(719) 2월 15일 중아찬 김지성이 그의 죽은 아버지 인장 일길찬과 죽은 어머니 관초리

---

97. 木板本은 忘으로 志의 異體字이다.
98. 활자본 가운데는 兄으로 교정한 것이 있지만 원문 그대로라도 해석상 문제는 없을 듯싶다.
99. 木板本은 漢으로 漢의 異體字이다.
100. 木板本은 七로 大의 壞字로 보인다.
101. 木板本은 友로 支나 反의 異體字로 보인다. 고유명사로 볼 때, 어느 것이 되든 해석상 문제는 없으나, 反의 경우 동해의 물결이 되돌아온다 등의 특별한 의미를 갖기에 선택해 보았다. 그러나 해석은 일단은 고유명사로 처리하였다.

부인을 위하여 삼가 감산사의 절 한 채와 돌미륵 한 구를 세우고, 또 개원 이찬과 아우인 간성 소사와 현도사와 맏누이 고파리, 전처 고로리, 후처 아호리와 또 서족인 급한 일길찬, 일당 살찬, 총경 대사와 그의 누이 수흘매 등을 위하여 이번에 함께 이 좋은 일을 경영하였다. 죽은 어머니 관초리부인은 고인의 뜻에 따라 동해 유반변에 화장한 뼈를 뿌렸다.(고인성지 이하는 그 뜻을 잘 알 수 없으나 고문 그대로 적어 두니 아래도 마찬가지이다.)"라고 하였다.

弥陁佛火光後記云 "重阿喰〈金志全〉, 曾以尙衣奉御, 又執事侍郎, 年六十七, 致仕閑居, 奉爲國主大王·伊喰〈愷元〉·亡考〈仁章〉一吉干·亡妃·亡弟·小舍〈梁誠〉·沙門〈玄度〉·亡妻〈古路里〉·亡妹〈古巴里〉, 又爲妻〈阿好里〉等, 捨〈甘山〉莊田, 建305/伽藍, 仍造石彌陀一軀, 奉爲亡考〈仁章〉一吉干. 古人成之東海攸反邊散也.(按帝系, 〈金愷元〉乃〈太宗〉〈春秋〉之弟·太子〈愷元〉角干也, 乃〈文熙〉之所生也. 〈金志誠[102]〉乃〈仁章〉一吉干之子. 東海攸反恐〈法敏〉葬東海也.)"

미타불의 광배 후기에 이르기를 "중아찬 김지전이 일찍이 상의 봉어 벼슬을 지내고 다시 집사시랑으로서 나이 67세가 되었을 때에 벼슬을 그만두고 한가히 지내면서 나라 임금과 아찬 개원과 죽은 아버지 인장 일길찬, 죽은 어머니, 죽은 아우, 소사 양성, 승 현

---

102. 木板本은 誠志全이나 여기서 全은 金의 壞字이며, 그 순서가 바뀌어 金志誠의 誤字가 확실하므로 교감해 둔다.

도, 죽은 처 고로리, 죽은 누이 고파리와 또 처 아호리 등을 위하여
감산 장전을 희사하여 절을 지었으며 또 미타석상 일 구를 만들어
죽은 아버지 인장 일길찬을 받들어 위하였다. 고인의 뜻대로 동해
유반 가에 화장한 뼈를 뿌렸다.(제왕의 계보를 보면 김개원은 바로
태종 춘추의 아우인 태자 개원각간이니 바로 문희가 낳은 아들이
다. 김지성은 곧 인장 일길찬의 아들이다. 동해유반은 아마도 법민
을 동해에 장사지낸 일이다.)"라고 하였다.

25. 天龍寺

東都南山之南, 有一峰屹起, 俗云〈高位山〉, 山之陽有寺, 俚云〈高
寺〉, 或云〈天龍寺〉.『討論三韓集』云"〈雞林〉土內有客水二條·逆水
一條, 其逆水·客水二源, 不鎭天災, 則致天龍覆沒之災."

천룡사

경주의 남산 남쪽에 봉우리 하나가 우뚝 일어섰는데 세상에서는
고위산이라 이르고 이 산 남쪽에 절이 있어 속칭 고사라고 하며 더
러는 천룡사라고도 한다.『토론삼한집』에 이르기를 "계림땅 안에는
딴 곳에서 발원하여 흘러 들어온 강물이 두 줄기 있고 거슬러 오르
는 강물이 한 줄기가 있는데 그 역수와 객수의 두 물들의 근원이
천재를 진압하지 않으면 천룡이 뒤집혀져 가라앉는 재앙에 이르게
될 것이다."라고 하였다.

『俗傳』云"逆水者, 州之南〈馬等烏村〉南流川, 是." 又"是水之源
致〈天[103]龍寺〉." 中國來使〈樂鵬龜〉來見云"破此寺則國亡無日矣."

又相傳云, 昔有檀越, 有二女, 曰〈天306/女〉·〈龍女〉, 二親爲二女創寺因名之. 境地異常, 助道之場,〈羅〉季殘破久矣.〈衆生寺〉大聖所乳〈崔殷諴〉之子〈承魯〉,〈魯〉生〈肅〉,〈肅〉生侍中〈齊顔〉,〈顔〉乃重修起廢, 仍置〈釋迦万日道場〉, 受朝旨, 兼有信書, 願文留于寺. 旣卒, 爲護伽藍神, 頗著靈異.

『속전』[104]에 이르기를 "거슬러 오르는 물이란 고을의 남쪽 마등오촌의 남류천이라."라고 하였고, 또 "이 물의 근원이 천룡사로 되어 있다."라고 하였다. 중국에서 온 사신 낙붕귀가 보고 말하기를 "이 절을 없애면 며칠 안 가서 나라가 망하리라."라고 하였다. 또 서로 전하는 말로는 옛날에 한 신자가 딸 둘이 있어 천녀와 용녀라고 불렀는데 양친이 두 딸을 위하여 절을 세우고는 인하여 그렇게 이름지었다. 경지가 기이하며 도를 돕는 도량으로 신라 말년에 허물어져 버린 지 오래되었는데 중생사 관음보살이 젖을 먹였다는 최은함의 아들 승로가 숙을 낳고, 숙이 시중 제안을 낳았는데 제안이 바로 이 폐사를 일으켜 중수하고 드디어 석가의 만일 도량을 설치하였으며, 조정의 뜻을 받고 겸하여 신서와 발원문들을 절에 남겨두었다. 그가 죽으니 절을 수호하는 신이 되어 영험함이 나타났다.

其信書略曰 "檀越內史侍郎同內史門下平章事柱國〈崔齊顔〉狀. 東京〈高位山〉〈天龍寺〉殘破有年. 弟子特爲聖壽天長·民國安泰之

---

103. 木板本은 大로 天의 壞字로 보인다.
104. '세속에서 전하여 이르기를'로 해석해도 무방하다.

願, 殿堂廊閣·房舍廚庫, 已來興構畢具, 石造泥塑佛聖數軀, 開置〈釋迦万日道場〉. 旣爲國修營, 官家差定主人亦可, 然當遞[105]換交代之時, 道場僧衆不得安心. 側觀入田稱足寺院, 如〈公山〉〈地藏307/寺〉入田二百結, 〈毗瑟山〉〈道仙寺〉入田二十結, 西京之四面山寺各田二十結例.

　그 신서의 대략을 말하면 "시주 내사시랑 동 내사문하평장사 주국 최제안이 글을 쓴다. 동경 고위산 천룡사가 파괴된 지 여러 해가 되었다. 제자는 특히 임금님의 만수무강과 백성과 나라가 태평하기를 발원하여 불전불당과 회랑과 전각·방사·부엌·창고 등이 그 후로 공사를 일으켜 다 갖춰지게 되었으며 돌과 흙으로 빚어 부처 여러 구를 만들고 석가만일도장을 개설하였다. 이는 원래 나라를 위하여 조영한 것이므로 관가에서 주지를 결정하는 것도 좋으나 사람이 바뀌어 교대될 때를 당하여는 도량의 스님들이 안심을 할 수 없다. 곁에서 보건대 납입전으로 사원을 충족하게 한 사원으로서 공산의 지장사 같은 데는 납입전이 2백 결이요, 비슬산 도선사 같은 데는 납입전이 20결이요, 서경의 사면의 산사도 각각 납입전 20 결씩이다.

　皆勿論有職·無職, 須擇戒備才高者, 社中衆望, 連次住持焚修, 以爲恒規. 弟子聞風而悅. 我此〈天龍寺〉, 亦於社衆之中, 擇選才德雙高大德兼爲棟梁, 差主人鎭長焚修. 具錄文字, 付在剛司, 自當時主人

---

105. 木板本은 遞이나 遞의 衍字로 보인다.

爲始. 受留守官文通, 示道場諸衆, 各宜知悉.〈重熙〉九年六月日."
具銜如前署. 按,〈重熙〉乃〈契丹〉〈興宗〉年号, 本朝〈靖宗〉七年庚辰
歲也.

　모두 직책이 있고 없음을 막론하고 반드시 계율을 갖추고 재주가
높은 이로써 사중의 중망에 의하여 차례를 이어 주지를 시켜 분수
하게 함으로써 항규로 삼았다. 제자는 이 소문을 듣고 기뻐하였다.
우리 천룡사도 역시 사중 가운데서 재주와 덕망이 함께 높은 고명
한 스님을 골라 뽑아 동량으로 삼는 동시에 주지를 임명하여 분수
의 직책을 길이 다하게 할 것이다. 이를 자세히 문서로 기록하여 강
사에게 맡기니 이번 주지부터 시행할 것이다. 유수관의 문통을 받
아 도량의 대중들에게 보이니 각자 자세히 알아야 할 것이다. 중희
9년(1040) 6월 일."이라 하고, 자세한 관직 직함을 앞에서처럼 서
명하였다. 상고하건대 중희는 바로 거란의 흥종 연호요, 본조 정종
7년 경진해이다.

26. 鍪藏寺弥陁殿

　京城之東北二十許里,〈暗谷村〉之北[106]有〈鍪藏寺〉, 第三十308/八
〈元聖大王〉之考大阿干〈孝讓〉追封〈明德大王〉之爲叔父波珎喰追崇
所創也. 幽谷逈絶, 類似削成, 所寄冥奧, 自生虛白, 乃息心樂道之靈
境也. 寺之上方, 有弥陁古殿, 乃〈昭成(一作〈聖〉)大王〉之妃〈桂花王
后〉爲大王先逝, 中宮乃充充焉 · 皇皇焉, 哀戚之至, 泣血棘心, 思所

---

106. 壬申本은 此이나 北의 異體字로 보인다.

482

以幽贊明休, 光啓玄福者, 聞 "西方有大聖曰弥陁, 至誠歸仰, 則善救
來迎," "是眞語者, 豈欺我哉!" 乃捨六衣之盛服, 九府之貯財, 召彼
名匠, 教造弥陁像一軀, 幷造神衆以安之.

무장사의 미타전

서울 동북쪽 20리쯤 되는 곳 암곡촌의 북쪽에 무장사가 있으니
제38대 원성대왕의 아버지 되는 대아간 효양인 추봉 명덕대왕이 그
의 숙부 되는 파진찬을 추모하여 받들기 위하여 세운 절이다. 심산
유곡으로 멀리 떨어져서 형세는 깎아 세운 듯하며, 장소가 침침하
고 깊숙하여 절로 마음이 비고 도를 깨닫게 되니 이야말로 사문이
도를 즐길 수 있는 영험 있는 곳이라 할 것이다. 절의 윗녘에는 미
타를 모신 옛 전각이 있으니, 소성(聖으로도 쓴다.)대왕이 먼저 세
상을 떠났으므로 비인 계화왕후는 마음에 근심이 가득하고 안정되
지 않아서 지극히 슬퍼하여 피눈물을 흘리면서 마음 아파하였다.
그래서 스님들을 몰래 도우면서 명복을 빌고자 생각하더니, "서방
에 미타라고 부르는 대성이 있어 지성으로 귀의하고 신앙하면 잘
구원하여 와서 맞아 준다."라는 소문을 듣고 "이 말이 어찌 거짓이
겠는가!"라고 하고 즉시 화려한 의복을 회사하고 재물을 관장하는
관청에 쌓아 두었던 재물을 털어서 이름난 장인들을 불러 미타상
한 구와 아울러 신중을 만들어 모시게 교하였다.

先是, 寺有一老僧, 忽夢眞人坐於石塔東南岡上, 向西爲大衆說法.
意謂此地必佛法所住也, 心秘之而不向309/ 人說. 嵓石嶷崒, 流澗激
迅, 匠者不顧, 咸謂不臧, 及乎辟地, 乃得平坦之地, 可容堂宇, 宛似

神基, 見者莫不愕然稱善. 近古來殿則壞圮, 而寺獨在, 諺傳〈太宗〉統三已後, 藏兵鎜於谷中, 因名之.

이보다 앞서 절에 한 늙은 승려가 있었는데 뜻밖에 꿈에 부처님이 나타나 석탑의 동남쪽 언덕 위에 앉아서 서편을 향하고 대중을 위하여 설법을 하였다. 그의 생각에는 이곳이 필시 불법이 상주하는 곳이리라 하고 마음속에 감추고 다른 사람에게는 말하지 않았다. 바윗돌이 우뚝 솟고 계곡물이 빠르게 부딪쳐 흐르는 곳이므로 장인이 돌아보지도 않고 다들 좋은 터가 못 된다고 하였더니 급기야 터를 개척하고 이에 평탄한 곳을 얻으니, 큰 집을 세울 만하고 아주 신령스러운 터 같다며 보는 자들이 경악하며 좋다고 칭찬하지 않는 자가 없었다. 근래에 와서 불전은 무너졌으나 절만은 유독 남아 있으니 세간에서 전하기는 태종이 삼한을 통일한 이후 병기와 갑옷들을 이 골짜기 속에 간직해 두었기에 인하여 이름을 붙였다고 한다.

27. 伯嚴寺石塔舍利

〈開運〉三年丙午十月二十九日, 〈康州〉界〈任道〉大監柱貼云〈伯嚴禪寺〉坐〈草八縣〉(今〈草溪〉), 寺僧〈侃遊〉上座, 年三十九, 云寺之經始則不知. 但古傳云, 前代〈新羅〉時, 北宅廳基捨置玆寺, 中間久廢, 去丙寅年中, 〈沙木谷〉〈陽孚〉和尚, 改造住持, 丁丑遷化, 乙酉年〈曦陽山〉〈兢讓〉和尚, 來住十年, 310/又乙未年却返〈曦陽〉, 時有〈神卓〉和尚, 自〈南原〉〈白嵓〉藪, 來入當院, 如法住持, 又〈咸雍〉元年十一月, 當院住持〈得奧微定〉大師 · 釋〈秀立〉, 定院中常規十條, 新竪五層石塔, 眞身佛舍利四十二粒安邀.

백엄사 석탑의 사리

개운 3년 병오(946) 10월 29일 강주땅 임도대감의 주첩에 이르기를 백엄선사는 초팔현(지금의 초계이다.)에 모셔져 있으니 절의 승 간유 상좌가 나이 서른아홉 살이라 하였고, 절을 처음 세운 내력은 알지 못한다고 하였다. 다만 고전에 이르기를 전대 신라 때에 북택청의 터를 희사하여 이 절을 세웠더니 중간에 오랫동안 폐사가 되었다가 지난 병인년 중에 사목곡의 양부화상이 다시 지어 주지가 되었다가 정축년에 입적하였으며, 을유년에 희양산의 긍양화상이 와서 십 년 동안 살다가 을미년에 희양으로 다시 돌아가자 때마침 신탁화상이 남원 백암의 절로부터 이 절에 들어와서 여법하게 주지를 하였으며, 또 함옹 원년(1065) 11월에 이 절 주지 득오미정대사와 스님 수립이 절에서 지킬 규정 10조를 정하고 새로 5층석탑을 세워서 진신사리 42과를 맞이해 봉안하였다.

以私財立寶, 追年供養條, 第一當寺護法敬僧〈嚴欣〉·〈伯欣〉兩明神及〈近岳〉等三位前, 立寶供養條(諺傳〈嚴欣〉·〈伯欣〉二人, 捨家爲寺, 因名曰〈伯嚴〉, 仍爲護法神), 金堂藥師前木鉢, 月朔遞[107]米條等, 已下不錄.

사재를 털어 보를 만들어 해마다 공양할 조항과 첫째로 이 절의 호법인 존경하는 승려 엄흔과 백흔 두 분 신명과 근악 등 세 분의

---

107. 木板本은 遙로 遞의 異體字로 보인다.

위패 앞으로 보를 세워 공양할 조항과(세간에서 전하기는 엄흔·
백흔 두 사람이 집을 희사하여 절을 만들었으므로 이로 하여 절 이
름을 백엄이라 하니 이에 호법신이 되었다고 하였다.) 금당의 약사
부처 앞에 있는 나무 바리때에 초하루마다 쌀을 바꾸어 넣는 조항
등인바 이하는 기록하지 않는다.

28. 靈鷲寺

『寺中古記』云 "〈新羅〉眞骨第三[108]十一主〈神文王〉代, 〈永淳〉二年
癸未(本文云元年, 誤), 宰相〈忠元公〉, 〈莨山國〉(卽〈東萊縣〉, 亦名
〈萊山國〉)溫井311/沐浴, 還城次, 到〈屈井驛〉〈桐旨〉野駐歇, 忽見一
人放鷹而逐雉, 雉飛過〈金岳〉, 杳無蹤迹.

영취사

『사중고기』에 이르기를 "신라의 진골 제31대 임금 신문왕대 영
순 2년 계미(683)에(본문에 원년이라 한 것은 틀렸다.) 재상 충원
공이 장산국(즉 동래현이니 또한 내산국이라고도 한다.)의 온정에
서 목욕을 하고 서울로 돌아오던 차에 굴정역 동지 들판에 이르러
머물고 쉬더니 갑자기 어떤 사람이 나타나 매를 놓아 꿩을 잡는데
꿩이 날아 금악을 지나 찾아도 그 자취를 찾을 수 없었다.

聞鈴尋之. 到〈屈井縣〉官北井邊, 鷹坐樹上, 雉在井中, 水渾血色,
雉開兩翅[109], 抱二雛焉. 鷹亦如相惻隱而不敢攫也. 公見之惻然有感,

---

108. (晩)은 二로 三의 壞字이다.

卜問此地, 云可立寺. 歸京啓於王, 移其縣於他所, 創寺於其地, 名
〈靈鷲寺〉焉."

　방울 소리를 듣고 찾아가서 굴정현 관가의 북쪽 우물가에 이르니
매는 나무 위에 앉았고, 꿩은 우물 속에 있었는데 물빛이 온통 핏
빛이 되었고, 꿩이 두 날갯죽지를 펴는데 새끼 두 마리를 안고 있
었다. 매도 역시 측은하게 여기는 듯해서 감히 붙잡지를 못하였다.
충원공이 이것을 보고 측은하게 여긴 끝에 그는 느낀 바 있어 그
땅을 점을 쳐 물으니 절을 세울 만하다 하므로 서울로 돌아와 국왕
에게 아뢰어서 그 고을 관가를 딴 데로 옮기고 그 터에 절을 세우
고 이름을 영취사라 하였다." 라고 하였다.

29. 有德寺

　〈新羅〉太大角干〈崔有德〉, 捨私第爲寺, 以〈有德〉名之. 遠孫三韓
功臣〈崔彦撝〉, 掛安眞影, 仍有碑云.

　유덕사

　신라의 태대각간 최유덕이 사제를 희사하여 절을 만들고 유덕사
라고 하였다. 그의 먼 후손인 삼한공신 최언휘가 유덕의 진영을 걸
어 모시고 또 비석까지 만들었다고 한다.

30. 五臺山文殊寺石塔記312/

　庭畔石塔, 盖〈新羅〉人所立也. 制作雖淳朴不巧, 然甚有靈響, 不可

---

109. 木板本은 翘로 翅의 異體字로 보인다.

勝記. 就中一事, 聞之諸古老云 "昔, 〈連谷縣〉人具舡沿海而漁, 忽見一塔隨逐舟楫, 凡水族見其影者, 皆逆散四走, 以故漁人一無所得. 不堪憤恚, 尋影而至, 盖此塔也. 於是, 共揮斤斫之而去, 今此塔四隅皆缺者以此也."

오대산 문수사 석탑기

마당 옆의 석탑은 아마 신라 사람이 세운 것 같다. 솜씨가 순박하고 정교하지는 못하나 매우 영검이 있어서 이루 다 기록할 수 없다. 그 중에도 한 가지 일을 여러 『고로전』으로부터[110] 들었더니 "옛날에 연곡현 사람이 배를 타고 바닷가에서 고기잡이를 하는데 갑자기 탑 하나가 나타나서 배를 따라왔다. 무릇 그 탑 그림자를 본 물고기 종자란 종자는 죄다 흩어져 사방으로 달아나고 이 때문에 어부는 물고기를 한 마리도 잡지 못하였다. 참지 못하고 분개하여 그림자를 따라 찾아가 보니 바로 이 탑이었다. 이에 어부가 도끼를 휘둘러 탑을 찍고 가 버렸다. 지금도 이 탑의 네 귀퉁이가 떨어져 있으니 이 까닭이라 한다."라고 하였다.

予驚嘆無已, 然怪其置塔, 稍東而不中, 於是仰見一懸板云 "比丘〈處玄〉曾住此院, 輒移置庭心, 則二十餘年間寂無靈應. 及日者求基抵此, 乃嘆曰 '是中庭地, 非安塔之所, 胡不移東乎?' 於是, 衆僧乃悟, 復移舊處, 今所立者是也. 余非好怪者, 然見其佛之威神, 其急於現313/迹利物如此, 爲佛子者詎可默而無言耶." 時〈正豊[111]〉元年丙

---

110. '노인에게 물어'로 해석할 수 있으나 원전으로 다루어 보았다.

子十月日, 〈白雲子〉記.

　나는 놀랍고 감탄함을 금치 못하였으나 그 탑이 마당 가운데 놓이지 않고 조금 동쪽으로 놓여 있는 것이 괴이쩍어서 이에 현판 하나를 쳐다보니 이르기를 "비구 처현이 일찍이 이 절에 있으면서 문득 탑을 마당 복판에 옮겼더니 20년 동안 아무런 영검이 없었다. 일자가 집터를 구하려고 이곳에 와서는 탄식을 하고 말하기를 '이 뜰 복판은 탑을 세울 자리가 못 된다. 왜 동쪽으로 옮기지를 않는가?'라고 하였다. 이때야 스님들이 곧 깨닫고 다시 예전 자리로 옮겼으니 지금 서 있는 데가 바로 이곳이다. 나는 괴이한 것을 좋아하는 사람은 아니나 부처님의 위신력을 보건대 이적을 보여 만물을 이롭게 함에 서두는 품이 이 같은 데야 불자된 자로서 어찌 묵묵히 아무 말도 하지 않을 수 있으랴!" 때는 정풍원년 병자 시월 일 백운자가 기록한다.

　三國遺事卷第三314/

111. 高麗 太祖의 父 世祖의 諱인 隆을 避諱代字.

VI. 三國遺事卷第四 義解第五

三國遺事卷第四 義解第五

1. 圓光西學

〈唐〉『續高僧傳』第十三卷載 "〈新羅〉〈皇隆寺〉釋〈圓光〉, 俗姓〈朴〉氏, 本住〈三韓〉, 〈卞韓〉·〈辰韓〉·〈馬韓〉, 〈光〉卽〈辰韓〉人也.

원광의 서방유학

당나라『속고승전』 제13권에 쓰여 있다. "신라 황룡사 스님 원광의 속성은 박씨요, 본래 삼한(변한·진한·마한)에 살았으니 원광은 즉 진한 사람이다.

家世海東, 祖習綿遠而神器恢廓, 愛染篇章, 校獵玄儒, 討讎子史, 文華騰翥於〈韓〉服, 博贍猶愧於中原. 遂割略親朋, 發憤溟渤, 年二十五, 乘舶造于〈金陵〉, 有〈陳〉之世, 号稱文國, 故得諮考先疑, 詢猷了義.

집안이 이 땅에 대대로 살아 조상의 풍습을 면면히 계승하였으며 비범한 기량은 크고 넓었으며 한문을 좋아하여 노장과 유학을 섭렵

하고 제자와 사서를 교감하여 문장이 삼한에서 뛰어났으나 박식함에 있어서는 중국에 비하여 부끄러운 바 있었다. 드디어 친한 친구도 끊어 버리고 먼 해외로 갈 것을 고민하였다. 나이 스물다섯에 배를 타고 금릉을 찾아가니 때는 진나라 시대요, 문명국으로 일컬었으므로, 이전에 가졌던 의문들을 질문하고 해법을 물어서 분명하게 이해하였다.

初, 聽〈莊嚴旻公〉弟子講, 素露世典, 謂理窮神, 及聞釋宗, 反同腐芥. 虛尋名敎, 實懼生涯,315/ 乃上啓〈陳〉主, 請歸道法, 有勅許焉. 旣爰初落采, 卽稟具戒, 遊歷講肆, 具盡嘉謀, 領牒微言, 不謝光景.

처음에 장엄사 민공의 제자에게 청강을 하였는데 본래 세간의 전적에 익숙하여 신비를 궁구하는 것만을 이치라고 생각했더니 막상 불법의 종지를 듣게 되자 도리어 그것은 썩은 먼지나 다름없었다. 헛되이 명분과 교화만을 찾는다는 것이 실상은 생애를 위태롭게 하는 것이었으므로 곧 진나라 임금에게 아뢰어 불교에 귀의할 것을 청하였더니 칙명으로 이를 허락하였다. 이에 처음으로 스님이 되어 즉시로 구족계를 받고 강석을 돌아다니며, 좋은 방도를 다 배워, 미묘한 말까지도 곧바로 이해하여 시간을 허비하지 않았다.

故得成實涅槃, 蘊[1]括心府, 三藏釋論, 徧[2]所披尋. 末又投〈吳〉之

---

1. 木板本은 蕰으로 蘊의 異體字이다.
2. 고판본은 偏으로 徧의 異體字이다.

〈虎○山〉, 念定相沿, 無忘覺觀. 息心之衆, 雲結林泉, 並以綜涉四含
功流八定, 明善易擬, 簡[3]直難虧. 深副夙心, 遂有終焉之慮, 於卽頓絶
人事, 盤遊聖迹, 攝想靑霄, 緬謝終古.

그리하여 성실 열반을 얻어서 마음속에 축적하고 삼장의 석론을
두루 연구하였다. 나중에는 오나라의 호(구)산으로 가서 정념과
정정이 서로 연이었으며, 추사와 세사를 경계하여 잊은 적이 없었
다. 마음의 안식을 구하는 무리들이 구름처럼 산 속으로 모여들었
으며 아울러 사아함경을 섭렵하고 팔선정을 통하게 되어 선한 일을
밝혀서 잘못을 고치니 질박하고 정직하여 굽힘이 없었다. 평소에
먹었던 마음에 절실하게 맞는지라 마침내 이에 일생을 마칠 생각이
있어서 즉시로 사람 접촉을 끊어 버리고, 거룩한 유적을 찾아 돌아
다니며 세상 밖을 지향하면서 영원히 속세와 멀어져서 물러갔다.

時有信士, 宅居山下, 請〈光〉出講, 固辭不許, 苦事邀延, 遂從其
志, 創通〈成論〉, 末講『般若』, 皆思解俊[4]徹, 嘉問飛移, 兼綵以絢采,
織綜詞義, 聽者欣欣, 會其心府.

당시에 한 신도가 산 아래 살았는데 원광더러 나와서 강설을 해
달라고 청하였으나 그는 굳이 사양하고 허락하지 않았다. 그러나
간절하게 청하자 마침내 그의 뜻을 좇아 성실론으로 시작하여 마지
막은 『반야경』을 강설하니 난해한 내용을 명철하게 해석해 주었다

---

3. 木板本은 筒으로 簡의 異體字 또는 壞字로 보인다.
4. 木板本은 俊이나 俊의 壞字 또는 異體字이다.

고 생각하게 되었고, 소문은 삽시간에 퍼졌다. 아울러 비단에 문양을 넣듯이 문장의 뜻을 잘 꼬집어 주니 듣는 자들이 기뻐하고 만족하여 마음에 꼭 들어했다.

從此因循舊章, 開化成任, 每法輪一動, 輒傾注江湖. 雖是異域通傳,316/而沐道頓除嫌郄. 故名望橫流, 播于嶺表, 披榛負囊而至者, 相接如鱗. 會〈隋后〉御宇,⁵ 威加南國, 曆窮其數, 軍入〈揚都〉, 遂被亂兵. 將加刑戮, 有大主將, 望見寺塔火燒, 走赴救之, 了無火狀, 但見〈光〉在塔前, 被縛將殺. 旣怪其異, 卽解而放之. 斯臨危達感如此也.

이로부터 옛날의 규칙에 따라 중생을 개화시키는 임무를 이룩하니 법륜이 한번 움직일 때마다 번번이 세상이 불법으로 쏠리게 되었다. 비록 여기가 이역에서 경전을 통하여 전법하는 것이지만 원광의 도에 들게 되면 문득 욕심이 없어졌다. 그러므로 그의 명망은 널리 퍼져 중국 남방 일대에 전파되었기에 가시덤불을 헤치고 보따리를 둘러메고 오는 자가 줄을 이었다. 때마침 수나라 천자의 세상이 되자 그 위세는 남방 진나라를 덮쳐 왕조의 운수가 다하니 군사는 양도로 들어와 마침내 원광은 병란의 피해를 입게 되었다. 장차 원광을 사형하려고 하는데, 주장이 절탑이 불 타는 것을 보았다. 달려와 불을 끄려 하니 필경 불난 광경은 없고 다만 원광이 탑 앞에 결박당하여 막 죽임을 당하려는 것을 보고 그러한 기이를 괴이하게

---

5. (蓬)을 제외한 木板本은 字로 字의 異體字이다.

여겨 즉시 그를 풀어서 석방하였다. 위험한 고비를 당하여 감통하
는 것이 이와 같았다.

〈光〉學通〈吳越〉, 便欲觀化〈周秦〉, 〈開皇〉九年, 來遊帝宇. 値佛
法初會, 〈攝論〉肇興, 奉佩文言, 振績微緒, 又馳慧解, 宣譽京皐. 勳
業旣成, 道東須繼, 本國遠聞. 上啓頻請, 有勅厚加勞問, 放歸桑梓.
　원광의 학문이 중국의 남방 오월 지역에는 통하였는데, 문득 북
방의 주진 지역을 보고 개화시키고자 하여 개황 9년(589)에 황제가
있는 서울로 와서 지냈다. 때마침 법회가 시작되어 섭론종이 처음
일어나매, 부처님의 말씀을 받들어 수지하고 도통할 수 있는 미묘
한 실마리를 집어 내어 떨치며 지혜로써 재빨리 해득하여, 그의 명
성이 수나라 서울에 드날렸다. 공업을 이룩하고 나서 동방으로 가
모름지기 이으려 하자 본국까지 멀리 들렸다. 황제에게 여러 번 귀
국을 청하였더니 황제가 칙명으로써 친절히 위문을 하고 고향으로
돌아가게 하였다.

〈光〉往還累紀, 老幼相欣, 〈新羅王〉〈金氏〉面申虔敬, 仰若聖人.
〈光〉性在虛閑, 情多汎愛, 言常含笑, 慍結不形. 而牋表啓317/書,
往還國命, 並出自胸襟. 一隅傾奉, 皆委以治方, 詢之道化, 事異錦衣,
情6同觀國, 乘機敷訓, 垂範于今. 年齒旣高, 乘輿入內, 衣服藥食, 並
王手自營, 不許佐助, 用希專7福, 其感敬爲此類也. 將終之前, 王親

---

6. 木板本은 請이나 情의 異體字로 보인다.

執慰, 囑累遺法, 兼濟民斯, 爲說徵祥, 被于海曲.

　원광이 수십 년 만에 고국으로 돌아오니 늙은이 젊은이 할것없이 모두가 반가워하면서 신라왕 김씨가 직접 존경하는 뜻을 표하고 성인처럼 떠받들었다. 원광은 성품이 욕심이 없고 한가로우며, 인정이 많고 사람들을 차별 없이 사랑하며 말할 때는 언제나 웃음을 머금었고 성난 기색이 얼굴에 나타나지 않았다. 그리고 중국황제에게 바치는 글들이라든가 외국과 내왕하는 국서들이 모두 그의 가슴속에서 우러나왔다. 온 나라가 그에게 쏠려 떠받들어, 다스리는 방법을 맡기고 도법으로써 남을 교화하는 일을 물었다. 일처리는 관리와 다르나 실제로는 나라를 통틀어 돌아보듯 하며, 시기 적절하게 교훈을 폈으므로 오늘날까지 모범을 보이셨다. 늙어서는 가마를 탄 채로 대궐에 출입하고 의복과 약과 음식을 모두 왕이 손수 장만하여 다른 사람의 협조를 허락지 않음으로써 복을 혼자서 받으려 하였으니 왕의 감복하고 존경함이 이와 같았다. 장차 입적하기 전에 왕이 친히 붙잡고 위로하면서 누차 법을 남기고 아울러 백성들을 구제해 주실 것을 부탁하니 길조가 전국 방방곡곡에 이를 것이라고 말하였다.

　以彼〈建福〉五十八年, 少覺不念, 經于七日, 遺誡清切, 端坐終于所住〈皇隆寺〉中, 春秋九十有九, 卽〈唐〉〈貞觀〉四年也.(宜云十四年.) 當終之時, 寺東北虛中, 音樂滿空, 異香充院, 道俗悲慶, 知其靈感.

---

7. 학산본은 專로 專의 異體字이다.

遂葬于郊外, 國給羽儀葬具, 同於王禮.

저 건복 58년(641)에 몸이 조금 불편하게 된 지 이레 만에 맑으면서도 절실한 훈계를 유언으로 남기고 살던 황룡사에 단정히 앉아서 죽으니 나이가 아흔아홉이요, 당나라 정관 4년이다.(14년이라 해야 옳을 것이다.) 죽을 당시에 절 동북쪽 하늘에서 음악 소리가 공중에 가득 차고 기이한 향기가 절에 충만하였으며 스님이나 속인을 막론하고 죽음을 슬퍼하면서 상서를 경축하니, 그의 영감을 알게 되었다. 마침내 교외에 장사지내니 나라에서 의장과 장례 도구를 주었는데 왕례와 동일하게 하였다.

後有俗人兒胎死者, 彼土諺云, 當於有福人墓埋之, 種胤不絕, 乃私瘞於墳318/側, 當日震此胎屍, 擲于塋外. 由此不懷敬者, 率崇仰焉.

후에 어떤 속인이 아이가 태에서 죽게 되자, 그들의 풍속이 유복한 사람의 무덤에 묻으면 자식이 끊어지지 않는다 하여 곧 그의 무덤 곁에 가만히 묻었더니 당일에 태아의 시체에 벼락이 쳐서 묘지 밖으로 내쳐져 버렸다. 이로부터 존경하지 않았던 자도 모두 떠받들어 공경하게 되었다.

有弟子〈圓安〉, 神志[8]機穎, 性希歷覽, 慕仰幽求, 遂北趣〈丸[9]都〉, 東觀〈不耐〉, 又西〈燕〉·〈魏〉, 後展帝京, 備通方俗, 尋諸經論, 跨轢

---

8. 木板本은 忘으로 志의 異體字이다.
9. 木板本은 九로 丸의 異體字 또는 壞字이다.

大綱, 洞清織旨, 晚歸心學, 高軌光塵. 初住京寺, 以道素有聞, 特進
〈蕭瑀〉奏請住於〈藍田〉所造〈津梁寺〉, 四事供給, 無替六時矣.

원안이라는 제자가 지혜롭고 근기가 총명하며 성품은 유람을 좋
아하며 그윽한 곳에서 도를 구하기를 간절히 바라, 드디어 북쪽으
로는 환도에 갔었고, 동으로 불내를 구경하고 다시 서쪽으로 연·
위 지방을 거친 후에 중국의 서울까지 가서 각 지방 풍속을 두루두
루 정통하고 여러 경론을 탐구하여 그 큰 줄거리를 파악하고 자세
한 뜻을 깊이 알게 되었으며 만년에는 마음 공부로 돌아와 세속에
도를 고양시켰다. 처음 서울의 절에 있을 때에 도소로 소문이 나서
특진 소우의 주청으로 남전에 지은 진량사에 머물면서 의복·음
식·침구·탕약의 네 가지 공양과 육시에 한결같았다.

〈安〉嘗叙〈光〉云 '本國王染患, 醫治不損, 請〈光〉入宮, 別省安置,
夜別二時爲說深法, 受戒懺悔, 王大信奉. 一時初夜, 王見光首, 金色
晃然, 有象日輪, 隨身而至, 王后·宮女同共觀之. 由是, 重發勝心,
克留疾所, 不久遂差.' 〈光〉於〈辰韓〉·〈馬韓〉之間, 盛通正法, 每歲
再講, 匠成319/後學, 賑施[10]之資, 並充營寺, 餘惟衣盋而已.(載達
函.)"

원안이 일찍이 원광에 대하여 쓰기를 '본국 왕이 병에 걸려 의원
이 치료했으나 낫지 않으므로 원광을 청하여 대궐로 들어가서 딴
궁전에 거처하게 하고 밤이면 두 시각으로 갈라 설법하게 하니 왕

---

10. 木板本은 결자이나, 활자본들의 의견을 따라서 보족해 보았다.

이 계를 받고 참회하여 크게 신봉하였다. 어느 때 초저녁에 왕이 원광의 머리를 보니 금색이 찬연하여 해바퀴 모양 같은 것이 그의 몸을 따라왔는데 왕후와 궁녀들도 함께 보았다. 이로부터 거듭 수승심을 내어 힘써 병실에 머물게 했으니 얼마 안 되어 병이 나았다.'라고 하였다. 원광이 진한과 마한 사이에서 정법에 통달하고 매년 두 번씩 강설을 하여 후진들을 양성하고 시주 받은 재물은 모두 절 짓는 데 충당하였으며 남은 것으로는 옷과 바리때뿐이었다.(달자함에 실려 있다.)"

又東京安逸戶長〈貞孝〉家在『古本殊異傳』載「圓光法師傳」曰 "法師俗姓〈薛〉氏, 王京人也. 初爲僧學佛法, 年三十歲, 思靜居修道, 獨居〈三岐山〉. 後四年有一比丘來, 所居不遠, 別作蘭若, 居二年, 爲人强猛, 好修呪述.[11] 法師夜獨坐誦經, 忽有神聲呼其名 '善哉善哉! 汝之修行. 凡修者雖衆, 如法者稀有. 今見隣有比丘, 徑修呪術而無所得, 喧聲惱他靜念, 住處礙我行路, 每有去來, 幾發惡心. 法師爲我語告而使移遷, 若久住者, 恐我忽作罪業.'

또 동경의 안일호장 정효의 집에 있는 『고본수이전』에 실린 「원광법사전」에 이른다. "법사의 속성은 설씨요, 왕경인이다. 처음에 스님이 되어 불법을 배우는데 나이 30세에 조용하게 거처하면서 수도할 것을 생각하고 삼기산에서 혼자 살았다. 그 후 4년 만에 한

---

11 下文의 呪術을 참고해 보면 術의 誤字로도 볼 수 있다. 물론 述이라고 해서 해석이 안 되는 것은 아니지만, 여기서는 바로 아래에 동일한 예가 나오므로 이에 따라 교감해 보았다.

비구가 와서 멀지 않은 곳에 따로 절을 짓고 산 지 2년 되는데 사람이 사납고 억세게 되어 주술 닦는 것을 좋아하였다. 법사가 밤에 혼자 앉아 불경을 외우는데 갑자기 어떤 신령스러운 소리가 나더니 그의 이름을 부르면서 '선하고 선하도다! 너의 수행이. 무릇 수행자들은 많지만 여법하게 하는 자는 드물다. 지금 이웃에 사는 비구를 보면 간사하게 주술을 공부하고 있으나 소득은 없고 떠드는 소리가 다른 사람의 고요한 생각마저 번거롭게 하며, 사는 곳이 내가 다니는 길목을 막아 매양 오갈 때마다 악심을 발할 뻔하니 법사는 나를 위하여 이사를 하도록 말하라. 만일 오래 머문다면 내가 갑자기 죄업을 지을까 걱정이 된다.'라고 하였다.

明日法師往而告曰 '吾於昨夜有聽神言, 比丘可移別處, 不然320/應有餘殃.' 比丘對曰 '至行者爲魔所眩? 法師何憂狐鬼之言乎?' 其夜神又來曰 '向我告事, 比丘有何答乎?' 法師恐神瞋怒而對曰 '終未了說, 若强語者, 何敢不聽.' 神曰 '吾已具聞. 法師何須補說? 但可默然見我所爲.' 遂辭而去. 夜中有聲如雷震, 明日視之, 山頹塡比丘所在蘭若.

이튿날 법사가 가서 '내가 어젯밤에 신의 말을 들으니 비구는 딴데로 옮기는 것이 좋겠습니다. 그렇지 않으면 응당 재앙이 있을 것입니다.'라고 말하니 그 비구가 대답하기를 '지극히 수행하는 자도 마귀에게 현혹되는가? 법사는 어째서 여우귀신 따위의 말을 걱정하는가?'라고 하였다. 그날 밤에 신이 또 와서 말하기를 '전에 내가 말한 일에 대하여 비구가 뭐라고 답이 있던가?'라고 하니 법사가 신의 진노를 염려하여 대답하기를 '아직 분명하게 납득하도록 말을 하지 못하였으나 만약 강경하게 말한다면 어찌 감히 듣지 않겠습니까.'라고 했다. 그러자 신이 말하기를 '내가 이미 자세히 들었다. 법사는 어째서 말을 보태는가? 다만 잠자코 내가 하는 일을 보기나 하라.'라고 하고는 그만 작별하고 갔다. 밤중에 뇌성벽력 같은 소리가 나더니 이튿날 보니 산이 무너져 내려 비구가 살던 절을 덮어 버렸다.

　神亦來曰 '師見如何?' 法師對曰 '見甚驚懼.' 神曰 '我歲幾於三千年, 神術最壯, 此是小事, 何足爲驚. 但復將來之事, 無所不知, 天下之事, 無所不達. 今思法師唯居此處, 雖有自利之行, 而無利他之功. 現在不揚高名, 未來不取勝果, 盍採佛法於中國, 導群迷於東海.' 對曰 '學道中321國, 是本所願, 海陸迥阻, 不能自通而已.'

　신이 또 와서 말하기를 '대사 보기에는 어떠한가?'라고 하니 법사가 대답하기를 '보기에 매우 놀랍고 무섭습니다.'라고 하였다. 신이 '내 나이 거의 3천 살에 신술이 가장 세져서 이 정도는 작은 일인데 무엇이 그리 놀랄 만할 것인가. 이 밖에도 장래 일을 모르는 것이 없고 천하의 일 가운데 못하는 것이 없을 따름이다. 지금에 생각건대 법사가 그저 이곳에만 산다면 비록 자기에게 이로운 공부는 할 수 있으나 다른 사람에게 공덕은 없을 것이다. 현세에서 이름을 높이 드날리지 못하면 미래에 수승한 과보를 거두지 못하니 어찌하여 중국에서 불법을 탐구해서 이 나라에 길잃은 중생들을 제도하지 않겠는가.'라고 말하니 '중국에 가서 도를 배우는 것은 본시 저의 소원이나 바다와 육지가 막혀 제 스스로 통래할 수가 없을 뿐입니다.'라고 대답하였다.

神詳誘歸中國所行之計, 法師依其言歸中國, 留十一年, 博通三藏, 兼學儒術.〈眞平王〉二十二年庚申(『三國史』云 明年辛酉來), 師將理策東還, 乃隨中國朝聘使還國. 法師欲謝神, 至前住〈三岐山寺〉, 夜中神亦來呼其名曰 '海陸途間, 往還如何?' 對曰 '蒙神鴻恩, 平安到訖.' 神曰[12] '吾亦授戒於神, 仍結生生相濟之約.' 又請曰 '神之眞容, 可得見耶?' 神曰 '法師若欲見我形, 平旦可望東天之際.'

신이 중국으로 갈 계책을 자세히 일러 주었으므로 법사는 그 말에 따라 중국으로 가서 11년 동안 머물면서 불경들을 널리 통달하고 유학까지 겸하여 배웠다. 진평왕 22년 경신(600)에 (『삼국사』에는 이듬해 신유년에 왔다 하였다.) 법사가 행장을 정리하고 고향으로 막 돌아오려 하는데 이에 중국에 왔던 사신을 따라 귀국하였다. 법사가 신에게 사례를 하고자 전일에 살던 삼기산사에 갔더니 밤중에 역시 신이 와서 그의 이름을 불러 말하기를 '바다와 육지 먼길에 왕래함이 어떠했는가?'라고 하였다. 대답하기를 '신의 넓으신 은혜를 입사와 편안히 다녀왔습니다.'라고 하니 신이 말하기를(… 답하기를) '저 역시 신에게 계를 드려 마침내 윤회가 반복될 때마다 서로를 구제해 주는 약속을 맺겠습니다.'라고 하였다. 다시 신에게 청하여 '신의 진용을 볼 수 있겠습니까?'라고 하니 신이 말하기

---

12. 이 사이에 신의 말이 생략된 듯하다. 그 뒤에 법사의 말이 이어진다.

를 '법사가 만약 내 형체를 보려고 하거든 밝은 아침에 동쪽 하늘녘을 바라보라!'라고 말하였다.

法師明日望之, 有大臂貫雲, 接於天際. 其夜神亦來曰 '法師見我臂耶?' 對曰 '見已, 甚奇絶異.' 因此俗号〈臂長山〉. 神曰 '雖有此身, 不免無常之322/害. 故吾無月日, 捨身其嶺. 法師來送長逝之魂.' 待約日往看, 有一老狐黑如柒, 但吸吸無息, 俄然而死. 法師始自中國來, 本朝君臣敬重爲師, 常講大乘經典. 此時,〈高麗〉·〈百濟〉常侵邊鄙, 王甚患之, 欲請兵於〈隋〉(宜作〈唐〉), 請法師作乞兵表. 皇帝見以三十萬兵親征〈高麗〉, 自此知法師旁通儒術也. 享年八十四入寂, 葬〈明活城〉西.'

법사가 이튿날 바라보니 큰 팔뚝이 구름을 꿰뚫고 하늘 끝에 닿고 있었다. 그날 밤에 신이 역시 와서 말하기를 '법사는 내 팔뚝을 보았던가?'라고 하니 '보았습니다. 비할 바 없이 기이하였습니다.'라고 대답하였다. 이로 인하여 속칭 비장산이라 하였다. 신이 말하기를 '비록 이러한 몸은 있어도 덧없는 죽음을 면하지 못할 것이므로 나는 얼마 못 되어 그 고갯마루에서 세상을 떠날 것이다. 법사는 와서 멀리 가는 혼을 보내시라!'라고 하였다. 약속한 날에 가서 보니 칠빛처럼 검은 늙은 여우 한 마리가 있었는데 헐떡이면서 숨을 쉬지 못하다가 그만 죽어 버렸다. 법사가 중국에서 돌아온 뒤로부터 본조의 임금과 신하들이 그를 공경하고 소중하게 여겨 스승으로 삼으니 항상 대승경전을 강설하였다. 이때에 고구려와 백제가 늘 변경을 침노하므로 왕이 이것을 매우 걱정하여 수나라에 청병을 하고자(마땅히 당나라여야 한다.) 법사에게 청병하는 글을 청하였다. 황제가 그 글을 보고 30만 군사로써 친히 고구려를 정벌하였는바 이로부터 법사가 유학도 심오하게 안다는 것이 알려졌다. 향년 여든 네 살에 입적하니 명활성 서쪽에 장사하였다."

又『三國史』列傳云 "賢士〈貴山〉者〈沙梁部〉人也. 與同里〈箒項〉爲友, 二人相謂曰 '我等期與士君子遊, 而不先正心持身, 則恐不免於招辱, 盍問道於賢者之側乎?' 時聞〈圓光法師〉入〈隋〉, 回寓止〈嘉瑟岬〉(或作〈加西〉, 又〈嘉栖〉, 皆方言也. 岬, 俗云古尸, 故或云〈古尸寺〉, 猶言〈岬寺〉也. 今323/〈雲門寺〉東九千步許, 有〈加西峴〉, 或云〈嘉瑟峴〉, 峴之北洞有寺基, 是也), 二人詣門進告曰[13] '俗士顓蒙, 無所知識, 願賜一言, 以爲終身之誡.'〈光〉曰 '佛敎有菩薩戒, 其別有十, 若等爲人臣子, 恐不能堪. 今有世俗五戒, 一曰, 事君以忠, 二曰, 事親以孝, 三曰, 交友有信, 四曰, 臨戰無退, 五曰, 殺生有擇. 若行之無忽.'

또 『삼국사』 열전에 이른다. "현사 귀산이란 사람은 사량부 사람이다. 같은 동리의 추항을 벗으로 삼아 두 사람이 서로 말하기를 '우리들이 사군자들과 사귀기를 기약하니 먼저 마음을 바로잡고 몸을 잘 추스리지 않으면 욕을 보는 것을 면치 못할 것이니 어찌 현자의 곁에 가서 도를 배우지 않을 것이랴?'라고 하였다. 이때에 원광법사가 수나라에 들어갔다가 돌아와 가슬갑에 머물고 있다는 소

---

13. 木板本은 흠이나 曰을 잘못하여 두 번 쓰면서 생긴 誤字인 듯하다.

문을 듣고,(혹은 가서라고도 하고 또 가서라고도 하는데 모두 방언이다. 갑은 우리 말로는 고시라고 하며 더러는 고시사라고도 하는 바 갑사라는 말과 같다. 지금 운문사 동쪽 9천 보쯤 되는 데 있는 가서현 혹은 가실현이라고 하는 고개 북쪽 골에 있는 절터가 바로 여기이다.) 두 사람이 그의 처소를 찾아가서 고하기를 '속인으로 우매하여 지식이 없사오니 바라옵건대 한 말씀 해 주시면 죽을 때까지 계명으로 삼겠습니다.'라고 하니 원광이 말하기를 '불교에는 보살계명이 있어 그것은 열 가지로 되어 있으나 너희들은 신하 된 자들이니 아마도 감당할 수 없을 것이요, 이에 세속오계가 있으니, 첫째 충성으로써 임금을 섬기는 것이요, 둘째로 효도로써 부모를 섬기는 것이요, 셋째로 친구와 사귐에 신의가 있음이요, 넷째로 싸움에 나가서는 물러섬이 없는 것이요, 다섯째로 살생을 할 때는 가려서 하라는 것이니 너희들은 이것을 실행하되 소홀히하지 마라!'라고 하였다.

〈貴山〉等曰 '他則旣受命矣, 所謂殺生有擇, 特未曉也.'〈光〉曰 '六齋日春夏月不殺, 是擇時也. 不殺使畜, 謂馬·牛·雞·犬, 不殺細物, 謂肉不足一臠, 是擇物也. 此亦唯其所用, 不求多殺, 此是世俗之善戒也.'〈貴山〉等曰 '自今以後, 奉以周旋, 不敢失墜.' 後, 二人從軍事, 皆有奇功於國家.'

귀산 등이 말하기를 '다른 것은 이미 명을 받았사오나 살생하는 데 가려서 하라는 말씀은 잘 모르겠습니다.'라고 하니 원광이 말하기를 '육재일과 봄 여름철에 살생을 하지 않음은 때를 가리는 것이요, 부리는 짐승을 죽이지 않음은 말, 소, 닭, 개를 이름이요, 작은 생물들을 죽이지 않음은 고기 한 점도 되지 못하니 이는 물건을 가리는 것이다. 이 역시 그 소용되는 것만 하고 많은 살생을 필요로 하지 않음이니 이것이 바로 세속의 좋은 계명이다.'라고 하였다. 귀산 등이 말하기를 '이제부터는 삼가 시행하여 감히 어김이 없겠나이다.'라고 하였다. 그 후 두 사람이 모두 군사에 종군하여 다 국가에 큰 공을 세웠다."

又〈建福〉三十324/年癸酉(卽〈眞平王〉卽位三十五年也)秋,〈隋〉使〈王世儀〉至, 於〈皇龍寺〉設百座道場, 請諸高德說經,〈光〉最居上首.

또 건복 30년 계유(613)(즉 진평왕 즉위 35년이다.) 가을에 수나라 사신 왕세의가 와서 황룡사에 백고좌 도량을 열어 여러 고명한 대덕들을 청하여 불경을 강설하는데 원광이 가장 윗자리에 있었다.

議曰 "〈原宗〉興法已來, 津梁始置, 而未遑堂奧, 故宜以歸戒滅懺之法, 開曉愚迷. 故〈光〉於所住〈嘉栖岬〉, 置〈占察寶〉, 以爲恒規. 時有檀越尼, 納田於〈占察寶〉, 今〈東平郡〉之田一百結是也, 古籍猶存. 〈光〉性好虛靜, 言常含笑, 形無慍色, 年臘旣邁, 乘輿入內, 當時群彦, 德義攸屬, 無敢出其右者, 文藻之瞻, 一隅所傾."

평한다. "원종이 불교를 일으킨 이래로 교량이 비로소 닦였으나 아직 심오한 진리는 이룩되지 못하였으므로 마땅히 계율에 귀의하고 참회하여 법으로써 우매한 중생을 환하게 깨닫게 한 것이다. 그러므로 원광이 살던 가서갑에 점찰보를 두고 항규로 삼았다. 이때에 어떤 시주 비구니가 점찰보에 납전하였으니 지금의 동평군 전토 1백 결이 이것으로 옛 토지문서가 아직도 보존돼 있다. 원광의 본성은 욕심이 없고 조용한 것을 좋아하고 말할 때는 늘 웃음을 머금으며 얼굴에는 성내는 기색이 없고 나이가 이미 많아져서는 수레를 타고 대궐로 직접 들어가니 당시의 많은 인사들이 덕행과 의리로 그에게 붙어 감히 그보다 나은 자가 없었고 문장이 미려하여 일국이 그에게 쏠리었다."

年八十餘, 卒於〈貞觀〉間, 浮圖在〈三岐山〉〈金谷寺〉.(今〈安康〉之西南洞也, 亦〈明活〉之西也.)『唐傳』云, 告寂〈皇隆寺〉, 未詳其地, 疑〈皇龍〉之訛也, 如〈芬皇〉作〈王芬寺〉之例也. 據如上〈唐〉‧〈鄉〉二325/傳之文, 但姓氏之〈朴〉‧〈薛〉, 出家之東西, 如二人焉, 不敢詳定, 故兩存之. 然彼諸傳記, 皆無〈鵲岬〉〈璃目〉與〈雲門〉之事, 而鄉人〈金陟明〉, 謬以街巷之說, 潤文作『光師傳』, 濫記〈雲門〉開山祖〈寶壤師〉之事迹, 合爲一傳, 後撰『海東僧傳』者, 承誤而錄之, 故時人多惑之. 因辨於此, 不加減一字, 載二傳之文詳矣.

　나이가 80여 살이 되어 정관 연간에 죽으니 부도는 삼기산 금곡사에 있다.(지금의 안강 서남쪽 골로서 역시 명활의 서편이다.)『당전』에는 황룡사에서 입적을 고했다고 하였으나 그 땅이 자세하지 못하니 아마 황룡의 와전인 듯하며 분황을 왕분사라고 쓰는 예와 같다. 이상의 당전과 향전의 문헌에 의하면 성씨가 박씨‧설씨라 한다든가 스님이 되어 동쪽으로 서쪽으로 갔다는 것이라든가 하는 것이 마치 두 사람 이야기 같고, 자세히 살필 수 없으므로 두 편 다 여기 남겨 둔다. 그러나 그 여러 전기에는 모두 작갑·이목·운문의 일들이 없으나 향인 김척명이 항간의 이야기를 그릇되게 윤색하여 『(원)광(법)사전(기)』를 짓고 운문사를 개산조인 보양사의 사적을 함부로 기록하여 합쳤는데, 뒤에 『해동승전』을 지은 자가 그릇된 것을 계승하여 이를 기록하였으므로 사람들이 많이 잘못 알고 있다. 따라서 이에 변별하여 한 자도 가감하지 않고 두 전의 문헌을 자세히 실은 것이다.

〈陳〉·〈隋〉之世, 海東人鮮有航海問道者. 設有, 猶未大振, 及〈光〉之後, 繼踵西學者憧憧焉, 〈光〉乃啓途矣.

진나라, 수나라 대에 해동 사람들이 해외로 나가 불도를 탐구하는 자가 드물었고 설혹 있다 하더라도 크게 떨치지 못했으나 원광의 뒤로부터는 서방으로 유학하는 자들의 왕래가 끊이지 않았으니, 원광이 바로 길을 개척한 것이다.

讚曰 "航海初穿漢地雲, 幾人來往抱清芬. 昔年蹤迹青山在, 〈金谷〉·〈嘉西〉事可聞."

찬에 이른다. "바다를 건너 처음으로 중국 땅 구름을 뚫고, 몇 사람 내왕하며 맑고 향기로운 덕을 일으켰는가. 옛 종적으로는 청산만이 남아, 금곡과 가서 일을 들을 수 있을 뿐이로다."

2. 寶壤梨木326/

『釋寶壤傳』, 不載鄉井氏族, 謹按〈清道郡〉司籍, 載〈天福〉八年癸酉

(《大祖》卽位第二十六年也)正月日, 〈淸道郡〉界里審使〈順英〉·大乃
末〈水文〉等柱貼公文 "〈雲門山〉禪院長生, 南〈阿尼岾〉, 東〈嘉西峴〉
(云云). 同藪三剛典主人〈寶壤〉和尙, 院主〈玄會〉長老, 貞座〈玄兩〉上
座, 直歲〈信元〉禪師."(右公文〈淸道郡〉都田帳傳准.)

보양과 배나무

『석보양전』에는 고향과 씨족은 실리지 않았으나 청도군의 사적
을 자세히 살펴보면, 천복 8년 계유(943)(태조 즉위 26년이다.) 정월
일에 청도군 계리 심사 순영과 대내말 수문 등의 주첩공문이 실렸
는데 거기에 "운문산 선원의 장생표는 남쪽은 아니점, 동쪽은 가서
현이다."라고 (운운)하였고, "본사·말사들의 삼강 전주인은 보양
화상이요, 원주가 현회장로, 정좌는 현량 상좌, 직세는 신원선사이
다."라고 기재되었다.(이상 공문은 청도군의 도전장전에 의한다.)

又〈開運〉三年丙辰〈雲門山〉禪院長生標塔公文一道 "長生十一, 〈阿
尼岾〉·〈嘉西峴〉·〈畝峴〉, 西北〈買峴〉(一作〈面知村〉), 北〈猪足門〉等."

또 개운 3년 병진(946)에 운문산 선원의 장생표탑공문 한 통에는
"장생표는 11개로 아니점·가서현·묘현과 서북쪽은 매현(면지촌
이라고도 한다.) 북쪽은 저족문 등이다."라고 하였다.

又庚寅年, 〈晉陽府〉貼五道按察使, 各道禪敎寺院始創年月形止,
審撿成籍時, 差使員東京掌書記〈李儁〉審撿記載, 〈正豊〉六年辛巳
(〈大金〉年号, 本朝〈毅宗〉卽位十六年也)九月, 『郡中古籍裨327/補記』
准, 〈淸道郡〉前副戶長禦侮副尉〈李則楨〉戶在古[14]人消息及『諺傳』記

載, 致仕上戶長〈金亮辛〉・致仕戶長〈旻育〉・戶長同正〈尹應前〉・其
人〈珎奇〉等與時上戶長〈用成〉等言語.

또 경인년에 진양부가 5도안찰사에게 공문을 내려 각도 선종, 교
종 각 사원들의 창립연월의 전말을 조사해서 문적을 만들 때에 차
사원 동경장서기 이선이 조사한 기록에는 정륭 6년 신사(금나라의
연호로서 본조 의종 즉위 16년이다.)(1161) 9월에 『군중고적비보기』
에 의거한 것과, 청도군의 전부호장 어모부위 이칙정의 집에 살던
옛 사람들의 소식과 『언전』의 기재와, 상호장 김양신, 치사한 호장
민육, 호장 동정 윤응전, 기인 진기 등과 당시의 상호장 용성 등의
말이 실렸다.

時太守〈李思老〉・戶長〈亮辛〉年八十九, 餘輩皆七十已上, 〈用成〉
年六十已上.(云云, 次不准.) 〈羅〉代已來, 當郡寺院, 〈鵲岬〉已下中小
寺院, 〈三韓〉亂亡間, 〈大鵲岬〉・〈小鵲岬〉・〈所寶岬〉・〈天門岬〉・
〈嘉西岬〉等五岬皆亡壞, 五岬柱合在〈大鵲岬〉.

당시의 태수 이사로와 호장 김양신의 나이는 89세요, 나머지 사
람들은 모두 70세 이상이요, 용성의 나이는 60세 이상이었다.(운운
하는데 다음은 따르지 않았다.) 신라 이래로 이 군의 사원들로서 작
갑 이하의 중소 사원들은 삼한이 난리로 망하는 통에 대작갑・소작
갑・소보갑・천문갑・가서갑 등 다섯 갑이 모두 무너져 없어지고
다섯 갑의 기둥을 합하여 대작갑에 두었다.

---

14. 壬申本은 右이나 古의 異體字로 보인다.

512

祖師知識(上文云〈寶壤〉), 大國傳法來還, 次西海中, 龍邀入宮中念經, 施金羅袈裟一領, 兼施一子璃目, 爲侍奉而追之, 囑曰 "于時, 三國擾動, 未有歸依佛法之君主, 若與吾子歸328/本國,〈鵲岬〉創寺而居, 可以避賊. 抑亦不數年內, 必有護法賢君, 出定三國矣." 言訖相別而來還, 及至玆洞, 忽有老僧, 自稱〈圓光〉, 抱印櫃而出, 授之而沒.(按,〈圓光〉以〈陳〉末入中國,〈開皇〉間東還, 住〈嘉西岬〉而沒於〈皇隆〉, 計至〈淸泰〉之初, 無慮三百年矣. 今悲嘆諸岬皆廢而喜見〈壤〉來而將興, 故告之尒.)

조사 지식(앞의 글에는 보양이라 하였다.)이 중국에 가서 전법받고 돌아오는데 서해바다에 이르자 용이 궁중으로 맞아들여 불경을 외우고 금라가사 한 벌과 겸하여 아들 이목을 보시하니, 시봉으로 따라가게 하면서 부탁하여 말하기를 "지금 삼국이 소란하여 불법에 귀의하는 군주가 아직 없으니 만약 내 아들과 함께 본국으로 돌아가서 작갑에 절을 세우고 살면 도적을 피할 수 있을 것이다. 또한 수년이 못 되어 반드시 호법을 하는 현군이 나와 삼국을 평정할 것이다."라고 했다. 말을 마치자 서로 이별하고 돌아와서 이 동리에 왔더니 갑자기 어떤 노승이 자칭 원광이라 하면서 인궤를 안고 나와 이것을 주고는 사라졌다.(상고하건대 원광은 진나라 말년에 중국에 들어갔다가 개황 연간에 돌아와서 가서갑에 살다가 황룡사에서 죽었으니 청태의 초기까지 햇수를 꼽는다면 무려 3백 년일 것이다. 이에 여러 갑의 절이 다 없어진 것을 슬퍼하다가 보양이 와서 부흥하려는 것을 보고 기뻐서 이렇게 일러 준 것이다.)

於是,〈壤師〉將興廢[15]寺, 而登北嶺望之, 庭有五層黃塔, 下來尋之 則無跡. 再陟望之, 有群鵲啄地. 乃思海龍〈鵲岬〉之言, 尋掘之, 果有 遺塼無數. 聚而蘊崇之, 塔成而無遺塼, 知是前代伽藍墟也, 畢創寺而 住焉, 因名〈鵲岬寺〉.

이에 보양사가 폐사를 장차 일으키고자 북쪽 고개 위에 올라가 바라보니 뜰에 5층으로 된 누런 탑이 있으므로 내려와서 찾아본즉 자취가 없어졌다. 다시 올라가 바라다보니 까치떼가 와서 땅을 쪼 고 있었다. 이에 해룡이 작갑이라 했던 말이 생각나서 여기를 파 보 니 과연 옛날 벽돌이 무수히 나왔다. 모아서 높이 쌓으니 탑으로 되 면서 남는 벽돌이 없었으므로 여기가 전대의 절터였음을 알게 되었 으며 절을 세우고 난 후 살면서 작갑사라고 하였다.

未幾, 〈太祖〉統一三國, 聞師至此創院而居, 乃合五岬田束五百結 納寺, 以〈淸泰〉四年丁酉, 賜額曰〈雲門禪寺〉, 以奉329/袈裟之靈蔭. 璃目常在寺側小潭, 陰隲法化, 忽一年亢[16]旱, 田蔬焦槁, 〈壤〉勑璃目 行雨, 一境告足. 天帝將誅不職,[17] 璃目告急於師, 師藏於床下. 俄有 天使到庭, 請出璃目, 師指庭前梨木, 乃震之而上天. 梨木萎摧,[18] 龍 撫之卽蘇.(一云師呪之而生.) 其木近年倒地, 有人作楗椎, 安置善法 堂及食堂, 其椎柄有銘.

---

15. 木板本은 癈이나, 廢의 誤字로 보인다.
16. 木板本은 元으로 亢의 異體字이다.
17. 木板本은 識으로 職의 誤字로 보인다.
18. 壬申本은 榷이나 摧의 異體字로 보인다.

얼마 못 되어 태조가 삼국을 통일하고 스님이 여기 와서 절을 짓고 산다는 말을 듣고 5갑 전과 5백 결을 함께 절에 바치고 청태 4년 정유(937)에 운문선사라는 현판을 하사하여 가사의 영험을 받들게 하였다. 이목은 늘 절 곁에 있는 작은 못에 살면서 음으로 불법의 교화를 돕더니 한 해는 갑자기 몹시 가물어 밭의 채소가 말라 타므로 보양이 이목을 시켜 비를 부르도록 하니 일대에 비가 흡족하였다. 천제가 이목이 직무를 다하지 못하여 죽이려 하니, 이목이 법사에게 급히 고하니 마루 밑에 숨겨 주었다. 조금 있으니 천사가 뜰에 와서 이목을 내놓으라고 청하므로 법사가 뜰 앞에 있는 배나무를 가리키니 당장 배나무에 벼락을 치고 하늘로 올라갔다. 배나무가 꺾어지고 시들었는데 용이 어루만지니 곧 살아났다.(법사가 주문으로 살렸다고도 한다.) 그 나무가 근년에 넘어져는데 어떤 사람이 그 나무로 빗장 방망이를 만들어 제석천의 선법당과 식당에 두었으니 그 방망이 자루에는 글이 쓰여 있다.

初師入〈唐〉廻, 先止于〈推火〉之〈奉聖寺〉, 適〈太祖〉東征至〈淸道〉境, 山賊嘯聚于〈犬城〉(有山岑臨水峭立, 今俗惡, 其名改云〈犬城〉), 驕傲不格, 〈太祖〉至于山下, 問師以易制之述, 師答曰 "夫犬之爲物, 司夜而不司晝, 守前而忘其後, 宜以晝擊其北." 〈祖〉從之, 果敗降. 〈太祖〉嘉乃神謀, 歲給近縣租330/五十碩, 以供香火, 是以寺安二聖眞容, 因名〈奉聖寺〉. 後遷至〈鵲岬〉, 而大創終焉. 師之〈行狀〉, 『古傳』不載, 諺云, 與〈石崛〉〈備虛師〉(一作〈毗虛〉)爲昆弟, 〈奉聖〉·〈石崛〉·〈雲門〉三寺, 連峯櫛比, 交相往還爾.

처음 법사가 당나라에 들어갔다가 돌아와 먼저 추화의 봉성사에 있었더니 때마침 태조가 동쪽을 정벌하는 길에 청도의 경계에 이르자 산적들이 견성에(산봉우리가 물에 다다라 깎은 듯이 섰는데 지금 사람들이 그것을 싫어하여 이름을 고쳐서 견성이라 하였다.) 휘파람을 불면서 서로 모여 교만하게도 항복하지 않으므로 태조가 산 밑에 이르러 법사더러 손쉽게 진정시킬 계책을 물었더니 법사가 대답하여 말하기를 "무릇 개라는 짐승은 밤을 맡고 낮을 맡지 않았으며 앞을 지키면서 뒤는 잊어버리고 있으므로 낮에 그 뒤를 치는 것이 좋을 것이다."라고 하였다. 태조가 그대로 좇았더니 과연 적이 패하여 항복하였다. 태조가 그의 신묘한 계책을 가상히 여겨 해마다 가까운 현의 조 50석을 주어 공양에 사용토록 하였으니 이 때문에 절에는 두 분의 진용을 모시고 따라서 봉성사라고 하였다가 그뒤에 작갑으로 옮겨서 크게 절을 세우고는 입적했다. 법사의 행장은 『고전』에는 실리지 않았으니 속설에 석굴의 비허사(비허라고도 쓴다.)와 형제가 되어 봉성·석굴·운문 세 절이 봉우리를 나란히 연하여 즐비하여 서로 왕래하였다고 한다.

後人改作『〈新羅〉異傳』, 濫記鵲塔·璃目之事于『圓光傳』中, 系〈犬城〉事於『毗虛傳』, 旣謬矣. 又作『海東僧傳』者, 從而潤文, 使〈寶壤〉無傳而疑誤後人, 誣妄幾何.

뒷날 사람들이 『신라이전』을 개작하여 작탑과 이목의 일을 함부로 『원광(의)전(기)』 속에 기록하였으며, 견성사건에 관계해서 『비허전』에 넣은 것은 틀린 것이다. 또 『해동승전』을 지은 자가 여기

에 따라 윤문하여 보양의 전기는 없애어 뒷날 사람들을 의혹하고
잘못 알도록 하였으니 그 얼마나 그릇된 일인가.

3. 良志使錫

　釋〈良志〉, 未詳祖考鄉邑, 唯現迹於〈善德王〉朝. 錫杖頭掛一布帒,
錫自飛至檀越家, 振拂而鳴, 戶知之納齋費, 帒滿則飛還. 故名其所
住曰〈錫杖寺〉, 其神異莫測皆類此.331/旁通雜藝,[19] 神妙絕比, 又善筆
札.[20]

　양지가 지팡이를 부리다

　스님 양지는 그의 조상과 고향이 자세하지 않으나 다만 선덕왕
시대에 그의 행적이 세상에 드러났다. 지팡이 머리에 포대를 하나
걸어 놓으면 지팡이가 저절로 시주의 집으로 날아간다. 지팡이가
흔들어 소리가 나면 그 집에서 이것을 알고 재 올릴 비용을 집어넣
는데, 자루가 다 차면 날아서 되돌아온다. 이 때문에 그가 사는 절
이름을 석장사라 하였으니 그의 신이하여 헤아리기 어려운 것이 모
두 이와 같다. 이외에도 각종의 기예에 능통하여 비할 바 없이 신묘
하며, 또 서화에 능통했다.

　〈靈廟〉丈六三尊・天王像幷殿塔之瓦,〈天王寺〉塔下八部神將,〈法
林寺〉主佛三尊・左右金剛神等, 皆所塑[21]也. 書〈靈廟〉・〈法林〉二寺

---

19. 木板本은 譽로 藝의 誤字로 보인다. 아마도 뜻이 통하지 않는 것으로 보아 刻手의 잘못으로
　　교정자가 제대로 교정에 임하지 않은 증거라고 사료된다.
20. 木板本은 扎로 札의 異體字이다.

額. 又嘗彫磚造一小塔, 幷造三千佛, 安其塔置於寺中, 致敬焉. 其塑
〈靈廟〉之丈六也, 自入定以正受所對爲揉式, 故傾城士女爭運泥土.

영묘사 장육 삼존과 천왕상과 전탑의 기와와 아울러 천왕사 탑신
의 8부신장과 법림사 주불 삼존과 좌우 금강신 등이 모두 그가 빚
은 것이다. 영묘·법림 두 절의 현판도 그가 썼다. 또 일찍이 벽돌
을 조각하여 작은 탑 한 개를 만들고 이와 함께 부처 3천 개를 만들
어 그 탑에 모시어 절 가운데 두고 예배를 하였다. 그가 영묘사의
장육상을 빚을 때에 스스로 선정에 들어가 삼매에서 대한 바 부처
님을 본따 모형으로 삼으니 이 때문에 온 성중 남녀들이 다투어 가
면서 진흙을 날랐다.

風謠云 "來如來如來如, 來如哀反多羅, 哀反多矣徒良, 功德修叱
如良來如."

풍요에 이른다. "온다[22] 온다 온다, 오다[23] 서럽더라,[24] 서럽다 이
몸이여,[25] 공덕 닦으러 오다.[26]"

至今, 土人舂相役作皆用之, 蓋始于此. 像成之費, 入穀二萬三千七
百碩(或云 改[27]金時租[28]). 議曰 師可謂才全德充, 而以大方隱於末技

---

21. 木板本은 槃이나 塑의 誤字로 보인다.
22. 오라/오도다.
23. 오라/오도다.
24. 서러운 이 많아라/서러움이 많도다.
25. 서럽다 우리들이여/서러운 衆生의 무리여/서러움 많은 이내와.
26. 오라/온다/오도다.

者也.

　지금까지 지방 사람들이 방아를 찧거나 힘든 일을 할 때는 다들 이것을 부르는바 이는 대개 이로부터 시작된 것이다. 불상을 만드는 비용으로 곡식 23,700석이 들었다.(혹은 개금할 때의 비용이라고도 한다.) 평한다. 스님은 재주가 구비하고 덕행이 충실하여 대가로 조그마한 기예에 숨었던 자라고 할 것이다.

　讚曰 "齋罷堂前錫杖閑, 靜裝爐鴨332/自焚檀. 殘經讀了無餘事, 聊塑圓容合掌看."

　찬에 이른다. "재 끝난 불당 앞에 지팡이 한가할새, 향로를 차려 놓고 향불을 피운다. 남은 불경 다 읽고 나니 더 할 일 없어, 부처님의 원만한 모습 빚어 두고 합장하고 뵈오리."

　4. 歸竺諸師

　廣函 『求法高僧傳』 云 "釋〈阿離那(一作〈耶〉)跋摩〉(一作○), 〈新羅〉人也. 初希正[29]敎, 早入中華, 思觀聖蹤, 勇銳彌增, 以〈貞觀〉年中離〈長安〉, 到〈五天〉, 住〈那蘭陁寺〉, 多閱律論, 抄寫貝[30]莢. 痛矣歸心, 所期不遂, 忽於寺中無常, 齡七十餘. 繼此有〈惠業〉·〈玄泰〉·〈求本〉·〈玄恪〉·〈惠輪〉·〈玄遊〉, 復有二亡名法師等, 皆忘身順法,

---

27. 木板本은 ○○으로 활자본의 견해를 좇아 보족해 보았다.

28. 木板本은 祖로 租의 異體字로 보인다.

29. 壬申本은 王으로 衍字로 보인다.

30. 木板本은 具로 貝의 異體字이다.

觀化〈中天〉, 而或夭於中途, 或生存住彼寺者, 竟未有能復〈雞貴〉與
〈唐〉室者. 唯〈玄泰師〉克返歸〈唐〉, 亦莫知所終."

천축에 갔던 여러 스님들

광자함의 『구법고승전』에 이른다. "스님 아리나(야라고도 한다.)
발마(○라고도 한다.)는 신라 사람이다. 처음에 정교에 뜻을 두고
일찍이 중국에 들어가서는 석가모니의 성지를 순례할 것을 생각하
고 용기를 더욱 내더니, 정관 연간에 장안을 출발하여 5천축에 이
르러 나란타사에 머물러 율장과 론장을 많이 열람하면서 불경을
묘사하였다. 몹시 고향으로 돌아가고 싶은 마음이었으나 소기한 목
적을 달성하지 못하고 절에서 갑자기 입적하니 나이가 70여 세였
다. 그를 이어 혜업·현태·구본·현각·혜륜·현유가 있었고 이
밖에 이름이 없어진 두 법사 등이 있으니 다들 법을 따르고자 몸을
바쳐 중천축국에서 석가의 교화를 보다가 혹은 중도에 일찍 죽기도
하고, 더러는 생존하여 그 절에서 살기도 하였는데 마침내 다시 신
라나 당나라로 돌아온 자는 없었다. 오직 현태사만이 당나라로 돌
아왔으나 역시 입적한 곳은 모른다."

〈天竺〉人呼海東云〈矩矩吒醫說羅〉, 333/矩矩吒 言雞也, 醫說羅言貴
也. 彼土相傳云, "其國敬雞神而取尊, 故戴翎羽而表飾也."

천축사람들이 우리나라를 일러 구구탁예설라라고 하니 구구탁은
닭이라는 말이요, 예설라는 귀하다는 말이다. 그 나라에서 전해 오
는 말에 이르기를 "그 나라는 닭 귀신을 공경하고 떠받들므로 날개
깃을 머리에 꽂아서 꾸미개로 표시하였다."라고 하였다.

讚曰 "〈天竺〉天遙萬疊山, 可憐遊士力登攀. 幾回月送孤帆去, 未見雲隨一杖還."

찬에 이른다. "천축의 하늘은 머나먼 첩첩이 가리운 산, 힘써 기어오르는 유사들 가련도 하여라. 저 달은 몇 번이나 외로운 돛단배와 이별했던고, 선사 따라간 지팡이 하나도 돌아오는 것을 볼 수 없구나."

5. 二惠同塵

釋〈惠宿〉, 沈光於〈好世郎〉徒, 郎旣讓名『黃卷』, 師亦隱居〈赤善村〉(今〈安康縣〉有〈赤谷村〉)二十餘年. 時國仙〈瞿旵公〉甞往其郊, 縱獵一日, 〈宿〉出於道左, 攬轡而請曰 "庸僧亦願隨從, 可乎?" 公許之. 於是, 縱橫馳突, 裸袒相先, 公旣悅. 及休勞坐, 數炮烹相餉, 〈宿〉亦與啖嚼, 略無忤色.

혜숙과 혜공의 화광동진

스님 혜숙이 호세랑의 낭도로 자취를 숨기고 지내더니 낭이 이미 『황권』에서 이름을 지워 버리게 되자 스님도 역시 적선촌(지금의 안강현에 적곡촌에 있다.)에 은퇴하여 20여 년 살았다. 당시의 국선 구참공이 일찍이 그 들판에 나가서 온종일 사냥을 하더니 혜숙이 길 옆에 나와 말 재갈을 붙잡고 청하기를 "소승도 따라가고 싶은데 좋겠습니까?"라고 하니 공이 허락하였다. 그제야 종횡하면서 말 달리면서 웃통을 벗고 앞을 다투매 공이 기뻐하였다. 피로하여 앉아 쉬는 동안 연신 고기를 굽고 삶고 서로 먹는데 혜숙도 역시 함께 씹어 먹으면서 조금도 얼굴에 저어하는 기색이 없었다.

旣而進於前曰"今有334/美鮮於此, 盍薦之何?"公曰"善."〈宿〉屛
人割其股, 寘盤以薦, 衣血淋漓. 公愕然曰"何至此耶?"宿曰"始吾
謂公仁人也, 能恕己通物也, 故從之爾. 今察公所好, 唯殺戮之耽篤,
害彼自養而已, 豈仁人君子之所爲? 非吾徒也"遂拂衣而行, 公大慚,
視其所食, 盤中鮮蔵不減.

조금 있다가 앞에 다가서며 말하기를 "지금 이보다도 더 맛좋은
고기가 있는데 더 드려도 좋겠습니까?"라고 하니 구참공이 "좋다."
고 하였다. 혜숙이 사람들을 물리치고 자기의 넙적다리를 베어 소
반에 놓아 바치니 옷에 피가 뚝뚝 떨어졌다. 공이 깜짝 놀라면서 말
하기를 "어떻게 된 일이냐?"라고 하니 혜숙이 말하기를 "내가 처음
에 공이 어진 분이라 자기를 생각하는 만큼 다른 물건에도 그 생각
이 통할 줄 여겼으므로 공을 따른 터인데 지금에 공이 좋아하는 것
을 보니 오직 살육에 몰두하여 남을 해쳐서 자기를 살찌울 뿐이니
이것이 어찌 어질고 점잖은 군자가 할 노릇이겠습니까? 우리의 동
지는 못 되오리다."라고 하고는 드디어 옷을 털고 가 버리니, 구참
공이 크게 부끄러워 그가 먹은 데를 자세히 보니 소반에 고기가 그
대로 있었다.

公甚異之, 歸奏於朝, 〈眞平王〉聞之, 遣使徵迎, 〈宿〉示臥婦床而
寢. 中使陋焉, 返行七八里, 逢師於途. 問其所從來, 曰"城中檀越家,
赴七日齋, 席罷而來矣." 中使以其語達於上, 又遣人檢檀越家, 其事
亦實. 未幾, 〈宿〉忽死, 村人轝葬於〈耳峴〉(一作〈硎峴〉)東.

공이 매우 기이히 여겨 조정에 들어가 아뢰니, 진평왕이 이 말을

듣고 사람을 보내어 불러 맞으러 갔더니 혜숙이 여자의 침상에 누워 자는 체하였다. 대궐에서 나온 사자가 그를 비루하게 여겨 7-8리나 되돌아오다가 길에서 법사를 만났다. 어디서 오는 길이냐고 물었더니 그가 말하기를 "성안 시주 집의 7일재에 갔다가 법석을 파하고 돌아온다."라고 하였다. 사자가 이 말로써 임금께 아뢰었더니 다시 사람을 보내어 그 시주집에 가서 알아본 결과 그 역시 사실이었다. 얼마 안 가 혜숙이 갑자기 죽으니 마을 사람들이 이현(형현이라고도 한다.) 동쪽에 장사지냈다.

其村人有自峴西來者, 逢〈宿〉於途中, 問其何往, 曰 "久居335/此地, 欲遊他方爾." 相揖而別, 行半許里, 躡雲而逝. 其人至峴東, 見葬者未散, 具說其由, 開塚視之, 唯芒鞋一隻而已. 今〈安康縣〉之北, 有寺名〈惠宿〉, 乃其所居云, 亦有浮圖焉.

그 마을 사람으로 이 고개 서쪽으로부터 오던 사람이 있어 도중에 혜숙을 만나 어디로 가는지를 물었더니 그가 말하기를 "이곳은 오랫동안 살았기에 다른 지방으로 유람가 보려 한다."라고 하고 서로 인사를 하여 작별하였는데 반 리 남짓 오니 구름을 타고 사라졌다. 그 사람이 고개 동쪽에 와서 장사 지내던 사람들이 아직 흩어지지 않은 것을 보고 그 사유를 구체적으로 말하여 무덤을 헤치고 보니 다만 짚신 한 짝이 있을 뿐이었다. 지금 안강현 북쪽에 혜숙이라고 부르는 절이 있으니 바로 그가 살던 데라고 말하며 또한 부도도 있다.

釋〈惠空〉,〈天眞公〉之家傭嫗之子, 小名〈憂助〉.(盖方言也.) 公甞患

瘡濱於死, 而候慰塡街. 〈憂助〉年七歲, 謂其母曰"家有何事, 賓客之
多也?" 母曰"家公發惡疾, 將死矣. 爾何不知?" 〈助〉曰"吾能右之."
母異其言, 告於公, 公使喚來, 至坐床下, 無一語, 須臾瘡潰, 公謂偶
爾, 不甚異之.

스님 혜공은 천진공의 집 품팔이 노구의 아들로서 아명은 우조(대
개 방언인 듯하다.)이다. 공이 일찍이 종기를 앓아 거의 죽게 되어서
문병하는 이들이 골목에 꽉 들어찼었다. 우조의 나이가 일곱 살인데
그 어머니에게 말하기를 "집 안에 무슨 일로 손님이 이다지 많습니
까?"라고 하였다. 어머니가 말하기를 "집의 공이 악질병에 걸려 돌
아가시려 하는데 너는 어째서 몰랐느냐?"라고 하였더니 우조가 하
는 말이 "내가 고칠 수 있습니다."라고 하였다. 그 어머니가 그의 말
을 기이하게 여겨 공에게 고하였더니 공이 불러오라고 시켜 침상 아
래 와서 앉았으나 아무 말이 없었는데 잠시 후에 종기가 터지니, 공
은 이것을 우연으로 생각할 뿐 심히 기이하게 여기지 않았다.

旣壯, 爲公養鷹, 甚愜公意. 初, 公之弟, 有得官赴外者, 請公之選
鷹歸治所. 336/一夕公忽憶其鷹, 明晨擬遣〈助〉取之, 〈助〉已先知之,
俄頃取鷹, 昧爽獻之. 公大驚悟, 方知昔日救瘡之事, 皆叵測也, 謂曰
"僕不知至聖之托吾家, 狂言非禮汚辱之, 厥罪何雪. 而後乃今願爲導
師導我也." 遂下拜.

장성하니 공의 매 기르는 일을 맡았다. 공이 매우 마음에 들어했
다. 처음에 공의 아우로서 벼슬을 얻어 외지로 가는 자가 있어서
공에게 좋은 매를 뽑아 얻어 가지고 임지로 갔다. 하루 저녁은 공이

갑자기 그 매 생각이 나서 이튿날 아침에는 우조를 시켜 매를 찾아 오려고 했더니 우조가 이것을 벌써 먼저 알고 잠깐 사이에 매를 찾아 가지고 새벽녘에 가져다 바쳤다. 공이 크게 놀라 깨쳐 그제야 예전에 종기 고친 일이 모두 헤아릴 수 없는 일임을 알고 말하기를 "제가 지극한 성인이 우리 집에 의탁하신 것을 모르고 미친 말과 무례로 욕되게 하였으니 이 죄를 어떻게 씻겠습니까? 이후로는 원컨대 도사가 되셔서 나를 인도해 주소서."라고 하면서 드디어 내려와 절을 하였다.

靈異旣著, 遂出家爲僧, 易名〈惠空〉, 常住一小寺. 每猖狂大醉, 負簣歌舞於街巷, 号〈負簣[31]〉和尙, 所居寺因名〈夫蓋寺〉, 乃簣之鄕言也. 每入寺之井中, 數月不出, 因以師名名其井. 每出有碧衣神童先湧, 故寺僧以此爲候, 旣出, 衣裳不濕.

영이가 나타난 후 드디어 출가하여 스님이 되어 이름을 혜공으로 고치고 어느 작은 절에 상주하였다. 매양 미치광이나 주정뱅이처럼 삼태기를 지고 거리에서 노래하고 춤을 추었으므로 부궤화상이라 하고 살던 절을 인하여 부개사라 하였으니 궤의 우리나라 말이다. 또 매양 절 우물 속에 들어가 몇 달씩 나오지 않았으니 이 때문에 법사의 이름으로써 우물 이름을 지었다. 우물에서 나올 때마다 푸른 옷을 입은 신동이 먼저 솟아 나왔으므로 절 스님들이 이것을 보고 기다리면 나오는데 옷이 물에 젖어 있지 않았다.

---

31. 木板本은 黃로 簣의 異體字이다.

晚32年移止〈恒沙寺〉. (今〈迎日縣〉〈吾魚寺〉, 諺云〈恒沙〉人出, 世故
名〈恒沙洞〉.) 時, 〈元曉〉撰諸經疏, 每就師質疑, 或相調戲. 一日二公
沿溪掇魚蝦而337/啖之, 放便於石上, 公指之戲曰"汝屎吾魚." 故因名
〈吾魚寺〉. 或人以此爲〈曉師〉之語, 濫也. 鄕俗訛呼其溪曰〈芼矣川〉.

만년에는 항사사로 옮겨 살았는데(지금의 영일현 오어사인데 속
설에는 항하사〔갠지즈강의 모래〕와 같이 많은 사람이 나타났으므
로 이름을 항사동이라 하였다고 한다.) 이때에 원효가 여러 불경들
의 주해를 지으면서 매양 법사에게 와서 의심 나는 것도 묻고 가
끔 농담도 하였다. 하루는 두 공이 시냇가에서 고기를 잡아먹고 돌
위에 똥을 누었는데 공이 이것을 가리키면서 장난말로 "네 똥은 내
고기로구나!"라고 하였으므로 따라서 절 이름을 오어사라 하였다.
어떤 사람은 이것을 원효대사의 말이라고 하는데 잘못이다. 세간에
서는 이 시내를 와전해서 모의천이라고 한다.

〈瞿旵公〉嘗遊山, 見公死僵於山路中, 其屍膖脹, 爛生虫蛆, 悲嘆久
之, 及迴轡入城, 見公大醉歌舞於市中. 又一日將草索綯, 入〈靈廟
寺〉, 圍結於金堂, 與左右經樓及南門廊廡, 告剛司"此索須三日後取
之." 剛司異焉而從之. 果三日〈善德王〉駕幸入寺, 〈志鬼〉心火出燒其
塔, 唯結索處獲免. 又神印祖師〈明朗〉, 新創〈金剛寺〉, 設落成會, 龍
象畢集, 唯師不赴, 〈朗〉卽焚香虔禱, 小選公至, 時方大雨, 衣袴不濕,
足不沾泥. 謂〈明朗〉曰 "辱召勤勤, 故玆來矣." 靈338/迹頗多. 及終,

---

32. 壬申本은 脫로 행초의 오인으로 인한 誤字 또는 異體字로 보인다.

浮空告寂, 舍利莫知其數. 甞見『肇論』曰 "是吾昔所撰也." 乃知僧
〈肇〉之後有也.

구참공이 일찍이 산에 놀러가 (혜공)공이 산길 가운데 죽어 넘어
진 것을 보았는데 그 시체가 부폐하고 터지고 문드러진 데서 구더
기가 나므로 한참 동안 슬퍼하다가 말고삐를 돌려 성으로 들어갔을
때는 공이 술이 몹시 취하여 거리 복판에서 노래하고 춤추는 것을
보았다고 한다. 또 어느 날 그는 새끼줄을 가지고 영묘사에 들어가
금당과 좌우편 경루와 남문 행랑채를 둘러치고 절의 강사에게 고하
기를 "이 새끼줄은 꼭 사흘 뒤에 걷으라."라고 하였더니 주장스님
이 기이하게 여기면서도 그대로 좇았다. 과연 사흘 만에 선덕왕이
절로 거동하여 오니 지귀의 심화가 그 탑을 태웠으나 오직 새끼를
맸던 자리만 면할 수 있었다. 또 신인종의 조사 명랑이 새로 금강사
를 세우고 낙성회를 베푸는데 고승대덕들이 다 모였으되 오직 법사
만 가지 않았으므로 명랑이 향불을 피우고 경건하게 기도를 하니
조금 뒤에 공이 오자, 때마침 큰 비가 내렸으나 의복이 젖지 않았
고 발에 진흙도 묻지 않았다. 명랑에게 말하기를 "욕 보셨소. 은근
하게 불러 주었기에 이에 왔습니다."라고 하였으니 이적이 퍽 많았
다. 입적할 때에는 공중에 떠서 입적을 고하였는데 사리는 수를 헤
아릴 수 없을 정도로 많았다. 일찍이 『조론』을 보고 말하기를 "이
것은 옛날에 내가 지은 것이다."라고 하였으니 이로써 승조의 후신
임을 알았다.

讚曰 "草原縱獵床頭臥, 酒肆狂歌井底眠. 隻履浮空何處去, 一雙

重火中蓮."

찬에 이른다. "초원에서 사냥하기도 하고, 침상에 눕는가 하면, 저잣거리에서 술에 취해 미친 듯이 노래하기도 하고 우물 속에서 자기도 한다. 무덤에 짚신 하나만 남기고, 허공에 떠서 사라졌으니 그 어디로 간 것인가, 두 스님이 진중하니, 불 속에서 연꽃이 났구나."

6. 慈藏定律

大德〈慈藏〉,〈金〉氏, 本〈辰韓〉眞骨蘇判(三級爵名)〈茂林〉之子. 其父歷官淸要, 絶無後胤, 乃歸心三寶, 造[33]于千部觀音, 希生一息, 祝曰"若生男子, 捨作法海津梁." 母忽夢星墜入懷, 因有娠, 及誕, 與釋尊同日. 名〈善宗郎〉, 神志澄睿, 文思日贍, 而無染世趣.

자장이 계율을 정하다

대덕 자장은 김씨로 본래 진한의 진골 소판(세 번째 급작의 이름이다.) 무림의 아들이다. 그의 아버지는 청요직을 두루 거쳤으나 자식이 없었으므로 삼보에 귀의하여 천부관음에게로 가서 자식 하나 낳기를 바라면서 기원하기를 "만약 사내를 낳는다면 희사하여 법해의 진량으로 만들겠습니다."라고 하였더니 어머니가 갑자기 꿈에 별이 떨어져 품속으로 들어왔다. 인하여 임신하여 아이를 낳으니 석가탄신일과 같았다. 이름을 선종랑이라 하니 신지가 맑고도 슬기로웠으며 작문의 구상이 날로 더하니 세간의 취미에 물들지 않았다.

---

33. 木板本은 造이나 逵의 異體字인 듯하다.

早喪二親, 轉猒塵譁, 捐妻息, 捨田園爲〈元339/寧寺〉, 獨處幽險, 不避狼虎, 修枯骨觀, 微或倦弊. 乃作小室, 周障荊棘, 裸³⁴坐其中, 動輒箴刺, 頭懸在梁, 以祛昏暝.

일찍이 양친을 잃으니 이로 하여 더욱 시끄러운 세상을 싫어하고 처자를 버리고 전원을 희사하여 원령사로 하고 그윽하고 험한 곳에 혼자 거하며 이리와 범도 피하지 않으면서 고골관을 닦아서 조금도 게을리함이 없었다. 이리하여 작은 방을 짓고 주위에 가시나무로 둘러치고 그 속에 벌거벗고 들어앉아 움직이기만 하면 가시에 찔리게 하고 머리를 들보에 매달아 정신이 흐려짐을 막았다.

適台輔有闕, 門閥當議, 累徵不赴, 王乃勅曰 "不就斬之." 〈藏〉聞之曰 "吾寧一日持戒而死, 不願百年破戒而生." 事聞, 上許令出家. 乃深隱岩叢, 粮粒不恤. 時有異禽, 含菓來供, 就手而喰. 俄夢天人來授五戒, 方始出谷, 鄕邑士女, 爭來受戒.

때마침 재상자리가 비었으므로 문벌이 의논하여 여러 번 불렀으나 가지 않으니 왕이 이에 칙명하기를 "오지 않으면 죽인다."라고 하였다. 자장이 이 말을 듣고 말하기를 "하루라도 계율을 지키다 죽을지언정 파계하고 백 년 동안 살고 싶지는 않습니다."라고 하니, 이 말이 임금께 보고되어 임금이 출가를 허락하였다. 이리하여 바위 숲속에 깊이 숨으니, 양식 한 톨 주는 이가 없었다. 이때에 기이한 새가 있어 과실을 물어다가 공양을 바치니 손을 내밀어 받아 먹

---

34. 壬申本은 裸이나 裸의 異體字이다.

었다. 얼마 후 천인이 와서 오계를 주는 꿈을 꾸고 그제야 처음으로 산골을 나갔는데 마을의 남녀들이 다투어 와서 계율을 받았다.

〈藏〉自嘆邊生, 西希大化, 以〈仁平〉三年丙申歲(卽〈貞觀〉十年也)受勅, 與門人〈僧實〉等十餘輩, 西入〈唐〉, 謁〈淸涼山〉, 山有曼殊大聖塑相. 彼國相傳云, 帝釋天將工來彫也.

자장이 변방에서 난 것을 스스로 탄식하면서 서쪽으로 가서 석가의 교화를 희구하여, 인평 3년 병신(즉 정관 10년이다.)에 칙명을 받아 문인 승실 등 십여 명과 함께 서쪽으로 당나라에 들어가 청량산을 찾았는데 산에는 만수대성의 소상이 있어 저 나라에서 전해오는 말로는 제석천이 장인을 데리고 와서 새긴 것이라고 하였다.

〈藏〉於像前禱祈冥感, 夢像摩頂授梵偈. 覺而未解, 及340/旦有異僧來釋云(已出〈皇龍塔〉篇), 又曰 "雖學萬教, 未有過此." 又以袈裟 舍利等付之而滅.(〈藏公〉初匿之, 故『唐僧傳』不載.) 〈藏〉知已蒙聖莂, 乃下北臺, 抵〈太和池〉, 入京師, 〈太宗〉勅使慰撫, 安置〈勝光別院〉, 寵賜頗[35]厚.

자장이 소상 앞에서 명감이 있기를 기도하였더니 꿈에 소상이 자장의 정수리를 어루만지면서 범어로 된 게송을 주었다. 깨어나 해석을 못하더니 아침이 되어 한 기이한 스님이 와서 해석하고,(황룡사편에 이미 나왔다.) 또 말하기를 "비록 만 가지 교를 배워도 이

---

35. 木板本은 頻로 頗의 異體字로 보인다.

보다 더 나을 것이 없다."라고 하고는 다시 가사와 사리 등을 주고 사라졌다.(자장공이 처음은 이 사실을 숨겼으므로 『당승전』에는 실리지 않았다.) 자장이 이미 거룩한 부절을 입은지라 곧 북대로 내려가 태화지를 지나 서울로 들어가니 태종이 사람을 보내어 위문하고 승광별원에 편히 있게 하여 총애하여 하사함이 매우 두터웠다.

〈藏〉嫌其繁, 擁啓表入〈終南〉〈雲際寺〉之東崿, 架嵓爲室, 居三年, 人神受戒, 靈應日錯, 辭煩不載. 旣而再入京, 又蒙勅慰, 賜絹二百疋, 用資衣費. 〈貞觀〉十七年癸卯, 本國〈善德〉王上表乞還, 詔許, 引入宮賜絹一領, 雜綵五百端, 東宮亦賜二百端, 又多禮貺. 〈藏〉以本朝經像未充, 乞齎『藏經』一部, 泊諸幡幢花蓋, 堪爲福利者皆載之. 旣至, 擧國欣迎, 命住〈芬皇寺〉(『唐傳』作〈王芬〉), 給侍341/稠渥.

자장이 그 번잡스러움이 싫어서 천자에게 바칠 글을 가지고 종남산 운제사 동쪽 산비탈에 들어가 바위에 걸쳐 집을 짓고 3년을 살았는데 사람과 신들이 계율을 받고 영감을 날로 교환했으나 이야기가 번잡하므로 기재하지 않는다. 서울로 들어간 후에 다시 황제의 위무를 받고 비단 2백 필을 내려서 의복비로 충당하게 하였다. 정관17년 계묘(643)에 본국의 선덕왕이 글을 올려 돌려보내기를 청하였으므로 이를 조서로 허락하고 대궐로 불러들여 비단 한 벌과 채색비단 5백 단을 주고 태자가 역시 2백 단을 주었으며, 또 많은 선물들을 주었다. 자장이 본조의 불경과 불상들이 충분하지 못하므로 대장경 한 부와 번당과 화개 등 복리가 될 만한 것까지 가져가기를 정하여 신고 돌아오니 온 나라가 기쁘게 맞이하여 명으로 분황사

(『당전』에는 왕분이라 하였다.)에 있게 하고, 급부와 시위가 극진하였다.

一夏請至宮中, 講『大乘論』, 又於〈皇龍寺〉演菩薩戒本七日七夜, 天降甘澍, 雲霧暗靄, 覆所講堂, 四衆咸服其異. 朝廷議曰 "佛敎東漸, 雖百千齡, 其於住持修奉, 軌儀闕如也, 非夫綱理, 無以肅淸." 啓勅, 〈藏〉爲大國統, 凡僧尼一切規猷, 摠委僧統主之.

어느 여름에 궁중에서 『대승론』을 강설해 줄 것을 청하고 또 황룡사에서 보살계본을 이레 낮 이레 밤 강연하니 하늘에서 단비가 내리고 구름과 안개가 캄캄하게 강당을 덮으니 군중들이 그 기이함에 감복하였다. 조정에서 의논하기를 "불교가 동쪽으로 퍼져서 들어온 지 백, 천 년이 되었지만 주지와 수봉에 대해서는 궤의가 없는 것과 같아, 대저 규범으로써 다스리지 않으면 바로잡을 수 없다."라고 하며 장계를 올리니 교칙으로 자장을 대국통으로 명하고 무릇 비구와 비구니들의 일체 규정을 전부 승통에게 맡겨 이것을 주관하게 했다.

(按, 〈北齊〉〈天寶〉中, 國置十統, 有司奏[36]宜甄異之. 於是, 〈宣帝〉以法上法師爲大統, 餘爲通統. 又〈梁〉·〈陳〉之間, 有國統·州統·國都·州都·僧都·僧正[37]·都維乃等名, 摠屬昭玄曹, 曹[38]卽領僧尼官

---

36. 木板本은 卷으로 奏의 誤字 또는 異體字로 보인다.
37. 木板本은 止로 正의 壞字로 보인다.

名.〈唐〉初又有十大德之盛.

(상고하건대 북제 천보 연간에 나라에 십통을 설치하자 유사가 마땅히 구별해야 된다고 아뢰었다. 이에 선제가 법상법사로 대통을 삼고, 나머지는 통통으로 삼았다. 또 양나라・진나라에 걸쳐서 국통・주통・국도・주도・승도・승정・도유나 등의 이름이 있어 모두 소현조에 속했으니 조는 즉 승니들을 거느리는 벼슬 이름이었다. 당나라 초기에는 또 10대덕이 나올 만큼 성했다.

〈新羅〉〈眞興王〉十一年庚午, 以〈安藏法師〉爲大書省一人, 又有小書省二人. 明年辛未, 以〈高麗〉〈惠亮法師〉爲國統, 亦云寺主, 〈寶良法師〉爲大都維那一人, 及州統九人, 郡統十八人等, 至〈藏〉更置大國統一人, 蓋非常職也, 亦猶〈夫禮郎〉爲大角干・〈金庾信〉太大角干.

신라 진흥왕 11년 경오〔550〕에 안장법사로써 대서성으로 삼았는데 한 사람이었으며, 또 소서성은 두 사람이 있었다. 이듬해 신미에는 고구려의 해량법사를 국통으로 삼아 역시 사주라고도 불렀으며 보량법사가 대도유나가 되었는데 한 사람이었고, 주통 9인, 군통 18인 등을 두었다가 자장대에 이르러는 다시 대국통 한 사람을 두었으니 대개 상직이 아니니, 또한 부례랑이 대각간이 되고, 김유신이 태대각간이 된 것과 같다.

後至〈元聖大王〉元年, 又置僧官名政法典, 以大舍一人・史二人爲

司, 棟[39]僧中有才行者衆之, 有故卽替, 無定年限. 故今紫衣之徒, 亦律寺之別也. 342/『鄕傳』云 "〈藏〉入〈唐〉, 〈太宗〉迎至〈武乾殿〉, 請講『華嚴』, 天降甘露, 開爲國師"云者, 妄矣.『唐傳』與『國史』皆無文.)

뒤에 원성대왕 원년(785)에 이르러 또 승관을 설치하고는 정법전이라고 했는데, 대사 한 명, 사 두 명을 사로 삼았으며, 동량이 될 만한 스님들 가운데 재주와 행실이 똑똑한 자를 뽑고, 유고시에 곧 교체하며 일정한 연한이 없었다. 그러므로 지금의 자줏빛 가사를 입는 무리들은 율사를 구별한 것이다. 『향전』에 이르기를 "자장이 당나라에 들어가니 태종이 맞이하여 무건전에 이르러 『화엄경』 강설을 청하였던 바 하늘에서 감로를 내리고 처음으로 국사를 삼았다."라고 한 것은 잘못이다. 『당전』과 『국사』 모두에 그런 기사는 없다.)

〈藏〉値斯嘉會, 勇邀[40]弘通, 令僧尼五部各增舊[41]學, 半月說戒, 冬春摠試, 令知持犯, 置員管維持之.

자장은 바로 이 좋은 기회를 만나서 용감이 나아가 불법을 전파하며, 승니 5부로 하여금 각각 구학을 더 늘리고 보름씩 계율을 설하며 겨울과 봄에 모두 시험에 보여 지계와 범계를 알게 하며, 관원을 두어 관리하고 유지하게 하였다.

又遣巡使, 歷撿外寺, 誡礪僧失, 嚴飾經像爲恒式, 一代護法, 於斯

---

39. 壬申本은 揀이나 棟의 異體字이다.
40. 木板本은 激로 邀의 異體字로 보인다.
41. 木板本은 奮으로 舊의 異體字로 보인다.

534

盛矣. 如〈夫子〉自〈衛〉返〈魯〉, 樂正, 雅頌各得其宜, 當此之際, 國中
之人, 受戒奉佛, 十室八九, 祝髮請度, 歲月增至. 乃創〈通度寺〉, 築
戒壇以度四來.(戒壇事已出上.) 又改營生緣里第〈元寧寺〉, 設落成會,
講『雜花萬偈』, 感五十二女現身證聽, 使門人植樹如其數, 以旌厥異,
因号〈知識樹〉.

또 순행하는 사자를 보내어 지방의 절들을 돌아다니면서 검열하
여 스님들의 과오를 경계하고 독려하면서 불경과 불상을 장엄할
것을 항식으로 삼으니 한 시대의 호법이 이에 성대해졌다. 공자가
위나라로부터 노나라로 돌아오매 음악이 바르게 되어 정악인 아와
조상의 공덕송이 각각 그 마땅함을 얻게 되었음과 같이 이때에 나
라 사람들이 수계하고 봉불하는 것이 열 집이면 여덟 아홉이 되고
머리를 깎고 스님이 되겠다는 자가 계속 늘어갔다. 이에 통도사를
세우고 계단을 쌓아 4방에서 오는 자들을 제도하였다.(계단 이야기
는 이미 앞에 나왔다.) 또 태어난 시골 집인 원령사를 고치고 낙성
회를 베풀어 『잡화만게』를 강설하니 감응한 52녀가 현신하여 강의
증명이 되었으므로 문인들을 시켜 그 숫자대로 나무를 심어서 그
이적을 나타내고 따라서 이름을 지식수라고 불렀다.

嘗以邦國服章不同諸夏, 擧議於朝, 簽允曰臧, 乃以〈眞德王〉三年
己酉, 始服343/中朝衣冠. 明年庚戌又奉正朔, 始行〈永徽〉号. 自後每
有朝覲, 列在上蕃, 〈藏〉之功也.

일찍이 우리나라 의복이 중국과 같지 않아서 조정에 건의하였더
니 좋다고 윤허해 주었으므로 바로 진덕왕 3년 기유(649)에 처음으

로 중국의 의관을 착용하였다. 이듬해 경술년에는 또 중국의 달력을 받들어 처음으로 영휘 연호를 시행하고 그 후로부터 매번 황제를 찾아 볼 때는 좌석 차례가 여러 외방 나라들의 윗 자리가 되었으니 이는 자장의 공로이다.

暮年謝辭京輦, 於〈江陵郡〉(今〈溟州〉也)創〈水多寺〉居焉. 復夢異僧, 狀北臺所見, 來告曰 "明日見汝於〈大松汀〉." 驚悸而起, 早行至〈松汀〉, 果感文殊來格, 諮詢法要, 乃曰 "重期於〈太伯〉〈葛蟠地〉." 遂隱不現.(〈松汀〉, 至今不生荊刺, 亦不棲鷹鸇之類云.)

만년에는 서울을 떠나 강릉군(지금의 명주이다.)에 수다사를 세우고 살더니 다시 꿈에서 기이한 스님이 북대에서 본 바 있는데 와서 고하기를 "내일은 너를 대송정에서 보리라."라고 하였다. 깜짝 놀라 일어나 이른 아침 송정까지 갔더니 과연 문수보살이 감응하여 온지라 불법의 요체를 물었더니 보살이 말하기를 "태백산 갈반지에서 다시 만나자."라고 하고는 드디어 사라졌다.(송정은 지금까지 가시나무가 나지 않고 또한 매 짐승들도 깃들이지 않는다고 한다.)

〈藏〉往〈太伯山〉尋之, 見巨蟒蟠結樹下. 謂侍者曰 "此所謂〈葛蟠地〉." 乃創〈石南院〉(今〈淨岩寺〉), 以候聖降, 粤有老居士, 方袍襤縷, 荷葛簣, 盛死狗兒, 來謂侍者曰 "欲見〈慈藏〉來爾." 門者曰 "自奉巾箒, 未見忤犯吾師諱者, 汝何人, 斯爾狂言乎?" 居士曰 "但告汝師." 遂入告, 〈藏〉不之覺曰344/ "殆狂者耶!"

자장이 태백산으로 가서 찾으니 큰 구렁이가 나무 아래에 둥지를 사리고 있었다. 시자에게 말하기를 "여기가 이른바 갈반지이다."라고 하고, 곧 석남원(지금의 정암사이다.)을 세우고 대성이 내려오기를 기다렸더니 어떤 늙은 거사가 남루한 옷을 입고 칡 삼태기에 죽은 강아지를 담아 지고 시자에게 와서 말하기를 "자장을 만나 보려고 왔노라."라고 하니 문 지키던 자가 말하기를 "우리 스승을 모시고 시종해 온 이래로 아직 감히 이름 부르는 자를 보지 못하였거든 너는 누구인데 이런 미친 소리를 하느냐."라고 하니 거사가 말하기를 "너의 선생에게 고하기만 하려무나."라고 하여 드디어 들어가 고하니 자장이 이를 깨닫지 못하고 말하기를 "미친 사람인가 보다."라고 하였다.

門人出詬逐之, 居士曰 "歸歟歸歟! 有我相者, 焉得見我." 乃倒簣拂之, 狗變爲師子寶座, 陞坐放光而去. 〈藏〉聞之, 方具威儀, 尋光而趍[42]登南嶺, 已杳然不及. 遂殞身而卒, 茶毗安骨於石穴中.

문지기가 나와 욕을 하면서 그를 쫓으니 거사가 말하기를 "돌아가리라, 돌아가리라! 아상을 가진 자가 어떻게 나를 볼 것이랴!"라고 하고는 이내 삼태기를 거꾸로 엎어서 털어 버리니 개가 변하여 사자 보좌가 되고, 보좌에 올라 앉아 방광을 하며 가 버렸다. 자장이 이 말을 듣고 그제야 위의를 갖추고 그 광명을 찾아 남쪽 고개로 올라가니 벌써 까마득하여 따라잡을 수 없으므로 드디어 몸을

---

42. 활자본은 趣라고 하지만, 위의를 갖추고 가는 폼이 그리 빠르지 않았을 것으로도 생각되므로 원문은 그대로 두고자 한다.

떨어뜨려 죽으니 다비하여 돌구멍 속에 뼈를 모셨다.

凡〈藏〉之締構寺塔, 十有餘所, 每一興造必有異祥, 故蒲塞供塡市, 不日而成. 〈藏〉之道具布襪, 幷太和龍所獻木鴨枕, 與釋尊由[43]衣等, 合在〈通度寺〉. 又〈爓陽縣〉(今〈彦陽〉)有〈鴨遊寺〉, 枕鴨嘗於此現異, 故名之. 又有釋〈圓勝〉者, 先〈藏〉西學, 而同還桑梓, 助弘律部云.

무릇 자장이 세운 탑이 십여군데 되는데 탑 하나를 세울 적마다 반드시 기이한 상서가 있었으므로 선남자들이 저잣거리처럼 모여들어 하루도 걸리지 않아 낙성되었다. 자장의 도구와 포선, 태화지의 용이 바친 오리 형상의 목침과 함께 석존의 가사 등이 모두 통도사에 있다. 또 헌양현(지금의 언양이다.)에 압유사가 있으니 목압침의 오리가 일찍이 여기에서 이적이 나타났으므로 이름한 것이다. 또 스님 원승이 자장보다 먼저 서방으로 유학하여 함께 고향으로 돌아와서 율부를 널리 피는 것을 도왔다고 한다.

讚曰 "曾向〈淸凉〉夢破迴, 七篇三聚一時開. 欲令緇素衣慚愧, 東國衣冠上國裁." 345/

찬에 이른다. "일찍이 청량산 가서 꿈을 꾼 후 돌아오니, 칠중과 대승계법이 한 번에 열렸다. 스님들로 하여금 속세의 옷을 입고 있는 것을 부끄럽게 여기게 하여, 우리나라의 의관을 중국과 같게 했네."

---

43. 木板本은 由로 田의 誤字인 듯하다.

538

7. 元曉不羈

聖師〈元曉〉, 俗姓〈薛〉氏, 祖〈仍皮公〉, 亦云〈赤大公〉, 今〈赤大淵〉側有〈仍皮公〉廟. 父〈談㮈[44]〉乃末. 初, 示生于〈押梁郡〉南(今〈章山郡〉). 〈佛地村〉北, 〈栗谷〉〈娑[45]羅樹〉下. 村名〈佛地〉, 或作〈發智村〉(俚云〈弗等乙村〉). 娑[46]羅樹者, 諺云, 師之家本住此谷西南, 母既娠而月滿, 適過此谷栗樹下, 忽分産, 而倉皇不能歸家, 且以夫衣掛樹, 而寢處其中, 因号樹曰〈娑[47]羅樹〉. 其樹之實亦異於常, 至今稱〈娑[48]羅栗〉.

원효의 불기

성사 원효의 속성은 설씨이니 할아버지는 잉피공이요, 또한 적대공이라고도 하는데 지금의 적대연 옆에 잉피공의 사당이 있다. 아버지는 담내 내말이다. 처음에 압량군 남쪽(지금의 장산군이다.) 불지촌 북쪽 율곡 사라수 밑에서 났다. 마을 이름은 불지이니 혹은 발지촌이라고도 하며(속어로는 불등을촌이다.) 사라수란 것은 속설에 법사의 집이 본래 이 골짝 서남쪽에 살았는데 그 어머니가 아이를 배어 달이 찼던바 마침 이 골짝 밤나무 밑을 지나다가 갑자기 해산을 하고 창황하여 집으로 돌아가지 못하고 그만 남편의 옷을 나무에 걸고 그 안에 누워 있었으므로 나무 이름을 사나무라 하였

---

44. 㮈의 異體字이기도 하다.
45. 木板本은 娑으로 娑의 誤字로 보인다.
46. 木板本은 娑으로 娑의 誤字로 보인다.
47. 木板本은 娑으로 娑의 誤字로 보인다.
48. 木板本은 娑으로 娑의 誤字로 보인다.

다. 그 나무의 열매가 여느 것과 달라서 지금도 사라밤이라고 한다

『古傳』, 昔有主寺者, 給寺奴一人, 一夕饌栗二枚, 奴訟于官. 官吏怪之, 取栗撿之, 一枚盈一鉢. 乃皈[49]判給一枚, 故因名〈栗谷〉. 師旣出家, 捨其宅爲寺, 346/名〈初開〉, 樹之旁置寺曰〈娑[50]羅〉. 師之行狀云 "是京師人, 從祖考也."

『고전』에 옛적에 어떤 주지가 사노에게 한 끼 저녁으로 밤 두 개씩을 주었더니 그 종이 관청에 송사를 걸었다. 관리가 이를 괴이하게 여겨 밤을 가져다가 자세히 보니 한 개가 한 바리때에 찼다. 그래서 한 개씩 주라고 판결하고 돌려 보내니 이 때문에 이름을 율곡이라 하였다. 법사가 스님이 된 후 그의 집을 회사하여 절로 삼으니 이름은 초개요, 나무 옆에 세운 절은 사라라고 하였다. 법사의 행장에 이르기를 "그는 서울 사람이니, 그의 할아버지를 좇은 것이다." 라고 하였다.

『唐僧傳』云 "本〈下湘州〉之人." 按, 〈麟德〉二年間, 〈文武王〉割〈上州〉·〈下州〉之地, 置〈歃良州〉, 則〈下州〉乃今之〈昌寧郡〉也, 〈押梁郡〉本〈下州〉之屬縣, 〈上州〉則今〈尙州〉, 亦作〈湘州〉也. 〈佛地村〉今屬〈慈仁縣〉, 則乃〈押梁〉之所分開也. 師生小名〈誓幢〉, 第名〈新幢〉 (幢者俗云毛也). 初母夢流星入懷, 因而有娠, 及將産, 有五色雲覆地,

49. 활자본들은 反自라고 하나, 돌려보낸다는 뜻의 歸의 異體字인 원자를 그대로 둔다.
50. 木板本은 娑로 娑의 誤字로 보인다.

〈眞平王〉三十九年,〈大業〉十三年丁丑歲也.

『당승전』에는 "본래 하상주 사람이라 하였다."라고 상고하건대 인덕 2년 중에 문무왕이 상주와 하주의 땅을 떼어 삽량주를 설치하였으니 곧 하주는 바로 지금의 창녕군이요 압량군은 본래 하주의 속현이며 상주(上州)는 지금의 상주(尙州)로서 역시 상주(湘州)로도 쓴다. 불지촌은 지금의 자인현에 속하니 바로 압량 땅을 나누어 만든 것이다. 성사의 아명은 서당이요, 다음 이름은 신당(당은 속어로 털이다.)이니 처음에 그 어머니가 유성이 품 속으로 들어오는 꿈을 꾸고 이로 하여 태기가 있었는데 해산을 하려는 때가 되어 오색 구름이 땅을 덮었으니, 이 해가 진평왕 39년이요, 대업 13년 정축(617)이다.

生而穎異, 學不從師. 其遊方始末, 弘通茂跡, 具載『唐傳』與〈行狀〉, 不可具載, 唯『鄕傳』所記有一二段異事. 師嘗一日風顚唱街云 "誰許沒柯斧, 我斫支天柱?" 人皆347/未喩. 時, 〈太宗〉聞之曰 "此師殆欲得貴婦, 産賢子之謂爾. 國有大賢, 利莫大焉." 時〈瑤石宮〉(今〈學院〉是也)有寡公主, 勅宮吏覓〈曉〉引入.

나면서 특이하여, 공부하되 선생을 좇지 않았다. 그가 여러 지방으로 돌아다니던 내력과 널리 전교를 하던 수많은 자취는 『당전』과 행장에 자세히 실렸으므로 이루 다 쓸 수 없고, 다만 『향전』에 기록된 한두 가지 기이한 사적만 쓰기로 한다. 법사가 하루는 미친 듯이 거리에서 외치기를 "자루 없는 도끼를 누가 허락해 줄 것인가? 하늘을 지탱하는 기둥을 찍을 터인데!"라고 하니 사람들이 모두 그 뜻을 깨닫지 못하였다. 이때에 태종이 그 말을 듣고 말하기를 "이 법사가 아마 귀한 집 딸을 얻어 현자를 낳으려고 하는 것이다. 나라에 큰 인물이 있는 것보다 더 큰 복이 어디 있으랴."라고 하였다. 이때에 요석궁(지금의 학원이 여기이다.)에 혼자된 공주가 있었는데 궁중의 관리를 시켜 원효를 찾아 들이라고 명하였다.

宮吏奉勅將求之, 已自〈南山〉來過〈蚊川橋〉(〈沙川〉, 俗云〈年[51]川〉, 又〈蚊川〉, 又橋名〈楡橋〉也)遇之, 佯墮水中濕衣袴. 吏引師於宮, 褫衣曬眼, 因留宿焉, 公主果有娠, 生〈薛聰〉. 〈聰〉生而睿敏, 博通經史, 〈新羅〉十賢中一也. 以方音通會華·夷方俗物名, 訓解六經文學, 至今海東業明經者, 傳受不絶.

관리가 칙명을 받들고 그를 찾으려고 즉시 남산으로부터 문천교 (사천이니 세간에서는 연천 또는 문천이라 하고, 또 다리 이름을 유교라 한다.)에서 그를 만나니 그는 일부러 물에 빠져 옷을 적셨다. 관리가 법사를 대궐로 인도하여 옷을 갈아 입히고 젖은 옷을 말리었는데 이 때문에 대궐에서 묵게 되었더니 그 후 공주가 과연 임신하여 설총을 낳았다. 설총은 나면서부터 명민하여 경서와 역사를 널리 통달하니 신라의 십현 가운데 한 사람이다. 우리나라 음으로 중국과 변방의 풍속과 물건의 이름 등에 회통하고, 6경과 문학을 훈해하여, 지금까지 우리나라에서 명경업이 전수되어 끊기지 않

---

51. 牟의 異體字로 보이나 일단 木板本 그대로 놔 둬 보고자 한다.

는다.

〈曉〉旣失戒生〈聰〉, 已後易俗服, 自号〈小姓居士〉. 偶得優人舞弄大
瓠, 其狀瑰奇, 因其形製爲道具, 以『華嚴經』 "一切無㝵[52]人, 一道出
生死," 命名曰〈無㝵[53]〉, 仍作歌流于世.

원효가 벌써 계율을 범하여 설총을 낳은 이후로는 속인의 복색으
로 바꾸어 입고 자칭 소성거사라 불렀다. 그는 우연히 광대가 가지
고 노는 큰 박을 얻었는데 그 모양이 이상하므로 그 형상에 따라서
도구를 만들고 『화엄경』 속에 있는 "일체 거리낄 것이 없는 사람은
단박에 생사윤회를 벗어난다."라는 말을 따다가 무애라고 이름을
짓고 이에 노래를 지어 세상에 퍼뜨렸다.

嘗持此,348/千村萬落且歌且舞, 化詠而歸, 使桑樞瓮牖玃猴之輩,
皆識佛陁之号, 咸作〈南無〉之稱, 〈曉〉之化大矣哉! 其生緣之村名〈佛
地〉, 寺名〈初開〉, 自稱〈元曉〉者, 蓋初輝佛日之意爾. 〈元曉〉亦是方
言也, 當時人皆以鄕言稱之始旦[54]也.

일찍이 이것을 들고 수많은 촌락에서 춤추고 노래하면서 노래로
교화를 시키고 돌아오니 가난한 자와 무지몽매한 무리까지도 죄다

---

52. 활자본 가운데 碍로 교정한 것이 있는데 이는 㝵의 異體字로 의미는 정확하나 木板本의 원
    자로 뜻이 충분히 통하므로 그대로 두고자 한다.
53. 활자본 가운데 碍로 교정한 것이 있는데 이는 㝵의 異體字로 의미는 정확하나 木板本의 원
    자로 뜻이 충분히 통하므로 그대로 두고자 한다.
54. 木板本은 且로 旦의 異體字이다.

부처님 이름을 알게 되고, 모두 나무 한 마디는 할 줄 알게 되었으니 원효의 교화야말로 컸던 것이다. 그가 태어난 마을 이름은 불지요, 절 이름은 초개요, 자칭 원효라고 부른 것은 부처님 광명이 처음으로 빛난다는 뜻이다. 원효는 역시 방언인바 당시 사람들은 모두 우리나라 말로 새벽이라 불렀던 것이다.

曾住〈芬皇寺〉, 纂『華嚴疏』, 至第四十廻向品, 終乃絶筆. 又嘗因訟, 分軀於百松, 故皆謂位階初地矣. 亦因海龍之誘, 承詔於路上, 撰『三昧經疏』, 置筆硯於牛之兩角上,[55] 因謂之『角乘』. 亦表本始二覺之微旨也,〈大安法師〉排來而粘紙, 亦知音唱和也. 旣入寂,〈聰〉碎遺骸, 塑眞容, 安〈芬皇寺〉以表敬慕終天之志.〈聰〉時旁禮, 像忽廻顧, 至今猶顧矣. 349/〈曉〉嘗所居穴寺旁, 有〈聰〉家之墟云.

일찍이 분황사로 가서 『화엄소』를 찬하여 제40회향편에 이르러 마침내 붓대를 놓고 말았다. 또 일찍이 송사로 말미암아 소나무에 100개로 분신하였으므로 모두 이르기를 부처님의 위계상 초지에 해당한다고 하였다. 또 해료의 권유로 길바닥에서 임금의 조서를 받아 『삼매경소』를 짓고는, 붓과 벼루를 소의 두 뿔 위에 두었으므로 『각승』이라 일렀다. 역시 본각과 시각의 미묘한 뜻을 나타낸 것이다. 대안법사가 와서 종이를 붙였으니 역시 지기가 화답한 것이다. 입적하자 설총이 해골을 부수어 진용을 빚어 분황사에 모셔 한평생 경모하는 뜻을 표하였다. 설총이 당시 옆에서 예배를 하니 소

---

55. 壬申本은 工이나 上의 壞字.

상이 갑자기 돌아보았다는데 지금까지도 아직 몸을 돌린 대로 있다. 원효가 예전에 살던 혈사 옆에 설총의 집터가 있다고 한다.

讚曰 "『角乘』初開『三昧』軸, 舞壺終掛萬街風. 月明〈瑤石〉春眠去, 門掩〈芬皇〉顧影空. 廻顧至.[56]"

찬에 이른다. "『각승』은 처음으로 『삼매경』의 축을 열고, 갖고 놀던 박으로 종신토록 온거리에 교화의 바람을 걸었네. 달밝은 요석궁에서 일장춘몽이 사라지고, 절 문 닫고 생각하니 걸어온 길 허망도 하여라."

8. 義湘傳敎

法師〈義湘〉, 考曰〈韓信〉, 〈金〉氏. 年二十九依京師〈皇福寺〉落髮. 未幾, 西圖觀化, 遂與〈元曉〉道出〈遼東〉, 邊戍邏之爲諜者, 囚閉者累旬, 僅免而還.(事在〈崔侯〉本傳, 及〈曉師〉〈行狀〉等.)〈永徽〉初, 會〈唐〉使舡有西還者, 寓載入中國, 初止〈楊州〉, 州將〈劉至仁〉請留衙內, 供養豊贍. 尋往〈終南山〉〈至相寺〉, 謁〈智儼〉, 〈儼〉前夕夢一大樹生海東, 枝葉溥布, 來蔭〈神州〉. 上有鳳巢, 登視350/之, 有一摩尼寶珠, 光明屬遠.

---

56. 木板本에는 廻顧至가 있으나 이는 앞에 나오는 문장의 衍文으로 보인다. 다만 회고가 인명일 경우, 至는 云의 異體字이므로 "회고가 말했다"라는 뜻도 되긴 하나 가능성이 그리 커보이진 않으므로 원문 그대로 놔두고자 한다.

의상의 전교

법사 의상의 아버지는 한신이며 성은 김씨이다. 나이 스물아홉에 서울의 황복사에 가서 스님이 되었다. 얼마 안 가 서방으로 가서 불교의 교화를 참관하고자 하더니 드디어 원효와 함께 요동으로 길을 떠나다가 변경의 수라군에게 간첩으로 붙들려 수십 일 동안 갇혔다가 간신히 방면되어 돌아왔다.(이 사건은 최후의 본전과 원효의 행장에 실렸다.) 영휘 초년에 마침 당나라 사신의 배로 서방으로 귀환하는 편이 있어 끼여 타고 중국으로 들어가 처음은 양주에 머물더니 고을의 장수 유지인이 관아에 머물기를 청하였는데 공양이 풍부하였다. 종남산 지상사로 찾아가서 지엄을 배알하였는데, 지엄이 전날 밤 큰 나무 한 그루가 신라 지역에 나서 가지와 잎이 널리 퍼져 그 그늘이 중국을 덮고 나무 위에는 봉황의 둥지가 있어 올라가 보니 마니보주 한 개가 있는데 그 광명이 멀리 비치는 꿈을 꾸었다.

覺而驚異, 洒掃而待,〈湘〉乃至, 殊禮迎際, 從容謂曰"吾昨者之夢, 子來投我之兆." 許爲入室. 雜花妙旨, 剖析幽微,〈儼〉喜逢郢質, 克發新致, 可謂鉤深索隱, 藍茜沮本色. 旣而本國承相〈金欽純〉(〔一作〈仁問〉〕)[57]·〈良圖〉等, 往囚於〈唐〉,〈高宗〉將大擧東征,〈欽純〉等密遣〈湘〉, 誘而先之.

깨어 경이로워 청소를 하고 기다리자니 바로 의상이 왔다. 남다른 예절로 영접하여 조용히 이르기를 "내가 어젯밤 꿈에 그대가 내

---

57. 활자본의 의견에 따라 분주로 보족해 보았다.

게로 올 조짐을 보았노라."라고 하고 법맥을 잇게 하였다. 복잡한
화엄경의 묘한 종지에 있어서 숨겨진 미세한 것까지 분석해 내니,
지엄이 좋은 상대를 만나서 기뻐하며 능히 새로운 경지에 이르게
되니 심오하고 은미한 사물의 이치를 찾아내어 스승을 능가하였다.
얼마 뒤에 본국의 재상 김흠순(인문이라고도 한다.)과 양도 등이
당나라에 가서 구금되었고 고종이 대거 동정을 하려던 차에 흠순
등이 몰래 의상을 보내어 앞질러 가도록 도모하였다.

以〈咸享〉元年庚午還國, 聞事於朝, 命神印大德〈明朗〉, 假設密壇
法禳之, 國乃免.〈儀鳳〉元年,〈湘〉歸〈太伯山〉, 奉朝旨創〈浮石寺〉,
敷敞大乘, 靈感頗著.〈終南〉門人〈賢首〉撰『搜玄疏[58]』, 送副本於〈湘〉
處, 幷奉書懃懇,

함형 원년 경오(670)에 귀국하여 조정에 보고하니, 신인종의 대
덕 명랑을 시켜 임시로 밀교의 단을 만들어 법으로 제사 지내니 나
라가 화를 면하였다. 의봉 원년(676)에 의상이 태백산으로 가서 조
정의 뜻을 받들어 부석사를 세우고 대승을 널리 펴니 영감이 꽤 나
타났다. 종남산 지엄의 문인 현수가 『수현소』를 지어 그 부본을 의
상의 거처에 보내면서 함께 매우 정성을 다한 편지를 바쳤다.

日 "西京〈崇福寺〉僧〈法藏〉, 致書於海東〈新羅〉〈華嚴法師〉侍者. 一
從分351/別二十餘年, 傾望之誠, 豈離心首. 加以烟雲萬里, 海陸千重,

---

58. 木板本은 疎로 疏의 異體字이다.

恨此一身不復再面. 抱懷戀戀, 夫何可言. 故由夙世同因, 今生同業, 得於此報, 俱沐大經, 特蒙先師授茲奧典.

　이르기를 "서경의 숭복사 승 법장은 해동의 신라 화엄법사께 글을 드립니다. 한번 작별한 뒤로부터 20여 년에 사모하는 정성이 어찌 염두에서 떠나겠습니까. 구름만 자욱한 만 리 길, 바다와 육지가 천 겹으로 막혀 이 한 몸이 다시는 만나 뵐 수 없음이 한스럽습니다. 그립고 애틋하여 잊지 못함을 어찌 다 말하리까. 전생에서 인연을 같이했으며 금생에서도 업을 같이하여 이러한 과보를 얻어서 화엄경의 바다에 함께 목욕하였으며, 특히 돌아가신 스승 지엄으로부터 이 오묘한 『화엄경』을 배우게 되었습니다.

仰承上人歸鄉之後, 開演『華嚴』, 宣揚法界無导[59]緣起, 重重帝網, 新新佛國, 利益弘廣, 喜躍增深, 是知如來滅後, 光輝佛日, 再轉法輪, 令法久住者, 其唯法師矣.

　들자옵건대 스님께서 고향으로 돌아가신 후 『화엄경』을 강연하여 법계에 무애의 연기를 드날리셨으니 이는 법계의 겹겹의 무진 연기이며, 불국을 새롭게 하여 이익을 널리 퍼뜨렸으니 기쁘기 한량 없습니다. 이러므로 여래가 입멸한 후 불일을 빛내고 법륜을 다시 굴려 불법을 오래 유지하게 한 분으로는 오직 법사가 있을 뿐입니다.

---

59. 활자본 가운데 碍로 교정한 것이 있는데 이는 礙의 異體字로 의미는 정확하나 木板本의 원 자로 뜻이 충분히 통하므로 그대로 두고자 한다.

『藏』進趣無成, 周旋寡況, 仰念玆典, 愧荷先師. 隨分受持, 不能捨離, 希憑此業, 用結來因. 但以和尙章疏, 義豊文簡, 致令後人多難趣入, 是以錄和尙微言妙旨, 勒成義記, 近因〈勝詮法師〉抄寫還鄕, 傳之彼土. 請上人詳擒臧否, 352/幸示箴誨.

『법장』은 진취함에 이룸이 없고, 주선함이 보다 적었는데, 이 경전을 우러러 생각할 때에 돌아가신 은사께 누가 될까 부끄럽습니다. 분수에 따라 수지하였으나 능히 버리거나 떠날 수도 없어서 이 업에 희망을 걸고 내세의 인연을 맺고자 합니다. 다만 화상의 주해가 뜻은 풍부하나 글이 간략하여 뒷날 사람들로 하여금 뜻을 알게 함에 어려운 대목이 많으므로 이러한 까닭에 화상이 하신 은미한 말씀과 오묘한 뜻을 기록하여 간신히 의기를 작성하였더니 근래 승전법사가 베껴서 고향으로 돌아가 그곳 사람들에게 전하오니 청컨대 스님께서는 좋고 나쁜 것을 자세히 살펴 보시고 가르침을 주신다면 감사하겠습니다.

伏願當當來世, 捨身受身, 相與同於盧舍那, 聽受如此無盡妙法, 修行如此無量普賢願行. 儻餘惡業, 一朝顚墜, 伏希上人不遺宿昔, 在諸趣中, 示以正道, 人信之次, 時訪存沒. 不具."(文載『大文類』.)

삼가 내세에서는 이 몸을 버리고 새 몸을 받아 서로 노사나불께 함께 지내면서 이 같은 무진한 묘법을 듣고 이같이 무량한 보현의 원행을 수행하기를 바라옵니다. 혹 남은 악업으로 하루 아침에 지옥에 떨어지더라도 삼가 스님은 과거의 인연을 잊지 마시고 제취 가운데 정도를 보이셔서 인편과 서신편이 있을 때마다 안부를 물어 주시기 바랍니다. 이만 줄이겠습니다."라고 하였다.(글이 『대문류』
에 실렸다)

〈湘〉乃令十刹傳教, 〈太伯山〉〈浮石寺〉, 〈原州〉〈毗摩羅〉, 〈伽耶〉之
〈海印〉, 〈毗瑟〉之〈玉泉〉, 〈金井〉之〈梵魚〉, 〈南嶽〉〈華嚴寺〉等, 是也.
又著『法界圖書印』并略疏, 括盡一乘樞要, 千載龜鏡, 競所珍佩. 餘無
撰述, 嘗鼎味一臠足矣. 『圖』成〈總章〉元年戊辰, 是年〈儼〉亦歸寂, 如
〈孔氏〉之絶筆於獲麟矣.

　　의상이 곧 화엄십찰로 하여금 전교를 하니 태백산 부석사, 원주
비마라, 가야산 해인사, 비슬산 옥천사, 금정산 범어사, 남악산 화
엄사 등이 이것이다. 또 『법계도서인』을 저술하고 겸하여 간략한
주석을 지으니 일승이 추요를 종합하였는바 천 년의 귀감이 되므로
저마다 진중하게 간직하였다. 이 밖에는 저술이 없으나 한 솥 음식
의 맛을 보는 데는 고기 한 점으로도 충분할 것이다. 『법계도』는 총
장 원년 무진(668)에 완성되었으며 이 해에 지엄도 역시 입적하였
으니 공자가 기린이 잡히자 춘추를 쓰던 붓을 놓게 된 것과 같은
것이다.

世傳〈湘〉乃〈金山〉〈寶蓋〉之幻有也. 徒弟〈悟眞〉·〈智通〉·〈表
訓〉·〈眞定〉·〈眞藏〉·〈道融〉·〈良圓〉·353/〈相源〉·〈能仁〉·〈義
寂〉等十大德爲領首, 皆亞聖也, 各有傳.

　　세상에서 전하기는 의상은 바로 부처님의 현신이라 한다. 제자로
는 오진·지통·표훈·진정·진장·도융·양원·상원·능인·의

적 등 열 명의 대덕들이 영수가 되니 모두 아성으로 각기 전기가 있다.

〈眞〉嘗處〈下柯山〉〈鶻嵓寺〉, 每夜伸臂點〈浮石〉室燈, 〈通〉著『錐洞記』, 蓋承親訓, 故辭多詣妙, 〈訓〉曾住〈佛國寺〉, 常往來天宮. 〈湘〉住〈皇福寺〉時, 與徒衆繞塔, 每步虛而上,[60] 不以階升, 故其塔不設梯磴, 其徒離階三尺, 履空而旋. 〈湘〉乃顧謂曰 "世人見此, 必以爲怪, 不可以訓世." 餘如〈崔侯〉所撰本傳.

오진은 일찍이 하가산 골암사에 살면서 매일 밤 팔을 펴서 부석사 방 안 불을 켰으며 지통은 『추동기』를 저술하였으니 친히 의상의 가르침을 받들었으므로 문장이 오묘하였다. 표훈은 일찍이 불국사에 살면서 늘 천궁에 내왕하였다. 의상이 황복사에 있을 때에 이들과 탑돌이를 하면서 항상 허공을 밟고 올라가고 층계를 밟지 않으므로 탑에는 돌층계를 만들지 않았으며 그 문도들은 섬돌 위를 석 자나 떨어져 허공을 밟고 돌았다. 이때에 의상이 돌아보고 말하기를 "세상 사람들이 이것을 본다면 필연코 괴이하게 여길 터이니 세상에 가르칠 것은 못 된다."라고 하였다. 나머지는 최후가 찬한 본전과 같다.

讚曰 "披榛跨海冒煙塵, 〈至相〉門開接瑞珎. 采采雜花栽[61]故國,

---

60. 壬申本은 工이나 上의 壞字.
61. 壬申本은 我이나 栽의 異體字로 보인다.

〈終南〉・〈太伯〉一般春."

찬에 이른다. "덤불을 헤치고 연진을 무릅쓰고 바다를 건너니, 지상사 문 열리며 상서롭게 귀하게 영접하네. 화엄경을 채취하고 또 하여 고국에 심으니, 종남산과 태백산의 봄이 같아졌도다."

9. 蛇福不言

京師〈萬善北里〉有寡女, 不夫而孕, 既産, 年至十二歲, 不354/語亦不起, 因号〈蛇童〉.(下或作〈蛇卜〉, 又[62]〈巴〉又〈伏〉等, 皆言童也.)

사복이 말하지 않다

서울 만선북리에 어떤 과부가 남편도 없이 잉태를 하여 아이를 낳으니 나이 열두 살이 되어도 말을 하지 못하고 일어나지도 못하므로 사동(아래서 혹은 사복이라고도 하고 파 또는 복이라고 하였으니 모두 아이란 말이다.)이라 하였다.

一日其母死, 時〈元曉〉住〈高仙寺〉. 〈曉〉見之迎禮, 〈福〉不答拜而曰 "君我昔日駄經牸牛, 今已亡矣, 偕葬何如?"〈曉〉曰諾. 遂與到家, 令〈曉〉布薩授戒. 臨尸祝曰 "莫生兮其死也苦! 莫死兮其生也苦!"〈福〉曰 "詞煩." 更之曰 "死生苦兮!"

어느 날 그 어머니가 죽으니 이때에 원효가 고선사에 있었다. 원효가 보고 맞으면서 예를 하였으나 사복은 답례를 하지 않고 말하기를 "그대와 내가 옛날에 불경을 싣던 암소가 지금 죽어 버렸으니

---

62. 천리대는 가필자로 重으로 천리대 가필자의 성격을 알 수 있어 참고가 된다.

함께 가서 장사를 치르는 것이 어떻겠는가?"라고 하니 원효가 좋다
고 승낙하고 마침내 함께 집에 이르러 원효를 시켜 참회를 시키며
계율을 주게 하였다. 시체를 보고 빌기를 "태어나지 마라. 그 죽음
이 괴롭구나! 죽지 마라. 그 나는 것이 괴롭도다!"라고 하니 사복이
말하기를 "가사가 번잡하다."라고 하며 다시 고쳐서 말하기를 "죽
고 사는 것이 괴롭다."라고 하였다.

二公轝歸〈活里山〉東麓, 〈曉〉曰 "葬智惠虎於智惠林中, 不亦宜
乎?"〈福〉乃作偈曰 "往昔釋迦牟尼佛, 姿[63]羅樹間入涅槃, 于今亦有
如彼者, 欲入蓮花藏界寬." 言訖拔茅莖, 下有世界, 晃朗淸虛, 七寶欄
楯, 樓閣莊嚴, 殆非人間世.〈福〉負尸共入, 其地奄然而合, 〈曉〉乃還.
　　두 분이 상여를 메고 활리산 동쪽 기슭으로 왔다. 원효가 말하기
를 "지혜의 범이니 지혜의 숲에 묻는 것이 역시 마땅하지 않겠소?"
라고 하니 사복이 귀글을 지어 이르되 "옛날 석가모니 부처님은
사라수 아래에서 열반에 드셨는데 지금도 그 같은 자가 있어 느긋
하게 연화장세계로 들어가네."라고 하고 말을 마치자 풀줄기를 뽑
으니 그 밑에 세계가 나타나는데 밝고 청허하며 칠보난간에 누각이
장엄하여 인간세상이 아닌 것만 같았다. 사복이 시체를 업고 함께
들어가니 그 땅이 갑자기 합쳐지고 원효는 이에 돌아왔다.

　　後人爲創寺於〈金剛山〉東南, 額曰〈道場寺〉. 每355/年三月十四日,

---

63. 木板本은 娑로 娑의 誤字로 보인다.

行〈占察會〉爲恒規,〈福〉之應世, 唯示此爾, 俚諺多以荒唐之說托[64]
焉, 可笑!

후세 사람들이 금강산 동남쪽에 절을 세우고 도장사라 하였다.
해마다 3월 14일은 점찰법회를 행하는 것으로 항규로 삼으니 사복
이 세상에 응한 것이 오직 이것을 보였을 뿐인데 속설로는 많은 황
당한 이야기로 끌어 대고 있으니 우스운 일이다.

讚曰 "淵默龍眠豈等閑, 臨行一曲沒多般. 苦兮生死元非苦, 華藏
浮休世界寬."

찬에 이른다. "깊은 연못처럼 조용히 잠들어 버린 용을 어찌 등
한시하겠는가. 가면서 남긴 한 구절로 많은 일들을 묻어 버린다. 괴
로운 생사여 원래 괴로움이 아니려니, 화장세계로 열려서 쉬려 하
니 세계가 넓어지는구나."

10. 眞表傳簡

釋〈眞表〉,〈完山州〉(今〈全州牧〉)〈萬頃縣〉人.(或作〈豆乃山縣〉, 或
作〈那山縣〉, 今〈萬頃〉, 古名〈豆[65]乃山縣〉也. 『貫寧傳』釋○之鄕里,
云〈金山縣〉人, 以寺名及縣名混之也.) 父曰〈眞乃末〉, 母〈吉寶娘〉, 姓
〈井〉氏. 年至十二歲, 投〈金山寺〉〈崇濟法師〉講下, 落彩請業. 其師嘗
謂曰 "吾曾入〈唐〉, 受業於〈善道三藏〉, 然後入〈五臺〉, 感文殊菩薩現

---

64. 활자본은 託으로 교정하고 있어 참고가 된다. 다만 원문 그대로 놔둬도 커다란 문제는 없을
듯하다.
65. 壬申本은 亘이나 豆의 異體字로 보인다.

受五戒." 〈表〉啓曰 "勤修幾何, 得戒耶?" 356/〈濟〉曰 "精至則不過一年."

진표가 간자를 전하다

스님 진표는 완산주(지금의 전주목) 만경현 사람이다.(혹은 두내산현이라고도 하고 혹은 나산현이라고도 하니 지금의 만경이요, 옛 이름은 두내산현이다. 『관령전』에서 승 진표의 고향을 말하면서 금산현 사람이라고 한 것은 절 이름과 현 이름이 섞인 것이다.) 아버지는 진내말이요, 어머니는 길보랑이며 성은 정씨이다. 나이가 열두 살에 금산사 숭제법사의 문하에 투신하여 머리를 깎고 업을 청하였다. 그 스승이 일찍이 말하기를 "내가 일찍이 당나라에 들어가 고명한 선도삼장에게 수업을 받고 연후에 오대산에 들어가 문수보살의 현신에 감응되어 오계를 받았노라."라고 하니 진표가 아뢰기를 "삼가 얼마나 수행을 하면 계를 얻겠습니까?"라고 하였다. 숭제가 말하기를 "정성이 지극하다면 1년 넘을 것도 없느니라."라고 하였다.

〈表〉聞師之言, 遍遊名岳, 止錫〈仙溪山〉〈不思議庵〉, 該鍊三業, 以亡身懺〇〇〇,[66] 初以七宵爲期, 五輪撲石, 膝腕俱碎, 雨血嵒崖, 若無聖應. 決志捐捨, 更期七日, 二七日終, 見地藏菩薩, 現受淨戒, 卽

---

66. 활자본들은 「得戒法」, 「悔得戒」를 보족하고 있어 참고는 된다. 그러나 앞 문장을 고려해 볼 때, 오히려 「欲得戒」가 보다 정확하지 않을까 싶다. 하지만 이 역시 참고일 뿐 원문에 보족하기에는 미흡하다고 여겨진다.

〈開元〉二十八年庚辰三月十五日辰時也. 時齡二十餘三矣.

진표가 스승의 말을 듣고 명산들을 두루 다니다 선계산 불사의암에 와서 행장을 끄르고 3업을 갖추어 수행하는데 망신참으로 계율을 받고자 하니, 천음은 이레 밤을 기한으로 하여 오체를 돌에 부딪쳐서 무릎과 팔이 다 부서지고 피가 바위 언덕에 비 오듯 하나 영험이 없는 것 같으므로 몸을 버리기로 결심을 하고 다시 이레를 연기하여 14일이 다 되자 지장보살이 현신하여 청정한 계율을 받게 되었으니 즉 개원 28년 경진(740) 3월 15일 진시로, 이때 나이가 스물세 살이었다.

然志存慈氏, 故不敢中止, 乃移〈靈山寺〉(一名〈邊山〉, 又〈楞伽山〉), 又勵勇如初, 果感弥力[67]現授『占察經』兩卷(此經乃〈陳〉·〈隋〉間外國所譯, 非今始出也. 慈氏以經授之耳)并證果簡子一百八十九介, 謂曰 "於中第八簡子, 喩新得妙戒, 第九簡子, 喩增得具戒, 斯二簡子是我手指骨, 餘皆沈檀木造, 喩諸煩惱, 汝以此傳法於世, 357/ 作濟人津筏."

그러나 그의 뜻은 미륵보살에게 있었으므로 감히 중지하지 않고 바로 영산사(변산 또는 능가산이라 한다.)로 옮겨 다시 처음처럼 용맹정진을 하더니 과연 감응하여 미륵보살이 현신하여 『점찰경』 두 권(이 경전은 진나라·수나라 사이에 외국의 번역이요, 이에 처음 나온 것은 아니다. 미륵보살이 이 불경을 줬을 뿐이다.)과 아울러 증득한 과보와 간자 189개를 주면서 말하기를 "그 가운데 여덟 번

---

67. 의미상 勒의 誤字로 보이나, 원문그대로 놔둬서 의미는 통하므로 그대로 두고자 한다.

째 간자는 새로이 오묘한 계율을 얻은 것을 뜻하며, 아홉 번째 간자는 구족계를 증득한 것을 뜻하니, 이 두 간자는 바로 내 손가락 뼈요, 나머지는 다 침단목으로 만든 것으로, 여러 번뇌를 말한 것이니 너는 이것으로써 세상에 전법을 하고 인간을 구제하는 나루터와 커다란 배가 되어라."라고 하였다.

〈表〉旣受聖莂, 來住〈金山〉, 每歲開壇恢張法施, 壇席精嚴, 末季未之有也. 風化旣周, 遊涉到〈阿瑟羅州〉, 島嶼間魚鼈成橋, 迎入水中, 講法受戒, 卽〈天寶〉十一載壬辰二月望日也. 或本云〈元和〉六年, 誤矣. 〈元和〉在〈憲德王〉代.(去〈聖德〉幾七十年矣.)

진표가 대성의 기별을 받고 금산으로 와 있으면서 해마다 단을 만들고 널리 법을 베푸니 단석의 청정하고 장엄함이 말세에서는 없는 것이었다. 교화가 두루 퍼지매 유람하여 아실라주에 이르니 섬들 사이에 어별들이 다리가 되어 수중으로 맞아들여 설법과 수계를 하니 곧 천보 11년 임진(752) 2월 보름날이었다. 혹본에는 원화 6년이라 하였으니 잘못이다. 원화는 헌덕왕대이다.(성덕왕대와 거의 70년 떨어져 있다.)

〈景德王〉聞之, 迎入宮闥, 受菩薩戒, 嚫租七萬七千石. 椒庭列岳皆受戒品, 施絹五百端, 黃金五十兩, 皆容受之, 分施諸山, 廣興佛事. 其骨石今在〈鉢淵寺〉, 卽爲海族演戒之地.

경덕왕이 소문을 듣고 궁궐로 맞아들여 보살계를 받고 벼 77,000석을 시주하였다. 왕실의 친척들도 모두 계를 받고 비단 500단과 황금 50냥을 시주하니 모두 받아서 여러 절들에 나누어 베푸니 불사를 널리 일으켰다. 그의 사리는 현재 발연사에 있으니 즉 어족들을 위하여 계율을 강연하던 자리이다.

得法之袖領, 曰〈永深〉·〈寶宗〉·〈信芳〉·〈体珍〉·〈珎海〉·〈眞善〉·〈釋忠〉等, 皆爲山門祖. 〈深〉則〈眞傳〉簡子, 住〈俗離山〉, 爲克家子. 作壇之法, 與占察六輪稍異修, 358/如山中所傳本規.

전법제자로는 영심 · 보종 · 신방 · 체진 · 진해 · 진선 · 석충 등이 다들 산문의 조사가 되었다. 영심은 간자를 전해 받아 속리산에 머물면서 의발을 받는 제자가 되었다. 단을 만드는 법이 점찰육륜과는 조금 다르나 산중에서 전하는 본규와는 같다.

按『唐僧傳』云 “〈開皇〉十三年, 〈廣州〉有僧行懺法, 以皮作帖子二枚, 書善惡兩字, 令人擲之, 得善者吉. 又行自撰懺法, 以爲滅罪而男女合匣, 妄承密行. 〈靑州〉接響, 同行官司撿察, 謂是妖妄, 彼云 ‘此搭懺法依『占察經』, 撰懺法依諸經中, 五體投地如大山崩.’ 時以奏聞, 乃勅內史侍郞〈李元撰〉, 就〈大興寺〉問諸大德.

『당승전』을 살펴보건대 “개황 13년(593)에 광주에 참법을 수행하는 스님에 있어 가죽으로 첩자 두 장을 만들어 선, 악 두 글자를 써서 사람으로 하여금 던지게 하고 선 자를 얻으면 길하다고 하였다. 또 스스로 박참법을 행하여 업장을 소멸시킨다 하여 남녀가 함께 모여 요망하게 밀행을 받들었다. 청주에서 이 소문을 듣고 동행한 관사가 검찰하고 이것이 요망스럽다고 하였다. 그가 말하기를 ‘이 탑참법은 『점찰경』에 의거한 것이요, 박참법은 여러 경전에 의거한 것인데, 오체투지를 하니, 큰 산이 무너지는 듯하다.'라고 하였다. 이때에 들은 대로 아뢰었더니 곧 내사 시랑 이원찬을 칙령을 내려 대흥사로 가게 하여 여러 대덕에게 물었다.

有大沙門〈法經〉·〈彦琮〉等對曰 '『占察經』見有兩卷, 首題菩提登[68] 在外國譯文, 似近代所出, 亦有寫而傳者, 撿勘群錄, 並無正名譯人時處, 搭懺與衆經復異, 不可依行.' 因勅禁之.'"

대사문 법경과 언종 등이 대답하기를 '『점찰경』은 현재 두 권이 있는데 책 머리에 보리라고 제목을 붙인 것은 외국 역문에 있어 근대에 역출된 것 같고 또한 베껴서 전한 것이 있으나 여러 기록을 조사해 보아도 모두 바른 이름과 번역한 사람과 시일, 장소들이 없으며, 탑참은 여러 불경과는 달라서 따라 행할 것은 못 됩니다.'라고 하여 곧 칙명으로 이를 금지시켰다."라고 하였다.

今試論之, 〈青州〉居土等搭懺等事, 如大儒以『詩』·『書』發塚, 359/ 可謂畫虎不成, 類狗者矣. 佛所預防, 正爲此爾. 若曰『占察經』無譯人時處, 爲可疑也, 是亦擔麻棄金也.

이에 논해 보자면 청주의 거사 등이 연루된 탑참 등의 사건은 대유학자가 시·서로 무덤까지 파는 것이나 다름없으니 가위 범을 그

---

68. 활자본 가운데는 燈으로 교정한 것도 있으나 오히려 等의 誤字가 아닌가라는 생각도 해본다.

리다가 실패하여 개 모양처럼 만든 것이라고 할 수 있다. 부처님이 예방하고자 한 것이 바로 이런 것 때문이었다. 만약에 『점찰경』이 번역한 사람과 시일, 장소가 없다 하여 의심이 된다면 이야말로 삼을 가지면서 금을 버리는 격이다.

何則, 詳彼經文, 乃悉壇深密, 洗滌穢瑕, 激昂懶夫者, 莫如玆典. 故亦名『大乘懺』, 又云出『六根聚中』. 〈開元〉·〈貞元〉二『釋敎錄』中, 編入正藏, 雖外乎性宗, 其相敎大乘殆亦優矣, 豈與搭·撲二懺, 同日而語哉! 如『舍利佛問經』, 佛告長者〈子邠若多羅〉曰 "汝可七日七夜悔汝先罪, 皆使淸淨." 〈多羅〉奉敎, 日夜懇惻, 至第五夕, 於其室中, 雨種種物, 若巾若杷若拂箒若刀錐斧等, 墮其目前, 〈多羅〉歡喜, 問於佛, 佛言 "是離塵之相, 割拂之物也."

왜냐하면 저 경문을 자세히 보면 부처님 설법이 심밀하고 더러운 때를 깨끗이 씻고 나태한 자를 격앙시키는 데는 이 경전만한 것도 없을 것이다. 그러므로 『대승참』이라고도 하고 또 『육근취중』에서 나왔다고도 한다. 개원·정원 연간의 두 『석교록』 가운데는 정장으로 편입하여 비록 법성종과는 다르나 법상종의 대승으로는 역시 나은 편이니 어찌 탑참·박참과 같이 말할 수 있으랴! 『사리불문경』 같은 것은 부처님이 장자 자빈약다라에게 고하기를 "네가 이레 낮 이레 밤 너의 지은 죄들을 참회하여 모두 청정하게 하여라."라고 하니 다라가 교를 받들고 밤낮으로 간절하게 정성을 다하였다. 닷새 되는 날 저녁에 이르러 그 방 안에 갖가지 물건들이 비오듯 내렸는데 수건, 두건, 빗자루, 칼, 송곳, 도끼 같은 것들이 눈 앞에 떨어지니 다라가 기뻐서 부처에게 물었다. 부처님이 말하기를 "이는 속세를 여의는 상이요, 베어 버리고 쓸어 버리는 물건들이다."라고 하였다.

據此, 則與『占察經』擲輪得相360/之事, 奚以異哉. 乃知〈表公〉翹懺得簡, 聞法見佛, 可謂不誣. 況此經若僞妄, 則慈氏何以親授〈表師〉, 又此經如可禁, 『舍利問經』亦可禁乎? 〈琮〉輩可謂攫金不見人, 讀者詳焉.

이에 의하면 『점찰경』에서 고리를 던져 상을 얻는다는 것과 무엇이 다르랴. 이에 표공이 애써 참회를 하여 간자를 얻게 되고 불법을 듣고 부처를 본 것은 거짓이 아니라고 할 수 있다. 더구나 이 불경이 거짓되고 헛된 것이라면 미륵보살이 어찌 친히 진표사에게 주었을 것이며 또 이 경전을 금해야 한다면 『사리문경』 역시 금해도 좋은가? 언종 따위들이야 말로 가히 금을 훔치면서 금만 보고 사람은 못 보는 격일 것이다. 독자는 자세히 살필 것이다.

讚曰 "現身澆季激情聾, 靈岳仙溪感應通. 莫謂翹懃傳搭懺, 作橋東海化魚龍."

찬에 이른다. "말세에 현신하여 무지를 깨우치니, 영산과 선계가 다 감통하네. 정성껏 탑참만을 전했다고 말하지 말라, 동해에 다리를 놓아 어룡까지 교화시켰네."

11. 關東楓岳鉢淵藪石記(此記乃寺主〈瑩岑〉所撰, 〈承安〉四年己未立石.)

"〈眞表律師〉, 〈全州〉〈碧骨郡〉〈都那山村〉〈大井里〉人也. 年至十二, 志求出家, 父許之. 師往〈金山藪〉〈順濟法師〉處零染, 〈濟〉授沙 戒法, 傳敎『供養次第秘法』一卷 ·『占察善惡業報經』二卷曰 '汝持此戒法, 於彌勒 地藏兩聖前, 懇求懺悔, 親361/受戒法, 流傳於世.' 師奉敎辭退, 遍歷名山.

관동 풍악 발연수의 석기(이 기록은 바로 절 주지 영잠이 지은 글인데 승안 4년 기미〔1199〕에 비를 세웠다.)

"진표율사는 전주 벽골군 도나산촌 대정리 사람이다. 나이가 열두 살이 되어 스님이 될 뜻이 있었으니 그 아버지가 이를 허락하였다. 그가 금산수 순제법사께 찾아가서 스님이 되니 순제가 사미계법을 주고 『공양차제비법』한 권과 『점찰선악업보경』두 권을 전하면서 말하기를 '네가 이 계법을 가지고 미륵과 지장 두 대성 앞에서 간절히 참회를 구하여 직접 계법을 받아 세상에 유전시켜라.'라고 하였다. 율사가 교시를 받들고 물러나와 명산을 두루 돌아다녔다.

年已二十七歲, 於〈上元〉元年庚子, 蒸二十斗米, 乃乾爲粮, 詣〈保安縣〉, 入〈邊山〉〈不思議房〉, 以五合米爲一日費, 除一合米養鼠, 師勤求戒法於弥勒像前, 三年而未得授記. 發憤捨身嵓下, 忽有靑衣童, 手捧而置石上. 師更發志願, 約三七日, 日夜勤修, 扣石懺悔, 至三日手臂折落. 至七日夜, 地藏菩薩手搖金錫, 來爲加持, 手臂如舊. 菩薩

562

遂與袈裟及鉢.

나이가 27세 되던 상원 원년 경자(760)에 쌀 스무 말을 쪄서 이것을 말리어 양식으로 삼고 보안현에 이르러 변산 불사의방에 들어가 쌀 다섯 홉으로 하루를 먹고 한 홉은 덜어서 쥐를 먹이면서 그는 부지런히 미륵상 앞에서 계법을 구하였으나 3년이 되어도 수기를 받지 못하였다. 화가 나서 바위 아래로 몸을 던졌더니 갑자기 푸른 옷 입은 동자가 손으로 받아 돌 위에 놓았다. 율사는 다시 발원을 하여 약 21일간을 밤낮 부지런히 수행을 하여 돌로 두들기면서 참회를 하니 사흘이 되어 손과 팔이 꺾여져 떨어졌다. 이레째 되던 밤에 지장보살이 손으로 쇠 지팡이를 흔들면서 와서 가지를 행하니 손과 팔이 전과 같아졌다. 보살이 이때에 가사와 바리때를 주었다.

師感其靈應, 倍加精進, 滿三七日, 卽得天眼, 見〈兜率天〉衆來儀之相. 於是, 地藏·慈氏現前慈氏磨[69]師頂曰 '善哉大丈夫! 求戒如是, 不惜身命, 懇求懺悔.' 地藏授與362/戒本, 慈氏復與二桂, 一題曰九者, 一題八者, 告師曰 '此二簡子者, 是吾手指骨, 此喩始本二覺. 又九者法尒, 八者新熏成佛種子, 以此當知果報. 汝捨此身, 受大國王身, 後生於〈兜率〉' 如是語已, 兩聖卽隱, 時壬寅四月二十七日也.

율사가 그 영응에 감복하여 전보다 갑절이나 정진을 하니 만 21일 만에 곧 천안통을 얻어 도솔천의 무리들이 오는 광경을 보았

---

69. 활자본은 摩로 교정하고 있으나 원문 그대로도 해석상 무리가 없으므로 그대로 두고자 한다.

다. 이에 지장보살과 미륵보살이 현전하였으며, 미륵보살이 율사에게 마정기를 주면서 말하기를 '선하도다 대장부여! 이와 같이 계를 구함에 신명을 돌보지 않고 간절히 참회를 하였구나.'라고 하였다. 지장보살은 계본을 주고 미륵보살은 다시 간자 두 개를 주었는데, 하나는 9라고 쓰여져 있었고 또 하나는 8이라고 쓰여 있는데 율사에게 고하기를 "이 두 패쪽은 바로 내 손가락 뼈이니 이는 시각과 본각을 비유한 것이요, 또 9는 바로 불법이요, 8은 새로이 훈성한 부처가 되는 씨앗이니 이로써 마땅히 과보를 알 것이다. 너는 지금 몸을 버리고 대국왕의 몸을 받아 후에 도솔천에 날 것이다."라고 하며 말을 마치자 두 보살은 곧 사라지니 때는 임인 4월 27일이었다.

師受教法已, 欲創〈金山寺〉, 下山而來, 至〈大淵津〉忽有龍王, 出獻玉袈裟, 將八萬眷屬, 侍往〈金山藪〉, 四方子來, 不日成之. 復感慈氏從〈兜率〉駕雲而下, 與師受戒法, 師勸檀緣, 鑄成弥勒丈六像, 復畫下降受戒威儀之相於金堂南壁, 像[70]於甲辰六月九日鑄成, 丙午五月一日, 安置金堂. 是歲〈大曆〉元年也.

율사가 교법을 받은 후 금산사를 세우고자 하산하여 대연진에 이르니 갑자기 용왕이 나타나 옥 가사를 내어 바치면서 8만 권속을 데리고 금산수로 모시고 가니 사방 사람들이 모여들어 며칠 못 되어 이를 완성하였다. 다시 감응이 있어 미륵보살이 도솔천으로부터

---

70. 木板本은 ○이나 활자본들의 견해를 따라 像으로 보족해 보았다.

구름을 타고 내려와 율사에게 계법을 주니 율사가 신도들에게 권선하여 미륵장육상을 주조해서 만들고 다시 미륵보살께서 하강하여 수계하는 위의 있는 광경을 금당의 남쪽 벽에 그리게 하여, 불상은 갑진 6월 9일에 주조가 끝나서 병오 5월 1일에 금당에 모시니 이 해가 대력 원년(766)이다.

師出〈金山〉, 向〈俗離山〉, 路363/逢駕牛乘車者, 其牛等向師前, 跪膝而泣, 乘車人下問 ‘何故此牛等見和尙泣耶? 和尙從何而來?’ 師曰 ‘我是〈金山藪〉〈眞表〉僧, 予曾入〈邊山〉〈不思議房〉, 於弥勒·地藏兩聖前, 親受戒法眞栍, 欲覓創寺鎭長修道之處, 故來爾. 此牛等外愚內明, 知我受戒法, 爲重法故, 跪膝而泣.’ 其人聞已, 乃曰 ‘畜生尙有如是信心, 況我爲人, 豈無心乎!’ 卽以手執鎌, 自斷頭髮, 師以悲心, 更爲祝髮受戒. 行至〈俗離山〉洞裏, 見吉祥草所生處而識之.

율사가 금산을 떠나 속리산으로 향하는데 길에서 우차를 탄 자를 만났다. 그 소들이 율사 앞을 향하여 무릎을 꿇고 울매 수레를 탔던 사람이 내려와 묻기를 ‘이 소들이 어째서 스님을 보고 우는 것이며 스님은 어디로부터 오시나이까?’라고 하였다. 율사가 말하기를 ‘나는 금산수에 사는 진표란 중인데 내가 일찍이 변산 불사의방에 들어가 미륵·지장 두 대성께 친히 계법과 참 간자를 받고 절을 세워 오랫동안 수도할 자리를 찾고자 일부러 이렇게 온 것이다. 이 소들이 겉은 멍청하지만 속은 밝아 내가 계법을 받은 줄 알고 불법을 소중하게 여기기 때문에 무릎을 꿇고 우는 것이다.’라고 하였다. 그 사람이 듣기를 마치고 말하기를 ‘짐승도 오히려 이와 같은 신심이 있는데 하물며 사람 된 나로서 어찌 마음이 없으리오!' 하고 즉시 제 손으로 낫을 잡아 머리카락을 자르니, 율사가 자비심으로 다시 머리를 깎아 주고 계율을 주었다. 가다가 속리산 동구 안에 이르러 길상초가 나는 자리가 있어 이것을 표해 두었다.

還向〈溟州〉海邊, 徐行次, 有魚鼈黿鼉等類, 出海向師前, 綴身如陸. 師踏而入海, 唱念戒法還出. 行至〈高城郡〉, 入〈皆骨山〉, 始創〈鉢淵364/藪〉, 開〈占察法會〉, 住七年.

돌아와 명주 해변을 향하여 천천히 가던 차에 물고기와 자라가 바다에서 나와 율사의 앞을 향하여 몸을 이어 육지처럼 만들었다. 율사가 이것을 밟고 바다로 들어가 계법을 주창하고 염송하고는 돌아 나왔다. 고성군에 이르러 개골산으로 들어가 처음으로 발연수를 세우고 점찰법회를 열고 7년을 머물렀다.

時〈溟州〉界年穀不登, 人民飢饉, 師爲說戒法, 人人奉持, 致敬三寶. 俄於〈高城〉海邊, 有無數魚類, 自死而出, 人民賣此爲食, 得免死. 師出〈鉢淵〉, 復到〈不思議房〉, 然後往詣家邑謁父, 或到〈眞門〉大德房居住. 時〈俗離山〉大德〈永深〉與大德〈融宗〉·〈佛陁〉等, 同詣律師所, 伸請曰 '我等不遠千里, 來求戒法, 願授法門.' 師默然不答.

당시 명주 땅에 흉년이 들어 백성들이 굶주렸으므로 율사가 그들을 위하여 계법을 강설하니 사람마다 받들어 수지하고, 삼보에 치성을 다하니 잠시 후 고성 해변에 셀 수 없이 많은 종류의 물고기들이 절로 죽어 나왔다. 백성들은 이것을 팔아서 식량을 장만하여 죽음을 면할 수 있었다. 율사는 발연을 떠나 다시 불사의의 방으로 온 연후에야 고향을 찾아 아버지를 뵙고 간혹 진문대덕의 처소에 가서 머물기도 하였다. 이때에 속리산 승 영심이 대덕 융종·불타 등과 함께 율사의 처소를 찾아가 청하기를 '우리들은 천 리를 멀다 않고 와서 계법을 구하오니 원컨대 불문을 열어 주소서.'라고 하니 율사가 잠자코 대답이 없었다.

三人者乘桃樹上, 倒墮於地, 勇猛懺悔, 師乃傳教灌頂, 遂與袈裟及鉢·『供養次第秘法』一卷·『日[71]察善惡業報經』二卷·一百八十九栍, 復與弥勒眞栍九者·八者, 誡曰 '九者法尔, 八者新熏成佛種子. 我已付囑汝等, 持此365/還歸〈俗離山〉, 山有吉祥草生處, 於此創立精舍, 依此教法, 廣度人天, 流布後世.'

세 사람이 복숭아 나무 위에 올라가 거꾸로 땅에 떨어져 용맹스럽게 참회를 하니 율사가 그제야 전교하며 관정을 해 주며, 드디어 가사와 바리때와 『공양차제비법』한 권과 『일찰선악업보경』두 권과 189개의 간자를 주고 다시 미륵의 참 간자인 9자와 8자를 주면서 경계하기를 '9는 곧 불법이요, 8은 새로이 훈성한 부처가 되는 씨앗이다. 내가 이미 너희들에게 부탁하노니 이것을 가지고 속리산으로 가면 산에 길상초 난 곳이 있을 터이니 거기다가 절을 세우고 이 교법에 의하여 널리 인간계와 천상계의 중생들을 제도하고 후세

---

71. 木板本은 日이지만 의미상 占이 맞을 듯하다. 하나 異體字 등으로 설명이 어려운 관계로 그리고 원문 나름대로 의미가 있을 가능성도 있으므로, 일단 원문 그대로 놔 두고자 한다.

에 유포하라.'라고 하였다.

〈永深〉等奉教, 直往〈俗離〉, 尋吉祥草生處, 創寺名曰〈吉祥〉, 〈永深〉於此始設〈占察法會〉. 律師與父復到鉢淵, 同修道業而終孝之.

영심 등이 교시를 받들고 바로 속리산으로 가서 길상초 난 곳을 찾아서 절을 세우고 길상이라 하고 영심이 이에 처음으로 점찰법회를 열었다. 율사는 그의 아버지와 함께 다시 발연으로 가서, 함께 도업을 닦으면서 효성을 다하였다.

師遷化時, 登於寺東大巖上示滅, 弟子等不動眞体而供養. 至于骸骨散落, 於是以土覆藏, 乃爲幽宮, 有靑松卽出, 歲月久遠而枯. 復生一樹, 後更生一樹, 其根一也. 至今雙樹存焉, 凡有致敬者, 松下覓骨, 或得或不得.

율사가 입적할 때에 절 동쪽에 있는 큰 바위 위에 올라가 입멸하니 제자들이 시체를 그냥 둔 채로 공양을 하였다. 해골이 되어 흩어져 떨어질 때가 되어 이에 흙으로 덮어 묻고 이로써 무덤을 만드니 즉시로 푸른 소나무가 솟았는데, 오랜 시일을 지나서야 말라 죽었다. 다시 나무 하나가 났는바 그 뿌리는 하나였다. 지금도 두 나무가 쌍으로 섰는데 무릇 이 치성을 다하는 자 가운데 소나무 밑에서 뼈를 찾아 더러는 얻기도 하고 더러는 못 얻었다.

予恐聖骨堙滅, 丁巳九月, 特詣松下, 拾骨盛筒, 有三合許, 於大上雙樹下, 立石安骨焉."云云. 此錄所載〈眞表〉事跡, 與鉢淵石記, 互

366/有不同, 故刪取〈瑩岑〉所記而載之, 後賢宜考之. 無極記.

내가 성스러운 뼈들이 인멸될까 염려되어 정사(1197) 9월에 일부러 이 소나무 밑을 찾아가서 뼈를 주어 통에 담으니 세 홉쯤은 되었으므로 큰 바위 위 쌍으로 선 나무 밑에 비를 해 세우고 뼈를 모셨다."라고 운운하였다. 이 기록에 실린 진표의 사적은 발연 비석기록에 비하여 서로 같지 않으므로 영잠의 기록을 가감하여 기록하니 후현들은 마땅히 참고해야 할 것이다. 무극이 기록한다.

12. 勝詮髑髏

釋〈勝詮〉, 未詳其所自也. 嘗[72]附舶指中國, 詣〈賢首國師〉講下, 領受玄言, 硏微積慮, 惠鑒超穎, 深頤索隱, 妙盡隅奧[73], 思欲赴感有緣, 當還國里. 始〈賢首〉與〈義湘〉同學, 俱禀〈儼和尙〉慈訓. 〈首〉就於師說, 演述義科, 因〈詮法師〉還鄕寄示. 〈湘〉仍寓書(云云).

승전과 돌멩이들

스님 승전은 그 출자가 자세하지 않다. 일찍이 배편에 붙어 중국으로 가서 현수국사의 문하를 찾아 불법을 받고 미묘한 데까지 연구하여 오랫동안 생각하고 지혜로 성찰함이 뛰어났으며, 깊이 생각하여 은미한 곳을 찾아 내고 오묘한 데까지 다하니 인연이 있는 곳으로 가고자 하여 고국으로 돌아오게 되었다. 처음에 현수가 의상과 같이 공부하게 되어 함께 지엄화상으로부터 자비로운 교훈을 받

---

72. 木板本은 常이나 의미상 嘗의 誤字로 보이기에 교감해 본다.
73. 木板本은 粤로 奧의 異體字 또는 誤字로 보인다.

았다. 현수가 그의 스승의 법설에 따라 그 뜻과 과목을 연찬하여, 승전사가 고향으로 돌아오는 편에 그 부본을 보냈다. 이에 의상이 곧 답장을 하였다(운운한다).

別幅云 "『探玄記』二十卷, 兩卷未成, 『教分記』三卷, 『玄義章』等雜義一卷, 『華嚴梵語』一卷, 『起信疏』兩卷, 『十二門疏』一卷, 『法界無差別論疏』一卷, 並因〈勝詮法師〉抄寫還鄉. 頃〈新羅〉僧〈孝忠〉遺金九分, 云是上人所寄, 雖367/不得書, 頂荷無盡. 今附西國軍持[74]・澡灌一口, 用表微誠, 幸願撿領. 謹宣."

보낸 편지에 이르기를 "『탐현기』 20권은 두 권이 미완성이며, 『교분기』 세 권, 『현의장』 등 잡의 한 권, 『화엄범어』 한 권, 『기신소』 두 권, 『12문소』 한 권, 『법계무차별론소』 한 권을 모두 승전법사 편에 묘사해서 귀향케 합니다. 얼마 전에 신라 승 효충이 금 9푼중을 보내면서 이는 스님이 보낸 것이라 하였는데 비록 편지는 받지 못하였지만 고마움은 다함이 없습니다. 이제 서방 나라의 물병과 대야 한 개를 부쳐서 변변찮은 정성을 표하오니 다행이 받아 주시기 바랍니다. 삼가 올립니다."라고 하였다.

師旣還, 寄信于〈義湘〉, 〈湘〉乃目閱藏文, 如耳聆〈儼〉訓. 探討數旬, 而授門弟子, 廣演斯文, 語在『湘傳』.

범사가 돌아와서 의상에게 편지를 부치니, 의상이 곧 경전의 문

---

74. 木板本은 特으로 持의 異體字로 보인다.

장을 열람해 보니 지엄의 가르침을 귀로 듣는 것만 같았다. 수십 일 동안 검토하여 문하의 제자들에게 주어 이 글을 널리 강연하니 그 말은 『의상전』에 있다.

按, 此圓融之敎誨, 遍洽于靑丘者, 寔師之功也. 厥後有僧〈梵修〉, 遠適彼國, 求得新譯『後分華嚴經觀師義疏』, 言還流演, 時當〈貞元〉 己卯. 斯亦求法洪揚之流乎.

상고해 보건대, 이는 원융한 불교의 가르침이 우리나라에 두루 퍼진 것으로 진실로 법사의 공로이다. 그 후 스님 범수가 멀리 저 나라로 가서 새로 번역한 『후분화엄경관사의』를 구해 가지고 돌아 와서 널리 강연했다고 하니 때는 바로 정원 기묘(799)이다. 이 역시 구법하여 널리 드날린 분이다.

〈詮〉乃於〈尙州〉領內〈開寧郡〉境, 開創精廬, 以石髑髏爲官屬, 開講 『華嚴』. 〈新羅〉沙門〈可歸〉, 頗聰明識道理, 有傳燈之續, 乃撰『心源 章』, 其略云 "〈勝詮法師〉領石徒衆, 論議講演, 今〈葛項寺〉也. 其髑髏 八十餘枚, 至今爲綱[75]司所傳, 頗有靈異." 其368/他事迹具載碑文, 如 『大覺國師實綠[76]』中.

승전은 이에 상주 영내 개령군 접경에 절을 세우고 돌멩이들로서 관속으로 삼고 『화엄경』을 강의하였다. 신라 사문 가귀가 매우 총

---

75. 木板本은 網으로 綱의 異體字 또는 誤字로 보인다.
76. 木板本은 綠으로 錄의 異體字 또는 誤字로 보인다.

명하고 도리를 알아 전등이 되어 『심원장』을 저술하니 그 대략을
이르면 "승진법사가 돌무리들을 데리고 논의하고 강연을 하였으니
지금의 갈항사이다. 그 돌맹이 80여 개가 지금까지 강사에게 전해
져 오니 영험과 이적이 자못 있었다."라고 하였다. 기타 사적은 비
문에 자세히 실려 있으니, 『대각국사실록』과 같다.

13. 心地繼祖

釋〈心地〉, 〈辰韓〉第四十一主〈憲德大王〉〈金氏〉之子也. 生而孝悌,
天性冲睿, 志學之年, 落釆從師, 拳懃于道, 寓止〈中岳〉(今〈公山〉).
適聞〈俗離山〉〈深公〉傳〈表律師〉佛骨簡子, 設〈果證[77]法會〉, 決意披
尋, 旣至後期, 不許叅例. 乃席地扣庭, 隨衆禮懺.

심지가 조사를 계승하다

스님 심지는 진한 41대 헌덕대왕 김씨의 아들이다. 나면서 효도
와 우애를 하고 천성이 매우 슬기로워 나이 15세에 스님이 되어 도
를 부지런히 닦으면서 중악(지금의 공산)에 머물러 있었다. 마침 속
리산에서 심공이 진표사에게 전해 받은 부처의 뼈로 된 간자로 과
증법회가 열린다는 소문을 듣고 결의하여 찾아갔더니 예정된 시간
보다 늦게 도착하여 참례를 허락받지 못했다. 이내 마당에 자리를
펴고 마당을 치면서 대중들을 따라 참회를 하였다.

經七日, 天大雨雪, 所立地方十尺許, 雪飄不下, 衆見其神異, 許引

---

77. 木板本은 証으로 證의 異體字인 証의 壞字 또는 誤字로 보인다.

入堂地. 撝謙稱恙, 退處房中, 向堂潛禮, 肘顙俱血, 類〈表公〉之〈仙溪山〉也. 地藏菩薩日來問慰, 洎席罷還山, 途中見二簡子貼在衣褶間, 持廻告於〈深〉, 〈深〉369/曰 "簡在函中, 那得至此?" 撿之封題依舊, 開視亡矣. 〈深〉深異之, 重襲而藏之.

이레가 지나니 하늘에서 비와 눈이 몹시 내리는데 그가 서 있는 자리 열 자 사방에는 눈이 내리지 않으므로 대중들이 그 신이함을 보고 당지에 들어오는 것을 허락하였다. 사양하며 겸손하게 병을 칭하고 방 안으로 물러나와 불당을 향하여 가만히 예를 드리니, 팔뚝과 이마에서 피가 흘러 마치 진표공의 선계산에서와 비슷하였다. 지장보살이 날마다 와서 위문하더니 몇 일에 걸친 법석이 파하고 절로 돌아오는데 도중에서 보니 두 간자가 옷섶 사이에 있어 가지고 돌아가 심공에게 고했더니 심공이 말하기를 "패쪽이 함 속에 들었는데 어떻게 얻어서 여기에 가지고 왔는가?"라고 하고 검사해 보니, 함을 봉한 쪽지는 전이나 다름없는데 열어 보니 없었다. 심공이 매우 기이하게 여겨 겹겹으로 싸서 보관하였다.

又行如初, 再廻告之, 〈深〉曰 "佛意在子, 子其奉行." 乃授簡子, 〈地〉頂戴皈山, 岳神率二[78]仙子, 迎至山椒, 引地坐於嵓上, 皈伏嵓下, 謹受正戒.

심지가 또 가다가 보니 처음이나 마찬가지여서, 다시 돌아와 고하였더니 심공이 말하기를 "부처님의 뜻이 그대에게 있으니 그대가

---

78. (天)(晚)(蓬)은 一로 壞字로 보인다.

봉행할 것이다."라고 하고 이에 간자를 주니 심지가 정대하여 절로 돌아오는데 악신이 한 선자를 데리고 맞이하여 산기슭에 이르러 심지를 바위 위에 앉히고 바위 밑으로 가서 엎드려 삼가 공손히 정계를 받았다.

〈地〉曰 "今將擇地奉安聖簡, 非吾輩所能指定, 請與三君, 憑高擲簡以卜之." 乃與神等陟峰巓, 向西擲之, 簡乃風飄而飛. 時, 神作歌曰 "礙嵒遠退砥平兮, 落葉飛散生明兮. 覓得佛骨簡子兮, 邀於淨處投誠兮."

심지가 말하기를 "이제 택지하여 거룩한 간자를 봉안하려고 하는데 우리들이 지정할 수 없으니, 청컨대 세 분과 함께 높은 데 올라가 간자를 던져 점을 치자."라고 하였다. 곧 산신들과 함께 봉우리에 올라 서쪽을 향하여 던지니 간자가 이에 바람에 날렸다. 이때에 산신이 노래를 짓기를 "막고 서 있던 바위가 멀리 물러나니 평평한 땅이 열리누나. 땅을 가리던 낙엽이 흩어지니, 환하게 밝은 땅이 나타난다. 부처님의 뼈로 된 간자를 찾게 되면, 청정한 곳에 맞이하여 정성을 다하리라."라고 하였다.

既唱而得簡於林泉中, 卽其地構堂安之, 今〈桐華寺〉籤堂北有小井是也. 本朝〈睿王〉嘗取迎聖簡, 致內瞻敬, 忽失九者一簡, 以370/牙代之, 送還本寺. 今則漸變同一色, 難卜新古, 其質乃非牙非玉.

노래를 부르고 나서 간자를 숲속 샘 안에서 찾아, 바로 그 자리에 불당을 지어 이를 모시니 지금 동화사 참당 북쪽에 있는 작은 우물이 여기이다. 본조의 예종이 일찍이 이 거룩한 간자를 맞이하여 궐내로 들여 치성을 다했는데 갑자기 구자 간자 한 개를 잃어버리고 상아로 대신 만들어 본사로 돌려보냈다. 지금은 점점 변하여 같은 색깔이 되어 새것과 옛것을 분간하기 어려우며 그 바탕은 상아도 옥도 아니다.

按『占察經』上卷, 叙一百八十九簡之名, 一者求上乘得不退, 二者所求果現當證, 第三第四求中下乘得不退, 五者求神通得成就, 六者修四梵得成就, 七者修世禪得成就, 八者所欲受得妙戒, 九者所曾受得戒具(以此文訂, 知慈氏所言新得戒者, 謂今生始得戒也. 舊得戒者, 謂過去曾受, 今生又增受也, 非謂修生本有之新舊也), 十者求下乘未住信, 次求中乘未住信, 如是乃至一百七十二, 皆過現世中, 或善或惡得失事也.

『점찰경』상권을 살펴보건대 189쪽 간자의 이름을 서술하였는데 1자는 대승을 구하여 불퇴위를 얻음이요, 2자는 구하던 과보가 나타나 바로 증득함이요, 제3·4는 연각승과 성문승을 구하여 불퇴위를 얻음이요, 제5자는 신통을 구하여 성취함이요, 6자는 자(慈)·비(悲)·희(喜)·사(捨)를 닦아서 성취함이요, 7자는 세간의 선을 닦아서 성취함이요, 8자는 받고 싶던 보살의 대계를 얻음이요, 9자는 전생에 받은 구족계를 얻음이요(이 글로써 미륵 보살이 말한 새로 계를 얻는다는 것은 금생에서 처음으로 계를 얻는 것을 이름이요, 이전에 계를 얻었다는 것은 전생에서 한번 계를 얻었고 금생에서 다시 계를 받음을 말하는 것이며, 수생과 본유의 신구를 말하는 것이 아님을 알 수 있다.), 10자는 연각승을 구하여 아직 주신위를 얻지 못함이요, 다음은 성문승을 구하여 주신위를 얻지 못함이니 이렇게 하여 172자까지는 모두가 전생과 금생에서 더러는 선하고 더러는 악하기도 한 득실에 관한 일이다.

第一百七十三者, 捨身已入地獄(已上皆未來之果也), 一百七十四者, 死已作畜生, 如是乃至餓鬼 · 修羅 · 人 · 人王 · 371/天 · 天王 · 聞法 · 出家 · 値聖僧 · 生兜率 · 生淨土 · 尋見佛 · 住下乘 · 住中乘 · 住上乘 · 得解脫第一百八十九等是也.(上言住下乘至上乘得不退, 今言上乘得解脫等, 以此爲別爾.) 皆三世善惡果報差別之相. 以此占看, 得與心所行事相當, 則爲感應, 否則爲不至心, 名爲虛謬. 則此八 · 九二簡, 但從百八十九中而來者也.

제173자는 투신하여 벌써 지옥에 들어간 것이요(이상은 모두 미래에 닥칠 과보이다.), 174자는 죽어서 이미 짐승으로 된 것인바 이렇게 하여 아귀 · 수라 · 사람 · 인왕 · 천 · 천왕 · 문법 · 출가 · 치성승 · 생도솔 · 생정토 · 심견불 · 주하승 · 주상승 · 득해탈로 제189 등이 바로 그것이다.(위에서는 주하승부터 상승을 구하여 불퇴위를 얻는다는 데 이르기까지를 말하였고 지금은 대승을 구해서 해탈 등을 얻는다고 하여 이것으로 구별한 것이다.) 모두가 전생 · 금생 · 후생의 선악과보의 차별상이다. 이것으로 점을 쳐보아 마음을 따라 행하려는 사상과 맞으면 감응이 되는 것이요, 그렇지 못하면 지극하지 못한 마음이니 실상 거짓이라 하는 것이다. 그러므로 이 8자 · 9자 두 간자는 다만 189개 간자 가운데서 나온 것이다.

而『宋傳』但云百八籤子, 何也? 恐認彼百八煩惱之名而稱之, 不揆尋經文爾. 又按本朝文士〈金寬毅〉所撰『王代宗錄』二卷云〈羅〉末, 〈新羅〉大德〈釋冲〉, 獻〈太祖〉以〈表律師〉袈裟一領, 戒簡百八十九枚, 今與〈桐華寺〉所傳簡子, 未詳同異.

그러나 『송전』에는 다만 108쪽의 간자라고 했으니 무슨 까닭일까? 아마도 저 백팔번뇌의 명목으로써 이를 일컬었음이요, 경문을 잘 상고하지 못한 것이다. 또 본조의 문사 김관의가 지은 『왕대종록』 두 권에 이르기를 나말에 대덕 석충이 태조에게 표율사의 가사 한 벌과 계율을 쓴 간자 189개를 바쳤다고 했는데 지금의 동화사에 전하는 패쪽이 그것인지 다른 것인지는 자세치 않다.

讚曰 "生長金閨372/早脫籠, 儉懃聰惠自天鍾. 滿庭積雪偸神簡, 來放〈桐華〉最上峰."

찬에 이른다. "궁중에서 자라나서 일찍이 출가하였네, 검소하고 근면하여 총명하며 자비로운 것은 하늘로부터 받았네, 마당 가득히 쌓인 눈으로 신이로운 간자를 가져와 동화의 최상봉에 와 날렸도다."

14. 賢瑜珈 海華嚴
瑜珈祖大德〈大賢〉, 住〈南山〉〈茸長寺〉. 寺有慈氏石丈六, 〈賢〉常旋繞, 像亦隨〈賢〉轉面. 〈賢〉惠辯精敏, 決擇了然. 大抵〈相宗〉詮79量,

旨理幽深, 難爲剖析, 中國名士〈白居易〉, 嘗窮之未能, 乃曰 "唯識幽
難破, 因明擘不開." 是以學者難承稟者尙矣. 〈賢〉獨刊[80]定邪謬, 暫開
幽奧, 恢恢游刃, 東國後進, 咸遵其訓, 中華學士, 往往得此爲眼目.

대현의 유가와 법해의 화엄

유가종의 조사 대현대덕은 남산 용장사에 살았다. 절에 미륵보살
의 돌로 된 장육상이 있어 대현이 언제나 그 주위를 도는데 석상도
역시 대현을 따라 얼굴을 돌렸다. 대현은 자비롭고 말을 잘하며 면
밀하고 똑똑하여, 결택이 분명하였다. 대저 법상종의 경론은 그 이
치가 심오하여 뜻을 분석하기가 어려워 중국의 명사인 백거이도 일
찍이 궁구했으나 알아 낼 수 없어 말하기를 "유식은 그윽하여 파하
기 어려우며, 인명은 분석해도 통하지 않는다."라고 하였다. 이리하
여 학자들이 품을 잇기가 어려워진 지 오래되었다. 대현이 홀로 삿
되고 그릇된 것을 간정하고 별안간 심오한 데를 파헤쳐 여유 있게
이치를 분석하여 동국의 후진들이 모두 그 가르침을 준수하고 중국
의 학자들도 때때로 이것을 얻어서 요점으로 삼았다.

〈景德王〉〈天寶〉十二年癸巳, 夏大旱, 詔入內殿, 講『金光經』, 以祈
甘霆. 一日齋[81]373/次, 展鉢良久而淨水獻遲. 監吏詰之, 供者曰 "宮
井枯涸, 汲遠故遲爾," 賢聞之曰 "何不早云." 及晝講時, 捧爐默然,

---

79. 木板本은 銓으로 詮의 誤字로 보인다.
80. 활자본은 判으로 보고 있어 참고가 된다.
81. 木板本은 齊로 齋의 異體字 또는 誤字로 보인다.

578

斯須井水湧出, 高七丈許, 與刹幢齊, 闔宮驚駭. 因名其井曰〈金光井〉. 賢嘗自号〈靑丘沙門〉.

경덕왕 천보 12년(753) 계사 여름에 크게 가물어 왕이 내전으로 불러들여 『금광경』을 강연하여 단비가 오도록 기도를 하게 하였다. 재를 올리는 첫날에 바리때를 펴 놓고 한참되었으나 정화수 바치기를 더디게 하였다. 감리가 나무라니 공양을 올리는 이가 말하기를 "대궐 우물이 말라서 멀리서 길어 오기 때문에 늦는다."라고 했더니 대현이 듣고 말하기를 "왜 진작 말을 하지 않았느냐?"라고 하고, 낮 강연을 할 때가 되어 향로 받들고 잠자코 있으니 조금 후 우물물이 높이가 일곱 길이나 되게 용출하여 절 당간의 당간지주와 같아지니 온 대궐 안이 깜짝 놀랐다. 따라서 그 우물을 금광정이라고 하였다. 대현이 일찍이 자칭 청구사문이라 하였다.

讚曰 "遠佛南山像逐旋, 靑丘佛日再中懸. 解敎宮井淸波湧, 誰識金爐一炷烟."

찬에 이른다. "부처님의 주위를 도니, 남산의 석상이 따라서 돌고, 청구에 불일이 다시 중천에 떴도다. 가르침을 베풀자 대궐 우물에 청정한 파도가 솟아 오르니, 누가 금향로 한 심지의 연기인 줄 알겠는가."

明年甲午夏, 王又請大德〈法海〉於〈皇龍寺〉, 講『華嚴經』. 駕幸行香, 從容謂曰 "前夏〈大賢法師〉講『金光經』, 井水湧七丈. 此公法道如何?"〈海〉曰 "特爲細事, 何足稱乎! 直使傾滄海, 襄東岳, 流京師, 亦非所難." 王未之信, 謂戱言爾.

이듬해 갑오년 여름에 왕이 또 황룡사로 대덕 법해를 청하여 『화엄경』을 강설하였다. 왕이 행차하여 예불을 하며 조용히 말하기를 "지난 여름에 대현법사가 『금광경』을 강설하였더니 우물물이 일곱 길이나 솟았는데 이 공의 법도는 어떠한가?"라고 하였더니 법해가 말하기를 "매우 사소한 일을 가지고 무슨 말할 것이 있겠습니까? 곧바로 푸른 바다를 기울여 동악을 무너뜨리고 서울을 떠내려가게 함도 역시 어려울 것이 없습니다."라고 하니 왕이 믿지를 못하고 농담으로 생각하였다.

至午講, 引爐沉寂, 須臾內禁忽有哭泣聲, 宮吏走報374/曰 "東池已溢, 漂流內殿五十餘間." 王罔然自失, 〈海〉笑謂之曰 "東海欲傾, 水脉先漲爾." 王不覺興拜. 翌日〈感恩寺〉奏, 昨日午時海水漲溢, 至佛殿階前, 晡時而還, 王益信敬之.

오시의 강경에 이르러 향로를 당겨 잠자코 있더니 조금 있자 대궐 안에서 갑자기 울음소리가 나고 대궐 관리가 달려와 보고하기를 "동쪽 못물이 벌써 넘어 내전 50여 칸이 떠내려갔습니다."라고 하니 왕이 망연자실하였다. 법해가 웃으면서 말하기를 "동해가 기울려 하였습니다. 수맥이 먼저 불어나는 것입니다."라고 하였다. 왕이 자기도 모르는 사이에 절을 하였다. 이튿날 감은사에서 아뢰되 어제 오시에 바닷물이 불어나, 불전의 섬돌 앞까지 이르렀다가 저녁나절이 되어 물러갔다고 하니 왕이 더욱 믿어 존경하였다.

讚曰 "法海波瀾法界寬, 四海盈縮未爲難. 莫言百億須彌大, 都在吾師一指端."(〈石海〉云.)375/

찬에 이른다. "법해의 파도가 일어나 법계에 두루하니, 사해가 차고 줄어드는 것쯤 어려울 것 없으리. 백억 리 수미쯤은 크다고 말하지 말지라, 모두 우리 스님 한 손가락 끝에 달려 있도다."(석해가 이른다.)

三國遺事卷第四376/

VII. 三國遺事卷第五

三國遺事卷第五

國尊〈曹溪宗〉〈迦智山〉下〈麟角寺〉住持圓鏡冲照大禪師〈一然〉撰.
神呪第六
국존 조계종 가지산하 인각사 주지 원경충조 대선사 일연 지음
신주제6

1. 密本摧邪

〈善德王〉〈德曼〉, 遘疾弥留, 有〈興輪寺〉僧〈法惕〉, 應詔侍疾, 久而無効. 時有〈密本法師〉, 以德行聞於國, 左右請代[1]之, 王詔迎入內. 〈本〉在宸仗外, 讀『藥師經』, 卷軸纔周, 所持六環, 飛入寢內, 刺一老狐與〈法惕〉, 倒擲庭下, 王疾乃瘳. 時, 〈本〉頂上發五色神光, 覩者皆驚.

밀본이 사특한 도를 부수다

---

1. 학산본은 伐로 代의 異體字이다.

선덕왕 덕만이 병에 걸린 지 오래되었다. 흥륜사의 법척이란 스님이 왕명에 응하여 병 구완을 하는데 오래도록 효험이 없었다. 이때 밀본법사가 덕행으로 국내에 소문이 났으므로 좌우가 대신하기를 청하여 왕이 대궐로 맞아들였다. 밀본이 내전 밖에서 『약사경』을 읽는데 겨우 끝나자 가지고 있던 육환장이 침실 안으로 날아 들어가 늙은 여우 한 마리와 법척을 함께 찔러 가지고 뜰 아래에 거꾸러뜨리니 왕의 병이 곧 나았다. 이때에 밀본은 정수리 위로 오색 신광을 방광하니 보던 자가 모두 놀랐다.

又承相〈金良圖〉爲阿孩時, 忽口噤體硬, 不言不遂. 每見一大鬼率群小鬼來, 家中377/凡²有盤肴, 皆啖嘗之, 巫覡來祭, 則群聚而爭侮之.〈圖〉雖欲命撤, 而口不能言. 家親請〈法流寺〉僧亡名來轉經, 大鬼命小鬼, 以鐵槌打僧頭仆地, 嘔血而死.

또 승상 김양도가 어렸을 적에 갑자기 입이 붙고 몸이 굳어져 말도 못하고 움직이지도 못했다. 매번 큰 귀신 하나가 군소 귀신들을 데리고 와서 집 안에 있는 반찬이란 반찬은 모두 다 먹으며, 무당이 와서 제사를 지내면 떼를 지어 모여들어 저마다 욕을 보이곤 하였다. 양도가 이를 물리치라고 하고 싶었으나 입으로 말을 할 수 없었다. 가친이 법류사 승 무명을 청해다 경을 읽혔더니 큰 귀신이 작은 귀신을 시켜 철퇴로 스님의 머리를 때려 땅에 거꾸러뜨리니, 피를 토하고 죽었다.

---

2. 木板本은 几로 凡의 異體字 또는 誤字로 보인다.

隔數日, 遣使邀〈本〉, 使還言 "〈本〉法師受我請將來矣." 衆鬼聞之, 皆失色. 小鬼曰 "法師至將不利, 避之何幸?" 大鬼侮慢自若曰 "何害之有!" 俄而有四方大力神, 皆屬金甲長戟, 來捉群鬼而縛去. 次有無數天神, 環拱而待. 須臾〈本〉至, 不待開經, 其疾乃治, 語通身解, 具說件事.

며칠 지나서 심부름꾼을 보내어 밀본을 청하였더니 심부름꾼이 돌아와 말하기를 "밀본법사가 내 청을 받고 곧 올 것입니다."라고 하니 여러 귀신들이 듣고 모두 실색을 하였다. 작은 귀신이 말하기를 "법사가 온다면 이롭지 못할 것이니 피하는 것이 좋지 않으리까?"라고 하니 큰 귀신이 자만하면서 태연하게 말하기를 "무슨 걱정이냐!"라고 하였다. 조금 뒤에 사방의 대력신들이 모두 쇠갑옷에 긴 창을 들고 와서 뭇 귀신을 잡아 묶어 가지고 갔다. 그 다음에는 무수한 천신들이 둘러서서 기다렸다. 조금 지나 밀본이 이르러 경문을 펼 사이도 없이 그의 병은 곧 나아 말이 통하고 몸이 풀려 사건 이야기를 자세히 했다.

〈良圖〉因此篤信〈釋氏〉, 一生無怠, 塑成〈興輪寺〉吳堂主彌陁尊像, 左右菩薩, 并滿金畫其堂.

양도가 이로 인하여 불교를 돈독히 믿어 일생을 두고 게을리하지 않았으니 그는 흥륜사 오당의 주불 미타존상과 좌우의 보살을 빚어 만들었으며 아울러 그 불당을 금색 그림으로 채웠다.

〈本〉嘗住〈金谷寺〉. 又〈金庾信〉嘗與一老居士交378/厚, 世人不知

其何人. 于時, 公之戚〈秀天〉, 久染惡疾, 公遣居士診衛, 適有〈秀天〉
之舊, 名〈因惠〉師者, 自中岳來訪之, 見居士而慢侮之曰 "相汝形儀,
邪佞人也. 何得理人之疾?" 居士曰 "我受〈金公〉命, 不獲已爾." 〈惠〉
曰 "汝見我神通." 乃奉爐呪香, 俄頃五色雲旋遶頂上, 天花散落.

밀본은 일찍이 금곡사에 살았다. 또 김유신이 일찍이 한 늙은
거사와 친분이 두터웠는데 세상 사람들은 그가 어떤 사람인지 알지
못하였다. 이때에 유신의 친척 되는 수천이 오랫동안 악질에 걸렸
으므로 유신공이 거사를 보내어 진찰을 하게 하였더니 마침 수천의
친구인 인혜사가 중악으로부터 찾아와 있었는데 거사를 보고 업신
여겨 말하기를 "네 행동거지를 보니 간사하고 망령된 자이거늘 어
찌 다른 사람의 병을 고칠 수 있겠는가?"라고 하였다. 거사가 말하
기를 "내가 김공의 명을 받아 어쩔 수 없이 왔을 뿐입니다."라고 하
니 인혜가 말하기를 "너는 내 신통력을 보라."라고 하고는 곧 향로
를 들고 주문을 외우며 분향을 하니 조금 있다가 오색 구름이 정수
리 위를 빙빙 돌며 하늘 꽃이 떨어졌다.

士曰 "和尙通力不可思議, 弟子亦有拙技, 請試之, 願師乍立於前."
〈惠〉從之, 士彈指一聲, 〈惠〉倒迸於空, 高一丈許, 良久徐徐倒下, 頭
卓地, 屹然如植橛, 旁人推挽之不動. 士出去, 〈惠〉猶倒卓達曙. 明日
〈秀天〉使扣於〈金公〉, 公遣居士往放[3]乃解, 〈因惠〉不復賣技.

거사가 말하기를 "스님의 신통력은 불가사의하나 제자에게도 변

---

3. 壬申本은 救이나 放의 誤字로 보인다.

변찮은 재주가 있어 한번 해 보고자 하오니 원컨대 스님은 잠시 앞으로 나와 주소서."라고 하여 인혜가 좇으니, 거사가 손가락을 한번 튕기자 인혜가 공중으로 한 길 높이나 거꾸로 떠오르더니 한참 뒤에 천천히 거꾸로 내려와 머리를 땅에 박고 우뚝이 말뚝 박은 것처럼 섰으니, 주변 사람이 밀고 당겨도 움직이지 않았다. 거사는 나가고 인혜는 여전히 거꾸로 선 채 밤을 새웠다. 이튿날 수천이 유신공에게 사람을 보내어 빼 주기를 청하니 유신공이 거사를 시켜 가서 풀어 주니, 인혜가 다시는 재주 자랑을 하지 못하였다.

讚曰 "紅紫紛紛幾亂朱, 堪嗟魚379/目誑愚夫. 不因居士輕彈指, 多小巾箱襲碔砆."

찬에 이른다. "주홍색, 자주색이 분분한들 어찌 진짜 붉은 빛을 흐리게 하랴, 아아 고기 눈알로 어리석은 사람을 속이고 있네. 거사가 가볍게 손가락을 튕기지 않았다면, 얼마나 많은 헝겊 상자에 가짜 옥을 모르고 간직했으리!"

2. 惠通降龍

釋〈惠通〉, 氏族未詳. 白衣之時, 家在〈南山〉西麓, 〈銀川洞〉之口.(今〈南澗寺〉東里.) 一日遊舍東溪上, 捕一獺屠之, 弃骨園中, 詰旦亡其骨. 跡血尋之, 骨還舊穴, 抱五兒而蹲. 郞望見, 驚異久之, 感嘆蹰躇, 便弃俗出家, 易名〈惠通〉.

스님 혜통은 씨족을 자세히 알 수 없다. 속인일 때 그의 집은 남산 서쪽 기슭 은천동 동구에 있었다.(지금의 남간사 동쪽 마을이다.) 하루는 집 동쪽의 시내에서 놀다가 한 마리의 수달을 잡아 죽이고 그 뼈를 정원 가운데 버린 바가 있다. 그런데 이튿날 아침 그 뼈가 없어져서 핏자국을 따라 찾아가 보니, 뼈가 자기가 살던 굴로 돌아가 다섯 마리의 새끼를 안고 있었다. 이에 그것을 바라보고 한참 경이롭게 여겼다. 감탄하여 망설이다가 마침내 속세를 버리고 출가하여 이름을 혜통이라 하였다.

往〈唐〉謁〈無畏三藏〉請業, 〈藏〉曰 "嵎夷之人豈堪法器!" 遂不開授, 〈通〉不堪輕謝去, 服勤三載, 猶不許. 〈通〉乃憤悱立於庭, 頭戴火盆, 須臾頂裂聲如雷. 〈藏〉聞來視之, 撤火盆, 以指按裂處, 誦神呪, 瘡合如平日, 有瑕如王字文. 因号〈王和尙〉, 深器之, 傳380/印訣.

당나라로 가서 무외삼장을 찾아 뵙고 배우기를 청하였다. 삼장은 말하기를 "오랑캐가 어찌 법기가 될 수 있겠는가!"라고 하며 가르쳐 주지 않았다. 혜통은 쉽사리 물러나지 않고 3년 동안이나 부지런히 근행하였다. 여전히 허락하지 않자 혜통은 분통이 터져서 뜰에 서서 불동이를 머리에 이었다. 잠시 후에 정수리가 터지는데 우레와 같은 소리가 났다. 삼장이 이를 듣고 와서 보더니 불동이를 치우고 손가락으로 터진 곳을 어루만지며 신주를 외우니 상처가 아물어 전과 같이 되었다. 그러나 왕자 무늬와 같은 흉터가 생겼다. 이로 말미암아 왕화상이라 불렀다. 무외는 그가 깊은 법기로 여겨져 인결을 전하였다.

時, 〈唐〉室有公主疾病, 〈高宗〉請救於〈三藏〉, 擧〈通〉自代. 〈通〉受教別處, 以白豆一斗, 呪銀器中, 變白甲神兵, 逐崇不克, 又以黑豆一斗, 呪金器中, 變黑甲神兵, 令二色合逐之, 忽有蛟龍走出, 疾遂瘳.

　이때 당나라 황실에서 공주가 병이 났다. 고종(649-83)이 삼장에게 치료해 주기를 청하자 삼장은 자기 대신 혜통을 천거했다. 혜통이 명령을 받고 다른 곳에 거처하면서 흰 콩 한 말을 은그릇 속에 넣고 주문을 외었다. 그 콩이 변해서 흰 갑옷 입은 신병이 되어 병마들을 쫓으려 했으나 이기지 못했다. 다시 검은 콩 한 말을 금그릇에 넣고 주문을 외우니 검은 갑옷 입은 신병으로 변했다. 검은색과 흰색의 신병이 합하여 병마를 쫓으니 마침내 교룡이 달아나고 공주의 병이 나았다.

龍怨通之逐己也, 來本國〈文仍林〉, 害命尤毒. 是時, 〈鄭恭〉奉使於〈唐〉, 見〈通〉而謂曰 "師所逐毒龍, 歸本國害甚, 速去除之." 乃與恭, 以〈麟德〉二年乙丑還國而黜之.

　용은 혜통이 자기를 쫓아낸 것을 원망하여 본국 문잉림으로 가서 인명을 몹시 해쳤다. 그때 정공이 당나라에 사신으로 갔는데 혜통을 만나 말했다. "스님이 쫓아낸 독룡이 본국으로 와서 해가 심하니 속히 가서 독룡을 없애 주십시오." 이에 혜통은 정공과 함께 인덕 2년 을축(665)에 본국으로 돌아와서 용을 쫓아 버렸다.

龍又怨〈恭〉, 乃托之柳, 生〈鄭氏〉門外, 恭不之覺, 但賞其葱密, 酷愛之. 及〈神文王〉崩, 〈孝昭〉卽位, 修山陵, 除葬路, 〈鄭氏〉之柳當道, 有司欲伐之, 〈恭〉恚曰 "寧斬我頭, 莫伐此樹." 有司奏聞, 王大怒,

命司寇曰 "〈鄭恭〉恃[4]〈王381/和尙〉神術, 將謀不遜, 侮逆王命, 言 '斬
我頭,' 宜從所好." 乃誅之, 坑其家.

용은 또 정공을 원망하여 이번에는 버드나무로 변하여 정공의 문
밖에 나서 자랐다. 정공은 그것을 알지 못하고 다만 그 무성한 것만
좋아하여 무척 아꼈다. 신문왕이 세상을 뜨자, 효소왕이 즉위하여
산릉을 닦고 장례의 길을 트는데 정공집의 버드나무가 길을 가로막
고 서 있으므로 유사가 버드나무를 베려 했다. 정공이 화를 내며 말
하기를, "차라리 내 머리를 베었지 이 나무는 베지 못한다." 유사가
이 말을 임금에게 고하자 임금은 몹시 화를 내며 사구에게 명령했
다. "정공이 왕화상의 신술을 믿고 장차 불손한 일을 도모하려 하
여 왕명을 거스리며 '제 머리를 베라'고 하니 마땅히 제가 원하는
대로 해 주어야 할 것이다." 이리하여 그를 베어 죽이고 그의 집을
흙으로 묻어 버렸다.

朝議 〈王和尙〉與〈恭〉甚厚, 應有忌嫌, 宜先圖之. 乃徵甲尋捕,
〈通〉在〈王望寺〉, 見甲徒至, 登屋, 携砂瓶, 硏朱筆而呼曰 "見我所
爲!" 乃於瓶項, 抹一畫曰 "爾輩宜各見項." 視之皆朱畫, 相視愕然.
又呼曰 "若斷瓶項, 應斷爾項, 如何?" 其徒奔走, 以朱項赴王, 王曰
"〈和尙〉神通, 豈人力所能圖." 乃捨之.

조정에서 논의함에 왕화상이 정공과 매우 친하였으므로 반드시
꺼리고 싫어함이 있을 것이니, 마땅히 그를 먼저 도모해야 한다 하

---

4. 王申本은 恃이나 侍의 異體字이다.

였다. 이에 갑옷 입은 병사를 시켜 그를 잡게 했다. 혜통은 왕망사에 있다가 갑옷 입은 병사가 오는 것을 보고는 지붕 위로 올라가 사기병과 붉은 붓을 가지고 그들에게 외쳤다. "내가 하는 것을 보라!" 하고 병목에다 한 획을 그으면서 말했다. "너희들 목을 보아라." 그들이 목을 보니 모두 붉은 획이 그어져 있었으므로 서로 쳐다보며 놀랐다. 혜통은 또 소리쳤다. "만약 내가 이 병 목을 자르면 너희들 목도 잘라질 것인데 어떻게 하겠느냐?" 병사들은 궁궐로 돌아가 붉은 획이 그어진 목을 임금에게 보이며 사실을 아뢰니 임금은 말했다. "화상의 신통력을 어떻게 사람의 힘으로 도모하겠느냐." 하며 내버려 두었다.

王女忽有疾, 詔〈通〉治之, 疾愈, 王大悅.〈通〉因言 "〈恭〉被毒龍之汚, 濫膺國刑." 王聞之心悔, 乃免〈恭〉妻孥, 拜〈通〉爲國師.

왕녀에게 갑자기 병이 났다. 임금이 혜통을 불러 치료하게 했더니 병이 나았다. 임금은 크게 기뻐했다. 그러자 혜통은 말했다. "정공은 독룡의 해를 입어 억울하게 나라의 형벌을 받았습니다." 왕은 이 말을 듣고 마음속으로 뉘우쳐서 정공의 처자에게는 죄를 면해주고, 혜통은 국사로 삼았다.

龍旣報冤於〈恭〉, 往〈機張山〉爲熊神, 慘毒滋甚, 民多梗之, 〈通〉到山中, 諭龍授不殺戒, 神害乃息.

용은 정공에게 원수를 갚고 나자 기장산으로 갔다. 거기서 웅신이 되어 해독을 끼침이 더욱 심하니 백성들이 몹시 괴로워했다. 혜

통이 그 산속에 들어가 용을 달래고 불살생계를 가르치니 웅신의
해가 그제야 그치었다.

　初,382/〈神文王〉發疽背, 請候於〈通〉, 〈通〉至, 呪之立活. 乃曰 "陛
下曩昔爲宰官身, 誤決臧人〈信忠〉爲隷, 〈信忠〉有怨, 生生作報. 今玆
惡疽亦〈信忠〉所崇, 宜爲〈忠〉創伽藍, 奉冥祐以解之." 王深然之, 創寺
号〈信忠奉聖寺〉. 寺成, 空中唱云 "因王創寺, 脫苦生天, 怨已解矣."
(或本載此事於『眞表傳』中, 誤.) 因其唱地, 置〈折怨堂〉, 堂與寺今存.
　처음에 신문왕이 등창이 나서 혜통에게 치료해 주기를 청해 그가
와서 주문을 외니 그 자리에서 병이 나았다. 그러자 혜통은 말했다.
"폐하께서는 전생에 재상의 몸으로서 양민인 신충이란 자를 잘못
판결하여 종으로 삼으셨으므로, 신충이 원한을 품어 윤회환생할 때
마다 보복하옵니다. 지금 이 등창 또한 신충의 탓입니다. 마땅히 신
충을 위해 절을 세우시고 명복을 빌어 원한을 풀게 하십시오." 왕이
그 말을 옳게 여겨 절을 세우고 이름을 신충봉성사라 했다. 절이 다
완성되자 하늘에서 노래하는 소리가 들렸다. "임금이 절을 세워 주
셨기 때문에 괴로움에서 벗어나 하늘에 태어났으니 원한은 이미 풀
렸습니다."(혹본에는 이 일을『진표전』가운데 기재했는데 잘못이
다.) 또 노랫소리 나는 곳에서는 절원당을 지었는데 그 당과 절이
지금도 남아 있다.

　先是,〈密本〉之後, 有高僧〈明朗〉, 入龍宮得神印(〈梵〉云 文豆婁,
此云神印), 祖創〈神遊林〉(今〈天王寺〉), 屢禳隣國之寇. 今和尙傳〈無

594

畏〉之髓, 遍歷塵寰, 救人化物, 兼以宿命之明, 創寺雪怨, 密敎之風, 於是乎大振. 〈天磨〉之〈摠⁵持嵓〉・〈母岳〉之〈呪錫院〉等, 皆其流裔也. 或云, 〈通〉俗名〈尊勝〉角干, 角干乃〈新383/羅〉之宰相峻級, 未聞〈通〉 歷仕之迹. 或云 射得狌狼, 皆未詳.

이보다 먼저 밀본법사의 뒤에 고승 명랑이 있었다. 용궁에 들어가 신인(범어로는 문두루라고 하는데, 신인을 말한다.)을 얻어 신유림(지금의 천왕사)을 처음 세우고 여러 번 이웃 나라가 쳐들어 오는 것을 기도로써 물리쳤다. 이제 화상은 무외삼장의 중심 골자를 전하고 속세를 두루 돌아다니며 사람을 구제하고 만물을 감화시켰다. 또 숙명의 밝은 지혜로 절을 세워 원망를 풀게 해 주니 밀교의 교풍이 그때에 크게 떨쳤다. 천마산 총지암과 모악의 주석원 등이 모두 거기에서 갈라 나온 것이다. 어떤 사람은 혜통의 속세 이름을 존승각간이라 한다. 각간은 곧 신라의 재상이다. 그러나 혜통이 벼슬을 지냈다는 말은 듣지 못했다. 또 어떤 사람은 시랑을 쏘아 잡았다 하나, 모두 자세히 알 수 없다.

讚曰 "山桃溪杏映籬斜, 一徑春深兩岸花, 賴得郞君閑捕獺, 盡敎魔外遠京華."

찬한다. "산도와 계행이 울타리에 비치는데, 한 지경 봄 깊어 두 언덕에 꽃이 피네. 혜통이 수달을 한가로이 잡음으로, 마외를 가르쳐 서울에서 멀리했네."

---

5. 활자본은 總으로 교정해 놓고 있어 참고가 된다.

3. 明朗神印

按『金光寺本記』云 "師挺生〈新羅〉, 入〈唐〉學道. 將還, 因海龍之請, 入龍宮傳秘法, 施黃金千兩.(一云千斤.) 潛行地下, 湧出本宅井底, 乃捨爲寺, 以龍王所施黃金飾塔像, 光曜殊特, 因名〈金光〉焉."(『僧傳』作〈金羽寺〉, 誤.)

명랑과 신인종

살펴보건대 『금광사본기』에 이르기를 "법사는 신라에 태어나서 당나라에 들어가 도를 공부하고 돌아올 때에 해룡의 청으로 용궁에 들어가 비법을 전하였더니 황금 천 냥(천 근이라고도 한다.)을 시주해 주었다. 지하로 잠행하여 자기 본집의 우물 밑으로부터 솟아 나와 곧 희사하여 절을 만들고 용왕이 시주한 황금으로 탑과 불상을 장엄하니 광요가 특수해서 금광이라 하였다."고 한다.(『승전』에 금우사라 한 것은 틀렸다.)

師諱〈明郞〉, 字〈國育〉, 〈新羅〉沙干〈才良〉之子. 母曰〈南澗夫人〉, 或云〈法乘[6]娘〉, 蘇判〈茂林〉之子〈金氏〉, 則〈慈藏〉之妹[7]也. 三息, 長曰〈國敎〉大德, 次曰〈義安〉大384/德, 師其季也.

법사의 이름은 명랑이요, 자는 국육이니 신라 사간 재량의 아들이다. 어머니는 남간부인이라고 하여 혹은 법승랑이라고도 하니 소판 무림의 아들 김씨, 즉 자장의 누이다. 아들 셋이 있어 맏이가 국

---

6. 木板本은 乖으로 乘의 壞字로 보인다.
7. 壬申本은 妹로 妹의 異體字이다.

교대덕이요, 다음이 의안(義安)대덕이요, 법사가 막내이다.

初母夢吞靑色珠而有娠.〈善德王〉元年入〈唐〉,〈貞觀〉九年乙未來
歸.〈總章〉元年戊辰,〈唐〉將〈李勣〉統大兵, 合〈新羅〉, 滅〈高麗〉. 後
餘軍留〈百濟〉, 將襲滅〈新羅〉,〈羅人〉覺之, 發兵拒之.〈高宗〉聞之赫
怒, 命〈薛邦〉興師將討之,〈文㲱王〉聞之懼, 請師開秘法禳[8]之.(事在
『文武王傳』中.) 因玆爲〈神印宗〉祖.

처음에 어머니가 푸른 구슬을 삼키는 꿈을 꾸고 임신을 하였다.
선덕왕 원년(632)에 당나라에 들어갔다가 정관 9년 을미(635)에 돌
아왔다. 총장 원년 무진(668)에 당나라 장수 이적이 대병을 거느리
고 신라와 합작하여 고구려를 멸하였다. 그 뒤에 남은 군사가 백제
에 머물면서 장차 신라를 습격하여 멸망시키려고 하는 것을 신라
사람이 알아차리고 군사를 내어 이에 대항하였다. 고종이 이 소문
을 듣고 분노하여 설방을 시켜 군사를 동원하여 치러 하였다. 문무
왕이 이 말을 듣고 걱정하여 법사에게 청하여 비법으로 액막이를
하여 물리쳤다.(기사는 『문무왕전』 가운데 있다.) 이로 인하여 그는
신인종의 시조가 되었다.

及我〈太祖〉創業之時, 亦有海賊來擾, 乃請〈安惠〉·〈朗融〉之裔〈廣
學〉·〈大緣〉等二大德, 作法禳鎭, 皆〈朗〉之傳系也. 故并師而上至〈龍
樹〉爲九祖(『本寺記』三師爲律祖, 未詳), 又〈太祖〉爲創〈現聖寺〉, 爲

---

8. 의미상 攘이 옳을 듯싶고 禳의 異體字이기도 하나, 원문 그대로 둬도 해석상 문제가 없으므
   로 그대로 두고자 한다.

一宗根柢焉.

우리 태조가 나라를 세울 때에 역시 해적이 와서 소동하므로 즉시 안혜·낭융의 후손 광학과 대연 등 두 스님에게 청하여 비법을 써서 기도로 진압하였으니 모두가 명랑의 전법을 받은 계통이다. 이 때문에 명랑법사와 아울러 위로 용수에 이르기까지 9조를 삼았으며(『본사기』에서 세 법사로 율조를 삼았다고 한 것은 자세히 알 수 없다.), 또 태조는 현성사를 세워 이 한 종의 토대를 제공했다.

又〈新羅〉京城東南二十餘里, 有〈遠源寺〉, 諺傳〈安惠〉等四大德, 與〈金庾信〉·〈金義元〉·〈金述宗〉等, 同願385/所創也, 四大德之遺骨, 皆藏寺之東峰, 因号〈四靈山〉〈祖師嵓〉云, 則四大德皆〈羅〉時高德.

또 신라의 서울 동남쪽 20여 리 되는 데 원원사가 있어 속설에는 안혜 등 네 대덕이 김유신·김의원·김술종 등과 함께 발원을 같이 하여 세운 것이라 하며 네 대덕의 유골을 모두 절의 동쪽 봉우리에 모시고, 따라서 이 봉우리를 4영산 조사암이라고 불렀는바 즉 네 대덕은 모두 신라시대의 고명한 스님들이다.

按〈㻪白寺〉柱貼注脚載 "〈慶州〉戶長〈巨川〉母〈阿之女〉, 〈女〉母〈明珠女〉, 〈女〉母〈積利女〉之子〈廣學〉大德·〈大緣〉三重(古名〈善會〉)昆季二人, 皆投〈神印宗〉. 以〈長興〉二年辛卯, 隨〈太祖〉上京, 隨駕焚修, 賞其勞, 給二人父母忌日寶于〈㻪白〉寺, 田畓若干結云云."

살펴보건대 돌백사 주첩 주각에 기재하기를 "경주 호장 거천의 어머니는 아지녀요, 아지녀의 어머니는 명주녀요, 명주녀의 어머니는 적리녀로 그 아들 광학대덕과 대연삼중(옛 이름은 선회이다.) 형제 두 사람이 다 신인종으로 투신하였으니 장흥 2년 신묘(931)에 태조를 따라 서울로 왔는데 임금의 수레를 따라오면서 분수를 하였으므로 그의 수고에 대한 상급으로 두 사람의 부모의 기일보로서 돌백사에 전답 얼마를 주었다." 고 운운하였다.

則〈廣學〉·〈大緣〉二人, 隨〈聖祖〉入京者, 〈安師〉等, 乃與〈金庾信〉等創〈遠源寺〉者也, 〈廣學〉等二人骨, 亦來安于玆爾, 非四德皆創〈遠源〉·皆隨〈聖祖〉也. 詳之.

즉 광학·대연 두 사람은 성조를 따라 서울로 온 이들이요, 안혜사 등은 바로 김유신 등과 함께 원원사를 세운 이들이니 광학 등 두 사람의 유골도 역시 여기에 가져다 안치하였을 뿐이요, 네 대덕이 다 원원사를 창건했거나 모두 성조를 따라온 것이 아니다. 이것을 자세히 알아야 할 것이다.

VIII. 感通第七

感通第七 _{386/}

1. 仙桃聖母隨喜佛事

〈眞平王〉朝, 有比丘尼名〈智惠〉, 多賢行, 住〈安興寺〉. 擬新修佛殿
而力未也, 夢一女仙風儀婥約, 珠翠飾鬟, 來慰曰 "我是〈仙桃山〉神母
也. 喜汝欲修佛殿, 願施金十斤以助之, 宜取金於予座下, 粧點主尊三
像, 壁上繪五十三佛・六類聖衆及諸天神・五岳神君(〈羅〉時五岳, 謂
東〈吐含山〉, 南〈智異山〉, 西〈雞龍〉, 北〈太伯〉, 中〈父岳〉亦云〈公山〉
也), 每春秋二季之十日, 叢會善男善女, 廣爲一切含靈, 設〈占察法
會〉以爲恒規.(本朝〈屈弗池〉龍, 託夢於帝, 請於〈靈鷲山〉長開〈藥師道
場〉, 平海途, 其事亦同.)"

선도성모가 불사를 좋아하다

진평왕 시대에 여승이 있어 이름을 지혜라고 하니 어진 행실이
많았고 안흥사에 살았다. 새로 불전을 수축코자 하였으니 힘이 없
었는데 꿈에 한 여선(女仙)이 아름다운 자태로 머리를 보옥으로 꾸
미고 와서 위로하여 말하기를 '나는 선도산의 신모이다. 네가 불전

을 수리코자 하는 것이 반가워서 금 열 근을 시주하여 돕고자 하니 내가 앉은 좌대 밑에서 금을 캐다가 주존삼존을 단장하고 벽에다가 53불과 6류 성중과 제천신과 5악의 신군을,(신라시대의 5악은 동은 토함산이요, 남은 지리산이요, 서는 계룡산이요, 북은 태백산이요, 중앙은 부악 또는 공산이라고도 한다.) 그리고 매년 봄가을 10일 동안 선남선녀들을 모으고 일체중생을 위하여 점찰법회를 여는 것을 항규로 삼으라.(본조에 들어와 굴불지의 용이 현몽으로 임금에게 영취산에 약사도장을 길이 열도록 청하여 바닷길을 평온하게 한 것과 그 사건이 또한 같다.)"라고 하였다.

〈惠〉乃驚覺, 率徒往神祠座下, 堀得黃金一百六十兩, 克就乃功, 皆依神母所諭, 其事唯存, 而法事廢矣.

지혜가 이에 놀라서 꿈을 깨어 무리를 데리고 신사로 가서 좌대 밑에서 황금 160냥을 파 내 잘 성취하여 이에 공을 세웠으니, 모두가 신모의 지시대로 한 것으로 그 사적만은 지금까지 남았으나 불사는 폐하여졌다.

神387/母本中國帝室之女, 名〈娑蘇〉. 早得神仙之術, 歸止海東, 久而不還, 父皇寄書繫足云 "隨鳶所止爲家." 〈蘇〉得書放鳶, 飛到此山而止, 遂來宅爲地仙, 故名〈西鳶山〉. 神母久據玆山, 鎭祐邦國, 靈異甚多. 有國已來[1], 常爲三祀之一, 秩在群望之山.[2]

신모는 본래 중국황실의 딸로 이름은 사소이다. 일찍이 신선의 술법을 체득하여 해동에 와서 머물면서 오랫동안 돌아가지 않았더니 부황이 솔개 다리에 편지를 매어 부쳐 이르기를 "솔개가 머무는 곳을 따라가 집을 지으라."라고 하였다. 사소가 편지를 받고 솔개를 놓았더니 날아서 이 산에 이르러 머물므로 마침내 따라와서 이곳에 살며 지선이 되어 이 때문에 서연산이라 하였다. 신모가 오랫동안 이 산에 거하며 나라를 보위하니 신령한 이적이 매우 많았다. 나라가 창건된 이래로 언제나 삼사의 하나로서 그 차례도 여러 산천제사의 자리에 있었다.

第五十四〈景明王〉好使鷹, 嘗登此放鷹而失之, 禱於神母曰 "若得鷹, 當封爵." 俄而鷹飛來止机上, 因封爵大王焉. 其始到〈辰韓〉也, 生聖子爲東國始君, 盖〈赫居〉·〈閼英〉二聖之所自也. 故稱〈雞龍〉·〈雞林〉·〈白馬〉等, 雞屬西故也. 嘗使諸天仙織羅, 緋染作朝衣, 贈其夫, 國人因此始知神驗.

제54대 경명왕이 매사냥을 즐겨 일찍이 이 산에 올라 매를 놓았다가 잃어 버리고 신모에게 기도하기를 "만약에 매를 찾으면 꼭 봉작을 하리라."라고 했더니 조금 있다가 매가 날아와서 책상 위에 앉으므로 대왕으로 봉작을 하였다. 그가 처음으로 진한에 이르러 성자를 낳아 동국의 첫 임금을 삼았으니 대개 혁거세와 알영 두 성인의 출자가 된다. 계룡이니 계림이니 백마 등으로 일컫는바 닭은 서쪽 방위에 속하기 때문이다. 일찍이 여러 천선을 부려 비단을 짜게

---

1. 학산본은 来으로 來의 異體字이다.
2. 활자본들은 上으로 교정해서 참고는 되나, 그대로 둬도 문제는 없을 듯싶다.

하고 붉은 물감을 들여 관복을 만들어 그 남편에게 주니, 국인들이 이로 말미암아 처음으로 신이한 영험을 알게 되었다.

又『國史』, 史臣曰 "〈軾〉〈政和〉中, 嘗奉使入〈宋〉,388)詣〈佑神館〉, 有一堂, 設女仙像. 館伴學士〈王黼〉曰 '此是貴國之神, 公知之乎?' 遂言曰 '古有中國帝室之女, 泛海抵〈辰韓〉, 生子爲海東始祖, 女爲地仙, 長在〈仙桃山〉, 此其像也.' 又〈大宋國〉使〈王襄〉到我朝, 祭東神聖母, 文3)有娠賢肇邦之句." 今能施金奉佛, 爲含生開香火, 作津梁, 豈徒學長生而囿於溟濛者哉!

또 『국사』에 사신이 말하기를 "김부식이 정화연간에 사신으로 송나라에 들어가 우신관에 이르렀는데 한 채의 당집이 있어 여선의 상을 모시고 있었다. 관반학사 왕보가 말하기를 '이분은 귀국의 신인데 공이 아시는지요?'라고 하면서 말을 이어 '옛적에 중국황실의 딸이 바다를 건너 진한에 이르러 아들을 낳아 해동의 시조가 되었으며, 그녀는 지선이 되어 오랫동안 선도산에 있으니 이것이 그의 형상입니다.'라고 하였다. 또 대송국 사신 왕양이 우리나라에 와서 동신성모에게 제사를 지내면서 제문 가운데 어진 인물을 낳아 나라를 처음으로 세운다는 구절이 있었다."라고 하였다. 이에 금을 시주하여 부처님을 받듦으로써 중생을 위하여 향화를 열고 진량을 만들었으니 어찌 공연히 장생의 술법만 배워 컴컴한 속에 갇혀 있을 것이랴!

---

3. 木板本은 女으로 文의 異體字 또는 誤字이다.

讚曰 "來宅西鳶幾十霜, 招呼帝子織霓裳. 長生未必無生異, 故謁
金仙作玉皇."

찬에 이른다. "서연산에 자리잡은 지 몇 십년이나 되었던고, 제
석의 아이들을 불러 신선의 옷을 만들었구나. 장생도 반드시 영이
를 낳지 않는다고 할 수 없을진대 일부러 부처를 알현하여 옥황이
되었다네."

2. 郁面婢念佛西昇

〈景德王〉代〈康州〉(今〈晉州〉, 一作〈剛州〉, 則今〈順安〉)善士數十
人, 志求西方, 於州境創〈彌陁寺〉, 約万日爲契. 時有阿干〈貴弥〉家一
婢名389/〈郁面〉, 隨其主歸寺, 立中庭, 隨僧念佛, 主憎其不職, 每給
穀二碩, 一夕舂之. 婢一更舂畢, 歸寺念佛.(俚言己事之忙, 大家之
促, 盖出乎此.) 日夕微怠, 庭之左右, 竪立長橛, 以繩穿貫兩掌, 繫於
橛上合掌, 左右遊之激勵焉. 時有天唱於空〈郁面〉娘入堂念佛.

여종 욱면이 염불하여 극락으로 가다

경덕왕대에 강주(지금의 진주이니 강주라고도 쓰며 곧 지금의
순안이다.)의 신도 수십 인이 극락으로 가고자 주 경계에 미타사를
세우고 만 일 동안 결계를 했다. 이때에 아간 귀진의 집에 여종이
하나 있어 이름이 욱면이었다. 그의 주인을 따라 절에 가서 마당 복
판에 서서 스님을 따라 염불을 하였더니 주인이 그가 제 직분을 모
르는 것을 미워하여 매일 곡식 두 섬씩을 주고 하루 저녁에 다 찧
으라고 하였다. 여종은 초저녁에 이것을 다 찧어 버리고 절로 와서
염불을 하였다.(속담에 내 일 바빠서 대갓집 댁 방아를 재촉한다는

말이 이에 나왔다.) 밤낮 게을리하지 않으며, 마당 좌우에 긴 말뚝을 세우고 노끈으로 두 손바닥을 꿰어 말뚝 위에 매어 합장을 하고 양쪽에서 이를 흔들어 격려하였다. 이때에 하늘에서 욱면낭자는 당에 들어와 염불하라는 소리가 들렸다.

寺衆聞之, 勸婢入堂, 隨例精進. 未幾, 天樂從西來, 婢湧透屋樑而出, 西行至郊外, 捐骸變現眞身. 坐蓮臺, 放大光明 緩緩而逝, 樂聲不撤[4]空中. 其堂至今有透穴處云.(已上『鄕傳』.)

절의 대중들이 이 말을 듣고 여종을 당으로 들어오게 권하여 다른 사람들을 따라 정진케 하였다. 얼마 안 되어 하늘의 음악이 서쪽으로부터 들려 오면서 계집종이 집 대들보를 뚫고 솟아 나와 서쪽 교외로 나가 해골을 버리고 진신으로 변해 나타났다. 연화대에 앉아 대광명을 내며 천천히 떠나 가니 음악 소리가 공중에서 그치지 않았다. 그 당에는 지금도 뚫어진 구멍 자리가 있다고 한다.(이상은 『향전』이다.)

按 『僧傳』 "棟梁八珎者觀音應現也. 結徒有一千, 分朋[5]爲二, 一勞力, 一精修, 彼勞力中知事者不獲戒, 墮畜生道, 爲〈浮石寺〉牛[6]. 嘗駄經而行, 賴經力, 轉爲阿390/干〈貴珎〉家婢, 名〈郁面〉. 因事至〈下柯山〉, 感夢遂發道心. 阿干家距〈惠宿法師〉所創〈彌陁寺〉不遠, 阿干每

---

4. 木板本은 徹로 撤의 異體字이다.
5. 木板本은 朋으로 朋의 異體字 또는 誤字로 보인다.
6. 학산본은 中으로 牛의 誤字이다.

至其寺念佛, 婢隨往, 在庭念佛云云."

　살펴보건대 『승전』에 "동량팔진이라 한 것은 관음이 응하여 현신한 것이다. 결사를 하니 무리가 1천 명이나 되어 두 패로 나누어 한 패는 힘써 노동을 했고, 한 패는 정진 수행하니 저 노력하던 무리 가운데 일을 맡은 자가 계를 지키지 못한 탓으로 짐승도에 떨어져 부석사의 소가 되었다. 일찍이 불경을 싣고 다닌 바 있어 불경의 힘을 입어 다시 사람으로 환생하여 아간 귀진의 집 계집종으로 되었는바 이름을 욱면이라 하였다. 볼일이 있어 하가산까지 갔더니 꿈에 감응을 받고 드디어 신심을 내게 되었다. 아간의 집은 혜숙법사가 세운 미타사로부터 멀지 않으므로 아간이 매양 그 절에 와서 염불을 하는데 여종이 따라가서 마당에서 염불을 하였다."라고 운운하였다.

　如是九年, 歲在乙未正月二十一日, 禮佛撥屋梁而去, 至小伯山, 墮一隻履, 就其地爲〈菩提寺〉. 至山下弃其身, 卽其地爲〈二菩提寺〉, 榜其殿曰〈勗面〉登天之殿. 屋脊穴成十許圍, 雖暴雨密雪不霑濕. 後有好事者範金塔一座, 直其穴, 安承塵上, 以誌其異, 今榜塔尙存.

　이러기 9년 만에 을미 정월 21일 예불을 하다가 지붕을 뚫고 사라졌는데 소백산에 이르러 신 한 짝이 떨어졌으므로 그 자리에 보리사를 지었고 산 밑에 이르러서는 그의 몸이 버려졌으므로 그 자리에 이보리사를 짓고 그 전각에 욱면등천지전이라고 방을 써붙였다. 지붕 마루에 뚫어진 구멍이 열 아름쯤이나 되는데 비록 폭우와 함박눈이 와도 젖지를 않았다. 뒤에 호사가들이 금탑 한 개를 본떠 만들어 바로 구멍난 소란반자 위에 안치하고 그 이적을 기록하였으니 지금까지 그 방과 탑이 아직 남아 있다.

〈勗面〉去後, 〈貴珍〉亦以其家異人托生之地, 捨爲寺曰〈法王〉, 納田民, 久後廢爲丘墟. 有大師〈懷鏡〉, 與承宣〈劉碩〉・小卿〈李元長〉, 同願重營之. 〈鏡〉躬事土木, 始輸391/材, 夢老父遺麻葛屨各一. 又就古神社,[7] 諭以佛理, 斫出祠側材木, 凡[8]五載告畢. 又加臧獲, 蔚爲東南名藍, 人以〈鏡〉爲〈貴珍〉後身.

욱면이 떠난 후 귀진이 역시 자기 집을 기이한 사람이 생을 의탁한 곳이라 하여 희사하여 절을 만들고 법왕이라 불러 전토와 작인을 바쳤으나, 오랜 뒤에 폐사가 되고 빈터만 남았다. 그 후 회경대사가 승선 유석과 소경 이원장과 함께 같은 발원으로 중창을 하였다. 회경이 몸소 토목 일을 하면서 처음 재목을 나르는데 꿈에 어떤 늙은이가 삼신과 칡신 한 켤레씩 주었다. 또 옛 신사에 가서 불교이치로 깨우쳐 사당 옆의 재목들을 찍어 내어 대개 다섯 해 만에 일을 마치었다. 또 노비들을 더 두어 동남의 명찰이 되니 사람들이 회경사를 귀진의 후신이라고 하였다.

議曰 "按『鄕中古傳』, 〈郁面〉乃〈景德王〉代事也, 據〈徵〉(〈徵〉字疑作珍. 下亦同)本傳, 則〈元和〉三年戊子, 〈哀莊王〉時也. 〈景德〉後歷〈惠恭〉・〈宣德〉・〈元聖〉・〈昭聖〉・〈哀莊〉等五代, 共六十餘年也.

---

7. 壬申本은 杜로 社의 異體字이다.
8. 木板本은 九로 凡의 異體字 또는 誤字로 보인다.

〈徵〉先〈面〉後, 與『鄕傳』乖違, 然兩存之闕疑."

평한다. "『향중고전』을 살펴보면 욱면은 바로 경덕왕대 일이요, 징(징자는 진자가 아닐까 한다. 이하 동문이다.)의 본전에 의하면 원화3년 무자(809) 애장왕 때라 한다. 경덕왕 이후 혜공·선덕·원성·소성·애장 등 오 대 모두 60여 년을 지났다. 귀진은 먼저요, 욱면은 뒤가 되어 『향전』과는 틀리나 두 가지 다 함께 기록하고 의심나는 것은 그만둔다."

讚曰 "西隣古寺佛燈明, 舂罷歸來夜二更. 自許一聲成一佛, 掌穿繩子直忘形."

찬에 이른다. "서쪽에 이웃하는 고사에는 부처님의 등불이 밝은데, 방아 찧고 절로 가면 밤은 벌써 2경이라네. 스스로 한 소리로 한결같이 성불을 염하려, 손바닥을 노끈으로 뚫으며 제 몸을 잊었네."

3. 廣德 嚴莊

〈文武王〉代, 有沙門名〈廣德〉·〈嚴莊〉二人友善. 日夕約曰 "先
392/歸安養者, 須告之."〈德〉隱居〈芬皇〉西里 (或云, 〈皇龍寺〉有〈西去房〉, 未知孰是), 蒲鞋爲業, 挾妻子而居, 〈莊〉庵栖〈南岳〉, 火[9]種刀[10]耕.

---

9. 木板本은 大로 火의 異體字로 보인다.
10. 木板本은 刀로 力의 異體字 또는 誤字로 보인다. 그러나 刀의 경우에도 뜻은 통하므로 어느 것이 옳은지 알 수가 없어, 일단 원문 그대로 두고자 한다.

광덕과 엄장

문무왕대에 광덕과 엄장이라고 하는 사문 둘이 사이가 좋았다.
언제나 약속하기를 "누구든 먼저 극락으로 가는 자는 반드시 알립
시다."라고 하였다. 광덕은 분황사 서쪽 마을(혹은 황룡사에 서거방
이 있다고 하니 어느 편이 옳은지 모르겠다.)에 은거하면서 신을 삼
아 생계를 유지하며 처자를 데리고 살았으며 엄장은 남악에 암자를
짓고 화전을 하며 살았다.

一日, 日影拖紅, 松陰靜暮, 窓外有聲, 報云 "某已西往矣, 惟君好
住, 速從我來." 〈莊〉排闥而出顧之, 雲外有天樂聲, 光明屬地. 明日歸
訪其居, 〈德〉果亡矣.

어느날 석양에 붉은 노을이 끼고 소나무 그늘이 고요히 저무는데
창 밖에 소리가 나서 알리기를 "나는 극락으로 가네. 그대도 잘 살
다 빨리 나를 따라 오게."라고 하였다. 엄장이 문을 밀치고 나가서
쳐다보니 구름 위에서 하늘의 음악 소리가 들리고 광명이 땅에 닿
아 있었다. 이튿날 그의 처소로 찾아갔더니 광덕이 죽어 있었다.

於是, 乃與其婦收骸, 同營蒿里. 旣事, 乃謂婦曰 "夫子逝矣, 偕處
何如?" 婦曰 "可." 遂留. 夜宿將欲通焉, 婦靳之曰 "師求淨土, 可謂
求魚緣木." 〈莊〉驚恒問曰 "〈德〉旣乃爾, 予又何妨."

이에 바로 그의 부인과 함께 시체를 수습하여 같이 장사를 치렀
다. 일을 마치고 나서 그의 부인에게 말하기를 "남편이 죽었으니
나하고 사는게 어떻겠는가?"라고 하였더니 그 부인이 "좋습니다."

라고 하니, 드디어 머물게 되었다. 밤에 자면서 사통을 하려고 드니 그 부인이 부끄러워하면서 "대사가 정토를 구하는 것은 나무에 올라가 고기를 구하는 것과 같다고 할 수 있습니다."라고 하니 엄장이 놀라면서 혼란되어 묻기를 "광덕이 이미 너와 지냈는데 나 또한 무엇을 주저하겠는가."라고 하였다.

婦曰 "夫子與我, 同居十餘載, 未嘗一夕同床而枕, 況觸汚乎. 但每夜端身正坐, 一聲念阿彌陁佛号, 或作十六觀, 觀旣熟, 明月入戶, 時昇其光, 393/加趺於上. 竭誠若此, 雖欲勿西奚往? 夫適千里者, 一步可規. 今師之觀可云東矣, 西則未可知也."〈莊〉愧赧而退, 便詣〈元曉法師〉處, 懇求津要, 〈曉〉作『錐觀法』誘之, 〈藏〉於是潔己悔責, 一意修觀, 亦得西昇. 『錐觀』在『曉師本傳』與『海東僧傳』中. 其婦乃〈芬皇寺〉之婢, 盖十九應身之一德.

부인이 말하기를 "남편이 나와 함께 십여 년을 동거했지만 아직 하룻밤도 한자리에서 잔 적이 없는데 하물며 몸을 더럽혔겠습니까. 다만 매일 밤 몸을 단정히하고 정좌하여 한 소리로 아미타불만 염하면서 더러는 16관을 지으니 관이 이미 익으면 밝은 달빛이 창문 안으로 들어 때로는 그 빛을 타고 올라 그 위에 가부좌를 했습니다. 이처럼 정성을 다할진대 비록 하고자 하면 서방정토인들 못 가겠습니까? 대저 천 리 길을 가는 자도 한 걸음에서 알아볼 수 있는 것입니다. 지금 스님의 관으로는 동방으로 갈 수 있을지는 몰라도 서방정토로 갈 수 있을지는 모르겠습니다."라고 하니 엄장이 부끄럽고 무안해하며 물러나와 바로 원효법사의 처소로 가서 극락왕생하는 요체를 간절히 청하였다. 원효가 『삽관법』을 만들어 가르치니, 엄장이 이에 자신을 청결하게 하며, 한마음으로 관을 닦아 역시 극락으로 갈 수 있었다. 『삽관법』은 『원효본전』과 『해동승전』 가운데 실려 있다. 그 부인은 바로 분황사의 여종이니 19 응신의 한 분이다.

嘗有歌云 月下伊, 底亦 西方念丁去賜里遣? 無量壽佛前乃, 惱叱古音(鄉言云報言也)多可支白遣賜立, 誓音深史隱尊衣希仰支, 兩手集刀花乎白良願往生願往生, 慕人有如白遣賜立阿邪, 此身遺也置遣, 四十八大願成遣賜去.394/

일찍이 노래에 있었다. 달아 이제[11] 서방까지 가서서[12] 무량수불전에 일러다가 사뢰소서[13] 다짐 깊으신 尊에 우러러[14] 두 손 모두와[15] 원왕생 원왕생 그리는 사람 있다고 사뢰소서[16] 아아 이 몸 남겨 두고[17] 원왕생 그리는 四十八大願 성취하실까.[18]

---

11. 달이 어째서/달님이여 이 언제쯤.
12. 서쪽을 지나갈 것인가/서방까지 가시겠습니까/극락왕생을 念하러 가시겠나이까.
13. 말씀을 가져다 전해 다오/보고의 말씀 빠짐없이 사뢰소서/발원의 말씀을 한없이 사뢰고자 하나이다.
14. 다짐이 깊으신 부처님 우러러/서원 깊으신 부처님을 우러러 바라보며/盟誓 깊으신 존께 우러러.
15. 두 손 모와 꽂으며 사뢰기를/두 손 곧추 모아/두 손 모아 곧추세워 사뢰도다.
16. 염원하는 사람 있다 전해 다오/그리는 이 있다 사뢰소서/그리는 사람이 있다고 사뢰고자 하나이다.
17. 아야 이 몸을 끼쳐 두고/아 이 몸을 버려 두고.

4. 憬興遇聖

〈神文王〉代, 大德〈憬興〉, 姓〈沓[19]〉氏, 〈熊川州〉人也. 年十八出家, 遊刃三藏, 望重一時. 〈開耀〉元年, 〈文武王〉將昇遐, 顧命於〈神文〉曰 "〈憬興法師〉可爲國師, 不忘朕命." 〈神文〉卽位, 册[20]爲國老, 住〈三郎寺〉, 忽寢疾彌月, 有一尼來謁候之, 以『華嚴經』中善友原病之說爲言曰 "今師之疾, 憂勞所致, 喜笑可治." 乃作十一樣面貌, 各作俳諧之舞. 巉巖戌[21]削, 變態不可勝言, 皆可脫頤, 師之病不覺洒然.

경흥이 대성을 만나다

신문왕대에 대덕 경흥의 성은 답씨로 웅천주 사람이다. 나이 열여덟에 출가하여 삼장에 통달하니 명망이 한 시대를 풍미했다. 개요 원년(681)에 문무왕이 승하하려 하면서 신문에게 유언하기를 "경흥법사는 국사로 삼을 만하니 짐의 명을 잊지 마라!"라고 하였다. 신문이 즉위하여 국로로 삼자, 삼랑사에 주석하였는데 갑자기 병이 들어 한 달이 되자 어떤 비구니가 와서 병 문안을 하니 『화엄경』 가운데 선우가 병을 고친다는 얘기를 말하면서 "지금 스님의 병은 걱정으로 인하여 생겼으니 기쁘게 웃으면 나을 것입니다."라고 하고 곧 열한 가지 얼굴의 탈을 만들어 각각 광대들의 놀이춤을 지었다. 뾰족하기도 하고 깎은 듯도 하며, 그 변하는 모양이 이루 다 말할 수 없이 모두 턱이 빠질 정도여서 국사의 병도 깨닫지 못

18. 사십팔대원을 이루고자 하나이다.
19. 壬申本은 水으로 沓의 壞字로 보인다.
20. 木板本은 曲으로 册의 誤字 또는 異體字로 보인다.
21. 木板本은 戌로 戌의 異體字이다.

하는 사이에 씻은 듯 나았다.

尼遂出門, 乃入〈南巷寺〉(寺在〈三郞寺〉南)而隱, 所將杖子, 在幀
十一面圓通像前. 一日將入王宮, 從者先備於東門之外, 鞍騎甚都, 靴
395/笠斯陳, 行路爲之辟易, 一居士(一云沙門), 形儀踈率, 手杖背筐,
來憩于下馬臺上, 視筐中乾魚也. 從者呵之曰 "爾着緇, 奚負觸物耶?"
僧曰 "與其挾生肉於兩股間, 背負[22]三市之枯魚, 有何所嫌?" 言訖起
去.

비구니가 마침내 문을 나서자 바로 남항사(절은 삼랑사 남쪽에
있다.)에 들어가 사라지고 가지고 있던 지팡이는 11면관음보살상탱
화 앞에 있었다. 하루는 경흥이 왕궁으로 들어가려고 하니 종자가
먼저 동문 밖에서 준비를 하는데 말과 안장이 매우 호화롭고, 신발
이며 갓이 쭉 벌려 있으니, 지나던 사람들이 모두 길을 피해 비켜
서는데 어떤 거사가(스님이라고도 한다.) 형의는 볼품이 없고 손에
는 지팡이를, 등에는 광주리를 지고 와서 하마대 위에 걸터 앉아 쉬
고 있는데 광주리 속에는 마른 고기가 보였다. 종자가 꾸짖기를
"네가 스님의 복색을 하고 어째서 더러운 물건을 지고 있느냐?"라
고 하니 스님이 말하기를 "두 다리 사이에 생고기를 끼고 있는 것
과 등에다 세 저자의 마른 고기를 지는 것 가운데 어느 것이 더 흉
이 되겠는가?"라고 하고는 말을 마치자 일어나 가 버렸다.

---

22. 木板本은 眞으로 眞이 그 異体字이므로 負의 異體字 또는 誤字로 보인다.

〈興〉方出門, 聞其言, 使人追之, 至〈南山〉〈文[23]殊寺〉之門外, 拋筐
而隱, 杖在文殊像前, 枯魚乃松皮也. 使來告, 〈興〉聞之嘆曰 "大聖來
戒我騎畜爾." 終身不復騎. 〈興〉之德馨遺味, 備載釋〈玄本〉所撰『三郎
寺碑』, 嘗見『普賢章經』, 彌勒菩薩言 "我當來世, 生閻浮提, 先度釋
迦末法弟子, 唯除騎馬比丘不得見佛." 可不警哉!

경흥이 막 문을 나서면서 그 말을 듣고 사람을 시켜 좇으니 남산
문수사 문 밖에 이르러 광주리를 던져 버리고 사라졌는데 지팡이는
문수보살상 앞에 있고 마른 고기는 바로 소나무 껍질이었다. 심부
름꾼이 와서 고하니 경흥이 듣고 탄식하기를 "대성께서 오셔서 내
가 짐승 타는 것을 경계하심이다."라고 하고 죽을 때까지 다시는 말
을 타지 않았다. 경흥의 덕의 향기와 후세에 끼친 의미는 스님 현본
이 지은 『삼랑사비』에 자세히 실렸다. 일찍이 『보현장경』을 보니
미륵보살이 말씀하기를 "내가 내세에는 염부제에 나서 먼저 석가의
말법시대 제자를 득도시켜 줄 것이되 말 탄 비구만은 제외시켜 부
처님을 볼 수 없을 것이다."라고 하였으니 경계하지 않을 것인가!

讚曰 "昔賢垂範意彌多, 胡乃兒孫莫切瑳.[24] 背底枯魚猶可394/事,
那堪他日負龍華."

찬에 이른다. "옛 성현의 드리운 교훈의 뜻이 더욱 많은데, 제자
들은 어찌하여 절차탁마하지 않는가. 등에 진 마른 고기를 오히려

---

23. 壬申本은 丈으로 文의 異體字로 보인다.
24. 활자본 가운데는 磋으로 교정한 것도 있어 참고가 된다. 다만 뜻은 상통하므로 원문은 그대
로 둔다.

문제 삼을 만하다면, 그날에 용화세계를 등진 것은 어떻게 감당하려 하느냐?"

5. 眞身受供

〈長壽〉元年壬辰, 〈孝昭〉卽位, 始創〈望德寺〉, 將以奉福〈唐〉室. 後, 〈景德王〉十四年, 〈望德寺〉塔戰動, 是年有〈安史〉之亂, 〈羅〉人云 "爲 〈唐〉室立茲寺, 宜其應也." 八年丁酉, 設落成會, 王親駕辦供, 有一比 丘, 儀彩踈陋, 局束立於庭, 請曰 "貧道亦望齋." 王許赴床杪.

진신께서 공양을 받다

장수 원년 임진(692)에 효소왕이 즉위하여 망덕사를 창건하여 당나라 황실의 복을 빌었다. 그 후 경덕왕 14년(755)에 망덕사 탑이 흔들리더니 이 해에 안사의 난이 나자 신라 사람이 말하기를 "당나라 황실을 위하여 이 절을 세웠기 때문에 그 영검은 당연하다."라고 하였다. 8년 정유에 낙성회를 베풀고 왕이 친히 행차하여 공양을 하는데 한 비구가 차림새가 누추하였는데 마당에 움츠리고 서서 청하기를 "빈도도 재를 바라보게 해 주십시오."라고 하니 왕이 구석으로 오게 하였다.

將罷, 王戲調之曰 "住錫[25]何所?" 僧曰 "〈琵琶嵒〉." 王曰 "此去, 莫 向人言, 赴國王親供之齋." 僧笑答曰 "陛下亦莫與人言, 供養眞身釋 迦." 言訖, 湧身凌空, 向南而行. 王驚愧, 馳上東岡,[26] 向方遙禮, 使往

---

25. 木板本은 錫으로 錫의 異體字이다.

尋之, 到〈南山〉〈參397/星谷〉, 〔或云〈大磧川源〉〕[27]石上, 置錫鉢而隱.

파할 무렵에 왕이 농담조로 말하기를 "어느 절에 주석하는가?" 라고 하니 스님이 말하기를 "비파암입니다."라고 하였다. 왕이 말하기를 "여기서 돌아가면 누구에게도 국왕이 친히 공양하는 재에 참가했다고 말하지 마라."라고 하니 스님이 웃으면서 대답하기를 "폐하도 또한 사람들에게 석가의 진신에게 공양했다고 말하지 마시오."라고 하고 말을 마치자 몸을 솟구쳐 허공에 떠서 남쪽으로 향하여 갔다. 왕이 놀랍고도 무안하여 동쪽 언덕으로 말을 달려 올라가 그 쪽으로 향하여 예를 다하고 사람을 시켜 찾게 하니 남산 참성곡(혹은 대적천원이라고도 한다.) 돌 위에 지팡이와 바리때를 두고 사라졌다고 했다.

使來復命, 遂創〈釋迦寺〉於〈琵琶嵓〉下, 創〈佛無寺[28]〉於滅影處, 分置錫鉢焉. 二寺至今存, 錫鉢亡矣.

심부름 갔던 사람이 와서 복명하니 드디어 비파암 밑에 석가사를 세우고 그 자취가 사라진 곳에 불무사를 세워 석장과 바리때를 나누어 모셨는데 두 절은 지금까지 남아 있지만 지팡이와 바리때는 없어졌다.

『智論』第四云 "昔有〈罽賓三藏〉, 行〈阿蘭若法〉, 至〈一王寺〉, 寺設

---

26. 木板本은 罔으로 岡의 異體字이다.

27. 분주가 되어야 할 부분이 본문이 된 듯하다.

28. 木板本은 事로 寺의 誤字로 보인다.

大會, 守門人見其衣服襤褸, 遮門不前. 如是數數, 以衣弊故, 每不得前, 便作方便, 假借好衣而來, 門人見之, 聽前不禁. 旣獲詣坐, 得種種好食, 先以與衣, 衆人問言 '何以爾乎?' 答曰 '我比數來, 每不得入, 今以衣故得此座, 得種種食, 宜以與衣爾.'" 事可同按.

『대지도론』 제4에 이르기를 "옛날 계빈삼장이 청정 불법인 아란야법를 행하여 일왕사에 갔더니 절에서 큰 법회가 열렸는데 문지기가 그 의복이 남루한 것을 보고 문을 막고 들이지 않았다. 이와 같이 몇 번이나 의복이 헤어졌다고 하여 매번 들이지 않으니 곧 방편을 써서 좋은 옷을 잠시 빌려 입고 왔더니 문지기가 보고 들어가기를 허락했다. 들어가 좌석을 얻게 되어 갖가지 좋은 음식을 얻어서 먼저 의복에게 주었더니 여러 사람들이 '왜 그러신가?' 하고 그 까닭을 물었다. 답하기를 '내가 여러 번 왔으나 매번 들어올 수 없다가 이제 의복 때문에 이 자리에 앉게 되어 갖가지 음식을 얻었으니 이 의복에게 주는 것이 마땅할까 하오.'"라고 하였으니 일이 비슷한 듯하다.

讚曰 "燃香拜[29]佛看新繪, 辦供齋僧喚舊知, 從此〈琵琶嵓〉上月, 時時雲掩到潭遲. 398/"

찬에 이른다. "분향하고 배불하며 새 불화를 볼 적에, 재를 가려서 공양하였다. 스님이 친구를 부르니, 이로부터 비파암 위의 달은 때때로 구름에 덮여 못에 비치는 것이 더디어지는구나."

---

29. 제판본은 擇이나 拜의 행초에 대한 誤字로 보인다.

6. 月明師兜率歌

〈景德王〉十九年庚子四月朔, 二日並現, 挾旬不滅. 日官奏請緣僧, 作散花功德則可攘.[30] 於是, 潔壇於〈朝元殿〉, 駕幸〈青陽樓〉, 望緣僧. 時有〈月明師〉, 行于阡陌時[31]之南路. 王使召之, 命開壇作啓. 〈明〉奏云 "臣僧但屬於國仙之徒, 只解〈鄕歌〉, 不閑〈聲梵〉." 王曰 "旣卜緣僧, 雖用〈鄕歌〉可也."〈明〉乃作「兜率歌」賦之.

월명사의 도솔가

경덕왕 19년 경자(760) 4월 초하룻날 해가 둘이 나란히 나타나서 열흘이 되도록 사라지지 않았다. 일관이 연이 있는 스님을 청하여 산화공덕을 베풀면 물리칠 수 있다고 하였다. 이에 조원전에 단을 청결하게 하고 청양루로 행차하여 인연 있는 스님을 기다렸다. 이 때에 월명사가 밭둑길로 가는데 마침 절의 남쪽 길이었다. 왕이 불러오게 하여 단을 열고 기도를 하라고 시켰다. 월명이 아뢰기를 "소승이 국선의 무리에 속했을 따름이라 안다는 것은 향가뿐이요, 불교 노래는 서투릅니다."라고 하니 왕이 말하기를 "이미 인연 있는 스님을 점지해 주셨으니 비록 향가를 사용하더라도 좋다."라고 하였다. 월명이 곧 「도솔가」를 지어 읊었다.

其詞曰 "今日此矣散花唱良巴, 寶白乎隱花良汝隱, 直等隱心音矣

---

30. 木板本은 橫이고 이를 활자본들은 穰으로 교정하고 있어 참고가 되나, 오히려 攘의 異體字
일 가능성이 더 클 것 같다.

31. 활자본 가운데는 寺로 교정한 것도 있지만, 원문 그대로도 해석이 불가능한 게 아니므로 그
대로 둔다.

命叱使以惡只, 彌勒座主陪立羅良." 解曰 "〈龍樓〉此日散花歌, 挑送
青雲一片花, 殷重直心之所使, 遠邀〈兜率〉大僊家." 399/今俗謂此爲
「散花歌」, 誤矣, 宜云「兜率歌」. 別有「散花歌」, 文³²多不載.

　　가사에 "오늘 이에 산화(散花)를 불러³³ 뿌리온 꽃아, 너는³⁴ 곧은
마음의 명(命)을 부리옵기에³⁵ 미륵좌주(彌勒座主)를 모셔라.³⁶"라고
하였다. 해석하면 "대궐에서 오늘 산화가를 부르니, 청운에 한 떨
기 꽃을 따서 보낸다. 은중하고 올바른 마음으로 시키니, 너는 도솔
천에 계신 미륵부처님의 집으로 멀리 가 맞이하라."이다. 지금 세상
에서 이것을 두고 「산화가」라 함은 잘못이요, 「도솔가」라 해야 옳
을 것이다. 따로 「산화가」가 있으나 글이 길어서 싣지 않는다.

　　旣而日忙卽滅, 王嘉之, 賜品茶一襲, 水精念珠百八箇. 忽有一童
子, 儀形鮮潔, 跪奉茶珠, 從殿西小門而出. 〈明〉謂是內宮之使, 王謂
師之從者, 及互³⁷徵而俱非. 王甚異之, 使人追之, 童入內院塔中而隱,
茶珠在南壁畫慈氏像前.

　　얼마 후 해가 갑자기 사라지니 왕이 가상히 여겨 좋은 차 한 봉
과 수정염주 108개를 주었다. 홀연히 한 동자가 나타났는데 차림이

---

32. 壬申本은 丈으로 文의 異體字이다.
33. 오늘 이리 산화가 부를 제/오늘 이곳에 모든 화랑을 부르는바라.
34. 뽑히어 나온 꽃아 너희는/솟아나게 한 꽃아 너는/(나라의) 은총을 입고 있는 花郎 너희들
　　은.
35. 참다운 마음의 시키는 그대로/곧은 마음의 命에 부리워져/한결같이 굳은 마음으로 목숨을
　　바쳐.
36. 부처님 모셔라/彌勒座主 모셔 羅立하라/여기에 彌勒座主를 뫼셔 받들 것이로다.
37. 木板本은 玄으로 互의 異體字이다.

깨끗하며 무릎을 꿇고 차와 염주를 받아 가지고 전각 서쪽 작은 문으로부터 나갔다. 월명은 이 아이가 내궁의 심부름꾼이려니 생각하였고 왕은 스님의 종자려니 생각하였더니 서로 알아보니 둘 다 틀렸다. 왕은 매우 기이하게 여겨 사람을 시켜 좇게 하였더니 동자는 내원 탑 속으로 들어가 사라지고 차와 염주는 남벽에 그린 미륵보살상 벽화 앞에 놓여 있었다.

知〈明〉之至德與至誠, 能昭假于至聖也如此. 朝野莫不聞知, 王益敬之, 更睞贐絹一百疋, 以表鴻誠. 〈明〉又嘗爲亡妹營齋,[38] 作鄉歌祭之, 忽有驚颷吹紙錢, 飛擧向西而沒.

월명의 지극한 덕과 정성이 이와 같이 대성을 감동시킬 수 있음을 알았다. 조정과 민간에서 이를 모르는 이가 없었으며, 왕이 더욱 존경하여 다시 비단 100필을 시주하여 큰 정성을 표창하였다. 월명은 또 일찍이 죽은 누이동생을 위하여 제를 올리고 향가를 지어 제사를 지냈더니 갑자기 광풍이 종이 돈을 불어서, 서쪽 방향으로 날려 사라졌다.

歌曰 "生死路隱, 此矣有阿米次肹伊遣, 吾隱去內如辭叱都, 毛如云遣去內尼叱古,400/ 於內秋察早隱風未, 此矣彼矣浮良落尸葉如一等隱枝良出古, 去奴隱處毛冬乎丁, 阿也, 彌陀刹良逢乎, 吾道修良待是古如."

38. 木板本은 齊로 齋의 異體字이다.

노래에 이르기를 "생시로(生死路)는[39] 예 있으매 젛이어서[40] 나는 간다는 말도 못 다 이르고 가느닛고, 어느 가을 이른 바람에 이에 저에[41] 떨어지는 (나뭇)잎처럼 한 가지에 나고[42] 가는 곳(조차) 모르온저.[43] 아으[44] 미타찰(彌陀刹)에 만나 볼[45] 나는 도(道) 닦아 기다리리런다.[46]"라고 하였다.

〈明〉常居〈四天王寺〉, 善吹笛. 嘗月夜吹過門前大路, 月馭爲之停輪. 因名其路曰〈月明里〉, 師亦以是著名. 師卽[47]能俊大師〉之門人也. 〈羅〉人尙〈鄕歌〉者尙矣. 盖詩頌之類歟? 故往往能感動天地鬼神者非一.

월명은 항상 사천왕사에 살면서 피리를 잘 불었다. 한번은 달밤에 피리를 불면서 성문앞 대로를 지나더니 달이 이 때문에 멈추었다. 이로 인하여 그 길을 월명리라 하였으며 스님도 이 때문에 유명해졌다. 스님은 곧 능준대사의 문인이다. 신라 사람들은 향가를 숭상한 지가 오래 되었다. 대개 시송과 비슷한 것이리라. 때문에 간혹 천지귀신을 감동시킨 적이 비일비재했다.

---

39. 생사 길이란/生死 길은.
40. 여기 있으려나 있을 수 없어/예 있으매 머뭇거리고/여기에 있으며, 부처님께 의지하고.
41. 이리 저리/여기 저기에.
42. 한 가지에서 떠나선/같은 줄기에서 갈라 태어나서.
43. 모르겠구나.
44. 아야/아라.
45. 만나러 온.
46. 기다리겠노라.
47. 木板本은 郎으로 卽의 異體字이다.

讚曰 "風送飛錢資逝妹, 笛搖明月住〈姮娥〉. 莫言〈兜率〉連天遠, 萬德花迎一曲歌."

찬에 이른다. "바람은 종이 돈을 날려 죽은 누이의 노자로 삼게 하고, 피리가 명월을 유혹하여 달 속의 선녀를 멈추게 한다. 도솔이 하늘처럼 멀다고 말하지 마라. 부처님 덕의 꽃 한 떨기는 향가 한 곡절만으로 대성을 맞이한다."

7. 善律還生

〈望德寺〉僧〈善律〉, 施錢欲成『六百般若』, 功未周, 忽被陰府所401/追, 至冥司, 問曰 "汝在人間作何業?"〈律〉曰 "貧道暮年欲成『大品經』, 功未就而來." 司曰 "汝之壽籙雖盡, 勝願未○,[48] 宜復人間, 畢成寶典." 乃放還. 途中有一女子, 哭泣[49]拜前曰 "我亦〈南閻州〉〈新羅〉人, 坐父母陰取〈金剛寺〉水田一畝, 被冥府追檢, 久受重苦, 今師若還古里, 告我父母, 速還厥田, 妾之在世, 胡麻油埋於床下, 幷藏緻密布於寢褥間, 願師取吾油點佛燈, 貨其布爲經幅, 則黃川[50]亦恩, 庶幾脫我苦惱矣."

선율이 환생하다

망덕사 승 선율이 돈을 시주하여 『대반야바라밀다경』을 이룩하려다가 완성되기 전에 갑자기 저승으로 잡혀 갔다. 명부의 관리가

---

48. 木板本은 脫字로 활자본들은 終을 보입하고 있다. 그러나 앞 문장들을 참고해 보면, 就나 成이나 周 어느 것도 가능하므로 보입을 유보하고자 한다.

49. 木板本은 泣로 泣의 異體字 또는 誤字로 보인다.

50. (天)은 가필자로 泉으로 참고가 된다.

묻기를 "네가 인간에 있으면서 무슨 일을 하였느냐?"라고 하였다. 선율이 말하기를 "빈도는 늘그막에 『대반야바라밀다경』을 이룩하려다가 성취하지 못하고 왔습니다."라고 하였다. 관리가 말하기를 "너의 정한 수명은 비록 다 되었지만 수승한 원을 아직 이루지 못했으니 마땅히 다시 인간세계로 돌아가 보전을 끝마쳐라."라며 돌려 보냈다. 도중에 한 여자가 울면서 앞에서 절을 하며 말하기를 "저 역시 남염주 신라 사람인데 부모가 금강사 논 한 묘를 몰래 훔친 죄에 연좌되어 명부에 잡혀 와서 오랫동안 고초를 받사오니 지금 스님이 만약 고향으로 돌아가시거든 우리 부모에게 그 밭을 빨리 돌려 주라고 말하시고 또 제가 이승에 있을 때 평상 밑에 참기름을 묻어 두었고 이부자리 속에 가는 베도 함께 간직해 두었으니 원컨대 스님께서 제 기름을 가져다가 절의 등불을 켜 주시고 베는 팔아 경폭에 써 주시면 황천에서도 은혜를 입을 것이니, 저를 고뇌에서 벗어나게 해 주소서."라고 하였다.

〈律〉曰 "汝家何在?" 曰 "〈沙梁部〉〈久遠寺〉西南里也." 〈律〉聞之, 方行乃蘇. 時〈律〉死已十日, 葬于〈南山〉東麓, 在塚中呼三日, 牧童聞之, 來告於本寺, 寺僧歸發塚出之, 402/具說前事. 又訪女家, 女死隔十五年, 油布宛然, 〈律〉依其諭作冥福. 女來魂報云 "賴師之恩, 妾已離苦得脫矣." 時人聞之, 莫不驚感, 助成寶典. 其經秩[51]今在東都僧司藏中, 每年春秋, 披轉禳災焉.

51. 활자본 가운데 帙로 교정한 것이 있어 참고가 된다.

선율이 말하기를 "너의 집은 어디냐?"라고 하니 그가 "사량부 구원사 서남리입니다."라고 하였다. 선율이 듣고 그제서야 가니 이내 소생하였다. 선율이 죽어서 벌써 열흘이 되어 남산 동쪽 기슭에 장사를 지내니, 무덤 속에서 사흘 동안 소리를 쳐서 목동이 듣고 본사에 와서 고했다. 스님이 가서 무덤을 파 나오게 하니 지난 일을 자세히 이야기하였다. 다시 여인의 집을 찾아갔더니 여자가 죽은 지 15년이나 되었는데 기름과 베가 그대로 있는지라 선율이 그의 부탁대로 명복을 빌었더니 여인의 혼이 와서 보고하기를 "스님의 은혜를 입어 첩이 이미 고뇌를 여의고 해탈을 얻었습니다."라고 하였다. 당시 사람들이 듣고 놀라 감복하여 보전을 이루게 도왔다. 그 경질이 지금 동도승사의 창고 가운데 있어 매년 가을봄으로 펴서 널어 재앙을 막았다고 한다.

讚曰 "堪羨吾師仗勝緣, 魂遊却返舊林泉. 爺孃若問兒安否, 爲我催還一畝田."

찬에 이른다. "우리 스님이 수승한 인연에 의지하니 하늘도 부러워하여, 혼은 몸을 떠났다가 다시 옛 숲속 샘물로 돌아간다. 부모님이 만약 아이의 안부를 물으시면 나를 위해 한묘의 밭을 돌려 주시도록 재촉해 주소서."

8. 金現感虎

〈新羅〉俗, 每當仲春, 初八至十五日, 都人士女, 競遶〈興輪寺〉之殿塔爲福會. 〈元聖王〉代有郎君〈金現〉者, 夜深獨遶不息, 有一處女, 念佛隨邍, 相感而目送之, 邍畢, 引入屛處通焉.

김현이 범과 감응하다

신라 풍속에 매년 2월이 되면 초여드레부터 보름까지 서울 남녀들이 경쟁을 하며 흥륜사의 전탑을 돌며 복 받는 모임이 있다. 원성왕대에 낭군 김현이란 사람이 있었는데 밤이 깊었는데도 혼자 쉬지 않고 돌았다. 한 처녀가 염불하면서 따라 돌다가 서로 감응하여 눈길을 주게 되었더니 전탑돌이를 마치자 끌고 으슥한 곳에 들어가 사통을 하였다.

女將還,〈現〉從之, 女辭拒而强隨之. 行至西山之麓, 403/入一茅店, 有老嫗問女曰 "附率者何人?" 女陳其情. 嫗曰 "雖好事不如無也! 然遂事不可諫也. 且藏於密, 恐汝弟兄之惡也." 把郞而匿之奧. 小選[52]有三虎咆哮而至, 作人語曰 "家有腥膻之氣, 療飢何幸." 嫗與女叱曰 "爾鼻之爽乎! 何言之狂也?"

처녀가 돌아가려 하니 김현이 좇았다. 그리고 처녀가 거절하는 것을 억지로 따라갔다. 가다가 서산 기슭에 이르러 한 초막으로 들어가니 어떤 노구가 처녀에게 묻기를 "데려온 사람은 누구냐?"라고 하였다. 처녀가 사실대로 이야기하였더니 노구가 말하기를 "비록 좋은 일이기는 하지만 없었던 것만 못 하구나! 그러나 저지른 일을 말린들 무엇하랴. 항차 몰래 숨기기야 하겠지만 너의 형과 아우가 사나운 것이 염려된다."라고 하고 낭군을 한 손에 쥐고는 안에다 숨

---

52. 木板本은 邍으로 選의 異體字로 보인다.

겨 두었더니 잠시 뒤에 범 세 마리가 으르렁거리며 와서 사람의 언
어로 말하기를 "집안에 누린내가 나니 요기할 수 있어 다행이구
나!"라고 하였다. 노구가 처녀와 함께 나무라기를 "너희들 코가 어
떻게 되었구나! 무슨 미친 소리냐?"라고 하였다.

時有天唱 "爾輩嗜害物命尤多, 宜誅一以懲惡!" 三獸聞之, 皆有憂
色. 女謂曰 "三兄若能遠避而自懲, 我能代受其罰." 皆喜俛首妥尾而
遁去.

이때에 하늘에서 소리를 쳐서 "너희들이 생물을 해치기 좋아함
이 더욱 심하니 마땅히 한 놈을 죽여 악행을 징계해야 하겠다!"라
고 하니 세 마리가 듣고 모두 걱정하는 기색이 있었다. 처녀가 말하
기를 "세 오빠가 만일 멀리 피하여 스스로 반성한다면 제가 대신
그 벌을 받겠습니다."라고 하니 모두 좋아서 머리를 숙이고 꼬리를
치면서 달아났다.

女入謂郎曰 "始吾恥君子之辱臨弊族, 故辭禁爾, 今旣無隱, 敢布
腹心. 且賤妾之於郎君, 雖曰非類, 得陪一夕之歡, 義重結褵之好. 三
兄之惡, 天旣猒之, 一家之殃, 予欲當之. 與404/其死於等閑人之手,
曷若伏於郎君刃下, 以報之德乎. 妾以明日入市爲害劇, 則國人無如
我何, 大王必募以重爵而捉我矣. 君其無怯, 追我乎城北林中, 吾將待
之."

처녀가 들어와서 낭에게 말하기를 "처음에 저는 당신이 오셔서
욕을 보거나 저희 족속이 폐를 끼칠까 부끄러웠으므로 못 오시게

거절하였지만 이제는 더 감출 것이 없으니 감히 속에 먹은 마음을 털어놓겠습니다. 항차 천첩이 낭군과 비록 같은 종류는 아니지만, 하룻밤의 즐거움을 같이하였으니, 결혼한 것과 같이 의리가 중합니다. 세 오빠들의 죄악은 하늘이 이미 미워하니, 일가의 재앙을 제가 감당하고자 합니다. 모르는 사람의 손에 죽는 것이 어찌 낭군의 칼 아래 죽어 덕을 갚는 것과 같겠나이까. 제가 내일 시내로 들어가서 할극을 벌이면, 국인들이 저를 어떻게 할 수 없을 것입니다. 그러면 대왕이 반드시 높은 벼슬을 걸고 나를 잡을 사람을 찾을 것입니다. 당신은 겁내지 말고 나를 좇아 성 북쪽 숲속까지 오면 제가 거기서 기다릴 것입니다."라고 하였다.

〈現〉曰 "人友人, 彝倫之道, 異類而交, 盖非常也. 旣得從容, 固多天幸, 何可忍賣於伉儷之死, 僥倖一世之爵祿乎!" 女曰 "郎君無有此言. 今妾之壽夭, 盖天命也, 亦吾願也, 郎君之慶也, 予族之福也, 國人之喜也. 一死而五利備, 其可違乎. 但爲妾創寺, 講眞詮, 資勝報, 則郎君之惠莫大焉." 遂相泣而別.

김현이 말하기를 "사람과 사람의 사귐은 떳떳한 인류의 이치이나, 다른 종류와 사귄다는 것은 대개 정상이 아닐 것이다. 그러나 이미 사통을 하였으니 천행이 많았다. 그런데 어찌 차마 제 배필의 죽음을 팔아 분수에 안 맞는 한때의 작록을 구할 수 있겠는가!"라고 하였다. 처녀가 말하기를 "낭군은 그런 말 마소서. 오늘 첩의 목숨이 짧은 것은 바로 천명이며 또한 저의 소원이며 낭군의 경사이며 우리 족속의 복이며 국인들의 기쁨입니다. 한 번 죽어서 다섯 가지 이득이 갖추어지니 어찌 이를 어기겠습니까. 다만 첩을 위하여 절을 세우고 진전을 강하여 수승한 과보의 밑천으로 대어 주시면 낭군의 은혜는 막대할 것입니다."라고 하면서 드디어 서로 울면서 작별하였다.

次日果有猛虎入城中, 剽甚無敢當. 〈元聖王〉聞之, 申令曰 "戡虎者爵二級." 〈現〉詣闕奏曰 "小臣405/能之." 乃先賜爵以激之. 〈現〉持短兵, 入林中, 虎變爲娘子, 熙怡而笑曰 "昨夜共郎君繾綣之事, 惟君無忽. 今日被爪傷者, 皆塗〈興輪寺〉醬, 聆其寺之螺鉢聲則可治." 乃取〈現〉所佩刀, 自頸而仆, 乃虎也. 〈現〉出林而託曰 "今玆虎易搏[53]矣." 匿其由不洩, 但依諭而治之, 其瘡皆効. 今俗亦用其方.

이튿날 과연 맹호가 성중으로 들어와 매우 사나우니 감당할 수 없었다. 원성왕이 듣고 명령하기를 "호랑이를 잡는 자는 관작 2급을 주리라."라고 하였다. 김현이 대궐로 들어가 아뢰기를 "소신이 잡을 수 있습니다."라고 하니 곧 관작을 먼저 주어 격려하였다. 김현이 짧은 칼 한 자루를 가지고 숲속으로 들어가니 호랑이가 처녀로 변하여 반가이 웃으면서 말하기를 "간밤에 낭군과 함께 정으로 하나된 일을 낭군은 소홀히 마소서. 오늘 내 손톱에 할퀴어 부상당한 사람들은 모두 흥륜사 간장을 바르고 그 절의 나팔 소리를 들으면 나을 것입니다."라고 하고는 곧 김현이 찬 칼을 뽑아 제 손으로 목을 찌르고 엎어지니 이에 호랑이가 되었다. 김현이 숲으로부터

---

53. 木板本은 搏으로 搏의 異體字이다.

나와 당부대로 말하기를 "지금 이에 호랑이를 쉽게 잡았다."라고 하였다. 사유는 숨겨 누설하지 않고 다만 말대로 치료하니 상처가 모두 나았다. 지금도 세간에서는 그 방법을 쓰고 있다.

〈現〉旣登庸, 創寺於〈西川〉邊, 号〈虎願寺〉, 常講『梵網經』, 以導虎之冥遊, 亦報其殺身成己之恩. 〈現〉臨卒, 深感前事之異, 乃筆成傳, 俗始[54]聞知, 因名『論虎林』, 稱于今.

김현이 이미 등용이 되매 서천가에 절을 세워 이름을 호원사라 하고 언제나 『범망경』을 강하여 범의 저승길을 인도하며 역시 몸을 희생하여 자기를 성공하게 해 준 은혜에 보답하였다. 김현이 죽음에 임하여 이전의 그 일의 기이함에 매우 감동하여 이에 붓을 들어 전기를 만드니 세상에서는 처음으로 들어서 알게 되었으며 이로 인하여 『논호림』이라 하여 지금까지 일컬어 온다.

〈貞元〉九年, 〈申屠澄〉自黃冠, 調補〈漢州〉〈什邡縣〉之尉, 至〈眞符縣〉之東十里許, 遇風雪大寒, 馬不能前. 路傍[55]有茅舍, 中有煙火甚溫, 照燈406/下就之, 有老父嫗及處子, 環火而坐. 其女年方十四五, 雖蓬髮垢衣, 雪膚花臉, 擧止姸媚. 父嫗見〈澄〉來, 遽起曰 "客甚衝寒雪, 請前就火."

정원 9년(793)에 신도징이 일개 평민으로부터 한주 십방현의 위

---

54. 木板本은 姑로 始의 異體字이다.
55. 木板本은 旁으로 傍의 誤字로 보인다.

벼슬을 보직으로 받고 진부현의 동쪽 10리 즈음에 이르러 눈보라와
큰 추위를 만나 말이 더 갈 수가 없었다. 길 옆에 초막이 있어 그
안에는 불을 피워 매우 따뜻한지라 등불이 비치는 데로 내려가 보
니 늙은 노부부와 처녀가 불을 둘러싸고 앉아 있었다. 처녀는 나이
가 열너댓 살로 비록 헝클어진 머리에 때 묻은 옷을 입었으나 눈같
이 흰 살결, 꽃 같은 뺨에 몸가짐이 어여쁘고 고왔다. 늙은 부부가
신도징이 오는 것을 보고 갑자기 일어나면서 말하기를 "손님께서
차가운 눈을 몹시 맞고 오셨는데 들어오셔서 불을 가까이 하시오."
라고 하였다.

〈澄〉坐良久, 天色已暝, 風雪不止. 〈澄〉曰 "西去縣尙遠, 請宿于
此." 父嫗曰 "苟不以蓬蓽爲陋, 敢承命." 〈澄〉遂解鞍施衾幬. 其女見
客方止, 修容艶粧, 自帷箔間出, 有閑雅之態, 猶過初時. 〈澄〉曰 "小
娘子明惠過人甚, 幸未婚, 敢請自媒如何?" 翁曰 "不期貴客欲採拾,
豈定分也."

신도징이 한참을 앉아 있으니 날은 이미 저물어 캄캄해지고 눈보
라는 그치지 않았다. 신도징이 말하기를 "서쪽으로 읍내까지는 아직
도 멀리 떨어졌으니 이곳에 묵도록 해 주시오."라고 하니 늙은 부부
가 말하기를 "진실로 이 초가집을 누추하다고 여기시지 않는다면 감
히 명을 받들겠습니다."라고 하였다. 도징이 말 안장을 풀고 이부자
리를 폈다. 처녀가 손님이 바야흐로 머무는 것을 보자 얼굴을 다듬
고 단장을 곱게 하고 휘장 사이로 나오는데 얌전한 자태가 처음보다
훨씬 나았다. 신도징이 말하기를 "따님이 총명함이 매우 뛰어나니,

다행히 아직 미혼이면 감히 청컨대, 스스로 중매해서 뭐하지만 나는 어떻습니까?"라고 하였다. 노옹이 말하기를 "예기치 않게 귀빈께서 거두어 주신다면 어찌 천생연분이 아니겠습니까?"라고 하였다.

〈澄〉遂修子婿之禮, 〈澄〉乃以所乘馬, 載之而行. 既至官, 俸祿甚薄, 妻力以成家, 無不歡心. 後秩滿將歸, 已生一男一女, 亦甚明惠, 〈澄〉尤加敬愛. 嘗作贈內詩云 "一497/宦[56]慚〈梅福〉, 三年愧〈孟光〉. 此情何所喩, 川上有駕[57]鴦."

신도징이 드디어 사위로서의 예절을 치르고 자신이 바로 타고 왔던 말에 태우고 갔다. 관아에 도착해서는 녹봉이 매우 박하였으므로 아내가 노력하여 살림을 장만하니 마음에 들어 즐거웠다. 후에 점차 넉넉해져서 돌아올 적에는 벌써 아들 하나, 딸 하나를 낳았는데 또한 매우 총명하였으므로 신도징이 더욱더 경애하였다. 일찍이 아내에게 시를 지어 주었다. "한 번 벼슬살이하니 매복보다 더 무정했지만 삼 년이 지나자 양처인 맹광을 부끄럽게 하였다. 이 정을 어디다 비할까, 냇물 위의 원앙새라 할까."라고 하였다.

其妻終日吟諷, 似默有和者, 未嘗出口. 〈澄〉罷官罄, 室歸本家, 妻忽悵然謂〈澄〉曰 "見贈一篇, 尋卽有和." 乃吟曰 "琴瑟情雖重, 山林

---

56. 壬申本은 異體字인 宦이다.
57. 木板本은 鸕으로 鴦의 誤字로 보인다.

志自深. 常憂時節變, 辜負百年心."

그의 처는 종일 시를 읊조리며 묵묵히 화답을 할 듯이 하면서도 좀처럼 입 밖에 내놓지 않았다. 신도징이 벼슬을 그만두고 가족 모두 본가로 돌아가려 하는데 아내가 서글프게 신도징에게 말하기를 "요전 주신 시 한 편에 뒤이어 화답을 하겠습니다."라고 하고 이어 읊었다. "부부의 정이 비록 중하나 산림에 계신 부모님에 대한 뜻은 절로 깊어진다. 시절이 변할까 언제나 걱정이면서도 백년가약을 맺은 마음 저버릴까 싶어 말하지 못했네."라고 하였다.

遂與訪其家, 不復有人矣. 妻思慕之甚, 盡日涕泣, 忽壁角見一虎皮, 妻大笑曰 "不知此物尙在耶!" 遂取披之, 卽變爲虎, 哮吼拏攫,[58] 突門而出. 〈澄〉驚避之, 携二子, 尋其路, 望山林, 大哭數日, 竟不知所之.

드디어 함께 그 집을 찾아가니 사람이라고는 없었다. 아내는 몹시 그리워하며 종일 울다가 별안간 벽 모서리에 범 가죽을 보자 크게 웃으면서 "이것이 아직 남아 있는 줄을 몰랐구나!"라고 하고 이내 집어서 입으니 당장에 호랑이로 변하여 포효하며 할퀴고 잡아채다가 문을 박차고 나가 버렸다. 도징이 놀라 피하여 두 아이를 데리고 그가 간 길을 찾아 산림을 바라보고 며칠을 소리쳐 울었으나 끝내 간 곳을 몰랐다.

---

58. 木板本은 㩦으로 攫의 異體字이다.

噫! 〈澄〉·〈現〉二公之接異物也, 變爲人妾則同矣, 而贈背人詩, 然後哮吼拏攫而走, 與〈現〉之虎異矣. 〈現〉之虎不得已而傷人, 然善誘良方以救人. 408/獸有爲仁如彼者, 今有人而不如獸者, 何哉? 詳觀事之終始, 感人於旋遶佛寺中, 天唱徵惡, 以自代之, 傳神方以救人, 置精廬講佛戒, 非徒獸之性仁者也, 盖大聖應物之多方, 感〈現公〉之能致情於旋遶, 欲報冥益耳, 宜其當時能受禧佑乎.

아! 신도징과 김현 두 사람이 사람과 다른 종류와 접촉하였으니, 변하여 사람의 아내로 된 것은 같으나 사람을 배반하는 시를 준 후에 포효하며 할퀴고 잡아채다가 달아나는 것이 김현의 호랑이와 다르다. 김현의 호랑이는 부득이해서 사람을 상하게 했으나 좋은 방법으로 사람을 구하고자 하였다. 짐승도 어질기가 저와 같은데 지금은 사람으로 짐승만도 못한 자가 있으니 무슨 까닭일까? 사건의 시종을 자세히 보면, 절 가운데서 돌이를 하여 사람과 감응하였으며 하늘이 죄악을 징벌하겠다고 외치자 자신이 대신 받겠다 하였으며 신묘한 처방을 전하여 사람을 구원하였으며 절을 세우고 부처님의 계명을 받게 한 것은 다만 짐승의 성질이 어질다고만 할 것이 아니라, 대개 대성께서 사물에 감응하는 것이 여러 방법으로, 현공이 탑돌이에 정성을 다하는 것에 감응하여 그 몰래 이익으로서 보답하려 한 따름이니 당시에 복을 받았음은 마땅하다 할 것이다.

讚曰 "山家不耐三兄惡, 蘭吐那堪一諾芳. 義重數條輕萬死, 許身林下落花忙."

찬에 이른다. "산골 집 3형제는 모질기에 참을 수가 없고, 난초가 내뿜은 한 줄기 향기를 어찌 감당하리오. 여러 가지로 죄가 중한지라 만 번 죽어 마땅하지만, 숲속에 몸 바치니 꽃잎이 빨리도 떨어진다."

9. 融天師彗星歌 眞平王代

第五〈居烈郎〉・第六〈實處郎〉(一作〈突處郎〉)・第七〈寶同郎〉等三花之徒, 欲遊〈楓岳〉, 有彗星犯心大星, 郎徒疑之, 欲罷其行. 時,〈天師〉作歌歌之, 星恂卽滅,〈日本〉兵還國, 反成福慶. 409/大王歡喜, 遣郎遊岳焉.

융천사의 혜성가 진평왕대

다섯째 거열랑과 여섯째 실처랑(돌처랑이라고도 한다.), 일곱째 보동랑 등 세 화랑도가 금강산을 유람코자 하는데 혜성이 심숙을 범하므로 낭도들이 꺼림칙하게 여겨 여행을 그만두려고 하였다. 이때에 융천사가 노래를 지어 부르니, 혜성이 곧 사라지고 일본 군사도 나라로 돌아가니 도리어 경사로 되었다. 대왕이 기뻐서 화랑들을 금강산으로 보내어 유람하게 하였다.

歌曰 "舊理東尸汀叱, 乾達婆矣遊烏隱城叱肹良望良古, 倭理叱軍置來叱多烽燒邪隱邊也藪耶, 三花矣岳音見賜烏尸聞古, 月置八切爾數於將來尸波衣, 道尸掃尸星利望良古, 彗星也白反也人是有叱多, 後句, 達阿羅浮去伊叱等邪, 此也友物北[59]所音叱彗叱只有叱故."

노래에 이른다. "예전 동해 물가,[60] 건달파의 논 성을랑[61] 바라보고 왜군도 왔다고[62] 봉화를 든 변방이[63] 있어라! 삼화의 산 구경 오심을 듣고 달도 부지런히 등불을 켜는데[64] 길 쓸 별을 바라보고 혜성(彗星)이여! 사뢴[65] 사람이 있구나. 아으, 달은 저 아래로 떠갔더라[66] 이보아, 무슨 혜성(彗星)이 있을꼬.[67]"

10. 正秀師救氷女

第四十〈哀莊王〉代, 有沙門〈正秀〉, 寓止〈皇龍寺〉. 冬日雪深, 旣暮, 自〈三郎寺〉還, 經由〈天嚴寺〉門外, 有一乞女産兒, 凍410/臥濱死. 師見而憫之, 就抱, 良久氣蘇. 乃脫衣以覆之, 裸走本寺, 苫草覆身過夜, 夜半有天唱於王庭曰 "〈皇龍寺〉沙門〈正秀〉, 宜封王師." 急使人撿之, 具事升聞, 上備威儀, 迎入大內, 册爲國師.

정수사가 얼어붙은 여인을 구하다

제40대 애장왕대에 사문 정수가 황룡사에 잠시 머물고 있었다. 겨울날 눈이 깊게 쌓이고 해는 저물 때 삼랑사로부터 돌아오는데 천엄사 문 밖을 지나다 보니 한 구걸하는 여인이 해산을 하고 추위에 얼어서 거의 죽게 되어 있었다. 스님이 보고 불쌍히 여겨 달려들

---

59. 比의 異體字일 가능성도 있다.
60. 나루.
61. 고장을/호국의 신을 뫼신 진산을.
62. 오는구나.
63. 국경/어여 수플/갓.
64. 달수를 브지러니 혜여 갈제/달도 갈라 그어 잦아들려 하는데/달도 밝게 비춰 주려 하는 결에.
65. 여쭙는.
66. 아야 드르르 뻐갔/아아, 달은 떠가 버렸더라/아! 山 밑으로 떠나 갔도다.
67. 이벗아 께름한 혜성이랄 게 있을가/이에 어울릴 무슨 彗星을 함께 하였습니까/여기에 더이상 버물게 될 災厄이 있겠는가.

어 안고 있으니 한참 후에 소생하였다. 즉시로 옷을 벗어 덮어 주고 스님은 맨몸으로 본사로 달려가 짚으로 몸을 덮고 밤을 지냈더니 밤중에 대궐 뜰에서 하늘로부터 소리치기를 "황룡사 사문 정수를 마땅히 왕사로 봉하라."라고 하였다. 급히 사람을 시켜 알아보고 자세히 사실을 아뢰었더니 왕이 위의를 갖추고 대궐로 맞아들여 국사로 책봉하였다.

IX. 避隱第八

避隱第八

1. 朗智乘雲 普賢樹

〈歃良州〉〈阿曲縣〉之〈靈鷲山〉(〈歃良〉, 今〈梁州〉. 〈阿曲〉一作〈西〉, 又云〈求佛〉又〈屈弗〉, 今〈蔚州〉置〈屈弗驛〉[1], 今存其名)有異僧, 庵居累紀, 而鄉邑皆不識, 師亦不言名氏. 常講『法華』, 仍有通力. 〈龍朔〉初, 有沙彌〈智通〉, 〈伊亮公〉之家奴也. 出家年七歲, 時有烏來鳴云 "〈靈鷲〉去投〈朗智〉爲弟411/子."

낭지가 구름을 탄 일과 보현수

삽량주 아곡현 영취산(삽량은 지금의 양주요, 아곡은 서라고도 하고, 또 구불 또는 굴불이라고도 하니 지금 울주에 굴불역을 두어 지금도 그 이름을 보존하고 있다.)에 기이한 스님이 있어 수십 년 암자에 살았지만 동네에서는 아무도 알지 못하였고 스님 역시 성명을 말하지 않았다. 언제나 『법화경』을 강하니 이에 신통력을 가지

---

1. 木板本은 明으로 駅의 異体字 또는 誤字로 보인다.

게 되었다. 용삭 초년에 사미 지통이 이량공의 가노였는데 나이 일곱에 출가하니 때에 까마귀가 와서 울면서 말하기를 "영취산으로 가서 낭지의 제자가 돼라."라고 하였다.

〈通〉聞之, 尋訪此山. 來憩於洞中樹下, 忽見異人出, 曰 "我是普賢[2]大士, 欲授汝戒品, 故來爾." 因宣戒訖乃隱. 〈通〉神心豁爾, 智證頓圓.

지통이 이 말을 듣고 이 산을 찾아가서 골짜기 가운데 나무 아래에서 쉬는데 갑자기 기이한 사람이 나타나서 말하기를 "나는 바로 보현대사로 너에게 계율을 주려고 일부러 왔노라."라고 하면서 계를 베풀고 나서 그만 사라졌다. 지통은 신심이 활짝 열리고 지증이 문득 원만해졌다.

遂前行, 路逢一僧, 乃問 "〈朗智師〉何所住?" 僧曰 "奚問〈朗智〉乎?" 〈通〉具陳神烏之事, 僧宛[3]爾而笑曰 "我是〈朗智〉, 今玆堂前亦有烏來報, 有聖兒投師將至矣, 宜出迎, 故來迎爾." 乃執手而嘆曰 "靈烏驚爾投吾, 報予迎汝, 是何祥也! 殆山靈之陰助也." 傳云, 山主乃〈辨[4]才天女〉.

---

2. 하문을 참고하여 보족하였다.

3. 활자본들은 莞으로 교정하고 있어 참고가 된다. 다만 원문 그대로 두어도 해석이 안 될 것도 없다.

4. 木板本은 辨으로 辯의 異體字 또는 誤字로 보인다. 다만 삼국유사식 표기를 고려해서 원문은 수정하지 않겠다.

드디어 앞으로 가는데 길에서 승 하나를 만나서 묻기를 "낭지 스
승님은 어디 계십니까?"라고 하니 스님이 말하기를 "낭지를 어째서
찾느냐?"라고 하였다. 지통이 신이한 까마귀 이야기를 자세히 말하
였더니 스님이 빙그레 웃으면서 말하기를 "내가 바로 낭지다. 지금
막 법당 앞에 역시 까마귀가 와서 알리기를 거룩한 아이가 스님한
테로 올 터이니 꼭 나가서 맞으라고 하기에 이 때문에 마중 나온
것이다."라고 하고는 손을 잡고 탄식하면서 말하기를 "신령한 까마
귀가 너를 놀라게 하여 내게 오도록 하고 나에게 알려 너를 맞도록
하니 이 얼마나 상서로운가! 아마도 산령이 몰래 도우시는가 보
다."라고 하였다. 전에는 산주가 바로 변재천녀라고 한다.

〈通〉聞之泣謝, 投禮於師, 旣而將與授戒, 〈通〉曰 "予於洞口樹下,
已蒙普賢大士乃授正戒." 〈智〉嘆曰 "善哉! 汝已親禀大士滿分之戒.
我自生年來, 夕惕愍, 勲念遇至聖, 而412/猶未能昭格. 今汝已受, 吾
不及汝遠矣." 反禮〈智通〉, 因名其樹曰〈普賢〉. 〈通〉曰 "法師住此, 其
已久如?" 曰 "〈法興王〉丁未之歲, 始寓足焉, 不知今幾." 〈通〉到山之
時, 乃〈文武王〉卽位元年辛酉歲也. 計已一百三十五年矣. 〈通〉後詣
〈義湘〉之室, 升堂覩奧, 頗資玄化, 寔爲『錐洞記』主也.

지통이 듣고는 울며 감사하며 스님에게 예를 다하자 얼마 후에
장차 계를 주려고 하니 지통이 말하기를 "저는 동구 밖 나무 아래서
벌써 보현대사의 정계를 수지하게 되었습니다."라고 하였다. 낭지
가 탄식하기를 "좋구나! 너는 벌써 친히 보살의 구족계를 받았구나!
나는 한평생 매일 아침저녁으로 삼가고 두려워하여 조금도 게을리

하지 않으면서 간절히 지성으로 뵙기를 염했지만 여태 만날 수 없었는데 너는 벌써 계까지 받았으니 내가 너에 훨씬 못 미치는구나." 라고 하고는 도리어 지통에게 절을 하고는 그 나무를 보현이라고 하였다. 지통이 말하기를 "법사는 이곳에서 머무신 지 벌써 오래 되십니까?"라고 하니 말하기를 "법흥왕 정미년에 처음 왔으니 지금 얼마나 됐는지 모르겠다."라고 하였다. 지통이 이 산에 왔을 때는 바로 문무왕 즉위 원년 신유(661)이니 세어 보면 벌써 135년이 되었다. 지통이 뒤에 의상의 처소로 찾아가 학문이 높은 경지에 이르고 불교의 교화에 크게 이바지하니 이가 바로 『추동기』의 저자이다.

〈元曉〉住〈磻高寺〉時, 常往謁〈智〉, 令著『初章觀文』及『安身事心論』, 〈曉〉撰訖, 使隱士〈文善〉奉書馳達. 其篇尾述偈云 "西谷沙弥稽首禮, 東岳上德高巖前.(〈磻高〉在〈靈鷲〉之西北故, 西谷沙弥乃自謂也.) 吹以細塵補〈鷲岳〉, 飛以微滴投龍淵."(云云.) 山之東有〈大和江〉, 乃爲中國〈大和池〉龍植福所創, 故云〈龍淵〉.

원효가 반고사에 주석할 때에 늘 낭지를 찾아 보았더니 그로 하여금 『초장관문』과 『안신사심론』을 짓게 하니, 원효가 다 짓자 숨은 거사 문선을 시켜 책을 가지고 낭지에게 바치게 하였다. 그 책 말미에 게송을 서술하기를 "서쪽 골짜기 사미가 머리를 조아려 예로서 동악 위의 덕이 높은 바위 전에 올립니다.(반고사는 영취산 서북쪽에 있었으므로 서쪽 골짜기 사미는 곧 자신을 이른 것이다.) 티끌이나마 불어서 영취산을 보태고 미세한 물방울이나마 날려 용연에 던지소서."라고 운운하였다. 산 동쪽에 태화강이 있으니 이는 중국 태화지의 용이 복을 심기 위하여 만들었다 하여 용연이라 일렀다.

〈通〉與〈曉〉皆大聖也, 二413/聖而摳衣師之, 道邁可知. 師嘗乘雲往中國之〈淸凉山〉隨衆聽講, 俄頃卽還, 彼中僧, 謂是隣居者, 然岡知攸止. 一日令於衆曰 "除常住外, 別院來僧, 各持所居名花異植, 來獻道場." 〈智〉明日折山中異木一枝歸呈之, 彼僧見之, 乃曰 "此木〈梵〉号〈怛提伽〉, 此云〈赫〉, 唯〈西竺〉·〈海東〉二〈靈鷲山〉有之. 彼二山皆第十法雲地菩薩所居, 斯必聖者也." 遂察其行色, 乃知住海東〈靈鷲〉也. 因此改觀, 名著中外. 鄕人乃號其庵曰〈赫木〉, 今〈赫木寺〉之北崗有古基, 乃其遺趾.

지통과 원효는 모두 대성인인데도 두 성인이 구의례를 하면서 스승으로 모셨으니 낭지의 도가 고매함을 알 수 있다. 스님은 일찍이 구름을 타고 중국의 청량산으로 가서 청중과 함께 강을 듣고는 삽시간에 돌아오므로 저들 중국 스님들은 이웃에 사는 스님이거니 생각하였으나 그가 사는 곳을 몰랐다. 하루는 청중에게 명하기를 "본사에 상주하는 자 외에 딴 절에서 온 스님들은 저마다 사는 곳의 이름난 꽃과 기이한 식물을 가지고 와서 도장에 바치라."라고 하였다. 낭지가 이튿날 산중에 있는 기이한 나뭇가지 하나를 꺾어다 바치니 저들 스님이 보고 말하기를 "이 나무는 범어로는 달제가라 하고 여기서는 혁이라고 하는 것으로 서축과 해동 두 영취산에만 있는 나무이다. 이 두 산은 모두 제10 법운지보살이 살던 곳이니, 이 스님은 필시 성자일 것이다."라고 하고는 드디어 그 행색을 살펴보았더니 그가 해동 영취산에 사는 것을 알았다. 이로 인하여 고쳐서 보니, 중외에까지 유명해졌다. 향인들이 그 암자를 혁목이라 부르니 지금의 혁목사 북쪽 언덕에 있는 옛 터가 바로 그 유적이다.

『靈鷲寺記』云 "〈朗智〉嘗云 '此庵址乃迦葉佛時寺基也.' 堀地得燈缸二隔. 〈元聖王〉代, 有大德〈緣會〉來居山中, 414/撰師之傳行于世." 按『華嚴經』第十名法雲地, 今師之馭雲, 蓋佛陁屈三指·〈元曉〉分百身之類也歟.

『영취사기』에 이르기를 "낭지가 일찍이 말하기를 '이 암자 터는 바로 가섭부처님 때의 절터라.'라고 하여 땅을 파서 등잔 그릇 두 개를 얻었다. 원성왕대에 대덕 연회가 산중에 와서 살면서 스님의 전기를 지어 세상에 전하고 있다."라고 하였다. 『화엄경』을 보면 제십법운지라고 이름하였는데, 지금의 낭지스님이 구름을 부리는 것은 대개 부처님이 세 손가락을 구부리고 원효가 몸을 100가지로 분신하는 것과 유사할 것이다.

讚曰 "想料嵓藏百歲間, 高名[5]曾未落人寰. 不禁山鳥閑饒舌, 雲馭無端洩往還."

찬에 이른다. "바위 틈에 파묻혀 수행한 지 100여 년 동안, 높은 명성 일찍이 한번도 속세에 전하지 않았다. 산새가 지저귐을 말리지 않으며, 구름 타고 중국을 왕래하면서도 누설하지 않는다."

---

5. 木板本은 욤으로 名의 異體字이다.

2. 緣會逃名 文殊岾

高僧〈緣會〉, 嘗隱居〈靈鷲〉, 每讀『蓮經』, 修普賢觀行. 庭池常有蓮
數朵, 四時不萎.(今〈靈鷲寺〉〈龍藏殿〉是〈緣會〉舊居.) 國主〈元聖王〉聞
其瑞異, 欲徵拜爲國師. 師聞之, 乃棄庵而遁, 行跨西嶺崑間, 有一老
叟今爾耕, 問 "師奚適," 曰 "吾聞邦家濫聽, 縻我以爵, 故避之爾."
猷聽曰 "於此可賣, 何勞遠售? 師之謂賣415/名無猷乎!"〈會〉謂其慢
己, 不聽. 遂行數里許. 溪邊遇一嫗, 問 "師何往," 答如初. 嫗曰 "前
遇人乎?" 曰 "有一老叟侮予之甚, 慍且來矣." 嫗曰 "文殊大聖也. 夫
言之不聽何?"

공명을 피하는 연회와 문수점

고승 연회는 일찍이 영취산에 숨어 살면서 매양 『법화경』을 읽고
보현보살의 관을 수행하였다. 뜰의 연못에는 언제나 연꽃 몇 떨기
가 피어나서 사시로 시들지 않았다.(지금의 영취사 용장전이 바로
연회가 살던 곳이다.) 국주 원성왕이 그 상서로운 이적을 듣고 불러
국사로 삼으려 했다. 스님이 듣고 바로 암자를 버리고 달아나다가
서령 바위 틈을 건너가자니 한 늙은이가 밭을 갈다가 "스님은 어디
로 가시오?"라고 하고 물었다. 그는 말하기를 "내가 들으니 나라에
서 잘못 알고 벼슬로써 나를 잡아 두려 하므로 피하는 길이오."라고
하니 늙은이가 듣고 말하기를 "이에 팔 일이지 뭐하러 수고스럽게
멀리 가서 파는가? 스님이야말로 이름 팔기를 몹시 좋아하는구료!"
라고 하니 연회가 자기를 기만하는 줄로만 여기고 그 말을 듣지 않
았다. 몇 리를 더 가다 냇가에서 한 노파를 만났더니 스님은 "어디
로 가느냐?"고 물었으므로 처음과 같이 대답하였다. 노파가 말하기

를 "여기 오기 전에 누구를 만났는가?"라고 하였다. 그는 대답하여 "어떤 늙은이가 나를 심하게 모욕하므로 화를 내고 왔습니다."라고 했더니 노파가 말하기를 "그가 문수보살이신데 그 말씀을 왜 듣지 않았소?"라고 하였다.

〈會〉聞卽驚悚, 遽還翁所, 扣顙陳悔曰 "聖者之言, 敢不聞命乎! 今且還矣, 溪邊媼彼何人斯?" 叟曰 "〈辯才天女〉也." 言訖遂隱. 乃還庵中, 俄有王[6]使齎詔徵之, 〈會〉知業己當受, 乃應詔赴闕, 封爲國師.(『僧傳』云 "〈憲安王〉封爲二朝王師, 号〈照〉, 〈咸通〉四年卒." 與〈元聖〉年代相木, 未知孰是.) 師之感老叟處, 因名〈文殊岾〉, 見女處曰〈阿尼岾〉.

연회가 듣고는 곧 놀라고 송구스러워 늙은이 있던 데로 급히 가서 이마를 땅에 부딪치며 후회하며 말하기를 "성자께서 말씀하시는데 어찌 감히 거역하겠습니까! 지금 항차 되돌아왔는데 냇가의 노파는 누구이신지요?"라고 하니 늙은이가 말하기를 "변재천녀로다."라고 하고 말을 마치자 그만 사라졌다. 연회가 다시 암자로 돌아왔더니 조금 뒤에 왕사가 조서를 받들고 와서 부르니, 연회가 꼭 받아야 될 업임을 알고 곧 조서에 응하여 대궐로 갔더니 국사로 봉하였다.(『승전』에 이르기를 "헌안왕이 봉하여 두 왕대의 왕사로 삼고 호를 조라 하였으니 함통 4년에 죽었다."라고 하였다. 원성왕의 연

---

6. 木板本은 天으로 王의 誤字로 보인다.

대와 서로 틀리니 어느 것이 옳은지 모르겠다.) 스님이 늙은 노인에게 감응하던 곳을 문수점이라 이름을 짓고 여인을 만난 곳을 아니점이라 불렀다.

讚曰 "倚市難藏久陸沉, 囊錐旣露括難禁. 自緣庭下靑蓮誤, 不是雲山固未深.416/"

찬에 이른다. "번화한 곳이 가까우면 오래 잠겨 있어도 숨기가 어려우니, 주머니 속의 송곳 끝이 이미 드러나듯이 단속해도 금하기 어렵다. 스스로 뜰 아래 청련과 연을 맺은 것이 잘못이지, 구름 낀 산이 진실로 깊지 않은 탓은 아니다."

3. 惠現求靜

釋〈惠現〉, 〈百濟〉人, 小出家苦心專志, 誦『蓮經』爲業, 祈禳7請福, 靈應良稠, 兼攻『三論』, 染指通神. 初住北部〈修德寺〉, 有衆則講, 無則持誦, 四遠欽風, 戶外之履滿矣. 稍猒煩擁, 遂往江南〈達拏山〉居焉. 山極嵓險, 來往艱稀.

혜현이 정적을 구하다

스님 혜현은 백제 사람인데 어려서 출가하여 심지를 오로지하는 데 애쓰며, 『법화경』을 염송하는 것을 업으로 삼고 기도로 복을 구하니 영검이 많았으며 겸하여 『삼론』을 공부하여 신통력을 얻게 되었다. 처음에 북부 수덕사에 있으면서 청중이 있으면 강하고 없으

---

7. 고판본은 禳, 壬申本은 禳으로 모두 禳의 異體字이다.

면 지송하니 사방 먼 곳에서 흠모하는 바람이 불어 문 밖에는 사람들의 신발로 가득했다. 차츰 번거롭게 모여드는 것이 싫어져서 드디어 강남 달나산으로 가서 살았는데 산이 매우 험준하여 내왕하는 자가 드물었다.

〈現〉靜坐求志[8], 終于山中. 同學轝尸置石[9]室中, 虎唉盡遺骸, 唯髏舌存焉, 三周寒暑, 舌猶紅軟. 過後方變, 紫硬如石, 道俗敬之, 藏于石塔, 俗齡五十八, 卽〈貞觀〉之初. 〈現〉不西學, 靜退以終, 而乃名流諸夏, 立傳, 在〈唐〉聲著矣夫. 又〈高麗〉釋〈波若〉, 入中國〈天台山〉, 受智者敎觀, 以神異間[10]山中而滅, 『唐417/僧傳』亦有章, 頗多靈範.

혜현이 조용히 앉아 뜻을 구하다 산중에서 세상을 마쳤다. 동학이 시체를 석굴 속에 두었더니 호랑이가 다 먹어 버리고 다만 혀만 남겼는데 3년이 지나도 혀는 붉고 연하였다. 얼마 뒤에야 변하기 시작하여 돌처럼 검붉게 굳어지니 스님과 속인들이 공경하여 석탑에다가 간직하니 세납은 58세로서, 정관 초년의 일이었다. 혜현이 서방에 유학하지 않고 고요히 물러나 세상을 끝마쳤지만 그의 이름은 중국에도 흘러들어 전기까지 지어졌으니 당나라에서 명성이 자자했다. 또 고구려의 스님 파약은 중국의 천태산에 들어가 천태지의의 교관을 공부하여 신이로 산 중에서 알려져 입적한 후 『당승전』에 역시 실리게 되었으니 영검이 자못 많았다.

---

8. 木板本은 忢으로 志의 異體字 또는 誤字이다.
9. 木板本은 右으로 石의 異體字 또는 誤字로 보인다.
10. 木板本은 間으로 間의 異體字 또는 誤字로 보인다.

讚曰 "鹿[11]尾傳經倦一場, 去年淸誦倚雲藏. 風前靑史名流遠, 火後紅蓮舌帶芳."

찬에 이른다. "주미불자를 들고 청중에게 경을 전해도 권태롭기는 마찬가지로다. 작년 청정한 염송도 구름에 맡겨 숨기네. 세간의 청사에 이름은 멀리 전하고, 풍화된 후에도 붉은 연처럼 혀만은 향기를 두른다."

4. 信忠掛冠

〈孝成王〉潛邸時, 與賢士〈信忠〉, 圍碁於宮庭栢樹下, 嘗謂曰 "他日若忘卿, 有如栢樹." 〈信忠〉興拜. 隔數月, 王卽位賞功臣, 忘〈忠〉而不第之. 〈忠〉怨而作歌, 帖於栢樹, 樹忽黃悴, 王怪使審之, 得歌獻之, 大驚曰 "萬機鞅掌, 幾忘乎角弓!" 乃召之賜爵祿, 栢樹乃蘇.

신충이 벼슬을 그만두다

효성왕이 아직 왕위에 오르지 않았을 적에 한번은 현사 신충과 궁궐 마당 잣나무 아래에서 바둑을 두면서 일찍이 말하기를 "훗날이라도 경을 잊겠는가. 잣나무와 같이 신의를 지키리."라고 하니 신충이 일어나서 절을 하였다. 몇 달 뒤에 왕이 즉위하여 공신들을 상주면서 신충을 잊어 버리고 차례에 넣지 않았다. 신충이 원망스러워서 노래를 지어 잣나무에 붙였더니 나무가 갑자기 누렇게 시들어 버렸다. 왕이 괴상스럽게 여겨 알아보도록 하니 노래를 가져다가

---

11. 이재호본은 塵로 교감하고 있어 참고가 되나 원문대로 해석해도 같은 뜻이 되므로 수정을 유보하고자 한다.

바치자 왕이 깜짝 놀라 말하기를 "정사에 바쁘다 보니 골육 같은 사람을 잊어 버릴 뻔했구나!"라고 하고는 곧 불러서 작록을 주니 잣나무가 곧 소생했다.

歌曰 "物叱好支栢史, 秋察尸不冬爾屋支墮米, 汝於多支行齊教因隱, 仰頓隱面矣改衣賜乎隱冬矣也, 月羅理影支古理418/因淵之叱, 行尸浪, 阿叱沙矣以支如支, 皃¹²史沙叱望阿乃, 世理都, 之叱逸烏隱第也." 後句亡. 由是. 寵現於兩朝.

노래에 이른다. "뜰의¹³ 잣이 가을에 안 이울어지매¹⁴ 너를 어찌 잊어 하신¹⁵ 우럴던 낯이 계시온데¹⁶ 달 그림자(가)¹⁷ 옛못의¹⁸ 가는 물결 원망하듯이¹⁹ 얼굴²⁰이야 바라보나 누리도 싫은지고.²¹" 뒷 구절은 없어졌다. 이로부터 두 왕대에 걸쳐 총애를 받았다.

---

12. 이는 貌의 약자로 皃의 異體字이기도 하다.
13. 질 좋은/빛 좋은.
14. 말라 떨어지지 아니하니.
15. 너를 중히 여겨 가졌다 하신 것과는 달리/너는 어디로 가려고 하느냐고 하신 말씀은.
16. 우럴던 그 낯이 고쳐질 줄이야/낯이 변해 버리신 겨울이여/우러러 뵈온 얼굴이 벌써 변하신 것이로구려.
17. 괸/내린.
18. 연못 가.
19. 흐르는 물결이 모래를 이기(鍛鍊)듯/지나가는 물결에 대한 모래로다/흐르는 물결에 모래가 머묾과 같이.
20. 모양.
21. 세상도 그대로 되는 데야/세상 모든 것 여희어 버린 처지여/세상도 이제는 나를 버렸는가 보다.

〈景德王〉(王卽〈孝成〉之弟也)二十二年癸卯, 〈忠〉與二友相約, 掛冠
入南岳, 再徵不就, 落髮爲沙門. 爲王創〈斷俗寺〉居焉, 願終身丘[22]壑,
以奉福大王, 王許之. 留眞在金堂後壁是也. 南有村名〈俗休〉, 今訛云
〈小花里〉(按『三和尙傳』, 有〈信忠奉聖寺〉, 與此相混. 然計其〈神文〉
之世, 距〈景德〉已百餘年, 況〈神文〉與〈信忠〉乃宿世之事, 則非此〈信
忠〉, 明矣. 宜詳之.)

경덕왕(왕은 바로 효성의 동생이다.) 22년 계묘(763)에 신충이 두
친구와 서로 약속하고 벼슬을 그만두고 남악으로 들어가니 왕이 다
시 불렀으나 나아가지 않고 머리를 깎고 스님이 되었다. 그는 왕을
위하여 단속사를 창건하고 살면서 종신토록 구학에서 대왕의 복을
빌겠다고 청하니 왕이 이를 허락하였다. 그의 진영은 금당 후벽에
있다. 남쪽에 있는 마을 이름이 속휴인데 지금은 와전되어 소화리
라고 한다.(『삼화상전』에 보면 신충봉성사가 있어 이 절과 서로 혼
동되고 있다. 그러나 신문왕대를 계산하면 경덕왕과는 벌써 100여
년이나 떨어져 있는데, 하물며 신문왕과 신충은 그때에는 이미 전
생에나 있을 일인즉 이는 신충이 아님이 명백하다. 잘 살펴야 할 것
이다.)

又『別記』云 "〈景德王〉代, 有直長〈李俊〉(『高僧傳』作〈李純〉), 早曾
發願, 年至知命, 須出家創佛寺. 〈天寶〉七年戊子, 年登五十矣, 改創
〈槽淵小寺〉爲大刹, 名〈斷俗寺〉, 身亦削髮, 法名〈孔419/宏長老〉, 住

寺二十年乃卒." 與前 『三國史』 所載不同, 兩存之, 闕疑.

또 『별기』에는 "경덕왕대에 직장 이준(『고승전』에는 이순이라 하였다.)이 일찍부터 나이 50이 되면 꼭 출가하여 절을 창건하겠다고 발원하였다. 천보 7년 무자(748)에 나이가 50이 되자, 조연소사를 고쳐 대찰로 만들어 이름을 단속사라 하고 출가하니 법명을 공굉장로라 하면서 이 절에서 20년 동안 주석하다가 죽었다."라고 하였다. 앞에 있는 『삼국사』에 실린 기록과는 같지 않으나 두 쪽 다 남겨 둬서 의심을 없앤다.

讚曰 "功名未已鬢先霜, 君寵雖多百歲忙. 隔岸有山頻入夢, 逝將香火祝吾皇."

찬에 이른다. "공명은 아직인데 귀밑털이 먼저 세는구나. 임금의 총애가 비록 많다 해도 100년이 금방 간다. 피안에 있는 산이 번번이 꿈에 나타나니, 죽어도 분향하며 우리 황제의 복을 빌리라."

5. 包山二聖

〈羅〉時有〈觀機〉·〈道成〉二聖師, 不知何許人, 同隱〈包山〉. (鄉云[23] 〈所瑟山〉, 乃〈梵〉音, 此云[24]包也.)〈機〉庵南嶺, 〈成〉處北穴, 相去十許里, 披雲嘯月, 每相過從. 〈成〉欲致〈機〉, 則山中樹木皆向南而俯, 如相迎者, 〈機〉見之而往, 〈機〉欲邀〈成〉也, 則亦如之皆北偃, 〈成〉乃至如

---

23. 壬申本은 去로 云의 異體字이다.
24. 壬申本은 去로 云의 異體字로 보인다.

是有年.

포산의 두 성인

신라시대에 관기와 도성 두 성사가 있었는데 어떤 사람인지를 알수 없었으나 함께 포산(지방에서는 소실산이라 불렸으니 바로 범어로는 싸다〔包〕라는 뜻이다.)에 은거하였다. 관기는 남쪽 고개에 암자를 정하였고 도성은 북쪽 바위 구멍에 자리를 잡아 서로 십여 리쯤 떨어져 있었는데 구름을 헤치고 달을 노래하면서 매양 서로 왕래하였다. 도성이 관기를 부르려고 하면 산중의 수목들이 모두 남쪽을 향하여 엎어져서 마치 서로 환영하는 듯하니 관기가 그것을 보고 갔으며 관기가 도성을 맞이할 때도 역시 그와 같이 모두 북쪽으로 쓰러지면 도성이 바로 왔으니, 이렇게 하며 여러 해가 되었다.

〈成〉於所居之後・高嵓之上, 常宴坐, 一日自嵓縫間透身而出, 全身騰空而逝, 莫知所至. 或云, 至〈壽昌420/郡〉(今〈壽城郡〉)捐[25]骸焉, 〈機〉亦繼踵歸眞. 今以二師名命其墟, 皆有遺趾. 〈道成〉嵓高數丈, 後人置寺穴下. 〈太平興國〉七年壬午, 有釋〈成梵〉, 始來住寺, 敞萬日彌陀道場, 精懃五十餘年, 屢有殊祥.

도성이 거처 뒤에 있는 높은 바위 위에 항상 조용히 앉았더니 하루는 빽빽한 바위틈으로부터 몸이 뛰어나와 전신이 공중으로 올라가니 간 곳을 알지 못하였다. 혹은 말하기를 수창군(지금의 수성군이다.)에 와서 시체를 버렸다 하며 관기도 그 뒤를 따라 입적하였다

---

25. 木板本은 指로 捐의 異體字 또는 壞字로 보인다.

고 한다. 지금도 두 스님의 이름으로써 그 살았던 곳을 명명하였고 두 곳 다 유적이 남아 있다. 도성의 바위 높이는 수길이나 되는데 뒷날 사람들이 구멍 밑에 절을 세웠다. 태평흥국 7년 임오(982)에 스님 성범이 비로소 와서 절에 주석하면서 만 일 동안 미타도량을 열고 50여 년 동안 정근하니 특별한 상서가 누차 있었다.

時,〈玄風〉信士二十餘人歲結社, 拾香木納寺, 每入山採香, 劈析淘洗, 攤置箔上. 其木至夜放光如燭. 由是郡人項施其香徒, 以得光之歲爲賀, 乃二聖之靈感, 或岳神攸助也. 神名〈靜聖天王〉, 甞於迦葉佛時受佛囑, 有本誓, 待山中一千人出世, 轉受餘報. 今山中甞記九聖遺事, 則未詳, 曰〈觀機〉·〈道成〉·〈檘師〉·〈檙師〉·〈道義〉(有〈栢岩〉基)·〈子陽〉·〈成梵〉·〈今勿女〉·〈白牛師〉.421/

이때에 현풍에 사는 신사 20여 명이 해마다 결사를 하여 향나무를 주어다가 절에 바치는데 매양 산에 들어가서 향나무를 캐서 쪼개어 씻어 가지고 박 위에 널어 둔다. 그 나무가 밤이 되면 촛불처럼 방광을 하였다. 이로 말미암아 고을 사람들이 그 향도들에게 보시를 하고 빛을 얻은 해라고 축하하였으니 이는 두 성인의 영감이요, 혹은 산신의 도움이라고 한다. 산신의 이름은 정성천왕인데 일찍이 가섭불시대에 부처님의 부탁을 받아 본원을 맹세하며, 산 중에서 천명의 출세를 기다려 남은 과보를 받겠다고 하였다. 현재 산 중에서는 아홉 성인의 유사를 기록했으나 자세히 알 수 없으나, 관기·도성·반사·첩사·도의(백암에 터가 있다.)·자양·성범·금물여·백우사이다.

讚曰 "相過踿[26]月弄雲泉, 二老風流幾百年. 滿壑烟霞餘古木, 偃昂
寒影尙如延.[27]"

찬에 이른다. "서로 오가매 달을 밟으며 구름과 샘을 마음대로
가지고 논다. 두 분 늙은이의 풍류는 몇 백 년이 되었는가. 골짜기
에 가득한 연기와 노을은 고목만을 남기고, 쓰러지고 일어나는 차
가운 그림자는 오히려 맞이하는 듯하네."

橛音般, 鄕云 雨木, 㯓音牒, 鄕云 加乙木. 此二師久隱嵓叢, 不交
人世, 皆編木葉爲衣以度寒暑, 掩濕遮羞而已, 因以爲號.　嘗聞, 〈楓
岳〉亦有斯名, 乃知古之隱淪[28]之士, 例多逸韻如此, 但難爲蹈襲, 子[29]
嘗寓〈包山〉, 有記二師之遺美, 今幷錄之.

반(橛)의 음(般)은 반이니 우리 말로 비나무라 이르며 첩의 음은
첩이니 우리 말로 갈나무이다. 이는 두 분 스님이 오랫동안 바위산
에 은거하면서 인간 세상과 교류하지 않고 모두 나뭇잎을 엮어서
추위와 더위를 넘기며 비를 막고 치부를 가렸을 뿐이니 이 때문에
나무 이름으로 호를 지었다. 일찍이 들으니 금강산에도 이런 이름
이 있으니 이로써 옛날 은둔하는 사람들의 대개의 잃어 버린 운치
가 이와 같으나 다만 답습하기는 어렵다. 스승께서 일찍이 포산에
살면서 두 스님이 남긴 아름다운 행적에 관한 기록이 있으므로 지

---

26. 壬申本은 踿으로 踏의 異體字 또는 誤字로 보인다.
27. 木板本은 迎이나 한시의 운을 고려해 볼 때 이는 延의 행초의 잘못이다.
28. 木板本은 倫으로 淪의 異體字 또는 誤字로 보인다.
29. 予의 異體字일 가능성도 있다.

금에 함께 기록한다.

"紫茅黃精堅肚皮, 蔽衣木葉非蠶機. 寒松颼颼石犖确, 日暮林下樵蘇歸. 夜深披向月明坐, 一半颯颯[30]隨風飛. 敗蒲橫臥於憨眠, 夢魂不到紅塵羈. 雲遊逝兮二庵墟, 山鹿忩登人迹稀."422/

"자모와 황정의 풀로 몸을 가리고, 입은 옷은 나뭇잎으로 길쌈한 것이 아니다. 겨울 소나무에 바람이 불어닥치며 바윗돌은 빽빽한데, 해저문 숲속으로 나무해서 돌아오네. 심야에 달빛을 향해 앉으니, 나뭇잎 조각은 바람 부는 대로 날려 간다. 떨어진 창포에 옆으로 누워 세상모르고 잠드니, 꿈속에도 혼은 띠끌 세상으로 가지 않는다. 두 암자 빈터에는 구름만 오락가락, 산 사슴은 오르건만 인적은 드물어라."

6. 永才遇賊

釋〈永才〉性滑稽, 不累於物, 善〈鄉歌〉. 暮歲將隱于南岳, 至〈大峴嶺〉, 遇賊六十餘人. 將加害, 才臨刃無懼色, 怡然當之. 賊恠而問其名, 曰〈永才〉. 賊素聞其名, 乃命○○○作歌.

영재가 도둑을 만나다

스님 영재는 본성이 익살스럽고 물(物)에 얽매이지 않았으며 향가에 능했다. 늙어 남악에 들어가 은거하고자 가다 대현령에 이르니 도둑 60여 명을 만났다. 그들이 죽이려고 하니 영재는 칼을 받으

---

30. 木板本은 風과 立의 순서가 바뀐 異體字이다.

면서도 두려워하는 기색이 없이 태연스럽게 대하였다. 도적이 공경하여 그 이름을 물으니 영재라고 하였다. 도둑이 평소 그의 이름을 들었으므로 이에 노래를 지으라고 명하였다.

其辭曰 "自矣心米 兒[31]史毛達只將來呑隱日遠鳥逸○○過出知遣今呑藪未 去遣省如 但非乎隱焉破○主次弗○史內於都還於尸朗也此兵物叱沙過乎好尸日沙也內乎呑尼 阿耶 唯只伊吾音之叱恨隱潽陵隱安支尙宅都乎隱以多."

그 노래 사연에 이르고 있다. 제 마음에, 모습을 모르던 날[32] 멀리 ○○ 지나치고[33] 이제 숨으러 가고 잇노라[34] 오직 그른 파계주[35] 무서운 모습에 다시 돌리는 것인가?[36] 이 칼이사 지나면[37] 좋은 날이 새리이니[38] 아으 오직 요만큼한 선업은[39] 새집이 안 되니이다.[40]"

---

31. 兒의 異體字일 가능성도 있다.
32. 하는 짓 모르던 날/모습이 볼 수 없는 것인데/모습이 사납게 거칠어지려고 하는 날에.
33. 멀리 ○○ 다나치고/일원조일하고 달이 난 것을 알고/멀리 은거하려고 넘어가고.
34. 이제는 숨으러 가나이다/지금은 수풀을 가고 있습니다/이제는 산중에 가는바로다.
35. 오직 옳지 않은 파계주/다만 잘못된 것은 强豪님/다만 잘못 숨어 사는 파계주.
36. 무서운 모습에 다시금 돌칠러라/머물게 하신들 놀라겠습니까?/무서운 얼굴이 염귀라도 돌아갈 만하도다.
37. 이런 무기야 아무렇지 않으오/이 병기를 마다하고/이 기물(재물)들은 (내게는) 過한 것.
38. 좋을 날을 물리더니/즐길 法을랑 듣고 있는데/좋은 세월을 바라 살아감이 어떨까.
39. 아야 오직 이 오름직한 선 두듥은/아아 오직 조만한 善業은/아 오직 이 사람의 悔恨의 善根.
40. 못 들어갈 큰집이 아니외다/아직 턱도 없습니다/고대광실에 사는 것이 아니었노라.

賊感其意, 贈之綾二端, 才笑而前謝曰 "知財賄之爲地423/獄根本, 將避於窮山, 以餞一生, 何敢受焉." 乃投之地. 賊又感其言, 皆釋劒[41] 投戈, 落髮爲徒, 同隱智異, 不復蹈世. 才年僅九十矣, 在〈元聖大王〉 之世.

도둑들이 그 뜻에 감동되어 비단 두 단을 선물하니 영재가 웃으면서 앞으로 나와 사례하기를 "재물이 지옥의 근본이라는 것을 알고 장차 깊은 산중으로 피하여 여생을 보내려고 하는데 어떻게 감히 받겠는가?"라고 하고는 이것을 땅바닥에 던졌다. 도둑들이 또 그 말에 감동되어 모두 칼을 놓고 창을 던지며 머리를 깎고 제자가 되어 함께 지리산에 은거해서는 다시는 세상에 나오지 않았다. 영재의 나이 거의 90으로 원성대왕대였다.

讚曰 "策杖歸山意轉深, 綺紈珠玉豈治心. 綠林君子休相贈, 地獄無根只寸金."

찬에 이른다. "지팡이 짚고 산으로 돌아가니 뜻은 더욱 깊어진다. 비단과 주옥으로 어찌 마음을 다스리겠는가. 도적도 아름답게 여겨 서로들 선물을 하는데, 단 몇 푼 재물이라도 뿌리치지 않으면 곧 지옥이라."

7. 勿稽子

第十〈奈解王〉卽位十七年壬辰, 〈保羅國〉〈古自國〉(今〈固城〉)·〈史

---

41. 木板本은 釼로 劒의 誤字로 보인다.

勿國〉(今〈泗州〉)等八國, 併力來侵邊境. 王命太子〈㮨⁴²音〉·將軍〈一伐〉等, 率兵拒之, 八國皆降. 時,〈勿稽子〉軍功第一, 然爲太子所嫌, 不賞其功. 或謂〈勿稽〉曰 "此戰之功, 唯子而已, 424/而賞不及子, 太子之嫌君其怨乎?"〈稽〉曰 "國君在上, 何怨人臣?" 或曰 "然則, 奏聞于王幸矣."〈稽〉曰 "伐功爭命,⁴³ 揚已掩人, 志士之所不爲也. 勵之待時而已."

물계자

제10대 나해왕 17년 임진(212)에 보라국과 고자국(지금의 고성)과 사물국(지금의 사천) 등 여덟 나라가 힘을 합하여 신라의 변경을 침범하였다. 왕이 태자 내음과 장군 일벌 등을 시켜 군사를 거느리고 가서 막으니 여덟 나라가 모두 항복하였다. 이때에 물계자의 군공이 제일이었으나 태자의 미워하는바 되어 그 공로를 표창하지 않았다. 누가 물계자에게 말하기를 "이번 전쟁에서 공을 세운 것은 오직 그대뿐인데 그대에게 상이 돌아오지 않으니 태자가 그대를 미워하는 것이 원망스럽지 않은가?"라고 하니 물계자가 말하기를 "나라 임금이 위에 계시는데 어찌 신하를 미워하겠는가?"라고 하였다. 더러는 말하기를 "그러면 임금님께 아뢰는 것이 좋을 것이다."라고 하니 물계자가 말하기를 "공을 자랑하고 명을 다투며 자기를 추켜세우고 남을 가리는 것은 지사가 할 바가 아니다. 힘써 노력하며 때를 기다릴 뿐이다."라고 하였다.

---

42. 㮨의 異體字일 가능성도 있다.
43. 이재호본의 견해처럼 名의 誤字일 수 있다.

十年乙未,〈骨浦國〉(今〈合浦〉也)等三國王, 各率兵來攻〈竭火〉(疑〈屈弗〉也, 今〈蔚州〉), 王親率禦之, 三國皆敗,〈稽〉所獲數十級, 而人不言〈稽〉之功.

10년 을미에 골포국(지금의 합포) 등 세 나라 임금이 각각 군사를 거느리고 와서 갈화(아마도 굴불로서 지금의 울주이다.)를 공격하니 왕이 몸소 군사를 이끌고 나가 막으니, 세 나라가 모두 패하였는데 물계자가 죽여 얻은 적의 머리가 수십 급이나 되었으나 사람들은 물계자의 공로를 말하지 않았다.

〈稽〉謂其妻曰 "吾聞仕君之道, 見危致命, 臨難忘身, 仗於節義, 不顧死生之謂忠也. 夫〈保羅〉(疑〈發羅〉, 今〈羅州〉).〈竭火〉之役, 誠是國之難. 君之危, 而吾未曾有忘身致命之勇, 此乃不忠甚也. 旣以不忠而仕君, 累及於先人, 可謂孝乎? 旣失忠孝, 何顏復遊朝市之中乎!" 乃被髮荷琴, 入〈師彘山〉(未詳), 悲竹樹425/之性病, 寄托作歌, 擬溪澗之咽響, 扣琴制曲, 隱居不復現世.

물계자가 그의 처에게 말하기를 "내가 듣기에 임금을 섬기는 도리는 위기를 만나면 목숨을 바치고 어려운 고비를 당하여 제 몸을 잊어 버려 절개와 의리를 지켜 생사를 돌보지 않는 것을 충이라고 한다. 저 보라(아마도 발라로서 지금의 나주이다.)와 갈화때의 전투야말로 진실로 나라의 어려운 고비였다. 임금이 위기에 처했는데도 나는 아직 제 몸을 잊어버리고 목숨을 바치는 용기가 없었으니 이것은 바로 매우 불충한 일이다. 이미 불충하고도 임금을 섬긴다는 것은 누가 조상들께까지 미치니 효도라 할 수 있겠는가? 이미 충성과 효도를 잃어 버리고야 무슨 얼굴로 다시 조정과 시정에 나갈 수 있겠는가!"라고 하고는 곧 머리를 풀고 거문고를 진 채 사체산(자세히 알 수 없다.)으로 들어가 대나무의 곧은 성질이 병통임을 슬퍼하면서 이에 빗대어 노래를 짓고 개골물 소리에 따라 거문고를 뜯어 곡조를 짓고 은거하면서 다시는 세상에 나타나지 않았다.

8. 迎如師

〈實際寺〉釋〈迎如〉, 未詳族氏, 德行雙高. 〈景德王〉將邀致供養, 遣使徵之. 如詣內, 齋罷將還, 王遣使陪送至寺, 入門卽隱, 不知所在. 使來奏, 王異之, 追封國師. 後亦不復現世, 至今稱曰〈國師房〉.

영여사

실제사 스님 영여는 그 씨족이 자세치 않으나 덕과 행이 모두 높았다. 경덕왕이 그를 맞아 들여서 공양을 다하고자 하여 사람을 시켜 불렀다. 영여가 대궐로 들어왔다가 재를 마치고 돌아가려고 하는데 왕이 사람을 시켜 그를 절까지 바래다 주었더니 대문에 들어서자 곧 숨어 버리고 그 간 곳을 알지 못하였다. 사자가 와서 아뢰니 왕이 기이하게 여겨 국사로 추봉하였다. 그 후로는 다시 세상에 나타나지 않았으며 지금까지 이 방을 국사방이라 부른다.

9. 布川山 五比丘 景德王代

〈歃良州〉東北二十許里, 有〈布川山[44]〉, 石窟奇秀, 宛如人斲. 有五

---

44. 木板本은 山川으로 川山의 誤字이다.

比丘, 未詳名氏. 來寓而念弥阤, 求西方幾十年, 忽426/有聖衆, 自西來迎. 於是, 五比丘各坐蓮臺, 乘空而逝, 至〈通度寺〉門外留, 連而天樂間奏. 寺僧出觀, 五比丘爲說無常苦[45]空之理, 蛻棄遺骸, 放大光明, 向西而去. 其捐舍處, 寺僧起亭榭, 名〈置樓〉, 至今存焉.

포천산의 다섯 비구 경덕왕대

삽량주의 동북쪽 2십 리 가량 되는 곳에 포천산이 있는데 석굴이 기이하게 생겨 마치도 사람이 깎은 듯하였다. 이름을 알 수 없는 다섯 비구가 있어 거기 와서 살면서 미타불을 염하며 극락을 구한 지 수십 년 만에 홀연히 성중이 서방으로부터 와서 맞이해 주었다. 이에 다섯 비구들이 각기 연화대에 앉아 허공으로 올라가 사라져 통도사 문 밖에 이르러 머무니, 이어서 하늘의 풍악이 간간 연주되었다. 절 스님들이 나 가보니 다섯 비구들이 인생이 무상하고 고통도 공허하다는 이치를 설하면서 유해를 벗어 던지고 대광명을 방광하고는 서쪽으로 향하여 가 버렸다. 그 유해를 버린 곳에 절 스님들이 정자를 짓고 이름을 치루라고 하였으니 지금도 남아 있다.

10. 念佛師

〈南山〉東麓有〈避里村〉村, 有寺因名〈避里寺〉. 寺有異僧, 不言名氏, 常念弥阤, 聲聞于[46]城中, 三百六十坊·十七萬戶, 無不聞聲. 聲無高下, 琅琅一樣, 以此異之, 莫不致敬, 皆以〈念佛師〉爲名. 死後泥

---

45. 木板本은 若으로 苦의 異體字이다.
46. 학산본은 子로 于의 異體字이다.

塑眞儀, 安于〈敏藏寺〉中, 其本住〈避里寺〉, 改名〈念佛寺〉, 寺旁亦有寺, 名〈讓避〉, 因村得名.427/

염불사

남산의 동쪽 기슭에 피리촌이란 마을이 있고 절이 있어 인하여 피리사라고 이름하였다. 절에는 기이한 스님들이 있어 씨명을 말하지 않고 늘 미타불을 염하여 성중에까지 소문이 들려 360방 17만 호 치고 안 들리는 데가 없었다. 염불 소리는 높고 낮음이 없이 낭랑하여 한결같았다. 이로써 기이하다 하여 정성껏 공경을 하고 모두가 염불사라고 이름을 삼았다. 사후에 진흙으로 그의 진의를 빚어 민장사 가운데 모시고 그가 본래 살던 피리사는 염불사로 이름을 고쳤는데, 절 곁에 또 절이 있어 이름을 양피사라고 하였으므로 인하여 마음이 이름을 얻게 되었다.

X. 孝善第九

孝善第九

1. 眞定師孝善雙美

法師〈眞定〉,〈羅〉人也. 白衣時隷名卒伍, 而家貧不娶. 部役之餘, 傭作受粟, 以養孀母, 家中計産, 唯折脚一鐺而已. 一日有僧到門, 求化營寺鐵物, 母以鐺施之. 旣而〈定〉從外旀, 母告之, 故旦[1]虞子意何如尒.〈定〉喜現於色曰 "施於佛事, 何幸如之. 雖無鐺又何患." 乃以丸[2]盆爲釜, 熟食而養之.

진정사의 효도와 선행이 둘 다 아름답다

법사 진정은 신라 사람이다. 속인일 때 군대에 적을 두었으며, 집이 가난하여 장가를 들지 못하였다. 부역하는 틈을 타 품을 팔아 곡식을 받아 홀어미를 봉양하는데 집안에 살림이라고는 다만 다리 부러진 솥 한 개가 있을 뿐이었다. 하루는 어떤 스님이 문 앞에 와

---

1. 木板本은 旦로 旦의 異體字로 보인다.
2. 천리대 가필자는 瓦로 참고가 된다. 다만 원문 그대로도 해석상 문제가 없으므로 그대로 두고자 한다.

서 절 지을 쇠붙이를 시주해 주기를 청하니 어머니가 솥을 내어 시주를 하였다. 얼마 안 되어 진정이 바깥으로부터 돌아왔더니 어머니가 사정을 말하고는 다만 아들의 의사가 어떨지 걱정하였다. 진정은 기뻐하는 기색을 보이면서 말하기를 "불사에 시주하는 것이 얼마나 좋은 일이겠습니까. 솥이 없다 한들 또 무슨 걱정될 것이 있겠습니까?"라고 하고는 곧 둥근 동이로 솥을 삼아 밥을 지어 어머니를 봉양하였다.

嘗在行伍間, 聞人說〈義湘法師〉在〈太伯山〉說法利人, 卽有嚮慕之志, 告於母曰 "畢孝之後, 當投於〈湘法師〉, 落髮³學道矣." 母曰 "佛法難遇, 人生大速. 乃曰畢孝, 不亦428/晚乎? 曷若趂予不死, 以聞道聞. 愼勿因循, 速斯可矣."〈定〉曰 "萱堂晚景, 唯我在側, 弃而出家, 豈敢忍乎?" 母曰 "噫! 爲我防出家, 令我便墮泥黎也. 雖生養以三牢七鼎, 豈可爲孝? 予其衣食於人之門, 亦可守其天年, 必欲孝我, 莫作爾言."〈定〉沉思久之.

일찍이 군대에 있을 때에 사람들로부터 의상법사가 태백산에서 불법을 설하고 사람을 이롭게 한다는 이야기를 듣고 당장에 따를 생각이 있어 그 어머니에게 고하기를 "어머님께 효도를 마친 뒤에는 꼭 의상법사에게 투신하여 머리를 깎고 불도를 배우겠나이다." 라고 하니 어머니가 말하기를 "불법이란 만나기 어렵고 인생은 매우 빨리 지나간다. 네가 말하는 효도를 마친 뒤라면 또한 늦는 것이

---

3. 활자본들은 髮으로 교정하고 있어 참고가 된다.

아니겠느냐. 어찌 내 생전에 네가 앞으로 나아가서 성도했다는 말을 듣는 것과 같겠느냐. 진실로 머뭇거리지 말고 빨리 가는 것이 옳으니라."라고 하니 진정이 말하기를 "어머니께서는 만년에 저만 곁에 있을 뿐인데 어찌 차마 어머니를 버리고 출가할 수 있겠습니까?"라고 하였다. 어머니가 말하기를 "아! 나 때문에 출가하지 못한다면 나를 지옥에 빠뜨리는 것이다. 비록 살아서 매우 풍성한 음식으로 봉양해 준들 어찌 효도라고 할 수 있느냐! 내가 남의 집 문에서 의식을 해결하더라도 제명대로 살 수 있으니 꼭 나에게 효도를 하겠거든 아예 그런 말 마라."라고 하니 진정이 오랫동안 생각에 잠겼다.

母卽起罄倒囊儲, 有米七升, 卽日畢炊, 且曰 "恐汝因熟食經營而行慢也. 宜在予目下噉其一, 橐其六, 速行速行." 〈定〉飮泣固辭曰 "弃母出家, 其亦人子所難忍也. 況其杯漿數日之資, 盡裹而行, 天地其謂我何?" 三辭三勸之. 〈定〉重違其志, 進途宵征, 三日達于〈太伯山〉, 投〈湘公〉剃染爲弟子. 名曰〈眞定〉. 居三年, 母之訃429/音至. 〈定〉跏趺入定, 七日乃起.

어머니가 바로 일어나 쌀자루를 뒤집어 터니 쌀 일곱 되가 있어 그날로 밥을 다 짓고는 다시 말하기를 "네가 밥을 지어 먹어 가면서 가자면 가는 길이 더디어질까 염려가 되니, 내 눈 앞에서 그 하나는 먹고 나머지 여섯은 싸 가지고 빨리 빨리 가야 할 것이다."라고 하니 진정이 눈물을 삼키면서 굳이 사양하고 말하기를 "어머님을 버리고 출가하는 것도 사람의 자식된 자로 차마 하기 어려운 일인데 하물며 한 종지 미음 며칠 분마저 모조리 싸 가지고 간다면 하늘과 땅이 저를 무어라 하겠습니까?"라고 하고 세 번 사양하였으나 어머니도 세 번 권하였다. 진정이 그 뜻을 어기기 어려워 길을 떠나 밤낮으로 가니, 사흘 만에 태백산에 이르러 의상에게 투신하여 머리를 깎고 제자가 되어 이름을 진정이라 하였다. 3년 만에 그 어머니의 부고가 왔다. 진정은 가부좌하여 선정에 들어간 지 7일 만에 일어났다.

說者曰 "追傷哀毀之至, 殆不能堪, 故以定水滌之爾." 或曰 "以定觀察母之所生處也." 或曰 "斯乃如實理薦冥福也." 旣出定, 以後事告於〈湘〉. 〈湘〉率門徒歸于〈小伯山〉之〈錐洞〉, 結草爲廬, 會徒三千, 約九十日, 講『華嚴大典』. 門人〈智通〉隨講, 撮其樞要, 成兩卷, 名『錐洞記』, 流通於世. 講畢, 其母現於夢曰 "我已生天矣."

설자가 말하기를 "추모하는 슬픔이 지극했던 나머지 아마도 감당할 수 없었으므로 선정의 물로 슬픔을 씻은 것이다."라고 하였다. 혹은 말하기를 "선정으로 어머니가 환생한 곳을 살펴 보았다."라고 하고 혹은 말하기를 "이는 곧 실리대로 명복을 빈 것이다."라고 하였다. 선정에서 나오고 나서 후에 사실을 의상에게 고하였다. 의상이 문도들을 데리고 소백산의 추동에 들어가 풀을 엮어 초막을 짓고 무리 3천을 모아 약 90일 동안 『화엄대전』을 강하였다. 문인인 지통이 강에 참가하여 그 요지를 모아 책 두 권을 만들어 이름을 『추동기』라 하여 세상에 유통하였다. 강이 끝나자 그 어머니가 현몽하여 말하기를 "나는 이미 하늘에서 환생하였노라."라고 하였다.

2. 大城孝二世父母 神文代

〈牟梁里〉(一作〈浮雲村〉)之貧女〈慶祖〉有兒, 頭大頂平如城, 因名
〈大城〉. 家窘不能生育, 因役傭於貨殖〈福安〉家, 其家俵田430/數畝,
以備衣食之資. 時有開士〈漸開〉, 欲設〈六輪會〉於〈興輪寺〉, 勸化至
〈福安〉家, 安施布五十疋. 〈開〉呪願曰 "檀越好布施, 天神常護持. 施
一得萬倍, 安樂壽命長."

대성이 전생과 금생의 두 부모에게 효도하다 신문왕대

모량리(부운촌이라고도 한다.)의 가난한 여자 경조에게 아이가
있었는데 머리가 크고 이마가 편편한 것이 성과 같아서 이름을 대
성이라 하였다. 집안이 궁색하여 길러 내기가 어려웠기에 재산가
복안의 집에 품팔이를 하였는데, 그 집에서 밭 몇 묘를 나누어 줘서
의식의 밑천으로 삼았다. 이때에 고승 점개가 흥륜사에서 육륜회를
열고자 복안의 집에 와서 권선을 하였더니 복안이 베 50필을 시주
하였다. 점개가 주문으로 축원하기를 "신도가 시주를 좋아하시니
천신이 언제나 보호하시라. 하나를 시주하면 만 배를 얻으니 안락
하고 장수하리라."라고 하였다.

〈大城〉聞之, 跳踉而入, 謂其母曰 "予聽門僧誦唱, 云施一得萬倍.
念我定無宿善, 今玆困匱矣. 今又不施, 來世益艱, 施我傭田於法會,
以圖後報何如?" 母曰 "善." 乃施田於〈開〉.

대성이 이것을 듣고 뛰어 들어와 그 어머니께 말하기를 "제가 문
에서 스님이 염송하는 소리를 들으니 하나를 시주하면 만 배를 얻
는다고 하더이다. 생각컨대 우리가 전생에 선업을 짓지 않았기 때

문에 지금에 이렇게 가난한 것입니다. 금생에서도 시주를 않는다면 내세에는 더욱 가난할 것이니 우리가 품팔이 밭을 법회에 시주하여 후생의 과보를 도모함이 어떠하겠습니까?"라고 하니 어머니도 "좋다."고 하여 바로 점개에게 밭을 시주하였다.

未幾, 〈城〉物故, 是日夜, 國宰〈金文亮〉家, 有天唱云 "〈牟梁里〉〈大城〉兒, 今托汝家." 家人震驚, 使檢〈牟梁里〉, 〈城〉果亡. 其日與唱同時, 有娠生兒, 左手握不發, 七日乃開, 有金簡子彫 大城二字, 又以名之, 迎其母於第中兼養之.

얼마 안 되어 대성이 죽었는데 이날 밤 재상 김문량의 집에서는 하늘로부터 외치는 소리가 있기를 "모양리 대성이란 아이가 이제 너의 집에 태어날 것이다!"라고 하였다. 집안 사람들이 모두 놀라 사람을 시켜 모양리를 뒤졌더니 과연 대성이 죽었다 하였다. 하늘에서 외치는 소리가 있던 그날에 임신을 하여 아이를 낳으니 아이가 왼손을 쥐고 펴지 않다가 이레 만에야 손을 폈는데 대성이란 두 글자가 새긴 금으로 된 간자를 쥐고 있었으므로 또 그것으로 이름을 짓고 그 전의 어머니를 집으로 맞아들여 함께 길렀다.

既壯, 好遊獵. 一日登431/〈吐含山〉捕一熊, 宿山下村, 夢熊變爲鬼訟曰 "汝何殺我, 我還啖汝." 城怖懅請容赦. 鬼曰 "能爲我創佛寺乎?" 〈城〉誓之曰喏, 既覺, 汗流被蓐. 自後禁原野, 爲熊創〈長壽寺〉於其捕地. 因而情有所感, 悲願增篤, 乃爲現生二親, 創〈佛國寺〉, 爲前世爺孃創〈石佛寺〉, 請〈神琳〉·〈表訓〉二聖師各住焉, 茂張像設, 且酬鞠養之勞. 以一身孝二世父母, 古亦罕聞, 善施之驗, 可不信乎!

　장성하니 사냥을 좋아하였다. 하루는 토함산에 올라가 곰 한 마리를 잡아서 산 밑 마을에서 묵는데 꿈에 그 곰이 귀신으로 변해 가지고 시비를 걸기를 "너는 왜 나를 죽였느냐. 네가 이번에는 너를 잡아먹겠다!"라고 하니 대성이 무서워 떨면서 용서를 빌었다. 귀신이 말하기를 "나를 위하여 절을 세울 수 있겠느냐?"라고 하니 대성이 그리하겠다고 맹세를 하고 깨어 보니 땀이 흘러 요를 적셨다. 이로부터 사냥을 금하고 곰을 위하여 곰을 잡았던 자리에 장수사를 세웠다. 이로 인하여 마음에 감동되는바 있어 자비의 원이 한결 더하여 곧 금생의 두 부모를 위하여는 불국사를 세우고 전생의 부모를 위하여는 석불사를 세우니, 신림·표훈 두 성사스님을 청하여 각각 살게 하였으며 소상들을 성대히 세워 양육한 수고를 갚았다. 한 몸으로써 두 세상의 부모에게 효도를 한 것은 옛날에도 드문 일이니 선한 시주의 영검을 어찌 믿지 않겠는가!

　將彫石佛也, 欲鍊一大石爲龕盖, 石忽三裂. 憤恚而假寐, 夜中天神來降, 畢造而還.〈城〉方枕[4]起, 走跂南嶺爇香木, 以供天神. 故名其地爲〈香嶺〉. 其〈佛國寺〉雲梯石塔·彫鏤石木之功, 東都諸刹432/未有加也. 『古鄕傳』所載如上, 而寺中有記云〈景德王〉代, 大相〈大城〉以〈天寶〉十年辛卯始創〈佛國寺〉, 歷〈惠恭〉世, 以〈大歷〉九年甲寅十二月二日〈大城〉卒, 國家乃畢成之. 初請瑜伽大德〈降魔〉住此寺, 繼之至

---

4. 壬申本은 就로 참고가 된다.

于今, 與古傳不同, 未詳孰是.

장차 석불을 조각하려, 큰 돌 한 개를 다듬어 감개석으로 만들려고 하는데 갑자기 돌이 세 토막으로 갈라졌다. 화를 내다가 잠시 잠이 들었는데 밤중에 천신이 강림하여 다 만들어 놓고 돌아갔다. 대성이 막 자리에서 일어나 남쪽 고개로 내달려가 향나무 불을 피워서 천신을 공양하였다. 이 때문에 그곳을 향령이라고 하였다. 저 불국사의 구름다리나 석탑이나 돌과 나무를 다룬 기교는 동도의 여러 절들로서는 이보다 나은 데가 없다. 『고향전』에 실린 사적은 이상과 같으나 절에 있는 기록에 이르기를 경덕왕대에 대상 대성이 천보 10년 신묘(751)에 비로소 불국사를 세웠고, 혜공왕대를 거쳐 대력 9년 갑인(774) 12월 2일에 대성이 죽었으므로 나라에서 이 역사를 완성시켰다고 하였다. 처음에 유가종의 대덕 강마를 청하여 이 절에 살게 하고 계속하여 오늘에 이르렀다고 하는데 고전과 같지 않으니 어느 것이 옳은지 자세치 않다.

讚曰 "〈牟梁〉春後施三畝, 〈香嶺〉秋來獲萬金. 萱室百年貧富貴, 槐庭一夢去來今."

찬에 이른다. "모량에 봄이 오자 삼묘의 밭 시주하니, 향령에 가을 들자 만금을 거두었네. 어머니는 백 년을 가난하다가 부귀해졌고, 재상의 내생과 금생은 한바탕 꿈이라."

3. 向得舍知割股供親 景德王代

〈熊⁵川州〉有〈向得〉舍知者. 年凶, 其父幾於餒死, 〈向得〉割股以給

678

養. 州人具事奏聞, 〈景德王〉賞賜租五百碩.

향득 사지가 다릿살을 베어 아버지를 공양하다 경덕왕대

웅천주에 사지향득이라는 자가 있었다. 흉년이 들자 그 아버지가 거의 굶어 죽게 되자 향득이 그 다릿살을 베어 봉양하였다. 고을 사람들이 자세히 사실을 보고하여 아뢰니 경덕왕이 벼 5백 석을 상으로 하사했다.

4. 孫順埋兒 興德王代433/

〈孫順〉者(『古本』[6]作〈孫舜〉), 〈车梁里〉人, 父〈鶴山〉. 父沒, 與妻同但[7]傭人家, 得米穀養老孃, 孃名〈運烏〉. 〈順〉有小兒, 每奪孃食, 〈順〉難之, 謂其妻曰"兒可得, 母難再求, 而奪其食, 母飢何甚. 且埋此兒, 以圖母腹之盈." 乃負兒皈〈醉山〉(山在〈车梁〉西北)北郊, 堀地忽得石鐘甚奇.

손순이 아이를 묻다 홍덕왕대

손순(孫順)이란 자는(『고본』에는 손순(孫舜)이라고도 쓴다.) 모량리 사람으로 아버지는 학산이다. 아버지가 죽은 후 처와 함께 다만 남의 집을 전전하며 곡식을 얻어 늙은 어머니를 봉양하였으니 그 어머니의 이름은 운오라고 하였다. 손순에게는 어린아이가 있어 매양 그 할머니가 먹을 것을 빼앗아 먹으므로 손순이 이것을 난처하게 여겨 처에게 말하기를 "아이는 또 얻을 수 있지만 어머니는 다

---

5. 木板本은 能으로 熊의 壞字로 보인다.

6. 木板本은 수이나, 활자본들은 本으로 교정하고 있어 이에 따른다.

7. 활자본들은 傭이나 作으로 교정하고 있어 참고가 된다.

시 구할 수 없는데 그 식사를 빼앗으니 어머님이 얼마나 배가 고프시겠는가! 항차 이 아이를 묻어 어머니를 배부르게 하자."라고 하고 곧 아이를 업고 취산(산은 모량리 서북쪽에 있다.)의 북쪽 교외로 가서 땅을 파니 홀연히 매우 기이한 석종을 얻었다.

夫婦驚恔, 乍懸林木上, 試擊之, 舂容可愛. 妻曰 "得異物, 殆兒之福, 不可埋也." 夫亦以爲然, 乃負兒與鍾而還家, 懸鍾於梁扣之, 聲聞于闕. 〈興德王〉聞之, 謂左右曰 "西郊有異鍾聲, 淸遠不類, 速檢之."

부부가 놀랍고 괴이하게 여겨 잠시 숲속 나무 위에 걸어 놓고 한 번 쳐 보았더니 그 소리가 애틋하였다. 처가 말하기를 "기이한 물건을 얻은 것은 아마도 이 아이의 복이니 묻어서는 안 됩니다."라고 하니, 남편도 역시 그렇게 생각하고 곧 아이를 업고 종을 가지고 집으로 돌아와 대들보에 걸고 치니 소리가 대궐까지 들렸다. 흥덕왕이 듣고 좌우에게 말하기를 "서쪽 교외에서 기이한 종소리가 나는데 매우 청정하여 보통 종이 아니니 속히 알아보아라."라고 하였다.

王人來檢其家, 具事奏王. 王曰 "昔〈郭巨〉瘞子, 天賜金釜, 今〈孫順〉埋兒, 地湧石鍾. 前孝後孝, 覆載同鑑." 乃賜屋一區, 歲給粳434/五十碩, 以尙純孝焉. 〈順〉捨舊居爲寺, 號〈弘孝寺〉, 安置石鍾. 〈眞聖王〉代, 〈百濟〉橫賊入其里, 鍾亡寺存. 其得鍾之地, 名〈完乎坪〉, 今訛云〈枝良坪8)〉.

왕의 사자가 그 집에 와서 알아보고 자세한 사실을 국왕에게 아

뢰었더니 왕이 말하기를 "옛날에 곽거가 아이를 묻으려 하자 하늘
이 금솥을 주었는데, 이제 손순이 아이를 묻으려 하니 땅에서 석종
이 솟아났다. 전대의 효와 후대의 효가, 천지가 모두 거울로 삼을
만하다."라고 하고 곧 집 한 채를 주고 해마다 메벼 50석을 주어 지
순한 효도를 숭상케 하였다. 손순은 옛날 집을 절로 만들어 이름을
홍효사라 하고 석종을 안치하였다. 진성왕대에 후백제의 도적들이
그 마을에 쳐들어오니 종은 없어지고 절만 남았다. 종을 얻은 곳을
완호평이라고 했는데 지금은 와전되어 지량평이라고 한다.

5. 貧女養母

〈孝宗郎〉遊〈南山〉〈鮑石亭〉(或云〈三花述〉), 門客星馳, 有二客獨後.
郎問其故, 曰 "〈芬皇寺〉之東里有女, 年二十左右, 抱盲母相號而哭,
問同里, 曰 '此女家貧, 乞啜而反哺有年矣. 適歲荒, 倚門難以藉手,
贖貰他家, 得穀三十石, 寄置大家服役, 日暮囊[9]米而來家, 炊餉伴宿,
晨則皈役大家, 如是者數日矣.

가난한 여자가 어머니를 봉양하다

효종랑이 남산의 포석정(혹은 삼화술이라고 한다.)에 나가 노는
데 문객들이 혜성처럼 모였으나 유독 두 사람이 뒤늦게 왔다. 효종
랑이 그 까닭을 물었더니 말하기를 "분황사 동쪽 마을에 나이 20쯤
된 여자가 있었는데 눈먼 어머니를 껴안고 서로 소리내 우므로 동

---

8. 활자본은 坪으로 교정해서 참고가 된다.
9. 壬申本은 囊으로 참고가 된다.

리 사람에게 연유를 물었더니 말하기를 '이 여자의 집이 가난하여 동냥을 하여 어머니를 봉양한 게 몇 년이 되었습니다. 마침 흉년이 들어 문전걸식도 어려워 남의 집에 품값으로 몸을 잡히고 곡식 30 섬을 얻어 이것을 부잣집에 맡겨 두고 일을 했습니다. 해가 저물면 쌀을 전대에 넣어 집으로 와서 밥을 짓고는 잠을 자고 새벽이면 부잣집에 가서 일한 지 며칠이 되었습니다.

母曰 "昔日之糠粃, 心和且平, 近日之香秔, 膈肝435/若刺[10]而心未安, 何哉?" 女言其實, 母痛哭, 女嘆己之但能口腹之養, 而失於色難也. 故相持而泣.' 見此而遲留尒." 郎聞之潛然, 送穀一百斛, 郎之二親亦送衣袴一襲, 郎之千徒, 歛租一千石遺之. 事達宸聰, 時〈眞聖王〉賜穀五百石, 幷宅一廛, 遣卒徒衛其家, 以儆劫椋. 旌其坊爲孝養之里, 後捨[11]其家爲寺, 名〈兩尊寺〉.436/

어머니가 "예전에는 겨 쭉정이로도 마음이 화평했는데 요즘의 향기로운 밥은 가슴과 간을 찌르는 듯 마음이 불편하니 무슨 까닭이냐?" 하고 물었습니다. 딸이 사실을 말했더니 그 어머니는 통곡을 하고 딸은 자기가 다만 입과 배를 봉양할 줄만 알고 안색을 살필 줄 모른 것을 한탄하였답니다. 때문에 마주 붙들고 울고 있는 것입니다.'라고 하여 이것을 보느라고 지체가 되었습니다."라고 하였다. 효종랑이 이 말을 듣고 눈물을 지으면서 곡식 1백 석을 보내고 효

---

10. 木板本은 剌로 刺의 異體字이다.
11. 木板本은 拾으로 捨의 異體字 또는 壞字로 보인다.

종랑의 양친도 역시 옷 한 벌을 보내 주었으며 효종랑의 수많은 무리도 벼 1천 석을 거두어 보냈다. 이 일이 국왕께 알려지자 당시의 진성왕이 곡식 5백 석과 아울러 집 한 채를 주고 군사들을 보내어 그 집을 호위하여 도둑을 막게 하였다. 그 방에 정문을 세워 효양마을이라 하니, 뒤에 그 집을 희사하여 절을 만들고 이름을 양존사라 하였다.

(跋)

吾東方〈三國本史〉〈遺事〉兩本他無所刊, 而只在本府, 歲久刓缺, 一行可解僅四五字. 余惟, 士生斯世, 歷觀諸史, 其於天下治亂興亡與諸異跡, 尙欲博識, 況居是邦, 不知其國事可乎, 因欲改刊, 廣求完本, 閱數載不得焉, 其曾罕行于世人, 未易得見, 可知. 若今不改, 則將爲失傳, 東方往事後學竟莫聞, 知可嘆也已.

우리 동방 삼국의 본사·유사의 두 책은 다른 곳에서는 새겨진 일이 없고, 다만 본부에서만 새겨졌는데 세월이 오래 지나 문드러지고 떨어져 나가 한 줄에서 겨우 네다섯 글자를 읽을 수 있게 되었다. 생각하건대 선비로 이 세상에 태어나서 여러 역사책을 두루 읽어 천하의 치란흥망과 여러 신이한 자취까지도 오히려 널리 알고자 하는데 하물며 이 나라에 살면서 이 나라 일을 몰라서야 되겠는가? 그리하여 다시 간행하고자 하여 완본을 널리 구하였으나 몇 년이 지나도 얻지 못했다. 그 책이 일찍이 세상에 돌아다닌 것이 드물고, 사람들이 쉽게 얻어 볼 수 없으니 만약 지금 다시 개간하지 않으면 장차 전을 잃어 버려 후학들이 마침내 우리나라의 옛 일을 알 수 없게 될 것임을 가히 알 수 있으니 이는 한탄할 일이다.

幸, 吾斯文星州牧使權公輳, 聞余之求, 求得完本, 送余, 余喜受具
告〈監司〉〈安〉〈相國〉〈溏[12]〉, 〈都事〉〈朴〉〈侯〉〈佺〉, 僉曰善, 於是分刊
列邑, 令還藏于本府. 噫物久則必有廢437/, 廢則必有興, 興而廢, 廢
而興是理之常, 知理之常, 而有時興, 以永其傳, 亦有望於後來之惠學
者云.

다행히 우리 유학자 성주 목사 권주께서 내가 구하고 있다는 말
을 듣고 완본을 구하여 나에게 보내 주었다. 나는 이를 기쁜 마음으
로 받아 이 사실을 감사 안당 대감 도사 박전 후에게 고하였더니
모두 좋다고 하였다. 이에 여러 읍에 나누어 새기게 하여 본부에서
거두어 간직하게 하였다. 아아! 물건이 오래 되면 반드시 폐해짐이
있고, 폐하면 반드시 일어남이 있으니 일어났다가 폐해지고, 폐해
졌다가 일어남은 이치의 상도이니, 이치의 상도를 알아 때로 일으
키어 그 전함을 영원하게 하며, 또한 후에 오는 지혜로운 학자들에
게 바람이 있는바이다.

〈皇明〉〈正德〉壬申季冬, 〈府尹〉〈推誠定難功臣〉〈嘉善大夫〉〈慶州
鎭〉〈兵馬節制使〉〈全平君〉〈李繼福〉謹跋. 〈生員〉〈李山甫〉, 〈校正生

---

12. 활자본 가운데는 瑭이나 塘으로 교정하고 있어 참고가 된다. 그러나 고유명사이므로 삼국
유사식 표기가 있었을 것을 염두에 둔다면 굳이 교정할 필요가 없을 듯하여 그대로 둬 보
고자 한다.

員〉〈崔起潼〉, 〈中訓大夫〉〈行慶州府判官〉〈慶州鎭〉〈兵馬節制都尉〉
〈李瑠〉, 〈奉直郎〉〈守慶尙道都事〉〈朴佺〉, 〈推誠定難功臣〉〈嘉靖大夫〉
〈慶尙道觀察使兼兵馬水軍節度使〉〈安瑭〉438/.

　명 나라 정덕 임신년(1512) 12월에 부윤 추성정난공신 가선대부
경주진 병마절제사 전평군 이계복이 삼가 발문을 쓴다. 생원 이산
보, 교정생원 최기동, 중훈대부 행경주부판관 경주진 병마절제도
위 이류, 봉직랑 수경상도도사 박전, 추성정난공신 가정대부 경상
도관찰사겸병마수군절도사 안당.